HEIDEGGER,
L'INTRODUCTION DU NAZISME
DANS LA PHILOSOPHIE

Collection dirigée par Jean-Paul Enthoven

EMMANUEL FAYE

Heidegger, l'introduction du nazisme dans la philosophie

Autour des séminaires inédits de 1933-1935

ALBIN MICHEL

Emmanuel Faye est maître de conférences en philosophie à l'université de Paris X-Nanterre, où il dirige le Centre d'Histoire de la Philosophie moderne et contemporaine.

© Éditions Albin Michel, 2005.
ISBN : 978-2-253-08382-5 – 1ʳᵉ publication LGF

Préface de la seconde édition

Paru en avril 2005, réimprimé en septembre de la même année avec quelques modifications, *Heidegger, l'introduction du nazisme dans la philosophie* a fait l'objet d'une vaste discussion internationale, toujours en cours[1]. Une série de conférences dans plusieurs universités en France, en Allemagne, aux États-Unis et en Italie nous a permis de répondre à un certain nombre d'objections et par là même d'approfondir sur plusieurs points notre recherche en tenant compte de publications récentes, comme les lettres de Martin Heidegger à son épouse Elfride, qui jettent des lumières nouvelles sur l'antisémitisme viscéral du personnage. Nous avons diffusé, dans plusieurs articles, entretiens ou réponses[2], les résultats de ces nouvelles recherches, mais le moment semble venu d'en effectuer une synthèse de nature à compléter notre livre.

À mesure que les révélations se sont multipliées sur la durée et la gravité de l'implication nazie de Heidegger, nombre de ses défenseurs se sont efforcés de dissocier toujours davantage l'homme et l'œuvre,

---

1. On trouvera en annexe de cette préface la bibliographie des principaux comptes rendus parus sur notre ouvrage de mars 2005 à septembre 2006, ainsi que des articles, entretiens et réponses qui prolongent notre livre et que nous avons publiés depuis sa parution.

2. Voir la bibliographie qui fait suite à cette préface.

et de soutenir que son engagement politique dans le nazisme ne remettait pas en question son œuvre « philosophique ». Aussi avons-nous consacré notre livre à démontrer que la question du nazisme de Heidegger ne concerne pas seulement la compromission politique de l'homme, mais également les fondements mêmes de son enseignement et de son œuvre. Entre l'introduction et la conclusion de notre livre, les neuf chapitres d'analyses critiques s'appuient sur tout un ensemble de textes dont l'examen montre que le nazisme pénètre jusqu'à la racine de l'œuvre heideggérienne.

Ce travail accompli, il est maintenant nécessaire, à la lumière, notamment, des lettres récemment découvertes, de faire retour sur le personnage. En effet, Heidegger ne s'est pas simplement rallié au nazisme par opportunisme, mais il s'est identifié au projet raciste et exterminateur mis à exécution par Hitler. Comme nous allons le montrer, les textes publiés ou découverts depuis la parution de notre livre révèlent en lui un antisémitisme viscéral et un goût de la violence meurtrière – confirmés par son appel à l'extermination *(Vernichtung[1])* – qui sont indignes d'un philosophe.

Après la défaite du IIIe Reich, Heidegger est mis en cause pour « les dommages effrayants qu'il a causés à l'université » et pour « son antisémitisme », par la commission de professeurs de Fribourg chargée de statuer sur les cas les plus graves[2]. Il lui est « interdit

---

1. Nous avions généralement traduit dans la première édition de notre livre le mot *Vernichtung* par « anéantissement ». Nous le traduisons ici par « extermination », terme plus usuel en français pour rendre par exemple le mot *Vernichtungslager*, ou « camp d'extermination », mais les deux traductions sont également possibles.

2. Lettre de Friedrich Oehlkers à Karl Jaspers du 22 décembre 1945, publiée dans *Martin Heidegger, Correspondance avec Karl Jaspers*, Paris, Gallimard, 1996, p. 419.

d'enseigner et de participer à toute activité universitaire », interdiction qui sera maintenue jusqu'en 1951. La commission a suivi les recommandations de Karl Jaspers, qui avait préconisé de suspendre son enseignement durant plusieurs années, étant donné notamment « sa manière de penser non libre, dictatoriale, dépourvue de communication[1] », mais de favoriser son « travail ». Or Heidegger s'est très habilement servi de cette dissociation illusoire entre son enseignement et son « œuvre » pour publier ses cours nazis sous couvert de son « œuvre ». En effet, il a commencé, dès 1953, à éditer les cours et écrits dans lesquels il célèbre la domination et la « grandeur » du mouvement national-socialiste, et, une fois assuré de sa renommée, il a programmé la publication, après sa mort, de son « œuvre intégrale » *(Gesamtausgabe)*, en y incluant les cours les plus ouvertement nazis et en réintégrant dans ses écrits des années 1930 et 1940 les passages qu'il avait supprimés parce que jugés d'abord trop compromettants. Que cache ce double jeu ? Quelle est sa stratégie ? Qui est donc véritablement Heidegger ?

Il faut aujourd'hui faire toute la lumière sur ces questions. Il faut aussi réévaluer sa responsabilité, non seulement dans le ralliement des Allemands à Hitler en 1933, où l'influence des discours du recteur Heidegger est établie de longue date, mais aussi dans la préparation des esprits au processus qui va conduire à la politique d'expansion militaire du nazisme et à l'extermination des Juifs d'Europe. D'où les précisions qui suivent :

---

1. *Ibid.*, p. 420.

1) L'antisémitisme de Heidegger dans ses lettres à Elfride

Nous savons depuis peu avec quelle précocité s'est exprimée l'intensité du racisme et de l'antisémitisme de Heidegger. Dès 1916, il écrit à sa fiancée Elfride :

> L'enjuivement de notre culture et des universités est en effet effrayant et je pense que la race allemande devrait trouver suffisamment de force intérieure pour parvenir au sommet[1].

On retrouve le même thème et le même vocabulaire sous la plume de Hitler, qui parle dans *Mein Kampf* des « universités enjuivées[2] ». Et les lettres de Heidegger à Elfride sont truffées de remarques antisémites odieuses, comme par exemple lorsqu'il écrit, le 12 août 1920 : « tout est submergé par les juifs et les profiteurs[3] », ou lorsque, dans une lettre du 12 mars 1933, il déplore le fait que Jaspers, un homme « purement allemand, à l'instinct le plus authentique, qui perçoit la plus haute exigence de notre destin et qui en voit les tâches, demeure lié à sa femme », qui est juive. Il poursuit en reprochant à Jaspers de penser « assurément trop en

---

1. « Die Verjudung unsrer Kultur u. Universitäten ist allerdings schreckerregend u. ich meine die deutsche Rasse sollte noch soviel innere Kraft aufbringen um in die Höhe zu kommen » (Lettre du 18 octobre 1916, *« Mein liebes Seelchen ! », Briefe Martin Heideggers an seine Frau Elfride 1915-1970*, éditées et commentées par Gertrude Heidegger, Munich, 2005, p. 51).
2. « ... auf den verjudeten Universitäten » (Adolf HITLER, *Mein Kampf*, 11ᵉ édition, Munich, 1932, p. 184 ; trad. fr., Nouvelles Éditions Latines, s.d., p. 169).
3. « ... alles ist überschwemmt von Juden u. Schiebern » (HEIDEGGER, *« Mein liebes Seelchen ! », op. cit.*, p. 112).

fonction de l'humanité »[1]. Pour Heidegger, être « purement allemand » implique donc de rompre avec toute
attache juive, même s'il s'agit de sa propre femme, et
de récuser toute référence à l'humanité !

Cependant, au lieu de militer ouvertement comme
Hitler à la tête d'un parti, Heidegger va organiser de
façon souterraine sa conquête des esprits. Dès 1922,
il organise avec sa femme Elfride sa retraite de Todtnauberg où, de sa hutte nichée dans les hauteurs à côté
d'une auberge de jeunesse, il convie ses étudiants à des
veillées et randonnées, déléguant à Elfride – comme le
révèle le témoignage de Günther Anders – la tâche de
les attirer vers les mouvements de jeunesse nationaux-
socialistes. En 1930, Elfride posera sur la table de la
hutte *Mein Kampf* de Hitler, en ordonnant à l'élève
de Heidegger, Hermann Mörchen : « Vous devez lire
cela[2] ! » Et c'est à Todtnauberg que le recteur Heidegger organise, en octobre 1933, son premier camp
d'endoctrinement, avec marche depuis Fribourg en
uniforme de la SA ou de la SS. Il y fait donner des cours
de doctrine raciale et procède lui-même à la sélection
des plus aptes.

Entre-temps, Heidegger a poursuivi son ascension
universitaire : après avoir courtisé le philosophe Husserl, il n'hésite pas à rompre avec lui deux mois après
avoir obtenu sa chaire de Fribourg. La même année
1928, il tente en vain d'imposer, comme son succes-

---

1. « Es erschüttert mich, wie dieser Mensch urdeutsch u. mit
dem echtesten Instinkt u. der höchsten Forderung unser Schicksal
u. die Aufgaben sieht u. doch gebunden ist durch die Frau… »,
« … In dieser Hinsicht denkt Jasp. allerdings zu "menschheit-
lich…" » (*ibid.*, p. 185-186).
2. « Das müssen Sie lesen ! » Le témoignage de Mörchen est cité
par Thomas Rentsch dans *Martin Heidegger. Das Sein und der Tod*,
Piper, Munich-Zurich, 1989, p. 163.

seur à l'université de Marburg, Alfred Baeumler, son compagnon de route des premières années du nazisme. Ce dernier sera, avec Goebbels, le maître de cérémonie du grand autodafé de livres à Berlin de mai 1933.

2) Mort et sacrifice de soi dans Être et temps et dans Mein Kampf

En 1927, pressé de publier pour succéder à Husserl, Heidegger édite le livre qui fera sa renommée : *Être et temps*, dans lequel il proclame sa volonté de « détruire » la tradition philosophique occidentale et promeut une conception de l'existence où la conscience individuelle et réflexive *(Bewußtsein)* est totalement récusée. L'auteur passe insidieusement du descriptif à la formulation d'un véritable programme, et, du § 53 sur la mort au § 74 sur le destin historique de la communauté à cet égard indissociables, il parvient à imposer comme seul mode d'existence « authentique » le devancement de la mort et l'abandon, le sacrifice de soi *(Selbstaufgabe)* au profit de la communauté, du peuple, et en vue de la « poursuite du combat ». Cette façon de lier le renoncement à soi de « l'être-vers-la-mort » et l'affirmation du destin commun dans la totalité indivise de la communauté reprend structurellement les thèses de Hitler au chapitre de *Mein Kampf* intitulé « Peuple et race », où est exaltée sur plusieurs pages la « capacité qu'a l'individu de se sacrifier pour la totalité, pour ses semblables[1] ».

Or, sous l'influence des premières lectures de Levinas et de Sartre, on a longtemps lu, notamment en France, *Être et temps* « avec les yeux de Kierkegaard », pour

---

1. « die Aufopferungsfähigkeit des einzelnen für die Gesamtheit, für seine Mitmenschen »… (Adolf HITLER, *Mein Kampf*, *op. cit.*, p. 327).

reprendre une expression récente de Jürgen Habermas[1]. L'on a donc cru, bien à tort, y trouver une philosophie de l'individualité humaine, alors que Heidegger récuse, au § 74, toute référence à des destins individuels. Plus perspicaces, plusieurs philosophes allemands, de Karl Löwith et Günther Anders à Theodor Adorno, ont su développer une critique remarquable de la réduction heideggérienne de l'existence à l'abandon, au sacrifice de soi, au suicide moral de la *Selbstaufgabe*, présentée par Heidegger comme la « possibilité la plus extrême » de l'existence. Anders remarque ainsi que « l'"existence", selon Heidegger, commet *un suicide qui dure toute la vie*[2] ». Quant à Adorno, il a bien perçu que, chez Heidegger, le rapport à la mort n'est plus celui de la méditation ni de la pensée. Foncièrement discriminatoire, l'« authenticité » dans le sacrifice de la mort ne relève donc plus de la philosophie : elle n'est accordée qu'à ceux qui sont dans « la faveur de l'être »[3].

3) Le racisme dans les cours de 1927 à 1934

La même année qu'*Être et temps*, Heidegger s'emploie, dans son cours du semestre d'été 1927, à détruire

---

1. « Ich hatte *Sein und Zeit* mit den Augen Kierkegaards gelesen » (J. HABERMAS, *Zwischen Naturalismus und Religion. Philosophische Aufsätze*, Francfort, Suhrkamp, 2005, p. 23). La remarque se trouve au cœur d'un témoignage capital de Habermas sur le choc qu'il a ressenti en découvrant, en 1953, le cours aux accents *völkisch* de 1935 : *Introduction à la métaphysique*.

2. « … belegt Heideggers "Existenz" *lebenslangen Selbstmord* » (Günther ANDERS, *Über Heidegger*, Munich, Beck, 2001, p. 94). L'ouvrage contient par ailleurs une mise en parallèle d'une grande acuité entre Heidegger et Hitler.

3. Voir Theodor ADORNO, *Jargon der Eigentlichkeit*, Francfort, Suhrkamp, 1965, p. 110. Adorno s'appuie à la fois sur *Être et temps* et sur la Postface de 1943 à *Qu'est-ce que la métaphysique ?*

la notion de genre *(genos)* humain, en remplaçant abusivement le *genos* grec par les mots « lignée, souche » et en parlant désormais des « souches » au pluriel, de sorte qu'il n'est plus question de genre humain universel. Quant à son antisémitisme, il continue à s'affirmer dans ses lettres. Le 2 octobre 1929, dans une missive secrète au conseiller Schwoerer, il s'en prend à ce qu'il n'hésite pas à nommer « l'enjuivement croissant de la vie spirituelle allemande, au sens propre et au sens figuré ». Et dès l'hiver 1929-1930, dans le cours intitulé *Les concepts fondamentaux de la métaphysique*, il récuse « l'imbroglio politique » de son temps, ce qui revient à rejeter la République démocratique de Weimar, et il appelle à « être dur ». Dans le même cours, il abandonne la question philosophique « qu'est-ce que l'homme ? » pour la question « qui sommes-nous ? ». En 1933-1934, il précise dans ses cours que le « nous » en question ne saurait désigner que le peuple allemand, le seul selon lui à avoir encore un « destin ». À cette même date, il révèle dans un séminaire la signification raciale qu'il accorde au mot « peuple », en se référant à « l'unité du sang et de la souche » et à la « race », pour définir la « santé du peuple ».

4) *L'apologie de la violence et de l'extermination*

Mais Heidegger n'est pas seulement un homme habité par le racisme : il faut également souligner son goût de la violence destructrice et son appel public à une politique d'extermination. Dès 1931, il confie à l'un de ses étudiants qu'il place tous ses espoirs dans l'instauration d'une dictature national-socialiste et affirme qu'il ne faut pas reculer devant l'assassinat des principaux opposants politiques dont les nazis ont déjà dressé la liste. En 1932, il vote en secret pour le parti nazi. Le 7 mars 1933, dans une lettre inédite à la veuve du philosophe Max Scheler, il fait sienne la sentence de Hitler : « la terreur ne peut être brisée que par la terreur », et donne en exemple à la jeunesse allemande la vie de Horst Wessel[1], ancien proxénète devenu membre actif des « sections d'assaut » (SA) national-socialistes, mort dans une rixe politique, et dont les nazis avaient fait un héros au point de baptiser leur hymne de son nom : le *Horst-Wessel-Lied*[2].

Lorsque Hitler parvient au pouvoir, le recteur social-démocrate de l'université de Fribourg est contraint à la démission et Heidegger se fait élire à sa place. Puis, en vertu de la nouvelle constitution universitaire qu'il a contribué à mettre en place et qui supprime toute élection démocratique, il devient, le 1er octobre 1933, le premier recteur-*Führer* directement nommé par le ministère national-socialiste. En novembre 1933, le recteur Heidegger appelle le peuple allemand à voter pour Hitler, dans une profession de foi publiée ensuite en cinq langues, avec une souscription dont il exclut les « non-aryens ». Et dans son cours, il radicalise davantage son propos en donnant pour but à ses étudiants

1. « Hitler hat einmal gesagt : "Terror kann nur durch Terror gebrochen werden." […] Sehen Sie das Leben eines jungen Maenschen in Horst Wessel und Sie werden erfahren, die inmitten der wüstesten Wirklichkeit Herz und Geist sich erhalten, indem sie sich neu bilden wollen. » Texte inédit en allemand, fonds Max Scheler, Université du Nouveau-Mexique. Nous remercions Ian D. Thomson de nous avoir procuré une photocopie de la lettre manuscrite.

2. À peine admis dans ses fonctions, le recteur Heidegger organise le déroulement de la « fête du travail » du 1er mai 1933, avec chant du *Horst-Wessel-Lied* (GA 16, 83). Les nazis se serviront de cette « fête du travail » dévoyée pour arrêter le même jour tous les dirigeants syndicaux.

« l'extermination totale » *(völlige Vernichtung)*[1] de l'ennemi intérieur, c'est-à-dire l'extermination des Juifs assimilés et des opposants politiques. Pour ses auditeurs, la visée meurtrière est très claire. En effet, Heidegger prend soin de reprendre la même expression féroce que les ligues d'étudiants nazis de Fribourg lorsque, deux jours avant les premiers autodafés déclenchés dans tout le Reich, elles appelaient à « l'extermination totale *(völlige Vernichtung)* du judéo-bolchevisme », par « le feu de l'extermination » *(das Feuer der Vernichtung)*[2].

5) La suppression des bourses aux étudiants juifs et leur octroi aux étudiants SA et SS

Heidegger met en œuvre avec détermination la discrimination antisémite préconisée par les nazis. Il institue la sélection raciale au commencement des études, en décrétant l'entrée en vigueur du « nouveau droit des étudiants », qui institue un *numerus clausus* antisémite. Il prononce en outre l'éloge de ce « droit » antisémite dans son discours de rectorat du 27 mai 1933.

À cela s'ajoute un texte accablant : la directive du 3 novembre 1933 par laquelle le recteur Heidegger ordonne de ne « plus jamais » accorder de bourse aux

---

1. « ... mit dem Ziel der völligen Vernichtung » *(Sein und Wahrheit*, GA 36/37, 91). Sur ce texte terrible de Heidegger, voir la mise au point de Reinhard LINDE, « Das Stehen gegen den Feind », dans *Bin ich, wenn ich nicht denke ?*, Centaurus Verlag, Herbolzheim, 2003, p. 300 *sq.*

2. *Breisgauer Zeitung*, 8 mai 1933. Nous citons le texte entier au chapitre 2.

« étudiants juifs ou marxistes »[1]. Désormais, les bourses seront attribuées en priorité aux « étudiants qui, durant les années précédentes, ont pris place dans la SA, la SS ou dans les ligues de défense en lutte pour l'insurrection nationale[2] ». Heidegger précise même ce qu'il faut entendre par « étudiants juifs » : ceux qui sont « de souche non aryenne » au sens des lois antisémites instituées en avril 1933[3]. Cette directive terrible est généralement passée sous silence. Depuis Schneeberger[4], seul Raoul Hilberg la mentionne à deux reprises dans *La Destruction des juifs d'Europe*, comme un exemple particulièrement marquant de mise en œuvre de la politique raciste des nazis, mais aucun « spécialiste » français de Heidegger ne l'évoque, et Hermann Heidegger ne l'a pas rééditée au tome XVI de la *Gesamtausgabe* où elle aurait dû figurer.

6) Conception raciste de la « vérité » et hitlérisme proclamé

Dans le cours de l'hiver 1933-1934, qui s'intitule *De l'essence de la vérité*, Heidegger pervertit dans un sens raciste le concept de vérité. Il identifie en effet expli-

---

1. « Dagegen dürfen an jüdische oder marxistische Studierende Vergünstigungen nicht mehr gegeben werden » (*Freiburger Studentenzeitung*, 3 nov. 1933, p. 6).
2. « Studierende, die in den letzten Jahren in der SA, SS, oder Wehrverbänden im Kampfe um die nationale Erhebung gestanden haben... » *(ibid.)*.
3. « Jüdische Studierende obiger Anordnung sind Studierende nichtarischer Abstammung im Sinne des § 3 des Gesetzes zur Wiederherstellung des Berufsbeamtentums... » *(ibid.)*.
4. Guido SCHNEEBERGER, *Nachlese zu Heidegger*, Berne, 1962, p. 137.

citement la vérité au combat pour l'affirmation de soi
d'un peuple et d'une race et, reprenant publiquement le
projet raciste confié à Elfride dès 1916, il parle maintenant, dans ses cours, de

> conduire les possibilités fondamentales de l'essence de
> la souche originellement germanique jusqu'à la domina-
> tion[1].

C'est exactement le programme et le lourd jargon de
Hitler que Heidegger reprend ainsi. Dans *Mein Kampf*,
le Führer de la NSDAP assigne en effet au Reich allemand la tâche

> non seulement de rassembler et de préserver les réserves
> les plus précieuses de ce peuple en éléments raciaux origi-
> nels, mais de les conduire lentement et sûrement jusqu'à
> une position dominante[2].

L'hitlérisme de Heidegger s'exprime désormais
sans détour : il s'agit, dit-il, d'effectuer une « mutation
totale » dans l'existence de l'homme, selon « l'éducation pour la vision du monde national-socialiste »
inculquée dans le peuple par les discours du *Führer*[3]. Et
Heidegger de valoriser les discours de Hitler, au point
de comparer leur force de persuasion à l'éloquence des
discours des anciens Grecs réunis par Thucydide dans

---

1. HEIDEGGER, *Gesamtausgabe*, volume 36/37, p. 89 [désormais
GA 36/37, 89].

2. « Das deutsche Reich soll […] aus diesem Volke die wert-
vollsten Bestände an rassischen Urelementen nicht nur zu sammeln
und zu erhalten, sondern langsam und sicher zur beherrschenden
Stellung emporzuführen » (Adolf HITLER, *Mein Kampf, op. cit.*,
p. 439).

3. *Ibid.*, p. 225.

son *Histoire du Péloponnèse*[1] ! Mesure-t-on quel degré de radicalisme nazi et d'imprégnation hitlérienne il faut avoir atteint pour mettre sur le même plan, comme le fait Heidegger, les éructations hystériques du *Führer* et la rhétorique accomplie des discours rapportés par Thucydide ? Heidegger lui-même n'hésite pas à prononcer, durant son rectorat, des discours et même des allocutions radiodiffusées dont le vocabulaire et les accents ne dépassent guère le niveau d'un discours de Gauleiter nazi[2]. On comprend que l'un de ses auditeurs de l'époque se soit exclamé, après avoir écouté Heidegger : c'était « Hitler en chaire » !

7) La justification de la politique nazie d'expansion du peuple allemand

Parmi les textes les plus inquiétants que nous ayons découverts après la publication de notre livre, figure un long développement sur l'espace du peuple allemand, qui justifie à l'avance la politique d'expansion et d'annexion à l'Est que Hitler va mettre en œuvre. S'appuyant sur le concept d'« espace vital » *(Lebensraum)* cher aux nazis, il évoque les Allemands dont le pays natal *(Heimat)* est allemand, mais qui, parce qu'ils habitent au-delà des frontières du Reich – par exemple en Silésie ou dans les Sudètes –, n'appartiennent pas

---

1. Il s'agit d'un développement du séminaire inédit de l'hiver 1933-1934 pour lequel nous ne disposons pas du texte allemand, mais qui est résumé par Theodore KISIEL dans « In the Middle of Heidegger's Three Concepts of the Political », *Heidegger and Practical Philosophy*, éd. par François Raffoul et David Pettigrew, New York, 2002, p. 151.

2. Voir le final du discours du 25 novembre 1933, « Der deutsche Student als Arbeiter », diffusé par la Südwestdeutsche Rundfunk, de Fribourg à Francfort (GA 16, 208 et 795).

à l'État allemand, et il affirme que ces Allemands sont ainsi privés de leur être propre. Il faut donc étendre l'espace du Reich, afin qu'il coïncide avec l'espace supposé « naturel » du peuple allemand, qui inclut tous les lieux où séjournent des Allemands.

Mais qu'en sera-t-il lorsque, sous ce prétexte, les Allemands auront annexé au IIIe Reich d'immenses territoires à l'Est, incluant notamment toute une partie de la Pologne ? Heidegger introduit un principe discriminatoire particulièrement redoutable entre le peuple allemand, les peuples slaves et les Juifs qui, parce qu'ils sont en Europe sans enracinement dans un sol ou un espace propre, parce qu'ils sont sans terre, sont désignés par lui comme des « nomades sémites ». Il commence par affirmer que les « nomades » le sont en vertu de leur « être » propre et non de l'effet de leur environnement, ce qui implique qu'ils ne sauraient constituer un peuple, ayant droit comme tel à un espace naturel considéré comme son pays natal. Puis il soutient ceci : « la nature de notre espace allemand se manifesterait à un peuple slave autrement qu'à nous », et « il ne se manifestera sans doute jamais au nomade sémite », c'est-à-dire au Juif[1]. Cette façon terrible qu'a Heidegger d'ontologiser l'espace vital du peuple allemand rend évidemment impossible l'assimilation des Juifs dans l'espace supposé « naturel » des Allemands. C'est

---

1. « Einem slawischen Volke würde die Natur unseres deutschen Raumes bestimmt anders offenbar werden als uns, dem semitischen Nomaden wird sie vielleicht überhaupt nie offenbar » (HEIDEGGER, *Über Wesen und Begriff von Natur, Geschichte und Staat*, WS 1933-1934, protocole de la 8e séance du séminaire [texte inédit]). Au chapitre 5 de la présente réédition de notre livre, nous avons revu le passage correspondant en tenant compte de ce texte, dont nous ne disposions pas en 2005.

donc justifier par avance la politique nazie d'éradication des Juifs de tous les territoires conquis à l'Est.

8) L'apologie de l'extermination à l'automne 1941

Alors que les commandos de la SS, les *Einsatzgruppen* qui suivent l'avancée de la Wehrmacht, ont déjà entrepris, dès l'été 1941, d'exterminer les Juifs polonais, Heidegger rédige son cours sur « la métaphysique de Nietzsche ». Rejetant toute critique morale, il décrit froidement et légitime historiquement ce que le national-socialisme est en train d'accomplir : la lutte pour la domination inconditionnée sur la terre. Dans les chapitres sur le « surhomme » et sur la « justice », il insiste sur le fait qu'il ne s'agit pas seulement d'un conflit militaire, mais de « passer les êtres humains au crible, jusqu'au point de non-retour », en vue de façonner une nouvelle humanité « inconditionnée » qui s'empare de la domination de la terre et mette en œuvre la « sélection raciale ». Quant à la « *justice* », elle a perdu pour lui toute signification humaine, morale ou juridique. Elle exprime, écrit-il en citant Nietzsche, la « manière de pensée constructive, éliminatrice, exterminatrice »[1]. Et Heidegger de légitimer ce dévoiement du mot « justice », l'extermination *(das Vernichten)*, écrit-il, étant ce qui « assure […] contre la décadence »[2].

À cette date, il est certainement informé de ce qui se passe sur le front de l'Est, notamment par le public de ses cours, composé en grande partie de soldats blessés revenus du front. Très tôt, Heidegger a compris

---

1. « *Gerechtigkeit* als bauende, ausscheidende, vernichtende Denkweise », GA 50, 69.
2. GA 50, 70.

que la partie ne peut plus être gagnée par les armées du IIIᵉ Reich qui n'ont pu envahir l'Angleterre. Son cours se conclut par des phrases désabusées sur la situation historique des Allemands en regard de l'Empire britannique, qu'il prendra soin de retirer lors de l'édition de son *Nietzsche* en 1961, et ne rétablira que dans l'édition posthume du cours dans la *Gesamtausgabe*[1]. On trouve de même, dans son cours de l'année suivante, des propos virulents sur l'entrée en guerre des États-Unis contre le IIIᵉ Reich. Heidegger ne veut y voir que « le dernier acte américain de la perte de l'histoire et de la dévastation américaine[2] ». Il s'agit du cours sur Hölderlin intitulé *Der Ister*, où Heidegger prononce en outre, à deux reprises, l'éloge de la « singularité historique » *(geschichtlichen Einzigartigkeit)* du national-socialisme, et parle positivement de « la pensée politique actuelle » *(den heutigen politischen Denken)*, et cela en 1942[3] !

9) L'exaltation du feu destructeur

La rhétorique nazie du feu prend son origine dans un passage alors célèbre de *Mein Kampf*, lorsque, dans son chapitre sur « le peuple et la race », Hitler fait de l'Aryen « le Prométhée de l'humanité », celui qui allume le feu montrant à l'homme le chemin à gravir pour devenir le maître des autres êtres vivants, étant entendu pour lui que seul « l'Aryen » est créateur

---

1. Voir respectivement *Nietzsche* II, p. 266, où manquent les deux dernières phrases de la conclusion et GA 50, 82 où elles sont rétablies.

2. « ... der letzte amerikanische Akt der amerikanischen Geschichtslosigkeit und Selbstverwüstung » (GA 53, 68).

3. GA 53, 98 et 106.

de civilisation[1]. Cette nazification de Prométhée est odieuse et constitue une falsification de la figure du Titan grec. Cependant, le fait d'évoquer Prométhée dans l'Allemagne de l'époque prend désormais une signification hitlérienne et raciale. Or Heidegger met son discours de rectorat de mai 1933, dans lequel il n'hésite pas à évoquer « les forces de terre et de sang », sous le signe de Prométhée, ce qui, dans le contexte du temps, révèle son hitlérisme[2]. Par ailleurs, il manifeste une fascination constante pour le feu, considéré à la fois en tant qu'il éclaire et qu'il anéantit.

Très tôt, nous trouvons en effet chez Heidegger des métaphores énigmatiques et inquiétantes célébrant feu et bûchers, comme, dans un passage du cours de 1930-1931 sur Hegel, l'éloge de la vraie patience, « celle qui comprend que nous devons constamment dresser le bûcher avec du bois approprié et choisi, jusqu'à ce qu'il prenne feu enfin[3] ». En 1933, ces bûchers se nomment autodafés et, loin de les interdire, le recteur Heidegger préside la cérémonie nazie officielle pour la fête du solstice d'été qui se tient dans le stade de l'université de Fribourg le 24 juin. Prévue pour le 21 juin, mais retardée par une pluie persistante, cette fête est annoncée comme un grand « autodafé symbolique » par la Ligue de combat pour la culture allemande (KBDK) dans le journal nazi *Der Alemanne* du 20 juin 1933. Ces mêmes étudiants nazis de Fribourg, proches du recteur Heidegger, avaient déjà célébré, dans une proclamation datée du 8 mai 1933, la « flamme ardente » et le « feu

---

1. Adolf Hitler, *Mein Kampf, op. cit.,* p. 317-318.

2. GA 16, 112.

3. « … daß wir immerzu am Holzstoß mit rechtem und ausgesuchtem Holz bauen müssen, auf daß er einmal sein Feuer fange » (GA 32, 103-104 ; trad. fr., p. 124).

de l'extermination ». Or, c'est devant cet autodafé symbolique du 24 juin que Heidegger prononce son « discours du feu ». Il salue le feu et cette flamme qui, dit-il, nous « montre le chemin d'où il n'y a plus de retour ». Le feu a commencé de prendre, et Heidegger ne cessera plus de le célébrer.

Ainsi, dans le prologue de 1938 à la traduction française d'une anthologie de ses écrits – dans laquelle il avait tenté en vain d'obtenir de la NRF qu'y figure la traduction française de son discours de rectorat –, il parle de répandre « *l'éclat du feu* »[1]. Et en 1942, nous retrouvons l'appel au feu, placé cette fois au centre de son enseignement. Il consacre en effet son cours du semestre d'été 1942 à commenter l'hymne de Hölderlin *Der Ister*, et tout particulièrement son premier vers, plusieurs fois cité dans le cours : « *Jetzt komme, Feuer* » : « Viens maintenant, feu ! »[2]. Cet appel est tragiquement inquiétant, car, à l'été 1942, le feu qui crépite et s'élève est celui des camps d'extermination : Belzec, Sobibor… où les cadavres des victimes juives exterminées – et parfois même des enfants vivants – sont brûlés par milliers sur des brasiers géants. Heidegger continue alors à promouvoir ce qu'il nomme la « voix du peuple » et le « devenir-natal » *(das Heimischwerden)* du peuple allemand[3], et, au moment où s'accomplit dans le secret la « Solution finale », il célèbre l'appel au « feu » qui, à cette date, est celui de l'extermination sans retour.

1. Heidegger, « Prologue de l'auteur » à *Qu'est-ce que la méta-physique ?*, Paris, Gallimard, 1938, p. 8.
2. GA 53, 6 et 15.
3. GA 53, 24.

10) La responsabilité de Heidegger dans la politique de conquête et d'extermination du nazisme

Qu'en est-il exactement ? À la suite de Norbert von Hellingrath, mais de façon plus abusive encore, Heidegger réinterprète Hölderlin en un sens radicalement nationaliste et *völkisch*. Il prétend tirer de ce dernier, qualifié de « poète des Allemands », une mythologie politique exprimant la « voix du peuple » germanique. Or, dans ses cours sur Hölderlin du semestre d'hiver 1934-1935, Heidegger expose précisément le rôle qu'il entend jouer : entre le « poète » et le « créateur d'État », le « penseur » agit comme l'inspirateur du politique. Et nous avons montré, dans notre livre, que cette trilogie heideggérienne, constituée d'une « poésie » mythologisée, de la « pensée » et de l'action politique, correspond exactement à celle par laquelle Hitler conclut *Mein Kampf*.

En outre, le fait que *Heidegger enseigne, dès 1933, dans ses cours et séminaires, les trois principaux buts du nazisme : 1) la domination de la race originellement germanique ; 2) l'extermination totale de l'ennemi intérieur ; 3) l'expansion de l'espace vital du peuple allemand,* révèle jusqu'à quel degré d'inhumanité s'est élevée sa responsabilité morale et politique dans l'acceptation et la mise en œuvre de la politique de conquête et d'extermination des nazis.

Il y a vingt ans, les travaux remarquables de Hugo Ott et de Victor Farias avaient clairement établi la radicalité de l'implication personnelle de Heidegger dans le mouvement nazi. Aujourd'hui, les textes nouvellement disponibles nous montrent qu'en donnant, dans son enseignement même, une apparence de légitimité « philosophique » aux buts les plus dévastateurs et meurtriers du nazisme, Heidegger a endossé, à court et à long terme, une responsabilité personnelle bien plus grave encore que ce que l'on pouvait auparavant mesurer. Et il n'a pas manqué d'influencer les auditeurs, non seulement de ses discours et conférences, mais également de ses cours et séminaires des années 1930. Des auditeurs dont beaucoup, au début des années 1940, participeront aux campagnes du IIIᵉ Reich, notamment sur le front de l'Est.

11) *Le rôle de Heidegger dans la diffusion planétaire du nazisme*

En 1934-1935, dans son séminaire sur Hegel et l'État, Heidegger se présente comme celui qui, par son enseignement, donne l'orientation nécessaire pour que « l'État actuel », c'est-à-dire l'État nazi, continue de durer « au-delà des cent années à venir », par-delà la personne de Hitler. Par là même, il assume le rôle de *Führer* « spirituel » du mouvement national-socialiste, pour le présent et pour l'avenir.

Une fois le IIIᵉ Reich militairement battu, Heidegger modifie à nouveau sa stratégie. Il commence par disculper les responsables nazis de leurs crimes. Dans un texte publié en 1951, il affirme que les *Führer* ne sont pas ceux qui agissent, de sorte que « l'indignation morale » à leur égard est non seulement superflue mais constitue « la forme la plus fatale de l'appréciation que l'on continue à faire d'eux »[1] ! En même temps, il

---

1. GA 7, 92. Nous citons ici le § XXVI du texte intitulé « Überwindung der Metaphysik », publié séparément pour la première fois en 1951. Comme l'avait remarqué S. Vietta, et contrairement à ce qui est affirmé à tort par l'éditeur (GA 7, 90, note 1), ce texte n'a pas été écrit en 1939-1940, mais au plus tôt à l'automne 1942, puisqu'il se réfère à un prix décerné par la ville de Francfort au chimiste Kuhn le 28 août de l'année 1942 !

refuse d'admettre la victoire de 1945 contre le nazisme. Il répétera à l'envi que la Seconde Guerre mondiale n'a rien décidé, et il affirme que « la guerre […] se poursuit en temps de paix[1] ». De fait, dans ses écrits d'après 1945, et notamment ses diatribes particulièrement violentes contre la démocratie que l'on trouve dans ses cours de 1951-1952, il combat l'ordre mondial qui s'est reconstitué après la capitulation sans condition du nazisme et le compare, de façon menaçante pour notre futur, à la situation de l'Europe « entre 1920 et 1930 », donc peu avant la venue au pouvoir des nazis[2].

Heidegger procède cependant de manière nouvelle. Le volontarisme triomphant des années 1933-1936 et 1940-1941 n'est plus de mise. Sous une apparence faussement pacifiée, il entend désormais disqualifier, notamment dans son entretien posthume au *Spiegel*, toute intervention de l'homme dans l'histoire. Seule est préconisée, comme en 1930, l'attente : il s'agit de disposer les esprits à se laisser à nouveau subjuguer. Quant au national-socialisme, il est toujours célébré[3].

En refusant aux hommes, dans son entretien donné au *Spiegel*, toute capacité à agir positivement, en déniant toute valeur aux aspirations et aux efforts humains, en affirmant également que « la philosophie est à bout[4] », Heidegger poursuit et achève la destruction physique

---

1. GA 7, 91.
2. Heidegger, *Was heißt Denken?*, Tübingen, Niemeyer, 1971, p. 65; trad. fr., p. 108-110.
3. Voir son éloge, publié en 1953, de la « vérité interne et de la grandeur du mouvement » national-socialiste (GA 40, 208), et son approbation de la direction jugée « satisfaisante » prise par le nazisme dans l'entretien posthume au *Spiegel*.
4. « … die Philosophie ist zu Ende », « Spiegel-Gespräch mit Martin Heidegger », *Antwort. Martin Heidegger im Gespräch*, Pfüllingen, Neske, 1988, p. 100; trad. fr., *Réponses et questions sur l'histoire et la politique*, Mercure de France, 1977, p. 50.

et spirituelle de l'homme entreprise par le nazisme. Se plaçant à nouveau sous le signe de Hölderlin, dont nous avons vu quelle interprétation dévoyée et *völkisch* il propose, il prépare sourdement, sous le nom du « dieu » à venir, un nouvel avènement du national-socialisme, dont il continue à juger « satisfaisante » la direction originelle[1]. Heidegger pourra alors présenter les « chemins » tracés par son « œuvre intégrale » comme le seul recours...

Pour mesurer ce qui est en jeu, il ne faut pas seulement considérer l'influence de ses écrits dans un pays comme la France[2]. Il faut envisager leur diffusion planétaire et savoir par exemple que le discours de rectorat a été édité à cinq reprises en édition bilingue japonais/allemand de 1933 à 1941[3], ce qui montre l'impact considérable de son discours nazi dans le Japon militariste et fasciste alors allié du IIIe Reich ; que les principaux heideggériens d'Argentine des années 1970 ont soutenu la Junte militaire ; et qu'introduit en Iran par la figure inquiétante d'Ahmad Fardid, Heidegger est devenu, dès les années 1960, une source d'inspiration et une référence chez les plus radicaux des fondamentalistes[4].

---

1. « Der Nationalsozialismus ist zwar in die Richtung gegangen » (*ibid.*, p. 105 ; trad. fr., p. 61).

2. On mesure aujourd'hui à quel point Heidegger a été puissamment aidé dans son retour sur la scène publique après 1945 par le fait qu'en France, bien des auteurs, à commencer par Sartre, ont séparé complètement son engagement nazi et sa « pensée », au mépris des textes innombrables qui réfutent cette séparation.

3. Voir *Japan und Heidegger*, Thorbeke, Sigmaringen, 1989, p. 246.

4. Comme l'écrit le penseur iranien Daryush Shayegan, critique avisé de Heidegger et de Fardid : « Heidegger [...] est un mal qui ronge de l'intérieur l'esprit critique et toute la tradition des Lumières dont les pays comme les nôtres ont tant besoin » (« Heidegger et l'Iran », *Le Portique*, n° 18, 2e semestre 2006, p. 88).

C'est pourquoi, maintenant que nous disposons de suffisamment d'éléments pour prendre conscience de l'atrocité de ce que Heidegger a voulu nous transmettre, il ne nous est plus possible de voir en lui un philosophe. Il a sciemment tenté, par la diffusion planétaire de son « œuvre intégrale », toujours en cours de publication, de faire passer l'essentiel du nazisme dans la culture de l'après-1945. Aussi avons-nous voulu, par nos recherches, aider le public à voir plus clair dans cette entreprise, car nous avons aujourd'hui besoin, pour lui résister, d'une prise de conscience générale et d'un nouvel approfondissement de la pensée critique. C'est dans cet esprit que notre livre a été écrit.

Nous voudrions ajouter à cette préface un bref éclaircissement sur les conclusions de notre livre. Des esprits malveillants nous ont reproché de préconiser la censure, et même les autodafés, alors que nous n'avons jamais rien évoqué de tel. Lorsque nous avons écrit que l'œuvre de Heidegger méritait de figurer dans les bibliothèques d'histoire du nazisme et non dans celles de philosophie, c'était, outre la présence d'énoncés racistes et exterminateurs dans son « œuvre intégrale », parce que sa façon de reporter l'être à la « Patrie » et à l'« État *völkisch* », et de remplacer la question de l'homme par l'affirmation de soi de la souche germanique n'est pas d'un philosophe, mais bien d'un nazi. Concrètement, le déplacement du statut de l'œuvre de Heidegger vers l'effectivité de l'histoire du nazisme à laquelle elle a pris part si intimement ne signifie nullement une volonté de la faire interdire, mais au contraire de la lire avec une tout autre exigence et un tout autre discernement que ceux qui ont généralement cours depuis 1945. Il s'agit de tenir compte des enseignements de l'histoire et de tout ce que nous révèlent les textes encore inédits auxquels les ayants droit refusent l'accès.

Pour comprendre ce qu'a voulu transmettre Heidegger, il faut en effet confronter ses écrits à ceux des autres auteurs nazis comme par exemple Adolf Hitler, Walter Darré, Alfred Baeumler, Erik Wolf ou Carl Schmitt. Il faut aussi disposer d'une compréhension du nazisme entendu comme un « mouvement » *(Bewegung)* de destruction radicale de tout ce qui constitue l'être humain, plutôt que comme une simple idéologie politique[1]. C'est une nouvelle conjonction de la philosophie, de l'histoire et de la philologie que nous avons voulu mettre en pratique dans nos recherches. Sur cette base, il devient possible de voir clair dans les stratégies d'occultation et d'euphémisation utilisées par Heidegger pour rendre progressivement acceptables ses visées les plus discriminatoires et les plus destructrices. C'est dans cet esprit de complémentarité entre les exigences de l'histoire et de la critique philosophique, que nous avons appelé, dans les mêmes pages de nos conclusions, à des recherches plus approfondies. Depuis lors, nous avons réclamé l'ouverture des Archives Heidegger à tous les chercheurs[2].

---

1. Nous avons développé cette analyse dans plusieurs entretiens et articles, et comptons y revenir, car seule une compréhension plus adéquate du nazisme permet de dépasser la façon habituelle, mais insuffisante, de poser le « problème Heidegger » en termes de relation entre « idéologie » et « philosophie ».

2. Voir *Le Monde* du 5 janvier 2006. Cet appel a recueilli un nombre significatif de signatures, réunies par la revue allemande en ligne : theologie.geschichte, de l'Université de Saarland.

I. Principaux articles sur notre livre, parus de mars 2005 à septembre 2006 :

Roger-Pol Droit, « Les crimes d'idées de Schmitt et de Heidegger », *Le Monde des livres*, 25 mars 2005, p. VI.

Claude Jannoud, « Nazi ou pas ? Le cas Heidegger… », *Marianne*, 16 avril 2005, p. 72-73.

Nicolas Tertulian, « Coup de tonnerre dans le ciel heideggérien », *L'Humanité*, 28 avril 2005, p. 22-23.

Jérôme Garcin et Aude Lancelin, « Heidegger a-t-il été l'idéologue de Hitler ? », *Le Nouvel Observateur*, 28 avril 2005, p. 94-95.

Robert Maggiori, « Heidegger, l'impossible dialogue », *Libération Livres*, 5 mai 2005, p. VI-VII.

Roger Dadoun, « Débauche de la philosophie. Heidegger et l'antisémitisme », *Sciences de l'homme et société*, mai 2005, p. 48-53.

Georges-Arthur Goldschmidt, « Comment une philosophie est devenue nazie », *La Quinzaine littéraire*, 16 mai 2005, p. 18.

Jürg Altwegg, « Wirkt sein Gift bis heute ? Frankreich debattiert über Heidegger als Hitlers Philosoph », *Frankfurter Allgemeine Zeitung*, 21 mai 2005, p. 31.

Laure Helms, *Le Nouveau Recueil*, juin-août 2005, p. 188-189

David Rabouin, « Heidegger et la question du nazisme », *Le Magazine littéraire*, juin 2005, p. 24.

Michèle Cohen-Halimi, « Une trahison de la philosophie dès *Être et temps* », *ibid.*, p. 25.

Philippe Lacoue-Labarthe, « Nazi, par conviction profonde », *ibid.*, p. 25-26.

Jean-Michel Salanskis, « Garder la capacité de faire des distinctions », *ibid.*, p. 26.

Frediano Sessi, « Nel saggio "L'introduzione del nazismo nella filosofia", Emmanuel Faye si spinge oltre le tesi di Ott e Fariàs », *Corriere della Sera*, 3 juin 2005, p. 24.

Kurt Flasch, « Er war ein nationalsozialistischer Philosoph », *Süddeutsche Zeitung*, 14 juin 2005, p. 16.

Catherine Malabou, Lettre à *La Quinzaine littéraire*, 16 juin 2005, p. 29.

Joseph Hanimann, « Grundsatzdebatte auf schmaler Basis », *Frankfurter Allgemeine Zeitung*, 20 juin 2005, p. 41.

Thomas Meyer, « Denker für Hitler? », *Die Zeit*, 21 juin 2005, p. 40.

Walter Hanser, « Eine Wurzelbehandlung », *Junge Welt*, 27 juin 2005.

Dieter Thomä, « Alle zwanzig Jahre Wieder. Eine neue französische Debatte über Heidegger und den Nationalsozialismus », *Neue Zürcher Zeitung*, 30 juin 2005.

François Gachoud, « Heidegger ou "Heil Hitler!"? », *La Liberté*, 9 juillet 2005, repris dans *Le Courrier*, 26 juillet 2005.

Martina Meister, « Der Jargon der uns spricht », *Frankfurter Rundschau online*, 30 juillet 2005.

Luc Ferry, « Heidegger, le salaud génial », *L'Histoire*, septembre 2005, p. 21-22.

Rémi Durel, *Le Monde diplomatique*, septembre 2005, p. 31.

Henning Ritter, « Aus dem eigenen Dasein sprach schon das Deutsche », *Frankfurter Allgemeine Zeitung*, 29 octobre 2005, p. 45.

Gabriele Meierding, « Martin Heidegger : Die Sucht nach Größe », *Spiegel Online*, 6 novembre 2005.

Bernhard H.F. Taureck, « Martin Heidegger und das Ende einer Hermeneutik der Unschuldigsprechung »,

Freitext, Kultur- und Gesellschaftsmagazin, avril 2006, p. 41.

Georges LEROUX, « Être et faute », *Le Devoir* (Montréal), 29 avril 2006.

Livia PROFETI, « Lo sciamano che fa ammalare », *Left*, 7 juillet 2006, p. 66.

Marco FILONI, *Il Riformista*, 14 juillet 2006, p. 8.

Hourya FONTNOVA, *Cahiers pour l'analyse concrète*, n° 57-58, p. 89-117.

Charles MOREROD, « Deux livres qui mettent en question Heidegger », *Nova et Vetera*, juillet-août-septembre 2006, p. 95-102.

II. Articles, entretiens et réponses prolongeant notre livre, que nous avons publiés depuis sa parution :

1. Articles :

« Wie die Nazi-Ideologie in die Philosophie einzog »[1], *Die Zeit*, 18 août 2005, p. 40.

« Pour l'ouverture des archives Heidegger », *Le Monde*, 5 janvier 2006, p. 22.

« Nazi Fundations in Heidegger's Work », *South Central Review*, The Johns Hopkins University Press, printemps 2006, p. 55-66.

« Les fondements nazis de l'œuvre de Heidegger », conférence et discussion, *L'Enseignement philosophique*, janvier-février 2006, p. 30-66.

« La croyance *völkisch* de Martin Heidegger », *Cahiers critiques de philosophie*, n° 2, avril 2006, p. 161-165.

---

1. Le titre de l'article n'est pas de nous, mais de la rédaction. Nous évitons, en effet, de parler du nazisme en termes d'idéologie.

2. Entretiens :

« L'urgence d'une prise de conscience », entretien avec Lucien Degoy, *L'Humanité*, 28 avril 2005, p. 22.

« Une œuvre antisémite », entretien avec Aude Lancelin, *Le Nouvel Observateur*, 28 avril 2005, p. 96.

« Heidegger ou la traversée de la nuit. Questions à Emmanuel Faye », entretiens avec Gaëtan Pegny, Béatrice Fortin et Michèle Cohen-Halimi, *Le Bateau fantôme*, n° 5, *La Nuit*, automne 2005, p. 8-36.

« Heidegger, philosophe nazi ? » entretien avec Stéphane Zagdanski, *After, Culture & Cie…*, décembre/janvier 2006, p. 32-34.

« Heidegger fait sien le culte de la violence et de la mort », entretien avec Roger-Pol Droit, *Le Point*, 29 juin 2006, p. 87-88.

3. Réponses :

« Heidegger und der Nationalsozialismus », réponse à Jürg Altwegg, *Frankfurter Allgemeine Zeitung*, 4 juin 2005, p. 9.

« Heidegger für Hitler, eine Hypothese », *Die Presse*, 17 juin 2005.

« Heidegger und die Nationalsozialisten. Eine Antwort an Thomas Meyer », publié par la *Gesellschaft für Philosophie und Wissenschaft*, mis en ligne le 24 août 2006.

« Violence du déni », réponse à Catherine Malabou, *La Quinzaine littéraire*, 16 septembre 2005, p. 30.

« Vérité historique et débat d'idées », réponse à François Fédier, *Le Point*, 6 juillet 2006, p. 88.

« Riposta a Marco Filoni sul Libro di Studi dedicato al Pensatore Tedesco e la sua Compromissione », *Il Riformista*, 22 juillet 2006, p. 8.

Avant-propos

Nous n'avons pas encore pris toute la mesure de ce que signifie la propagation du nazisme et de l'hitlérisme dans la « pensée », cette lame de fond qui s'empare progressivement des esprits, les domine, les possède et supprime en l'homme toute notion de résistance. La victoire des armes ne fut qu'une première victoire, certes vitale et qui coûta à l'humanité une guerre mondiale. Aujourd'hui se déroule une autre bataille, plus longue, plus sourde, mais où est en jeu l'avenir de l'espèce humaine. C'est dans tous les domaines de la pensée, de la philosophie jusqu'au droit et à l'histoire, qu'une prise de conscience est nécessaire.

Qu'il s'agisse de Heidegger, de Schmitt, de Jünger à plus d'un égard ou de Nolte, ces principaux diffuseurs du nazisme dans la vie des lettres ont pris le temps d'affiner leur stratégie de reconquête après la défaite des armées du Reich hitlérien. Par un jeu d'occultation des vraies causes, de dilution des responsabilités dans une mondialisation des approches, de disqualification de la pensée humaniste et des valeurs universelles, de mythologisation de soi dans la figure du « berger de l'être », de l'« Épiméthée chrétien », de l'« anarque », du théoricien du « droit historique », ces auteurs ont instrumenté la philosophie, le droit, les lettres et l'histoire, en les mettant au service de la « révision » et finalement de la réhabilitation des fondements du nazisme.

Parmi eux, certains ont progressivement conquis une audience planétaire auprès d'un public qui, le plus souvent, ne réalise pas ce qui se joue à long terme dans cette conquête des esprits. Il est vrai que les lignes de front de ce combat ne se lisent sur aucune carte. Il n'y a pas de géopolitique de l'esprit, même si l'inflation des ouvrages apologétiques ou trop complaisants permet de mesurer l'ampleur de la propagation.

Cependant, des foyers de critique et de résistance sont progressivement apparus dans de nombreux pays. Pour Heidegger, sur lequel porte ce livre, les critiques les plus incisives se sont élevées tant en Europe que sur le continent américain, depuis que Karl Löwith avait su voir et dire, dès 1947, qu'il était « plus radical que MM. Krieck et Rosenberg », deux piliers du régime nazi, mais qui, moins habiles et plus triviaux, n'avaient pas vu leur réputation survivre à la défaite du IIIᵉ Reich.

En outre, de nouveaux documents et des recherches menées plus en profondeur permettent aujourd'hui de voir à quel point Heidegger s'est consacré à mettre la philosophie au service de la légitimation et de la diffusion des fondements mêmes du nazisme et de l'hitlérisme. C'est pourquoi nous avons voulu rendre accessibles au public, extraits du fonds des inédits de Heidegger, certains des moments les plus significatifs de séminaires professés durant les années 1933-1935. Seulement connus d'une poignée de chercheurs, quelques-uns de ces textes constituent en effet de véritables cours d'éducation politique au service de l'État hitlérien, et vont jusqu'à identifier la différence ontologique entre l'être et l'étant avec la relation politique entre l'État et le peuple, tandis que d'autres envisagent, explicitement, les moyens de prolonger, sur le long terme, l'« esprit » du nazisme. En rendant publics

*ces extraits, nous n'avons rien voulu d'autre que servir
le droit à la vérité historique et philosophique.*

Nous avons également pris appui sur les discours,
les conférences et les cours de ces mêmes années,
récemment parus en Allemagne, et qui ne peuvent
être actuellement consultés que par des lecteurs ger-
manophones. Ces textes, publiés aux tomes 16, 36/37 et
38 de l'œuvre dite « intégrale », n'ont rien à envier, par
leur racisme et leur virulence national-socialiste, aux
écrits des autres « philosophes » officiels du nazisme
tels qu'Alfred Baeumler ou Hans Heyse. Ils s'en distin-
guent même par l'intensité de leur hitlérisme, qu'aucun
autre « philosophe » du régime n'a égalé. Malgré cela,
ces textes hitlériens et nazis de Heidegger sont aujour-
d'hui présents dans les rayonnages des bibliothèques
publiques de philosophie. La gravité de cette situation
exige une nouvelle prise de conscience.

Sans jamais dissocier la réflexion philosophique et
l'investigation historique indispensable, nous avons
voulu allier l'établissement et l'analyse des sources
historiques et textuelles, comme ont su le faire les
historiens Hugo Ott et Bernd Martin (ainsi que Guido
Schneeberger et Victor Farias), à la critique philosophique de Heidegger, qui a été développée par une
succession d'auteurs aussi différents qu'Ernst Cassirer, Benedetto Croce, Karl Löwith, Theodor Adorno,
Günther Anders, Hans Blumenberg, Jürgen Habermas,
Ernst Tugendhat, Éric Weil, Reiner Marten, Nicolas
Tertulian, Jeffrey Barash, Domenico Losurdo, Arno
Münster, Richard Wolin, Tom Rockmore, Thomas Sheehan ou Herman Philipse, pour ne citer que quelques
noms parmi les plus significatifs.

Ce livre propose cependant une compréhension nouvelle de ce que Heidegger a réalisé. À l'aide de textes
peu connus hors de l'espace germanophone ou même

inédits, et en tenant compte de la doctrine de ceux dont il a voulu s'entourer, le « philosophe » Erich Rothacker, l'historien Rudolph Stadelmann et le juriste Erik Wolf, nous entendons prouver que la question des rapports de Heidegger au national-socialisme n'est pas celle de la relation entre l'engagement personnel d'un homme qui se serait temporairement fourvoyé et une œuvre philosophique demeurée presque intacte, mais bien celle de l'introduction délibérée des fondements du nazisme et de l'hitlérisme dans la philosophie et dans son enseignement.

En démontrant cela, nous n'avons pas voulu ajouter à la renommée de Heidegger en la rendant plus sulfureuse encore. Nous ne souscrivons pas à la thèse d'un Heidegger « penseur » du nazisme, car, au lieu de nous éclairer, il n'a fait que mêler l'opacité caractéristique de son enseignement à la noirceur du phénomène. Loin de faire progresser la pensée, Heidegger a contribué à occulter la teneur foncièrement destructrice de l'entreprise hitlérienne en exaltant sa « grandeur ». Loin d'enrichir la philosophie, il a œuvré à sa destruction en la mettant au service d'un mouvement qui, par la discrimination meurtrière qui l'anime et l'entreprise d'anéantissement collectif auquel il conduit, constitue la négation radicale de toute humanité comme de toute pensée.

Après le paroxysme de la période du nazisme et de l'hitlérisme, préparé chez Heidegger de longue date et bien avant 1933, après la virulence et la hargne qui caractérisent souvent les cours professés durant les années 1933-1944, la multiplication des écrits heideggériens de l'après-guerre forme une lente retombée de cendres après l'explosion, nuée grise qui étouffe et éteint lentement les esprits. Bientôt, les cent deux *volumes de l'œuvre dite « intégrale[1] », où les mêmes assertions sont ressassées sur des milliers de pages, obstrueront de leur masse les rayonnages consacrés à la philosophie du XXe siècle, et continueront à diffuser dans la pensée, à l'échelle planétaire, les fondements du nazisme.*

Il est donc vital de voir clair dans cette entreprise, de réagir et de résister à son action sur les esprits avant qu'il ne soit trop tard. Une telle prise de conscience est indispensable pour retrouver ce que la philosophie apporte véritablement à l'homme, à sa pensée, à son évolution générale et à son accomplissement.

---

1. Soixante-six volumes sont parus à ce jour.

Introduction

Nous sommes parvenus à un moment décisif pour comprendre et juger en profondeur l'œuvre de Heidegger. Après les critiques averties de Karl Löwith et d'Éric Weil publiées en France après la Libération, puis la réédition de plusieurs discours politiques au début des années 1960 par Guido Schneeberger, les recherches de Hugo Ott et de Victor Farias ont apporté, à la fin des années 1980, un ensemble capital de révélations et de mises au point historiques, ce qui a permis d'apprécier le caractère radical de l'engagement national-socialiste du recteur de Fribourg-en-Brisgau. Cependant, dans la mesure où ces derniers travaux s'appuyaient presque exclusivement sur des faits et des discours et peu sur son enseignement même, il pouvait encore sembler possible, avec beaucoup d'aveuglement, de séparer l'homme et l'œuvre, ou de distinguer le politique et le « philosophique ». Actuellement, la situation est tout autre. Nous disposons, en effet, en langue allemande, de la quasi-totalité des cours qu'il a dispensés[1]. En outre, il est devenu possible, grâce aux résumés et citations parus dans plusieurs études, de se faire une idée de certains séminaires inédits dont les protocoles et les notes prises par ses étudiants sont conservés dans le fonds

---

1. Seul le cours du semestre d'été 1932 n'est pas encore paru.

Heidegger de Marbach. Destinés à un public choisi, ils offrent un autre éclairage que les cours.

Malgré cela, la situation actuelle reste profondément insatisfaisante pour tout lecteur légitimement désireux d'accéder à la vérité. En effet, l'édition dite « intégrale » ou *Gesamtausgabe*, qui n'est pas une édition critique, n'offre aucune garantie d'exactitude philologique, ce que plusieurs critiques avertis ont bien montré. En outre, la consultation des séminaires inédits – pour ne pas parler de la correspondance – n'est autorisée au compte-gouttes par Hermann, le fils de Martin Heidegger, qu'aux quelques universitaires qui montrent patte blanche. Ainsi, près de trois décennies après la mort de ce dernier, une grande partie de ses écrits reste inaccessible non seulement au public, mais aux chercheurs les plus avertis dès lors qu'ils portent un regard sans complaisance sur son itinéraire.

En dépit de tous ces obstacles, ce que nous pouvons connaître aujourd'hui, soit à l'aide de l'édition dite « intégrale » pour les cours, soit par certaines transcriptions qui circulent chez les spécialistes en ce qui concerne les séminaires inédits, bouleverse la perception que nous avons longtemps eue de Heidegger, car nous y découvrons la réalité de ce qu'il a enseigné à ses étudiants de Fribourg, semaine après semaine, durant les années 1933-1935. Non seulement les cours et séminaires de ces années-là confirment la radicalité de son adhésion à Hitler, mais ils nous révèlent à quel point le « philosophique » et le politique ne font plus qu'un pour lui et comment c'est au cœur même du « philosophique » que Heidegger situe le politique entendu au sens le plus radicalement nazi. Dans son séminaire d'éducation politique inédit de l'hiver 1933-1934, il assimile sans réserve la relation entre l'être et l'étant à celle unissant l'État à la communauté raciale du peuple dans le *Führerstaat* hitlérien. Par ailleurs, il ne reprend dans ses cours la question héritée de Kant « qu'est-ce que l'homme ? », que pour la réduire à la question « qui sommes-nous ? » ; ce *nous* ne désignant rien d'autre que l'existence *völkisch* du peuple allemand sous le joug hitlérien. Pour toute réponse, en effet, Heidegger affirme : « nous sommes le peuple » *(wir sind das Volk)*, le seul à avoir encore, selon lui, une histoire et un destin, le seul peuple « métaphysique »…

On assiste ainsi, dans des cours et des séminaires qui se présentent en apparence comme « philosophiques », à une dissolution progressive de l'être humain, dont la valeur individuelle est expressément niée, dans la communauté d'un peuple enraciné dans le sol et uni par le sang. Le séminaire inédit de 1933-1934 va jusqu'à identifier le peuple à une « communauté de souche et de race » *(Stammesgemeinschaft und Rasse)*. À travers l'enseignement de Heidegger, ce sont donc les conceptions raciales du nazisme qui entrent dans la philosophie.

Cette perversion radicale de la philosophie n'est pas limitée à quelques discours de circonstance : elle se confirme sur des milliers de pages, et même dans la totalité d'une œuvre où tout communique, comme le confirment, par exemple, les renvois qui figurent dans les *Contributions à la philosophie* des années 1936-1938 au discours de rectorat et au cours raciste de 1934 intitulé *Logique*. Il ne s'agit pas non plus, avec les écrits les plus ouvertement hitlériens et nazis des années 1933-1935, d'un moment d'exception que rien n'aurait laissé prévoir et qui aurait bientôt été récusé. En réalité, ces écrits ne peuvent être isolés du reste de l'œuvre. Ils apparaissent comme les révélateurs du fond le plus intime et le plus noir de sa « doctrine », à quoi il ne cessera jusqu'au bout d'être fidèle et dont l'examen des textes inédits ou non traduits révèle l'identité avec les fondements mêmes du national-socialisme.

C'est pourquoi nous devons aujourd'hui prendre la mesure de ce que signifie l'introduction par Heidegger du nazisme dans la philosophie. Le national-socialisme, en effet, ne s'est pas seulement emparé de la vie politique et militaire allemande, il s'est méthodiquement attaqué à tous les domaines de la vie sociale, intellectuelle et culturelle. Il a envahi le droit, l'histoire, la biologie, la médecine mais aussi l'architecture, la musique et la poésie, sans parler de la religion. La philosophie n'a pas été épargnée. Or, c'est là que le péril s'avère le plus considérable, car en s'attaquant à la philosophie, le nazisme a voulu ruiner les bases de la pensée et de l'esprit. Si nous ne prenons pas conscience de ce danger et si nous ne lui résistons pas, les principes du racisme et de l'entreprise de destruction de l'homme que constituent le nazisme et l'hitlérisme continueront à se diffuser et à agir par le moyen d'œuvres issues du même « mouvement ».

En outre, le cas de Heidegger ne constitue pas simplement un exemple parmi d'autres. En effet, si le IIIᵉ Reich a connu l'adhésion enthousiaste de bien des « philosophes » ou prétendus tels comme Alfred Baeumler, Ernst Krieck, Hans Heyse ou Oskar Becker (ces deux derniers ayant été les élèves de Heidegger), lui seul est parvenu à faire que son œuvre, qui avait participé à toutes les phases du IIIᵉ Reich de 1933 à 1944 et avait trouvé son terme en 1945 avec la défaite du nazisme, continue néanmoins d'être lue après la guerre et connaisse une diffusion planétaire.

Or, ce qui est particulièrement grave, c'est que les écrits les plus inféodés à Hitler comme les discours, conférences et cours des années 1933-1935, ou les textes légitimant la sélection raciale comme le développement de 1939-1940 intitulé *Koinon*, le cours sur Nietzsche de 1941-1942 ou les réflexions sur Ernst Jünger récemment parues, font aujourd'hui partie de l'œuvre dite « intégrale » ou *Gesamtausgabe* sans que Martin Heidegger ait prévu d'accompagner leur publication de la moindre réserve ou du plus petit repentir[1]. Pourtant ces écrits, en tant qu'ils font l'apologie d'une discrimination meurtrière, constituent la négation la plus radicale des vérités humaines qui sont au principe de la philosophie.

Cette situation appelle donc une prise de conscience à la mesure du problème. C'est dans cette intention que ce livre a été écrit. Il constitue l'aboutissement de trois décennies de réflexions et de plusieurs années de recherches menées non seulement autour des œuvres de Heidegger publiées en langue allemande et inédites en français, mais aussi dans plusieurs fonds d'archives et de manuscrits conservés en Allemagne et en France.

Par ailleurs, soucieux de ne rien affirmer qui ne soit étayé par des textes et des témoignages, nous avons, au nom de ce que les juristes appellent le droit à l'histoire, cité le plus grand nombre possible de textes, d'autant qu'ils sont souvent peu accessibles ou même inédits. Le lecteur germaniste trouvera le plus souvent en note l'original allemand dont nous proposons la traduction.

Nos analyses portent non seulement sur les écrits de Heidegger, mais aussi sur ceux de quelques-unes des personnalités intellectuelles les plus engagées dans le national-socialisme avec lesquelles il a correspondu ou

---

1. Dans sa dernière lettre écrite à son éditeur Vittorio Klostermann, le 29 janvier 1976 (DLA, Marbach), Heidegger fixe jusqu'au détail la répartition des droits d'auteur entre lui-même et l'éditeur de chaque volume, mais jamais il n'exprime la moindre réserve sur le fait de publier et de diffuser ses cours les plus ouvertement nazis des années 1933-1944.

dont il a été particulièrement proche. C'est ainsi que nous avons entièrement reconsidéré la question des relations intellectuelles entre Martin Heidegger et Carl Schmitt et de leur influence réciproque, sur la base des références explicites à Schmitt découvertes dans les séminaires inédits de Heidegger. Nous avons également pris appui sur leurs conceptions respectives du *polemos* et du « combat » *(Kampf)* – auxquelles il faut ajouter celle d'Alfred Baeumler – relatives à l'interprétation du fragment 53 d'Héraclite. En outre, nous avons étudié les écrits de personnalités jusqu'à présent laissées dans l'ombre telles que Erich Rothacker, Rudolph Stadelmann, Erik Wolf et Oskar Becker. Par les relations parfois extrêmement proches que leurs auteurs ont entretenues avec Heidegger, ces textes apportent des éclaircissements décisifs sur la dimension raciale qui se trouve au fondement des conceptions de ce dernier. En effet, lorsque l'on observe tout ce qui rattache entre eux, dès les années 1920, et sur fond de doctrine raciale alors articulée autour du concept de « monde environnant » *(Umwelt)*, des auteurs comme Heidegger, Rothacker, Becker et Clauß, on comprend que l'œuvre de Heidegger ne correspond nullement à une « philosophie » qui se serait formée avant de rencontrer sur sa route le nazisme, mais bien à une doctrine qui, dès ces années 1920, se fonde sur une conception de l'« existence historique » et du « monde environnant » qui s'apparente à la doctrine raciale du national-socialisme, telle qu'elle essaime alors dans la vie intellectuelle, sous des formes en partie transposées et masquées.

Par ailleurs, nous avons voulu mettre en évidence l'importance de documents essentiels, comme les deux rééditions partielles, en 1938 et 1943, du « discours de rectorat » par le juriste schmittien Ernst Forsthoff. En effet, ce dernier publie le texte de Heidegger à côté

du placard antisémite rédigé en avril 1933 par l'Association des étudiants nazis ou DSt *(Deutsche Studentenschaft)* dont le recteur de Fribourg avait soutenu
l'action et avec les dirigeants de laquelle il avait cultivé
d'étroites relations[1]. Or ces deux rééditions ne sont
mentionnées ni par ses défenseurs, ni par son fils qui a
pourtant réédité ce discours.

Enfin, comme l'indique le sous-titre, ce livre tire
sa raison d'être d'un effort d'approfondissement
rendu possible par la prise en considération de deux
séminaires inédits. Professé durant le semestre d'hiver
1933-1934, le premier s'intitule *Sur l'essence et les
concepts de nature, d'histoire et d'État*. On y découvre
que Heidegger se consacre entièrement à ancrer dans
l'âme de ses auditeurs la figure ou *Gestalt* de Hitler et
à répandre l'*eros* du peuple à l'égard de son *Führer*.
Le protocole du séminaire nous révèle que derrière les
termes centraux de sa « doctrine » tels que « être » et
« étant », c'est en réalité la relation de l'État hitlérien
et du peuple entendu comme une communauté de
souche et de race qui est visée. Et ses apologies sans
aucune retenue des discours de Hitler et du *Führerstaat*
montrent à quel point l'hitlérisme, avec sa relation de
domination entre *Führung* et *Gefolgschaft*, c'est-à-dire
entre le chef et son allégeance ou sa « suite », hante
alors son esprit.

Le second séminaire, qui a pour titre *Hegel, sur
l'État* et a été professé en collaboration avec Erik
Wolf durant le semestre d'hiver 1934-1935, expose
sa conception du politique comme affirmation de soi
(Selbstbehauptung) d'un peuple ou d'une race, présentée par lui comme plus originaire que la discrimination
schmittienne entre l'ami et l'ennemi. Les développe-

---

1. Voir chapitre 2, p. 144 *sq.* et l'annexe 2, p. 712-713.

ments de Heidegger révèlent son ambition personnelle d'être celui qui prépare le devenir de l'État nazi sur le plus long terme. Nous voyons ainsi que ni la démission du rectorat ni la Nuit des longs couteaux n'ont diminué son engagement dans le national-socialisme. L'examen des écrits et des cours des années 1939-1942, avec leur apologie de la sélection raciale, nous le confirmera de manière définitive.

Ces différents textes donnent aujourd'hui raison à ce que Hugo Ott et Victor Farias avaient, chacun de son côté, montré dans les années 1980, à savoir l'intensité de l'engagement national-socialiste de Heidegger. Il faut à ce propos saluer la ténacité et le courage avec lesquels Farias, auteur de *Heidegger et le nazisme*, avait mené à bien et publié ses recherches, sans craindre les attaques les plus excessives venues des défenseurs de Heidegger, qui n'avaient eux-mêmes, le plus souvent, effectué sur cette question aucune recherche digne de ce nom. Le même auteur a fait paraître peu d'années après, en Espagne, un second livre où se trouve édité, d'après le manuscrit légué par Helene Weiss, le cours de l'année 1934 intitulé *Logique*. Cependant, l'existence de cet ouvrage a été occultée au point qu'on ne le trouve dans aucune bibliothèque de France. Ceux-là mêmes qui accusaient injustement Farias de ne pas avoir pris le temps de lire Heidegger se sont gardés de faire connaître ce cours et d'en tirer les leçons[1].

Nous souhaitons également rendre hommage à la pondération et à la précision des travaux de Hugo Ott, qui a entrepris, dans une série d'articles, puis dans une monographie qui a fait date, des investigations étendues sur le rectorat de Heidegger, au moment où le fils

---

1. La seule évocation sérieuse qui en a été faite est celle de Richard WOLIN, dans *Heidegger's Children*, Princeton, 2001.

publiait, en 1983 – cinquante ans exactement après la prise de pouvoir de Hitler – une édition apologétique du discours de rectorat. Hugo Ott a, d'autre part, composé un récit profondément émouvant, inspiré par la déportation des Juifs de Fribourg, où il se réfère aux déclarations antisémites de Heidegger et de Jünger. Ce deuxième ouvrage n'a connu aucune réception en France. Il mériterait pourtant d'être traduit et médité pour les vérités qu'il fait connaître.

Si les recherches de Victor Farias et de Hugo Ott nous ont beaucoup appris dans leurs différences mêmes, le premier ayant accumulé une masse considérable de documents et de faits, tandis que le second s'est concentré sur quelques moments essentiels comme la période du rectorat, notre livre a aussi d'autres bases et son objet n'est pas le même. En effet, ce n'est pas l'engagement politique de Martin Heidegger que nous avons voulu étudier comme tel, mais la question des fondements sur lesquels repose l'ensemble de son œuvre. Cette interrogation est liée à la situation nouvelle créée par l'avancement de la publication de la *Gesamtausgabe* et par la découverte de séminaires et de documents inédits ou laissés dans l'ombre.

Pour un philosophe, la question essentielle demeure la suivante : sur quoi repose une œuvre dans laquelle s'expriment les principes les plus extrêmes de l'hitlérisme et du nazisme – et cela non pas dans quelques textes isolés et de circonstance, mais sur des milliers de pages, qu'il s'agisse de discours, conférences, cours, séminaires ou fragments personnels ? Heidegger, en effet, emploie couramment les mots les plus en vigueur chez les nationaux-socialistes tels que « combat » *(Kampf)*, « sacrifice » *(Opfer)*, « destin » *(Schicksal)* et « communauté du peuple » *(Volksgemeinschaft)*. Les termes du nazisme les plus intraduisibles tant ils sont politiquement marqués comme *völkisch*[1], *Volks-genosse, Führung*, etc., lui sont tout aussi familiers. En outre, il n'hésite pas à faire siens les mots les plus durement connotés dans la doctrine raciale et la mythologie du nazisme comme le « sang » *(Blut)*, le « sol » *(Boden)*, le « dressage » *(Zucht)* et la « race » *(Stamm, Geschlecht, Rasse)*. Enfin, et c'est ce qui est le plus troublant pour le philosophe, ces termes sont fréquemment associés, et même parfois identifiés, aux notions centrales de sa « doctrine » telles que « être », « étant », « existence historique », « métaphysique », « essence » et « vérité » de l'être.

L'étude approfondie de ses écrits nous a progres-sivement révélé que, loin de marquer uniquement le langage, la réalité du nazisme à laquelle nous étions confronté en lisant Heidegger venait inspirer dans son intégralité et nourrir jusque dans ses racines son œuvre, de sorte qu'il n'était plus possible de dissocier celle-ci de son engagement politique. C'est pourquoi, par les textes mis au jour et les démonstrations proposées, nous avons voulu montrer la réalité de l'entreprise à laquelle il s'est voué, à savoir l'introduction, dans la philosophie, de la teneur même du nazisme et de l'hitlérisme. C'est en effet la condition pour que nous prenions aujourd'hui conscience des dangers que recèle, pour le devenir de l'humanité et pour la pensée, toute tentative d'accepta-tion et de légitimation de cette œuvre.

---

1. Le mot *völkisch* exprime une conception du peuple entendu comme une communauté de race, « avec une forte connotation antisémite » *(Grimms Wörterbuch)*.

1

*Avant 1933 : le radicalisme de Heidegger,
la destruction de la tradition philosophique
et l'appel du nazisme*

L'adhésion de Martin Heidegger au parti national-socialiste le 1er mai 1933, le même jour que d'autres personnalités intellectuelles comme le juriste Carl Schmitt ou le philosophe Erich Rothacker, n'exprime pas le ralliement occasionnel d'un homme dont l'œuvre philosophique subsisterait de manière indépendante. En réalité, ses écrits des années 1920 révèlent la montée en puissance de thèmes que l'on retrouvera au cœur de ses textes les plus ouvertement nazis des années 1933-1935. En outre, la convergence entre le radicalisme de Heidegger et celui du nazisme ne constitue pas un parcours isolé, mais reflète l'évolution de tout un groupe de « philosophes » allemands. À Fribourg, Marburg, Bonn ou Berlin, on voit correspondre entre eux et s'inspirer mutuellement, outre Heidegger, des hommes comme Oskar Becker, Ludwig Ferdinand Clauß, Erich Rothacker et Alfred Baeumler. Tous vont s'approprier, de manière plus ou moins précoce et explicite, la doctrine raciale et l'antisémitisme nazis. Pour comprendre les motifs qui animent alors Heidegger, il faut donc tenir compte des relations intellectuelles et existentielles effectives que ces différentes figures entretiennent entre elles, et non résumer le Heidegger des années 1920 à un dialogue intemporel avec Aristote ou Kant.

L'évolution du jeune Heidegger n'est pas celle d'un chercheur absorbé dans la philosophie pure. De 1910 à 1932, on le voit passer d'un catholicisme antimoderniste et nationaliste, nourri de la scolastique de Carl Braig[1] et de sa relation personnelle avec Konrad Gröber[2], à une proximité de quelques années, de 1919 à 1923 environ, avec la théologie antilibérale et décisionniste de Friedrich Gogarten, puis à une conception radicale de l'historicité, de plus en plus politique, qu'il partage avec Erich Rothacker et qui le conduit à voter dès 1932 pour le parti nazi. Durant ces trois phases successives, les personnalités dont il sera, tour à tour, proche intellectuellement, le théologien catholique Engelbert Krebs, le théologien protestant Friedrich Gogarten, et le « philosophe » de l'histoire Erich Rothacker, manifesteront comme lui, en 1933, leur adhésion au national-socialisme.

Au début des années 1920, alors qu'il occupe à Fribourg, jusqu'en 1923, la fonction d'assistant de Husserl, c'est dans ses lettres à Karl Löwith que s'exprime le plus nettement le radicalisme de Heidegger.

---

1. Le projet heideggérien d'une ontologie fondamentale porte la marque de l'influence de son premier maître Carl Braig, auteur en 1896 de *Vom Sein. Abriß der Ontologie*. L'ontologie y est conçue comme « le savoir fondamental » (p. 6), et l'on y trouve une section sur « la signification ontologique du concept de temps ». Ce qui subsiste de fond néo-scolastique dans l'œuvre de Heidegger trouve donc ici une source importante.

2. Devenu archevêque de Fribourg, Konrad Gröber sera l'un des principaux artisans du concordat entre l'Église catholique et Hitler en 1933. Il entrera alors dans la SA et dans la SS où il restera jusqu'en 1939. En 1945, Gröber protégera Heidegger lors de la procédure de dénazification.

Löwith est à cette date, avec Oskar Becker, l'un de ses deux principaux étudiants. Heidegger écrit à Löwith, en 1920 : « vivant dans la situation actuelle d'une révolution de fait, je poursuis ce que je sens "nécessaire" sans me soucier de savoir s'il en sortira une "culture" ou si ma recherche précipitera la ruine[1] ». Cette radicalité de la pure décision de l'existant face au néant, qu'aucun motif rationnel ne saurait étayer ni aucune précaution sur ses effets destructeurs arrêter, habite les fondements mêmes du nazisme. C'est ce qu'a su voir Karl Löwith :

> l'« esprit » du national-socialisme avait bien moins affaire à l'élément national ou social qu'à ce radicalisme décidé et dynamique qui refuse toute discussion et tout accord parce qu'il se fie uniquement et exclusivement à lui-même[2].

Ce diagnostic est confirmé par les affinités entre le décisionnisme politique de Carl Schmitt, le décisionnisme théologique de Friedrich Gogarten et le décisionnisme existentiel de Heidegger, affinités remarquablement démontrées par Löwith[3].

La décision pure en vue d'une existence « authentique », qui ne s'autorise que d'elle-même, tend à nier toute délibération, toute prudence et finalement toute véritable pensée. C'est en ce sens la fin de la philosophie. La fascination particulière exercée par Heidegger sur ses étudiants durant les années 1920 doit beaucoup au

1. Karl LÖWITH, « Les implications politiques de la philosophie de l'existence de Martin Heidegger », *Les Temps modernes*, novembre 1946, p. 346.

2. *Ibid.*, p. 353.

3. Karl LÖWITH, « Der okkasionelle Dezisionismus von C. Schmitt », *Sämtliche Schriften*, 8, Stuttgart, 1984, p. 61-71.

fait qu'à la différence de Gogarten, qui enseigne en théologien la décision pour la foi, ou de Schmitt, qui transpose le décisionnisme de la théologie à la politique et au droit, la décision heideggérienne, pure résolution de l'existant face à la mort, reste en quelque sorte suspendue dans le vide et ne suscite qu'un programme de destruction de la tradition philosophique, visant tout particulièrement la philosophie de l'individualité humaine et du *moi* de Descartes. C'est ce programme qui, en 1927, est annoncé dans *Être et temps* comme une deuxième section à paraître. Celle-ci ne sera jamais publiée, mais, pour beaucoup, l'effet d'annonce aura suffi. Comme l'a perçu Löwith, « l'élément primordial de son action ne fut pas chez ses disciples l'attente d'un nouveau système, mais au contraire l'indétermination du contenu et le caractère de pur appel » de son enseignement. « Le nihilisme intérieur, le "national-socialisme" de cette pure résolution devant le néant restaient d'abord cachés[1]. » La radicalité heideggérienne de la décision pure et de la résolution authentique a, durant les années 1925-1932, certainement contribué à rendre ses étudiants et ses lecteurs allemands spirituellement désarmés et disponibles pour l'« appel » de la « révolution » national-socialiste.

Dans son enseignement et ses écrits antérieurs à 1933, l'attitude de Heidegger obéit pour une grande part à une stratégie d'occultations et de dissimulations. De la constellation déjà énoncée : Clauß, Becker, Rothacker, Baeumler, il est probablement le meilleur stratège, et par là même le plus efficace et influent sur le long terme. Seul, il a su faire croire qu'une œuvre aussi imprégnée de nazisme pouvait constituer un nouveau commencement pour la pensée. Ludwig Clauß, en

---

1. *Ibid.*, p. 347.

effet, commence à se dévoiler publiquement dès 1923. Heidegger, au contraire, ne se confie d'abord qu'en privé ou dans quelques lettres. Chercher à comprendre le Heidegger des années 1920 requiert donc plusieurs modes d'approche. Il faut scruter l'évolution de ses écrits, tenir compte de ses relations intellectuelles avec les figures déjà citées, ne pas négliger le témoignage de ses anciens étudiants et suivre la manière dont son anti-sémitisme se traduit dans sa politique universitaire.

Cependant, avant d'entreprendre cette étude, il est nécessaire de dire un mot d'une autre dimension de Heidegger, même si ce livre ne prétend pas faire la lumière sur cet arrière-fond, par nature difficile à sai-sir, et qui ne concerne d'aucune façon la philosophie. Derrière l'enseignant, il y a, en quelque sorte, un autre visage de Heidegger, qui se caractérise par son sens de l'action cachée et son goût du secret. Cette dimension du personnage n'a pas peu joué dans l'aura dont il a su s'entourer dès ses premières années d'enseignement, alors qu'il n'avait presque rien publié. On sait que Hei-degger s'est engagé très tôt, vers 1909, dans l'activité de « l'Union du Graal » ou *Gralbund*, dont le chef spirituel était Richard von Kralick, un Viennois proche du leader antisémite Karl Lueger[1]. Par la suite, le goût des communautés dont il serait discrètement le maître ne semble pas l'avoir quitté, et dans sa correspondance avec Jaspers, par exemple, plusieurs allusions vont en ce sens. Dans sa longue lettre du 22 janvier 1921, il évoque, non sans condescendance, « un certain cercle[2] »

---

1. Voir Victor FARIAS, *Heidegger et le nazisme*, Paris, 1987, p. 52.
2. « einen bestimmten *Kreis* » (Martin HEIDEGGER/Karl JASPERS, *Briefwechsel 1920-1963*, éd. par Walter Biemel et Hans Saner, Francfort-Munich-Zurich, 1990, p. 17 ; trad. fr. : HEIDEGGER, *Correspondance avec Karl Jaspers*, Paris, 1996, p. 13).

qui se presse autour de Husserl et tente de s'accrocher à Heidegger, sans percevoir combien lui-même « les tient étroitement sous [son] contrôle[1] ». Dans la même lettre, il parle des étudiants en termes plutôt singuliers, les « meilleurs » étant, selon ses termes, le plus souvent des « illuminés », des « théosophes » et « des adeptes de George et consorts »[2]. Il fait ainsi allusion au cercle de Stefan George, dont sera issu, par exemple, le disciple de Heidegger, Hans-Georg Gadamer, mais aussi à d'autres cercles, qu'il ne définit pas davantage. Lui-même est constamment entouré d'une cohorte de fidèles – aspect le plus visible de l'ascendant qu'il exerce. Lorsqu'il est appelé à Marburg en 1923, il évoque ainsi à Jaspers « un *groupe de choc* de seize personnes » qui l'accompagne[3] (lors des rencontres de Davos de 1929 entre Heidegger et le philosophe Ernst Cassirer, l'épouse de ce dernier, Toni Cassirer, parlera à son tour de « la troupe de l'élite heideggérienne qui [l']accompagnait[4] »). L'allusion la plus singulière se trouve dans une lettre à Jaspers, du 14 juillet 1923, où, après avoir déploré, comme à son habitude, l'état de l'Université allemande, il avance que « plus le renversement s'accomplira de façon organisée, concrète et discrète, plus il sera durable et sûr[5] ». Une

---

1. « Dabei merken sie nicht, wie scharf ich sie in der Kontrolle habe » (*ibid.*).

2. « Schwarmgeister (Theosophen […]) Georgeaner und ähnl. » (HEIDEGGER/JASPERS, *op. cit.*, p. 19 ; trad. fr., p. 15).

3. Martin HEIDEGGER/Karl JASPERS, 14 juillet 1923, *op. cit.*, p. 41 ; trad. fr., p. 35.

4. « die Schar der Heideggerschen Elite, die ihn begleitete » (Toni CASSIRER, *Aus meinem Leben mit Ernst Cassirer*, New York, 1950, p. 165-167 ; cité dans Guido SCHNEEBERGER, *Nachlese zu Heidegger, op. cit.*, p. 8).

5. « je organischer und konkreter und unauffälliger der Umsturz sich vollzieht, um so nachhaltiger und sicherer wird er sein » (HEIDEGGER/JASPERS, *op. cit.*, p. 42 ; trad. fr., p. 36).

action non pas individuelle, mais concertée, d'autant plus efficace qu'elle agit de manière discrète et sur le long terme, tel est donc ce que préconise Heidegger. Et « cela exige, déclare-t-il, une *communauté* invisible[1] ». Heidegger n'en dira pas davantage à Jaspers – quoiqu'il semble alors vouloir l'entraîner dans ce qu'il nomme leur « communauté de combat » –, mais nous retrouverons des allusions similaires dans ses *Contributions à la philosophie* des années 1936-1938, ce qui est le signe que ces préoccupations ont dû jouer un rôle décisif dans ses engagements politiques des années 1930. Cet activisme à la fois radical, concerté et secret, qui ne procède pas d'un esprit de recherche, mais d'une stratégie de pouvoir, n'est pas comme tel d'un philosophe, et l'on comprend qu'il ait pu dire à Löwith qu'il n'était « pas un philosophe[2] ».

LES CONFÉRENCES DE 1925 SUR *LE COMBAT PRÉSENT POUR UNE VISION DU MONDE HISTORIQUE*

Très tôt, dès la fin des années 1910, Heidegger affirme des positions qui resteront les siennes jusqu'au début des années 1930 au moins, pour ne pas dire jusqu'au bout, même si sa terminologie évoluera considérablement à partir de la fin des années 1930. La critique de toute forme d'objectivation au profit de l'expérience vécue, le rejet, dès 1919, de l'universalité comme inauthentique et le mépris pour l'idéal d'humanité, l'affirmation du *soi* et du souci de soi ainsi que l'attention à l'historicité de l'existence, ces points forts s'affirment dès les

---

1. « einer unsichtbaren *Gemeinschaft* » (*ibid.*).
2. Martin Heidegger à Karl Löwith, 19 août 1921, cité par Jeffrey Andrew BARASH, *Heidegger et son siècle*, Paris, 1995, p. 80.

années 1919-1923, alors qu'il enseigne à l'université de Fribourg comme assistant de Husserl. Heidegger s'appuie alors principalement sur Dilthey, mais aussi sur Spengler, qui vient de publier son *Déclin de l'Occident*. C'est ainsi qu'il prononce dès 1920, à Wiesbaden, une conférence intitulée « Oswald Spengler et son livre *Le Déclin de l'Occident*[1] ». Heidegger se rapproche alors de Jaspers, avec lequel il s'affirme en communauté de combat, un combat qui, chez Heidegger, prend pour cible le néo-kantisme, mais aussi, de manière plus cryptée, la phénoménologie de Husserl. Nommé en 1923 à Marburg, grâce à la recommandation de Husserl, à une chaire de professeur extraordinaire (qui, en Allemagne, est d'un degré inférieur à celle de professeur ordinaire), Heidegger maintient une apparence de liens avec Husserl jusqu'à ce qu'il obtienne sa succession, en 1928, comme professeur ordinaire à l'université de Fribourg. Deux mois après sa nomination, il rompt toute relation avec son ancien maître.

Par ailleurs, durant ces années 1920, la pensée de Heidegger ne se constitue pas de manière isolée. Les sources d'inspiration sont multiples et les confrontations critiques également, même si tout cela reste en partie masqué dans *Être et temps*. Ses rapports à Husserl et à la pensée de Dilthey sont les mieux connus. Nous avons dit ses affinités avec la théologie de Gogarten, auxquelles il faut ajouter une collaboration passagère avec Rudolph Bultmann. On doit tenir compte aussi de son rapport à Erich Rothacker, lequel crée la collection « Philosophie et sciences de l'esprit » dont le premier

---

1. Heidegger/Jaspers, *op. cit.*, p. 221 ; trad. fr., p. 377. Nous pouvons mesurer aujourd'hui l'importance considérable de l'influence de Spengler sur la conception heideggérienne de la politique : voir *infra*, chapitre 9, p. 571-576.

tome, paru en décembre 1923, n'est autre que la *Correspondance entre Wilhelm Dilthey et le comte Paul Yorck von Wartenburg*[1]. Cette correspondance, et tout particulièrement la figure du comte Yorck, fascinent Heidegger. C'est principalement de lui qu'il tient sa conception de l'historicité, mais aussi son exigence d'un sol *(Boden)* pour la philosophie. Il faut cependant savoir en quels termes ouvertement antisémites Yorck aborde le problème de l'« absence de sol ». Lorsqu'il s'agit d'évoquer ce qu'il faut entendre par l'absence de sol, c'est à ce qu'il appelle la race juive *(jüdische Stämme)* que Yorck se réfère. Il écrit en effet à Dilthey :

> Je vous remercie pour tous les cas particuliers où vous tenez éloignée des chaires d'enseignement la maigre routine juive *(die dünne jüdische Routine)* à laquelle manque la conscience de la responsabilité de la pensée, comme manque à la race tout entière le sentiment du sol *(Boden)* psychique et physique[2].

Il est difficile de ne pas avoir à l'esprit ces propos du comte Yorck lorsque Heidegger, au paragraphe 77 d'*Être et temps*, s'en prend à son tour à ce qu'il nomme également l'« absence de sol » *(Bodenlosigkeit)* et évoque à cette occasion positivement les lettres du comte Yorck.

Le 15 décembre 1923 débute une longue correspondance de Heidegger avec Rothacker, qui se poursuivra au moins jusqu'en 1941. Rothacker lui propose d'effectuer la recension de la correspondance Dilthey-Yorck pour la revue récemment créée, la *Deutsche Vierteljahrschrift für Literaturwissenschaft und Geistesgeschichte*,

1. *Briefwechsel zwischen Wilhelm Dilthey und dem Grafen Paul Yorck v. Wartenburg, 1877-1897*, Halle, 1923.
2. *Ibid.*, p. 254.

dont Rothacker est le coéditeur. Terminée en novembre
1924, la recension est bien trop longue pour être finalement retenue par la revue (elle est constituée de soixante-
dix feuillets !), mais elle constitue vraisemblablement
une matrice pour les conférences de Cassel de 1925 et
pour *Être et temps* dont le paragraphe 77 reprend les
citations et les développements relatifs à la pensée du
comte Yorck. Ainsi, non seulement l'ouvrage majeur de
Heidegger doit beaucoup à la correspondance éditée sur
l'initiative de Rothacker, mais, réciproquement, celui-
ci est l'un des tout premiers à prendre connaissance des
pensées qui annoncent *Être et temps*.

De son côté, Erich Rothacker publie en 1927, la même
année qu'*Être et temps*, sa *Logique et systématique
des sciences de l'esprit*, puis, en 1934, sa *Philosophie
de l'histoire*, deux ouvrages qui révèlent une certaine
communauté de pensée avec Heidegger et une compréhension de l'œuvre de ce dernier qui mérite d'être
prise en considération pour ce qu'elle nous révèle sur
l'arrière-plan racial des préoccupations de Heidegger.

Un autre contemporain sert également de trait d'union
entre Heidegger et Rothacker : Alfred Baeumler, dont
Heidegger voudra faire son successeur lorsqu'il quit-
tera Marburg en 1928 et dont il sera particulièrement
proche au début des années 1930. Baeumler est par
ailleurs l'éditeur principal du *Manuel de philosophie*
où paraîtront les deux monographies de Rothacker
déjà citées. Heidegger est certainement un familier de
ce manuel, dont il recommande la lecture à Elisabeth
Blochmann. Cependant, avant d'étudier plus en détail
les relations intellectuelles entre Heidegger et Rothacker
et ce qu'elles nous révèlent des tendances profondes de
Heidegger, il est nécessaire d'aborder les deux écrits
majeurs de sa période de Marburg : les conférences de

1925 sur *Le Combat présent pour une vision du monde historique* et *Être et temps*.

Pour qui connaît l'histoire allemande et les éditoriaux de l'époque, l'association dans le titre des conférences des mots *Kampf* et *Weltanschauung* rapportés au présent et à l'historicité ne pouvait être anodine en 1925. L'un des axes des conférences est constitué par la critique de Descartes et, à travers lui, de la philosophie du *moi* ; elle est intimement associée à la mise en cause de la phénoménologie de Husserl et de la théorie de la connaissance du néo-kantisme. Heidegger reproche à la phénoménologie de déterminer l'homme « en tant qu'ensemble vécu dont la cohésion tient à l'unité du *moi* en tant qu'ensemble d'actes », sans s'interroger sur le « caractère d'être » de ce centre *(Zentrum)*[1]. Pour cela, il faudrait disposer d'un sol qui, selon lui, manque à Husserl. Il ne semble pas que ce soit la notion de centre qui soit récusée. Précédemment en effet, dans la troisième conférence, Heidegger évoquait positivement les essais de Dilthey sur Novalis, Hölderlin, Goethe dans *L'Expérience vécue et la poésie*, et, à sa suite, les efforts pour comprendre les individus historiques concrets à partir de leur « noyau spirituel » et de leur centre ou « milieu » *(Mitte)* selon l'expression en usage dans le cercle ou l'école de Stefan George *(George-Schule)*[2]. C'est une allusion positive aux monographies historiques parues dans les *Werke der Wissenschaft* – toujours frappées sur la couverture d'une croix gammée, symbole retenu par George. Ce que Heidegger rejette, ce n'est donc pas la notion de « milieu », mais la conscience et le *moi* pris comme centre. Pour lui,

---

1. Martin HEIDEGGER, *Les Conférences de Cassel (1925)*, trad. par Jean-Claude Gens, Paris, 2003, p. 116.

2. *Ibid.*, p. 154.

ce milieu ne se fonde pas dans la conscience humaine mais dans le monde ambiant *(Umwelt)* et le sol dans lequel s'enracine l'existence. Il stigmatise alors en Descartes celui qui a déterminé l'homme comme *moi*, sans d'ailleurs entrevoir que ce n'est nullement sa thèse, mais Heidegger semble tout ignorer de la philosophie cartésienne de l'unité de l'homme ou de l'*union*, telle qu'elle est notamment exposée à la princesse Élisabeth dans ses lettres de 1643. Ce que retient Heidegger pour le récuser, c'est uniquement le point de départ du *moi*, en tant qu'il est repris dans le questionnement kantien sous l'angle de la théorie de la connaissance et du rapport sujet-objet.

Heidegger pose comme première ce qu'il nomme l'effectivité de la vie, ce qui le conduit à affirmer le primat du monde ambiant, de l'*Umwelt*. Ce terme n'est pas forgé par lui. Il est repris à la biologie non darwinienne d'Uexküll, et, avant Heidegger, on le trouve employé non seulement par Husserl lui-même, mais aussi, et surtout, dès 1923, par un auteur venu de la phénoménologie, Ludwig Clauß qui, dans *L'Âme nordique*, applique explicitement la méthode de Husserl à la description de l'identité raciale *(Artung)*, de l'empreinte *(Prägung)* et de la communauté de destin *(Schicksalsgemeinschaft)* du peuple. L'ouvrage de Clauß paraît chez Max Niemeyer[1], l'éditeur qui publiera *Être et temps* quatre ans plus tard. En 1925, Heidegger est certes plus modéré ou moins explicite que Clauß, mais il faut bien voir quelles connotations peut avoir, dans ce contexte intellectuel, le fait de substituer le monde ambiant à la conscience, l'*Umwelt* au *Bewußtsein*.

---

1. Dr. Ludwig Ferdinand CLAUß, *Die nordische Seele. Artung, Prägung, Ausdruck*, Halle am Donau, 1923.

Par ailleurs, c'est certainement à Uexküll que songe Heidegger lorsqu'il évoque le fait que la connaissance de la corrélation entre la vie et son monde commence à pénétrer la biologie[1]. Il est en effet essentiel de voir que s'il a toujours combattu la biologie darwinienne et, dans les années 1930, ce qu'il appellera la « biologie libérale », Heidegger s'est très fortement inspiré de ce qu'il nomme, dans une lettre à Elisabeth Blochmann, la « nouvelle biologie », celle d'Uexküll – dont il faut savoir qu'il sera, en 1928, l'éditeur du raciologue Huston S. Chamberlain. Et, comme nous le verrons plus en détail, Heidegger accueille très favorablement la *Philosophie de l'histoire* d'Erich Rothacker[2], étude d'un nazisme virulent et tout dévoué à la doctrine raciale *(Rassenkunde)*, dans laquelle, à deux reprises, à propos de la relation de l'existant à son monde, Rothacker associe Heidegger et Clauß en insistant sur l'influence d'Uexküll[3].

Si l'on résume l'esprit des conférences de 1925, on peut dégager l'orientation générale de Heidegger à cette date : travailler à l'élaboration d'un sol, s'emparer du passé là où, dit-il, nous pouvons « trouver les racines authentiques de notre existence » et de quoi intensifier les forces vitales de notre propre présent[4]. Cette quête du sol, de l'enracinement authentique, de la libération des forces vitales, voilà ce qui mobilise Heidegger dans

---

1. Heidegger, *Les Conférences de Cassel, op. cit.*, p. 179.

2. Voir la lettre de Heidegger à Rothacker du 11 août 1934 dans Theodore Kisiel, « Martin Heidegger und die Deutsche Vierteljahr-schrift », *Dilthey-Jahrbuch*, nº 8, 1993, p. 223. Nous en publions plus loin un extrait.

3. Erich Rothacker, *Geschichtsphilosophie*, p. 86 et 108-109, in *Handbuch der Philosophie*, éd. par A. Baeumler et M. Schröter, vol. IV, *Staat und Geschichte*, Munich et Berlin, 1934.

4. Heidegger, *Les Conférences de Cassel, op. cit.*, p. 204-206.

son combat pour une vision du monde historique, étant entendu que, pour lui, l'histoire n'est rien d'autre que l'« advenir que nous sommes nous-mêmes[1] ». Quant à ce « nous », il désigne à l'évidence les Allemands, Heidegger donnant pour horizon de ses conférences non pas l'humanité, ni même l'Europe, mais, dit-il, « l'existence de notre Nation tout entière[2] ». Dès 1925, il entreprend de récuser les conceptions étrangères à la façon dont il envisage la communauté historique de la Nation allemande : la philosophie cartésienne, le néokantisme, la phénoménologie telle que l'a développée Husserl et qui se caractérise par sa perte de l'histoire *(Geschichtslosigkeit)* et son caractère d'ennemi de l'histoire *(Geschichtsfeindlichkeit)*[3]. Dès cette date, les adversaires sont clairement désignés.

ÊTRE ET TEMPS : DU MOI INDIVIDUEL À LA COMMUNAUTÉ
DE DESTIN DU PEUPLE

Deux ans après avoir prononcé ses conférences de 1925, Heidegger publie l'ouvrage qui va lui permettre de succéder à Husserl à Fribourg et lui apporter progressivement une notoriété au-delà des frontières de l'Allemagne, notamment grâce au succès en France de l'existentialisme sartrien, d'inspiration pourtant bien différente. *Être et temps* présente le paradoxe d'une ontologie sans catégories, un paradoxe avivé par le fait qu'au moment où il récuse la catégorie aristotélicienne de substance, Heidegger substantifie, de manière toute scolastique, l'infinitif « être », pour parler désormais de

---

1. *Ibid.*, p. 202.
2. *Ibid.*, p. 148.
3. *Ibid.*, p. 206.

l'*Être*. En outre, il substitue à l'analytique transcendantale kantienne une analyse de l'existence et propose des « existentiaux » – l'être dans le monde, l'être en commun, l'être pour la mort, etc. – en lieu et place d'une table des catégories. Le contraste entre la visée existentielle du propos et la lourdeur toute scolastique de l'exposé a pu fasciner certains ou en rebuter d'autres, mais l'indétermination apparente du contenu a, comme l'a montré Löwith, beaucoup contribué au succès de sa réception. Il y a pourtant dans ce livre bien des signes qui auraient dû mettre en garde les philosophes, à commencer par la liquidation du mot « homme », jugé trop déterminé[1], auquel Heidegger préfère le terme en apparence plus indéterminé d'« existence » *(Dasein)*. L'auteur entretient ainsi l'ambiguïté. Le lecteur peut croire qu'il s'agit d'une description de l'existence individuelle, alors qu'il est question en réalité de tout autre chose, comme le révèlent nettement les paragraphes 27 et 74.

La ligne directrice de l'ouvrage est en effet celle d'une double récusation, qui vise à la fois toute pensée de l'universel et toute philosophie de l'existence individuelle. On comprend donc qu'une cible majeure du livre soit la philosophie de Descartes. Heidegger rejette toute tentative d'éclaircissement *(Aufklärung)* de l'existence qui s'appuierait sur la compréhension des cultures les plus étrangères *(fremdesten Kulturen)* et sur la recherche d'une compréhension universelle de l'existence. Selon lui, un tel effort conduit à rendre l'existence étrangère à elle-même et à la perte du sol : *Entfremdung*

---

1. Martin HEIDEGGER, *Sein und Zeit*, 8ᵉ éd., Tübingen, 1957, § 10, p. 46. (Si la traduction hors commerce et épuisée d'Emmanuel Martineau, parue en 1985, reste la plus lisible, aucune traduction française complète d'*Être et temps* n'évite l'usage de nombreux néologismes, même lorsque Heidegger emploie des mots courants. Nos citations sont donc retraduites de l'allemand.)

et *Bodenlosigkeit* sont les mots qui reviennent à plusieurs reprises dans cette récusation heideggérienne de tout universel[1]. Il rejette aussi toute philosophie du *moi* et de l'individualité humaine. Au *moi* réduit à n'être qu'une « indication formelle », Heidegger oppose en effet le *soi (Selbst)* de l'existant, entendu comme un être en commun *(Mitdasein)*[2]. Dans une formulation qui résume tout l'acquis du paragraphe 27, il affirme que « la mêmeté du *soi* existant authentique est […] ontologiquement séparée par un abîme de l'identité du […] *moi*[3] ». Cette authenticité du *soi* n'a donc rien d'individuel. Elle n'est conquise que dans la temporalité et l'historicité de l'existence entendue comme destin *(Schicksal)*. Ce destin est lui-même un « advenir » *(Geschehen)* et un « sort » *(Geschick)* qui « n'est d'aucune façon composé de destins individuels, pas plus que l'être en commun ne peut être conçu comme la présence simultanée de plusieurs sujets[4] ». On ne peut donc pas être plus explicite que ne l'est Heidegger : l'existence authentique n'a rien d'un être individuel. Elle ne s'accomplit que comme un destin commun *(Geschick)*, dans « l'advenir de la communauté, du peuple » *(das Geschehen der Gemeinschaft, des Volkes)*.

Dans cette page du paragraphe 74, qui constitue le point culminant des développements sur l'historicité de l'existence et donc de l'ouvrage entier, dans la mesure

---

1. *Ibid.*, § 38, p. 178.
2. *Ibid.*, § 25, p. 116 et 118.
3. « Die Selbigkeit des eigentlich existierenden Selbst ist […] ontologisch durch eine Kluft getrennt von der Identität des […] Ich » (*ibid.*, p. 130).
4. « Das Geschick setzt sich nicht aus einzelnen Schicksalen zusammen, sowenig als das Miteinandersein als ein Zusammenvorkommen mehrerer Subjekte begriffen werden kann » (*ibid.*, § 74, p. 384).

où tout converge vers les paragraphes sur l'historicité, les notions qui s'inscrivent aux fondements mêmes de la doctrine du national-socialisme sont déjà présentes, à savoir les notions de communauté de destin et de communauté du peuple : la *Gemeinschaft* conçue comme *Schicksalsgemeinschaft* et comme *Volksgemeinschaft*. Même l'élément biologique est suggéré par le recours à la notion de « génération », présente dans le même paragraphe, terme repris à Dilthey et qui a chez lui une signification à la fois biologique et sociale, et par l'appel à l'« élémentaire ». Dans ce contexte, la distinction entre l'authenticité du *Dasein* et l'inauthenticité du « on » prend un sens nettement discriminatoire.

Les notions d'historicité *(Geschichtlichkeit)*, d'advenir *(Geschehen)* et de génération sont en effet présentes dès le début du paragraphe 6, dans une page qui porte sur l'« historicité élémentaire de l'existence » *(elementare Geschichtlichkeit des Daseins)* et introduit ainsi en outre la référence clé à l'élémentaire, qui constitue l'un des piliers les plus cryptés d'*Être et temps*, et que l'on retrouve notamment aux paragraphes 41 et 42 à propos de la « totalité élémentaire » *(elementare Ganzheit)* ontologique du souci, dont les « tracés élémentaires » *(elementare Vorzeichnungen)* se lisent dans la fable de la *cura*, du souci, rapportée par Konrad Burdach en 1923, dans le premier numéro de la revue de Rothacker à laquelle Heidegger renvoie en note[1]. Ce recours à l'élémentaire, associé à la notion de génération, aura une lourde histoire chez les « philosophes » du nazisme. Nous donnerons pour exemple la définition qu'Alfred Baeumler propose de la race en l'identifiant aux « lignes de conduite élémentaires » *(elementare Verhaltungsweisen)* que l'on retrouve dans « le changement des

---

1. *Ibid.*, p. 197.

générations » *(im Wechsel der Generationen)*[1]. Par ailleurs, dans les écrits de Heidegger sur Jünger récemment publiés, la « nouvelle relation à l'élémentaire » est explicitement rapportée à la race[2].

C'est dans la volonté de détruire la pensée du *moi* pour laisser place à l'« individuation la plus radicale » *(radikalsten Individuation)*[3], laquelle ne se réalise nullement dans l'individu mais dans l'indivisibilité organique de la *Gemeinschaft* du peuple, que consiste le véritable projet d'*Être et temps*. La « destruction » de l'ontologie cartésienne, annoncée dans le plan du livre comme la seconde section de la seconde partie[4], ne sera jamais publiée et probablement jamais écrite. Cependant, la force persuasive de la rhétorique heideggérienne semble telle que le simple effet d'annonce a suffi pour que maints lecteurs aient tenu ce projet non réalisé pour un acquis définitif. C'est ainsi par exemple que Jürgen Habermas a pu faire l'éloge d'*Être et temps* comme accomplissant « un pas décisif sur le chemin de l'argumentation qui permettra de dépasser la philosophie de la conscience[5] », sans relever qu'il n'y a, dans tout l'ouvrage, aucune analyse philosophique et critique accomplie de la métaphysique cartésienne du *cogito sum* et sans véritablement discerner, semble-t-il, vers quelle doctrine

1. Christian Tilitzki, *Die deutsche Universitätsphilosophie in der Weimarer Republik und im Dritten Reich*, Berlin, 2002, p. 1054. Cet ouvrage est cité pour certains renseignements factuels qu'il apporte, sans que nous approuvions d'aucune manière sa ligne d'interprétation ouvertement révisionniste, explicitement reprise à Heidegger et à Ernst Nolte, qui fera, le moment venu, l'objet d'une discussion nécessaire (voir *infra*, p. 680-684).

2. Voir Heidegger, *Sur Ernst Jünger*, GA 90, 44 et 187.

3. Heidegger, *Sein und Zeit*, § 7, p. 38.

4. *Ibid.*, § 8, p. 40.

5. Jürgen Habermas, *Martin Heidegger, l'œuvre et l'engagement*, Paris, 1988, p. 21.

de la *Gemeinschaft* Heidegger entraînait ses lecteurs dès cette date. Lucide et sévère sur le Heidegger de 1953, Habermas concède trop sur celui d'avant 1929.

Tout ce que l'on peut lire dans *Être et temps* sur le *je pense* cartésien, ce sont quelques lignes du début du paragraphe 10 où Heidegger avance que « l'approche d'un *moi* donné d'emblée et d'un sujet manque fondamentalement la réalité phénoménale de l'existence[1] ». Même les paragraphes 19-21, qui constituent la seule discussion développée de Descartes mais portent sur la *res extensa* et non sur l'*ego cogito*, sont présentés par Heidegger comme un essai provisoire, dont la « légitimation complète » ne pourra être reçue que de la « destruction phénoménologique du *cogito sum* »[2]. En réalité, cette absence révèle que Heidegger n'a pas de véritable réfutation philosophique à opposer au *je pense* cartésien. Les diatribes anti-cartésiennes des cours de 1933 le confirmeront sans détour. La destruction de l'individu et du *moi* humain pour laisser place à la communauté de destin du peuple n'est, ni dans son intention ni dans sa démarche, une entreprise purement philosophique, mais un projet « politique », qui s'inscrit dans les fondements mêmes du national-socialisme, avec sa doctrine de la *Volksgemeinschaft*.

HEIDEGGER, BECKER, CLAUß : MONDE ENVIRONNANT, COMMUNAUTÉ DU PEUPLE ET DOCTRINE RACIALE

Durant les années de professorat à Marburg, nous avons vu Heidegger ne dévoiler le fond de sa doctrine

---

1. « der Ansatz eines zunächst gegebenen Ich und Subjekts den phänomenalen Bestand des Daseins von Grund aus verfehlt » (*Sein und Zeit*, § 10, p. 46).
2. *Ibid.*, § 18, p. 89.

que très progressivement et avec une extrême prudence. Il faut en effet lire tout *Être et temps* à la lumière des paragraphes sur l'historicité et des propositions du paragraphe 74 sur la communauté de destin du peuple pour commencer à vraiment comprendre ce vers quoi il conduit son lecteur. Que cette manière de procéder relève d'une stratégie mûrie se voit notamment au mot de Heidegger, rapporté après la guerre par Ludwig Ferdinand Clauß à Erich Rothacker : « ce que je pense, je le dirai lorsque je serai professeur ordinaire[1] ». De fait, la radicalité politique de la pensée de Heidegger n'a commencé à transparaître nettement qu'à partir de 1929, une fois qu'il s'est installé à Fribourg comme successeur de Husserl. Alors qu'en 1954 Heidegger est au zénith de sa renommée et que Clauß reste discrédité, ce dernier regrette de ne pas avoir fait preuve de la même prudence dans sa jeunesse.

Clauß est, avec Hans K. Günther, l'un des premiers et principaux théoriciens de la doctrine nazie de la race. Mais tandis que Günther est à l'origine un philologue, Clauß a reçu une formation philosophique, principalement auprès de Husserl dont il se présente au début comme un disciple. Il est donc vraisemblable que Heidegger et Clauß se sont connus dès la fin des années 1910 ou au début des années 1920, lorsque Heidegger était à Fribourg l'assistant de Husserl. Le mot de Heidegger serait donc une confidence directement faite à Clauß, ou à leur ami commun, Oskar Becker.

---

1. « Die Weisheit etwa eines Heidegger : "Was ich denke, das sage ich, wenn ich Ordinarius bin", hat mir in der Jugend gefehlt, und heute ist es zu spät » (Lettre de Ludwig Ferdinand Clauß à Erich Rothacker du 1er décembre 1954, fonds Rothacker de Bonn, citée par Volker Böhnigk, *Kulturanthropologie als Rassenlehre. Nationalsozialistische Kulturphilosophie aus der Sicht des Philosophen Erich Rothacker*, Würzburg, 2002, p. 131).

Né en 1889, contemporain exact de Heidegger, Becker est un proche du raciologue Clauß. Leur évolution à partir de la phénoménologie de Husserl est similaire et, très tôt, Becker s'est intéressé à la doctrine raciale[1]. Participant ou du moins sympathisant du putsch de Kapp, il a commencé à collaborer, avant 1933, à la revue *Deutschland Erneuerung* de H. S. Chamberlain. Venu de la religion évangélique, il s'en est détaché pour s'intéresser à la religiosité indo-germanique et penser son rapport au divin « au sens de Goethe et de Hölderlin[2] ». Oskar Becker est également proche d'Erich Rothacker dont il sera bientôt le collègue à l'université de Bonn, après avoir été l'assistant de Heidegger à Fribourg. Après 1933, Becker va contribuer à la justification « philosophique » ou prétendue telle de la doctrine raciale du nazisme au point de collaborer, en 1938, à la revue *Rasse* et, comme Heidegger, de cesser progressivement toute relation avec Karl Löwith parce que juif.

Avec ces noms de Rothacker, Becker et Clauß, nous accédons à des interlocuteurs ou à des personnalités proches de Heidegger par leurs trajectoires en partie similaires et par leurs affinités politiques. Mais tandis que Rothacker et Becker n'ont, comme Heidegger, complètement dévoilé le fond nazi de leur doctrine qu'une fois réalisée la prise de pouvoir de 1933, nous avons vu que c'est dès 1923 que Clauß a révélé l'empreinte raciste de sa « doctrine », avec la parution de *L'Âme nordique*.

---

1. « Zusammen mit dem Husserl-Schüler L. F. Clauß beschäftigte Becker sich früh mit der Rassenlehre » (Ch. Tilitzki, *Die deutsche Universitätsphilosophie…, op. cit.*, p. 268-269).

2. « Er sei dann gottgläubig "im Sinne Goethes und Hölderlins" geworden » (*ibid.*). La façon dont Tilitzki associe à ce propos Goethe et Hölderlin paraît problématique, lorsque l'on voit comment Heidegger et l'extrême droite allemande les dissocient (voir *infra*, p. 653-656).

Cet ouvrage est un élément capital. Il permet de voir en effet comment, avant Heidegger, un phénoménologue formé par Husserl a pu se réclamer de sa méthode pour proposer dès 1923 une description de ce qui est au fondement même du nazisme, à savoir la communauté de destin d'un peuple uni par le sang. De ce fait, une comparaison méticuleuse entre *L'Âme nordique* de Clauß et *Être et temps* de Heidegger mériterait d'être réalisée. On se limitera ici à quelques éléments de confrontation.

Dans *L'Âme nordique*, Clauß se réclame, dès les premières pages, de la « méthode phénoménologique » et rend hommage dans une note, comme le fera Heidegger dans *Être et temps*, aux « travaux fondamentaux d'Edmund Husserl », et tout particulièrement aux *Ideen* de 1913. Cependant, de même que Heidegger a supprimé sa dédicace en hommage à Husserl dans la cinquième édition d'*Être et temps* parue en 1941[1], l'hommage de Clauß à Husserl ne figure plus dans la réédition augmentée de 1940, qui porte désormais en sous-titre : *Une introduction à la doctrine de l'âme de la race (Rassenseelenkunde)*.

Dans son propos, Clauß s'appuie sur des notions qui seront également centrales dans *Être et temps*, celles de « monde environnant » *(Umwelt)*, de « destin » *(Schicksal)* et de « décision », qu'il écrit avec un tiret : *Ent-scheidung*, comme pour bien marquer que cette décision est fondamentalement la séparation entre ce qui est homogène et ce qui est étranger. Ainsi que dans *Être et temps*, la notion d'« appel » *(Ruf)* est centrale, et à plusieurs reprises Clauß évoque « l'appel décisif du

---

1. Heidegger a cependant conservé, comme il le soulignera amplement à partir de 1945, sa note plus discrète sur Husserl de la page 38.

destin[1] ». Plus troublant encore, Clauß annonce l'existential heideggérien de l'être en commun ou de l'être-avec *(Mit-sein)*, en utilisant des néologismes tels que *Mit-erleben*, dont l'« entente » répond à l'appel du destin[2]. On y trouve en outre la même exigence d'un sol *(Boden)*. Il s'agit, écrit Clauß, de « trouver un sol sur lequel une nouvelle communauté de compréhension se laisse fonder[3] ». Le point culminant de cette recherche c'est, comme au paragraphe 74 d'*Être et temps*, la « communauté de destin » *(Schicksalsgemeinschaft)* entendue comme « peuple »[4]. Notons enfin le mythe d'une grécité pure évoquée sous le signe de l'opposition nietzschéenne entre Apollon et Dionysos[5].

Certes, comme le souligne le passage cité de sa lettre à Rothacker, Clauß se dévoile infiniment plus que Heidegger durant les années 1920. Dans *Être et temps*, il y a bien la référence décisive à la communauté du peuple uni dans un advenir et un destin commun et l'évocation constante du sol et de l'enracinement, mais nous avons vu que le possible fond racial de la doctrine d'*Être et temps* n'affleure que de manière euphémique, par exemple dans la notion de « génération » ou la référence à l'« élémentaire ». Heidegger ne mettra explicitement le sang et l'enracinement dans la « race allemande originelle » au cœur de son enseignement qu'à partir de 1933. Pour Clauß au contraire, seul l'antisémitisme se fait encore discret en 1923, de manière

1. « entscheidende Ruf des Schicksals » (L. F. CLAUß, *Die nordische Seele, op. cit.*, p. 121-122).

2. *Ibid.*, p. 122.

3. « einen Boden zu finden, auf dem sich eine neue Gemeinschaft des Verstehens gründen läßt » (*ibid.*, p. 124).

4. *Ibid.*, p. 146.

5. *Ibid.*, p. 216.

toute relative d'ailleurs, car à la fin du livre, dans une parenthèse qui annonce les pires prolongements, il avance que le *Judentum* « n'est pas, comme on l'a cru souvent, un caractère pur, une "race", mais un *Volkstum* racialement mélangé *(artgemischtes)*, tout au contraire du *Volkstum* allemand[1] ». C'est exactement la thèse que l'on retrouvera dans la doctrine de la race, ou *Rassenkunde* nazie, où sera déniée aux Juifs l'appellation de race pure. Le but de l'ouvrage de Clauß, c'est de réaffirmer la communauté de destin du peuple allemand pour restaurer son caractère de race pure *(reine Artung)* et le sang pur *(reines Blut)* de l'âme nordique. Clauß n'hésite pas à renvoyer à la *Rassenkunde des deutschen Volkes* de Hans K. Günther, parue l'année précédente[2], mais comme à une version « biologique » de la question, alors qu'il insiste sur le fait que, pour sa part, le mot « sang » ne se rapporte pas seulement au corporel mais aussi à l'âme, « dans sa relation raciale avec son champ d'expression, le corps[3] » – cette « âme allemande » qu'il entend décrire selon la méthode phénoménologique.

Incontestablement, il existe d'importants points communs entre la démarche de Clauß en 1923 et la doctrine exposée par Heidegger dans *Être et temps* et, plus explicitement encore, bien sûr, dans ses cours des années 1933-1934. Pour *Être et temps*, nous l'avons dit : les deux auteurs partagent le projet de décrire l'existant dans son monde environnant et son être en commun, et dans ce qui est au fondement même de la doctrine nazie, à savoir la saisie « authentique » de l'existant dans la communauté de destin du peuple, comme réponse à un appel ou à une question décisive, dont la teneur exacte

---

1. *Ibid.*, p. 234.

2. *Ibid.*, p. 163, n. 1.

3. « in artlicher Verbundenheit mit ihrem Ausdrucksfeld, dem Leibe » (*ibid.*, p. 147).

reste volontairement indéterminée pour laisser place à la décision pure. Néanmoins, des différences importantes subsistent : Clauß parle d'âme *(Seele)* là où Heidegger parle d'existence ; d'homogénéité ou d'identité raciale *(Artgleichheit)* – terme repris dix ans plus tard par Carl Schmitt et Ernst Forsthoff – là où Heidegger parle seulement d'authenticité *(Eigentlichkeit)* ; de sang et de race, ce que Heidegger ne fera ouvertement qu'en 1933.

Si l'on compare maintenant l'ouvrage de Clauß à l'enseignement de Heidegger en 1933-1934, la parenté est plus forte encore, puisque l'un et l'autre entendent le « sang » en un sens qui n'est pas simplement corporel et biologique, le premier se référant à l'âme et le second à l'esprit, Clauß restant en cela un proche de Ludwig Klages et Heidegger d'Alfred Baeumler. On voit donc que dès 1923, avec Clauß, s'exprime un racisme du sang qui ne se veut pas purement biologique et qui, loin de se présenter comme un naturalisme, se réclame de la méthode phénoménologique de Husserl. Or ce racisme de Clauß sera complètement intégré dans la *Rassenkunde* nazie. Comme le précise Cornelia Essner : « Ce sont des officiers de la SS – Himmler le premier – qui montrent le plus d'empressement, après 1933, à souscrire à la vision de Clauß, pour qui l'identité raciale *(Artung)* est beaucoup moins une affaire de consanguinité que de sensibilité, de "manière d'appréhender la vie"[1]. » Ce point est capital : il nous montre qu'une certaine prise de distance à l'égard du « biologisme » est parfaitement compatible avec une adhésion sans réserve au racisme nazi le plus radical. Ce qui est vrai pour Clauß l'est aussi pour Heidegger. Les remarques critiques de Heidegger à l'égard du

---

1. Édouard Conte et Cornelia Essner, *La Quête de la race, une anthropologie du nazisme*, Paris, 1995, p. 77.

« biologisme » ne l'empêchent pas de parler, dans le séminaire inédit de 1933-1934, de la communauté du peuple comme d'une communauté de race et, en 1940, dans un développement de son cours sur Nietzsche non repris dans l'édition de 1961, seule traduite en français, d'employer à plusieurs reprises le mot *Entartung*, terme usuel de la doctrine raciste du nazisme pour désigner la dégénérescence raciale[1].

Ce n'est donc pas sans raison que Heidegger et Clauß ont été étroitement associés par un auteur particulièrement averti de la doctrine raciale du temps et dont l'importance dans la genèse de la notion heideggérienne de l'historicité a déjà été évoquée : nous voulons parler d'Erich Rothacker.

HEIDEGGER ET ROTHACKER : « PHILOSOPHIE DE L'HISTOIRE » ET « PENSÉE DE LA RACE » DANS LE IIIᵉ REICH

Nous avons oublié qu'au début des années 1950 l'influence universitaire en Allemagne de Rothacker, professeur avec Oskar Becker à l'université de Bonn, capitale de l'ex-R.F.A., était bien plus considérable que celle de Heidegger qui avait été frappé d'une interdiction d'enseigner. Il peut donc paraître surprenant, pour un lecteur actuel, de voir mis en parallèle ces deux auteurs alors que l'un est mondialement connu tandis que l'autre n'est plus guère évoqué qu'en Allemagne. Cependant, trop de relations réciproques unissent les deux hommes pour que leur confrontation n'apporte pas quelques lumières. Rothacker lui-même, dans une conférence prononcée peu avant sa disparition, ira jusqu'à dire que la notion du monde développée par

---

1. Voir *infra*, p. 589.

Heidegger dans *Être et temps* n'aurait été que la reprise de ce qu'il avait énoncé dès 1926[1].

Nous avons vu que la gestation d'*Être et temps* fut étroitement liée à la publication par Rothacker de la correspondance entre Yorck et Dilthey qui fascina Heidegger. Il faudrait également ajouter l'étude de Konrad Burdach sur Faust et le souci, parue la même année 1923 dans le premier numéro de la revue créée par Rothacker, étude citée par Heidegger au paragraphe 42 d'*Être et temps*[2] et qui l'a conforté dans l'idée de thématiser l'existence comme souci. Avec la prise de pouvoir des nazis, les liens entre Heidegger et Rothacker vont se renforcer. Les deux hommes se retrouvent à plus d'une occasion, par exemple aux journées organisées au début de mai 1934 aux Archives Nietzsche de Weimar, où sera également présent Alfred Rosenberg. En outre, la trajectoire de Rothacker dans le national-socialisme est très semblable à celle de Heidegger.

Né en 1888, un an avant Heidegger, entré comme lui à la NSDAP le 1er mai 1933, mais dès novembre 1932 à la ligue des professeurs nationaux-socialistes (NSLB), Erich Rothacker est recteur de l'université de Bonn de 1933 à 1935. Il élabore en 1933 un plan d'éducation national-socialiste et travaille à cette fin en avril 1933, durant deux semaines, dans la villa privée de Goebbels[3]. En août 1934, il adresse à Heidegger sa monographie sur la *Philosophie de l'histoire*, publiée dans le volume IV du *Manuel de philosophie* édité par Alfred Baeumler. Dans cette étude, Rothacker montre que la « corrélation de l'homme et du monde » comme « monde

---

1. Voir Erich Rothacker, *Gedanken über Martin Heidegger*, Bonn, 1973.

2. Heidegger, *Sein und Zeit*, p. 197.

3. Ch. Tilitzki, *Die deutsche Universitätsphilosophie...*, *op. cit.*, p. 931-932.

environnant » trouve son sens dans une doctrine de la race. L'exposé de celle-ci le conduit à une apologie du national-socialisme et de Hitler, dont la virulence fait exception dans ce *Manuel*. C'est, comme nous l'avons dit, dans cette étude que Rothacker associe étroite-ment, à deux reprises, Clauß et Heidegger, la doctrine raciale de *L'Âme nordique* et l'existentialisme d'*Être et temps*, à propos de la « corrélativité entre le monde et l'homme[1] », selon laquelle « le monde dans lequel vit un homme se trouve dans une forte relation d'échange avec son être[2] ». Cette thèse conduit Rothacker à par-ler de « combats pour la vie », car « nous n'avons pas seulement à chaque fois notre monde, nous affirmons nos mondes »[3]. Il est donc ici question de l'affirmation *(Behauptung)* dans le combat, thème central et commun à Rothacker, Baeumler et Heidegger, qui se révèle être l'un des lieux communs de la doctrine nazie.

La dernière section de la *Philosophie de l'histoire* de Rothacker s'intitule « La réduction existentielle. Race et esprit du peuple[4] ». Cette réduction à la race, Rothacker l'explicite en des termes qui, même si son mode d'écriture est très différent, rejoignent la notion heideggérienne de l'existence historique. Rothacker écrit en effet :

> Le moteur ultime de la vie historique est existentiel : il n'est pas pensable sans l'impulsion des forces émotion-nelles, que ce soit par celle dont le flux spontané coule de source depuis les profondeurs de l'être, ou que ce soit

---

1. E. ROTHACKER, *Geschichtsphilosophie, op. cit.*, p. 86.
2. « die Welt, in der ein Mensch lebt, steht in einer strengen Wechselbeziehung zu seinem Sein » (*ibid.*, p. 108).
3. « Eben hierüber entbrennen Lebenskämpfe. Wir haben nicht je unsere Welt, wir behaupten unsere Welten » (*ibid.*, p. 109).
4. « Die existentielle Reduktion. Rasse und Volksgeist » (*ibid.*, p. 132).

par celle, réactive, de l'angoisse et de la pure et simple affirmation de la vie[1].

On retrouve l'identité heideggérienne entre l'existentiel et l'historique, l'importance accordée à des tonalités comme l'angoisse et la valorisation de la notion d'affirmation *(Behauptung)*. Dans la même section, Rothacker développe sa doctrine de la race en ces termes :

> Il ne faut à aucun prix que la bonne race *(gute Rasse)* devienne le lit de paresse de têtes longues contentes d'elles ou mène à une sous-estimation du dressage *(Zucht)* en vue de la tenue *(Haltung)* et de l'éducation des hommes. Historiquement et personnellement, la bonne race est une tâche de très haute responsabilité, dont la résolution peut très bien être manquée. Nos ancêtres germains, aujourd'hui largement transfigurés, n'étaient que peu préservés – en raison du pourcentage de sang nordique relativement plus élevé par lequel ils se distinguent de la moyenne allemande d'aujourd'hui – des dangers de l'ivrognerie, du jeu, et avant tout de la constante discorde intérieure. Nous ne sommes donc manifestement pas redevables à la race nordique – qui est plus pure en Scandinavie – des pas décisifs en direction de l'unité allemande, mais à « l'esprit prussien » et à l'esprit de la NSDAP, c'est-à-dire dans les deux cas à des styles de vie *(Lebensstilen)*, à des produits de dressage conquis de haute lutte, bien entendu engendrés par l'esprit de la tradition nordique, mais qui n'en étaient pas moins formés à partir d'un matériau racial très problématique, si on le mesure à l'aune des critères de Günther[2].

---

1. « Der letzte Motor des geschichtlichen Lebens ist ein existentieller : er ist nicht denkbar ohne den Antrieb der emotionalen Kräfte, sei es der Dranghaft und spontan aus der Tiefe des Seins quellenden, sei es der reaktiven der Angst und bloßen Lebensbehauptung » *(ibid.*, p. 133).
2. « Auf gar keinen Fall darf die gute Rasse zum Faulbett selbstzufriedener Langköpfe werden und zu einer Unterschätzung der

Rothacker est on ne peut plus explicite, selon les critères nazis du temps. Les « têtes longues » sont en effet, comme le précise Volker Böhnigk qui renvoie à ce propos à Houston S. Chamberlain et à Hans K. Günther, un dénominatif assez courant dans la doctrine raciale du nazisme pour désigner les Juifs[1]. Par ailleurs, Rothacker cite sans la récuser la doctrine raciale nordique de Günther, mais il la relativise en s'appuyant sur l'argument principal de ceux parmi les nationaux-socialistes qui entendent défendre la notion de « race allemande » : évoquer uniquement la race nordique, c'est en effet insuffisant pour concevoir l'unité allemande à l'aune des critères *völkisch* du nazisme. C'est l'esprit prussien et l'esprit de la NSDAP, ainsi que la discipline et le dressage qui en résultent, qui ont fait la nouvelle unité du peuple allemand, et non pas le seul « pourcentage de sang nordique » selon les critères de Günther. En cela, Rothacker sait certainement qu'il peut s'autoriser de Hitler lui-même qui, dans son dis-

---

Zucht menschlicher Haltung und Erziehung. Gute Rasse ist historisch wie persönlich eine höchst verantwortungsvolle Aufgabe, deren Lösung auch verfehlt werden kann. Unsere heute reichlich verklärten germanischen Vorfahren wurden durch den relativ größeren Prozentsatz nordischen Blutes, durch das sie sich vor dem heutigen deutschen Durschschnitt auszeichnen, nur wenig vor den Gefahren der Trunksucht, des Spiels, und vor allem ständiger innerer Uneinigkeit bewahrt. Die entscheidenden Schritte zur deutschen Einheit sind offensichtlich nicht der nordischen Rasse, die in Skandinavien reiner ist, sondern dem "Preußischen Geiste" und dem Geist der NSDAP zu verdanken, d.h. beide Male erkämpften Lebensstilen, Erziehungsprodukten, die, freilich aus dem Geiste nordischer Überlieferungen gezeugt, dennoch aus einem, mit Güntherschen Maßstäben gemessen, rassisch sehr fragwürdigem Rohstoff geformt waren » (*ibid.*, p. 138).

1. Dans la vulgate de la doctrine raciale du nazisme, les Juifs sont désignés comme la *langköpfige Rasse*. Voir V. Böhnigk, *Kulturanthropologie als Rassenlehre, op. cit.*, p. 52 et 135.

cours de la fin du mois d'août 1933, a défini la race avant tout par « l'esprit[1] ».

À ce concept nazi de « l'esprit », Rothacker ajoute celui de « tenue » *(Haltung)*. La « tenue » des hommes s'enracine toujours, selon lui, dans un invariant, qui n'est autre que « l'origine raciale » *(rassische Herkunft)[2]*. En outre, Rothacker n'en reste pas là. Il ajoute à son étude un appendice particulièrement enthousiaste et virulent, intitulé « Le IIIᵉ Reich », qui constitue une sorte de compendium du nazisme, sous le signe de Hitler, de Jünger et de Rosenberg. Il apparaît indispensable à notre propos de citer des extraits substantiels de ce texte, dans la mesure où nous savons aujourd'hui que Heidegger l'a lu et explicitement approuvé :

> Entre-temps la victoire de la révolution nationale, avec l'édification du IIIᵉ Reich, a simultanément érigé une image nouvelle de l'homme. L'accomplissement et la réalisation de cette image est la tâche, en termes d'histoire universelle, du peuple allemand. – Mais ce qui représente pour le contemporain un appel à l'action doit s'imposer au philosophe de l'histoire comme preuve par l'exemple. Les concepts fondamentaux doivent trouver dans les événements les plus récents la même confirmation que dans les événements passés ; une tenue *(Haltung)* nouvelle face au monde comme le noyau porteur d'un advenir nouveau ; de nouvelles significations qui s'ouvrent depuis le point de vue de la nouvelle tenue ; se pliant à un nouveau « monde » et son corrélat, un nouvel idéal de vie ; cet idéal, né à la vie en tant qu'expression d'une prise de position envers le

---

1. Voir Cornelia ESSNER, « Le dogme nordique des races », *in* É. Conte et C. Essner, *La Quête de la race, une anthropologie du nazisme, op. cit.*, p. 106.

2. Sur la signification raciale de la « tenue » chez Rothacker, voir les analyses décisives de V. BÖHNIGK, *Kulturanthropologie als Rassenlehre, op. cit.*, p. 47-49.

monde, et concerné par la vie ; cette nouvelle tenue, qui n'est pas apparue « de soi », ni ne s'est réalisée comme par des événements naturels, n'est pas un processus « organique » ni une construction utopique, mais elle est issue d'une situation historique déterminée, a été conquise de haute lutte et par des sacrifices, intérieurement et extérieurement ; imposée contre des résistances, des attitudes hostiles et des mondes qui meurent [...][1].

On voit comment le propos de Rothacker s'organise autour du concept de « tenue » *(Haltung)*, qui correspond à la nouvelle image de l'homme érigée par le IIIᵉ Reich. L'« idéal » qu'évoque Rothacker correspond à son usage dans *Mein Kampf*, où il est défini uniquement en fonction du combat et du sacrifice. Rothacker poursuit en ces termes :

S'il est vrai que c'est bien dans ce rassemblement de tout événement au centre d'un nouveau style de vie

_____

1. « Inzwischen hat der Sieg der nationalen Revolution mit der Aufrichtung des dritten Reiches zugleich ein neues Bild des Menschen aufgerichtet. Die Vollendung und Verwirklichung dieses Bildes ist die weltgeschichtliche Aufgabe des deutschen Volkes. – Was dem Mitlebenden aber einen Ruf zur Tat bedeutet, muß dem Geschichtsphilosophen zur Probe aufs Exempel dienen. Die Grundbegriffe müssen am jüngsten Geschehen dieselbe Bestätigung finden, wie am vergangenen : eine neue Haltung zur Welt als der tragende Kern eines neuen Geschehens ; aus dem Blickpunkt der neuen Haltung neu sich erschließende Bedeutsamkeiten ; gerundet zu einer neuen "Welt" und ihrem Korrelat, einem neuen Lebensideal ; dies Ideal, lebensgeboren als Ausdruck einer Stellungnahme zur Welt, lebensbezogen ; solche neue Haltung, nicht "von selbst" entstanden, verwirklicht wie durch Naturereignisse, kein "organisches" Geschehen und keine utopische Konstruktion, sondern aus einer bestimmten geschichtlichen Lage geboren und unter Opfern errungen und erkämpft, innerlich und äußerlich ; durch Gesetz gegen Widerstände, feindliche Haltungen und absterbende Welten [...] » (E. ROTHACKER, *Geschichtsphilosophie, op. cit.*, p. 145).

(Lebensstil) et d'un nouvel idéal de vie que se trouve
confirmée notre conception fondamentale de la philosophie de l'histoire, il reste alors encore à s'interroger sur
les pensées directrices les plus essentielles – celles qui
dans le cadre de ce style de vie luttent pour leur rang et
leur participation et animent notre mouvement de renouvellement de l'État et du peuple quant à leur contribution
à la conception théorique de la vie historique. Il y a là
tout d'abord la nouvelle valorisation de l'idée de l'État,
sur laquelle il convient d'insister le plus fortement en
termes politiques, chez un peuple aussi tardivement unifié
étatiquement et étatiquement si peu discipliné que l'est le
peuple allemand, surtout de l'Ouest. Pensée directrice, qui
oblige donc à une « éducation politique » sur de longues
années, une formation et une instruction de la jeune génération ; elles sont totalement indispensables, et doivent à
tout prix être fortement soutenues en tant qu'opposition
aux laisser-aller libéraux profondément ancrés ; et être
animées du plus grand pathos possible, aussi bien au sens
hégélien qu'au sens antique, pour le plus grand bien de la
formation et de la rigidification stylistiques[1].

---

1. « Liegt in dieser Sammlung alles Geschehens in der Mitte
eines neuen Lebensstils und Lebensideals die Bestätigung unserer
geschichtsphilosophischen Grundauffassung, so mögen zuletzt noch
die hauptsächlichsten, im Rahmen dieses Lebensstils um Rang und
Anteil ringenden Leitgedanken unserer Staat und Volk erneuernden
Bewegung nach ihrem Beitrag zur theoretischen Auffassung des
geschichtlichen Lebens befragt werden. Da ist zunächst die neue
Wertung des Staatsgedankens, politisch stärkstens zu betonen in
einem so spät staatlich geeinten und staatlich so wenig diszipli-
nierten Volke wie dem deutschen zumal des Westens. Leitgedanke
und also Verpflichtung zu langjähriger "politischer Erziehung",
Bildung und Schulung der jungen Generation ; als Gegenspiel
tief verankerter liberalistischer Läßlichkeiten völlig unentbehrlich
und unbedingt stark zu halten ; um der stilistischen Formung und
Straffung willen, im Hegelschen wie im antiken Sinne mit größtem
Pathos zu beseelen » (*ibid.*, p. 145-146).

On trouve ici développés par Rothacker les mêmes thèmes que par Heidegger dans ses discours et dans le séminaire inédit de 1933-1934 : valorisation nouvelle de l'État impliquant la nécessité d'une éducation politique dirigée contre le libéralisme, imposition d'une nouvelle « tenue » et d'un nouveau « style », termes que l'on retrouvera notamment dans le discours de Heidegger du 25 novembre 1933 intitulé *L'Étudiant allemand comme travailleur*[1]. Il faut savoir que, dans le langage du temps, le mot *Stil* est devenu l'un des termes clés de la doctrine de la race, non seulement chez Clauß, mais aussi chez Günther, dont Rothacker cite l'ouvrage *Rasse und Stil*[2], dans sa deuxième édition parue en 1927. Rothacker, quant à lui, devient de plus en plus explicite à mesure qu'il développe son propos. Il continue en effet en ces termes :

> C'est de là qu'avec la sûreté d'instinct du grand homme d'État, Adolf Hitler a tiré la conclusion : en assignant, dans le livre de sa vie, à l'idée de la communauté du peuple *(Volksgemeinschaft)* le premier rang dans l'échelle des valeurs politiques. Peuple dans le double sens qui était déjà en germe dans le concept de peuple de Herder : le peuple comme fond porteur d'une authentique communauté nationale et de l'esprit du caractère racial *(Eigenart)* national[3]. National-socialiste donc, si national veut dire allemand, et socialisme cohésion du peuple. Dans la mesure où ce point de vue social se trouve aujourd'hui pour de nombreuses raisons au premier plan de la politique intérieure courante et de son idéologie, souvent à la

---

1. Sur le « style », voir GA 16, 201 ; sur la « tenue », voir GA 16, 208, et nos analyses *infra*, p. 184 et 195.

2. E. ROTHACKER, *Geschichtsphilosophie, op. cit.*, p. 137.

3. Le sens racial du mot *Eigenart* est indiscutable dans le contexte du propos de Rothacker, où « l'éducation nationale » est subordonnée à la « pensée de la race ».

limite de l'apothéose jüngerienne voyant dans le « travailleur » l'unique couche formatrice du peuple et de l'État, il apparaît qu'une « éducation nationale » appuyée serait donc appelée à fournir la troisième et indispensable pensée directrice, parallèlement à l'« éducation politique » et à l'« éducation sociale »[1].

On voit ici Rothacker s'appuyer conjointement sur *Mein Kampf* de Hitler et sur *Der Arbeiter* de Jünger, pour étayer la notion d'une « éducation nationale » dont le fond est, comme le précisent les lignes qui suivent, la « pensée de la race », posée comme ce qui est commun à la pensée de l'État et du peuple allemand :

> À côté de la pensée de l'État, de la pensée de la germanité, de la pensée du peuple, la composante essentielle de toutes celles-là en même temps est la pensée de la race *(Rassegedanke)*[2].

---

1. « Woraus mit der Instinktsicherheit des großen Staatsmanns Adolf Hitler die Folgerung gezogen hat, indem sein Lebensbuch der Idee der Volksgemeinschaft die erste Stelle in der Reihenfolge der politischen Werte anweist. Dem Volke in dem zweifachen Sinne, der schon im Volksbegriffe Herders angelegt war : Volk als tragender Grund einer echten nationalen Gemeinschaft und dem Geiste nationaler Eigenart. Also national-sozialistisch, wenn national deutsch, und wenn Sozialismus Volksverbundenheit bedeutet. Wenn dieser soziale Gesichtspunkt heute aus vielen Gründen im Vordergrunde der praktischen Innenpolitik und ihrer Ideologie steht, oft bis hart an die Grenze der Jüngerschen Apotheose des "Arbeiters" als der einziger volks- und staatsbildenden Schicht, so wäre eine betont "nationale Erziehung" berufen, neben der "politischen Erziehung" und "sozialen Erziehung" einer bewußten Kulturpolitik den dritten unentbehrlichen Leitgedanken zu stellen » (E. ROTHACKER, *Geschichtsphilosophie, op. cit.*, p. 146).
2. « Neben Staatsgedanke, Deutschtumsgedanke, Volksgedanke steht als wesentlicher Bestandteil aller zugleich der Rassegedanke » *(ibid.)*.

Rothacker emploie ici un terme, *Rassegedanke*, que Heidegger fera sien et légitimera dans son cours sur Nietzsche de 1942. La suite du texte de Rothacker montre qu'il est particulièrement averti de la controverse du temps entre auteurs nazis sur la définition de la race :

Ce qui saute aux yeux d'emblée c'est la tension de l'idée de race *(Rasseidee)* vers l'idée de l'État : le cadre de ce dernier pourrait bien être définitivement dynamité en réglant l'agir sur une conscience de la communauté qui va au-delà de la communauté du peuple, de la langue, des mœurs et de l'histoire. Mais le véritable poids des autres conséquences politiques de la pensée de la race se trouve surtout dans son caractère indestructiblement aristocratique. Il est inutile de donner un fondement plus profond à ce trait qui se trouve dans un accord particulièrement heureux avec la pensée d'un *Führer*. Pas davantage au principe de l'honneur *(Ehre)*, souligné avec tant de mérite par A. Rosenberg, et qui est intimement lié à la conscience de la race. Mais de fortes tensions existent entre deux idées réunies dans la pensée de la race, celle de descendance de la race pure (Gobineau), et celle de « bonne race » au sens de la race dressée à la plus haute qualification (H. St. Chamberlain), avec toutes les formes de travestissement de la démocratie et de la domination des masses, en tant qu'inévitables protections d'un héritage racial dont le niveau moyen ne peut que se dégrader au fur et à mesure de l'augmentation du nombre. D'après les critères strictement biologiques de la doctrine raciale elle-même, il se trouve qu'en moyenne le sang nordique-falique d'une part, et le levantin d'autre part sont aussi inégalement répartis socialement que le sont les résultats d'un dressage social de grande valeur des dons hérités. En ce sens, le déplacement de l'élément racial noble de la part d'héritage exclusivement somatique vers la part d'héritage nordique correspondant de fait à la « conscience héroïque » et à la

Weltanschauung corollaire, ce déplacement – fortement souligné par Adolf Hitler à Nuremberg[1] – met autant un terme à un certain désarroi politique que le fait le pathos baltique du « caractère » et de la « personnalité » dans *Le Mythe du XXᵉ siècle* de A. Rosenberg. On pourrait aussitôt citer ici des exemples montrant que des idées divergentes en tant que telles peuvent trouver un rééquilibrage fructueux grâce à de nouvelles images idéales soumises à la pratique. Cela exige cependant et avant tout que la quintessence même de toutes les mesures et de toutes les idées concernant « l'éducation national-politique » doive consciemment être mise en relation de complémentarité la plus étroite possible avec l'idée de la race. Un niveau moyen de population racialement satisfaisant ne peut être obtenu, compte tenu du mélange racial existant au sein des souches raciales allemandes, qu'en encourageant de la façon la plus énergique possible toutes les mesures eugéniques qui ont recours à la formation et au dressage du matériau humain de la jeunesse qui est encore malléable extérieurement comme intérieurement, et ce dans l'esprit des meilleures composantes raciales de ses masses d'héritage. Il est possible d'encourager très manifestement le taux de pourcentage hérité de sang nordique et falique par un dressage éducatif conscient dans l'esprit nordique-falique selon ses effets phénotypiques[2].

---

1. Rothacker renvoie ici en note au *Völkischer Beobachter*, nº 245, du samedi 2 septembre 1933.
2. « Zunächst fällt die Spannung der Rasseidee zur Idee des Staates ins Auge, dessen Rahmen durch eine Normierung des Handelns an einem Gemeinschaftsbewußtsein, das noch die Volks-, Sprach-, Sitte- und Geschichtsgemeinschaft hinausreicht, vollends gesprengt zu werden droht. Das eigentliche Gewicht der übrigen politischen Konsequenzen des Rassegedankens liegt aber vor allem in seinem unzerstörbar aristokratischen Charakter. Daß dieser Zug zunächst mit dem Führergedanken in besonders glücklichem Einklang steht, bedarf kaum näherer Begründung. Und ebenso zu dem von A. Rosenberg besonders verdienstlich betonten und mit dem Rassebewußtsein verknüpften Prinzip der Ehre. In tiefgreifenden

Comme l'a bien montré Cornelia Essner[1], les doctrinaires de la *Rassenkunde* nazie sont alors partagés entre le point de vue nordiciste de Günther, pour qui le but à atteindre est l'augmentation de « sang nordique » dans la population allemande, et le point de vue d'un Merkenschlager, pour qui doit prévaloir la notion de « race allemande ». Or Hitler a en quelque sorte dépassé

Spannungen aber befinden sich beide im Rassegedanken vereinten Ideen reinrassiger Abstammung (Gobineau) wie "gute Rasse" im Sinne der hochqualifizierten Zuchtrasse (H. St. Chamberlain) mit allen Verkleidungsformen der Demokratie und Massenherrschaft, als unvermeidlicher Begünstigungen eines rassischen Erbgutes, dessen Durchschnittsniveau mit der Zunahme der Zahl stetig sinken muß. Nach den streng biologischen Kriterien der Rassenlehre selbst ist eben im Mittel das nordisch-fälische Blut einerseits, das ostische anderseits sozial ebenso ungleich verteilt wie die Ergebnisse sozial wertvoller Züchtungen erblicher Begabungen. In diesem Sinne beseitigt die von Adolf Hitler in Nürnberg stark unterstrichene Verlegung des Edelrassigen aus dem ausschließlich somatischen in die dem nordischen Erbanteil entsprechende "heroische Gesinnung" und Weltanschauung ebenso eine gewisse politische Verlegenheit, wie das baltische Pathos des "Charakters" und der "Persönlichkeit" in A. Rosenbergs "Mythus des 20. Jahrhunderts". Hier wären zugleich Beispiele dafür zu finden, wie divergierende Ideen als solche in praktisch ergriffenen neuen Idealbildern einen fruchtbaren Ausgleich zu finden vermögen. Wobei allerdings vor allem der ganze Inbegriff aller Maßnahmen und Ideen zur "Nationalpolitischen Erziehung" mit Bewußtsein in das denkbar engste Ergänzungsverhältnis zur Rasseidee gebracht werden müssen. Ein rassisch befriedigender Bevölkerungsdurchschnitt ist in dem Rassegemisch einzelner deutscher Stämme erreichbar nur durch die energischste Unterstützung aller eugenischen Maßnahmen durch Formung und Zucht des im äußeren und inneren noch knetbaren jugendlichen Menschenmaterials im Geiste der rassisch besten Bestandteile seiner Erbmassen. Man kann den ererbten Prozentsatz nordischen und fälischen Blutes durch bewußte erzieherische Zucht im nordisch-fälischen Geiste in seiner phänotypischen Auswirkung ganz offensichtlich fördern [...] » (E. ROTHACKER, *Geschichtsphilosophie, op. cit.*, p. 147-148).

1. Voir Cornelia ESSNER, « Le dogme nordique des races », chap. 2, *op. cit.*

ce débat dans son discours de la fin d'août 1933 où, loin de se situer sur un plan strictement « biologique », il rapporte la race à l'esprit et, dans une exhortation sur « race et vision du monde héroïque », fait de la NSDAP « le parti de ceux qui appartiennent en esprit à une certaine race[1] ». C'est à ce discours que Rothacker se réfère, ainsi qu'à la notion raciale de l'honneur chez Rosenberg, pour développer une conception aristo-cratique de la race, qui joue sur les deux plans que distingue Rothacker dans sa doctrine : le génotype, ou transmission cachée du type racial, qu'il entend encou-rager par des mesures eugénistes appliquées au « maté-riau humain » de la jeunesse malléable, et le phénotype, ou manifestation visible des caractères raciaux (dans la tenue, l'empreinte, le style), qu'il entend favoriser par une « éducation nationale-politique » appropriée. Le fond du propos rejoint l'abjection du nazisme le plus dur : le dressage et la sélection compris comme l'al-liance d'un programme eugéniste et d'une éducation politique national-socialiste.

N'ayant pas pour but ici d'étudier le propos de Rothacker pour lui-même, nous n'avons cité qu'une petite partie de ses longs développements sur ce qu'il nomme la « réduction existentielle à la race » et de son ajout intitulé « Le IIIe Reich ». Le point essentiel, c'est que Heidegger accueille très favorablement ce texte de Rothacker. Ce fait capital n'a jamais été souligné. Hei-degger lui écrit pourtant du séminaire de philosophie de Fribourg, le 11 août 1934 :

Très honoré Monsieur Rothacker !
Je vous remercie vivement de votre aimable invitation à une conférence. Mais il se trouve que nous avons, à partir du

---

1. Voir C. ESSNER, *op. cit.*, p. 106.

26 octobre, en Forêt-Noire un camp *(Lager)* pour les disciplines philologiques et celles qui relèvent des sciences de
la nature, dont j'ai pris la direction [...]. Je vous remercie
grandement de l'envoi de votre *Philosophie de l'histoire*.
Pour autant que je puisse en juger en ce moment, vous
produisez une approche fructueuse en vue de l'édification
de l'ensemble. La « tenue » *(Haltung)* vise un milieu
essentiel de l'être historique si elle n'est pas interprétée
fallacieusement sur le mode « psychologique ». Il est
dommage que votre travail demeure par trop caché dans le
cadre du manuel. Mon discours radiophonique « Pourquoi
restons-nous en province ? » sera prochainement réimprimé *privatim* ; vous êtes d'ores et déjà prévu pour un
exemplaire. C'est avec intérêt que je prends connaissance
des *Nouvelles Recherches allemandes*. J'aurais déjà d'emblée deux travaux disponibles [...]. Existe-t-il une possibilité de placer ces travaux dans la collection ? Ou bien
l'ensemble n'est-il pas encore suffisamment avancé ?
Heil Hitler !

Votre Heidegger[1].

---

1. « Sehr geehrter Herr Rothacker ! Für Ihre freundliche Auffor-
derung zu einem Vortrag danke ich Ihnen sehr. Wir haben jedoch vom
26 Oktober im Schwarzwald ein Lager für die philologischen und
naturwissenschaftlichen Fachschaften, dessen Leitung ich übernom-
men habe. [...] Für die Übersendung Ihrer *"Geschichtsphilosophie"*
danke ich Ihnen vielmals. Soweit ich jetzt sehe, machen Sie für den
Aufbau des Ganzen einen fruchtbaren Ansatz. Die "Haltung" trifft
eine wesentliche Mitte geschichtlichen Seins, wenn sie nicht "psy-
chologisch" mißdeutet wird. Es ist schade, daß ihre Arbeit zu sehr
im Rahmen des Handbuches versteckt bleibt. Meine Rundfunkrede
"Warum bleiben wir in der Provinz?" lasse ich demnächst privatim
noch einmal drucken ; Sie sind für ein Exemplar bereits vorgemerkt.
Mit Interesse höre ich von den *"Neuen Deutschen Forschungen"*.
Ich hätte dafür gleich zwei Arbeiten [...]. Besteht eine Möglichkeit, diese Arbeiten in der Sammlung unterzubringen ? Oder ist das
Ganze noch nicht so weit ? Heil Hitler ! Ihr Heidegger » (*Dilthey
Jahrbuch* n° 8, 1993, p. 223-224).

Le début de la lettre nous apprend un fait jusqu'à présent méconnu, à savoir que loin d'être mis à l'écart après sa démission du rectorat, Heidegger continue à diriger des camps nazis de travail et d'étude, à l'automne 1934, comme il avait tellement apprécié de le faire en 1933. Par ailleurs, pour ce qui est du rapport de Heidegger à Rothacker, les termes de sa lettre sont des plus explicites. Il loue la doctrine de la *Haltung* développée par Rothacker, dont nous avons vu qu'elle ne prend sens que comme concept racial, et va jusqu'à la rapporter à un « milieu essentiel de l'être historique ». La réserve sur l'interprétation « psychologique » s'explique sans doute en partie par le fait que Rothacker associe Heidegger à Klages, le doctrinaire de l'âme, ce qui répugne certainement à Heidegger étant donné son hostilité à l'égard de Klages, qu'il partage avec Baeumler. Le fait de qualifier de « fructueuse » l'approche de Rothacker « en vue de l'édification de l'ensemble » montre que Heidegger approuve son étude, qui se conclut sur un éloge vibrant du IIIᵉ Reich. Or nous avons vu que cette conclusion a pour seul objet d'exposer la doctrine raciale de l'hitlérisme et du nazisme, en la présentant comme le fondement d'une nouvelle « philosophie de l'histoire », destinée à promouvoir ce que Rothacker nomme, en des termes proches de ceux de Heidegger, « l'enracinement de l'existence dans l'affirmation *(Behauptung)* de la vie *völkisch* sur cette terre[1] ». Enfin, la lecture de Rothacker ne le dissuade nullement, mais au contraire l'incite à vouloir poursuivre une collaboration intellectuelle et éditoriale avec lui.

L'approbation de Heidegger tient sans doute beaucoup au fait que Rothacker, comme Hitler lui-même

---

1. « die Verwurzelung der Existenz in der Behauptung völkischen Lebens auf dieser Erde » (E. Rothacker, *Geschichtsphilosophie, op. cit.*, p. 149).

dans son discours de la fin d'août 1933, et comme Rosenberg dans *Le Mythe du XXᵉ siècle*, ne rapporte pas exclusivement la race à des considérations « biologiques » à la manière d'un Hans K. Günther, mais au sang, à l'esprit et au « dressage », exactement comme Heidegger lui-même. C'est là un point capital, car il faut comprendre une fois pour toutes que le fait d'insister sur l'importance de l'esprit et d'exprimer des réserves à l'égard du « biologisme » ne signifie nullement une prise de distance à l'égard de la conception hitlérienne de la race, mais au contraire une parfaite conformité avec « l'esprit » de l'hitlérisme.

Nous ne disposons malheureusement pas des lettres de Rothacker à Heidegger, et nous ignorons si ce dernier les a conservées. Il est possible qu'elles aient été trop compromettantes pour être versées dans le fonds Heidegger de Marbach. Si nous disposions de la correspondance complète de Heidegger avec des figures comme Baeumler, Becker et Rothacker, il est vraisemblable que la perception trop longtemps répandue de Heidegger par ses apologistes en serait transformée. Quoi qu'il en soit, il existe au moins une lettre de Heidegger à Rothacker postérieure à l'année 1934. Elle nous confirme l'estime toute particulière en laquelle le tient Heidegger.

En 1941, le décès du titulaire de la « chaire du concordat » à l'université de Fribourg, le penseur catholique Honecker, laisse la place vacante, et les nazis décident, très vraisemblablement avec l'accord de Heidegger lui-même, de supprimer cette chaire du concordat pour la transformer en chaire de « psychologie ». Or c'est à Rothacker que songe alors Heidegger, et il lui écrit pour tenter de le convaincre de quitter Bonn pour Fribourg, le 4 novembre 1941 : « Seriez-vous d'accord pour venir ?

Je m'en réjouirais grandement[1]. » Il se réjouit de voir
venir en la personne de Rothacker un « psychologue »
qui soit en même temps un « philosophe ». Nous avons
vu cependant de quelle teneur raciale est la « philosophie de l'histoire » de Rothacker. Cela ne pose visiblement pas de problème à Heidegger en 1941. Il se
peut même que cela soit pour lui un élément positif, si
l'on se rapporte à ce qu'il dira lui-même de la « pensée
de la race » à cette époque.

Si les relations intellectuelles et bientôt amicales
entre Heidegger et Rothacker sont aussi importantes
pour comprendre le fond de la doctrine de Heidegger
durant les années 1920 – lorsque la rédaction, pour
la revue nouvellement fondée par Rothacker, d'un
compte rendu de la correspondance Dilthey-Yorck
publié par ce même Rothacker est à l'origine d'*Être
et temps* – et les années 1930 – où les deux hommes
partagent la même ligne politique –, ce n'est pas seulement parce que l'approbation donnée par Heidegger à
sa notion raciste de la « tenue » *(Haltung)* nous révèle
que l'auteur d'*Être et temps* considère avec sympathie
la doctrine raciale du nazisme et de l'hitlérisme ; c'est
aussi parce que nous pouvons lire ensuite ses discours
et ses cours avec un autre regard, en décelant chez lui
la présence d'un vocabulaire, celui de la « tenue », du
« style », de l'« empreinte », etc., qui provient en droite
ligne du langage racial d'un Rothacker ou d'un Clauß.
Et les emprunts ne sont pas à sens unique, puisque nous
pouvons déceler l'influence de Heidegger sur Rothacker
lorsque ce dernier « ontologise » son discours et se rapporte à l'existence et à l'être.

---

1. « Ob Sie wohl kämen ? Ich würde mich sehr freuen » (*Dilthey
Jahrbuch* n° 8, p. 225).

Certes, la confrontation entre les écrits de Heidegger et ceux de Clauß et de Rothacker durant les années 1923-1934 devrait être menée plus avant, mais l'essentiel nous semble acquis, à savoir qu'il ne sera désormais plus guère possible d'étudier les notions d'historicité et de tenue chez Heidegger sans évoquer les développements correspondants de Rothacker, ou d'analyser les notions de « monde ambiant » et d'« être en commun » dans *Être et temps* sans tenir compte des ouvrages de Clauß.

Nous allons maintenant compléter notre approche sur un plan plus directement historique, en suivant, à travers plusieurs témoignages et une série de lettres et de rapports de Heidegger, la montée en puissance de ses positions politiques, l'expression progressive de son antisémitisme et la façon dont il répond, dans sa pratique universitaire, à l'« appel » du nazisme, puisque l'université est le lieu même où il entend agir politiquement.

SUR L'ORIENTATION POLITIQUE DE HEIDEGGER AVANT 1933

La proximité de Heidegger avec le mouvement national-socialiste commence très tôt. Nous savons que son épouse Elfride a rejoint les rangs des mouvements de jeunesse nationaux-socialistes dès le début des années 1920 et se montre assez enthousiaste pour vouloir faire des émules parmi les étudiants de son mari. C'est ainsi qu'en août 1922, lors de la pendaison de la crémaillère du chalet niché sur les hauteurs de Todtnauberg, elle tente de rallier au national-socialisme Günther Anders, alors jeune étudiant de Heidegger, dont elle ignore qu'il est juif. Anders évoque également les préjugés de

Heidegger lui-même, « pas très éloignés du *Blubo*[1] », c'est-à-dire du *Blut und Boden*, de la doctrine nazie du sang et du sol. De fait, Heidegger la fera explicitement sienne à maintes reprises dans ses discours et ses cours des années 1933-1934.

La mentalité *völkisch* de Heidegger durant les années 1920 est confirmée par un autre étudiant, Max Müller. Évoquant les randonnées à pied et à ski du professeur avec ses étudiants, Max Müller rapporte que Heidegger leur parlait de « la relation à la communauté de l'être-peuple *(Volkstum)*, à la nature, mais aussi au mouvement de la jeunesse *(Jugendbewegung)*. Il se sentait intimement proche du mot même de *völkisch* », et se disait lié « au sang et au sol »[2].

Par ailleurs, Hans-Georg Gadamer lui-même, disciple s'il en est de Heidegger, situe ce qu'il nomme la « sympathie évidente » de Martin Heidegger « pour le radicalisme nazi » « bien avant 1933 »[3].

Également capital est le témoignage d'un autre étudiant, Hermann Mörchen, qui appartient aux intimes de Heidegger. Invité dans son chalet de Todtnauberg le 25 décembre 1931, Mörchen consigne dans son journal ce que Heidegger lui confie ce soir-là. Il se dit convaincu que le national-socialisme est le seul

---

1. Günther ANDERS, *Et si je suis désespéré que voulez-vous que j'y fasse ?*, entretien avec Mathias Geffrath, trad. par Christophe Davis, Paris, 2001, p. 18-20.

2. « Da kam natürlich das Verhältnis zum Volkstum, zur Natur, aber auch zur Jugendbewegung zum Ausdruck. Das Wort "völkisch" stand ihm sehr nahe. […] Ein Romantizismus hielt ihn an "Blut und Boden" fest » (« Ein Gespräch mit Max Müller », *Martin Heidegger. Ein Philosoph und die Politik*, éd. par Gottfried Schramm et Bernd Martin, Fribourg-en-Brisgau, 2001, p. 81 et 85).

3. « Entretien de Hans-Georg Gadamer avec Philippe Forget et Jacques Le Rider du 18 avril 1981 », *Entretiens avec* Le Monde, I, *Philosophies*, Paris, 1984, p. 237.

mouvement capable de s'opposer de manière efficace au danger communiste : ni l'idéalisme démocratique, ni la probité de Brüning ne peuvent plus être pris en compte ; les demi-mesures ne servent plus à rien, la dictature s'impose comme seul moyen. Lorsqu'il s'agit de résister aux menaces qui pèsent sur l'esprit de l'Occident, il ne faut pas reculer, même devant la méthode Boxheimer[1]. Heidegger fait précisément allusion à une affaire qui avait marqué l'année 1931 : des documents avaient été retrouvés sur un certain Dr Best, plus tard haut fonctionnaire nazi, attestant l'existence d'un complot national-socialiste au Boxheimer Hof, en Hesse, avec la liste des hommes politiques à abattre après la prise du pouvoir. Accepter la méthode Boxheimer, c'est donc préconiser la liquidation physique des opposants politiques lorsque la dictature national-socialiste s'imposera en Allemagne. Telle est la « solution » politique radicale prônée par Heidegger dès l'année 1931. Il adhère ainsi à la violence nazie telle qu'elle est déjà patente dans les rues et telle qu'elle se donnera plus libre cours encore dès la prise du pouvoir, avec l'arrestation et l'internement de tout opposant politique. Avec le témoignage de Mörchen, il ne s'agit donc plus seulement de la mentalité de Heidegger, mais bien de sa position politique effective avant 1933.

Le ralliement de Heidegger au nazisme avant la prise du pouvoir du 30 janvier 1933 est confirmé par sa lettre inédite du 16 décembre 1932 adressée au théologien protestant Rudolph Bultmann. Ce dernier a entendu

---

1. Cette page du journal de Hermann Mörchen a été rendue publique dans une émission radiophonique du 22 janvier 1989 et ce témoignage rapporté par O. Pöggeler dans « Praktische Philosophie als Antwort an Heidegger », *Martin Heidegger und das Dritte Reich. Ein Kompendium*, éd. par Bernd Martin, Darmstadt, Wissenschaftliche Buchgesellschaft, 1989, p. 84.

dire que Martin Heidegger a rejoint le parti national-
socialiste et il l'interroge sur ce point. Heidegger lui
répond en qualifiant de « rumeur de latrines » le bruit
selon lequel il aurait rejoint le « parti », mais il reconnaît
avoir voté pour le « mouvement » national-socialiste.
Sans doute pour tenter de rallier Bultmann à ses vues, il
lui envoie, le 20 décembre, un pamphlet rédigé par un
membre du *Tatkreis*, ce groupe de la droite protestante
ultranationaliste et « socialiste », réuni autour de la
revue *L'Action (Die Tat)*, et qui se ralliera massivement
au national-socialisme après en avoir préparé dans les
esprits la venue[1].

La déclaration tout à fait nette de Heidegger relative
à son vote en faveur du mouvement national-socialiste
dès 1932 dément formellement la déclaration du fils,
Hermann Heidegger, selon laquelle, en 1932, c'est
pour « le petit parti inconnu des vignerons du Wurtem-
berg[2] » que Heidegger aurait voté. Hermann Heidegger
connaît pourtant la correspondance entre son père et
Rudolph Bultmann, puisque l'accès aux manuscrits
du fonds Heidegger dépend de lui seul et qu'il précise,
dans le même texte, que l'édition de la correspondance
Heidegger-Bultmann est en préparation[3]. On est donc
en droit de se demander s'il n'y a pas ici une volonté de
dissimuler la vérité historique.

La correspondance de Heidegger avec Elisabeth
Blochmann va dans le même sens, qui nous révèle un
Heidegger essentiellement préoccupé de questions poli-
tiques en 1932, attaquant par exemple le parti catholique

---

1. Voir Theodore KISIEL, « In the Middle of Heidegger's Three
Concepts of the Political », *Heidegger and Practical Philosophy*,
op. cit., p. 143.
2. GA 16, 835.
3. GA 16, 839.

du *Zentrum* pour avoir « encouragé le libéralisme et le nivellement général[1] ». Ainsi révèle-t-il, dans une lettre du 30 mars 1933, que son acquiescement à la force du « processus en cours » repose sur des analyses établies « depuis longtemps »[2].

Ces témoignages et déclarations de Heidegger lui-même confirment par avance ce que l'on peut lire dans le journal nazi *Der Alemanne* du 3 mai 1933 :

> Nous savons que Martin Heidegger, avec sa haute conscience de la responsabilité, son souci pour le destin et l'avenir de l'homme allemand, se trouvait au cœur même de notre magnifique mouvement, nous savons aussi qu'il n'a jamais fait mystère de ses convictions allemandes, et que depuis de longues années, il a soutenu de la manière la plus efficace le parti d'Adolf Hitler dans sa dure lutte pour l'être et la puissance, qu'il s'est constamment montré prêt au sacrifice pour la sainte cause de l'Allemagne, et que jamais un national-socialiste n'a frappé en vain à sa porte[3].

1. Lettre de Martin Heidegger à Elisabeth Blochmann du 22 juin 1932, *Martin Heidegger/Elisabeth Blochmann : Briefwechsel 1918-1969*, éd. par J. W. Storck, Marbach am Neckar, 1989, p. 52 ; trad. fr. dans Martin HEIDEGGER, *Correspondance avec Karl Jaspers*, suivi de *Correspondance avec Elisabeth Blochmann*, Paris, 1996, p. 268.

2. Lettre de Martin Heidegger à Elisabeth Blochmann du 30 mars 1933, *op. cit.*, p. 60 ; trad. fr., p. 279.

3. « Wir wissen, daß Martin Heidegger in seinem hohen Verantwortungsbewußtsein, in seiner Sorge um das Schicksal und die Zukunft des deutschen Menschen mitten im Herzen unserer herrlichen Bewegung stand, wir wissen auch, daß er aus seiner deutschen Gesinnung niemals ein Hehl machte und daß er seit Jahren die Partei Adolf Hitlers in ihrem schweren Ringen um Sein und Macht aufs wirksamste unterstürtzte, daß er stets bereit war, für Deutschlands heilige Sache Opfer zu bringen, und daß ein National-sozialist niemals vergebens bei ihm anpochte » (*Der Alemanne. Kampfblatt der Nationalsozialisten Oberbadens*, 3 mai 1933, p. 2 ; cité dans G. SCHNEEBERGER, *Nachlese zu Heidegger, op. cit.*, p. 23).

Ce texte est d'autant plus important que son auteur, un certain H. E. qui ne signe que de ses initiales, associe des termes caractéristiques du langage heideggérien comme le « souci » *(Sorge)* et l'« être » *(Sein)* à d'autres qui sont tout à la fois centraux dans la terminologie de Heidegger et dans le langage du nazisme, comme le « destin » *(Schicksal)*, la « puissance » *(Macht)* et le « sacrifice » *(Opfer)*. Bref, le ralliement public de Heidegger au nazisme en 1933 n'est pas un événement passager et de circonstance. Il constitue l'aboutissement d'une imprégnation et d'une évolution intérieures qui remontent loin et dont on a constaté la présence dans ses textes mêmes.

LA POLITIQUE DE RECRUTEMENT UNIVERSITAIRE DE
HEIDEGGER ET SON ANTISÉMITISME

Nous n'entendons pas proposer ici une synthèse de tous les écrits et témoignages attestant de l'antisémitisme de Heidegger. En effet, cette question sera inévitablement présente à maintes reprises dans les différentes périodes évoquées dans ce livre. Nous nous limiterons à évoquer quatre lettres ou rapports des années 1929-1934, dont certains sont moins connus que le fameux rapport de Heidegger évoquant « le Juif Fraenkel » qui, à juste titre, avait si profondément blessé Jaspers en 1934. Ces différents rapports de Heidegger, dont le ton et le style s'apparentent à des lettres de dénonciation, s'inscrivent dans une politique universitaire dont l'orientation se signale à un fait majeur et trop peu connu, à savoir le choix par Heidegger des figures qu'il a tenté d'imposer lorsqu'il a quitté Marburg pour Fribourg en 1928. Tandis que Jaspers lui recommandait le philosophe juif Erich Franck, Heidegger a tout d'abord voulu faire nommer à sa succession Alfred Baeumler, dont l'orientation politique de plus en plus nazie était déjà perceptible en 1928. Puis, voyant que Baeumler n'était pas retenu, il a réussi à faire classer premier Oskar Becker. Ce dernier sera finalement déclassé par le ministère social-démocrate au profit de Franck, et Heidegger prendra alors Becker comme assistant à Fribourg.

Il a déjà été question de Becker. Nous nous limiterons donc à rappeler brièvement qui était Baeumler au tournant des années 1920-1930. Né en 1887, Alfred Baeumler a commencé de se faire connaître par sa longue introduction de 1926 à une anthologie du mythologue Bachofen. Ses positions politiques se précisent dès 1927, date à laquelle il collabore à la revue national-révolutionnaire *Widerstand* de Niekisch, tandis qu'il se lie de manière active aux ligues d'étudiants *völkisch* et ne cache pas son soutien à Hitler, même s'il ne rejoint le mouvement nazi qu'au tout début des années 1930[1]. Heidegger a beaucoup apprécié son étude sur Bachofen[2], et il lui écrit en 1928 pour qu'il lui envoie sa *vita* lorsqu'il songe à en faire son successeur[3]. Ce choix de Baeumler en 1928 confirme donc où allaient les sympathies politiques de Heidegger à cette date. Ce dernier noue alors des liens personnels avec Baeumler, qui l'invite en 1932 à prononcer à Dresde sa conférence sur « L'Essence de la vérité » et à effectuer avec lui de longues randonnées en forêt. Nous avons vu par ailleurs

1. Ch. Tilitzki, *Die deutsche Universitätsphilosophie, op. cit.*, p. 191-192.

2. Martin Heidegger à Elisabeth Blochmann, 25 mai 1932, *op. cit.*, p. 50 ; trad. fr., p. 265.

3. Lettre de Heidegger à Baeumler, évoquée par ce dernier dans Marianne Baeumler, Hubert Brunträger, Hermann Kurzke, *Thomas Mann und Alfred Baeumler. Eine Dokumentation*, Würzburg, 1989, p. 242.

qu'Alfred Baeumler est l'éditeur principal du *Manuel de philosophie* qui publiera les deux monographies de Rothacker déjà citées. En 1933, Baeumler est nommé à l'université de Berlin à une chaire d'éducation politique, et il assiste personnellement aux premiers autodafés de livres. Il sera bientôt le principal collaborateur de Rosenberg. Nous aurons plus d'une fois à évoquer les liens intellectuels et politiques qui unissent Baeumler et Heidegger jusqu'au milieu des années 1930.

À l'époque de son enseignement à Marburg, Heidegger n'affiche pas ouvertement une position antisémite. Il est vrai qu'il a toujours besoin de l'appui scientifique de Husserl et que plusieurs de ses étudiants les plus brillants comme Löwith sont juifs. Cependant, pour une appréciation complète de la situation, il faut tenir compte de trois choses. La première, ce sont les termes dans lesquels il parle dès 1923 non seulement de Husserl, mais aussi de son concurrent malheureux, l'hégélien Richard Kroner, dont il affirme qu'il faudrait lui retirer le droit d'enseigner : « Je n'ai jamais encore rencontré un tel état lamentable de l'espèce humaine – maintenant il se fait prendre en pitié comme une vieille femme – le seul bienfait qu'on puisse lui accorder serait de lui retirer sa *venia legendi*[1]. » Ce mépris, inacceptable lorsque l'on sait avec quel courage Kroner restera en Allemagne jusqu'en 1938, est d'une virulence qui serait difficilement compréhensible s'il ne procédait pas au moins pour une part d'un ressentiment antisémite. La deuxième, c'est le mot de Heidegger rapporté par Ludwig Ferdinand Clauß que nous avons déjà cité : « ce que je pense, je le dirai lorsque je serai

---

1. Martin Heidegger à Karl Jaspers, 14 juillet 1923, *op. cit.*, p. 41 ; trad. fr., p. 35.

professeur ordinaire ». En réalité, et c'est le troisième
élément, le plus directement accablant, si Heidegger ne
se révèle pas dès son ordinariat de 1927, puisqu'il lui
faut encore le soutien de Husserl pour lui succéder à
Fribourg, en 1929, après sa nomination à l'université
de Fribourg, la réalité de son antisémitisme va se faire
jour dans ses rapports et sa correspondance, jusqu'à
devenir tout à fait explicite avec son adhésion publique
de 1933 à la NSDAP. Il y a tout d'abord la lettre adressée au conseiller Schwoerer, où Heidegger s'en prend
à l'« enjuivement croissant » *(wachsende Verjudung)*
qui s'emparerait selon lui de la « vie spirituelle allemande », mais aussi d'autres lettres et rapports plus
récemment connus.

En 1928, lors des péripéties matérielles de sa nomination à Fribourg, Heidegger avait eu l'occasion de
faire la connaissance de Viktor Schwoerer, conseiller
privé du gouvernement et directeur du Bureau des universités du ministère de l'Instruction publique du pays
de Bade, un Souabe comme lui, « extrêmement aimable
et comme on l'est avec un compatriote », précise-t-il
à Jaspers[1]. L'année suivante, et le mois même où la
NSDAP va enregistrer ses premiers succès électoraux
dès avant le krach boursier du 24 octobre – le parti nazi
recueille ainsi 7 % des voix en octobre 1929 dans l'État
de Bade –, Heidegger, dans une lettre à Viktor Schwoerer datée du 2 octobre 1929, exprime sans détour, par
écrit et pour la première fois (du moins parmi les textes
aujourd'hui connus), la virulence du ressentiment antisémite qui l'habite et dont il fait le principal argument

---

1. « Er war äußerst freundlich und landsmannschaftlich » (Martin Heidegger à Karl Jaspers, 6 mars 1928, *op. cit.*, p. 90 ; trad. fr.,
p. 80).

en faveur de l'attribution d'une bourse au Dr Eduard Baumgarten :

> Ce que je ne pouvais qu'indiquer indirectement dans mon rapport, je puis le dire ici plus clairement : il ne s'agit de rien de moins que de la prise de conscience urgente du fait que nous nous trouvons placés devant l'alternative suivante : ou bien nous dotons à nouveau notre vie spirituelle allemande de forces et d'éducateurs authentiques, émanant du terroir, ou bien nous la livrons définitivement à l'enjuivement croissant au sens large et au sens restreint du terme. Nous ne retrouverons le chemin que si nous sommes en état d'aider à s'épanouir des forces fraîches, cela sans tracasseries et sans démêlés infructueux[1].

Nous retrouverons maintes fois, durant les années qui suivront et sous la plume de Heidegger, ces *bodenständige Kräfte* et ces *frische Kräfte*. Quant à l'usage du mot *Verjudung*, c'est ce que l'on peut faire de pire en

---

1. « Was ich in meinem Zeugnis nur indirekt andeuten konnte, darf ich hier deutlicher sagen. Es geht um nichts Geringeres als um die unaufschiebbare Besinnung darauf, daß wir vor der Wahl stehen, unserem deutschen Geistesleben wieder echte bodenständige Kräfte und Erzieher zuzuführen oder es der wachsenden Verjudung im weiteren und engeren Sinne endgültig auszuliefern. Wir werden den Weg nur zurückfinden, wenn wir imstande sind, ohne Hetze und unfruchtbare Auseinandersetzung frischen Kräfte zur Entfaltung zu verhelfen » (Martin Heidegger à Viktor Schwoerer, *in* Ulrich Sieg « Die Verjudung des deutschen Geistes », *Die Zeit*, n° 52, 22 décembre 1989, p. 50). Ce passage est également partiellement cité et commenté dans l'ouvrage remarquable de Hugo Ott, *Laubhüttenfest 1940. Warum Therese Loewy einsam sterben mußte*, Fribourg, Bâle, Vienne, 1994, p. 33, où l'historien de Fribourg revient sur l'antisémitisme de Heidegger. La lettre à Schwoerer est traduite intégralement par Nicolas Tertulian dans « Histoire de l'être et révolution politique », *Les Temps modernes*, n° 523, février 1990, p. 124-125. C'est sa traduction modifiée qui est citée ici.

matière d'antisémitisme. C'est décalquer exactement le discours de Hitler qui, dans la première partie de *Mein Kampf*, parle des « universités enjuivées » *(verjudeten Universitäten)*[1]. Certains apologistes français de Heidegger ont, pour tenter d'en atténuer quelque peu le caractère odieux, « traduit » le terme heideggérien de *Verjudung* par « judaïsation ». Cela n'est pas défendable, car en allemand le mot *Judaisierung* existe. C'est par exemple le mot qu'un « philosophe » nazi, Hans Heyse, qui fut un disciple de Heidegger et sera mis par le régime à la tête de la *Kant Gesellschaft*, emploie en 1935 dans son ouvrage *Idée et existence*. Heyse parle du « combat spirituel contre la judaïsation du monde occidental[2] ». L'usage du mot « judaïsation » apparaît comme le maximum de ce qu'un universitaire nazi peut employer, même en 1935, même dans un ouvrage publié dans une maison d'édition nazie comme la Hanseatische Verlagsanstalt, éditeur également de Carl Schmitt et d'Ernst Jünger.

Dans la lettre de Heidegger, la *Verjudung*, au sens restreint du terme, désigne bien évidemment le nombre relativement élevé de professeurs et d'étudiants juifs dans les universités et les milieux intellectuels allemands à cette date, et l'on pense à l'exaspération avec laquelle Heidegger évoque cet état de fait dans une lettre de l'hiver 1932-1933 à Hannah Arendt, où il répond à la rumeur qui s'était répandue de son « antisémitisme enragé » *(enragierter Antisemitismus)*[3]. Quant à son sens large, « enjuivement croissant » désigne tout ce

---

1. Adolf HITLER, *Mein Kampf, op. cit.*, p. 184 ; trad. fr., p. 169.

2. « der geistige Kampf gegen die Judaisierung der abendländischen Welt » (Hans HEYSE, *Idee und Existenz*, Hambourg, 1935, p. 112).

3. GA 16, 68.

que Heidegger combattra jusqu'au bout : le libéralisme, la démocratie, le « temps du *moi* » et le subjectivisme, et, plus spécifiquement, les courants intellectuels et philosophiques auxquels il va s'attaquer en priorité, à commencer par le néo-kantisme qui s'est développé en Allemagne, de Hermann Cohen à Ernst Cassirer, Richard Kroner, Richard Hönigswald, et avec de plus jeunes universitaires que Heidegger va bientôt prendre pour cibles dans ses rapports.

Dans les mêmes semaines, en effet, il est demandé à Heidegger de se prononcer sur la candidature à l'ordinariat de Siegfried Marck à l'université de Breslau[1]. Né la même année que Heidegger, Marck est le fils d'un juriste et conseiller d'État juif de Breslau. Il a notamment étudié à Fribourg avec Rickert. Professeur extraordinaire à l'université de Breslau depuis 1924, il est par ailleurs membre du SPD. Marck appartient à l'école néo-kantienne de Breslau, fondée par le philosophe Richard Hönigswald, d'origine juive, dont il s'agit de pourvoir à la succession, celui-ci ayant été appelé à l'université de Munich.

Dans son premier rapport sur Siegfried Marck, en date du 7 novembre 1929, Heidegger commence par apprécier positivement sa discussion d'*Être et temps* dans les dernières pages de son plus récent ouvrage, *La Dialectique dans la philosophie d'aujourd'hui*, paru la même année. Cependant, son jugement d'ensemble est tout autre :

> Ainsi que la préface le dit explicitement, le livre se veut justement une « introduction à la philosophie du présent ». De telles entreprises, qui sont actuellement légion, sont

---

1. Voir Norbert Kapferer, *Die Nazifierung der Philosophie an der Universität Breslau 1933-1945*, Münster, 2001, p. 28-30.

davantage de nature littéraire et éditoriale, mais non pas
des nécessités et des tâches sérieusement scientifiques.
C'est ainsi qu'il manque à ce livre, tout comme à celui du
même genre *(gleichgeartet)* du professeur Heinemann de
Francfort, toute substance et toute profondeur. […] Il est
nécessaire que j'insiste davantage sur ce livre, car il n'appartient en aucune manière à la catégorie des publications
qui peuvent entrer en ligne de compte pour une preuve de
qualification à un professorat[1].

L'autre philosophe cité, Fritz Heinemann, est également un assistant d'origine juive, et qui vient du
néo-kantisme de l'école de Cohen et de Natorp. Il a
publié en 1929 un livre intitulé *Nouvelles Voies de la
philosophie. Esprit, vie, existence dans la philosophie
d'aujourd'hui*.

Ce qui est très ambigu dans l'appréciation si négative
de Heidegger, c'est la manière dont il associe Marck
et Heinemann, dans une commune critique de leurs
ouvrages comme dépourvus de toute substance et de
tout poids, et cela par l'adjectif *gleichgeartet* à rapprocher du substantif *Gleichartigkeit* utilisé par des auteurs
comme Ernst Forsthoff ou Carl Schmitt pour signifier
ce qui appartient à la même race. On est évidemment
d'autant plus amené à penser cela que ce rapport inter-

---

1. « Das Buch soll eben, wie das Vorwort ausdrücklich sagt, eine
"Einführung in die Philosophie der Gegenwart" sein. Dergleichen
Unternehmen, die jetzt aus dem Boden schießen, sind mehr rein
literarischer und verlegerischer Natur – aber keine ernsthaften wissenschaftlichen Notwendigkeiten und Aufgaben. Und so fehlt denn
diesem Buch, ebenso wie dem gleichgearteten des Frankfurter Pri-
vatdozenten Heinemann, jede Substanz und alles Schwergewicht.
[…] Es erübrigt sich, daß ich weiter auf das Buch hier eingehe, weil
es überhaupt nicht in die Klasse der Veröffentlichungen gehört, die
als Qualifikationsbeweis für eine Professur in Frage kommen »
(*ibid.*, p. 29).

vient un mois après la lettre au conseiller Schwoerer
sur l'« enjuivement croissant » de la vie spirituelle allemande. En outre, le second rapport que Heidegger produit sur d'autres publications de Marck en février 1930
est encore plus violent. Évoquant un compte rendu par
Marck du livre de Karl Mannheim *Idéologie et uto-
pie*, il lui reproche de ne pas avoir perçu l'« absence
de sol » *(Bodenlosigkeit)* de l'ouvrage. Et il n'est pas
inutile de préciser qu'à la même époque, dans le texte
de sa conférence « L'Essence de la vérité » originellement prononcée à Karlsruhe, Heidegger rapportait de
manière *völkisch* la « vérité » au sol de la *Heimat*[1].

Pour revenir au rapport de Heidegger, il se conclut
en ces termes :

> Ce type de littérature n'entre pas en ligne de compte
> pour une confrontation sérieuse. M. saura toujours parler
> habilement de ce qui est justement moderne au jour le
> jour, mais il ne parviendra jamais à trouver le centre de
> gravité permettant d'intervenir par de véritables questions
> dans les tâches de la philosophie. Ce type de professeurs
> de philosophie est notre ruine[2].

La dureté du jugement final et l'usage du mot *Art*,
qui en allemand désigne aussi bien la race que le genre,
donnent à ces propos une lourde connotation antisémite,
ce qui sera confirmé par le rapport que Heidegger éta-
blira en 1933 contre Richard Hönigswald, le maître de

---

1. Voir la mise au point du chapitre 6, p. 377-379.
2. « Solche Literatur kommt für eine ernsthafte Auseinandersetzung nicht in Frage. M. wird immer geschickt über das gerade
Moderne zu reden wissen, er wird aber nie das Schwergewicht aufbringen, mit wirklichen Fragen in die Aufgaben der Philosophie
einzugreifen. Diese Art von Philosophiedozenten ist unser Ruin »
(*ibid.*, p. 30).

Siegfried Marck. Cependant, le rapport de février 1930 reste dans l'ambiguïté et dans l'équivoque, car après avoir ainsi attaqué Siegfried Marck, il va faire l'éloge de deux psychologues d'origine juive, Kurt Lewin et Adhemar Gelb. Lorsque l'on voit le choix des termes *(gleichgeartet, Art)* et que l'on connaît le jugement contemporain de Heidegger sur la *wachsende Verjudung* et le rapport qu'il produira bientôt sur l'ancien maître de Marck, cela donne à penser que nous sommes face à une stratégie de Heidegger qui, en faisant l'éloge de Lewin et de Gelb, laisse dans toute leur ambiguïté ses formulations contre Marck, puisqu'on ne peut pas, de ce fait, les mettre sans discussion sur le compte de son antisémitisme[1]. Il semble en effet incontestable qu'il y ait une part de calcul dans le fait de soutenir Lewin et Gelb contre Marck, alors que Heidegger sait bien que Marck est le candidat favori de l'université comme du ministère. Il sera d'ailleurs élu. Cela étant, Heidegger paraît apprécier réellement les travaux de Gelb. Il en fait un éloge appuyé dans une lettre à Elisabeth Blochmann, estimant que « c'est à lui qu'il reviendra d'écrire la nouvelle psychologie, laquelle prend son essor à partir de la problématique entièrement changée qui est celle de la nouvelle biologie[2] ». C'est là un point tout à fait capital, car cela nous révèle que Heidegger n'est pas un adversaire de toute biologie mais bien, comme d'autres textes le confirmeront, de la biologie darwinienne, donc d'origine anglo-saxonne, à laquelle il oppose la biologie de la forme, dont l'origine est allemande, celle

––––––––––

1. Nous avons vu par le débat de sa lettre à Schwoerer que Heidegger se garde avant 1933 d'exprimer explicitement son antisémitisme.

2. Martin Heidegger à Elisabeth Blochmann, 25 mai 1932, *op. cit.*, p. 50 ; trad. fr., p. 265.

notamment de Uexküll et de Buytendijk. Ce qui voudrait dire, pour le cas présent, que l'antisémitisme de Heidegger, indiscutable au vu de sa lettre à Schwoerer, viserait ici avant tout ce qu'il nomme l'« enjuivement » au « sens large » : contre l'extension du néo-kantisme qui est sa bête noire, il tente de barrer la route à la promotion des élèves de Hönigswald et de faire prévaloir les tenants d'une psychologie de la *Gestalt*.

Quoi qu'il en soit, le rapport produit par Heidegger sur Richard Hönigswald, dans une lettre au Dr Einhauser, conseiller au ministère de la Culture de Bavière, est sans équivoque. La lettre est adressée le 25 juin 1933, donc après la prise du pouvoir par les nationaux-socialistes, et Heidegger peut être plus explicite qu'il ne l'était dans ses rapports antérieurs à 1933. La lettre au conseiller Einhauser mérite d'être entièrement citée et commentée, car c'est l'un des documents où l'on voit le mieux de quelle manière l'inféodation de Heidegger à la doctrine nazie du sang et du sol se déploie dans la « philosophie », et comment il conçoit l'essence de l'homme :

Très estimé Monsieur Einhauser !
C'est volontiers que je réponds à votre demande et vous livre mon jugement dans ce qui suit. Hönigswald vient de l'école du néo-kantisme, qui a défendu une philosophie qui s'est mise sous la coupe du libéralisme. L'essence de l'homme y a été dissoute en une conscience en libre suspension et celle-ci en fin de compte diluée en une raison mondiale logique et universelle. Chemin faisant, sous l'apparence d'une fondation plus rigoureusement philosophique et scientifique, on s'est détourné de la vision de l'homme dans son enracinement historique et sa tradition issue du peuple et du sang et du sol. Cela s'est accompagné d'un refoulement délibéré de tout questionnement métaphysique et l'homme ne valait plus que comme le serviteur d'une culture mondiale indifférente et universelle. C'est de

cette position de fond qu'émanent les écrits et visiblement aussi toute l'activité d'enseignement de Hönigswald. Et il faut ajouter que c'est précisément Hönigswald qui se bat pour la pensée du néo-kantisme avec une subtilité particulièrement dangereuse et une dialectique qui tourne à vide. Le danger consiste avant tout dans le fait que cet affairement suscite l'impression de la plus grande objectivité et d'un savoir plus rigoureux, et qu'il a déjà trompé et dévoyé de nombreux jeunes gens. Je tiens encore maintenant la nomination de cet homme à l'université de Munich pour un scandale, qui trouve sa seule explication dans le fait que le système catholique accorde sa prédilection à de telles personnes qui sont en apparence indifférentes à l'égard de la vision du monde, parce qu'elles sont sans danger à l'égard des efforts authentiques et qu'elles sont, au sens bien connu, « libéral-objectives ». [...] Heil Hitler !

Votre dévoué HEIDEGGER[1].

---

1. « Freiburg, den 25. Juni 1933. Sehr verehrte Herr Einhauser ! Ich entspreche gern Ihrem Wunsche und gebe Ihnen im Folgenden mein Urteil. Hönigswald kommt aus der Schule des Neukantianismus, der eine Philosophie vertreten hat, die dem Liberalismus auf den Leib zugeschnitten ist. Das Wesen des Menschen wurde da aufgelöst in ein freischwebendes Bewußtsein überhaupt und dieses schließlich verdünnt zu einer allgemein logischen Weltvernunft. Auf diesem Weg wurde unter scheinbar streng wissenschaftlicher philosophischer Begründung der Blick abgelenkt vom Menschen in seiner geschichtlichen Verwurzelung und in seiner volkhaften Überlieferung seiner Herkunft aus Boden und Blut. Damit zusammen ging eine bewußte Zurückdrängung jedes metaphysischen Fragens, und der Mensch galt nur noch als Diener einer indifferenten, allgemeinen Weltkultur. Aus dieser Grundeinstellung sind die Schriften und offensichtlich auch die ganze Vorlesungstätigkeit Hönigswalds erwachsen. Es kommt aber hinzu, daß nun gerade Hönigswald die Gedanken des Neukantianismus mit einem besonders gefährlichen Scharfsinn und einer leerlaufenden Dialektik verficht. Die Gefahr besteht vor allem darin, daß dieses Treiben den Eindruck höchster Sachlichkeit und strenger Wissenschaft erweckt und bereits viele junge Menschen getäuscht und irregeführt hat. Ich muß auch heute

Dans cette lettre, on trouve un Heidegger dénonçant l'enseignement de Hönigswald à l'université de Munich comme un danger. L'opposition primaire, lourdement soulignée par Heidegger, entre une raison ou une culture mondialisée et l'enracinement de l'homme dans la tradition historique de son peuple et issu du sang et du sol relève de la mentalité *völkisch* et antisémite la plus triviale. Cela signifie en clair que pour un nazi comme Heidegger, Hönigswald, en tant que juif, n'appartient ni au peuple ni au sang allemand.

Loin de relever le niveau du propos, les considérations « philosophiques » sur l'essence de l'homme ne rendent l'ensemble que plus accablant. À lire ce rapport sur Hönigswald, on voit mieux ce qui était visé par Heidegger lorsque, tant dans la conclusion de ses conférences de Cassel que dans le paragraphe 77 d'*Être et temps*, il citait le mot du comte Yorck selon lequel l'« homme moderne », c'est-à-dire « l'homme depuis la Renaissance est bon à être enterré[1] ». Dans le rapport dénonçant Hönigswald, la raison logique et universelle est présentée comme une menace pour l'essence de l'homme, et celle-ci est rapportée au contraire au sang et au sol. Identifier l'essence de l'homme à la sacralisation d'un peuple et d'une race, cela constitue la mise en cause la plus radicalement destructrice d'une essence

---

noch die Berufung dieses Mannes an die Universität München als einen Skandal bezeichnen, der nur darin seine Erklärung findet, daß das katholische System solche Leute, die scheinbar weltanschaulich indifferent sind, mit Vorliebe bevorzugt, weil sie gegenüber den eigenen Bestrebungen ungefährlich und in der bekannten Weise "objektiv-liberal" sind. […] Heil Hitler ! Ihr sehr ergebener. Heidegger. » La lettre de Heidegger a été éditée par Claudia SCHORCHT, *Philosophie an den bayerischen Universitäten 1933-1945*, Erlangen, 1990, p. 161 ; repris dans GA 16, 132 -133.

1. HEIDEGGER, *Les Conférences de Cassel, op. cit.*, p. 208-209 ; *Sein und Zeit, op. cit.*, p. 401.

de l'homme en tant qu'homme. C'est pourquoi, quel que soit le niveau par lequel on appréhende cette lettre, sa réalité en est pareillement odieuse. D'une part, on y voit la confirmation du goût de Heidegger pour la délation, qui vise en l'occurrence un collègue dont il songe à prendre la place. En effet, le rapport de Heidegger sur Hönigswald n'est pas sans conséquence, puisque ce dernier, malgré sa valeur et sa réputation de philosophe, est radié de l'université de Munich. Or, lorsque Heidegger apprend que la chaire de Munich est vacante, il songe à temps à s'y faire nommer, au motif qu'il serait à Munich plus près de Hitler. Il écrit en effet, dans une lettre du 19 septembre 1933 à Elisabeth Blochmann :

> Parallèlement, Munich prospecte ; une chaire de professeur ordinaire y est vacante. Cela aurait l'avantage d'un grand rayon d'action et ne serait pas aussi retiré que l'est Fribourg aujourd'hui. La possibilité d'approcher Hitler, etc.[1].

D'autre part, on voit les résultats de l'irruption du nazisme dans la « philosophie » ; à quelle perversion dans la conception de l'homme est conduit Heidegger. Nous ne sommes cependant encore qu'au seuil de l'entreprise systématique qui, à partir de l'année 1933, va l'amener à présenter un cours d'éducation politique hitlérienne comme un séminaire de philosophie et à identifier, dans son enseignement et dans ses discours, la question fondamentale de la philosophie à l'affirma-

---

1. « Gleichzeitig bohrt München, dort ist ein Ordinariat frei. Es hätte den Vorteil des großen Wirkungskreises und wäre nicht so abgelegen wie es heute Freiburg ist. Die Möglichkeit, an Hitler heranzukommen und dgl » (Martin Heidegger à Elisabeth Blochmann, 19 septembre 1933, *op. cit.*, p. 74 ; trad. fr., p. 298).

tion de soi du peuple et de la race allemande, à ce qu'il nomme, dans son cours du semestre d'hiver 1933-1934, « les possibilités fondamentales de l'essence de la race originellement germanique[1] ». Il serait temps que l'on cesse de prendre la lourdeur de ce fondamentalisme racial pour de la profondeur philosophique.

1. « die Grundmöglichkeiten des urgermanischen Stammeswesens » (GA 36/37, 89).

2.

Heidegger, la « mise au pas »
et le nouveau droit des étudiants

Avant d'aborder la réalité de l'enseignement de Heidegger à travers les conférences, cours et séminaires,
édités depuis peu ou même inédits, il est important de
prendre conscience du fait que son influence ne s'est
pas seulement propagée par l'enseignement, mais aussi
par l'action, qu'elle soit publique et manifeste dans le
cas de ses activités de recteur, ou beaucoup plus discrète
et cachée, comme on le perçoit à travers les allusions
de certaines lettres et par l'intensité des liens qu'il a
tissés de longue date avec les corporations d'étudiants
nazis ou avec des responsables gouvernementaux aux
ministères de Berlin, de Munich et de Karlsruhe. Il faudrait certes un ouvrage entier pour examiner en profondeur toutes les activités et les relations de Heidegger, à
partir des fonds d'archives disponibles en Allemagne
et des correspondances encore inédites. Il s'agirait d'un
travail d'historien, non de philosophe, et ce n'est donc
pas le propos de notre livre. Cependant, il nous a semblé indispensable de proposer une mise au point d'ensemble sur l'activité de Heidegger dans le cadre de la
« mise au pas générale » *(allgemeine Gleichschaltung)*
réalisée en 1933 dès la prise du pouvoir. Nous serons
ainsi suffisamment alertés pour ne pas négliger ensuite

le fait que lorsque Heidegger prend position dans ses textes sur des notions comme le travail, la liberté, le droit, l'État, la propagande ou l'anéantissement de l'ennemi, ce ne sont pas là des vues intellectuelles et théoriques, mais des prescriptions et des directives destinées à se traduire dans l'action.

Le portrait officiel du recteur Heidegger porte comme légende :

> Le professeur Dr Martin Heidegger a été élu recteur de l'université de Fribourg le 21 avril 1933 dans le dispositif général de la « mise au pas » *(Gleichschaltung)*[1].

C'est donc tout à fait officiellement que l'accession de Heidegger au rectorat s'inscrit dans le cadre de la *Gleichschaltung*. S'il n'est pas facile de trouver en français un équivalent exact à ce terme, la traduction usuelle par « mise au pas » exprime bien la brutalité de l'entreprise, mais le mot allemand désigne en même temps l'uniformisation, l'homogénéité et la « mise en phase ». La *Gleichschaltung* nazie repose en effet sur une coordination d'ensemble pour tout le Reich mûrie de longue date, et dont l'intention directrice – comme le montrera de manière particulièrement nette son interprétation par Carl Schmitt[2] – est avant tout d'ordre racial. Il s'agit tout d'abord d'écarter les « non-aryens » de la fonction publique, et notamment de l'Université, pour assurer « l'homogénéité raciale » *(Gleichartig-*

---

1. « Im Zuge der allgemeinen Gleichschaltung wurde Professor Dr. Martin Heidegger am 21. April 1933 zum Rektor der Universität Freiburg im Breisgau gewählt. » La photo avec sa légende a été rééditée dans *Martin Heidegger und das Dritte Reich. Ein Kompendium*, *op. cit.*, p. 232. Nous reproduisons cette photo officielle p. 156.
2. Voir *infra*, p. 350-354.

keit) du corps de l'État, prélude à la discrimination plus complète qui sera réalisée en 1935 avec les lois de Nuremberg. Il s'agit par ailleurs de généraliser l'introduction du principe du *Führer* à l'intérieur des institutions du Reich, dont l'Université.

Que le rectorat de Heidegger s'inscrive dans ce dispositif, cela se manifeste sur plusieurs plans. Il est indispensable de considérer chacun d'entre eux, afin de ne pas édulcorer la réalité et comprendre à quel point l'action politique de Heidegger dans la *Gleichschaltung* a été intense et décisive. Hugo Ott et Bernd Martin ont déjà procédé à d'utiles mises au point, mais bien des éléments de l'action de Heidegger demandent à être mis davantage en lumière.

L'APPROBATION PAR HEIDEGGER DE LA NOUVELLE LÉGISLATION ANTISÉMITE

Lorsque Heidegger accède à la fonction de recteur de l'université de Fribourg, c'est après avoir été élu, le 21 avril 1933, par un corps enseignant qui vient de subir l'exclusion de tous ses professeurs juifs[1]. Les universités du Reich ont en effet mis en application la sinistre « loi pour la reconstitution de la fonction publique » *(Gesetz zur Wiederherstellung des Berufsbeamtentums)* du 7 avril 1933, dite encore GWB. La « mise au pas » de l'Université commence avec cette loi, qui révoque d'office les professeurs « non aryens ». Dans ce contexte national, le pays de Bade, qui inclut

---

1. « sur 93 professeurs, 13 furent suspendus comme juifs selon le décret A 7642 » (Hugo OTT, « Martin Heidegger als Rektor der Universität Freiburg i. Br. 1933/34, Teil I », *Zeitschrift des Breisgau-Geschichtsvereins* [« Schau-ins-Land »], n° 102, 1983, p. 132).

les universités de Heidelberg et Fribourg, est soumis à une législation plus féroce encore s'il se peut, avec le décret sur les Juifs badois *(badischer Judenerlaß)*, promulgué le 6 avril 1933 par le commissaire du Reich pour le pays de Bade, le *Gauleiter* Robert Wagner. Tandis que le GWB exemptait, dans son paragraphe 3, les combattants du front de la Grande Guerre, le décret badois du 6 avril n'admet aucune exception.

Le 14 avril 1933, Edmund Husserl, professeur émérite à l'université de Fribourg, se voit retirer son éméritat et révoqué. L'assistant de Heidegger, Werner Brock, est également révoqué parce que demi-juif. Par ailleurs, à Kiel où il enseigne le droit, Gerhardt Husserl, fils du philosophe, ancien combattant de 1914-1918, connaît le même sort. C'est principalement parce qu'il n'admettait pas cet état de fait que le recteur précédent, le professeur Möllendorf, avait démissionné au bout de quinze jours. En accédant au rectorat moins de dix jours après la révocation de Husserl, Heidegger accepte donc cette situation. De fait, on ne connaît de lui aucune protestation contre la suspension de son ancien maître et de son assistant[1].

Dans ces conditions, les discussions pour savoir si Heidegger a ou non interdit à son maître Husserl l'accès au séminaire de philosophie et à la bibliothèque de l'université ne vont pas à l'essentiel, puisqu'il est établi que lorsque Heidegger entre en fonction le 23 avril, deux jours après avoir été élu, il entérine de fait une situation où Husserl est exclu de l'université.

---

1. Karl Jaspers, qui avait recommandé Brock à Heidegger pour succéder à Oskar Becker en qualité d'assistant, précise que « ce fait [que le docteur Brock était juif] n'était pas connu de Heidegger lors du recrutement », *in* Martin HEIDEGGER/Karl JASPERS, *op. cit.*, p. 271 ; trad. fr., p. 420.

En outre, et c'est un point trop ignoré, dans les jours et les semaines qui vont suivre, les termes dans lesquels Heidegger et son épouse vont s'exprimer sur cette loi montrent qu'ils l'approuvent entièrement. Le 29 avril, deux jours avant l'adhésion publique de Heidegger à la NSDAP, Elfride Heidegger adresse, en son nom mais aussi au nom de son époux[1], une lettre solennelle et compassée à Malvine Husserl, où elle dresse le bilan de tout ce que les époux Heidegger doivent au couple Husserl. Cela donne à la missive l'allure d'une lettre d'adieu. Sans un seul mot pour ce qu'Edmund Husserl vient de subir, Elfride Heidegger se borne à évoquer la situation de leurs fils :

> Mais à tout cela s'ajoute encore la profonde reconnaissance envers la disposition au sacrifice de vos fils, et ce n'est d'ailleurs que dans l'esprit de cette nouvelle loi (dure, mais d'un point de vue allemand, raisonnable) que nous faisons allégeance – sans restriction et dans un respect profond et sincère – à ceux qui ont fait allégeance à notre peuple allemand à l'heure de la nécessité la plus haute, y compris par les actes[2].

Ainsi voit-on Elfride Heidegger, dans une lettre écrite également au nom de son époux, qualifier la loi discriminatoire révoquant les fonctionnaires « non-

---

1. « zugleich im Namen meines Mannes ». La lettre a été publiée par Hugo Ott dans la postface à la réédition allemande de *Martin Heidegger. Unterwegs zu seiner Biographie*, 2ᵉ éd., Francfort, New York, 1992, p. 353-354.
2. « Zu all dem kommt aber noch die tiefe Dankbarkeit gegen die Opferbereitschaft Ihrer Söhne, und es ist ja nur im Sinne dieses neuen (harten, vom deutschen Standpunkt vernünftigen) Gesetzes, wenn wir uns bedingungslos und in aufrichtiger Ehrfurcht zu denen bekennen, die sich in der Stunde der höchsten Not auch durch die Tat zu unserem deutschen Volk bekannt haben » (*ibid.*).

aryens » de « dure », certes, mais de « raisonnable » du « point de vue allemand ». Sinistre appréciation, qui prouve l'antisémitisme profond des époux Heidegger et signifie clairement que, pour eux, les citoyens juifs allemands suspendus par la loi du Reich hitlérien ne peuvent plus se réclamer de ce « point de vue allemand » censé justifier leur exclusion. Quant à ce « raisonnable », il annonce jusque dans les termes la thèse révisionniste de Nolte, qui parle du « noyau rationnel » de l'antisémitisme hitlérien. En outre, Elfride Heidegger prend soin de préciser qu'en reconnaissant la « disposition au sacrifice » des fils Husserl engagés sur le front durant la Grande Guerre, elle se conforme à la loi du Reich, qui exempte dans son paragraphe 3 les combattants blessés au front.

Lorsque Hugo Ott avait publié en 1988 son ouvrage sur Heidegger, il ne disposait pas encore du texte intégral de la lettre, mais seulement de ce qu'en disait Malvine Husserl dans une lettre privée du 2 mai 1933, et de ce qu'en avait traduit Frédéric de Towarnicki en 1945-1946 dans *Les Temps modernes*, dans un article constituant une défense de Heidegger sollicitée par ce dernier, et où Towarnicki ne disait mot de ce passage. En 1992, dans une postface – inédite en français – à la seconde édition de son livre, Hugo Ott a pu donner la première édition complète de la lettre, telle qu'elle avait été copiée par Towarnicki, à l'hiver 1945, sur le texte original conservé par Elfride Heidegger[1]. L'historien fribourgeois indique que « le texte entre parenthèses est assez vigoureusement barré, sans doute par Elfride Heidegger elle-même qui, à l'hiver 1945, n'avait plus

---

1. La copie avait été communiquée à Hugo Ott par Jean-Michel Palmier, auteur de la postface de l'édition française de sa monographie.

considéré ce passage comme opportun[1] ». Lorsqu'il réédite la lettre huit ans plus tard, dans le volume 16 de l'œuvre dite « intégrale », Hermann Heidegger supprime le texte entre parenthèses, sans proposer aucune note indicative en bas de page. C'est uniquement dans les annexes du livre, où vraisemblablement peu de lecteurs iront le voir, que le passage apparaît, raturé d'un trait horizontal[2]. Hermann Heidegger affirme qu'Elfride Heidegger aurait barré le passage non pas en 1945, mais dès avril 1933. Une expertise de la lettre et des encres permettrait peut-être de déterminer si ce passage a été raturé en 1933 ou en 1945[3], mais, quand bien même elle n'aurait pas conservé ce texte dans la lettre envoyée, nous savons aujourd'hui qu'Elfride Heidegger a exprimé de sa main l'approbation par le couple Heidegger de la nouvelle législation antisémite, et qu'elle n'a rien voulu affirmer qui ne soit « dans l'esprit » de cette loi raciste.

Nous en trouvons par ailleurs une approbation explicite, rédigée, cette fois, par Heidegger lui-même, dans une lettre officielle envoyée le 12 juillet 1933 au conseiller ministériel Eugen Fehrle, où il intercède en faveur de deux professeurs juifs de renommée internationale, le philologue Eduard Fraenkel et le chimiste hongrois Georg von Hevesy, qui recevra le prix Nobel en 1943. Eduard Fraenkel n'en sera pas moins révoqué, tandis que Georg von Hevesy, dont le statut est diffé-

1. « Der in Klammern stehende Text ist ziemlich stark durchgestrichen, wohl von Frau Heidegger selbst, die gerade diese Passage im Herbst 1945 nicht mehr für opportun angesehen hat » (Hugo Ott, *Martin Heidegger. Unterwegs zu seiner Biographie, op. cit.,* p. 353).
2. GA 16, 787.
3. La lettre elle-même a brûlé en 1940 dans le port d'Anvers avec d'autres papiers relatifs à Husserl.

rent, car il n'est pas citoyen du Reich, bénéficiera d'un sursis de peu de durée. Or cette lettre ne permet pas de mettre en doute l'antisémitisme de Heidegger. En effet, les arguments invoqués portent uniquement sur l'inconvénient, pour le renom international de l'Université allemande dans les « cercles non juifs de l'étranger », de suspendre des scientifiques aussi réputés. Peu lui importe donc ce que les « cercles juifs » de l'étranger peuvent penser de ces mesures d'exclusion. Et nous savons aujourd'hui que dans un rapport secret rédigé le 16 décembre 1933 pour discréditer un autre professeur, Eduard Baumgarten, Heidegger va tirer argument de sa fréquentation du « Juif Fraenkel révoqué[1] ». Ces faits nous montrent que Heidegger avait le sens des réalités : il savait jouer sur plusieurs tableaux et n'était pas le naïf en politique sous le jour duquel il s'est dépeint après la guerre, pour tenter de se disculper. En outre, et c'est le point essentiel, il ne manque pas, dans sa lettre, de préciser qu'il agit :

> avec la pleine conscience de la nécessité de l'application irrévocable de la loi sur la restauration de la fonction publique[2].

Heidegger approuve donc explicitement la nouvelle législation antisémite, et il le fait de la manière la plus appuyée, car rien ne l'obligeait à insister en ajoutant les adjectifs « pleine » et « irrévocable ».

---

1. GA 16, 774. Hermann Heidegger ne publie ce rapport qu'à la fin du volume, comme pour mettre en doute l'authenticité du texte, alors que celui-ci nous est connu par deux sources différentes, et que la référence au « Juif Fraenkel » figure dans les deux copies.

2. « so tue ich das im vollen Bewußtsein von der Notwendigkeit der unabdingbaren Ausführung des Gesetzes zur Wiedereinstellung des Berufsbeamtentums » (GA 16, 140).

Précisons que, juridiquement, la loi du Reich va prévaloir sur le décret du *Gauleiter* Wagner, de sorte qu'au début de mai Brock et Husserl vont être provisoirement réintégrés. Cependant il ne s'agit que d'un sursis : Brock sera définitivement exclu de la fonction publique la même année et devra quitter l'Allemagne – sans que le recteur émette la moindre protestation –, tandis que Husserl perdra à nouveau son éméritat et sera lui aussi exclu de l'université en application des lois de Nuremberg. Quant à Heidegger, loin de prendre la moindre distance avec le *Gauleiter* Wagner, il adresse à celui-ci, le 9 mai 1933, un télégramme chaleureux, qui se termine « avec un *Sieg Heil* témoignant de notre solidarité de combat[1] ». Le télégramme est publié le jour même dans le journal nazi de Fribourg *Der Alemanne*.

LE *RECTEUR HEIDEGGER* ET L'INTRODUCTION DU PRINCIPE DU *FÜHRER* À L'UNIVERSITÉ

Si Heidegger n'a jamais protesté contre un décret d'exception en vigueur uniquement dans le pays de Bade et qui frappait à la fois son ancien maître et son assistant, et s'il est allé jusqu'à exprimer, dans une lettre officielle, son approbation de la législation antisémite édictée par le Reich hitlérien, il va, en outre, se révéler un acteur décisif de la mise en place du principe du *Führer (Führerprinzip)* dans les universités du pays de Bade, qui constitue l'un des principaux volets de la *Gleichschaltung*. Ce fait capital nous prouve que Heidegger n'est pas seulement un nazi consentant, comme c'est le cas pour la législation raciale, mais

---

1. « mit einem kampfverbundenen Sieg Heil » (GA 16, 99).

aussi un nazi très actif, qui poursuit avec succès un but politique précis.

Que ce soit dans le discours de rectorat, qui s'ouvre et se conclut sur l'évocation de la relation *Führung-Gefolgschaft*[1] et rejette explicitement la « liberté académique[2] », ou qu'il s'agisse de la tournée de conférences, à la fin de juin et au début de juillet 1933, dans les universités de Fribourg, Heidelberg et Kiel – le sommet étant atteint avec la conférence de Heidelberg du 30 juin 1933, où le recteur Heidegger affirme que l'Université doit être réintégrée dans la communauté du peuple et rattachée à l'État[3] –, Heidegger a, en collaboration avec Krieck, alors recteur de Francfort, activement fait campagne pour que la constitution académique encore en vigueur soit abrogée au profit d'une constitution appliquant le principe hitlérien du *Führer*. De fait, cette nouvelle constitution universitaire va être promulguée pour le pays de Bade dès le 21 août 1933. Le pays de Bade devient alors le seul de tous les *Länder* du Reich à posséder une constitution universitaire imposant le *Führerprinzip*. Ni la Prusse, ni la Bavière, ni la Saxe n'en possèdent de telle à cette date. Par les actions conjuguées de Heidegger, de Krieck et bien entendu du *Gauleiter* Robert Wagner, les universités du pays de Bade sont alors à la pointe du « mouvement » et constituent un exemple qui va être suivi par l'ensemble du Reich[4].

Concrètement, la nouvelle constitution universitaire conçue selon le *Führerprinzip* édicte que les doyens

---

1. GA 16, 107 et 116.
2. GA 16, 113.
3. GA 16, 761.
4. Voir Hugo Ott, « Martin Heidegger als Rektor der Universität Freiburg i. Br. 1933/34, Teil II », *Zeitschrift des Breisgau-Geschichtsvereins* (« Schau-ins-Land »), n° 103, 1984, p. 112.

des facultés ne sont plus élus par le corps enseignant, mais directement nommés par le recteur-*Führer*. Quant au recteur lui-même, ce ne sont plus les enseignants qui l'élisent, mais le ministère qui le désigne. L'Université perd donc toute autonomie vis-à-vis du pouvoir politique. La nouvelle constitution universitaire du pays de Bade entre en vigueur le 1er octobre 1933. C'est le recteur-*Führer* qui va alors désigner les nouveaux doyens et, malgré l'opposition de ses collègues, Heidegger va nommer doyen de la Faculté de droit le jeune Erik Wolf, fanatiquement attaché à la personne du recteur et, comme nous le verrons par ses écrits, propagandiste enthousiaste de la doctrine raciste et eugéniste du nazisme. Comme l'écrit dans son journal Josef Sauer, ancien recteur de l'université de Fribourg, au lendemain de la promulgation de la nouvelle constitution : « Ce fut l'œuvre de Heidegger. *Fin de l'université*[1] ! »

Ce mot de Josef Sauer va loin. À la date où il est écrit, il ne peut pas désigner la mise en application par Heidegger de la nouvelle constitution, qui n'entrera réellement en vigueur que le 1er octobre 1933 avec le début du nouveau semestre académique, mais bien l'élaboration même de cette constitution. Quel rôle Heidegger a-t-il joué dans cette élaboration ? Il faudrait des recherches encore plus approfondies dans les archives pour le mesurer complètement. Il est néanmoins possible de souligner plusieurs points.

Tout d'abord, rappelons l'importance du télégramme déjà évoqué de Heidegger au recteur Wagner : il prouve la solidarité du recteur de Fribourg avec les décisions venues du ministère de Karlsruhe. Cette « communauté de combat », dont parle Heidegger dans

---

1. « Das war Heideggers Werk. *"Finis universitatum !"* » (Journal de Josef Sauer, 22 août 1933, cité par H. Ott, *ibid.*).

son télégramme, a pour but la réalisation de la *Gleich-schaltung*.

Par ailleurs, l'introduction du *Führerprinzip* à l'Université n'est pas seulement, pour Heidegger, une tâche locale et limitée au pays de Bade : elle concerne l'ensemble du Reich. Cette dimension nationale de l'activité de Heidegger est prouvée par maints faits et documents. Elle révèle à quelle échelle se situe Heidegger, et l'importance des appuis dont il bénéficie non seulement à Karlsruhe, mais aussi à Berlin. Première confirmation : une lettre envoyée par le recteur Heidegger « à l'ensemble des universités allemandes », le 3 juillet 1933. Bien trop compromettante, sans doute, elle n'est pas reprise par Hermann Heidegger dans le volume 16 de l'édition dite « intégrale ». Elle concerne la subordination du chancelier de l'université au pouvoir du recteur. Le second article de la constitution universitaire pour le pays de Bade concernant les droits du recteur stipule que le recteur-*Führer* a le droit de nommer, pour toute la durée de son mandat, un chancelier choisi par lui dans le corps enseignant de l'université[1]. Par cet article, le recteur n'a plus aucune autorité universitaire au-dessus de lui, puisque le chancelier de l'université dépend désormais de lui. Cet article fait donc du recteur le véritable *Führer* de l'université. Or Heidegger anticipe de près de deux mois sur la nouvelle constitution. C'est dès le 27 juin 1933, par un décret spécial pris par le ministère de Karlsruhe à son intention, que Heidegger reçoit le droit de nommer lui-même le chancelier. Non seulement il applique aussitôt ce décret en nommant

---

1. Voir Bernd Martin, « Heidegger und die Reform der deutschen Universität 1933 », *Martin Heidegger. Ein Philosoph und die Politik*, éd. par Gottfried Schramm et Bernd Martin, Fribourg-en-Brisgau, 2001, p. 181.

chancelier Julius Wilser, professeur de géologie, mais
il envoie le 3 juillet une lettre circulaire à l'ensemble
des universités allemandes, pour leur faire part de la
situation :

> À toutes les universités allemandes
> Monsieur le ministre du culte, de l'éducation et de la
> justice m'a donné le pouvoir, par ordonnance du 27 juin
> 1933, et pour la durée de mon rectorat, de nommer pour me
> venir en aide un chancelier dans le corps des professeurs
> de l'université. La détermination du champ des tâches du
> chancelier m'a été confiée. Parmi ses tâches, il revient
> au chancelier celle de signer « par procuration » pour le
> recteur ; ma responsabilité dans la conduite des affaires de
> l'université reste donc inentamée[1].

On voit avec quelle insistance Heidegger souligne
le fait que le chancelier de l'université lui est désormais subordonné, de sorte que sa responsabilité de
recteur dans la *Führung* des affaires universitaires
reste intacte. Et par sa lettre, Heidegger présente cette
situation comme un modèle pour toute l'Université
allemande. Ainsi, la première introduction partielle du
Führerprinzip à l'Université s'est-elle faite dès la fin
de juin 1933, par ce décret personnellement pris par le
ministère en faveur du recteur Heidegger. La constitution du 21 août, avec son article premier stipulant que

---

1. « An sämtliche deutsche Hochschulen. Der Herr Minister
des Kultus, des Unterrichts und der Justiz hat mich mit Erlaß vom
27. Juni 1933 ermächtigt, für die Dauer meines Rektorates aus der
Dozentenschaft der Universität zu meiner Unterstützung einen
Kanzler zu ernennen. Die Bestimmung des Aufgabenbereiches
des Kanzlers ist mir überlassen worden. Der Kanzler hat innerhalb
seiner Aufgaben "im Auftrage" des Rektors zu zeichnen, meine
Verantwortlichkeit für die Führung der Rektoratsgeschäfte bleibt
hierdurch unberührt » (*ibid.*, p. 167).

« le recteur est le *Führer* de l'Université », ne fera donc qu'entériner sur ce point un état de fait déjà partiellement acquis à Fribourg.

Une autre lettre de Heidegger est également révélatrice de la dimension nationale de son action : le 24 août 1933, il transmet à tout le corps enseignant de l'université de Fribourg le texte de la nouvelle constitution, accompagné d'une lettre où il dit notamment ceci :

> Ainsi est créé le premier fondement pour l'édification interne de l'université conformément à la nouvelle tâche globale de l'éducation scientifique[1].

Or la nouvelle constitution comporte au début un préambule général où il est clairement dit qu'il s'agit d'un premier pas dans une entreprise qui vise l'ensemble du Reich :

> Le complet renouvellement des universités allemandes ne peut être obtenu que si la réforme des universités est entreprise dans tout le Reich de manière unitaire et globale[2].

Cette phrase est tout à fait dans l'esprit de Heidegger. Se demander s'il n'en a pas été l'inspirateur direct, voire le rédacteur, n'est donc pas une question sans fondement.

---

1. « Es ist damit die erste Grundlage geschaffen für den inneren Ausbau der Universität entsprechend den neuen Gesamtaufgaben der wissenschaftlichen Erziehung » (*ibid.*, p. 180).
2. « Die völlige Erneuerung der deutschen Hochschulen kann nur erreicht werden, wenn die Hochschulreform einheitlich und umfassend im ganzen Reiche vorgenommen wird » (*ibid.*).

Les nominations de Heidegger à Berlin et à Munich
et sa réputation d'extrémisme politique

La dimension nationale de l'action de Heidegger est confirmée par le fait que, à peine cette constitution promulguée pour le pays de Bade, il est appelé, aux premiers jours de septembre 1933, à une chaire d'enseignement dans deux universités majeures, celle de Berlin et celle de Munich. C'est le ministre de l'Éducation du Reich en personne, Bernhard Rust, qui nomme Heidegger à Berlin, en précisant sa motivation politique, dans une lettre en date du 7 septembre adressée à la Faculté de philosophie de Berlin et cosignée par le secrétaire d'État Wilhelm Stuckart. Rust écrit :

> La nomination de Heidegger a lieu en relation avec la mise en œuvre de la réforme de l'université et a été rendue nécessaire par des considérations étatico-politiques[1].

Les choses sont donc tout à fait explicites, et Heidegger lui-même indique à Elisabeth Blochmann, dans une lettre du 5 septembre 1933, qu'il a « reçu hier une proposition de nomination à Berlin – liée à une mission politique[2] ».

Pour Berlin, Heidegger hésite longuement. Selon les termes de la nouvelle constitution, il est, le 1er octobre 1933, officiellement nommé (et non plus élu) recteur de l'université de Fribourg par le ministère de Karlsruhe.

---

1. « Die Berufung Heideggers steht im Zusammenhang mit der Durchführung der Hochschulreform und war aus staatspolitischen Erwägungen heraus erforderlich » (V. Farias, *Heidegger et le nazisme, op. cit.*, p. 226 ; trad. fr. modifiée, p. 178).
2. « Gestern bekam ich einen Ruf nach Berlin – verbunden mit einem politischen Auftrag » (*Martin Heidegger/Elisabeth Blochmann, op. cit.*, p. 71 ; trad. fr., p. 294).

C'est seulement alors qu'il décide de rester dans cette ville et d'accepter une nomination qui consacre l'introduction du principe du *Führer* à l'université et fait de lui le premier recteur-*Führer* de la nouvelle Allemagne. Le lendemain, il rédige un projet de communiqué laconique destiné aux professeurs de cette université, où ses intentions sont nettement exprimées :

> Je n'irai pas à Berlin mais c'est à notre université que je tenterai de donner une réalité authentique et éprouvée aux possibilités offertes par le nouveau règlement constitutionnel provisoire dans le pays de Bade, afin de préparer ainsi l'édification unitaire de la future constitution globale de l'ensemble de l'université allemande. Conformément au souhait des instances gouvernementales de Berlin, je continuerai à garder le contact le plus étroit avec le travail qui se fait là-bas[1].

La décision de rester à Fribourg ne constitue donc nullement, dans l'esprit de Heidegger, un retrait par rapport à l'action d'ensemble qu'il entend exercer au niveau du Reich. Le style *völkisch* et paysan de son intervention radiodiffusée *Pourquoi demeurons-nous en province ?*[2], publiée le 7 mars 1934 par le journal

---

1. « Ich werde nicht nach Berlin gehen, sondern an unserer Universität versuchen, die durch die vorläufige neue Verfassungsregelung in Baden gegebenen Möglichkeiten zu einer echten und erprobten Wirklichkeit zu gestalten, und damit den einheitlichen Aufbau der künftigen gesamtdeutschen Hochschulverfassung vorzubereiten. Auf Wunsch der Berliner Regierungsstellen werde ich auch fernerhin engste Fühlung mit der dortigen Arbeit behalten » (Hugo Ott, art. cité, p. 113). Bien qu'il soit capital pour connaître le véritable état d'esprit de Martin Heidegger, ce texte n'est pas publié par Hermann Heidegger dans le volume 16 de l'édition dite « intégrale ».

2. *Warum bleiben wir in der Provinz ?* (G. Schneeberger, *Nachlese zu Heidegger, op. cit.*, p. 216-218 et GA 13, 9-11).

nazi de Fribourg *Der Alemanne*, où Heidegger ne parle
que de sa hutte de Todtnauberg et des paysans de sa
Heimat, masque la réalité de ses intentions politiques
et de son activité au niveau du Reich. La mise en application de la nouvelle constitution pour le pays de Bade
représente à ses yeux un commencement et un modèle
pour la « mise au pas » (ou *Gleichschaltung*) générale
à laquelle il continue à travailler. La dernière phrase
de la lettre est parfaitement explicite : non seulement
Heidegger bénéficie du soutien des instances gouver-
nementales de Berlin, mais il continuera de collaborer
de la manière la plus étroite avec elles.

À ce propos, la correspondance avec Elisabeth
Blochmann nous donne quelques précisions : l'enseignement à Berlin n'aurait été « que chose accessoire » ;
ce que l'on attendait de lui, c'est qu'il « dirige le corps
prussien des chargés d'enseignement »[1]. Heidegger
est cependant réservé : il craint que le travail ne se
restreigne à la Prusse alors qu'il entend œuvrer dans
l'ensemble du Reich. Il préfère exposer son plan – pour
une « école supérieure » – qui, même après son refus
d'aller à Berlin, *« voit s'ouvrir devant lui une bril-
lante perspective*[2] ». Heidegger précise que ce plan
est « confidentiel » et n'en dit pas plus. On peut néanmoins pressentir ce dont il s'agit. Maintenant que la
Gleichschaltung se réalise et que le principe du *Führer*
a été introduit, en grande partie par l'action de Heidegger, dans l'Université, ce qui manque, ce sont « des

---

1. « Ich soll die preußische Dozentenschaft "führen" » (Martin
Heidegger à Elisabeth Blochmann, 19 septembre 1933, *op. cit.*,
p. 73 ; trad. fr., p. 298).
2. Martin Heidegger à Elisabeth Blochmann, 16 octobre 1933,
op. cit., p. 76 ; trad. fr., p. 302 (c'est Heidegger qui souligne).

hommes capables[1] ». Le souci de Heidegger, comme des nationaux-socialistes en charge de l'éducation (le ministre Rust, le secrétaire d'État Wilhelm Stuckart, etc.), c'est de trouver et de former les hommes susceptibles d'être les *Führer* des institutions « mises au pas ». Le fait qu'il conçoit des « camps scientifiques », qu'il va mettre en œuvre à partir d'octobre 1933, et où sont sélectionnés les plus « aptes » selon les critères nazis, s'inscrit dans ce contexte. Il en est de même pour les cours d'éducation politique destinés à créer, selon ses termes, une nouvelle « noblesse » pour le IIIe Reich, cours qu'il va dispenser dans un séminaire pour étudiants avancés pendant l'hiver 1933-1934[2]. Par ailleurs, le plan de Heidegger s'inscrit certainement dans les projets de hautes écoles politiques, parmi lesquels on peut mentionner celui conçu dès avril 1933 par un proche de Heidegger et conseiller du ministre Rust, Joachim Haupt : les instituts d'éducation nationale politique *(Nationalpolitische Erziehungsanstalten)*, dits encore « Napolas ». Un an plus tard, en août 1934, et à la demande de Wilhelm Stuckart, Heidegger rédigera un projet d'Académie des professeurs du Reich, dont le texte, cette fois, a été conservé.

Les conditions de la proposition de nomination de Heidegger à Munich et la façon dont il y répond sont également très instructives. Cette fois, il s'agit de remplacer le professeur Hönigswald, contre lequel Heidegger avait produit un rapport si virulent. La décision favorable à Heidegger ne provient pas de la Faculté, mais du ministre bavarois de la Culture : Schemm,

---

1. Selon les termes de la lettre de Martin Heidegger à Elisabeth Blochmann, 30 août 1933, *op. cit.*, p. 69 ; trad. fr., p. 292.
2. Voir *infra*, chapitre 5.

et de la *Deutsche Studentenschaft* de Munich. Cette nomination lève un coin du voile jeté sur les liens tissés par Heidegger avec les milieux nationaux-socialistes de Munich, que ce soit dans le gouvernement de Bavière ou dans les associations d'étudiants nazis. Le ministre Schemm, en effet, a appuyé sa décision « sur des conversations antérieures avec Heidegger[1] ». Quant à la *Deutsche Studentenschaft*, elle avait pris les devants. En effet, dans une lettre en date du 29 juillet 1933, alors que Hönigswald n'était pas encore révoqué, un certain Karl Gegenbach, au nom de la *Deutsche Studentenschaft*, avait réclamé le remplacement de Hönigswald par Heidegger, avançant comme argument que « celui-ci s'était fait un nom autant comme philosophe que comme champion du national-socialisme[2] ».

À cette époque, Munich est encore la ville où Hitler séjourne le plus fréquemment, et cela semble un argument majeur aux yeux de Heidegger lorsqu'il envisage d'accepter le poste. Nous avons déjà mentionné la lettre du 19 septembre 1933 à Elisabeth Blochmann où il évoque « la possibilité, notamment, d'approcher Hitler » à Munich. Sa première réponse à Einhauser se réfère également à Hitler :

> Je ne suis pas encore lié, mais ce que je sais est que, au détriment de toute considération personnelle, je dois me

---

1. Les discussions déterminantes du ministre Schemm avec Heidegger sont évoquées dans une lettre du conseiller ministériel Müller de Munich à son collègue Fehrle du ministère de Karlsruhe (V. Farias, *Heidegger et le nazisme*, éd. all., p. 228 ; trad. fr., p. 180).

2. « [...] dieser sowohl als Philosoph als auch als Vorkämpfer für den Nationalsozialismus einen Namen habe » (Claudia Schorcht, *Philosophie an den bayerischen Universitäten 1933-1945, op. cit.*, p. 235).

décider pour la tâche par l'accomplissement de laquelle je
servirai au mieux l'œuvre d'Adolf Hitler[1].

Servir l'œuvre de Hitler, pouvoir plus facilement
l'approcher au besoin, tel est ce qui motive le plus Heidegger à cette date. Cependant, s'il bénéficie du soutien
des corporations d'étudiants nazis et des plus hautes
instances de Berlin comme de Munich, il ne rencontre
pas les mêmes faveurs parmi les professeurs d'université. Ainsi à Munich, la commission qui s'est constituée
pour préparer la succession du professeur Hönigswald
estime que Heidegger ne saurait convenir à une université du rang de Munich. En effet, conclut-elle :

> La Faculté voudrait ne pas négliger aussi le fait que les
> effets pédagogiques de sa philosophie pourraient se révé-
> ler moindres que les effets inspirateurs, et que tout parti-
> culièrement les jeunes étudiants pourraient plus facilement
> se laisser griser par la langue extatique que se former par
> les contenus profonds difficilement saisissables de cette
> même philosophie[2].

En outre, selon les termes rapportés dans le protocole
de la séance réunissant les professeurs ordinaires de la
Faculté de philosophie de Munich, le 26 septembre

---

1. « Ich bin noch nicht gebunden, nur das weiß ich, daß ich unter
Zurückstellung alles Persönlichen mich für die Aufgabe entscheiden muß, durch deren Erfüllung ich dem Werke Adolf Hitlers am
besten diene » (cité par C. Schorcht, *op. cit.*, p. 238).
2. « Die Fakultät möchte auch das Bedenken nicht unterdrücken,
daß die schulende Wirkung seiner Philosophie geringer sein könnte
als die inspierierende, und daß besonders junge Studenten sich
leichter an der ekstatischen Sprache berauschen als an den tiefen
und nicht leicht fassbaren Inhalten derselben bilden würden »
(Lettre du 27 septembre 1933 au ministère de la culture de Bavière,
cité par C. Schorcht, *op. cit.*, p. 237).

1933, Heidegger « serait, pour la Faculté, politiquement trop extrême », et « avec de telles phrases, les étudiants ne pourraient se voir offrir aucune philosophie »[1]. Ce jugement est à méditer. On voit qu'à cette date la réputation de Heidegger dans l'Université allemande est à ce point liée à l'extrémisme de son engagement politique que ses collègues de Munich lui dénient la capacité d'enseigner la philosophie.

L'ACTION « CONTRE L'ESPRIT NON ALLEMAND » ET LE NOUVEAU DROIT DES ÉTUDIANTS

Les soutiens à Heidegger restent très minoritaires dans le corps enseignant. Il ne peut compter, en 1933, parmi les « philosophes », que sur une petite cohorte d'alliés comme Baeumler, Krieck (qui deviendra, en 1934, son plus farouche adversaire) ou Heyse. Il forme en outre, avec trois recteurs ultranazis[2], un « groupe de choc » qui travaille activement à la « mise au pas » de l'Association de professeurs d'université. Ce point a déjà été étudié et nous n'y reviendrons pas[3]. Ce que nous souhaitons maintenant approfondir, c'est la nature et la portée des relations entre Heidegger et les associations d'étudiants nazis. C'est là que l'on découvre, en effet, l'une des faces les plus sombres de l'activité de Heidegger.

Nous avons vu que la *Gleichschaltung* nazie et hitlérienne obéit principalement aux deux objectifs sui-

---

1. « er "sei für die Fakultät politisch zu extrem" und "mit solchen Phrasen könne den Studenten keine Philosophie geboten werden" » (Protokoll über die Sitzung der Ordinarien, 26 septembre 1933, cité par C. SCHORCHT, *op. cit.*, p. 237).

2. Ernst Krieck, recteur de Francfort, Friedrich Neumann, recteur de Göttingen, et Lothar Wolf, recteur de Kiel.

3. Voir par ex. H. OTT, *op. cit.*, p. 190 ; trad. fr., p. 203-204.

vants, tout à la fois raciaux et politiques : exclure les adversaires politiques et les Juifs de la communauté du peuple identifiée aux Allemands dits de souche et introduire dans tous les domaines le *Führerprinzip*[1]. La réalisation de ces deux objectifs a lieu de manière planifiée et concertée. Nous avons déjà évoqué deux moments importants de cette *Gleichschaltung* : la loi du 7 avril 1933 pour la « reconstitution de la fonction publique » et la loi du 21 août 1933 qui introduit le *Führerprinzip* dans les universités du pays de Bade, et nous avons montré comment Heidegger avait exprimé son accord à l'égard de l'une et participé activement à la préparation, à la légitimation et à la mise en place de l'autre. Il faut maintenant aller plus loin et aborder dans ce contexte la réalité des relations entre Heidegger et les associations d'étudiants nazis. En effet, dans l'Université, la *Gleischaltung* se met en place à la fois sur le plan juridique, avec les deux lois évoquées, et par les initiatives concertées des étudiants nazis. Ceux-ci organisent la dénonciation et le boycott des enseignants « non aryens » ou politiquement suspects, obligent les associations d'étudiants juifs à fermer, et préparent d'autres actions antisémites.

Le 29 mars 1933 paraît dans le *Völkischer Beobachter* une proclamation d'Oskar Stäbel, *Führer* du NSDStB, qui, avant même l'entrée en vigueur des nouvelles lois antisémites, organise en ces termes le boycott des enseignants juifs dans toutes les universités du Reich :

> Compte tenu de l'enjuivement presque total des universités allemandes, le guide fédéral de l'Association des étudiants nationaux-socialistes allemands, conjointement avec le président des étudiants allemands, a demandé aux

---

1. Il s'agit également de neutraliser l'indépendance des *Länder*, mais cela ne concerne pas directement les universités.

autorités compétentes du Reich et des *Länder*, comme première condition à la transformation des universités allemandes, l'introduction d'un *numerus clausus* pour les Juifs, de même que la mise à l'écart complète de tous les professeurs et assistants juifs dans les universités allemandes.

En outre, dans le contexte des mesures de défense de la direction du parti du Reich, et en accord avec le comité central, sont prises les mesures suivantes :

À dater du 1er avril 1933 seront installés, devant toutes les salles de cours et de séminaires des professeurs juifs, des postes d'étudiants ayant la tâche de mettre en garde les étudiants allemands contre la visite de tels cours et séminaires, avec l'indication qu'en tant que juif le professeur concerné est légitimement boycotté par tous les Allemands honnêtes.

Veilleront à l'exécution de cette mesure les guides étudiants respectifs, conjointement avec les hommes des SA et des SS estudiantines et avec l'accord du comité d'action du lieu[1].

---

1. « Im Hinblick auf die fast vollständige Verjudung der deutschen Hochschulen hat der Bundesführer des Nationalsozialistischen Deutschen Studentenbundes zusammen mit dem Vorsitzer der Deutschen Studentenschaft bei den zuständigen Behörden des Reiches und der Länder die Einführung des numerus clausus für Juden, wie auch die restlose Entfernung sämtlicher jüdischer Dozenten und Assistenten von den deutschen Hochschulen als die erste Voraussetzung für die Umgestaltung der deutschen Hochschule gefordert. Weiterhin ergeht im Zusammenhang mit den Abwehrmaßnahmen der Reichsparteileitung und im Einverständnis mit dem Zentralkomitee folgende Anordnung : Ab 1. April 1933 stehen vor den Hörsälen und Seminaren der jüdischen Professoren und Dozenten Posten der Studentenschaft, die die Aufgabe haben, die deutschen Studenten vor dem Besuch solcher Vorlesungen und Seminare zu warnen, mit dem Hinweis, daß der betreffende Dozent als Jude von allen anständigen Deutschen berechtigt boykottiert wird. Für die Durchführung dieser Anordnung sorgen die einzelnen Hochschulgruppenführer zusammen mit den studentischen S.A.- und S.S.Männern im Einvernehmen mit dem örtlichen

À partir du 12 avril 1933, une affiche antisémite rédigée en caractères gothiques rouges sur fond blanc est placardée dans les universités du Reich. Elle s'intitule « Contre l'esprit non allemand » *(Wider den undeutschen Geist)*. Peu après, le 10 mai 1933, des bûchers sont allumés dans tout le Reich, pour des autodafés d'ouvrages censés représenter, pour des motifs raciaux et politiques, cet esprit non allemand. À Berlin, Goebbels et Baeumler prononcent un discours devant les flammes. Selon les villes, ces bûchers de livres se poursuivent de manière plus ou moins intense tout au long des mois de mai et juin 1933.

Or il existe deux associations d'étudiants nazis, dont la rivalité va s'intensifier jusqu'à la crise du mois d'août 1933. La première se dénomme la *Deutsche Studentenschaft*, ou DSt, et son chef est Gerhardt Krüger ; la seconde a pour nom *Nationalsozialistische Deutsche Studentenbund*, ou NSDStB, et pour *Führer* Oskar Stäbel. Officiellement, la première association est subordonnée à la seconde, mais, dans les faits, la *Deutsche Studentenschaft* entend préserver son indépendance. C'est elle qui va principalement conduire l'action « contre l'esprit non allemand ». Or la DSt, association « radicalement antisémite et antimarxiste », a pour *Führer* un étudiant en philosophie « ami et même familier de Heidegger »[1], Gerhardt Krüger, et pour « chef du

---

Aktionskomitee » (*Völkischer Beobachter, Herausgeber Adolf Hitler. Kampfblatt der national-sozialistischen Bewegung Großdeutschlands*, Munich, 1er/2 avril 1933, p. 1 ; cité par G. SCHNEE-BERGER, *Nachlese zu Heidegger, op. cit.*, p. 13).

1. Selon les termes employés par Hugo Ott dans la version française de sa monographie, p. 195. C'est dans les archives non classées de la *Deutsche Studentenschaft* conservées à Würzburg que Hugo Ott avait trouvé, lors de ses premières recherches, la preuve de l'amitié unissant Heidegger et Gerhardt Krüger, à ne pas

service central des sciences politiques » Georg Plötner, avec lequel Heidegger entretient également des liens particulièrement étroits.

Il existe en effet toute une correspondance entre Georg Plötner et le recteur Heidegger, que Hermann Heidegger s'est bien gardé de publier dans le volume 16 de l'œuvre dite « intégrale ». Dès sa prise de fonction, Heidegger adresse à Georg Plötner, le 24 avril 1933, une lettre lui proposant d'organiser des journées d'études réunissant les dirigeants de la section science de la DSt[1]. Plötner adresse de son côté à Heidegger une série de lettres. Le 23 mai 1934, il lui écrit à propos de ces journées qui se tiendront effectivement à Berlin les 10 et 11 juillet 1933, avec la participation de trois « philosophes » : Alfred Baeumler, Joachim Haupt et Martin Heidegger. Le lendemain, Plötner lui fait part, dans une autre lettre, d'un article de la *Deutsche Zeitung* qui avait publié un document interne de la DSt invitant les étudiants à l'espionnage et au boycott des enseignants qui ne pouvaient pas être immédiatement révoqués par l'État. Le 1er juin, Plötner lui écrit à nouveau pour l'informer des contacts pris notamment avec Joachim Haupt et avec Rudolph Stadelmann, historien professeur à Fribourg, particulièrement proche de Heidegger et sur lequel nous aurons à revenir. Heidegger, de son côté, adresse encore à Georg Plötner un télégramme le 3 juin et une lettre le 9 juillet 1933.

Il est donc indiscutable que Heidegger coopère activement avec la *Deutsche Studentenschaft* tout au long

---

confondre avec le philosophe et élève de Heidegger du même nom (entretien de l'auteur avec Hugo Ott).

1. Voir V. Farias, *op. cit.*, p. 149 : trad. fr., p. 197. Victor Farias semble commettre une confusion en faisant de Stäbel le chef à cette date de la DSt, alors qu'il n'est encore que le *Bundesführer* de la NSDStB.

de son action « contre l'esprit non allemand ». Dans ces conditions, contrairement à ce qu'il a prétendu en 1945, on ne peut croire à sa volonté d'interdire les deux actions principales de la DSt : l'affichage de son placard « Contre l'esprit non allemand » et les bûchers de livres. Il était pourtant possible, alors que Hindenburg était encore président, de prendre publiquement une position critique. Selon le témoignage de Karl Löwith, trois universitaires de renom ont protesté en Allemagne lors de l'action « contre l'esprit non allemand » : le recteur berlinois Kohlrausch, le psychologue Koehler et le philosophe et pédagogue Spranger[1]. Heidegger ne l'a pas fait. Au contraire, il s'est méchamment moqué de Spranger dans ses lettres à Elisabeth Blochmann.

Dans ses déclarations d'après-guerre, Heidegger a d'ailleurs varié. Dans son texte de 1945 sur *Le Rectorat*, dont presque toutes les affirmations ont été démenties par les recherches de Hugo Ott, il a affirmé que son premier acte officiel comme recteur fut d'interdire le placard ; dans l'entretien donné au *Spiegel*, il a au contraire affirmé que l'interdiction était le fait du recteur von Möllendorf, et que lui-même n'aurait fait, après son élection, que confirmer oralement cette interdiction auprès des représentants des étudiants nazis. Heidegger s'est donc prudemment retranché derrière une affirmation invérifiable. Or, lorsque l'on voit en quels termes la *Studentenschaft* de l'université de Fribourg accueille l'élection de Heidegger, dans une déclaration publiée par le journal *Der Alemanne* du 24 avril 1933 et reprise le 2 mai dans la *Freiburger Studentenzeitung*, il apparaît invraisemblable que le nouveau recteur ait manifesté une quelconque opposition à l'égard des étudiants nazis. On lit en effet :

---

1. K. LÖWITH, *op. cit.*, p. 75 ; trad. fr., p. 97.

[…] Les professeurs de l'université de Fribourg ont élu recteur, en lieu et place de M. le professeur von Möllendorf, le prof. Dr Heidegger. Cette élection s'est déroulée dans le contexte de la mise au pas généralisée *(allgemeinen Gleichschaltung)*. Elle doit permettre un travail en commun de tous les postes dirigeants dans un climat de confiance et de proximité. […] Nous sommes convaincus que le nouveau recteur soutiendra et promouvra le travail des étudiants, qui incorpore organiquement le nouveau droit des étudiants dans l'édification de l'université. Pour leur part, conformément à leur devoir, les étudiants promettent au recteur en tant que *Führer* de l'université de le suivre et de collaborer.

Le recteur sortant a mis son poste à disposition, de manière à rendre possible un travail en commun plus étroit des postes dirigeants. Ce sacrifice et sa nécessité sont des choses que nous savons saluer[1].

LA CORPORATION DES ÉTUDIANTS DE L'UNIVERSITÉ DE FRIBOURG.

Autre preuve que les déclarations de Heidegger après la défaite nazie ne sont pas fiables : sur les autodafés

---

1. « […] Die Dozenten der Universität Freiburg wählten anstelle von Herrn Prof. Von Möllendorf zum Rektor unserer Hochschule Prof. Dr. Heidegger. Diese Wahl erfolgte im Zuge der allgemeinen Gleichschaltung. Sie soll eine möglichst vertrauensvolle und enge Zusammenarbeit aller leitenden Stellen gewährleisten. […] Wir sind überzeugt, daß der neue Rektor die Arbeit der Studentenschaft, die das neue Studentenrecht organisch in den Aufbau der Universität eingliedert, unterstützen und fördern wird. Die Studentenschaft verspricht dem Rektor als dem *Führer* der Universität ihrerseits gemäß ihrer Aufgabe Gefolgschaft und Mitarbeit. Der ausscheidende Rektor hat sein Amt zur Verfügung gestellt, um ein engeres Zusammenwirken der führenden Stellen zu ermöglichen. Dieses Opfer und seine Notwendigkeit wissen wir zu würdigen. […] Die Studentenschaft der Universität Freiburg i. Breisgau » (*Der Alemanne*, 24 avril 1933, p. 5 ; cité par G. SCHNEEBERGER, *Nachlese zu Heidegger, op. cit.*, p. 16).

142 *Heidegger, l'introduction du nazisme…*

de livres, il a incontestablement menti. En effet, les témoignages d'Ernesto Grassi et ceux de Fribourgeois recueillis par Hugo Ott sont formels : les bûchers de livres ont bien eu lieu à Fribourg, comme dans l'ensemble du Reich[1]. En outre, un article de l'époque évoque « la grande masse des livres », qui a « déjà brûlé sur l'Exerzierplatz » de Fribourg[2]. Et les étudiants nazis de l'université de Fribourg ont lancé l'appel suivant :

> L'Association des étudiants allemands est décidée à mettre en œuvre, jusqu'à l'extermination totale, le combat spirituel contre la décomposition judéo-marxiste du peuple allemand. Le symbole de ce combat sera l'*autodafé public*, en date du 10 mai 1933, des écrits judéo-marxistes. Allemands, rassemblez-vous pour ce combat ! Manifestez publiquement la disposition commune au combat. […]
>
> Le feu de l'annihilation deviendra alors la flamme ardente de notre combat enthousiaste pour l'esprit allemand, pour les mœurs allemandes et pour les coutumes allemandes.
>
> La corporation des étudiants de l'université de Fribourg.
> La Ligue de combat pour la culture allemande[3].

---

1. « Le feu crépitait devant la bibliothèque universitaire » (Ernesto Grassi cité par H. Ott, *op. cit.*, p. 182 ; trad. fr., p. 195).

2. « Die *große Masse* der Bücher wurde schon auf dem Exerzierplatz verbrannt » (*Der Alemanne*, 20 juin 1933, p. 12, cité par G. Schneeberger, *op. cit.*, p. 66).

3. « Die Studentenschaft der Universität Freiburg erläßt folgenden *Aufruf* : « Die deutsche Studentenschaft ist entschlossen, den geistigen Kampf gegen die jüdisch-marxistische Zersetzung des deutschen Volkes bis zur völligen Vernichtung durchzuführen. Als Sinnbild dieses Kampfes gelte *die öffentliche Verbrennung* des jüdisch-marxistischen Schrifttums am 10. Mai 1933. Deutsche, sammelt euch zu diesem Kampf ! Bekundet die Kampfgemeinschaft auch öffentlich. […] Das Feuer der Vernichtung wird uns zugleich zur lodernden Flamme des begeisterten Ringens um den deutschen Geist, die deutsche Sitte und den deutschen Brauch. Die Studentenschaft der Universität Freiburg. Der Kampfbund für

Il semble que cela n'ait pas paru suffisant aux jeunesses nazies de Fribourg. Ainsi, bien après la destruction par les flammes de la masse des livres taxés d'« esprit non allemand », la Ligue de combat pour la culture allemande *(Kampfbund für deutsche Kultur)* annonce à nouveau, le 20 juin 1933, un « autodafé symbolique de la littérature de souillure et de salissure » *(symbolischer Verbrennungsakt von Schmutz-und Schundliteratur)*[1] : originellement prévu pour le samedi 17 juin 1933 sur la place de la Cathédrale, l'autodafé symbolique est reporté au mercredi 21 juin, pour la fête du Solstice dans le stade de l'université. Finalement, la fête du Solstice et le bûcher des flammes sont eux-mêmes reportés au samedi 24 juin. Dans le stade de l'université, ce soir-là, Rudolph Stadelmann et Martin Heidegger prononcent un discours devant les flammes[2]. Que la pluie à nouveau présente ait empêché ou non de brûler matériellement des livres, les flammes devant lesquelles discourent Stadelmann, puis Heidegger ont certainement, pour les participants, la valeur d'un autodafé symbolique de livres « non allemands ». Lorsque le recteur Heidegger s'exclame : « Flamme, annonce-nous, éclaire-nous, montre-nous le chemin *d'où il n'y a plus de retour* », il ne peut ignorer la signification symbolique de ce bûcher. On ne saurait donc nier que Heidegger a participé à un bûcher symbolisant la destruction de l'esprit dit « non allemand ».

---

deutsche Kultur » (*Breisgauer Zeitung*, 8 mai 1933, p. 3 ; cité par G. SCHNEEBERGER, *op. cit.*, p. 29-30).

  1. *Ibid.*, p. 66.

  2. Les annonces et mises au point de la Ligue de combat parues dans *Der Alemanne* et dans la *Freiburger Zeitung* et citées par G. SCHNEEBERGER (*op. cit.*, p. 66 et 69) prouvent définitivement que la cérémonie du 24 juin coïncide avec le report de l'autodafé symbolique prévu le 17, puis le 21 juin.

Mais revenons aux circonstances entourant la rédaction du placard « Contre l'esprit non allemand » et sa diffusion. La *Deutsche Studentenschaft* a terminé de le rédiger dès le 8 avril 1933, et c'est Alfred Baeumler, le « philosophe » alors le plus proche de Heidegger, qui met la dernière main au texte avant qu'il ne soit diffusé dans tout le Reich à partir du 12 avril. À ce moment-là, Heidegger n'est pas encore recteur, et si l'affichage du placard a été interdit à Fribourg, cela n'a pu être que le fait du recteur von Möllendorf alors en place, comme Heidegger le confirmera finalement lors de son entretien de 1966. En outre, nous l'avons montré, ce n'est pas une lettre d'interdiction du placard diffusé par la DSt que Heidegger envoie au lendemain de sa prise de fonction, mais, tout à l'opposé, une proposition de collaboration renforcée avec la DSt sous la forme de journées d'études à Berlin !

En prenant appui sur un fait extrêmement troublant, et qui n'a pas été suffisamment pris en compte jusqu'ici, nous pouvons aller plus loin. L'un des plus proches disciples de Carl Schmitt, Ernst Forsthoff, a publié en 1938 une deuxième édition, augmentée, d'un ouvrage intitulé *L'Histoire allemande depuis 1918 en documents*. Sous ce titre d'allure anodine, Forsthoff a regroupé, classé et commenté un ensemble de documents, d'extraits de lois et de fragments de discours, qui retracent précisément la progression de l'entreprise nazie et hitlérienne jusqu'en 1936 environ. Or Forsthoff édite à la suite – de sorte que l'on peut les lire en vis-à-vis – le placard antisémite d'avril 1933 et un long extrait du discours de rectorat de Heidegger de mai 1933, extrait dans lequel celui-ci fait l'éloge de la *Deutsche Studentenschaft* nazie.

La présence dans ce livre d'un ample extrait du discours de rectorat de Heidegger et la manière dont Forst-

hoff l'insère apportent beaucoup d'indications. Tout
d'abord, on voit l'importance tout à fait officielle qui
est reconnue au discours de Heidegger en 1938, dans
un ouvrage approuvé par la commission d'impression
de la NSDAP et présenté comme destiné à figurer dans
la « bibliographie national-socialiste ». Il faut souligner
en outre que les autres discours cités dans ce livre sont
exclusivement des discours ou des textes de Hitler lui-
même ou des plus hauts dignitaires nazis : Goebbels,
Rosenberg, Darré, Streicher. On y trouve également
Mussolini. Aucun autre universitaire que Heidegger
n'est présent dans l'ouvrage. C'est donc la preuve
de l'importance politique exceptionnelle de celui-ci,
comparable, dans l'esprit de Forsthoff, à celle des plus
hauts dignitaires du nazisme.

Par ailleurs, il importe de préciser de manière plus
complète dans quelle suite de documents apparaît le
discours de Heidegger. Dans la section *Kulturpolitik*,
on trouve successivement, à propos de la « politique
universitaire » *(Hochschulpolitik)*, deux discours du
représentant de la *Deutsche Studentenschaft*, Gerhardt
Krüger, la loi du 22 avril 1932 sur la formation des
associations d'étudiants, le discours de Goebbels prononcé lors de l'autodafé des « écrits non allemands »
du 10 mai 1933, l'affiche de la corporation des étudiants allemands « Contre l'esprit non allemand »,
l'extrait du discours de rectorat de Martin Heidegger,
enfin, un extrait du discours prononcé par le ministre
de l'Agriculture du IIIᵉ Reich, Walter Darré, en 1936,
à Heidelberg. Heidegger figure donc en bonne place...
En outre, on retrouve le nom de Gerhardt Krüger qui,
dès 1932, était intervenu au nom de la *Deutsche Studentenschaft* pour réclamer l'introduction du *Führerprinzip* et l'application contre les Juifs d'un *numerus
clausus* à l'Université. On voit donc à travers ces docu-

ments que la *Gleichschaltung* est préparée dès 1932 pour l'Université, et sa mise en place, orchestrée dans l'ensemble du Reich, s'effectue selon une gradation où le discours de Heidegger joue un rôle déterminant de validation universitaire et « spirituelle » de l'action de la *Studentenschaft* nazie.

Il est maintenant nécessaire d'évoquer, malgré son abjection, le contenu de l'affiche rééditée par Forsthoff en vis-à-vis du discours de Heidegger. Le placard de la *Deutsche Studentenschaft* est constitué des douze thèses suivantes :

Contre l'esprit non allemand :

1. Le langage et l'écriture sont enracinés dans le peuple. Le peuple allemand porte la *responsabilité* de ce que sa langue et son écriture sont l'expression pure et non falsifiée de son être-peuple *(Volkstum)*.

2. Aujourd'hui, la contradiction entre l'écrit et l'être-peuple allemand est devenue béante. Cette situation est une honte !

3. C'est de *toi* que dépend la pureté de la langue et de l'écrit. Ton peuple t'a confié la langue pour que tu la conserves fidèlement.

4. Notre plus dangereux antagoniste est le Juif, et celui qui le sert.

5. Le Juif ne peut penser que de manière juive. S'il écrit en allemand, c'est qu'il ment. L'Allemand qui écrit en allemand, mais qui pense en Juif, celui-là est un traître. En outre, l'étudiant qui parle et écrit de manière non allemande est irréfléchi et devient *infidèle* à sa tâche.

6. *Nous entendons extirper le mensonge, nous voulons stigmatiser la trahison ; pour l'étudiant, nous ne voulons pas des lieux d'absence de pensée, mais de dressage* (Zucht) *et d'éducation politique.*

7. Nous entendons proscrire le Juif en tant qu'étranger, et nous voulons prendre au sérieux l'être-peuple. C'est pour-

quoi nous *exigeons* de la censure : que les œuvres juives soient publiées en langue hébraïque.

Si elles paraissent en allemand, elles doivent porter la mention « traduction ».

L'intervention la plus ferme contre le mauvais usage de l'écriture allemande.

L'écriture allemande est désormais disponible à l'Allemand. L'esprit non allemand sera éliminé des bibliothèques publiques.

8. Nous *exigeons* de l'étudiant allemand qu'il ait la volonté et la capacité de connaître et de décider de manière autonome.

9. Nous *exigeons* de l'étudiant allemand qu'il ait la volonté et la capacité de maintenir pure la langue allemande.

10. Nous *exigeons* de l'étudiant allemand qu'il ait la volonté et la capacité de surmonter l'intellectualisme juif et les signes corollaires de décadence libérale dans la vie spirituelle allemande.

11. *Nous exigeons la sélection des étudiants et des professeurs en fonction de leur assurance à penser selon l'esprit allemand.*

12. *Nous exigeons que l'université allemande soit le rempart de l'être-peuple allemand et l'arène nourrie de la force de l'esprit allemand.*

LA CORPORATION DES ÉTUDIANTS ALLEMANDS[1].

---

1. « Wider den undeutschen Geist. Sprache und Schrifttum wurzeln im Volke. Das deutsche Volk trägt die *Verantwortung* dafür, daß seine Sprache und sein Schrifttum reiner und unverfälschter Ausdruck seines Volkstums sind. 2. Es klafft heute ein Widerspruch zwischen Schrifttum und deutschen Volkstum. Dieser Zustand ist eine Schmach ! 3. Reinheit von Sprache und Schrifttum liegt an *Dir !* Dein Volk hat Dir die Sprache zur treuen Bewahrung übergeben. 4. Unser gefährlichster Widersacher ist der Jude und der, der ihm hörig ist. 5. Der Jude kann nur jüdisch denken. Schreibt er Deutsch, dann lügt er. Der Deutsche, der Deutsch schreibt, aber jüdisch denkt, ist ein Verräter. Der Student, der undeutsch spricht und schreibt, ist außerdem gedankenlos und wird seiner Aufgabe *untreu*. 6. *Wir*

La virulence de l'antisémitisme du texte n'a pas d'équivalent à l'époque dans les écrits des enseignants nazis. C'est seulement après 1935 que l'on trouvera des propositions similaires chez certains universitaires nazis, et que l'on verra par exemple Carl Schmitt, dans le colloque qu'il organisera en 1936 sur *La Science du droit dans sa lutte contre l'esprit juif*, préconiser les mêmes mesures que celles énoncées dès 1933 dans les thèses 5 et 7 du placard.

Que Forsthoff publie en vis-à-vis les thèses de la corporation des étudiants allemands et un ample fragment du discours de rectorat de Heidegger amène le lecteur à se demander s'il existe un lien entre les deux textes, et lequel. C'est un fait que, dans son discours, Heidegger prononce un éloge appuyé de la *Deutsche Studentenschaft* qu'il évoque à trois reprises. Voilà en

_____

wollen die Lüge ausmerzen, wir wollen den Verrat brandmarken, wir wollen für den Studenten nicht Stätten der Gedankenlosigkeit, sondern der Zucht und der politischen Erziehung. 7. Wir wollen den Juden als Fremdling achten, und wir wollen das Volkstum ernst nehmen. Wir *fordern* deshalb von der Zensur : Jüdische Werke erscheinen in hebräischer Sprache. Erscheinen sie in Deutsch, sind sie als Übersetzung zu kennzeichnen. Schärfstes Einschreiten gegen den Mißbrauch der deutschen Schrift. Deutsche Schrift steht nun den Deutschen zur Verfügung. Der undeutsche Geist wird aus öffentlichen Büchereien ausgemerzt. 8. Wir *fordern* vom deutschen Studenten Wille und Fähigkeit zur selbstständigen Erkenntnis und Entscheidung. 9. Wir *fordern* vom deutschen Studenten den Willen und die Fähigkeit zur Reinerhaltung der deutschen Sprache. 10. Wir *fordern* vom deutschen Studenten den Willen und die Fähigkeit zur Überwindung des jüdischen Intellektualismus und der damit verbundenen liberalen Verfallserscheinungen im deutschen Geistesleben. 11. *Wir fordern die Auslese von Studenten und Professoren nach der Sicherheit des Denkens im deutschen Geiste. 12. Wir fordern die deutsche Hochschule als Hort des deutschen Volkstums und als Kampfstätte aus der Kraft des deutschen Geistes. Die Deutsche Studentenschaft.* »

effet comment il s'exprime, dans le premier paragraphe du passage réédité par Forsthoff :

> Le concept de liberté des étudiants allemands *(deutschen Studenten)* est maintenant reconduit à sa vérité. À partir de lui se déploie pour l'avenir le lien et le service de la corporation des étudiants allemands *(deutsche Studenten-schaft)*[1].

Encore Forsthoff ne donne-t-il que la seconde moitié du paragraphe : dans le texte complet, Heidegger met encore plus nettement l'accent sur la *Deutsche Studentenschaft*. Il écrit en effet :

> De la résolution de la corporation des étudiants allemands *(deutsche Studentenschaft)* de soutenir le destin allemand dans sa plus extrême détresse provient une volonté de l'essence de l'université. Cette volonté est une vraie volonté dans la mesure où, grâce au nouveau droit des étudiants, la corporation des étudiants allemands *(die deutsche Studentenschaft)* se place elle-même sous la loi de son essence et délimite par là, la première, cette essence[2].

Cette déclaration de Heidegger contient une référence concrète et précise qui n'a pas suffisamment retenu l'attention des commentateurs. En effet, la référence élogieuse au « nouveau droit des étudiants », qui a permis à la *Deutsche Studentenschaft* de délimiter son essence, renvoie précisément à l'une des mesures juridiques les plus odieuses de la *Gleichschaltung* générale, à savoir la loi « contre l'excédent des effectifs dans les écoles et les universités allemandes » du

---

1. GA 16, 113.
2. GA 16, 112-113.

25 avril 1933[1]. Sous cet euphémisme administratif, le
« nouveau droit des étudiants » instaure en réalité un
numerus clausus draconien, limitant à 1,5 % le nombre
d'étudiants juifs désormais admis à l'Université. À
l'université de Fribourg, le nouveau recteur Heidegger
a prévu de faire entrer en vigueur ce « nouveau droit
des étudiants » le 1er mai 1933, en même temps que les
festivités d'intronisation du recteur et son entrée officielle dans la NSDAP. On lit en effet, dans le journal
nazi de Fribourg *Der Alemanne*, que :

> Le rectorat académique de l'université de Fribourg fait
> savoir : La proclamation solennelle, prévue dans les uni-
> versités prussiennes à la date du 1er mai, du nouveau droit
> des étudiants, sera dans notre université, où le change-
> ment de recteur coïncide avec le début du semestre d'été,
> dignement intégrée aux *festivités de la transmission du
> rectorat*[2].

En outre, seule la corporation des étudiants allemands – entièrement contrôlée par les nazis et dont
les dirigeants sont obligatoirement membres de la

---

1. « Gesetz gegen die Überfüllung der deutschen Schulen und
Hochschulen » : le § 4 de la loi consiste dans un *numerus clausus*
antisémite qui s'appuie sur la loi du 7 avril sur « la reconstitution
de la fonction publique ». L'autre loi clé à laquelle renvoie le
« nouveau droit des étudiants », c'est la « Gesetz über die Bildung
von Studentenschaften an den wissenschaftlichen Hochschulen »
du 22 avril 1933, qui réserve l'accès des associations d'étudiants à
ceux dits « de souche allemande » *(deutscher Abstammung)*.
2. « Das Akademische Rektorat der Universität Freiburg i. Br.
gibt bekannt : Die an den preußischen Hochschulen auf den 1. Mai
angesetzte feierliche Verkündigung des neuen Studentenrechtes wird
an unserer Universität, bei der der Rektoratswechsel in den Beginn
des Sommersemester fällt, in angemessener Weise in die *Feier der
Rektoratsübergabe eingefügt* » (*Der Alemanne. Kampfblatt der
Nationalsozialisten Oberbadens*, 30 avril-1er mai 1933, p. 9).

NSDAP – est reconnue dans le nouveau droit comme représentative des étudiants. De ce fait, l'association des étudiants juifs « Neo-Friburgia » a été contrainte de se *dissoudre*[1]. On voit donc que Martin Heidegger approuve ouvertement cette loi antisémite, et sa référence au « nouveau droit des étudiants » indique de manière indiscutable en quel sens raciste et antisémite il entend l'expression « délimiter son essence ».

Il faut d'ailleurs ajouter qu'une fois de plus le pays de Bade a fait preuve d'un zèle particulier. On apprend en effet, le 12 juin 1933, que :

> Le ministère d'État de Bade vient de prendre une disposition légale concernant les étudiants, qui stipule dans son paragraphe premier que, lors de l'immatriculation, les étudiants devront faire une déclaration sur l'honneur attestant que leurs parents et grands-parents sont d'ascendance allemande[2].

Si l'on regarde maintenant le contenu du placard de la *Deutsche Studentenschaft*, l'antisémitisme radical qui s'y exprime n'a d'équivalent entièrement explicite, chez Heidegger, que dans des textes qu'il se garde de rendre publics, comme sa lettre de 1929 au conseiller Schwoerer. Cependant, le programme de lutte pour « la vie spirituelle allemande » et contre « l'enjuivement »

---

1. « Die jüdische Verbindung "Neo-Friburgia" teilt in einem Schreiben an die Studenten mit, daß sie sich *aufgelöst* hat » (*Der Alemanne*, 27 avril 1933, p. 6 ; cité par G. Schneeberger, *op. cit.*, p. 16).

2. « Das badische Staatsministerium hat soeben eine Studenten-rechtsverordnung erlassen, die in § 1 bestimmt, daß die Studenten bei der Immatrikulation eine ehrenwörtliche Erklärung darüber abzugeben haben, ob ihre Eltern und Großeltern deutscher Abstammung sind » (*Breisgauer Zeitung*, 12 juin 1933, p. 3 ; cité par G. Schneeberger, *op. cit.*, p. 60).

que définit sa lettre annonce exactement ce que la *Deutsche Studentenschaft* met en œuvre dans son action « contre l'esprit non allemand ». En outre, les références appuyées des douze thèses au langage *(Sprache)* et au *Volkstum* coïncident avec les positions mêmes de Heidegger. Il parle ainsi, dans son discours de rectorat, de « l'homme occidental » qui, « à partir d'un être-peuple *(Volkstum)* » et « par la force de sa langue *(Sprache)* » se dresse pour la première fois contre l'étant dans sa totalité[1]. Et nous aurons, dans d'autres textes de la même période, l'occasion de retrouver l'importance de la référence au *Volkstum* chez Heidegger, dont, dans son discours du 6 mai 1933 pour l'immatriculation des étudiants, il va jusqu'à faire la « racine de l'esprit[2] ». Il est donc indiscutable, et c'est là un point capital, que le racisme de ces douze thèses n'est pas exprimé de manière « biologique », mais au contraire rapporté de façon exclusive au « peuple », à la « langue » et à l'« esprit », et cela exactement comme chez Heidegger. Quant à l'écriture dite « allemande » – c'est-à-dire les caractères gothiques –, il n'est pas inutile de rappeler à ce propos que Heidegger a délibérément choisi de faire éditer son discours chez un éditeur de Breslau qui l'imprime en caractères gothiques, alors que la collection dans laquelle son discours prend place continue, sous le IIIᵉ Reich, à paraître en caractères latins.

Il nous faut signaler par ailleurs qu'Ernst Forsthoff a encore publié en 1943 une troisième édition augmentée de son livre désormais intitulé *Histoire allemande de*

---

1. « Darin steht der abendländische Mensch aus einem Volkstum und kraft seiner Sprache erstmals auf gegen das *Seiende im Ganzen* » (GA 16, 108-109).
2. GA 16, 97.

1918 jusqu'en 1938 en documents. Il va donc jusqu'à la dernière année précédant la Seconde Guerre mondiale. Le discours de rectorat y est pareillement cité à la suite des douze thèses antisémites, mais Forsthoff ajoute un peu plus loin un discours prononcé par Alfred Rosenberg, le 16 février 1938, et intitulé « National-socialisme et éducation ». Heidegger demeure bien entouré. Faut-il ajouter que lui-même et ses apologistes ont toujours fait silence, après 1945, sur ces deux rééditions partielles de son discours sur *L'Affirmation de soi de l'Université allemande*...

Il subsiste beaucoup d'inconnues dans l'activité réelle de Heidegger. Nous savons qu'il a bénéficié d'un semestre sabbatique durant l'hiver 1932-1933, de sorte qu'il n'a dispensé aucun cours entre juillet 1932 et le début de mai 1933. Durant cette longue période, comme il tient à le préciser à Elisabeth Blochmann, il n'écrit aucun livre, mais se trouve accaparé, dit-il, durant plusieurs semaines, par d'« importantes activités universitaires entre autres[1] ». Il semble probable qu'il ait cultivé de manière discrète ses liens avec la *Deutsche Studentenschaft* et ses dirigeants, Gerhardt Krüger et Georg Plötner. Les « philosophes » nazis les plus engagés participaient en effet à l'action « contre l'esprit non allemand ». Ainsi, nous avons vu qu'Alfred Baeumler avait mis la dernière main au texte du placard et pris la tête du cortège de ses étudiants en uniforme de la SA pour se rendre, après son cours, le 10 mai 1933, à l'autodafé de livres à Berlin et y prononcer un discours. Et cette participation notoire de Baeumler à l'action antisémite des étudiants nazis n'a

---

1. Martin Heidegger à Elisabeth Blochmann, 22 décembre 1932, *op. cit.*, p. 56 ; trad. fr., p. 273.

nullement conduit Heidegger à relâcher les liens étroits qui ont subsisté entre les deux hommes pendant les mois suivants. Quant à Erich Rothacker, il fut un temps chef du service de l'éducation du peuple *(Leiter der Abteilung Volksbildung)* au ministère de la Propagande et « l'homme de liaison entre Goebbels et l'action étudiante contre l'esprit non allemand[1] ». Pour Heidegger lui-même, ses liens personnels avec Gerhardt Krüger, sa correspondance avec Georg Plötner et l'initiative qu'il a prise de faire organiser les Journées de Berlin montrent assez que, loin de manifester la moindre réserve, il coopérait activement avec les auteurs de la campagne antisémite. On sait même qu'il a adressé son discours de rectorat aux quatre principaux chefs de la *Deutsche Studentenschaft* : Gerhardt Krüger, Georg Plötner, Andreas Feikert et Hanskarl Leistritz, lequel avait proclamé les « sentences de feu » lors de l'auto-dafé des livres à Berlin[2].

Bref, étant donné les liens d'affinité politique et d'amitié personnelle entre Heidegger et Baeumler d'une part, Heidegger et les représentants de la corporation des étudiants nazis d'autre part, on peut affirmer qu'il entretient les liens de solidarité les plus étroits avec les principaux acteurs de la campagne antisémite, et que son discours de rectorat, avec ses prises de position explicites et appuyées en faveur de la *Deutsche Studenschaft* et son éloge du nouveau droit de l'étudiant,

---

1. N. KAPFERER, *Die Nazifierung…, op. cit.*, p. 130.
2. Voir H. OTT, *op. cit.*, p. 182 ; trad. fr., p. 195-197. Ott montre que Heidegger ne pouvait ignorer le rôle joué par Leistritz dans l'autodafé berlinois, un « fait qui figurait à l'époque dans tous les journaux ». En outre, comme le prouve le questionnaire cité en annexe, Heidegger était abonné à la presse du Parti, c'est-à-dire qu'il recevait tous les matins chez lui le *Völkischer Beobachter*.

exprime non seulement le soutien académique public et officiel du recteur Heidegger au mouvement foncièrement antisémite de la corporation des étudiants nazis, mais la volonté d'apparaître comme celui qui lui imprime sa « direction spirituelle ».

Portrait officiel du recteur Martin Heidegger en 1933.

3.

*Les camps de travail, la santé du peuple
et la race dure dans les conférences
et discours des années 1933-1934*

Les discours, conférences et proclamations de Martin
Heidegger prononcés en 1933 et 1934 sont aujourd'hui
réédités – ou, pour certains, publiés pour la première
fois – au volume 16 de l'œuvre dite « intégrale ». Ils
constituent au total plus de cent pages imprimées d'une
prose ultranazie. La lecture de ces textes nous révèle
que ni la démission du rectorat à la fin d'avril 1934, ni la
nuit sanglante du 30 juin 1934 n'ont constitué une rupture dans la trajectoire politique de Heidegger, preuve
que la démission du rectorat ne constituait en rien un
acte de désaveu à l'égard du pouvoir hitlérien. Il est
nécessaire de commencer par évoquer ces textes pour
pénétrer dans cette période noire et distinguer les premiers contours de la doctrine que Heidegger fait alors
sienne. Il apparaît en effet que, dans ses actes comme
dans ses paroles, Heidegger est aux antipodes de la pondération et de la clairvoyance que l'on est en droit d'attendre d'un « penseur ». Nous l'avons vu exprimer son
accord à l'égard de la nouvelle législation antisémite,
collaborer avec les auteurs de l'action « contre l'esprit
non allemand » et faire intensément campagne pour la
transformation nazie de la constitution universitaire et

l'introduction du principe du *Führer* à l'Université. Nous découvrons, dans ses discours et ses conférences, un Heidegger qui n'hésite pas à proposer une apologie enthousiaste des nouveaux « camps scientifiques », exalter la race dure prête au combat, faire sienne la notion raciale de santé du peuple, et renchérir sur la perversion nazie des concepts de travail, de savoir et de liberté. Il faut souligner également la fascination personnelle de Heidegger pour la figure de Hitler, que l'on retrouvera exprimée dans tous ses cours, au moins jusqu'en 1936, à un degré d'intensité qui, mis à part peut-être chez Alfred Baeumler, n'a pas d'équivalent chez les autres « philosophes » du nazisme.

LE DISCOURS DE RECTORAT DU 27 MAI 1933

Au lendemain de son adhésion publique à la NSDAP, Heidegger écrit à son frère Fritz une lettre enthousiaste pour lui enjoindre d'adhérer comme lui sans réserve au « mouvement » :

> Tu dois considérer la totalité du mouvement non pas d'en bas, mais à partir du *Führer* et de ses grands objectifs. […] désormais on ne doit plus penser à soi mais seulement à la totalité et au destin du peuple allemand[1].

Deux jours plus tard, le 6 mai 1933, le nouveau recteur prononce son premier discours public à l'occasion

---

1. « Du darfst die ganze Bewegung nicht von unten her betrachten, sondern vom Führer aus und seinen großen Zielen. […] man darf jetzt nicht mehr an sich selbst denken, sondern nur an das Ganze und das Schicksal des deutschen Volkes » (Martin Heidegger à Fritz Heidegger, le 4 mai 1933, GA 16, 93).

de l'immatriculation des étudiants (nous sommes aux premiers jours du semestre d'été 1933). Le début du discours est presque identique à celui du cours prononcé la même semaine et intitulé *La Question fondamentale de la philosophie*. Il commence en ces termes : « Le peuple allemand dans sa totalité s'est retrouvé lui-même sous une grande direction *(Führung)*. Sous cette *Führung*, le peuple venu à lui-même se crée son État[1]. » Comme un peu plus tard dans le discours de rectorat, Heidegger s'en prend à la liberté universitaire et redéfinit à sa façon le concept de liberté : « La liberté ne signifie pas être libre *à l'égard de...* l'obligation, l'ordre et la loi. La liberté signifie être libre *pour...* la résolution en vue de l'engagement spirituel et commun pour le destin allemand[2]. » L'un des existentiaux majeurs d'*Être et temps*, la résolution *(Entschlossenheit)*, est ainsi repris et orienté exclusivement dans le sens du destin spirituel de la communauté du peuple allemand, de ce qu'il nomme en italique, dans son discours, la communauté de combat et d'éducation *(Kampf- und Erziehungsgemeinschaft)*. La « racine » de cet « esprit », c'est l'être-peuple ou *Volkstum*[3], un mot nazi par excellence, et le but de ce que Heidegger nomme l'« éducation politico-spirituelle », c'est la communauté du peuple *(Volksgemeinschaft)*. Le même jour, au nom de leur camaraderie de combat *(Kampfgenossenschaft)*, il envoie un message de félicitations à Ernst Krieck pour son élection au rectorat de l'université de Francfort[4]. Quelques jours plus tard, le 20 mai, c'est à Adolf Hitler que Heidegger adresse un autre télégramme, qui porte

1. *Zur Immatrikulation*, GA 16, 95.
2. GA 16, 96.
3. « Volkstum – Wurzel des Geistes », GA 16, 97.
4. GA 16, 98.

sur l'accomplissement de la « mise au pas nécessaire »
dans l'Université :

> « Je sollicite humblement que soit différée la réception
> prévue du comité directeur de l'association des universités
> allemandes jusqu'au moment où la direction de l'associa-
> tion des universités sera réalisée dans le sens de la mise au
> pas particulièrement nécessaire précisément ici[1]. »

Ce qui ressort le plus de la conduite et des écrits de
Heidegger durant les premières années du Reich nazi,
c'est l'absence de toute pondération, l'engagement
effréné dans l'affirmation politique de l'hitlérisme,
bref, nous l'avons dit, tout le contraire de ce que l'on
serait en droit d'attendre d'un penseur.

Une semaine après le télégramme à Hitler, Heidegger prononce son discours sur *L'Affirmation de soi de
l'Université allemande*. Le mot « affirmation de soi »
(Selbstbehauptung) est central chez lui. C'est en effet
par ce terme que, près de deux ans plus tard, il définira
le politique dans le séminaire inédit de l'hiver 1934-
1935 consacré à la doctrine hégélienne de l'État. Il ne
s'agit donc pas d'affirmer l'indépendance de l'Université allemande à l'égard du pouvoir politique national-
socialiste, encore moins d'encourager un quelconque
esprit de résistance. Au contraire, il s'agit d'affirmer et
de revendiquer la mission politique de l'Université en
tant qu'elle fait sienne la relation nazie entre *Führung*
et *Gefolgschaft*. C'est par ces deux termes que s'ouvre
le discours de rectorat, et l'enjeu politique est là : il

---

1. « Ich bitte ergebenst um Verschiebung des geplanten Emp-
fanges des Vorstandes des Verbandes der deutschen Hochschulen
bis zu dem Zeitpunkt, in dem die Leitung des Hochschulverbandes
im Sinne der gerade hier besonders notwendigen Gleichschaltung
vollzogen ist » (GA 16, 105).

s'agit d'introduire dans l'Université la relation entre le *Führer* et sa « suite » qui constitue et structure le mode de direction politique du national-socialisme à tous les niveaux de l'État. Bref, il s'agit, comme nous l'avons montré, de réaliser la mise au pas *(Gleichschaltung)* de l'Université par l'introduction du *Führerprinzip*. Le discours de rectorat a donc une fonction politique précise, celle d'annoncer et de justifier à l'avance ce qui se prépare et dont Heidegger sera l'un des acteurs majeurs, à savoir l'application à l'Université allemande du mode de fonctionnement politique de l'hitlérisme.

L'interprétation qu'ont tenté de soutenir quelques apologistes français, selon laquelle Heidegger aurait eu pour but de sauver l'indépendance de l'Université, ne résiste donc ni aux faits ni aux textes ; qui plus est, elle ne correspond pas aux paroles de Heidegger lui-même, telles qu'elles ont été relatées par Jacques Lacant. Ce dernier, curateur de l'université de Fribourg après la capitulation allemande, rapporte ses propos en ces termes :

> J'ai vu Heidegger, je l'ai fait venir. Il est entré dans de longues considérations. Il voulait rajeunir l'Université. Il pensait qu'avec les nazis il aurait assez de force. Son idée c'était que l'Université allemande ne pouvait pas se réformer elle-même. [...] il fallait un pouvoir extérieur[1].

On voit qu'en 1945 Heidegger tente de se justifier auprès de Jacques Lacant en avançant la nécessité de « rajeunir l'Université », mais il ne prétend pas avoir voulu défendre son indépendance. Au contraire, il admet avoir voulu prendre appui sur le pouvoir nazi pour réformer l'Université. Et c'est bien ce que repré-

---

1. MAE, Colmar, Archives orales, AOR 16/a.

sente l'introduction dans la vie universitaire du *Führer-prinzip* et de la relation *Führung-Gefolgschaft*, qui est explicitement au centre de son discours sur *L'Affirmation de soi de l'Université allemande*.

Par ailleurs, l'invocation dans le discours de la figure de Prométhée montre bien sur quelle force il s'appuie : Prométhée est en effet le « mythe » grec le plus fréquemment invoqué et dévoyé par les nazis depuis que Hitler a écrit, dans *Mein Kampf*, que « l'Aryen est le Prométhée de l'humanité[1] ». C'est un discours de puissance que tient Heidegger autour de Prométhée. Il subordonne le savoir à la sur-puissance *(Übermacht)* du destin. Ces mots « sur-puissance » et « destin » ne sont pas nouveaux sous sa plume : Heidegger les avait déjà réunis au paragraphe 74 d'*Être et temps*, précisément dans le passage où il avait introduit les notions de communauté et de peuple. De même ce discours de rectorat s'inscrit-il dans la continuité de ce qui était préfiguré dès 1925 dans les conférences tenues à Cassel sur *Le Combat présent pour une vision du monde historique*. Nous avons vu que Heidegger entendait substituer à une pensée comme celle de Descartes, qui prend la conscience humaine ou le *moi* pour centre, la recherche d'un sol *(Boden)* et d'un centre ou milieu *(Mitte)* qui permettent de penser l'existence non plus comme une conscience mais comme être au monde et être en commun. Cette fois, sous la référence à la « grandeur » du commencement grec, Heidegger rapporte ce milieu au « centre intérieurement déterminant

---

1. HITLER, *Mein Kampf, op. cit.*, p. 317 ; trad. fr., p. 289. Voir sur ce point Denis TRIERWEILER, « *Polla ta deina*, ou comment dire l'innommable. Une lecture d'*Arbeit am Mythos* », *Archives de philosophie*, 67, 2004, p. 253.

de l'existence totale, étatique et *volklich*[1] ». Quant au monde auquel l'existence s'ouvre par ce milieu, c'est, précise maintenant Heidegger, le « *monde spirituel* d'un peuple », entendu non pas comme « superstructure d'une culture », mais comme « la puissance de conservation la plus profonde de ses forces de terre et de sang ». L'esprit heideggérien est fait de terre et de sang. On est aux antipodes de la *mens humana* cartésienne, toujours rapportée à la pensée. Et cette référence à la terre (ou au sol) et au sang, bref, au *Blut und Boden*, est loin de constituer un *hapax* sous sa plume, contrairement à ce qu'avaient cru pouvoir affirmer, dans les années 1960, ceux qui voulaient alléger ainsi la responsabilité spirituelle de Heidegger quant à son usage public de ces termes nazis par excellence. On retrouve au contraire plus d'une fois l'association de ces deux termes dans les lettres, cours et discours de l'époque[2].

Par ailleurs, il faut bien voir sous quels auspices s'effectue la redéfinition par Heidegger, en mai 1933, des tâches de l'étudiant allemand, où le « service du savoir » apparaît en troisième place après le « service du travail » et le « service de défense ».

Le service du travail est placé par Heidegger dans le cadre de la *Volksgemeinschaft*, c'est-à-dire la communauté du peuple unie par le sang et la race. Cela sera très explicitement rappelé par Heidegger dans le séminaire inédit de l'hiver 1933-1934. En outre, la survalorisation du travail dans le peuple a, chez les nazis, une signification sans équivoque, affirmée par Hitler dans *Mein Kampf* lorsqu'il présente la croix gammée comme le

---

1. « die innerst bestimmende Mitte des ganzen volklich-staatlichen Daseins » (GA 16, 110).
2. Voir GA 16, 112, 132, 151 et GA 36/37, 263.

symbole de « la mission du combat pour le triomphe de l'homme aryen et tout en même temps pour le triomphe de la pensée du travail productif, lequel fut toujours antisémite et restera antisémite à jamais[1] ». Bref, Hitler fait du travail une notion en elle-même antisémite, de sorte qu'il n'est pas possible de redéfinir le travail selon les critères de la « nouvelle réalité allemande » sans faire sienne cette connotation raciste.

Le service de défense est placé par Heidegger sous le signe de l'honneur *(Ehre)* qui, depuis *Le Mythe du XXe siècle* de Rosenberg, est tenu par les nazis comme la valeur emblématique exprimant le rapport de la *Gefolgschaft* à sa *Führung*, ainsi que la communauté de combat unie par le sang et la race. Lorsque, par exemple, Erik Wolf, le plus fidèle lieutenant de Heidegger, évoque l'honneur, c'est à Rosenberg qu'il renvoie. Quant à Rothacker, nous l'avons vu rapporter explicitement l'honneur à la race dans sa *Philosophie de l'histoire*.

Le service du savoir, enfin, est exalté sous le signe de l'« esprit » et de sa mission, mais – nous l'avons montré plus haut – un esprit rapporté au sang et à la terre. Heidegger forme ainsi une triade sans originalité : peuple, État, mission spirituelle, qui fait écho à la triade exposée par Carl Schmitt au même moment dans *État, mouvement, peuple*. Les triades sont en effet particulièrement en vogue dans le mouvement hitlérien depuis que Hitler a commenté, dans la page de *Mein Kampf* citée plus haut, les trois éléments constitutifs du drapeau nazi frappé de la croix gammée.

---

1. « … auch den Sieg des Gedankens der schaffenden Arbeit, die selbst ewig antisemitisch war und antisemitisch sein wird » (Hitler, *Mein Kampf, op. cit.*, p. 557 ; trad. fr., p. 494).

Ce qui est propre à Heidegger, mais ne rend pas plus philosophique son discours, c'est le pathos et l'emphase du propos, qui relève de ce qu'Adorno a bien nommé le « jargon ». Il y aurait en effet beaucoup à dire sur la pauvreté de la syntaxe, le caractère purement assertorique des propos, et, pour reprendre les termes d'Adorno, « la désintégration de la langue en mots en soi[1] » : « un nombre modique de mots qui se referment sur eux-mêmes et deviennent des signaux[2] ». Le premier des mots cités comme exemple par Adorno est celui de « mission » *(Auftrag)*, un de ces termes dont Heidegger use et abuse, et qu'il utilise dans son discours pour qualifier le service du savoir. Bref, ce n'est pas seulement pour son contenu manifestement hitlérien et son enjeu politique immédiat et réel, mais aussi à cause de l'enflure du style que l'on peut s'étonner devant l'aveuglement de ceux qui, en France, se sont extasiés sur « l'admirable discours de rectorat ».

L'APOLOGIE DES CAMPS DE TRAVAIL ET DE LA SÉLECTION

Si le discours de rectorat est le plus connu de ceux prononcés par Heidegger, il est loin d'être le seul : de mai 1933 à la fin de novembre 1934, donc au cours de quatre semestres universitaires, c'est plus de vingt conférences et discours où la « philosophie » est radicalement mise au service du nazisme que Heidegger prononce à Fribourg, Heidelberg, Leipzig, Tübingen et Constance. Sa période d'activisme intense déborde largement l'année du rectorat, même si le semestre

---

1. Theodor ADORNO, *Le Jargon de l'authenticité*, Paris, 1989, p. 44.
2. *Ibid.*, p. 43.

d'hiver 1933-1934 (de novembre à février) constitue un moment virulent, comme le confirmera le séminaire inédit dont il sera question au cinquième chapitre de ce livre. Plus de la moitié de ces textes ont été publiés dans divers journaux, revues et ouvrages collectifs, et quelques-uns de ces discours ont été radiodiffusés. Si un certain nombre de ces textes sont aujourd'hui assez connus, notamment l'hommage à la mémoire de Schlageter à qui les nazis vouaient un culte, et les discours de novembre 1933 appelant les étudiants, les professeurs et tout le peuple allemand à voter pour Hitler, la majeure partie de ces pages n'est encore accessible qu'en allemand. Nous allons donc les évoquer en insistant sur les discours et conférences non encore traduits, ou dont la « traduction » ne mérite guère ce nom[1] : on verra à quel point Heidegger s'est laissé gagner par tous les constituants du nazisme, y compris l'apologie du sang et de la race.

---

1. Il n'est guère possible de compter au nombre des traductions dignes de ce nom la réécriture révisionniste de François Fédier parue en 1995 sous le titre d'*Écrits politiques* de Heidegger. Pour ne donner que trois exemples parmi des dizaines : lorsque Heidegger fait l'éloge de la NSDAP en évoquant la « nationalsozialistische deutsche *Arbeiterpartei* », c'est-à-dire le « *Parti des travailleurs nationaux-socialistes allemands* », la « traduction » révise le texte de manière à donner l'illusion d'une tout autre tonalité politique que celle de la NSDAP et parle du « *parti des travailleurs* qu'est le socialisme national allemand » (p. 143). La *Gleichschaltung* réclamée par Heidegger dans son télégramme à Hitler, et qui commence par la révocation de tous les professeurs juifs est rendue par « mise en harmonie » (p. 313). Quant au titre du discours de rectorat, *Die Selbstbehauptung der deutschen Universität, L'Affirmation de soi de l'Université allemande*, il est rendu par *L'Université allemande envers et contre tout elle-même* (p. 97), afin de faire croire au lecteur que ce discours, qui préconise l'introduction du principe du *Führer* à l'Université et l'incorporation de celle-ci dans l'État nazi, ferait œuvre de résistance.

Le discours du 14 juin 1933 intitulé *Le Service du travail et l'Université* est un premier témoignage de la fascination de Heidegger pour l'institution nazie des camps de travail *(Arbeitslager)*, qu'il présente comme une manifestation nouvelle de la *Volksgemeinschaft*. L'école ne tient plus une place exclusive dans l'éducation : à côté de l'école, il y a désormais le camp[1]. À côté de ces camps de travail pour étudiants se met en place une autre sorte de camps auxquels Heidegger lui-même participe activement : des camps de courte durée où se retrouve le corps enseignant de plusieurs universités et dans lesquels, entre autres activités, des membres de la SS prodiguent des cours de doctrine raciale. Nous avons vu par la lettre de Heidegger à Rothacker qu'à l'automne 1934, donc bien après sa démission du rectorat, il lui arrivera encore de diriger de tels camps. Pour le premier camp organisé par Heidegger, à Todtnauberg, près de sa *Hütte*, du 4 au 10 octobre 1933, il ordonne que, de Fribourg, le camp soit « atteint à pied » par les professeurs et étudiants venus en ordre serré. En outre, chacun des participants doit porter « l'uniforme SA ou SS, éventuellement l'uniforme des Casques d'acier avec brassard[2] ». On peut se demander quel uniforme porte alors le recteur Heidegger : sans doute l'uniforme brun et le brassard du Parti, car il n'est pas concevable qu'il ait participé à de telles marches en tenue civile. Cela paraît plus vraisemblable que l'uniforme de la SA, dont il ne semble

---

1. Martin HEIDEGGER, *Arbeitsdienst und Universität*, GA 16, 125-126.
2. « Das Ziel wird durch Fußmarsch erreicht [...] *S.A.*- oder *S.S.*Dienstanzug, eventuell Stahlhelmuniform mit Armbinde » (cité par H. OTT, *Martin Heidegger...*, *op. cit.*, p. 218 ; trad. fr., p. 234-235).

pas qu'il ait fait partie. À ce propos, Günther Anders
précise cependant, dans un article paru dès 1946, qu'il
a en sa possession une carte postale, achetée par lui à
Fribourg en 1933, sur laquelle on peut voir le recteur
Heidegger défiler en tête de la SA de la ville[1]. Et Jacques
Lacant, qui, en tant que curateur de l'université, a suivi
de près le dossier Heidegger en 1945-1946, affirme
pour sa part que « plusieurs témoignages concordants
disent qu'il venait faire son cours en chemise brune et
qu'il saluait les étudiants en disant *Heil Hitler !*[2] ». Ces
questions d'uniforme, qui firent jadis l'objet de vives
querelles[3], ne sont pas à négliger dans la mesure où les
témoignages d'Anders et de Lacant, comme les textes
de Heidegger lui-même, prouvent à quel point il s'est
personnellement identifié à la militarisation nazie de la
vie universitaire.

Les lettres de Heidegger à son disciple l'historien
Rudolph Stadelmann vibrent du pathos du camp. Ainsi
lui écrit-il, le 11 octobre 1933, à l'issue du camp de

---

1. « Die im Jahre 1933 in Freiburg verkaufte Ansichtpostkarte :
der von der Partei eingesetzte Rektor der Universität Freiburg an
der Spitze der Freiburger *S.A.* [*en note :* In meinem Besitz] zeigt
die Macht des Geistes als Vorspann für den Geist der Macht » (*Die
Neue Rundschau*, Stockholm, octobre 1946 ; repris dans G. SCHNEE-
BERGER, *op. cit.*, p. 266). Dans son *Glossarium*, à la date du 15 mars
1949 (p. 241), Carl Schmitt se réjouit méchamment de cette précision de Günther Anders : « en ma possession » *(in meinem Besitz)*,
qui devrait valoir, estime Schmitt, des ennuis à Heidegger auprès
des autorités d'occupation.

2. MAE – Colmar, Archives orales, AOR 16/1a.

3. On pense notamment à la succession d'articles parus dans
France-Observateur durant l'hiver 1963-1964 – à la suite d'un propos d'Étiemble dans un article du 28 novembre et d'un bref courrier de Dominique Janicaud le 5 décembre 1963. Cette controverse
n'est pas évoquée par ce dernier dans *Heidegger en France*, Paris,
2001.

Heidelberg : « Le camp fut pour chacun une atmosphère dangereuse. Pour ceux qui partirent comme pour
ceux qui restèrent, cela fut pareillement une épreuve[1]. »
L'épreuve des camps que loue ainsi Heidegger, c'est
la sélection : l'élimination progressive des participants
qui ne se montrent pas à la hauteur. C'est Heidegger
lui-même qui procède à la sélection, et il se vante, dans
une lettre du 16 octobre 1933 à Elisabeth Blochmann,
d'en avoir éliminé vingt :

> Voici huit jours, j'ai eu le premier camp *(Lager)* à
> Todtnauberg – j'ai *beaucoup* appris. Mais en plein milieu
> de la période de camp, j'ai dû renvoyer 20 personnes qui
> n'avaient rien à faire là. Un tel camp est une *grande
> épreuve* – pour chacun – et dangereuse[2].

L'évocation de ce discours sur *Le Service du travail et l'Université* et de ces lettres montre de quoi se
nourrit le pathos heideggérien, et jusqu'où va le goût
de ce « penseur » pour ces lieux de sélection que sont
les camps nazis. Certes, il y a camp et camp, et les
camps que dirige Heidegger sont des camps d'endoctrinement et de mise à l'épreuve, très différents de ceux
qui se multipliaient à la même époque pour y interner
les opposants politiques. Il n'en est pas moins sinistre de voir, dans le contexte de l'époque, l'importance
que prend dans les propos de Heidegger l'apologie de

---

1. « Das Lager war für jeden eine gefährliche Luft. Es wurde für
die, die blieben, und für die, die gingen, gleicherweise eine Probe »
(GA 16, 174).
2. « Vor acht Tagen hatte ich in Todtnauberg das erste Lager –
ich habe *viel* gelernt. In der Mitte der Lagerzeit mußte ich aber
20 Leute entlassen – die nicht dahin paßten. So ein Lager ist eine
große Probe – für jeden – und gefährlich – » (GA 16, 178).

la sélection dans les camps. À cela s'allie une défense de la conception national-socialiste du travail qui est la principale constante de plusieurs de ses discours.

La conférence de Heidelberg
et l'exaltation de la race dure

Le 30 juin 1933, Heidegger est invité à Heidelberg à tenir la première conférence du « programme d'éducation politique » établi par la confédération des étudiants[1]. Il s'agit d'un événement officiel, et tout le corps professoral de l'université de Heidelberg ainsi que les représentants de la ville sont présents dans l'*Aula* de l'université pour écouter le recteur de Fribourg parler de « l'Université dans le nouveau Reich ». Heidegger commence par proclamer que la « révolution » allemande n'a pas encore atteint l'Université, même si « la nouvelle vie dans les camps de travail » a ouvert la voie. « L'Université doit [...] *réintégrer la communauté du peuple et se rattacher à l'État*[2]. » Il ne s'agit donc nullement de défendre l'autonomie de l'Université, mais de « mener un combat rude dans l'esprit du national-socialisme, qui ne doit pas être étouffé sous des conceptions humanisantes, chrétiennes, qui en rabaissent le caractère absolu[3] ». À ceux qui se plaignent de ce que le service de défense fait perdre du temps au savoir, Heidegger répond qu'« *aucun danger*

---

1. GA 16, 761-763.

2. « die Universität muß [...] *wieder in die Volksgemeinschaft eingegliedert* und mit dem *Staat verbunden* werden » (GA 16, 761).

3. « ein scharfer Kampf zu führen im nationalsozialistischen Geist, der nicht ersticken darf durch humanisierende, christliche Vorstellungen, die seine Unbedingtheit niederhalten » (GA 16, 762).

ne peut venir du *travail* pour *l'État*, mais seulement de l'indifférence et de la résistance[1] ». Loin de se placer du côté de la résistance spirituelle au régime ou au Parti, il précise donc bien que c'est de cette résistance que vient le danger. Heidegger exalte un enseignement et une recherche enracinés dans le peuple et rattachés à l'État[2]. Il s'agit de se battre comme « une race dure » *(ein hartes Geschlecht)*, à partir des « forces du nouveau Reich que le chancelier du peuple Hitler va réaliser[3] ».

La connotation antisémite de l'appel à la « race dure » en cette année 1933 se voit bien au fait qu'Ernst Forsthoff conclut son ouvrage intitulé *L'État total* sur l'évocation de « la dure race d'aujourd'hui » en lutte contre le traité de Versailles et la « juiverie internationale » *(internationale Judentum)*, en vue de préparer le « meilleur avenir »[4].

Les appels à la « race dure[5] », à la « race allemande à venir[6] » ou à « *notre race*[7] », sont un leitmotiv des discours de Heidegger. La conférence de Heidelberg, avec son apologie d'une nouvelle vie étudiante dans les camps

---

1. « Von der *Arbeit* für *den Staat* kommt *keine Gefahr*, nur von Gleichgültigkeit und Widerstand » (GA 16, 762).

2. « ihre Verwurzelung im Volk und ihre Bindung an den Staat » (GA 16, 763).

3. « Es wird gekämpft aus den Kräften des neuen Reichs, das der Volkskanzler Hitler zur Wirklichkeit bringen wird » (*ibid.*).

4. « Das harte Geschlecht von heute ist Bürge der Zukunft – der besseren Zukunft » (Ernst FORSTHOFF, *Der Totale Staat*, Hambourg, 1933, p. 48).

5. Voir GA 16, 772 : « Wir sind nur ein Übergang, nur ein Opfer. Als Kämpfer dieses Kampfes müssen wir ein hartes Geschlecht haben, das an nichts Eigenem mehr hängt, das sich festlegt auf den Grund des Volkes. »

6. « das kommende deutsche Geschlecht » (GA 16, 251).

7. « *unser Geschlecht* ist der *Übergang* und die *Brücke* » (GA 16, 282).

de travail, le service de la défense et la résolution d'être une race dure dans l'« esprit » du national-socialisme, clôt le premier semestre universitaire sous le IIIᵉ Reich en révélant ce vers quoi tendait précisément le discours de rectorat. Il inaugure également ce qui va dominer durant le semestre suivant dans la vie académique allemande, à savoir la transformation de l'enseignement universitaire en cours d'éducation politique. Comme on le verra, Heidegger ne sera pas en reste.

Ajoutons que sur l'impact de la conférence du 30 juin 1933, nous avons le témoignage d'un auditeur, l'historien Gerd Tellenbach, alors assistant à l'université de Heidelberg. Tellenbach relate son expérience en ces termes :

> Celui qui parlait là était un national-socialiste passionné et sans nulle sagesse, sans aucun sentiment de responsabilité politique, sans volonté de différenciation mesurée. Et en 1933, on n'en est pas resté aux paroles.
>
> Il faut savoir combien nombreux étaient ceux qui, cet été-là, tentèrent de s'adapter au national-socialisme, afin de comprendre le caractère risqué de la question provocante : « La révolution est-elle aussi à l'université ? Non ! » Des milliers de ceux sur lesquels j'avais compté s'effondrèrent sous l'influence de Heidegger[1].

---

1. « Da sprach ein leidenschaftlicher Nationalsozialist ohne Weisheit, ohne politisches Verantwortungsgefühl, ohne Willen zu gerechter Differenzierung. Und es blieb ja 1933 nicht bei Reden. Man muß wissen, wie viele sich in diesem Sommer dem Nationalsozialismus anzupassen versuchten, um die Gefährlichkeit der provozierenden Frage zu verstehen : "Ist Revolution auch auf der Universität ? Nein !" Tausende von denen, auf die ich gebaut hatte, fielen unter Heideggers Einfluß um » (*Martin Heidegger und das Dritte Reich. Ein Kompendium, op. cit.,* p. 160).

Heidegger, la santé du peuple et la médecine nazie

Durant l'été 1933, Heidegger cherche à étendre son action du côté des Facultés de droit et de médecine. La lettre de Heidegger à Carl Schmitt, du 22 août 1933, s'inscrit dans cette action en direction des juristes, que nous étudierons en détail et qui passe notamment par la personnalité d'Erik Wolf. Mais Heidegger intervient également du côté des médecins. On le voit particulièrement au discours qu'il tient en août 1933 à l'Institut d'anatomie pathologique de Fribourg. Le « philosophe » vient ici cautionner aux yeux des médecins qui l'écoutent le fait que dans le nazisme, ce qui est sain et ce qui est malade n'est plus déterminé en fonction de l'être humain à proprement parler, mais de son appartenance ou non à tel peuple. Heidegger écrit en effet : « Or ce qui est décisif et surprenant, c'est que l'essence de la santé n'a en aucune façon été déterminée de la même manière en tous les temps et en chaque peuple[1]. » Le seul et unique critère pour déterminer l'« essence de la santé », c'est la capacité d'agir pour l'État. Heidegger avance ainsi que :

pour les Grecs, par exemple, « sain » signifie ni plus ni moins qu'être prêt et fort pour l'agir dans l'État. Pour qui ne satisfaisait plus aux conditions de cet agir, le médecin n'était plus autorisé à se rendre à son chevet, même en cas de « maladie »[2].

---

1. « Das Entscheidende und Überraschende ist nun, daß das Wesen der Gesundheit keinesfalls zu jeder Zeit und bei jedem Volk in demselben Sinne bestimmt wurde » (GA 16, 150).
2. « Für die Griechen z. B. bedeutet "gesund" soviel wie bereit und stark sein zum Handeln im Staat. Wer den Bedingungen dieses Handelns nicht mehr genügte, zu dem durfte der Artzt auch im Falle der "Krankheit" nicht mehr kommen » (*ibid.*).

Toute considération pour l'être humain ainsi écartée, l'utilité pour l'État autorise l'eugénisme le plus dur. Comme d'autres doctrinaires du nazisme avant lui – on pense par exemple au livre du raciologue Hans K. Günther sur *Platon gardien de la vie* –, Heidegger se sert de la *République* de Platon pour donner une apparence d'autorité philosophique à son propos. Mais ce dont il s'agit en réalité, c'est de remplacer la notion humaine de santé par le concept racial de « santé du peuple » tel qu'il constitue le fond de la doctrine de la race ou *Rassenkunde* nazie. On est donc loin de Platon. Le propos de Heidegger est sans ambiguïté. Il poursuit en effet en ces termes :

> Pour ce qui est sain et pour ce qui est malade, un peuple et une époque se donnent à eux-mêmes la loi en fonction de la grandeur intérieure et de l'étendue de leur existence. Le peuple allemand est maintenant en train de retrouver son essence propre et de se rendre digne de son grand destin. Adolf Hitler, notre grand *Führer* et chancelier, a créé à travers la révolution national-socialiste un État nouveau par lequel le peuple doit à nouveau s'assurer d'une durée et d'une constante de son histoire. […] Pour tout peuple, le premier garant de son authenticité et de sa grandeur est dans son sang, son sol et sa croissance corporelle. S'il perd ce bien ou le laisse seulement s'affaiblir considérablement, tout effort de politique étatique, tout savoir-faire économique et technique, toute action spirituelle demeureront à terme nuls et non avenus[1].

---

1. « Was gesund und krank ist, dafür gibt sich ein Volk und ein Zeitalter je nach der inneren Größe und Weite seines Daseins selbst das Gesetz. Das deutsche Volk ist jetzt dabei, sein eigenes Wesen wieder zu finden und sich würdig zu machen seines großen Schicksals. Adolf Hitler, unser großer Führer und Kanzler, hat durch die nationalsozialistische Revolution einen neuen Staat geschaffen, durch den das Volk sich wieder eine Dauer und Stetigkeit seiner

Heidegger fait intégralement sienne la perspective hitlérienne selon laquelle la politique et l'économie dépendent en dernière instance de la « santé du peuple » entendue en un sens strictement racial, c'est-à-dire rapportée au sang et au sol. Dans cette perspective, l'« esprit » lui-même dépend du sang. Cela est confirmé de manière encore plus explicite dans le séminaire inédit de l'hiver 1933-1934, où, dans la conclusion de la sixième séance, Heidegger rattache ouvertement la « santé du peuple » *(Volksgesundheit)* à l'unité du sang et de la race. Il déclare en effet que dans un mot comme « santé du peuple » est ressenti « le lien de l'unité du sang et de la souche, de la race »[1].

En outre, dans son discours aux médecins de Fribourg, Heidegger entend légitimer, par cette conception raciale de la santé du peuple, son expansion : le peuple allemand doit savoir s'assurer de sa durée, mais aussi de son « étendue », et l'auditeur est amené à conclure que la « croissance corporelle » du peuple allemand l'autorise à étendre son espace vital. Le discours ne va cependant pas jusqu'à théoriser le rapport du peuple à son espace – une question que développera au contraire Heidegger dans son séminaire inédit de l'hiver 1933-1934 – et, dans la fin du discours, il se limite à préparer ce qui aura lieu à l'automne 1933, à savoir la sortie de

---

Geschichte sichern soll. [...] Jedes Volk hat die erste Gewähr seiner Echtheit und Größe in seinem Blut, seinem Boden und seinem leiblichen Wachstum. Wenn es dieses Gutes verlustig geht oder auch nur weitgehend geschwächt wird, bleibt jede staatspolitische Anstrengung, alles wirtschaftliche und technische Können, alles geistige Wirken auf die Dauer nutz- und ziellos » (GA 16, 151).

1. « ein Wort wie "Volksgesundheit", worin hinzukommend mitempfinden wird nur noch das Band der Bluts- und Stammeseinheit, der Rasse » (HEIDEGGER, séminaire inédit du semestre d'hiver 1933-1934, *Über Wesen und Begriff...*, conclusion de la sixième séance ; voir *infra*, chapitre 5, p. 280-282).

l'Allemagne de la Société des Nations, mais, comme nous le verrons, Heidegger ira plus loin dans son séminaire de 1933-1934.

Nous savons en outre depuis peu que Heidegger ne s'est pas contenté d'apporter sa caution « philosophique » à l'eugénisme de la médecine nazie. Comme recteur, il a lui-même œuvré activement à la mise en place à l'université de Fribourg d'un enseignement officiel et permanent de doctrine raciale *(Rassenkunde)* par la création d'une chaire correspondante de professeur ordinaire. Le 13 avril 1934, peu de jours avant que sa démission du rectorat ne prenne effet et donc à un moment où il n'est obligé à aucun activisme, Heidegger écrit au ministère de Karlsruhe pour exiger la création, dont il rappelle qu'il la réclame « depuis des mois » *(seit Monaten)*, d'une « chaire de professeur ordinaire de doctrine raciale et de biologie héréditaire » *(eines a.o. Lehrstuhles für Rassenkunde und Erbbiologie)*[1]. Le précédent chargé de cours en « hygiène raciale », Alfred Nissle, ayant été écarté en 1933, Heidegger avait commencé par s'enquérir personnellement d'un remplaçant et avait trouvé le conseiller en médecine Pakheiser de Karlsruhe, chef de district de l'association des médecins national-socialistes et qui, contre remboursement de ses billets de train, avait accepté de venir enseigner à l'université de Fribourg « la vision du monde national-socialiste et la pensée de la race[2] ». À la suite de la lettre de Heidegger, c'est Heinz Riedel, membre de la NSDAP, ancien directeur de l'Office de la

---

1. GA 16, 269.

2. « Nationalsozialistische Weltanschauung und Rassegedanke » (Eduard SEIDLER, « Die Medizinische Fakultät zwischen 1926 und 1948 », *Die Freiburger Universität in der Zeit des Nationalsozialismus*, éd. par E. John, B. Martin, M. Mück et H. Ott, Fribourg, Würzburg, 1991, p. 84).

Race de la SS de Fribourg et protégé d'Eugen Fischer, qui sera nommé professeur ordinaire[1]. Heidegger va ainsi contribuer de façon très concrète à l'introduction de l'enseignement de la doctrine raciale du nazisme à l'université de Fribourg. Il faut rappeler à ce propos l'amitié de Heidegger pour le médecin eugéniste et raciologue Eugen Fischer, que l'on trouve à ses côtés le 11 novembre 1933 à Leipzig pour la « profession de foi des professeurs national-socialistes en Adolf Hitler ». Eugen Fischer, qui dirige l'Institut de Berlin où sera formé Mengele, le médecin d'Auschwitz, interviendra en faveur de Heidegger en 1944 lorsqu'il sera affecté, avec les réservistes de sa classe d'âge, au service de défense du *Volkssturm*. Cette intervention semble avoir été décisive, car Heidegger sera presque aussitôt libéré de ses obligations. Il est assez pitoyable de le voir rechercher avec autant d'empressement à se soustraire au service de la défense, lui qui avait enseigné durant tant d'années à ses étudiants l'esprit de sacrifice et mis sur le même plan le « service de la défense » et le « service du savoir ». Heidegger continuera à correspondre amicalement avec Eugen Fischer après 1945 et à lui rendre visite[2].

LA NAZIFICATION DU TRAVAIL, DU SAVOIR ET DE LA LIBERTÉ

Le semestre d'hiver 1933-1934 est la période la plus active du recteur Heidegger, où la « philosophie »

---

1. Voir sur ce point Arno MÜNSTER, *Heidegger, la « science allemande » et le national-socialisme*, Paris, 2002, p. 29.
2. Sur les visites de Heidegger à Eugen Fischer après 1945, voir le témoignage de Gertrude Fischer, dans Benno MÜLLER-HILL, *Murderous Science, Elimination by Scientific Selection of Jews, Gypsies, and Others, Germany 1933-1945*, Oxford, 1988, p. 108.

est entièrement dévoyée par le rôle d'« éducation »
politique au service du national-socialisme. Significative de cet état d'esprit est la lettre qu'il adresse
le 3 novembre 1933 au ministère du pays de Bade à
Karlsruhe, où il réclame la transformation de la chaire
à pourvoir de professeur extraordinaire en pédagogie et
philosophie :

> je demande [...] que la nature générale de cette chaire
> soit impérativement transformée dans le sens d'un ensei-
> gnement portant sur l'ensemble de la pédagogie poli-
> tique[1].

Nous sommes alors à la veille du référendum du
12 novembre 1933, où il s'agit à la fois d'approuver
la sortie de l'Allemagne de la Société des Nations,
d'affirmer la confiance du peuple allemand en son
chancelier Hitler, et de voter pour une liste unique de
candidats nazis à l'élection au Reichstag. Par trois discours successifs, prononcés les 3, 10 et 11 novembre
1933, Heidegger entend mobiliser les étudiants, les
professeurs et le peuple allemand tout entier en faveur
de Hitler. Réédités dès le début des années 1960 en
Suisse et en France, ces discours ne sont pas inconnus.
Il importe cependant de souligner la tonalité nouvelle
qu'ils présentent par rapport aux conférences de mai
et juin 1933. Il y a tout d'abord un durcissement du
vocabulaire : ce n'est plus le mot *volklich* mais le terme
völkisch que Heidegger utilise, un terme connoté dans
l'usage de l'époque de façon encore plus fortement

---

1. « bitte ich [...] daß der Gesamtcharakter dieser Lehrstelle
umgewandelt werden muß im Sinne einer Lehrtätigkeit über das
Gesamtgebiet der politischen Pädagogik » (GA 16, 186).

raciste. Ce qui est *völkisch*, c'est la conception du peuple en tant que race. Nous avons aujourd'hui la preuve indiscutable que Heidegger entend bien le mot en ce sens : son cours du semestre d'été 1934 l'atteste sans détour[1]. Autre élément important, les termes centraux de la doctrine heideggérienne : les mots « essence », « étant » et « être » sont convoqués pour être mis au service du nazisme. Enfin, ébauche de ce que sera la « philosophie du droit » de Heidegger – expression qui sera employée en 1934 par Erik Wolf à son propos, mais où le mot « philosophie » ne peut s'entendre que par antiphrase –, celui-ci utilise à plusieurs reprises le mot « loi » *(Gesetz)*, pour proclamer que « le *Führer* et lui seul *est* la réalité allemande présente et future et sa loi[2] », et parler de la « loi fondamentale de l'honneur », par la force de laquelle « le peuple allemand préserve la noblesse et la décision de son essence »[3]. En réunissant ainsi les mots « honneur », « loi », « peuple » et « essence », Heidegger converge, tout comme son disciple le juriste Erik Wolf, avec les positions de Rosenberg et de Schmitt.

Que ces discours heideggériens de novembre 1933 marquent l'allégeance inconditionnelle et totale du recteur de Fribourg à l'égard de ce qu'il nomme « la nouvelle réalité allemande » est indiscutable. Mais

---

1. Voir *infra*, chapitre 4, p. 240-241 et 243-245.

2. « Der Führer selbst und allein *ist* die heutige und künftige Wirklichkeit und ihr Gesetz » (Discours aux étudiants du 3 novembre 1933, GA 16, 184).

3. « Kraft dieses Grundgesetzes der Ehre bewahrt das deutsche Volk die Würde und Entschiedenheit seines Wesens » (Discours de Leipzig du 11 novembre 1933, GA 16, 190). Le texte publié par Schneeberger donne *« seines Lebens »* au lieu de *« seines Wesens »* (G. SCHNEEBERGER, *op. cit.*, p. 148).

qu'en advient-il de la philosophie ? Nous voyons, proclame Heidegger, « la fin de la philosophie » qui avait
idolâtré une « pensée privée de sol et de puissance »[1].
Que reste-t-il, en lieu et place de cette philosophie ?
Un « retour à l'essence de l'être » qui ouvre le chemin
d'une « science *völkisch* » *(eine völkische Wissenschaft)*, et l'allégeance de la communauté du peuple
au *Führer*. L'introduction, par Heidegger, des fondements du nazisme et de l'hitlérisme dans la philosophie
marque bien la fin de la philosophie, au point, nous le
verrons bientôt, que les mots « étant » et « être » en
viendront à signifier le peuple et l'État[2].

Après le référendum du 12 novembre 1933, Heidegger s'attache, dans une série de discours et de conférences prononcés et publiés de la fin de novembre 1933
à la fin de février 1934, en même temps qu'il professe
son séminaire d'éducation politique, à expliciter et
à inculquer aux étudiants la conception national-
socialiste du travail et du savoir qu'il a résolument faite
sienne. Le premier discours de cet ordre, très développé,
s'intitule *L'Étudiant allemand comme travailleur*. Il
est prononcé le samedi 25 novembre 1933, jour de
l'immatriculation des nouveaux étudiants à l'occasion
du début du semestre d'hiver 1933-1934. Heidegger a
prévu et organisé une cérémonie réunissant l'immatriculation des nouveaux étudiants et la commémoration
de la bataille de Langemarck, devenue pour les nazis
le symbole du sacrifice de la jeunesse allemande au

---

1. « Wir haben uns losgesagt von der Vergötzung eines boden-
und machtlosen Denkens. Wir sehen das Ende der ihm dienstbaren
Philosophie » (GA 16, 192).
2. Voir *infra*, au chapitre 5, le séminaire inédit de l'hiver 1933-
1934.

combat[1]. Le discours du recteur Heidegger est fixé à 11 heures dans le hall Prométhée de l'université. Après son discours sera entonné par tous le *Horst-Wessel-Lied*, chant officiel du parti nazi. Dans le programme de la cérémonie conçu par le recteur est prévu l'ordre suivant pour le cortège des étudiants et des professeurs qui doivent se rendre au monument érigé à la mémoire des étudiants tombés au combat : en tête la SA, suivie de la SS, puis des Casques d'acier et des bannières de l'université[2]. Ajoutons que le discours est retransmis par le *Südwestdeutsche Rundfunk* et qu'il sera ainsi diffusé dans tout le sud-ouest de l'Allemagne : à Francfort, Fribourg, Cassel, Trèves, Cologne et Stuttgart, avant d'être repris de manière plus condensée dans la presse écrite. C'est dire l'audience considérable de son propos.

Dans son discours, Heidegger entend montrer que la « nouvelle réalité allemande » induit un « bouleversement complet » de l'État et du rapport de l'université à l'État, qui ne peut plus être conçu à la manière de Humboldt en 1810. Dans la conception libérale du XIXe siècle, moins l'État s'immisce dans les affaires universitaires, mieux c'est. Désormais, il en va tout autrement et Heidegger en tire toutes les conséquences pour la vie du « nouvel étudiant allemand ». En effet, « l'*être* de l'étudiant allemand aussi devient autre », et « même son immatriculation change de sens »[3]. La

---

1. « Einladung zur Feierlichen Immatrikulation verbunden mit Langemarckgedächtnis ». Le plan de la cérémonie est publié dans GA 16, 196-197.

2. « Reihenfolge : SA, SS, Stahlhelm, Universitätsfahnen... » (GA 16, 197).

3. « Dann wird ja auch das *Sein* des deutschen Studenten ein anderes. Dann ändert auch die Immatrikulation ihren Sinn » (GA 16, 199).

nouvelle réalité allemande exige de l'étudiant un sacrifice nouveau sous le signe de Langemarck. Heidegger
va alors mettre en œuvre la rhétorique et le pathos dont
il est coutumier dans ses discours du temps : décrire un
état de fait et montrer que cela ne suffit pas, qu'il faut
encore une « décision » plus haute. Ainsi, « l'étudiant
allemand passe maintenant par le service du travail, il
se tient auprès de la SA. […] Voilà qui est nouveau[1] ».
Et « les études portent désormais le nom de "service
du savoir"[2] ». Cependant, cela ne suffit pas. Ce n'est
pas encore la nouvelle réalité de l'étudiant allemand,
ce n'est pas, dit Heidegger, *notre réalité*. Qu'est-ce
qui advient ? Les Allemands deviennent un peuple
historique. Être historique consiste dans un savoir.
« Ce savoir se réalise *dans* le devenir-État du peuple,
ce savoir est l'*État*[3]. » Ainsi est posée l'identité entre
l'État et le savoir du peuple allemand comme peuple
historique. Désormais, État et savoir, *Wissen* et *Staat*,
seront indissociables.

Vient alors un paragraphe d'une importance décisive
pour comprendre ce qu'inculque Heidegger à l'ensemble des étudiants et professeurs de l'université de Fribourg. Aux concepts d'histoire et d'État il adjoint en
effet celui de nature, de sorte que se trouvent réunis les
trois concepts qui forment le titre du séminaire inédit
du semestre d'hiver 1933-1934 *Sur l'essence et les
concepts de nature, d'histoire et d'État*. Quel rôle joue
l'évocation de la nature à propos des concepts d'histoire et d'État ? Comme on le verra, dans le discours

---

1. « Der deutsche Student geht jetzt durch den Arbeitsdienst ; er
steht bei der *S.A.* […] Das ist neu » *(ibid.)*.
2. « Das Studium hat jetzt den Namen "Wissensdienst" »
(ibid.).
3. « Dieses Wissen aber verwirklicht sich *in* der Staat-werdung
des Volkes, dieses Wissen ist der *Staat* » (GA 16, 200).

comme dans le séminaire, la référence à la nature n'est pas exempte de connotations raciales.

L'État est destiné à mettre en œuvre la puissance de la nature dans l'existence du peuple. « L'État *devient* et il *est*, avance Heidegger, dans la mesure où il fait passer dans l'existence du peuple les grandes puissances de l'être humain. » Voici le paragraphe en question :

> Ainsi par exemple la *nature* devient manifeste comme espace d'un peuple, comme paysage et patrie, comme fond et sol. La nature se libère en tant que puissance et loi de cette transmission cachée de l'hérédité *(Vererbung)* des dispositions et des tendances instinctives essentielles. La nature devient règle normative en tant que *santé (Gesundheit)*. Plus la nature règne librement, plus il est possible de mettre à son service de la manière la plus grandiose et la plus contenue la puissance formatrice de la *technique* authentique. C'est par son intrication dans la nature, portée et surplombée par elle, à la fois enflammée et limitée par elle, que se réalise l'*histoire* du peuple. C'est dans le combat qui consiste à tracer la *voie* à son essence propre et à en garantir la *durée* que le peuple saisit son soi à travers la constitution étatique en croissance. Dans le combat qui consiste à se représenter la possibilité de sa grandeur et de sa destinée comme vérité essentielle, [le peuple] se présente adéquatement dans l'*art*. Celui-ci n'atteint au grand style qu'en adoptant dans l'empreinte *(Prägung)* de son essence le tout de l'existence du peuple[1].

---

1. « So wird z.B. die *Natur* offenbar als Raum eines Volks, als Landschaft und Heimat, als Grund und Boden. Die Natur wird frei als Macht und Gesetz jener verborgenen Überlieferung der *Vererbung* wesentlicher Anlagen und Triebrichtungen. Die Natur wird maßsetzende Regel als *Gesundheit*. Je befreiter die Natur waltet, um so großartiger und gebändigter ist die gestaltende Macht der echten *Technik* ihr dienstbar zu machen. In die Natur gebunden, von ihr getragen und überwölbt, durch sie befeuert und begrenzt, verwirk-

Dans ce paragraphe, pour exprimer la puissance de la nature qui s'exerce dans la transmission du fond caché du peuple lorsque l'État le met en œuvre dans la technique et dans l'art, Heidegger emploie les termes les plus caractéristiques de la doctrine raciale stylisée qui a été développée par Clauß et Rothacker : les mots d'« hérédité » *(Vererbung)*, de « style » *(Stil)* et d'« empreinte » *(Prägung)*. Le terme *Vererbung*, lorsqu'il est employé non plus seulement à propos d'un être individuel mais à propos d'un peuple, est l'un des plus caractéristiques de la doctrine raciale du nazisme. Le mot *Stil*, repris à Nietzsche, est particulièrement utilisé par Rothacker pour désigner les caractéristiques raciales. Quant au mot *Prägung*, nous avons vu qu'il figure dans le titre même de *L'Âme nordique* de Ludwig Clauß. Ce fond racial est confirmé par l'usage que fait ici Heidegger du mot « santé » *(Gesundheit)* à propos de la nature d'un peuple. Nous avons déjà vu sur quel fond d'eugénisme racial il entend la « santé du peuple », tant dans son discours à l'Institut d'anatomie pathologique que dans le séminaire inédit de l'hiver 1933-1934, où la « santé du peuple » est rattachée par lui à l'unité du sang et de la souche *(Stamm)*, à la race *(Rasse)*.

La transmission cachée de l'hérédité du peuple, en tant qu'elle exprime la puissance et la loi de la nature et règle la santé du peuple, c'est donc l'unité du peuple fondée dans le sang et la race. Ce fond caché se manifeste dans la technique, dans l'art et dans le devenir-

---

licht sich die *Geschichte* des Volkes. Im Kampf, dem eigenen Wesen die *Bahn* zu schaffen und die *Dauer* zu sichern, erfaßt das Volk sein Selbst in der wachsenden Staatsverfassung. Im Kampf, das Vermögen zu seiner Größe und Bestimmung sich als wesentliche Wahrheit vorzubilden, stellt es sich maßgebend dar in der *Kunst*. Diese kommt nur so zum großen Stil, daß sie das ganze Dasein des Volkes in die Prägung seines Wesens nimmt » (GA16, 200-201).

État, dans la constitution étatique *(Staatsverfassung)* du peuple, où le mot « constitution » ne désigne plus un ensemble de normes juridiques, mais la forme et l'empreinte que prend le peuple dans l'État.

En réalité, nous trouvons, condensé dans ce paragraphe, l'essentiel de la doctrine de Heidegger : d'une part, sa conception alors survalorisée de la technique comme manifestation de la puissance naturelle d'un peuple, qui doit évidemment beaucoup à Jünger et que l'on retrouvera dans ses cours sur Nietzsche (la *remise en question* de la technique ne deviendra effective qu'avec la défaite du Reich nazi) ; d'autre part, sa notion de l'art et de l'État comme manifestations de la vérité d'un peuple, et qui constitue le thème central de ses conférences sur l'essence de la vérité, sur l'origine de l'œuvre d'art et de ses cours de 1934-1935 sur Hölderlin. C'est en effet de la « vérité » qu'il est question ici. Heidegger écrit ainsi, dans les deux paragraphes suivants :

> Qu'est-ce donc qui arrive par le devenir-État du peuple ? Ces puissances, la nature, l'histoire, l'art, la technique, l'État lui-même, sont *imposées*, et par cette imposition, elles sont *confinées* dans leurs limites. Et c'est ainsi que devient manifeste *cela même* qui rend un peuple sûr de lui, rayonnant et fort. Or le caractère manifeste de ces puissances n'est autre que l'essence de la *vérité*.
>
> En imposant ces puissances, l'État en devenir renvoie le peuple dans les limites de sa *vérité* réelle[1].

---

1. « Was geschieht also in der Staatwerdung des Volkes ? Jene Mächte, die Natur, die Geschichte, die Kunst, die Technik, der Staat selbst werden *durch* Gesetz und in der Durchsetzung in ihre Grenzen *gebannt*. Und so wird *das* offenbar, was ein Volk sicher, hell und stark macht. Die Offenbarkeit dieser Mächte aber ist das

La manifestation des puissances qui constituent le devenir-État du peuple : nature, histoire, art, technique, l'État lui-même, est pour Heidegger l'essence de la vérité. Ainsi, l'art et la vérité, les deux notions sur lesquelles portent ses deux conférences les plus connues, maintes fois prononcées sous le nazisme, sont indissociables de sa doctrine du devenir-État du peuple, auparavant décrit dans le vocabulaire de la stylisation raciale commun à Heidegger, Rothacker et Clauß : hérédité, style, empreinte, tenue[1]. Et la notion philosophique la plus essentielle, la vérité, est ici compromise dans ce travail de stylisation du fond racial du peuple. En effet, le passage du caché *(verborgen)* à sa manifestation *(Offenbarkeit)* signifie le moment où la transmission cachée de l'hérédité d'un peuple se manifeste dans le grand style de l'art entendu comme l'empreinte de l'essence de l'existence tout entière du peuple. Ainsi, la caractérisation heideggérienne de la vérité comme dévoilement *(aletheia)* lui sert en réalité à désigner le passage de la transmission cachée de l'hérédité *(Vererbung)* à l'empreinte *(Prägung)* du peuple manifeste dans son art et dans sa constitution étatique. Lorsque l'on lit ensemble ces paragraphes du discours sur « l'étudiant comme travailleur » et le séminaire inédit de la même époque dont nous avons cité une phrase, c'est tout l'arrière-fond racial de la conception heideggérienne de la vérité comme dévoilement qui devient manifeste.

Wesen der *Wahrheit*. In der Durchsetzung jener Mächte versetzt der werdende Staat das Volk in seine wirkliche *Wahrheit* zurück » (GA 16, 201).

1. Le mot « tenue » *(Haltung),* dont nous avons vu *supra* (p. 81 *sq.*) l'importance centrale dans la doctrine raciale de Rothacker et son approbation par Heidegger, est en effet l'ultime notion sur laquelle s'achève le discours d'immatriculation de Heidegger (GA 16, 208).

De façon très caractéristique, une fois qu'il a mis en scène, sous le nom de « vérité », ce passage de l'hérédité cachée à l'empreinte manifeste du peuple – qui n'est pas sans rappeler la distinction chère à la doctrine raciale de Rothacker entre le génotype (qui se transmet de manière cachée) et le phénotype, ou caractère apparent –, Heidegger n'a plus rien de décisif à dire et son langage tourne au jargon. Il poursuit en effet en ces termes :

> C'est de cette vérité que s'élèvent l'authentique possibilité de savoir, le devoir de savoir et la volonté de savoir. Savoir cependant veut dire *maîtriser dans la clarté l'essence des choses, et par la force de ce pouvoir être résolu à l'action*[1].

Cette définition du « savoir », où il est question d'essence, de clarté, de puissance, d'action et de résolution, est bien représentative de cette *Lingua Tertii Imperii* ou LTI, si finement analysée par Victor Klemperer[2]. En l'occurrence, le « savoir » se dissout en tout autre chose qu'une connaissance et une pensée. À l'étudiant qui écoute, il ne reste que le pathos de l'action et de la résolution, bref, tout le contraire de ce qu'est, pour un philosophe, le savoir.

À partir de ce moment, le discours de Heidegger va se faire de plus en plus incisif et dur. Il s'agit, dans la tradition vulgairement répandue des discours de *Gauleiter* à la jeunesse allemande, de faire monter l'émotion et la tension jusqu'au moment de l'immatriculation des

---

1. « Aus dieser Wahrheit erhebt sich das echte Wissenkönnen, Wissenmüssen und Wissenwollen. Wissen aber heißt *des Wesens der Dinge in Klarheit mächtig und kraft dieser Macht zur Tat entschlossen sein.* »
2. Victor KLEMPERER, *LTI, la langue du IIIe Reich*, Paris, 1996.

étudiants, qui devient une véritable cérémonie d'adoubement dans l'ordre nazi. Heidegger commence par renvoyer là où « le peuple *intact* plonge dans les racines de son existence » : « la *jeunesse* allemande. *Elle* n'a aucun choix. *Elle doit*[1] ». Cette obligation, perversion de l'impératif kantien, est une constante du pathos nazi. Quant à la « décision », elle ne correspond en aucune façon à un choix individuel. Sur ce point, Heidegger est très clair. L'étudiant est sous la puissance de commandement de la nouvelle réalité allemande. « L'étudiant nous agresse et nous demande : comment te tiens-tu avec l'*État*[2] ? » On le dit « certes "primitif", mais heureusement[3] » ! Et Heidegger de poursuivre :

> Dans ce mouvement d'agression, la volonté de la jeunesse s'est *ouverte* aux puissances configuratrices d'État. Dans l'agression, elle *suit (folgt)* la *Führung* de sa volonté ferme. Dans cette *Gefolgschaft*, l'individu ne se conçoit plus comme un individu isolé – il a abandonné sa volonté propre aux puissances[4].

On retrouve ici ce leitmotiv de tout le nazisme que Heidegger a fait sien sans nuance et dont nous avons vu les prémisses apparaissaient dès *Être et temps* : le renoncement total à l'existence et à la liberté indivi-

---

1. « – bei der deutschen *Jugend. Sie* hat keine Wahl. Sie *muß* » (GA 16, 202).
2. « Der Student greift uns an und fragt uns : Wie hältst Du es mit dem *Staat* ? » (GA 16, 203).
3. « "primitiv" allerdings und glücklicherweise » (GA 16, 202).
4. « In dieser Angriffsbewegung hat sich der Wille der Jugend den staatsgestaltenden Mächten *geöffnet*. Im Angriff *folgt* sie der Führung ihres sicheren Wollens. In dieser Gefolgschaft nimmt der Einzelne sich nicht mehr als vereinzelten – er hat den Eigenwillen weggegeben an die Mächte » (GA 16, 203-204).

duelles au profit de la communauté, structurée par la relation exclusive de la *Gefolgschaft* à sa *Führung*. Dans cette perspective, le travail n'est plus conçu comme un effort individuel, mais comme un mode d'être du peuple, au même titre, précise Heidegger, que le souci. C'est donc au moment où l'étudiant a abdiqué sa volonté propre qu'il devient, en ce sens, un « travailleur ». La *Gefolgschaft* est devenue *Kameradschaft*.

Il faut préciser à ce propos que dans la langue nazie de l'époque, le mot *Kameradschaft* ne désigne pas simplement la « camaraderie » au sens usuel du mot, mais les maisons de vie communautaire pour les étudiants, instituées en 1933 et étroitement contrôlées par la *Deutsche Studentenschaft* nazie et par les organisations de la NSDAP comme la SA. Cette signification nazie de la *Kameradschaft* est par exemple tout à fait explicite au début du texte que le philologue nazi Wolfgang Schadewald publie le 27 juillet 1933 dans le *Freiburger Studentenzeitung* et qui s'intitule : « Der neue deutsche Student ». On ne s'étonnera pas de voir par ailleurs que Schadewald s'y réfère explicitement au discours de rectorat de Heidegger pour exposer les trois « figures » *(Gestalt)* de la *Gemeinschaft* correspondant aux trois « services » énumérés par Heidegger : la « communauté de la race *(Stamm)* et du peuple » dans le service du travail, la « communauté de notre destin » dans le service de défense, et la « communauté de l'esprit allemand » dans le service du savoir.

Pour revenir à Heidegger, voici en quels termes il décrit le nouvel étudiant allemand :

> C'est la *Gefolgschaft* qui crée la camaraderie et non pas l'inverse. C'est une telle camaraderie qui éduque ces *Führer* sans nom et sans titre, qui *agissent* davantage, parce qu'ils endurent davantage et sacrifient davantage.

La camaraderie marque l'individu d'une empreinte qui le porte au-delà de lui-même, et lui imprime la marque d'une frappe toute propre aux jeunes hommes de troupe. Nous connaissons l'assurance des traits de leurs visages, la sévère clarté de leur regard, le caractère décidé de leur poignée de main, le caractère sans concession de leur discours.

Le solitaire exalté tout comme la masse sans dressage ni direction sont anéantis par la force de frappe de cette race d'hommes jeunes. Cette race d'étudiants n'« étudie » plus, c'est-à-dire ne reste pas *assise* quelque part bien à l'abri, afin de seulement « *aspirer* » de là, assise, à un quelconque ailleurs. Cette nouvelle race de ceux qui veulent savoir est à tout moment en chemin. Et un tel étudiant en devient un *travailleur*[1].

On retrouve ici, sous une forme verbale *(prägen)* ou substantivée *(Gepräge)*, cette « empreinte » de la nouvelle réalité allemande sur l'étudiant comme « travailleur ». Heidegger joue à satiété sur le mot *Schlag* qui peut signifier tout à la fois la « marque », le « coup », la « frappe » et, comme le mot *Art*, la « race ». Avec la « nouvelle réalité allemande », ne doit-on pas recon-

---

1. « *Gefolgschaft* erwirkt Kameradschaft – nicht umgekehrt. Solche Kameradschaft erzieht jene namenlosen und nicht-beamteten Führer, die mehr *tun*, weil sie mehr ertragen und opfern. Die Kameradschaft prägt den Einzelnen über sich hinaus und schlägt ihn in das Gepräge eines ganz eigenen Schlages der Jungmannschaft. Wir kennen die Festigkeit ihrer Gesichtszüge, die gestraffte Klarheit ihres Blicks, die Entschiedenheit ihres Händedrucks, die Rücksichtslosigkeit ihrer Rede. Der eigenbrödlerische Einzelne ebenso wie die zucht- und richtungslose Masse werden zerschlagen von der Schlagkraft dieses Schlages junger Menschen. Dieser Schlag von Studenten "studiert" nicht mehr, d.h. er bleibt nicht irgendwohin geborgen *sitzen*, um von dort aus im Sitzen irgendwohin nur zu *"streben"*. Dieser neue Schlag der Wissenwollenden ist jederzeit unterwegs. Dieser Student aber wird zum *Arbeiter* » (GA 16, 204).

naître que « l'*essence du travail et du travailleur a changé* »[1] ? Le travail ne désigne plus une activité de l'individu parmi d'autres, mais, comme le souci, un nouveau mode d'être *(Seinsart)* de l'existence.

Cette mise en relation par Heidegger du travail et du souci mérite une attention particulière. Avec « l'essence du travail » désormais entendue comme déterminant l'existence de l'homme *à partir de son fondement*[2], « notre existence commence à se déplacer vers un autre mode d'être dont, dit-il, j'ai mis en évidence voici des années le caractère comme *souci*[3] ». Cette précision de Heidegger est capitale pour l'interprétation des rapports entre *Être et temps* et la « nouvelle réalité allemande » qui ne s'impose qu'en 1933 mais préparait sa prise du pouvoir tout au long des années 1920. D'après lui, le souci ne désignerait donc pas un « existential » propre à l'existence humaine comme telle, mais bien un nouveau mode d'être qui ne commencerait à voir le jour qu'en 1933, avec la mutation dans l'essence du travail, conforme à l'empreinte d'une nouvelle « race » de « travailleurs ». C'est aussi, pour Heidegger, une façon de montrer qu'il a anticipé sur Jünger, que la figure jüngérienne du travailleur, exposée seulement en 1932 dans *Der Arbeiter*, ne ferait que reprendre une détermination déjà acquise par Heidegger dès 1927 sous le nom de « souci ».

---

1. « Oder hat sich mit der neuen deutschen Wirklichkeit *auch* und gerade das *Wesen der Arbeit und des Arbeiters gewandelt*? » (GA 16, 204).

2. « Das so verstandene Wesen der Arbeit bestimmt jetzt *von Grund aus* das *Dasein* des Menschen » (GA 16, 205).

3. « Unser Dasein beginnt, sich in eine andere Seinsart zu verlagern, deren Charakter ich vor Jahren als die *Sorge* herausstellte » *(ibid.)*.

Quoi qu'il en soit, Heidegger précise nettement la signification nazie qui est désormais celle du concept de travail. Il écrit en effet :

> Le travail place et soumet le peuple dans le champ d'action de toutes les puissances essentielles de l'être. La structure de l'existence *völkisch* qui se forme *(sich gestaltend) dans* le travail et *comme* travail est l'*État*. L'État national-socialiste est l'État du travail[1].

On ne peut pas être plus explicite ! Remarquons en outre que l'État représente ici les puissances essentielles de l'être. Heidegger annonce en cela ce qu'il dira en février 1934 dans son séminaire inédit, où l'État sera directement identifié à l'être et le peuple à l'étant. Désormais, le concept de travail est un concept *völkisch*. On n'est pas loin de *Mein Kampf* dans lequel Hitler affirmait que le travail créateur est et serait à jamais antisémite. Le savoir est aussi devenu un concept *völkisch* auquel le nouvel étudiant est contraint de se plier. Heidegger écrit en effet :

> Le nouvel étudiant cependant s'insère dans l'ordre nouveau de l'existence étatique et de son savoir *völkisch*, et ce de telle manière qu'il doit contribuer lui-même, pour sa part, à configurer cet ordre nouveau[2].

Cependant, à mesure que Heidegger s'approche de la conclusion, la mythification de l'étudiant comme tra-

---

1. « Die Arbeit versetzt und fügt das Volk in das Wirkungsfeld aller wesentlichen Mächte des Seins. Das *in* der Arbeit und *als* Arbeit sich gestaltende Gefüge des völkischen Daseins ist der *Staat*. Der nationalsozialistische Staat ist der Arbeitsstaat » (GA 16, 205-206).

2. « Der neue Student aber rückt ein in die neue Ordnung des staatlichen Daseins und seines völkischen Wissens, derart, daß er selbst an seinem Teil diese neue Ordnung mitgestalten muß » (GA 16, 207).

vailleur s'intensifie. « Le nouvel étudiant *est un travailleur*. Mais où trouvons-nous cet étudiant ? Peut-être n'y en a-t-il dans chaque université qu'une *demi-douzaine*, peut-être *encore* moins, et en tout moins que les *sept* avec lesquels le *Führer* avait un jour commencé *son* œuvre[1]. » On voit, à l'évocation de ce chiffre sept, à quel point Heidegger fait corps avec le culte hitlérien du *Führer*. Celui-ci rapporte en effet, dans *Mein Kampf*, que lorsqu'il demanda, en mars 1920, à rejoindre le Parti ouvrier allemand, ou Parti allemand des travailleurs *(Deutsche Arbeiterpartei)* d'Anton Drexler – d'où sortira peu après la NSDAP –, il reçut « une carte provisoire avec le numéro : sept[2] ». C'était là, écrira Hitler, « la décision la plus déterminante de [s]a vie[3] ». Évoquer le chiffre sept, c'est donc se replacer dans les temps « héroïques » de la fondation du nazisme par Hitler et faire participer les étudiants à cette légende.

En réalité, ce numéro sept n'est rien d'autre qu'un « mensonge conscient » de Hitler « destiné à créer la légende », un mensonge qui « a considérablement contribué à la naissance du culte de Hitler depuis la publication du tome I de *Mein Kampf*[4] ». Hitler n'était pas le 7e, mais le 55e membre de la DAP, et sa carte por-

---

1. « Der neue deutsche Student *ist Arbeiter*. Aber wo finden wir diesen Studenten ? Vielleicht sind es an jeder Hochschule ein *halbes Dutzend*, vielleicht *noch* weniger und im Ganzen nicht einmal jene *Sieben*, mit denen der Führer einst *sein* Werk begann » (GA 16, 206).

2. « So meldete ich mich als Mitglied der Deutschen Arbeiterpartei an und erhielt einen provisorischen Mitgliedsschein mit der Nummer : sieben » (HITLER, *Mein Kampf, op. cit.*, p. 244).

3. « Es war der entscheidendste Entschluß meines Lebens » *(ibid.)*.

4. Werner MASER, *Mein Kampf d'Adolf Hitler*, Paris, 1966, p. 158-159.

tait le numéro 555. Le chiffre sept a donc été choisi par Hitler pour suggérer des « relations mystiques » entre les initiateurs du mouvement. On voit à ce choix que la notion hitlérienne du « travailleur » n'a rien de socialiste et qu'elle relève bien plutôt, comme c'est également le cas avec la « forme *(Gestalt)* du travailleur » chère à Jünger, d'une « aristocratie » mythifiée et mystique, d'un culte du *Führer* et de sa « garde » rapprochée.

Dans le discours de Heidegger, il s'agit de suggérer que le nouvel étudiant mythique, entendu comme « travailleur », prenne bientôt la relève, qu'il professe à son tour et rejoigne le « front du travail de la nouvelle corporation d'enseignants ». En attendant, la signification de l'immatriculation des étudiants s'en trouve bouleversée. Désormais, conclut Heidegger, « l'examen se tient pour le nouvel étudiant non plus *à la fin* du temps des études, mais au commencement[1] ». Qu'est-ce à dire, sinon qu'il faut commencer par s'assurer que l'étudiant inscrit est bien un *Volksgenosse* – mot aussi intraduisible que le terme *völkisch* mais qui, dans le langage nazi de l'époque, désigne exclusivement le compagnon de race : jamais un « Juif » ne sera dit le *Volksgenosse* d'un « aryen » – et que, en outre, il est prêt à se laisser dominer par les « nouvelles puissances étatiques » de l'État national-socialiste ?

Après avoir évoqué la Forêt-Noire natale, patrie de Schlageter, le « héros » mythifié par les nazis, le recteur Heidegger fait avancer l'étudiant en philosophie Fischer pour son immatriculation. Il s'exprime alors en ces termes :

Je vous engage à respecter la volonté et l'œuvre de notre *Führer* Adolf Hitler. Je vous lie à la loi de l'existence du

---

1. « Das Examen steht für den neuen Studenten nicht am *Ende* der Studienzeit, sondern am Anfang » (GA 16, 207).

nouvel étudiant allemand. J'exige de vous discipline et sérieux, et dureté envers vous-même. Je vous demande volonté de sacrifice et exemplarité de la tenue *(Haltung)* à l'endroit de tous les camarades du peuple *(Volksgenossen)* allemands.

Heil Hitler[1] !

Cinq jours plus tard, le 30 novembre 1933, Heidegger tient une conférence à Tübingen intitulée *L'Université dans l'État national-socialiste*. Un long compte rendu de la conférence paraît le lendemain dans la *Tübinger Chronik*. Heidegger y est présenté comme « l'un des pionniers les plus forts du national-socialisme parmi les savants allemands[2] ». Le propos est sensiblement le même que dans le discours précédent : l'Université nouvelle doit représenter « une partie de l'État national-socialiste[3] ». Une fois de plus, Heidegger affirme tout le contraire de ce que tenteront de faire croire certains apologistes prétendant qu'il aurait voulu sauver l'autonomie de l'Université contre le pouvoir nazi. Dans ce discours, Heidegger assume cet extrémisme qui a pu faire dire à Karl Löwith qu'il était plus radical que MM. Rosenberg et Krieck. En effet, il avance que la révolution dans l'Université n'a pas encore commencé, et conclut sur la nécessité d'être une « race dure ».

---

1. « Ich verpflichte Euch auf den Willen und das Werk unseres Führers Adolf Hitler. Ich binde Euch an das Gesetz des Daseins des neuen deutschen Studenten. Ich fordere von Euch Zucht und Ernst und Härte gegen Euch selbst. Ich verlange von Euch Opfermut und Vorbildlichkeit der Haltung gegenüber allen deutschen Volksgenossen. Heil Hilter ! » (GA 16, 208).

2. « ... einer der stärksten nationalsozialistischen Vorkämpfer unter den deutschen Gelehrten, der derzeitige Rektor der Universität Freiburg, *Professor Dr. Heidegger* » (GA 16, 765).

3. « ... die neue Universität ein Stück des nationalsozialistischen Staates darstellen werde » *(ibid.)*.

C'est à cette époque, dans une lettre du 13 décembre 1933 aux doyens de l'université de Fribourg invitant les enseignants à une souscription pour la publication d'une *Denkschrift* commémorant la « manifestation de la science allemande » du 11 novembre 1933 à Leipzig – cette journée où l'on voit Heidegger aux côtés du médecin eugéniste et raciologue Eugen Fischer, assis devant une rangée d'étendards à croix gammée de la SA – que Heidegger adopte la terminologie antisémite du nazisme en utilisant le terme « non-aryen » *(Nichtarier)*. Il écrit en effet :

> Il est inutile de rappeler que des non-aryens ne doivent pas apparaître sur le formulaire des signatures[1].

L'exclusion des « non-aryens » est présentée comme allant de soi, de sorte qu'il n'est pas nécessaire de la rappeler. L'ouvrage auquel Heidegger invite les professeurs « aryens » à souscrire n'est autre que la *Profession de foi des professeurs des universités allemandes et des écoles supérieures en Adolf Hitler et l'État national-socialiste*, éditée à Dresde par la Ligue des professeurs nationaux-socialistes (NSLB) et publiée en cinq langues : allemand, anglais, italien, français et espagnol, afin d'être distribuée dans toute l'Europe. Ce livre contient donc une des premières traductions françaises d'un texte de Heidegger, et qui semble avoir été diffusée dans l'Europe entière. Sous la plume d'un traducteur qui n'est manifestement pas français, la *Bekenntnis* de Heidegger parle de « l'éclosion de

---

1. « Es bedarf keines besonderen Hinweises, daß Nichtarier auf dem Unterschriftenblatt nicht erscheinen sollen » (*Martin Heidegger und das Dritte Reich, op. cit.*, p. 185 ; repris dans GA 16, 217, mais sans l'*Abschrift* publié par Bernd Martin dans l'ouvrage cité).

toute une adolescence purifiée jusqu'au plus profond de ses racines », de « la veule idolâtrie d'une pensée sans fond ni force, dont nous aspirons à voir disparaître la philosophie », de « ne pas se dérober à la terreur des déchaînés et aux troubles de l'obscurité », et loue « la révolution national-socialiste » comme apportant « une transformation aussi complète que radicale, dans notre existence »[1]. En outre, fait important à relever, les deux principaux disciples non juifs de Heidegger, Hans-Georg Gadamer et Gerhardt Krüger, font partie des quelques philosophes dont le nom se retrouve à la fin de l'ouvrage, dans la liste des enseignants ayant adhéré à la « profession de foi » en faveur de Hitler. Ce sont ces deux noms de Gadamer et de Krüger que Heidegger recommandera à Stadelmann en 1945[2] lorsqu'il s'agira de pourvoir à Tübingen au remplacement de la chaire de philosophie de Theodor Haering, interdit d'activité universitaire, comme bientôt Heidegger lui-même, pour son activisme nazi.

Pour revenir au début de l'année 1934, Heidegger commence par prononcer, le 22 janvier, un discours pour l'ouverture d'un cours destiné aux « travailleurs de nécessité » *(Notstandsarbeiter)* de la ville de Fribourg. Ce discours, ainsi que celui consacré le lendemain à un appel au « service du travail », manifeste de la manière la plus explicite la transformation national-socialiste des concepts de travail, de savoir et de liberté

---

1. *Bekenntnis der Professoren an den deutschen Universitäten und Hochschulen zu Adolf Hitler und dem nationalsozialistischen Staat, überreicht vom Nationalsozialistischen Lehrerbund,* Deutschland/Sachsen, Dresden (s.d.), p. 83-84 pour la traduction française du discours de Heidegger.

2. Lettre à Stadelmann du 20 juillet 1945, GA 16, 371, et lettre à Stadelmann du 1er septembre 1945, GA 16, 395.

que Heidegger fait sienne, suivant ainsi « le *Führer* de notre nouvel État[1] ». Ce que nous nommions jusqu'à présent savoir, science et travail a pris, dit-il, une autre signification[2]. Dans quel but ? Celui de « devenir dur pour une existence pleinement valable comme *Volksgenosse* dans la communauté du peuple allemand[3] », ce qui inclut notamment la compréhension de « ce que l'assainissement futur du corps du peuple signifie », et ce que représente « le fait que 18 millions d'Allemands appartiennent bien au peuple, mais, parce qu'ils vivent hors des frontières du Reich, n'appartiennent pas au Reich »[4]. Ici, Heidegger anticipe sur les mesures majeures que le nouveau Reich va bientôt prendre : la loi pour la défense du sang allemand, qui fera partie des lois de Nuremberg, la réunification de l'Autriche et de l'Allemagne *(Anschluss)* et l'agrandissement du Reich bientôt destiné à englober les Sudètes et le corridor de Danzig. De même faut-il comprendre « travailleur » et « travail » comme « le national-socialisme comprend ces mots »[5], c'est-à-dire, précisément, concevoir l'état du travail comme le conçoit la NSDAP. Ici, la légende d'un Heidegger s'opposant au parti nazi s'écroule. Voici en effet ce qu'il affirme :

---

1. « der Führer unseres neuen Staates » (GA 16, 232).
2. GA 16, 234.
3. « Das Ziel ist : stark zu werden zu einem vollgültigen Dasein als Volksgenosse in der deutschen Volksgemeinschaft » (GA 16, 233).
4. « … wissen, was die künftige Gesundung des Volkskörpers bedeutet […] was in der Tatsache liegt, daß 18 Millionen Deutsche zwar zum Volk, aber, weil außerhalb der Reichsgrenzen lebend, doch nicht zum Reich gehören » (GA 16, 233).
5. « Arbeiter und Arbeit, wie der Nationalsozialismus diese Worte versteht… » (GA 16, 236).

Il n'existe qu'*un seul* « état de vie » allemand. C'est l'*état du travail*, enraciné dans le fond porteur du peuple et librement ordonné dans la volonté historique de l'État, dont l'empreinte *(Prägung)* est préformée dans le mouvement du *parti* national-socialiste des *travailleurs* allemands[1].

Heidegger fait acte d'allégeance totale au mouvement nazi représenté par le Parti. On ne pourra donc plus dire, désormais, que son but était de libérer l'Université de l'emprise du Parti, comme il a tenté de le faire croire après 1945. Ce qu'il dit de l'« état de vie » allemand préformé par la NSDAP est très proche de ce que Rothacker affirme à la même époque, dans sa *Philosophie de l'histoire*, sur le « style de vie » dont les Allemands seraient selon lui redevables à l'« esprit » de la NSDAP[2]. En outre, Heidegger réunit dans ce paragraphe la triade schmittienne du peuple, de l'État et du mouvement. Aussi la liberté invoquée prend-elle un sens très particulier : ce n'en est plus une, puisque l'empreinte de l'état du travail est préformée par la NSDAP. Si le travail rend libre, cette liberté n'est plus ici que servitude et soumission totale au Parti. La perversion des notions de travail et de liberté ne saurait être plus radicale.

Dans son discours de Constance, prononcé à la fin de mai 1934 (donc après la démission du rectorat), Heidegger confirme la façon très particulière dont il

---

1. « Es gibt nur *einen einzigen* deutschen « Lebensstand ». Das ist der in den tragenden Grund des Volkes gewurzelte und in den geschichtlichen Willen des Staates frei gefügte *Arbeitsstand*, dessen Prägung in der Bewegung der nationalsozialistischen deutschen *Arbeiterpartei* vorgeformt wird » (*Der Ruf zum Arbeitsdienst*, GA 16, 239).

2. Voir *supra*, chapitre 1, p. 79-80.

entend la liberté : « la liberté [...] signifie : *être lié à la loi la plus intime* et aux ordres de notre essence[1] ». Dans le contexte de la conférence, Heidegger montre bien de quoi il est question. Cette loi de « notre » essence est à comprendre en un sens *völkisch* et racial. Ce qui est en jeu, c'est en effet « la santé de la poussée de vie *völkisch* », et nous savons, par la définition qu'il en donne dans son séminaire de la même époque, la signification explicitement raciale qu'a la notion de « santé du peuple » chez Heidegger comme chez tous les nationaux-socialistes. Désormais, la liberté ne désigne plus la volonté autonome du citoyen, mais le lien de sang qui unit entre eux les *Volksgenossen* allemands dans l'unité de la *Volksgemeinschaft* et sous l'allégeance commune au *Führer*.

L'APOLOGIE DE LA GUERRE, LE COMBAT « SPIRITUEL » ET LE CULTE DES MORTS

Le discours de la fin du mois de mai 1934, prononcé devant ses anciens condisciples du lycée de Constance, est voué au culte de la Grande Guerre et à l'annonce de la guerre à venir. Heidegger évoque les deux millions de morts allemands de la Grande Guerre, dont les « tombes sans fin » forment, dit-il, « une couronne mystérieuse autour des frontières du Reich et de l'Autriche allemande[2] ». Son propos va bien au-delà du patrio-

---

1. « Freiheit [...] heißt : *Bindung an das innerste Gesetz* und die Ordnungen unseres Wesens » (GA 16, 281).
2. « Der Aufbruch unserer, der zwei Millionen Toten aus den endlosen Gräbern, die wie ein geheimnisvoller Kranz sich um die Grenzen des Reiches und Deutsch-Österreichs ziehen, beginnt erst » (GA 16, 280).

tisme ordinaire dans le contexte de l'époque. Il fait
sienne, et à deux reprises, la manière nazie d'intégrer
dans ce qu'il appelle « notre race » *(unser Geschlecht)*[1]
la communauté des camarades morts à la guerre, selon
un culte des morts destiné à préparer la guerre à venir.
Heidegger invoque ici, comme dans plusieurs de ses
cours des années 1933-1936, l'aphorisme 53 d'Héraclite sur la guerre, père de toutes choses, dont il est
également question dans sa lettre à Carl Schmitt.

   Nous reviendrons sur l'usage qu'il fait de cet aphorisme[2]. Le discours de Constance révèle surtout que,
contrairement à ce que tentera de soutenir Heidegger par la suite, et particulièrement en 1945 pour se
dédouaner[3], le *polemos*, le combat dont il est question
dans la parole d'Héraclite, est bien évoqué par lui en
relation directe avec les guerres effectives, puisque le
paragraphe où il cite l'aphorisme d'Héraclite débute
avec l'évocation de la Grande Guerre, conçue non
seulement comme un événement passé, mais comme
s'imposant présentement « au-dessus de nous[4] » – ce
« nous » désignant le peuple allemand et la race allemande. Cette guerre, nous devons, déclare Heidegger,
« la gagner *spirituellement*, c'est-à-dire que le *combat*
devient la *loi la plus intime* de notre existence[5] ». En
effet, affirme-t-il :

---

1. GA 16, 282, 284.
2. Voir *infra* le chapitre 6.
3. « Das Wort *polemos* [...] bedeutet nicht "Krieg" » (*Das Rektorat 1933/34*, GA 16, 379).
4. « der große Krieg kommt *jetzt erst* über uns » (GA 16, 280).
5. « Der große Krieg muß von uns *geistig* erobert werden, d.h.
der *Kampf* wird zum *innersten Gesetz* unseres Daseins » (GA 16,
283).

Pour l'homme essentiel, le combat est la *grande épreuve* de tout être : dans lequel se décide si nous sommes nous-mêmes des esclaves ou des maîtres. [...] Notre race – nous dans notre camaraderie pleine de mystère avec les camarades morts – est le pont vers la conquête historico-spirituelle de la Grande Guerre[1].

Il faut prendre au sérieux ce thème heideggérien du combat spirituel, conçu comme venant relayer la guerre militaire. À certains égards, nous en sommes toujours là. En effet, le thème le plus récurrent des discours, des conférences et aussi, comme nous allons le voir, des cours de Heidegger, est celui du combat *(Kampf)*, pour lui tout à la fois guerre *(Krieg)* effective et combat spirituel. Lorsque la guerre militaire coïncide avec la victoire écrasante des armées du Reich nazi, Heidegger élève les victoires militaires au rang d'une ordalie méta-physique où se jouent l'essence des peuples et leur des-tin historique. Ce sera le cas, nous le verrons, dans son cours de juin 1940, au moment où les armées du Reich déferlent sur la France[2]. Lorsque au contraire Heidegger doit faire face à la défaite, il soutient que la guerre ne décide rien. C'est ce qu'il avance en 1934 par rapport à la défaite allemande de 1918 : « la guerre n'a encore dans sa fin immédiate apporté aucune décision[3] », et

---

1. « Für den wesentlichen Menschen ist der Kampf die *große Prüfung* alles Seins : in der sich entscheidet, ob wir Knechte sind vor uns selbst oder Herren. [...] Unser Geschlecht – wir in der geheimnisvollen Kameradschaft mit den toten Kameraden – ist die Brücke zur geistigen geschichtlichen Eroberung des großen Krieges » (GA 16, 283-284).

2. Voir *infra*, chapitre 9.

3. « Der Krieg hat ja in seinem unmittelbaren Ende noch keine Entscheidung gebracht » (GA 16, 281).

c'est ce qu'il soutiendra à nouveau, après 1945, dans *Qu'appelle-t-on penser?*[1].

Nous ne nous attarderons pas sur le caractère assez risible de cette sacralisation de l'effectivité, qui varie selon les occasions : prête à s'exprimer sur le plan le plus concret lorsque l'événement historique est favorable, prête au contraire à se transposer sur un autre plan dit « spirituel » – mais nous avons vu comment Heidegger lui-même définit l'esprit – lorsque le vent de l'histoire vient à tourner. Ce qu'il importe de souligner dès à présent, c'est que Heidegger n'a jamais tiré les leçons du fait qu'en 1945 il ne s'agissait plus seulement, comme en 1918, de l'issue d'une guerre entre nations, mais de la défaite militaire de la domination hitlérienne et nazie en Europe, qui s'était révélée une entreprise d'anéantissement du peuple juif, de massacre des populations slaves et d'asservissement préludant à un anéantissement progressif de tous les peuples non *völkisch* – y compris en France. Sur ce point, qui est en réalité au centre de sa doctrine, il n'y aura pas de tournant, pas de *Kehre* : après 1945, Heidegger continuera, comme il l'avait fait après 1918, à transposer sur le plan de l'« esprit », ou de la « parole », un combat perdu sur le théâtre des armées.

La facilité avec laquelle il a réussi cette transposition, l'absence, longtemps presque totale, de résistance face à ce nouvel état de fait, notamment en France, amènent à se poser bien des questions sur l'inconscience qui a suivi la capitulation nazie de 1945. Quoi qu'il en soit, la manière dont Heidegger évolue durant les années

---

1. « Cette guerre mondiale n'a rien décidé », *Qu'appelle-t-on penser?*, Paris, 1959, p. 108. Voir sur ce point J. Barash, *Heidegger et son siècle. Temps de l'être, temps de l'histoire, op. cit.*, p. 176.

1920 et 1930 après la défaite allemande de 1918 est pleine d'enseignements pour comprendre comment lui-même et ses disciples les plus marqués – à commencer par Ernst Nolte – se comporteront après 1945. C'est pourquoi l'étude en profondeur des années 1933-1935 permet non seulement de mesurer la radicalité de sa compromission, mais se révèle indispensable pour appréhender la stratégie mise en œuvre par la suite.

L'ALLEMAGNE SECRÈTE, LA « VÉNÉRATION »
ET LA TRIADE HITLÉRIENNE DU POÈTE,
DU PENSEUR ET DE L'ACTION POLITIQUE

La démission du rectorat le 23 avril 1934, liée, comme l'a démontré Hugo Ott, au radicalisme de Heidegger et de son disciple Erik Wolf, ne marque nullement la fin de l'activité publique de Heidegger au service de la *Führung* hitlérienne, mais au contraire son « approfondissement ». Heidegger a désormais le temps de présenter des conférences et des textes beaucoup plus développés, comme les conférences des 15 et 16 août 1934 sur « l'Université allemande », le texte sur « l'institution d'une école de professeurs » dans le nouveau Reich adressé le 29 août de la même année au Dr Stuckart, et la conférence du 30 novembre 1934 sur « l'état actuel et la tâche future de la philosophie allemande ».

Nous savons maintenant que la tentative d'autojustification de 1945 n'est qu'une suite de contrevérités : ainsi Heidegger prétend-il qu'à partir d'avril 1934 il ne s'est plus occupé des affaires de l'Université[1]. En réalité, à la demande du secrétaire d'État Wilhelm

---

1. *Das Rektorat 1933/34*, GA 16, 389.

Stuckart, haut dignitaire du Parti, proche de Hitler et de Himmler et premier président de l'Association allemande pour l'hygiène raciale, il a accepté de participer à la constitution d'une nouvelle école des professeurs du Reich. Il fut même question qu'il en prenne personnellement la direction.

Or Heidegger écrivit en 1945 qu'après le 30 juin 1934 « celui qui acceptait une fonction dans la direction de l'Université pouvait savoir sans équivoque avec qui il se liait[1] ». En remettant au ministère, le 29 août 1934, son projet d'institution de cette nouvelle Académie de professeurs, il savait en effet à quoi il continuait de se lier[2].

De fait, les conférences d'août 1934 sur « l'Université allemande » ne marquent aucune atténuation de son engagement. Heidegger commence par affirmer que :

> Notre présent allemand est rempli d'un grand bouleversement qui s'empare de l'existence historique tout entière de notre peuple. Le commencement de ce bouleversement, nous le voyons dans la révolution national-socialiste[3].

Vient ensuite un rappel historique de la fondation de l'Université allemande et de son développement au

---

1. « Wer nach dieser Zeit noch ein Amt in der Leitung der Universität übernahm, konnte eindeutig wissen, mit wem er sich einließ » (GA 16, 390).
2. Hermann Heidegger a réédité le texte découvert par Victor Farias, mais sans le texte de la lettre de Heidegger à Wilhelm Stuckart du 28 août 1934. Voir GA 16, 308 et 801 et V. FARIAS, *Heidegger et le nazisme, op. cit.*, p. 221. Nous n'analysons pas le projet de Heidegger, déjà commenté par Farias.
3. « Unsere deutsche Gegenwart aber ist erfüllt von einer großen Umwälzung, die durch das ganze geschichtliche Dasein unseres Volkes hindurchgreift. Den Beginn dieser Umwälzung sehen wir in der nationalsozialistischen Revolution » (GA 16, 285-286).

XIXe siècle. Sa vocation et son rôle y sont survalorisés : si l'on considère non pas l'image extérieure, mais l'« essence intime » de l'Université allemande, son histoire est celle de l'esprit allemand, qui coïncide avec le destin du peuple allemand[1]. Si l'on ajoute à cela que Heidegger considère la Faculté de philosophie comme « le milieu porteur et déterminant de la nouvelle Université[2] », on perçoit mieux pourquoi il se croit le dépositaire de la *Führung* « spirituelle » et du destin du peuple allemand. Il ne s'agit pas seulement d'une question d'orgueil personnel, mais, sur le plan collectif, d'un désastre sans nom du fait que la « mission » *(Sendung)* que Heidegger entend définir pour le peuple allemand s'identifie au « travail » et à l'« honneur » tels que les conçoit le nazisme. Dans le schéma qu'il trace, ce sont les trois notions de travail, d'honneur et de mission *(Arbeit, Ehre, Sendung)* qui permettent au peuple, par l'État, de s'élever au « savoir » et à la « science »[3]. Sans doute Heidegger condense-t-il ici l'enseignement qu'il a dispensé en 1933-1934 dans un séminaire sur « le peuple et la science », et dont il ne pourra s'empêcher de rappeler en 1945 qu'il fut très suivi *(stark besucht)*[4]. Heidegger fait siennes les notions du nazisme théorisées par Hitler et Jünger (pour le travail) et Rosenberg (pour l'honneur). Il reprend notamment le discours sur le « travailleur du poing » et le « travailleur de la

---

1. GA 16, 285.

2. « Die tragende und bestimmende Mitte der neuen Universität wurde die philosophische Fakultät » (GA 16, 292).

3. Voir le schéma reproduit dans GA 16, 304.

4. Heidegger parle de « ein stark besuchtes Seminar über "Volk und Wissenschaft" » (GA 16, 373). Il semble d'après les dates (le semestre d'hiver 1933-1934) qu'il ne peut s'agir que du séminaire inédit que nous allons étudier au chapitre 5.

tête »[1], lieu commun depuis longtemps des discours de Hitler[2].

Cependant, Heidegger ajoute au travail et à l'honneur la notion de « vénération » : *Ehrfurcht*, dérivée de l'honneur *(Ehre)* et qu'il définit, d'après ses propres existentiaux, comme « le souci *(Sorge)* de la noblesse et de la résolution de l'essence » du peuple. Ce « souci de la détermination historique du peuple » reste, dit-il, un secret *(Geheimnis)*, qui demeure caché *(verborgen)* et gardé par le peuple[3]. Ces déterminations apparaissent à l'époque même où, dans son cours sur la caverne de Platon, il rapporte l'être à ce qui est caché et voilé et la vérité à ce qui est dévoilé *(Unverborgenheit)*. Heidegger reprend le thème de « l'Allemagne cachée » *(geheimes Deutschland)*[4] venu du cercle de Stefan George et des conférences de Norbert von Hellingrath sur Hölderlin, mais pour en faire l'origine même de la « vérité » et la détermination la plus intime de l'essence du peuple allemand.

Ce qu'entend fonder Heidegger, ce n'est ni une philosophie ni une pensée, mais bien le culte secret et la vénération du peuple allemand pour son essence cachée. Il n'y a là aucune prise de distance à l'égard du

---

1. « Wir sprechen vom "Arbeiter der Faust" und vom "Arbeiter der Stirn" und ihrer Zusammengehörigkeit » (GA 16, 303).

2. Voir par exemple le *Völkischer Beobachter* du 5 juillet 1921.

3. « alle Stände sind in ihrer Arbeit getragen und geführt von der Sorge um die geschichtliche Bestimmung des Volkes. Diese bleibt ein Geheimnis. So verborgen dieses Geheimnis bleibt, so offen ist die Gesinnung und Stimmung, in der das Volk dieses Geheimnis bewahrt : es ist die *Ehrfucht* – die Sorge um die Würde und Entschiedenheit seines Wesens » (GA 16, 303).

4. L'expression apparaît en effet au début de la conférence, GA 16, 290, et le thème du secret *(Geheimnis)* est ensuite récurrent : voir GA 16, 298 et 303.

national-socialisme. C'est en effet du fond occulte du nazisme que se nourrit Heidegger. Car l'essence dont il s'agit, c'est « l'essence de la révolution national-socialiste », conçue comme « la transformation *(Verwandlung)* de la réalité allemande »[1]. Lorsqu'il évoque « l'Allemagne secrète » qui continuait à vivre au début du XIXᵉ siècle, malgré « l'impuissance politique » *(politische Ohnmacht)* de la nation allemande face aux victoires napoléoniennes, Heidegger rappelle la création du mot *Volkstum*, lui-même lié au mot *Volksgeist*, conçu dans son « essence naturelle et historique ». Il écrit en effet :

> L'essence naturelle et historique de l'*esprit du peuple (Volksgeist)*, et non les règles d'un simple entendement ni les calculs d'une raison universelle en libre suspension, a déterminé l'essence de l'homme. C'est alors qu'est né également et non par hasard le mot *Volkstum*. Ce savoir nouveau et cette volonté nouvelle s'appliquent nécessairement aussi à l'État […] pressenti comme un ordre vivant et une loi, dans lequel et par lequel le peuple lui-même gagne son unité et l'assurance de sa durée[2].

Ce texte de Heidegger, dont le début est très proche du rapport contre Hönigswald déjà cité, rappelle les développements publiés peu avant par Rothacker

---

1. GA 16, 298 et 302.
2. « Das naturhafte und geschichtliche Wesen des *Volksgeistes*, nicht die Regeln eines bloßen Verstandes und nicht die Berechnungen einer freischwebenden Weltvernunft, bestimmte das Wesen des Menschen. Damals entstand auch und nicht zufällig das Wort *Volkstum*. Dieses neue Wissen und Wollen erstreckte sich notwendig auch auf den Staat […] der Staat wurde geahnt als eine lebendige Ordnung und ein Gesetz, darin und dadurch das Volk selbst seine Einheit und die Sicherheit seiner Dauer gewinnt » (GA 16, 291).

dans sa *Philosophie de l'histoire* sur la « réduction de l'existence au *Volkstum* et à la race ». Heidegger n'a pas besoin d'en dire plus : la référence au *Volkstum* et à l'honneur – dont tous les nationaux-socialistes savent, depuis Rosenberg, qu'il s'identifie au mythe du sang – suffisent à nous indiquer de quelle teneur est la « vénération » dont nous parle Heidegger.

En reconstituant à sa façon l'histoire de l'Université allemande et en se plaçant sous le signe de l'Allemagne secrète, Heidegger se situe dans la longue durée : il n'est plus à cette date (août 1934) dans l'engagement immédiat, mais songe à la pérennité de l'État hitlérien. Exactement comme dans son introduction au séminaire de l'hiver suivant intitulé *Hegel, sur l'État*[1], la tâche évoquée – ici la réalisation d'une « nouvelle école supérieure de l'esprit[2] » – ne saurait être accomplie dès à présent, mais « peut-être dans 50 ans[3] ». Suit une apologie de la « grandeur » incluant l'éloge du *Führer*. On voit donc où nous conduit la vénération heideggérienne : vénération de ce qui est dit « grand », culte aujourd'hui du *Führer*, demain de celui même qui célèbre le culte. En effet, « qui veut voir réellement ce qui est grand doit lui-même avoir de la grandeur[4] ». Ainsi peuvent s'étendre le pathos de la « grandeur » et la chaîne de la « vénération », qui ne compteront pas pour rien dans la réception et le culte du « maître »

---

1. Voir *infra*, chapitre 8.
2. Les deux conférences constituent en ce sens la justification « doctrinale » du projet envoyé ce même mois d'août 1934 à Wilhelm Stuckart pour la constitution d'une Académie des professeurs du Reich.
3. « vielleicht in 50 Jahren » (GA 16, 306).
4. « Wer das Große wirklich sehen will, muß selbst Größe haben » (GA 16, 307).

de Meßkirch. On pense par exemple au mot d'Elfride Heidegger à Frédéric de Towarnicki pour désigner son mari : *Er ist zu groß.*

Quant à la nouvelle école supérieure de l'esprit projetée par Heidegger, tâche de l'Université allemande présente et à venir, son rôle est nettement défini :

> *L'éducation du peuple par l'État pour le peuple* – tel est le sens du mouvement national-socialiste, telle est l'essence de la formation nouvelle de l'État. *Une telle* éducation au savoir le plus haut est la tâche de la nouvelle Université[1].

Une fois de plus se confirme le fait que Heidegger n'entend nullement affirmer l'autonomie de l'Université face au « mouvement », c'est-à-dire au Parti, et face à l'État. Au contraire, cette éducation nouvelle est conçue comme une éducation politique. Le séminaire inédit de l'hiver 1933-1934 nous le confirmera.

Nous n'évoquerons pas en détail la dernière grande conférence de l'année 1934, prononcée le 30 novembre, sur « la situation actuelle et la tâche future de la philosophie allemande », dans la mesure où ses thèmes sont proches des cours de la même année, lesquels seront étudiés dans notre prochain chapitre. Nous signalerons seulement deux éléments majeurs de sa conclusion. D'abord une phrase étonnante où l'État est identifié à l'être historique et le peuple à l'étant. Heidegger écrit en effet :

---

1. « *Erziehung des Volkes durch den Staat zum Volk* – das ist der Sinn der nationalsozialistischen Bewegung, das ist das Wesen der neuen Staatsbildung. *Solche* Erziehung zum höchsten Wissen ist die Aufgabe der neuen Universität » (*ibid.*).

Un État *est* seulement pendant qu'il *devient, devient l'être historique* de l'étant, qu'on appelle le *peuple*[1].

Lorsque nous avions lu cette phrase à la parution du volume en 2000, nous avions été profondément frappé de voir la différence ontologique de l'être et de l'étant – qui est toujours présentée comme le cœur de la « doctrine » de Heidegger, et que ses apologistes tiennent soigneusement à l'écart de toute relation au politique – être ici rapportée par lui à la relation entre l'État et le peuple. Depuis lors, nous avons trouvé dans le séminaire inédit du semestre d'hiver 1933-1934 la confirmation développée de ce qui n'est exprimé ici qu'une seule fois. Cela jette un jour entièrement nouveau sur la relation intime, pour ne pas dire l'identification, entre l'ontologique et le politique chez Heidegger.

L'autre point majeur, c'est que Heidegger conclut sa conférence par une citation de Hölderlin évoquant la patrie *(das Vaterland)* et présente le poète comme « le plus allemand des Allemands » *(das Deutscheste der Deutschen)*[2]. La vénération pour l'essence de l'Allemagne secrète passe par le culte de Hölderlin, élevé depuis Hellingrath au rang de poète et prophète du *geheimes Deutschland*.

Enfin, Heidegger met en place la triade que l'on retrouve dans le cours du même semestre sur la *Germanie* et le *Rhin* : la poésie, la pensée, et l'action politique du créateur d'État *(Dichten, Denken, politische Tat)*[3]. En plaçant ainsi en continuité le poète, le penseur et l'action politique, Heidegger nazifie la vision tradition-

---

1. « Ein Staat *ist* nur, indem er *wird, wird* zum *geschichtlichen Sein* des Seienden, das *Volk* heißt » (GA 16, 333).
2. GA 16, 333-334.
3. GA 16, 318.

nelle de l'Allemagne comme le peuple des poètes et des penseurs. Il reprend ainsi textuellement Hitler, dont il faut rappeler qu'il conclut *Mein Kampf* sur l'évocation des poètes *(Dichter)* et penseurs *(Denker)* comme conduisant à l'action *(Tat)*[1]. La triade de Heidegger est donc la reprise exacte de la triade de Hitler.

---

1. Hitler conclut en effet *Mein Kampf* en ajoutant à la liste des dix-huit « héros » morts le 9 novembre 1923 lors du coup d'État manqué de Munich le nom de son mentor et ami Dietrich Eckart, et il le fait en ces termes : « Et je veux ranger parmi eux, comme un des meilleurs, l'homme qui a consacré sa vie à réveiller son peuple, notre peuple, par la poésie et par la pensée, et finalement par l'action *(im Dichten und im Denken und am Ende in der Tat)* » (*Mein Kampf, op. cit.*, p. 781 ; trad. fr., p. 685).

Heidegger à la manifestation de soutien de la « science allemande » à Hitler, Leipzig, le 11 novembre 1933.

4

*Les cours des années 1933-1935 :
de la question de l'homme à l'affirmation
du peuple et de la race allemande*[1]

La publication récente des cours des années 1933-1934 modifie radicalement la perception que nous pouvons avoir de l'œuvre de Heidegger. On découvre en effet que son engagement nazi n'est pas réservé à quelques discours de circonstance, mais imprègne au contraire en profondeur l'enseignement qu'il dispense à ses étudiants. Sous l'allure apparemment philosophique des titres de ses cours, renforcée aujourd'hui par les divisions en paragraphes introduites par les éditeurs, c'est en réalité la teneur même du nazisme qui fait irruption au cœur de sa doctrine. Ainsi, le premier cours, celui du semestre d'été 1933, s'intitule *La Question fondamentale de la philosophie* ; le deuxième, celui

---

1. Nous aborderons dans ce chapitre les quatre cours professés par Heidegger de mai 1933 à février 1935, dont les trois premiers ne sont que récemment parus en Allemagne et demeurent encore inédits en français. C'est seulement après avoir évoqué les deux séminaires inédits des semestres d'hiver 1933-1934 et 1934-1935 et la conception heideggérienne du *polemos* dans son rapport à Carl Schmitt et Alfred Baeumler que nous évoquerons, au chapitre 9, le cours du semestre d'été 1935, *Introduction à la métaphysique*, postérieur à ces deux séminaires.

du semestre d'hiver 1933-1934, *L'Essence de la vérité*, et le troisième, celui du semestre d'été 1934, *Logique*. Cependant, la question fondamentale que mobilise Heidegger n'est autre que celle que le peuple allemand se pose à lui-même, dans la grandeur supposée de son instant historique et de son destin métaphysique. Dans le cours suivant, il s'agit de montrer que l'homme est d'essence politique, et que la vision du monde de Hitler apporte une mutation radicale de l'essence de l'homme. Dans le cours sur la logique, à nouveau, il est principalement question du peuple allemand envisagé dans son essence historique et son rapport à l'État. Bref, comme dans les conférences et les séminaires de la même époque, les notions qui ressortent sont principalement celles du peuple et de l'État, mais aussi la conception raciale du peuple allemand que Heidegger fait explicitement sienne, en prônant, contre un « biologisme » qualifié de « libéral », une alliance du sang et de l'esprit que l'on trouve également chez Baeumler et même chez Rosenberg.

En outre, nous pouvons identifier comme fil directeur de ces trois cours la manière très particulière dont Heidegger développe la question « qu'est-ce que l'homme ? », reprise à Kant, mais transformée radicalement. L'on n'assiste pas à une récusation véritablement philosophique de cette question, mais bien à sa perversion, par un glissement explicite et délibéré du questionnement sur l'homme à l'auto-affirmation du peuple et de la race allemande, Heidegger employant tour à tour les mots *Rasse, Stamm, Geschlecht* qui appartiennent les uns et les autres au vocabulaire courant de l'antisémitisme nazi.

Ce constat peut sembler dur, mais il l'est certainement moins que la violence de ces cours. Il apparaît de toute façon indispensable de donner à connaître l'exis-

tence et le contenu de cours malheureusement décisifs
pour comprendre le « chemin » tracé par Heidegger,
d'autant qu'ils ne seront vraisemblablement pas traduits en France avant longtemps[1]. L'attention portée à
leur contenu nous montrera en effet que le déplacement
heideggérien, souvent invoqué, de la question « qu'est-
ce que l'homme ? » à la question « qui est l'homme ? »,
le passage du *quid* au *quis* ou du *Was* au *Wer*, ne constitue pas une libération de la pensée à l'égard des métaphysiques de l'essence en vue d'une compréhension
existentielle et plus authentique de l'être de l'homme,
mais le passage du *je* au *nous* et de l'homme individuel
au peuple.

L'ipséité que promeut Heidegger, du paragraphe 74
d'*Être et temps* aux cours récemment publiés des
années 1933-1934, c'est celle du peuple et, en l'occurrence, du peuple allemand. La « grande transformation
de l'existence de l'homme[2] » à laquelle il appelle le
peuple allemand, ce qu'il nomme également la « transformation totale » *(Gesamtwandel)*, n'est en réalité

---

1. C'est le cours du semestre d'été 1934 qui a été publié le
premier. Annoncé en 1934 par Heidegger sous le titre *L'État et le
savoir (Der Staat und die Wissenschaft)*, il a été édité en 1998 sous
le titre *Logik als die Frage nach dem Wesen der Sprache* (GA 38),
alors même que la question de l'État reste à l'horizon du cours (voir
le § 28, e : « Der Staat als das geschichtliche Sein des Volkes »).
Une première édition du cours est parue dès 1991 à Barcelone sous
le titre *Logica. Lecciones de M. Heidegger (semestre verano 1934)
en el legado de Helene Weiss)*, introduction et traduction de Victor
Farias. Cette édition ne figure à notre connaissance dans aucune
bibliothèque en France et n'y a fait l'objet d'aucune recension et
d'aucun commentaire alors qu'elle est parue voici douze ans. Par
ailleurs, les cours des semestres d'été 1933 et d'hiver 1933-1934
sont parus en 2001 dans GA 36/37.
2. « die *große Wandlung des Daseins des Menschen* » (GA
36/37, 119 ; l'italique est de l'auteur).

rien d'autre que « la rééducation en vue de la vision du monde national-socialiste » dont, dit-il, « notre *Führer* nous parle sans cesse aujourd'hui[1] ». Passer cela sous silence, c'est ne pas vouloir tenir compte de la visée la plus explicite de Heidegger lui-même.

LA TRANSFORMATION *VÖLKISCH* DE LA QUESTION DE L'HOMME DANS LE COURS DU SEMESTRE D'ÉTÉ 1933

Les réserves de Heidegger à l'égard de la réduction de la philosophie à l'anthropologie sont bien connues. Elles sont exprimées dès 1927 dans le paragraphe 10 d'*Être et temps*, en 1929 dans la quatrième section de l'ouvrage sur *Kant et le problème de la métaphysique*, et de manière particulièrement développée la même année au début du cours sur l'idéalisme allemand[2]. On doit également évoquer la conférence encore inédite du 24 janvier 1929[3], car elle exprime bien, par son titre, « Anthropologie philosophique et métaphysique de l'existence », la distinction sur laquelle est alors centré le propos de Heidegger.

Dans son débat avec Kant, Heidegger veut montrer que la question « qu'est-ce que l'homme ? », reprise à la *Logique* de Kant, ne doit pas être prise comme une interrogation mettant l'essence de l'homme au fondement de la métaphysique, mais comme le signe de la

---

1. « Wenn heute der Führer immer wieder spricht von der Umerziehung zur national-sozialistischen Weltanschauung, heißt das nicht : irgendwelche Schlagworte beibringen, sondern einen *Gesamtwandel* hervorbringen, einen *Weltentwurf*, aus dessen Grund heraus er das ganze Volk erzieht » (GA 36/37, 225).

2. *Der deutsche Idealismus (Fichte, Schelling, Hegel) und die philosophische Problemlage der Gegenwart*, GA 28, § 2.

3. À paraître dans GA 80.

finitude de l'existence et de la nécessité de passer de la question de l'homme à la question de l'être et à ce que Heidegger nomme dès 1929 le « combat pour l'être[1] ».

Durant les années 1933-1934 (et même durant une plus longue période que l'on pourrait étendre jusqu'à la rédaction des *Beiträge zur Philosophie*), le combat, le *Kampf*, pour l'être, loin d'être un combat philosophique à deux termes mettant aux prises l'homme et l'être, inclut en réalité un troisième terme qui va se révéler, dans certains cours de Heidegger, bien plus central que les deux autres. Ce troisième terme, c'est le *Volk*, le peuple, et même, très explicitement, le *deutsches Volk*, le peuple allemand. Bref, le combat pour le sens de l'être, Heidegger le livre au nom de ce qu'il désignera, dans les *Beiträge zur Philosophie*, par le « principe *völkisch* ». Dans les cours des années 1930, ce n'est pas une pensée philosophique de l'être que l'on trouve, mais une adhésion explicite et résolue au combat national-socialiste pour la grandeur et la primauté du *deutsches Volk*.

Lorsque seules quelques proclamations politiques, dont les discours ouvertement *völkisch* des 3, 10 et 11 novembre 1933, étaient accessibles, on pouvait peut-être encore, mais avec beaucoup d'illusions, s'efforcer de soutenir que ces proclamations, identifiant la réalité allemande au *Führer* et à lui seul, constituaient un engagement politique distinct de l'œuvre philosophique – quoiqu'il eût fallu, pour cela, être en mesure d'expliquer au nom de quoi Heidegger avait pu identifier l'un à l'autre, dans ces textes, le « retour à l'essence de l'être » et l'adhésion inconditionnelle du peuple allemand à la *Führung* hitlérienne. Aujourd'hui,

---

1. *Kant et le problème de la métaphysique*, Paris, 1953, § 43, p. 296.

cependant, nous découvrons qu'il ne s'est pas contenté d'exprimer devant ses étudiants son adhésion radicale au mouvement hitlérien, mais a voulu entraîner toute la philosophie dans cet engagement, de sorte que pour qui le suivait dans sa « décision », dans son *Entscheidung*, aucune indignation, aucune révolte de l'esprit n'était désormais possible.

Nous évoquerons tout d'abord le cours du semestre d'été 1933. Prononcé en mai-juin 1933 alors que Heidegger vient, presque simultanément, de prendre ses fonctions de recteur de l'université de Fribourg et d'adhérer à la NSDAP, le cours s'ouvre sur l'invocation de « la grandeur de l'instant historique » dans lequel « le peuple allemand dans sa totalité parvient jusqu'à soi-même, c'est-à-dire trouve sa *Führung*[1] ». Telle est sa « mission spirituelle-*volklich* ». Pour Heidegger, la question fondamentale de la philosophie n'est autre que la question que le peuple allemand se pose à lui-même, et qui trouve une première formulation dans la question « qui sommes-nous ? » *(wer sind wir ?).* Ce cours tend à confirmer ce que l'on pouvait déjà pressentir à la lecture du paragraphe 74 d'*Être et temps*, à savoir que la question de l'être et la question politique du destin du peuple allemand ne font qu'un. De quoi s'agit-il en effet ? De « prendre connaissance de la situation politique actuelle du peuple allemand[2] », en affirmant que si « la philosophie est le combat questionnant et incessant pour l'essence et l'être de l'étant », « ce questionnement est en soi historique, c'est-à-dire qu'il est

---

1. « Das deutsche Volk im Ganzen kommt zu sich selbst, d.h. findet seine Führung » (*Die Grundfrage der Philosophie*, GA 36/37, 3).
2. « die heutige politische Lage des deutschen Volkes zur Kenntnis nehmen » (GA 36/37, 4).

ce qu'un peuple – au nom de la dureté et de la clarté de son destin – exige, ce pourquoi il se dispute et ce qu'il vénère »[1].

Ce n'est pas là une rhétorique sans visée concrète : à la fin du cours, Heidegger va s'en prendre à ceux de ses contemporains qui, dit-il, « dans notre existence étatique actuelle », croient qu'il suffit qu'ils portent les insignes de la NSDAP *(Parteiabzeichen)* et que « tout se dénomme désormais national-socialiste » *(alles jetzt nationalsozialistisch heißt)*, alors qu'ils espèrent que tout va redevenir comme avant. Ils n'ont pas compris que si « le nouvel État allemand n'est pas encore là, nous voulons et allons le créer[2] ». Telle est, pour Heidegger, qui assimile intentionnellement toute la philosophie à la politique nazie, ce qu'il nomme la « métaphysique » du peuple allemand identifiée à son « destin » :

> nous sommes un peuple qui doit *d'abord conquérir* sa métaphysique et qui *va* la conquérir, ce qui veut dire que nous sommes un peuple qui a encore *un destin*[3].

L'auteur se garde d'expliciter ce qu'il entend par la « métaphysique » du peuple allemand. En réalité commence avec ce cours du printemps 1933 un usage du mot « métaphysique » singulièrement perverti, qui continuera d'être utilisé jusqu'au début des années

---

1. « Wir fassen zusammen : 1. Philosophie ist der unausgesetzte fragende Kampf um das Wesen und Sein des Seienden. 2. Dieses Fragen ist in sich geschichtlich, d.h. es ist das Fordern, Hadern und Verehren eines Volkes um der Härte und Klarheit seines Schicksals willen » (GA 36/37, 12).

2. « Der neue deutsche Staat ist noch nicht da [...] aber wir wollen und werden ihn schaffen » (GA 36/37, 79).

3. « Wir sind ein Volk, das seine Metaphysik *erst gewinnen* muß und gewinnen *wird*, d.h. wir sind ein Volk, das noch *ein Schicksal* hat » (GA 36/37, 80 ; l'italique est de l'auteur).

1940, et dont les cours sur Nietzsche nous montreront qu'il a bien plus à voir avec la puissance qu'avec la pensée.

Bien qu'il ait intitulé son cours *La Question fondamentale de la philosophie*, on voit que ce n'est, pour Heidegger, ni la question de l'homme ni à elle seule la question de l'être, mais celle que le peuple allemand est sommé de se poser à lui-même à travers la « révolution » national-socialiste, qui est mise en scène. D'emblée, la philosophie est considérée sous l'angle de l'histoire d'un *nous* qui n'est autre que le peuple allemand. D'emblée, la philosophie, qui a pour fonction de s'adresser à tout homme en tant qu'il est homme, est ici réduite à s'adresser de manière privilégiée, sinon même exclusive, au seul peuple allemand. Tout autre que l'homme originellement allemand est exclu de ce *nous*. L'interrogation politico-spirituelle et, selon son expression, « spirituelle-*volklich* », que le peuple allemand s'adresse à lui-même sur son histoire et son destin est en même temps question sur son être, et même question de l'être, dans la mesure où, désormais, l'être est toujours *notre* être. Aussi Heidegger va-t-il jusqu'à écrire :

> *cette question*, au travers de laquelle notre peuple supporte son existence historique, l'endure dans le danger, la porte jusqu'à la grandeur de sa mission, cette question *est son philosopher, sa philosophie*[1].

Mais Heidegger ne s'en tient pas là : il n'entend pas seulement définir le philosopher du peuple allemand,

---

1. « *Dieses Fragen*, darin unser Volk sein geschlichtliches Dasein aushält, durchhält durch die Gefahr, hinaushält in die Größe seines Auftrags, dieses Fragen *ist sein Philosophieren, seine Philosophie* » (GA 36/37, 4).

notion déjà hautement problématique, car il ne va pas de soi que le philosopher soit affaire de peuples, et encore moins qu'il soit affaire de tel peuple en particulier plutôt que de tel autre, il n'hésite pas à identifier la philosophie comme telle à cette question ! Ainsi écrit-il : « la philosophie est la question sur la loi et la structure de notre être[1] ». Telle est donc, pour lui, la question fondamentale de la philosophie : celle qui porte sur l'être du peuple allemand et que ce peuple, dit-il, en tant qu'il est *notre* peuple, se pose à lui-même.

On peut donc inférer de ces textes que la question de l'être est devenue, dans l'enseignement de Heidegger, et à compter de 1933, explicitement une question *völkisch* : elle concerne exclusivement l'être du peuple allemand et ne se pose que pour ce peuple.

Cette captation nationale et *völkisch* de la philosophie a quelque chose d'insoutenable. Et le problème le plus grave n'est pas que Heidegger ait personnellement adhéré au parti nazi, au mouvement hitlérien et à sa doctrine, c'est qu'il a voulu sciemment entraîner toute la philosophie et la compromettre radicalement dans cette adhésion inconditionnelle au nazisme et à l'hitlérisme, c'est-à-dire à ce qu'il nomme, comme on le faisait alors, la *völkische Bewegung*.

L'essentiel des cours des années 1933 et 1934 se réduit au même leitmotiv véritablement obsessionnel : identifier toute la philosophie présente à l'interrogation et à la décision *(Entscheidung)* du peuple allemand sur son histoire, son destin et son être. Désormais, cette notion d'*Entscheidung* – si lourdement connotée depuis qu'elle a été thématisée par un théoricien nazi du droit constitutionnel comme Carl Schmitt, mais

---

1. « Die Philosophie ist die Frage nach dem Gesetz und Gefüge unseres Seins » (*ibid.*).

aussi par un « national-bolchévique » comme Ernst
Niekisch, ou encore par Oswald Spengler, en cette
même année 1933, dans ses *Jahre der Entscheidung* où
il met en scène ce qu'il nomme le combat mondial de
la race blanche – sera présente, sous forme substantivée
ou sous forme verbale, presque à chacune des pages
des cours de Heidegger. Comprenons bien que cette
Entscheidung n'est en aucune façon un choix réflexif
faisant appel au libre arbitre individuel, mais, dit Heidegger, une résolution et un combat face à la « dureté
et l'obscurité de notre destin allemand et de la vocation
allemande[1] ».

L'enseignement de Descartes dans les universités allemandes, ramené par Heidegger à une « déchéance spirituelle »

C'est dans le cadre de ce cours, entre deux développements dédiés au destin du peuple allemand dans le
nouvel État national-socialiste encore « en devenir »,
que Heidegger procède à une assez brève présentation
de la métaphysique moderne, de Descartes à Hegel.
Une section de dix pages est consacrée à Descartes.
Elle consiste en une récusation virulente du philosophe
dont sont mis en cause ce qu'il nomme le prétendu
commencement et la métaphysique du *moi*. Si la « destruction » de l'ontologie du *cogito sum* annoncée dans
Être et temps est entreprise dans ce cours, il nous faut
reconnaître qu'elle n'a rien de philosophique. Ces
pages méritent d'être évoquées, car l'on y voit de

---

1. « Und das ist wenig genug, ja ein Nichts angesichts der Härte
und Dunkelheit unseres deutschen Schicksals und der deutschen
Berufung » (GA 36/37, 6).

manière particulièrement nette quel est ici l'adversaire que Heidegger entend détruire : Descartes, et à travers lui toute philosophie attachée à défendre l'individualité humaine et l'esprit humain entendu comme intellect et comme raison.

Le paragraphe commence par une longue diatribe dans laquelle l'enseignement de Descartes dans les universités allemandes est présenté comme un signe sans équivoque d'une « déchéance spirituelle » et d'une « perte de pensée », dont les enseignants se sont rendus responsables par leur laisser-faire :

> Descartes [...] avec son doute général et en même temps son « accent » mis sur le *moi* est l'objet le plus populaire et le plus usuel pour les examens et les épreuves écrites prétendument philosophiques dans les universités allemandes. Cet usage, qui a cours depuis des décennies, n'est qu'*un* signe, mais un signe sans équivoque de la perte de pensée et de l'irresponsabilité qui se sont propagées ainsi. Cette déchéance spirituelle des étudiants et des instances d'examen n'aurait pas eu lieu si les enseignants ne l'avaient pas rendue effective et tolérée eux-mêmes[1].

Cela signifie clairement que l'enseignement de Descartes doit disparaître des universités allemandes. C'est d'ailleurs ce que Heidegger lui-même a mis en pratique

---

1. « Dieser [...] Descartes mit seinem allgemeinen Zweifel und gleichzeitiger "Betonung" des Ich ist der beliebteste und üblichste Gegenstand für philosophisch genannte Prüfungen und Prüfungsarbeiten an den deutschen Universitäten. Dieser seit Jahrzehnten bestehende Brauch ist nur *ein*, aber ein unmißverständliches Zeichen für die Gedankenlosigkeit und Verantwortungslosigkeit, die sich da breit gemacht hat. Zu dieser geistigen Verlotterung der Studierenden und des Prüfungswesens wäre es nicht gekommen, wenn die Lehrer sie nicht selbst betrieben und zugelassen hätten » (*ibid.*, § 10, p. 38-39).

après 1930. Entre 1919 et 1930, outre le cours de 1923-1924 que nous avons évoqué, il a consacré quatre séminaires à Descartes. Le premier, dispensé à Fribourg lors du semestre d'été 1919, s'intitule *Introduction à la phénoménologie dans sa relation à Descartes*[1] ; le deuxième, qui s'est tenu durant le semestre d'hiver 1920-1921, s'intitule *Exercices phénoménologiques pour débutants en relation avec les* Méditations *de Descartes*[2] ; le troisième, sous un titre similaire, s'est tenu à Marburg lors du semestre d'été 1925 ; le quatrième et dernier a eu lieu à Fribourg en 1929-1930 et s'intitule : *Sur la conscience et la vérité d'après Descartes et Leibniz*[3]. Après 1930, jamais plus Heidegger ne consacrera explicitement un cours ou un séminaire à Descartes ou à un auteur qui ne soit allemand ou grec[4]. En outre, dès mai 1933, Heidegger adopte, par sa diatribe anti-cartésienne, la position qui sera celle des « philosophes » nazis les plus radicaux tout au long

---

1. *Einführung in die Phänomenologie im Anschluss an Descartes.*

2. *Phänomenologische Übungen für Anfänger im Anschluss an Descartes* Méditations.

3. *Über Gewissheit und Wahrheit im Anschluss an Descartes und Leibniz.*

4. Nous avons voulu savoir si l'édition de ces séminaires était prévue dans l'édition dite « intégrale » *(Gesamtausgabe)*. Consulté, le professeur F.-W. v. Hermann nous a répondu que malheureusement les manuscrits des séminaires sur Descartes manquaient (lettre à l'auteur du 2 mai 2002). Pourtant, nous avons pu constater, lors de recherches au Deutsches Literatur Archiv de Marbach, où se trouve le fonds Heidegger, qu'il existait une transcription manuscrite pour deux au moins de ces séminaires, mais que les deux manuscrits étaient *gesperrt*, c'est-à-dire inconsultables avant l'année 2026, sans un accord exprès de Hermann Heidegger. Le fait de n'avoir pas programmé, dans l'édition dite à tort intégrale, la publication de ces deux séminaires sur Descartes ne procède donc pas d'une impossibilité matérielle, mais d'une exclusion délibérée.

des années 1930 et qui culminera en 1938 dans l'*Anti-Cartesianismus* de Franz Böhm.

Dans le cours de 1933, c'est tout le paragraphe 10 qui porte sur Descartes et s'intitule : « La métaphysique des Temps modernes et son nouveau commencement apparent avec Descartes ». Après la diatribe citée, Heidegger commence par affirmer abruptement sa thèse :

> j'affirme que : 1. Le radicalisme du doute cartésien et la rigueur des fondations nouvelles de la philosophie et du savoir en général sont une illusion et par conséquent la source de tromperies funestes qu'il est encore aujourd'hui difficile d'éradiquer. 2. Ce nouveau commencement prétendu de la philosophie des Temps modernes avec Descartes non seulement n'existe pas, mais est en vérité le début d'un déclin nouveau et essentiel de la philosophie. Descartes ne reconduit pas la philosophie à elle-même, à son fondement et à son sol, mais il la repousse encore plus loin du questionnement de sa question fondamentale[1].

À l'appui de cette condamnation, Heidegger développe une longue récusation. En premier lieu, il reproche à Descartes de présupposer que la méthode du questionnement et du raisonnement philosophiques est la méthode « mathématique ». Cette affirmation

---

1. « ... behaupte ich : 1. Der Radikalismus des Descartesschen Zweifels und die Strenge der neuen Grundlegung der Philosophie und des Wissens überhaupt ist ein Schein und somit die Quelle verhängnisvoller, auch heute noch nur schwer ausrottbarer Täuschungen. 2. Dieser angebliche Neuanfang der neuzeitlichen Philosophie mit Descartes besteht nicht nur nicht, sondern ist in Wahrheit der Beginn eines weiteren wesentlichen Verfalls der Philosophie. Descartes bringt die Philosophie nicht zu sich selbst zurück und auf ihren Grund und Boden, sondern drängt sie noch weiter vom Fragen ihrer Grundfrage ab » (*ibid.*, p. 39).

reviendra comme un leitmotiv, sans que jamais Heidegger précise ce qu'il entend par là. Il n'y a évidemment aucune étude de la distinction cartésienne entre voie analytique et voie synthétique ou géométrique, ni prise en considération du fait que pour Descartes ce n'est pas la méthode géométrique, ou l'ordre de la déduction, qui convient le mieux en métaphysique, mais la voie analytique, ou l'ordre de l'invention, l'analyse montrant « la vraie voie par laquelle une chose a été méthodiquement inventée[1] ».

En second lieu, et dans une parfaite continuité avec *Être et temps*, Heidegger ne pardonne pas à Descartes d'être parti du *moi* et non du *soi* de l'homme. En d'autres termes, le recul jusqu'au *moi* ne serait qu'une illusion de radicalité : on ne considère pas si le *soi* de l'homme n'est pas quelque chose de plus originel que le *moi*. Bref, Heidegger reproche à Descartes d'avoir déterminé l'essence du *moi* comme conscience *(Bewußtsein)*, manquant ainsi « l'historicité de l'homme et son lien essentiel à son être en commun ».

Derrière cette distinction philosophiquement peu claire entre le *moi* et le *soi* de l'homme, et qui ne prend un certain sens, mais particulièrement problématique, que dans la mesure où le *soi* est identifié à la communauté, à la *Gemeinschaft*, Heidegger reproche à Descartes d'avoir pensé l'homme à partir de sa conscience individuelle et non pas à partir de l'existence de la communauté historique du peuple. Heidegger va même jusqu'à parler du « caractère privé d'histoire et d'esprit du *moi* de Descartes » ! Comment soutenir que la *mens humana*, c'est-à-dire l'esprit humain, serait « privée d'esprit » ? En réalité, Heidegger emploie le

_____

1. Descartes, « Réponses aux secondes objections », AT IX-1, 121.

mot « esprit » en un sens qui n'a plus rien de philosophique.

À ceux qui prétendent que l'on doit « spiritualiser la révolution national-socialiste », Heidegger répond qu'il faut d'abord savoir ce qu'est l'esprit : qu'il soit compris non pas comme « l'agitation sans fin de l'analyse et de la décomposition par l'entendement », ni comme « l'activité débridée d'une raison prétendument universelle ». En effet :

> l'esprit est depuis longtemps le souffle, le vent, la tempête *(Sturm)*, l'engagement et la résolution. Nous n'avons pas besoin de spiritualiser aujourd'hui le grand mouvement de notre peuple. L'esprit est déjà là[1].

Ce texte de Heidegger est capital. Identifier l'esprit à la tempête ou à l'assaut – deux façons possibles de traduire le mot *Sturm* –, c'est indiquer nettement que l'usage heideggérien du mot « esprit » n'a plus rien à voir avec la philosophie ni avec la métaphysique. On sait que le terme *Sturm* était employé par les nazis pour désigner leurs « sections d'assaut » *(Sturmabteilung)*,

---

1. « der Geist ist seit langem : der Hauch, der Wind, der Sturm, der Einsatz und die Entschlossenheit. Wir brauchen nicht die große Bewegung unseres Volkes heute zu vergeistigen. Der Geist ist schon da » (cours pris en note par Helene Weiss et partiellement édité par V. FARIAS, *op. cit.*, p. 193 ; trad. fr., p. 147). Dans l'œuvre dite « intégrale », l'édition du cours donne une version très différente, sans que l'éditeur, Hartmut Tietjen, s'en explique ni signale en note les variantes. On lit en effet : « souffle, vent, étonnement, impulsion, engagement *(Hauch, Wehen, Staunen, Antrieb, Einsatz)* » (Ga 37/37, 7). Lire *Staunen* au lieu de *Sturm* semble pourtant une version hautement douteuse, qui brise la progression conçue par Heidegger dans la progression métaphorique du vocabulaire : *der Hauch, der Wind, der Sturm*, qui prépare le volontarisme des deux derniers termes.

ou SA. Heidegger lui-même avait déjà utilisé le mot dans une « traduction » philologiquement indéfendable de Platon, sur laquelle il avait conclu son discours de rectorat[1].

Notons au passage que l'interprétation de Jacques Derrida, qui avait voulu voir dans « l'esprit » heideggérien un reste de métaphysique[2], est ici contredite par Heidegger lui-même. Loin de continuer le mouvement de la métaphysique moderne, Heidegger s'oppose radicalement à tout mode de pensée universaliste comme à toute reconnaissance de la valeur individuelle de l'esprit humain, et donc à l'ensemble de la philosophie moderne telle qu'elle a pu se constituer à partir de Descartes. Cette même interprétation soutenait que Heidegger aurait voulu spiritualiser le national-socialisme[3]. Or Heidegger dit précisément l'inverse : l'esprit est déjà là, pour « nous » qui pouvons saisir l'« histoire allemande » dans son instant historique et dans « la grandeur du commencement de notre existence spirituelle-*volklich* »[4]. Cet « esprit » *volklich* ne fait qu'un avec l'engagement du peuple allemand dans la « révolution » nazie. Il n'y a donc pas lieu de vouloir « spiritualiser » la « révolution » national-socialiste.

Heidegger reproche enfin à Descartes d'avoir identifié le sujet et le *moi*, d'avoir conçu l'*ego cogito* comme un *subjectum*[5]. Ce point est à l'origine des développements ultérieurs que l'on retrouve, très amplifiés, sept ans plus tard, en 1940, dans le cours sur *Nietzsche : le*

---

1. « Toute grandeur se tient dans l'assaut *(Alles großes steht im Sturm)* » (*Die Selbstbehauptung der deutschen Universität*, GA 16, 117).
2. Voir Jacques DERRIDA, *De l'esprit*, Paris, 1990, p. 54.
3. *Ibid., op. cit.*, p. 52.
4. GA 36/37, 7-8.
5. *Ibid.*, p. 45.

nihilisme européen, où la philosophie première de Descartes est ramenée à une métaphysique de la « subjectivité ». Cependant, cette terminologie – que l'influence de Heidegger a rendue trop vite usuelle – n'est pas sans poser problème. En effet, jamais, dans les *Méditations*, Descartes n'utilise le mot *subjectum* pour désigner la *mens humana* ou la *res cogitans*[1]. C'est en réalité Hobbes qui a introduit dans ses objections aux *Meditationes* le terme *subjectum* à propos de ce qui pense[2], et Descartes a émis sur cet usage les plus grandes réserves, estimant qu'il s'agissait d'un terme trop « concret » pour désigner sans équivoques la *res cogitans*[3]. On ne saurait donc parler, à propos de Descartes, d'une « métaphysique du sujet » sans faire violence à ses choix terminologiques les plus explicites.

---

1. Précisons en toute rigueur qu'il y a dans les *Meditationes* deux occurrences du mot *subjectum* : dans l'expression *calor in subjectum* (AT VII, 41) où le sens du mot est clairement objectivé, et dans un passage plus ambigu, qui mériterait une analyse particulière, et où Descartes écrit : « *cum volo, cum timeo, cum affirmo, cum nego, semper quidem aliquam rem ut subjectum meae cogitationis apprehendo...* » (AT VII, 37). Quoi qu'il en soit, Heidegger ne regarde pas d'aussi près le texte de Descartes et il s'appuie sur des mots ou des expressions qui ont été vulgarisés par le commentarisme ou qu'il introduit lui-même, sans prêter véritablement attention à *l'apparition effective* des termes.

2. « *non possumus concipere actum quemcumque sine subjecto sui, veluti saltare sine saltante, scire sine sciente, cogitare sine cogitante* » (HOBBES, *Objectiones tertiae cum responsionibus authoris*, AT VII, 173). Sur l'usage objectivé du mot *subjectum* par Hobbes, voir Luc FOISNEAU, *Hobbes et la toute-puissance de Dieu*, Paris, 2000, p. 85.

3. « *Fateor autem ultro me ad rem, sive substantiam, quam volebam exuere omnibus iis quae ad ipsam non pertinent, significandam, usum fuisse verbis quammaxime potui abstractis, ut contra hic Philosophus utitur vocibus quammaxime concretis, nempe subjecti, materiae, et corporis, ad istam rem cogitantem significandam, ne patiatur ipsam a corpore divelli* », DESCARTES, *ibid.*, AT VII, 174.

La présentation des premiers paragraphes du cours du semestre d'été 1933 nous permet de conclure que Heidegger en s'attaquant à Descartes ne se livre pas à une réflexion philosophique sérieuse, mais manifeste seulement une hostilité radicale et de principe, qui s'enracine dans le fait qu'en prenant appui sur le *moi* et sur la conscience, Descartes ne peut que faire obstacle à la « question fondamentale » de la « philosophie » selon Heidegger, qui porte sur le peuple allemand dans son destin et sa « décision » historiques, dans le « mouvement » qui le conduit à créer le nouvel État national-socialiste allemand.

LE RACISME DE HEIDEGGER ET SA CRITIQUE DE LA BIOLOGIE DANS LE COURS DU SEMESTRE D'HIVER 1933-1934

Tandis que le cours précédent était relativement bref – donné en mai et juin 1933, il a vraisemblablement été écourté par les charges dues à l'entrée en fonction du nouveau recteur –, le cours du semestre d'hiver 1933-1934 intitulé *L'Essence de la vérité* est beaucoup plus développé, d'autant qu'il s'agit de la reprise, mais radicalement transformée, d'un cours antérieur sur le mythe de la caverne. Dans ce cours, Heidegger va identifier, au paragraphe 29, la question de l'essence de la vérité à la question de « l'histoire de l'essence » de l'homme *(Wesensgeschichte des Menschen)*[1]. Cela suppose, selon lui, la transformation de la question de l'homme : on ne demande plus, comme le faisait Kant et après lui toute l'anthropologie philosophique qui s'en réclame,

---

1. GA 36/37, 216.

« qu'est-ce que l'homme ? » *(was ist der Mensch ?)*, mais « *qui* est l'homme ? » *(wer ist der Mensch ?)*[1].

Comment interpréter cette transformation ? Elle ne marque pas l'abandon du vocabulaire de l'essence : Heidegger parle toujours de l'essence *(Wesen)* de l'homme. Cependant, cette essence ne repose plus sur une possible définition de l'homme, mais dans la « décision » sur soi-même, par le savoir que « l'homme est un *soi* », et que, dans cette « décision », il en va de son être.

Dans la page même où Heidegger pose ainsi la question « *qui* est l'homme ? », il reprend les existentiaux d'*Être et temps* pour identifier cet être de l'homme au souci, mais pour ajouter que sur le fondement de l'être comme souci, l'homme est d'une essence non seulement historique, mais aussi *politique (ein* politisches *Wesen)*. Cette essence politique de l'homme ne se réduit nullement à la reprise de l'antique définition de l'homme par Aristote. Elle réside dans le combat pour « *la grande transformation de l'existence de l'homme*[2] », un combat dont l'adversaire est identifié, dans les écrits de Heidegger des années 1930, tantôt à l'*Asiatique* (et l'on ne peut ignorer l'usage très précis que les nationaux-socialistes faisaient alors de ce terme), tantôt au « libéralisme », un libéralisme qui peut, selon lui, aller jusqu'à pervertir la révolution national-socialiste elle-même. Heidegger dit en effet craindre un « national-socialisme libéral[3] » ! Ce point est capital. Il s'apparente, mais de manière plus radicale encore, à la surenchère que l'on trouve par exem-

---

1. GA 36/37, 217-218 (voir aussi p. 173).
2. *« die große Wandlung des Daseins des Menschen »* (GA 36/37, 119).
3. *Ibid.*

ple chez Jünger, dans un écrit de 1930 intitulé *Sur le nationalisme et la question juive*, où il critique l'État fasciste de Mussolini comme n'étant encore, selon lui, qu'un condensé du libéralisme[1] ! Dans ce même texte, Jünger n'hésite pas à préconiser de voir se séparer de la « figure *(Gestalt)* allemande authentique la figure du Juif, comme on peut voir une strate d'huile se détacher sur une eau claire et immobile[2] ».

Il reste cependant à montrer précisément en quoi consiste ce « libéralisme » dont Heidegger trouve encore des séquelles dans le mouvement nazi. Précisons bien, tout d'abord, qu'il n'y a dans ces cours aucune critique du nazisme comme tel ni de l'hitlérisme ; bien au contraire, leur auteur souligne et justifie la radicalité des propos du *Führer*. À ses étudiants en philosophie, il enseigne en effet que :

> Lorsque aujourd'hui le *Führer* parle sans cesse de la rééducation en direction de la vision du monde national-socialiste, cela ne signifie pas : inculquer n'importe quel

---

1. Voir Ernst JÜNGER, *Über Nationalismus und Judenfrage, Politische Publizistik 1919-1933*, éd. par Sven Olaf Berggötz, Stuttgart, 2002, p. 591, et l'essai de Jean-Luc ÉVARD, « Ernst Jünger et les Juifs », *Les Temps modernes*, nº 589, août-septembre 1996, p. 102-130.

2. « Die Erkenntnis und Verwirklichung der eigentümlichen deutschen Gestalt scheidet die Gestalt des Juden ebenso sichtbar und deutlich von sich ab, wie das klare und unbewegte Wasser das Öl als eine besondere Schicht sichtbar macht » (E. JÜNGER, *op. cit.*, p. 592). Dans son remarquable essai *Laubhüttenfest 1940. Warum Therese Loewy einsam sterben mußte, op. cit.*, Hugo Ott rapproche les déclarations antisémites de Jünger des propos de Heidegger, notamment dans la lettre presque contemporaine du 2 octobre 1929 à Schwoerer, où celui qui vient de succéder à Husserl à Fribourg s'en prend à ce qu'il nomme « l'enjuivement croissant » *(der wachsenden Verjudung)* « au sens large et au sens étroit », qui menacerait « notre vie spirituelle allemande ».

slogan, mais produire une *transformation totale*, un *projet mondial*, sur le fondement duquel il éduque le peuple tout entier. Le national-socialisme n'est pas n'importe quelle doctrine, mais la transformation fondamentale du monde allemand et, comme nous le croyons, du monde européen[1].

En lisant cette apologie de la *Weltanschauung* national-socialiste, on ne peut s'empêcher de penser à la manière dont Heidegger avait répondu en 1929 à Cassirer. Il avait en effet affirmé que si « la philosophie n'a pas pour tâche de fournir une vision du monde, c'est bien plutôt la vision du monde qui est la condition de l'acte de philosopher[2] ». Bref, dans cette doctrine, la pensée philosophique n'est nullement première ni fondatrice : elle *dérive* au contraire d'une *Weltanschauung* déjà donnée.

De plus, à deux reprises au moins dans le cours de l'hiver 1933-1934, la critique du libéralisme coïncide

---

1. « Wenn heute der Führer immer wieder spricht von der Umerziehung zur national-sozialistischen Weltanschauung, heißt das nicht irgendwelche Schlagworte beibringen, sondern einen *Gesamtwandel* hervorbringen, einen *Weltentwurf*, aus dessen Grund heraus er das ganze Volk erzieht. Der Nationalsozialismus ist nicht irgendwelche Lehre, sondern der Wandel von Grund aus der deutschen und, wie wir glauben, auch der europäischen Welt » (GA 36/37, 225).

2. « Die Philosophie hat nicht die Aufgabe, Weltanschauung zu geben, wohl aber ist Weltanschauung die Voraussetzung des Philosophierens » [HEIDEGGER, « Davoser Disputation », *Kant und das Problem der Metaphysik*, Francfort, 5ᵉ éd., 1991, p. 284 ; trad. fr. ici modifiée : Ernst CASSIRER, Martin HEIDEGGER, *Débat sur le kantisme et la philosophie (Davos, mars 1929) et autres textes de 1929-1931*, Paris, 1972, p. 39 ; Pierre Aubenque traduit *Weltanschauung* non par « vision du monde » mais par « conception du monde », ce qui tend à masquer le caractère éminemment politique de l'usage à cette date de ce terme de *Weltanschauung* dont Hitler avait fait un mot clé de la langue nazie].

avec la critique de la biologie. Il est capital d'éclaircir ce point. En effet, la critique heideggérienne de la
biologie sert aujourd'hui d'ultime rempart pour ceux
qui, comme l'éditeur même du cours, Hartmut Tietjen,
nient que Heidegger ait pu être nazi étant donné qu'il
a critiqué la biologie. Malheureusement, cet argument
à visée révisionniste ne tient pas pour au moins deux
raisons. D'une part, Heidegger ne récuse nullement le
fait de parler de race. C'est de manière très explicite
en effet qu'il utilise dans ce même cours les termes de
Rasse et de *Geschlecht*. Loin de les rejeter, il avance
simplement qu'il faut penser la race à partir de l'existence (donc de ses propres analyses de l'existence),
et non plus à partir de ce qu'il nomme avec mépris la
« biologie libérale » *(liberalistische Biologie)*[1]. Cela
signifie donc que Heidegger conçoit sa propre doctrine comme seule à même de fonder la doctrine de
la race. Dans les *Contributions à la philosophie* de
1936-1937, il parlera encore, et de manière similaire,
en inversant simplement le rapport substantif-épithète,
d'un « libéralisme biologique » *(biologischer Liberalismus)*[2]. D'autre part, lorsque Heidegger critique la
biologie, que désigne-t-il exactement sous ce terme ?
Nullement la discrimination raciale qui est au fondement du nazisme, mais, très explicitement, une science
qui n'est pas d'origine allemande, puisqu'elle se fonde
sur la doctrine darwinienne de la vie et donc sur ce
que Heidegger nomme « la compréhension libérale de

---

1. « die Leiblichkeit muß in die Existenz des Menschen versetzt
werden. [...] auch Rasse und Geschlecht sind hierher zu verstehen
und nicht von einer veralteten liberalistischen Biologie darzustellen » (GA 36/37, 89).

2. GA 65, 53.

l'homme et de la société humaine[1] », en exercice dans
le positivisme anglais du XIXe siècle[2].

Ce n'est donc nullement le nazisme comme tel et sa
doctrine raciale que vise la critique heideggérienne du
biologisme; bien au contraire. Il ne dit là guère autre
chose qu'un Ludwig Clauß dans sa critique, toute relative, de Hans K. Günther[3]. Il faut par ailleurs se souvenir
que dans *Être et temps*, c'est à propos de Simmel que
l'approche biologique de la vie humaine et de la mort
était mise en cause. Dans le cours du semestre d'hiver
1933-1934, Heidegger, dans le contexte antisémite de
ces années-là, n'hésite pas à affirmer que cette « biologie libérale » provient du même univers que la psycha-
nalyse de Freud et consorts et que le marxisme[4]... Et
de se moquer d'une doctrine biologique qui ne permet
pas de penser véritablement la noblesse allemande, qui
amènerait au contraire à considérer, dit-il, la noblesse
prussienne *(Preußischer Adel)* comme on considère
des pommes poussant sur un arbre. À lire ces pages,
on voit que ce n'est pas la discrimination des Juifs qui
l'inquiète, mais le souci de préserver la supériorité de
la noblesse prussienne.

---

1. « der liberalen Auffassung des Menschen und der menschlichen Gesellschaft » (GA 36/37, 210).

2. *Ibid.*

3. Voir *supra*, chapitre 1, p. 74.

4. « Grundsätzlich unterscheidet sich diese Denkart in nichts
von der Psychoanalyse von Freud und Konsorten. Grundsätzlich
auch nicht vom Marxismus... » (GA 36/37, 211). Dans ces pages,
Heidegger se déchaîne contre Guido Kolbenheyer, non certes en
tant qu'il est, comme le dit sans nuance de critique Heidegger, *ein
völkischer Mensch*, mais au contraire en tant qu'il serait resté prisonnier du « libéralisme biologique » issu de la doctrine darwinienne
de la vie et du positivisme anglais du XIXe siècle. L'attaque contre
Freud dans ce contexte est sans doute liée au fait que Kolbenheyer
s'est formé dans la Vienne des années 1900.

Les quelques réserves exprimées parfois dans ces années-là par Heidegger à l'égard du mot *Rasse* sont en réalité les mêmes que celles formulées à l'égard du mot *Kultur*[1]. Heidegger utilise avec parcimonie le mot *Rasse* comme il évite d'employer ce qu'il nomme les *römische Wörter*. Mais il use fréquemment et sans aucune restriction du terme germanique équivalent de *Geschlecht*, dans des contextes où ce mot ne peut signifier que la race[2], et il n'hésite pas à parler de *Stamm*, de *Sippe*, etc. Quant à l'expression *Blut und Boden*, à maintes reprises assumée dans les proclamations, discours[3] et même dans les cours des années 1933 et 1934, l'attitude de Heidegger est sans équivoque : il affirme, toujours dans ce même cours, la force et la nécessité de ces termes de « sang » et de « sol » *(Blut und Boden sind zwar mächtig und notwendig)*, tout en leur adjoignant le couple « savoir et esprit » *(Wissen und Geist)*, le savoir étant nécessaire, écrit-il, pour orienter le flot du sang *(das Strömen des Blutes)*[4].

On voit donc ici, et c'est un point capital, qu'il n'y a ni incompatibilité ni opposition chez Heidegger entre le vocabulaire du sang et celui de l'esprit, mais une conjonction, pour ne pas dire une fusion des deux. Il faut d'ailleurs savoir que le vocabulaire du *Geist*, les mots *geistig, Geistesleben*, etc., appartiennent à la littérature pro-hitlérienne de l'époque tout autant que le vocabulaire du sang et celui de la race.

Bref, dans ce cours de l'hiver 1933-1934, demander « qui est l'homme ? », c'est demander « qui sommes-nous ? », et demander « qui sommes-nous ? », c'est

---

1. Voir sur ce point GA 38, 32.
2. Voir notamment GA 16, 251, 282, 284, 772.
3. Voir notamment GA 16, 112, 132, 151.
4. GA 36/37, 263.

se décider pour ce que Heidegger nomme « les possibilités fondamentales de l'essence de la souche originellement germanique[1] ». Face à cette « décision »
présentée comme « radicale », le biologisme, parce
qu'il n'est pas originellement germanique, mais de
provenance « libérale », doit désormais céder le pas à
ce qu'il nomme la « nouvelle réalité allemande ».

D'après le contexte sémantique de leur utilisation
heideggérienne, on voit que le mot « libéralisme » et
l'adjectif « libéral » renvoient, exactement comme dans
les attaques nazies de l'époque, à la fois à la culture
anglo-saxonne et à la pensée juive, soit politiquement
aux différentes formes de la démocratie, et « philosophiquement », chez Heidegger, à la pensée de l'individu et du *moi*, à ce qu'il nomme le *Ich-Zeit*.

L'IDENTIFICATION *VÖLKISCH* DU PEUPLE ET DE LA RACE
DANS LE COURS DU SEMESTRE D'ÉTÉ 1934

Venons-en maintenant à l'examen du troisième cours
des années 1933-1934, celui du semestre d'été 1934
intitulé *La Logique comme la question de l'essence du
langage*. Il faut accorder une attention privilégiée à son
contenu. Il s'agit en effet du texte où l'axe central de
la doctrine de Heidegger apparaît le plus nettement, à
savoir sa notion du peuple. Et ce cours, qui s'annonçait
comme un enseignement sur la logique, est en réalité
un cours explicitement adressé aux Allemands[2], et centré sur la référence constante au peuple.

---

1. « die Grundmöglichkeiten des urgermanischen Stammeswesens » (GA 16, 89).

2. « die Deutschen » (GA 38, 170).

Le cours débute par une série de déplacements dont nous avons déjà eu un avant-goût : la question de la logique conduit à celle de l'essence du langage, qui mène à poser la question « qu'est-ce que l'homme ? ». La réponse heideggérienne à la question de l'homme n'est pas dans le *moi* explicitement récusé, mais dans le *nous*. Le temps du *moi*, en effet, c'est le temps du libéralisme, aujourd'hui révolu car voici venu le temps du *nous*[1]. Ce *nous*, c'est *le* peuple[2]. À la question « qui sommes-nous nous-mêmes ? » *(Wer sind wir selbst?)*, Heidegger répond « nous sommes *le* peuple » *(Wir sind das Volk)* ; non pas d'abord un peuple, mais *le* peuple, nous, en tant qu'existants, sommes ce peuple même, « notre être-soi-même est le peuple[3] ».

Commence alors, au paragraphe 14, une longue investigation sur la notion du peuple, qui va être envisagé tour à tour en tant que corps, en tant qu'âme et en tant qu'esprit, sans qu'aucune de ces trois déterminations soit récusée.

Mais tout d'abord, Heidegger rapporte et fait sienne une série d'énoncés où il est question du peuple[4]. Et là de nouveau, l'insoutenable se produit, à savoir qu'à la suite de phrases en apparence anodines, où il est question de chansons, de danses et de fêtes populaires, de recensement et de mesures à prendre pour rétablir la santé du peuple – mais nous avons vu comment, à l'époque, Heidegger envisageait la santé du peuple –, l'auteur évoque, sans aucune réserve ni critique, l'action du « mouvement *völkisch* » qui, dit-il, « veut réta-

---

1. « Jetzt sei Wir-Zeit » (GA 38, 51).
2. Voir GA 38, § 13, 56-60.
3. « unser Selbstsein ist das Volk » (GA 38, 57).
4. GA 38, 61.

blir le peuple dans la pureté de sa race »[1]. Cet adjectif : *völkisch*, que Heidegger avait fait sien dans ses trois proclamations en faveur de Hitler de novembre 1933, réapparaît ainsi dans le cours du semestre d'été de l'année 1934, *après* la démission du rectorat, et, sans discussion possible, dans le sens ouvertement raciste et nazi qui est alors le sien.

On ne pourra plus nier désormais que l'usage raciste du mot *Volk* est accepté par Heidegger sans l'ombre d'une réserve et parmi les différents sens acceptables, dont il soutient qu'il existe entre eux « une unité cachée » *(eine verborgene Einheit)*[2]. En outre, Heidegger n'a pas besoin de rappeler à ses auditeurs son engagement *völkisch* : tous ses étudiants de Fribourg connaissent évidemment les appels en faveur de Hitler et du mouvement *völkisch* qu'il a prononcés et publiés six mois plus tôt, lors du plébiscite de novembre 1933. Et si la mémoire leur avait fait défaut, le rappel de Heidegger, dans le paragraphe suivant, met les points sur les *i*. Il y cite à nouveau une série de phrases illustrant les usages du mot « peuple », dont :

Le 12 novembre 1933, le peuple a été consulté[3].

Et un peu plus loin dans la même page :

Par le plébiscite du 12 novembre 1933, le peuple tout entier a été consulté[4].

---

1. « Die völkische Bewegung will das Volk zur Reinheit seiner Stammesart zurückbringen » *(ibid.)*.
2. GA 38, 62.
3. « Am 12. November 1933 wurde das Volk befragt » *(ibid.)*.
4. « Bei der Volksbefragung am 12. November 1933 ist das ganze Volk befragt worden » *(ibid.)*.

Une telle insistance dans la référence à cette date décisive dans la consolidation du pouvoir absolu de Hitler montre de manière définitive que Heidegger ne remet en question, après sa démission du rectorat, ni son engagement sans réserve en faveur du *Führer* et du mouvement *völkisch*, ni sa lourde responsabilité dans l'adhésion du peuple allemand à la dictature de Hitler lors de ce plébiscite.

Or, comment atteindre cette « unité cachée » du peuple ? Il ne s'agit pas de le penser comme un « ensemble d'hommes pris un à un[1] ». Heidegger indique « un autre chemin » : nous sommes *là*, « accordés dans l'ordre et la volonté d'un État, nous sommes *là*, accordés dans ce qui advient aujourd'hui, dans l'appartenance à ce *peuple*, nous sommes ce peuple même[2] ».

Le propos de Heidegger n'admet ainsi aucun recul possible à l'égard de l'actualité historique de l'État et du peuple allemand en cette année 1934. Tout le mouvement du cours est fait pour conduire ses auditeurs à s'identifier résolument à ce « nous » du peuple allemand qui tient son accord et son unité de l'ordre et de la volonté de l'État hitlérien. Bref, on retrouve ici la « décision », l'*Entscheidung* qui sera un terme central du cours. Ainsi, l'appartenance commune au peuple est de l'ordre de la « décision[3] ».

Est-ce à dire qu'il s'agit d'une libre décision d'association volontaire, exprimée par des individus isolés ? Nullement. Comme Heidegger l'a bien précisé précé-

---

1. GA 38, 63.
2. « ... eingefügt in die Ordnung und den Willen eines Staates. Wir sind *da*, eingefügt in dieses Geschehen heute, wir sind *da* in der Zugehörigkeit zu diesem *Volk*, wir sind dieses Volk selbst » (GA 38, 63).
3. « die Zugehörigkeit zum Volk [ist] entscheidungshaft » (GA 38, 65).

demment, l'unité du peuple ne fait qu'un avec l'ordre et la volonté de l'État. Nulle latitude n'est laissée à la conscience individuelle dont la valeur et l'existence même sont complètement déniées.

Ainsi, « être-là », *Da-sein*, c'est être *le* peuple, et ce peuple, « nous » le sommes d'abord, dit-il, en tant que corps. La détermination du peuple en tant que corps *(Volk als Körper)* n'est nullement récusée par Heidegger, mais au contraire assumée comme allant de soi[1]. Il commence par revenir sur deux « exemples » déjà cités : celui du recensement et celui de la compréhension *völkisch* du peuple. Dans le recensement de la population, seuls sont comptés ceux qui habitent dans les frontières de l'État : les Allemands habitant hors du pays *(die Auslandsdeutschen)* – par exemple, pourrait-on ajouter, les Allemands des Sudètes – ne sont donc pas comptés dans la population recensée. En ce sens, ils n'appartiennent pas au peuple. Mais, ajoute-il :

> d'un autre côté, peuvent aussi être compris dans le compte ceux qui, considérés de manière *völkisch*, sont racialement étrangers, n'appartiennent pas au peuple[2].

Aucun des auditeurs de Heidegger ne peut évidemment ignorer que ceux qui ont été auparavant recensés comme Allemands mais qui désormais, selon la compréhension *völkisch* du peuple, n'appartiennent plus au peuple allemand, ce sont les Juifs.

La suite du texte montre précisément que ce n'est pas le point de vue du recensement qui constitue pour Heidegger la réalité la plus authentique du peuple,

---

1. GA 38, 65.
2. « Anderseits können auch solche mitgezählt werden, die völ-kisch genommen, stammesfremd sind, zum Volk nicht gehören » *(ibid.)*.

mais bien sa compréhension *völkisch*. Le recensement de la population n'est qu'un décompte des habitants[1]. La compréhension *völkisch* du peuple l'envisage tout autrement, en identifiant, rappelle Heidegger, le peuple à la race. On ne peut pas être plus explicite sur le sens du mot *völkisch* que ne l'est ici Heidegger :

> Souvent nous utilisons le mot « peuple » aussi au sens de « race » (par exemple dans l'expression « mouvement *völkisch* »)[2].

Il faut être particulièrement attentif à cet usage du *nous*, qui abolit toute prise de distance : Heidegger en effet ne dit pas « on » *(man)*, mais bien « nous » *(wir)*. En outre, il se montre parfaitement conscient du fait qu'employer l'adjectif *völkisch*, c'est cautionner l'identification du peuple à la race. Il prend même soin de définir la notion de race en ces termes :

> Ce que nous appelons « race » *(Rasse)* entretient une relation avec ce qui lie entre eux les membres du peuple – conformément à leur origine – par le corps et par le sang[3].

La notion de race n'est donc nullement récusée, même si le mot *Volk* est plus essentiel au propos de Heidegger que le mot *Rasse*, sans doute parce que le premier seul est un mot *völkisch* dont la racine est alle-

---

1. « Volkszählung ist also nur Einwohnerzählung » *(ibid.)*.
2. « Oft brauchen wir das Wort "Volk" auch im Sinne von "Rasse" (z.B. auch in der Wendung "völkische Bewegung") » *(ibid.)*.
3. « Was wir "Rasse" nennen, hat einen Bezug auf den leiblichen, blutmäßigen Zusammenhang der Volksglieder, ihrer Geschlechter » *(ibid.)*.

mande. Et l'usage de l'adjectif *völkisch*, pris explicitement par Heidegger au sens raciste qu'il lui reconnaît, montre qu'il accepte un rapport de corrélation fort, pour ne pas dire d'identité, entre ces deux termes de *Volk* et de *Rasse*.

Si nous évoquons ainsi ces cours des années 1933-1934, ce n'est pas seulement pour mettre en évidence leur teneur radicalement pro-hitlérienne et *völkisch*, c'est aussi pour demander si l'on peut encore trouver une once de philosophie dans cet « enseignement ». Dans le cours du semestre d'été 1934, on remarque, toujours en réponse à la question de l'homme, deux notions centrales : outre celle du peuple, il y a en effet celle de l'historicité. Heidegger reprend ainsi un « existential » majeur de son ouvrage de 1927. Mais il reste à voir en quels termes.

Après avoir traité plus rapidement du peuple comme âme et comme esprit, Heidegger affirme que « des concepts comme le "peuple" et l'"État" ne peuvent pour ainsi dire pas être définis, mais doivent être saisis comme historiques, comme relevant d'un être historique[1] ». Nous ne devons donc plus demander « qu'est-ce qu'un peuple ? », mais « quel est *ce* peuple que nous sommes nous-mêmes ? »[2]. Cette question relève donc d'une décision résolue : c'est une *Entscheidungsfrage*.

Heidegger ne permet à ses étudiants aucun recul critique de la pensée, puisque la légitimité de la conscience individuelle est détruite et que la question est reformulée de manière à ne pouvoir conduire qu'à l'adhésion résolue à la réalité politique allemande de l'année

---

1. GA 38, 48.

2. « Also auch hier dürfen wir nicht fragen : "Was ist ein Volk ?", um zu einer Allerweltsdefinition zu kommen, sondern : "Wer ist dies Volk, das wir selbst sind ?" » (GA 38, 69).

1934. On ne peut donc plus parler ici d'une réflexion philosophique, qui suppose toujours la légitimité d'une pensée critique, mais d'un véritable endoctrinement des étudiants.

À cela s'ajoutent les exemples qu'il donne à l'appui de sa notion de l'historicité. Après avoir identifié l'homme au peuple et soutenu que le peuple ne peut être saisi que comme histoire, il n'hésite pas à affirmer qu'il existe cependant « des hommes et des groupes d'hommes qui n'ont pas d'histoire[1] ». Quels sont-ils ? Eh bien ! dit-il, « les nègres, comme par exemple les Cafres[2] ». Notons que Heidegger ne parle plus ici, comme dans ses conférences de Cassel, de peuples sans histoire[3] : il n'emploie même plus le mot « peuple », mais seulement celui de « groupes d'hommes ». Si les Cafres ont une histoire, concède-t-il ensuite, ce n'est pas autrement que « les singes et les oiseaux[4] ». Inversement, ajoute-t-il, l'histoire peut advenir par le médium d'un étant non humain, comme par exemple l'avion qui a transporté le *Führer* de Munich à Venise à la rencontre de Mussolini. (Il s'agit du voyage de Hitler à Venise des 14 et 15 juin 1934 au cours duquel il s'est efforcé de convaincre Mussolini d'accepter une prochaine annexion de l'Autriche par le Reich allemand). Heidegger commente ce voyage ainsi :

> lorsque l'avion conduit le *Führer* de Munich à Venise jusqu'à Mussolini, alors advient l'histoire[5].

─────────────

1. « Menschen, und Menschengruppen… die keine Geschichte haben » (GA 38, 81).

2. « Neger wie zum Beispiel Kaffern » (*ibid.*).

3. Voir Heidegger, *Les Conférences de Cassel (1925), op. cit.*, p. 142-143.

4. GA 38, 83.

5. « Wenn das Flugzeug freilich den Führer von München zu Mussolini nach Venedig bringt, dann geschieht Geschichte » (GA 38, 83).

Bref, l'avion du *Führer*, donc un objet technique, peut contribuer à faire advenir l'histoire – au point, ajoute Heidegger, que l'on pourra le mettre comme tel dans un musée –, mais pas les nègres et les Cafres…

Il y aurait bien d'autres passages à relever dans ces différents cours, comme par exemple les développements sur la « voix du sang » *(Stimme des Blutes)*[1], ou ceux sur le « combat contre l'humanisme »[2]. Nous aurons l'occasion de revenir, à propos des rapports entre Heidegger et Carl Schmitt, sur les longs développements que Heidegger consacre à la guerre et au combat dans son cours du semestre d'hiver 1933-1934[3]. Ce que l'on peut dès à présent conclure de ces trois cours, c'est que, malgré les références constantes à la philosophie et à sa « question fondamentale », on n'y trouve aucun éclaircissement philosophique sur l'homme. On y voit, au contraire, la destruction de la conscience individuelle et un souci presque obsessionnel de remplacer la question philosophique de l'homme par la « décision » politico-historique d'une affirmation de soi du peuple allemand qui n'est en réalité qu'une déclaration d'allégeance à la *Führung* hitlérienne.

HEIDEGGER ET HÖLDERLIN : L'ÊTRE COMME PATRIE, LA TRIADE HITLÉRIENNE ET LA CROIX GAMMÉE

L'année 1934 ne marque pas un tournant dans l'engagement nazi de Heidegger, mais un « approfondissement » et une projection vers l'avenir. Après l'année

---

1. GA 38, 153.
2. GA 36/37, 147.
3. Voir *infra*, chapitre 6.

d'activisme intense du rectorat puis la contribution de l'été 1934 à la constitution d'une Académie de professeurs du Reich, Heidegger ne s'inscrit plus dans l'action immédiate, mais dans l'enracinement, dans la durée, du nouvel État hitlérien. Il épouse en cela le processus même de consolidation du mouvement nazi. À cet égard, le cours que Heidegger consacre pour la première fois à Hölderlin durant le semestre d'hiver 1934-1935 est peut-être le plus radicalement nazi de tous. Le choix de Hölderlin n'est ni original ni le fruit du hasard. Depuis l'édition de Hölderlin par Norbert von Hellingrath et les deux conférences posthumes de ce dernier[1], Hölderlin tend à se substituer à Goethe comme le poète des Allemands. Hellingrath voyait dans les Allemands « le peuple de Hölderlin », et liait cette vision au thème de l'« Allemagne secrète » *(geheimes Deutschland)*[2] – une expression que nous avons retrouvée dans la conférence de Heidegger du 30 novembre 1934 où Hölderlin est introduit en conclusion de son propos. La vénération de Hölderlin et de l'Allemagne secrète est cultivée intensément par Stefan George et son cercle. On pense notamment à Max Kommerell issu de ce cercle, ami et correspondant de Heidegger[3], auteur en 1928 du *Poète comme Führer*[4], ou à Kurt Hildebrandt, qui publie en 1939 *Hölderlin : philosophie et poésie*[5], et que l'on

---

1. Norbert VON HELLINGRATH, *Hölderlin : zwei Vorträge*, Munich, 1922.

2. Voir N. VON HELLINGRATH, *op. cit.*, p. 16-17, et Charles BAMBACH, *Heidegger's Roots. Nietzsche, National Socialism and the Greeks*, Ithaca et Londres, 2003, p. 242.

3. Voir Max KOMMERELL, *Briefe und Aufzeichnungen. 1919-1944*, éd. par Inge Jens, Olten et Fribourg, 1967.

4. Max KOMMERELL, *Der Dichter als Führer in der deutschen Klassik*, Berlin, 1928.

5. Kurt HILDEBRANDT, *Hölderlin : Philosophie und Dichtung*, Stuttgart, 1939.

retrouve en 1943 en compagnie de Heidegger dans le même ouvrage collectif nazi célébrant le centenaire de la mort de Hölderlin et publié par les éditions Sorlot, fer de lance de la collaboration parisienne.

Cependant, Heidegger entend aller plus loin que Hellingrath, et, s'il lui rend hommage en tant que combattant mort à Verdun dans la dédicace de sa conférence de Rome de 1936 sur « Hölderlin et l'essence de la poésie »[1], il ne se fait pas faute de critiquer ses interprétations dans son cours. C'est qu'il réalise autant qu'il lui est possible la captation nazie du poète et il ne suit plus Hellingrath lorsque celui-ci, fidèle à Hölderlin, reprend la conjonction des dieux anciens et du Christ. Heidegger, au contraire, tente d'estomper le christianisme de Hölderlin, comme il écarte sa référence à Rousseau[2].

Dès la remarque préliminaire à l'introduction du cours, Heidegger déclare que l'œuvre de Hölderlin ouvre pour les Allemands « le commencement d'une autre histoire », qui « débute avec le combat pour la décision sur la venue ou la fuite du dieu »[3]. Le thème de l'« autre commencement » que l'on retrouvera constamment dans les cours et plus encore dans les écrits posthumes des années qui suivront, est donc déjà présent comme le motif introductif de ce cours de 1934-

---

1. Dans la dédicace à « Norbert von Hellingrath, tombé le 14 décembre 1916 », le nom de Hellingrath est mis en majuscules et occupe autant de place que le titre de la conférence. Voir Martin HEIDEGGER, *Erläuterungen zu Hölderlins Dichtung*, Francfort, éd. de 1971, p. 33.

2. « L'interprétation originelle de la strophe [IX du *Rhin*] doit être délivrée *(freigehalten)* de la référence à Rousseau » (GA 39, 278).

3. « ... den Anfang einer Anderen Geschichte mit dem Kampf um die Entscheidung über Ankunft oder Flucht des Gottes » (Martin HEIDEGGER, *Hölderlins Hymnen « Germanien » und der « Rhein »*, Francfort, 1980, désormais GA 39, 1).

1935. Cela prouve, en dépit de ce que ses éditeurs et apologistes tendront à faire croire après la guerre, que l'« autre commencement » heideggérien n'a nullement été introduit par lui comme une alternative au national-socialisme historique, mais au contraire pour désigner le mouvement qui s'empare du peuple allemand dans le national-socialisme.

Quels sont en effet les motifs directeurs de l'interprétation heideggérienne des deux hymnes intitulés *La Germanie* et *Le Rhin*? Le poète n'est invoqué que comme celui qui instaure l'existence du peuple : « Ce sont les poètes qui, dans leur dire, annoncent l'être futur d'un peuple dans son histoire[1]. » Et cette histoire, ajoute Heidegger, « est toujours histoire unique de tel peuple, ici, le peuple de ce poète », à savoir Hölderlin, et donc « l'histoire de la Germanie »[2]. C'est la même question qui revient dans tous les cours de Heidegger de ces années 1933-1935 : la question du « nous », du peuple que « nous » sommes. Ce « nous », l'auteur précise ici que ce sont « les Allemands[3] ». À la question « qui sommes-nous ? », les Allemands ne peuvent répondre que s'ils savent quel est leur temps, à savoir celui du « peuple entre les peuples[4] ». Émerge ainsi le thème du peuple allemand comme peuple du milieu, qui sera au centre de l'*Introduction à la métaphysique* du semestre d'été 1935.

---

1. « Das sind jene Dichter, die in ihrem Sagen das künftige Seyn eines Volkes in seiner Geschichte voraussprechen » (GA 39, 146).

2. « Geschichte aber ist immer einzige Geschichte je dieses Volkes, hier des Volkes dieses Dichters, die Geschichte Germaniens » (GA 39, 288).

3. GA 39, 56.

4. « Wer wir sind, wissen wir nicht, solange wir nicht unsere Zeit wissen. Unsere Zeit ist aber die des Volkes zwischen den Völkern » (GA 39, 56).

Cette centralité postulée du peuple allemand est liée à un privilège ontologique radical. En effet, tout le cours sur *La Germanie* vise à identifier la patrie allemande à l'être *(Seyn)* – désormais écrit avec un *y*. Heidegger va jusqu'à soutenir, en le soulignant, que « *la "patrie" est l'être même*[1] » ! Dans le cours sur *Le Rhin*, il déclare pareillement que par le poème, « enveloppé dans la parole, l'être dévoilé est placé dans la vérité du peuple[2] ». Cette identification de l'être à la patrie, qui fait suite à l'identification de l'être à l'État dans le séminaire inédit de l'hiver 1933-1934, confirme que l'« ontologie » de Heidegger est dans son essence une « politique ».

Dans le dernier passage cité, Heidegger entend montrer que seul le poème révèle au peuple la puissance de son « destin ». On voit ainsi la conception heideggérienne de l'être et de la vérité ne faire qu'un avec sa conception du « destin » du peuple allemand. En outre, il faut voir en quels termes Heidegger qualifie le mot « destin ». Il écrit en effet :

> Nous devons apprendre à user essentiellement de ce mot allemand essentiel pour désigner dans sa vraie teneur allemande un être essentiel, ce qui veut aussi dire : rarement[3].

En réalité, les écrits de Heidegger ne mettent guère en pratique cette discrétion recommandée dans l'usage d'un mot aussi « essentiel » et aussi « allemand » que

---

1. « *Das "Vaterland" ist das Seyn selbst* » (GA 39, 121).
2. « ins Wort gehüllt, das so enthüllte Seyn in die Wahrheit des Volkes [...] hineinzustellen » (GA 39, 173).
3. « Wir müssen lernen, dieses wesentliche deutsche Wort als Nennung eines wesentlichen Seyns in seinem wahren deutschen Gehalt wesentlich zu gebrauchen, und das heißt auch : selten » *(ibid.)*.

le mot « destin » *(Schicksal)*. Dans certaines pages d'*Être et temps* comme dans les cours des années 1930, Heidegger ne sait éviter l'usage immodéré d'un mot – véritable *Schlagwort* ou slogan de la LTI – qui réunit à lui seul tout ce qu'il a à dire de l'être, du temps, de l'histoire et de la politique.

Dans ces pages du cours sur Hölderlin se renforce ainsi l'interprétation que nous avions progressivement dégagée à partir des conférences de 1925 puis d'*Être et temps*. Heidegger déclare en effet sans détour que « cet être qui est nôtre », donc l'être du peuple allemand, « n'est pas l'être d'un sujet isolé, mais l'être en commun historique comme être dans un monde »[1]. Et « que cet être de l'homme soit le mien ne signifie pas que cet être soit "subjectivé", réduit à l'individu isolé, et déterminé à partir de lui[2] ». Bref, l'existant, ou *Dasein*, n'est jamais un individu, même dans l'expérience de l'être-mien, et il n'y a de destin que pour la communauté historique du peuple. Les mises au point de Heidegger confirment à quel point la continuité est profonde entre ses écrits des années 1920 et son enseignement nazi des années 1930.

Dans le cours sur Hölderlin, Heidegger va cependant plus loin. La *Sage* du poète, explicitement conçue comme « politique », lui permet d'enraciner plus que jamais son enseignement dans l'opacité des soubassements occultes de l'hitlérisme et du nazisme. En effet, Hölderlin est identifié à « cette chose cachée et latente » : être le « poète des poètes en tant que

---

1. « Dieses unser Sein ist aber nicht das eines vereinzelten Subjekts, sondern […] geschichtliches Miteinandersein als Sein in einer Welt » (GA 39, 174).

2. « Daß solches Sein des Menschen je das meine ist, bedeutet nicht, dieses Sein werde "subjektiviert", auf den abgelösten Einzelnen beschränkt und von ihm aus bestimmt » (*ibid.*).

poète de l'allemand » ; comme tel il n'est pas encore, dit-il, « devenu la puissance dans l'histoire de notre peuple »[1], et « y contribuer est "de la politique" au sens le plus authentique et le plus haut[2] ». Il revient donc au « penseur », c'est-à-dire à Heidegger lui-même tel qu'il conçoit son rôle, de faire que la parole de Hölderlin devienne la puissance agissante dans l'histoire du peuple allemand, et inspire l'action politique du fondateur d'État. Heidegger reprend la triade hitlérienne de la poésie, de la pensée et de l'action politique, telle qu'elle constituait le point d'orgue de *Mein Kampf* et telle que nous l'avons vue évoquée dans la conférence du 30 novembre 1934, contemporaine de ce cours. Mais tandis que Hitler réunissait cette triade dans la personne d'un unique inspirateur : Dietrich Eckart, Heidegger distingue les trois personnes et forge le mythe d'une forme de trinité *völkisch* : le poète de l'Allemagne n'est autre que Hölderlin, le créateur d'État est bien évidemment « le vrai et unique *Führer* », c'est-à-dire Hitler ; quant au penseur, il n'est pas nommé. Bien plus tard, en 1944, à une date où il se gardera de se mettre en avant comme l'inspirateur spirituel du *Führer*, Heidegger évoquera à ce propos Nietzsche à côté de Hölderlin. Mais ici, il est bien clair que c'est son enseignement même que Heidegger identifie à l'œuvre du « penseur », en tant que lui seul sait faire la jonction entre le poète et l'homme d'État. Au nom de Dietrich Eckart, « poète » antisémite, « penseur » d'une obscure religiosité *völkisch*, mais aussi homme d'action

---

1. « Weil Hölderlin dieses Verborgene und Schwere ist, Dichter des Dichters als Dichter des Deutschen, deshalb ist er noch nicht die Macht in der Geschichte unseres Volkes geworden » (GA 39, 214).

2. « Hierbei mitzuhalten ist "Politik" im höchsten und eigentlichen Sinne » (*ibid.*).

et membre avec Rosenberg de la Société Thulé *(Thule Gesellschaft)*, matrice de la NSDAP, il substitue trois noms : celui de Hölderlin, celui implicite de Heidegger lui-même, « penseur » et auteur du cours, et celui de l'unique *Führer* : Hitler.

Cependant, à la différence de Hellingrath, il s'agit, pour Heidegger, de rompre tout lien entre la nouvelle mythologie politique *völkisch* et le christianisme. Aussi avance-t-il que le retour de Hölderlin dans sa patrie n'est pas un retour au christianisme[1]. À ce propos, Heidegger se déchaîne contre ceux qui parlent en chaire « du Christ comme le *Führer* », ce qui ne saurait être, dit-il, qu'un blasphème[2]. Ce texte a été interprété par un apologiste comme une remise en question de Hitler. C'est prêter singulièrement peu d'attention au texte du cours, et bien mal connaître l'histoire allemande. En effet, on trouve à l'époque chez Goering des attaques semblables, destinées au clergé catholique, contre ceux qui parlent du Christ comme d'un *Führer* céleste. Cela n'est pas pour défendre le christianisme. Pour Goering, c'est contre le *Führer* qu'il y a « blasphème[3] ». Ces attaques sont contemporaines du cours de Heidegger, et elles annoncent la circulaire édictée par Goering le 17 juillet 1935, ordonnant aux ecclésiastiques « qu'ils se prononcent de manière positive pour l'État national-socialiste[4] ». On entre en effet dans la période

---

1. GA 39, 210.

2. « So spricht man auch heute auf den Kanzeln von Christus als dem Führer, was nicht nur Unwahrheit, sondern was noch schlimmer ist, Christus gegenüber eine Blasphemie » (*ibid.*).

3. « Goering tient pour blasphématoire envers Hitler l'exclamation fréquente dans les milieux catholiques allemands : "Vive notre Führer céleste Jésus-Christ !" » (Max HERMANT, *Hitlérisme et humanisme*, Paris, 1936, p. 22).

4. *Ibid.*

où, passée l'euphorie du Concordat dans les milieux catholiques allemands les plus aveugles, qui a permis à Hitler de neutraliser le Centre catholique *(Zentrum)*, le pouvoir nazi commence à resserrer durement son étau et à organiser procès et déportations contre les prêtres qui ne plient pas l'échine.

Dans le cours de Heidegger, son attaque contre l'assimilation du Christ à un *Führer* lui permet de préciser comment il conçoit le *Führer* :

> Le vrai et unique *Führer* fait en effet signe en son être vers le domaine des demi-dieux. Être *Führer* est un destin et par conséquent un être fini[1].

La mythologisation du *Führer* est ouvertement assumée puisqu'il devient celui qui fait signe vers les demi-dieux. Et le trait distinctif du *Führer*, c'est à la fois son caractère unique et sa finitude. Comme la *Gestalt* évoquée par Rosenberg dans *Le Mythe du XXᵉ siècle*[2] et par Jünger dans *Le Travailleur*, et qui se caractérise par sa limite, c'est la finitude, au centre de la doctrine de Heidegger depuis son livre sur Kant, qui détermine ici sa vision du *Führer*. Pour Heidegger, comme pour Jünger et pour Rosenberg, il n'y a de puissance créatrice que si elle trouve sa configuration dans un destin et une figure délimitée et finie. C'est ainsi qu'à la fin de son cours sur Hölderlin Heidegger affirme que l'être des demi-dieux

---

1. « Der wahre und je einzige Führer weist in seinem Seyn allerdings in den Bereich der Halbgötter. Führersein ist ein Schicksal und daher endliches Seyn » (GA 39, 210).

2. Rosenberg écrit en effet que « la figure est toujours plastiquement limitée », *Le Mythe du XXᵉ siècle, op. cit.*, p. 529. Ce point est mis en valeur par Philippe Lacoue-Labarthe et Jean-Luc Nancy dans *Le Mythe nazi*, 1991, p. 56.

est délimitation et finitude[1]. C'est cela seul qui permet de comprendre comment le « souci » heideggérien peut, comme il le soutient[2], rejoindre le « travail » tel qu'il est conçu chez Jünger et les nationaux-socialistes. Chez Rosenberg, « cette limitation [de la figure] est conditionnée par la race[3] ». Cependant, ce qui est vrai de Rosenberg l'est tout autant – bien qu'exprimé de manière moins triviale – de Jünger, qui reconduit le travailleur à « la loi de la race », et de Heidegger, qui détermine le « travail » à partir de « l'existence *völkisch* ». La « finitude » du destin, de la communauté du peuple ou de l'existence *völkisch* est, chez Heidegger, ce qui s'oppose à toute pensée de l'universel et enracine l'existence dans la détermination d'un peuple et d'une race, pour trouver sa configuration la plus haute dans la figure d'un *Führer*.

Il faut cependant être particulièrement attentif à l'habileté et à la malice de Heidegger, telle qu'elle se manifeste dans sa « mise au point » sur le Christ et sur le *Führer*. Tout d'abord sur son rapport au catholicisme. Nous savons aujourd'hui son sentiment réel, notamment par la lettre qu'il a écrite pour tenter de faire interdire, malgré le Concordat, l'association d'étudiants catholiques *Ripuaria*[4]. Mais dans son cours sur les hymnes de Hölderlin, au lieu d'attaquer de front les catholiques, il les renvoie à leur propre dogme, en rappelant que la notion du Fils consubstantiel au Père, telle qu'elle est définie dans l'Église depuis le concile de Nicée, interdit d'apparenter le Christ aux demi-dieux et donc au

---

1. Voir GA 39, 274-275.
2. Voir *supra*, p. 191.
3. Alfred Rosenberg, *Le Mythe du xxᵉ siècle, op. cit.*
4. Voir la lettre de Heidegger à Oskar Stäbel, *Reichsführer der Deutschen Studentenschaft*, du 6 février 1934, *in* G. Schneeberger, *op. cit.*, p. 205-206.

Führer. C'est une tactique semblable qu'il adoptera en janvier 1939 contre Max Müller. Après avoir, dans un rapport, mis en cause sa fiabilité politique à l'égard de l'État national-socialiste, il répondra à Max Müller, qui lui demande de supprimer son attaque, car c'est son existence même qu'il met en danger : « Comme catholique, vous devez savoir que l'on doit dire la vérité[1]. »

Par ailleurs, la manière dont il évoque le *Führer* n'est pas moins habile. Dans le contexte de l'époque, parler du « vrai et unique *Führer* » ne peut faire référence qu'à Hitler. En outre, au début de l'année 1935, l'allégeance hitlérienne de Heidegger est toujours entière : les propos tenus à Karl Löwith à Rome l'année suivante, et l'éloge du *Führer* dans le cours de 1936 sur Schelling le prouvent suffisamment. Cependant, Heidegger a vraisemblablement perdu ses illusions, datant de la période du rectorat et du temps où il songeait à accepter la chaire de Munich, de pouvoir approcher personnellement Hitler, et peut-être de jouer un rôle comparable à celui de Gentile auprès du *Duce*. Mais, loin de renoncer, en s'appuyant sur Hölderlin dans ce cours et sur Hegel dans le séminaire inédit qui lui est contemporain, Heidegger se présente comme celui qui est le seul à même de « penser » le devenir du peuple et de l'État allemand et de prolonger ainsi le mouvement, en projetant leur avenir au-delà de la personne même de Hitler. Bref, il se pose en seul et unique penseur du national-socialisme et de l'hitlérisme, et, ce faisant, il se présente aussi comme celui qui, en quelque manière, les dépasse, de sorte qu'il parvient à la fois à prolonger en esprit le mouvement et à donner l'apparence qu'il

---

1. « Als Katholik müssen Sie wissen, daß man die Wahrheit sagen muß » (B. Martin, « Ein Gespräch mit Max Müller », *Martin Heidegger. Ein Philosoph und die Politik, op. cit.*, p. 103).

s'en démarque. C'est cette duplicité constante qui fera sa force et lui permettra de perdurer et d'étendre son influence bien au-delà de 1945. Dans le cours du semestre d'été 1935, il saluera ainsi « la vérité interne et la grandeur » du mouvement national-socialiste, et dans le cours du semestre d'été 1936, c'est cette fois au *Führer* et au *Duce*, à Hitler et à Mussolini, qu'il rendra explicitement hommage, tout en affirmant qu'ils n'ont pas su penser dans toute sa « profondeur » la métaphysique de Nietzsche.

Cependant, évoquer la finitude du *Führer* en l'opposant au Christ, cela implique aussi que l'on oppose à la croix chrétienne une autre croix, dont les extrémités sont des points d'arrêt et les branches se recourbent : la croix gammée, très tôt adoptée par Stefan George et désignée par ce dernier comme le « signe *völkisch*[1] », devenue de ce fait le signe distinctif de l'« Allemagne secrète » avant d'être reprise par Hitler. Le passage le plus obscur et le plus inquiétant du cours sur Hölderlin, c'est le long développement où Heidegger propose une exégèse cryptée d'une croix qui présente bien des parentés avec le svastika. À cette croix, il faut un axe, autour duquel toute la poésie est en giration : ce sera le début de la strophe X du poème *Le Rhin* de Hölderlin – où la graphie du numéro vaut sans doute déjà comme symbole –, très exactement les quatre premiers vers, qui portent sur la connaissance et l'amour que nous devons aux demi-dieux[2]. Cette pensée des demi-dieux

---

1. Voir sur ce point l'article de Jean-Luc ÉVARD, « La croix gammée chez les poètes », *La Fascination de l'Inde en Allemagne 1800-1933*, éd. par Marc Cluet, Rennes, 2004, p. 310.
2. « Die Angel, in der sich gleichsam die ganze Dichtung dreht, haben wir im Beginn der Strophe X in den ersten vier Versen zu suchen » (GA 39, 163).

est, déclare Heidegger en reprenant la même figuration, « l'axe autour duquel tourne la totalité du poème[1] ». En outre, la « pensée » qui se joue là est une pensée du « surhomme », dans la mesure où « le surhomme et les demi-dieux sont la même chose »[2]. Là s'entrecroisent deux directions contraires, car « penser les demi-dieux veut dire : à partir du milieu originel, penser vers la terre et penser vers les dieux[3] ».

La croix dont Heidegger « dessine l'ébauche », va s'appuyer sur quatre mots qu'il choisit dans la strophe IV du *Rhin* : naissance *(Geburt)* – trait de lumière *(Lichtstrahl)* – détresse *(Not)* – dressage *(Zucht)*. La naissance exprime « l'origine pure » *(reinen Ursprung)* et le « trait de lumière est la zébrure de l'éclair »[4]. Si les mots sont bien repris au poème de Hölderlin, dans un contexte de secret dévoilé qui invite à une lecture ésotérique, la croix n'y est pas, et c'est Heidegger qui la trace, allant jusqu'à proposer un schéma qui est très exactement celui de la *Kruckenkreuz*[5] : la croix carrée, ou « croix de potence », qui peut être considérée soit comme l'origine, soit comme la réunion des deux *Hakenkreuze* ou croix gammées antagonistes, l'une dextrogyre, l'autre sinistrogyre. Heidegger trace le schéma suivant[6] :

---

1. « Mit diesem Wort treffen wir auf die Angel, in der sich das ganze Gedicht dreht » (GA 39, 225).
2. GA 39, 226.
3. *Ibid.*
4. « Der Lichtstrahl ist der Blitz » (GA 39, 242).
5. Le schéma tracé par Heidegger est reproduit en GA 39, 245. La figure de la croix est moins visible dans le schéma de l'édition française, qui n'est pas identique à celui de l'édition allemande (trad. fr., p. 226).
6. GA 39, 245.

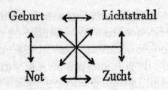

C'est ainsi par exemple que Guido von List, l'un des tout premiers diffuseurs de la croix gammée en Allemagne avec Alfred Schuler et Lanz von Liebenfels, considère la *Kruckenkreuz* comme la plus essentielle, en tant qu'elle réunit en elle les deux croix gammées[1]. Nous donnons ici le schéma explicatif proposé par Wilfried Daim à ce propos, dans son ouvrage de référence sur Lanz von Liebenfels[2] :

Le tracé choisi, comme les mots retenus et leurs commentaires, laissent penser que Heidegger se fait l'interprète ésotérique de la gestation et du sens occulte de la croix gammée. Les mots *Geburt* et *Zucht* sont des mots clés de l'hitlérisme et de la doctrine raciale du nazisme. Ainsi, lorsque l'ancien disciple et assistant de Heidegger, Oskar Becker, propose, au congrès Descartes de Paris en 1937[3] – avant de réexposer ses

---

1. Voir sur ce point Wilfried DAIM, *Der Mann, der Hitler die Ideen gab. Von den religiösen Verirrungen eines Sektierers zum Rassenwahn des Diktators*, Munich, 1958, p. 78.

2. *Ibid.*

3. Voir Oskar BECKER, « Transzendenz und Paratranszendenz », *Travaux du IXᵉ congrès international de philosophie. Congrès Descartes*, t. VIII, *Analyse réflexive et transcendance*, Paris, 1937,

thèses, en 1938, dans la revue *Rasse* –, une « métaphysique » de la race, conçue en relation à la fois épigonale et controversée avec la doctrine de Heidegger, c'est sur le mot *Geburt* qu'il s'appuie. Quant au mot *Zucht*, on le retrouve exalté à nouveau par Oskar Becker en 1942, l'année même où Heidegger, dans un cours sur Nietzsche, relie deux termes immédiatement dérivés de *Not* et *Zucht* lorsqu'il n'hésite pas à soutenir que « la sélection raciale est métaphysiquement nécessaire[1] ».

Dans les pages du cours de Heidegger consacrées à l'exégèse ésotérique de cette *Kruckenkreuz*[2], nous sommes loin de toute philosophie véritable, et l'on comprend que même un Max Kommerell ait reproché à Heidegger, dans une lettre de 1942, de traduire l'ésotérique de Hölderlin, « non pas dans la langue publique, mais dans une nouvelle ésotérique[3] ». Cette configuration meurtrière ne prête pas à rire. La croix de potence qui, de la « pureté » de l'origine passe par la « détresse » et la nécessité du dressage *(Zucht)* et de la sélection pour mener jusqu'au trait de lumière, tend à la justification ésotérique et meurtrière de la sélection raciale *(rassische Züchtung)* dont Heidegger dira bientôt le caractère « métaphysiquement » nécessaire en 1942, l'année même où se décidera la « Solution finale ». Et ce ne sera pas le moins inquiétant que de voir ensuite Heidegger parvenir à faire revivre quelque

---

p. 97-104. Sur Oskar Becker et Heidegger, voir *infra*, p. 576-584.

1. Voir *infra*, chapitre 9.
2. GA 39, 242-248.
3. « Daß Hölderlins Gedichte esoterisch sind, ist mir klar [...] Sie haben aber als Ausleger Hölderlins Esoterik nicht in die öffentliche Sprache übersetzt [...] sondern in eine neue Esoterik » (M. KOMMERELL, *Briefe und Aufzeichnungen, 1914-1944, op. cit.*, p. 396).

chose de cette configuration après la guerre, dans la représentation faussement apaisée de la croix dans le carré du *Geviert*, où se décide toujours le même partage entre la terre et les dieux.

Il faut ajouter que la signification raciale du cours sur Hölderlin est explicite. La continuité historique entre les Grecs et les Allemands, thème repris notamment à Hellingrath et à George, mais aussi à Rosenberg, est exacerbée par Heidegger en un sens racial. S'appuyant sur Hölderlin, Heidegger évoque en effet « la race des Allemands » *(das deutsche Geschlecht)* dont l'origine serait à l'Est, quelque part vers un Caucase mythifié. En regard de la « race des Allemands », Heidegger conçoit les Grecs comme « un peuple de race apparentée » *(ein stammverwandtes Volk)*[1]. On comprend maintenant pourquoi, dans son discours de rectorat, il pouvait parler des Grecs comme d'un peuple *volklich*. Si, dans cette mythologisation *völkisch* de l'histoire, l'initiateur de la philosophie allemande est, pour Heidegger comme pour Rosenberg, Maître Eckhart, Heidegger voit la puissance germanique originelle en Héraclite ! Il écrit en effet :

> Le nom de Héraclite n'est pas le titre d'une philosophie des Grecs depuis longtemps tarie. Ce n'est pas plus la formule pour la pensée d'une humanité universelle en tant que telle. C'est en vérité le nom d'une puissance originelle de l'existence historique occidentale et germanique, et cela dans sa confrontation première avec l'Asiatique[2].

---

1. GA 39, 205.

2. « Der Name Heraklit ist nicht der Titel für eine längst verflossene Philosophie der Griechen. Er ist ebensowenig die Formel für das Denken einer Allerweltsmenschheit an sich. Wohl aber ist es der Name einer Urmacht des abendländisch-germanischen

Cette germanisation d'Héraclite n'a aucun fondement historique. Sa conception ne peut germer que dans un esprit acquis à la mythologie raciale du nazisme où, chez Rosenberg par exemple, le peuple hellène et le peuple germanique sont apparentés en tant que peuples aryens. C'est ainsi qu'Oskar Becker, dans un passage de son article de la revue *Rasse* intitulé « La métaphysique nordique » rapporté par Karl Löwith, présente Héraclite comme « l'ancien penseur nordique de la première époque grecque[1] ». Becker et Heidegger se retrouvent également pour évoquer la lutte contre le destin « asiatique » et lui opposer la conception germanique ou nordique du destin[2]. Chez Heidegger, la confrontation avec l'« Asiatique » est un thème récurrent, que l'on retrouve par exemple dans son écrit de 1937, « Chemins de l'expression ». Le moment grec ne fut qu'une première confrontation, et il est clair que, pour lui comme pour tout national-socialiste, la « nouvelle réalité » allemande appelle à une confrontation nouvelle et à un nouveau combat. Faut-il préciser en outre que, dans le langage de l'époque, l'« Asiatique » désigne avant tout le peuple juif, ainsi que le « bolchevisme » ? Voici en quels termes Heidegger parle du combat contre l'Asiatique dans sa conférence du 30 novembre 1934, contemporaine du cours sur Hölderlin :

---

geschichtlichen Daseins, und zwar in ihrer ersten Auseinandersetzung mit dem Asiatischen » (GA 39, 134).

1. « des alten nordischen Denkers aus frühgriechischer Zeit », cité par Karl Löwith, *Mein Leben in Deutschland vor und nach 1933. Ein Bericht*, Stuttgart, 1986, p. 52 ; trad. fr. (ici modifiée) : *Ma vie en Allemagne avant et après 1933*, Paris, 1986, p. 70.

2. Sur le « dépassement » du destin « Asiatique », voir Heidegger, GA 39, 173, et K. Löwith, *ibid.*

Mais la véritable liberté historique des peuples d'Europe est la *condition* préalable à ce que l'Occident vienne encore une fois *à lui-même* de manière historico-spirituelle et mette en sûreté son destin dans la grande décision de la Terre contre l'*Asiatique*[1].

Auparavant, Heidegger, reprenant presque mot pour mot les termes des discours de Hitler, a pris soin de préciser que cette « véritable liberté historique » n'est pas « l'illusoire communauté organisée d'une "Société des Nations", mais qu'elle ne s'accomplit que "dans l'État", compris non pas comme une "œuvre d'art"[2] » ni comme une limitation de la liberté, mais au contraire comme le déploiement de « toutes les puissances essentielles du peuple, selon la loi de leur ordre hiérarchique[3] », ce qui préfigure en clair la domination à

---

1. « Die wahre geschichtliche Freiheit der Völker Europas aber ist die *Voraussetzung* dafür, daß das Abendland noch einmal geistig-geschichtlich *zu sich selbst* kommt und sein Schicksal in der großen Entscheidung der Erde gegen das *Asiatische* sicher stellt » (GA 16, 333). Voir aussi GA 36/37, 92.

2. Cette récusation par Heidegger de l'identification de l'État hitlérien à une « œuvre d'art » est importante. Elle montre que l'interprétation de l'État nazi comme « œuvre d'art totale » par Hans Jürgen SYBERBERG *(Hitler un film d'Allemagne*, coll. « Change », Paris, 1978), et reprise dans ce que Philippe LACOUE-LABARTHE a nommé le « national-esthétisme » (*La Fiction du politique*, Paris, 1987, chap. VII), n'est pas à la mesure de la compréhension autrement plus tranchante et brutale de Heidegger, qui renvoie clairement, dès 1934, à la domination des peuples européens par le *Reich* hitlérien et à la guerre totale qu'entraînera nécessairement la « décision » contre l'Asiatique.

3. « Diese wahre geschichtliche Freiheit […] bedarf nicht der organisierten Scheingemeinschaft einer "Liga der Nationen". Die Befreiung eines Volkes zu sich selbst aber geschieht durch den Staat. Der Staat nicht als Apparat, nicht als Kunstwerk, nicht als Beschränkung der Freiheit – sondern als Entschränkung zur inneren

venir du Reich hitlérien sur l'Europe entière. Dans le même sens va la conclusion du cours sur Hölderlin, sur « la mission et l'annonce de l'aigle[1] », symbole du Reich germanique, et qui, dans le nazisme et jusqu'à l'insigne du Parti[2], est représenté tenant en ses serres une croix gammée.

Dans ce cours de Heidegger, la nouvelle mythologie *völkisch* qu'il expose s'enracine dans la mythologie aryenne du nazisme. Cette « race allemande » apparentée à la « race grecque originelle » et venue de l'Est pour s'établir dans le Nord et le pays allemand, c'est exactement ce que professe la doctrine nazie de la race. L'habileté de Heidegger, c'est de métaphoriser partiellement cette doctrine, et de lui donner la puissance du mythe en s'appuyant sur son exégèse des hymnes du poète. Décisif à cet égard est le développement sur l'inversion du cours du fleuve, qui intervient juste avant le passage sur la race allemande et la race grecque originelle :

> Là, la forme de la direction que prend le fleuve manifeste quelque chose de décisif. La direction, qui vise initialement l'Est, se détourne soudainement [...] en direction du Nord vers le pays allemand[3].

Freiheit aller wesentlichen Mächte des Volkes gemäß dem Gesetz ihrer inneren Rangordnung » (GA 16, 333).

1. « so gipfelt der Auftrag und die Kunde des Adlers » (GA 39, 289).

2. L'insigne de la NSDAP ne quitte pas alors la boutonnière de Heidegger, comme en attestent une photo souvent reproduite du recteur-*Führer*, ainsi que le témoignage de Löwith sur Heidegger à Rome en 1936.

3. « Da offenbart die Richtungsgestalt des Stromes etwas Entscheidendes. Die Richtung, anfänglich nach Osten weisend, wird plötzlich [...] umgebrochen in die Richtung nach Norden auf das deutsche Land zu » (GA 39, 204).

Comme Ludwig Clauß dans sa doctrine nordique, Heidegger se met ici à parler de l'âme, une « âme royale » qui, à travers l'Asie, « pense la totalité de l'être », seul capable, dans sa « dignité de roi », de « garantir l'accomplissement de son essence ». Si l'expression « âme royale » figure dans le poème de Hölderlin, tout le commentaire sur la « totalité de l'être » et l'« accomplissement de l'essence » de l'âme, qui précède le passage sur la race des Allemands, est de Heidegger. Que vient faire ici l'âme auprès de la race ? Il n'est pas inutile à cet égard de rappeler comment un Rosenberg conçoit l'âme. Au début du *Mythe du XXe siècle*, il déclare en effet, suivant en cela la doctrine de Clauß, que « l'âme signifie la race vue de l'intérieur[1] ». On comprend mieux alors l'enjeu de l'*Innigkeit*, de l'« intimité » du secret, sur laquelle Heidegger insiste particulièrement à la fin de son cours. De même, son insistance sur la « naissance » *(Geburt)* évoque-t-elle certainement, pour l'auditeur de l'époque, le thème constamment repris par Rosenberg de la « renaissance » *(Wiedergeburt)* du peuple allemand, Rosenberg parlant ainsi, après un développement sur la Grèce mythique et le « monde des dieux » d'Homère, du « grand fleuve de la renaissance allemande-nordique »[2].

Une certaine connaissance des écrits de Ludwig Clauß, d'Oskar Becker, et même d'Alfred Rosenberg,

---

1. « Seele aber bedeutet Rasse von innen gesehen » (Alfred Rosenberg, *Der Mythus des 20. Jahrhunderts. Eine Wertung der seelisch-geistigen Gestaltungskämpfe unserer Zeit*, 3e éd., Munich, 1935, p. 2 ; cité par Claus-Ekkehard Bärsch, *Die politische Religion des Nationalsozialismus*, Munich, 2002, p. 207).

2. « einem großen Strom der deutsch-nordischen Wiedergeburt » (A. Rosenberg, *Der Mythus...*, *op. cit.*, p. 459 ; cité par C.-E. Bärsch, *op. cit.*, p. 205).

n'est donc pas inutile pour mieux réaliser ce qui est véritablement en jeu chez Heidegger, à travers les notions d'âme et d'essence. Sans doute faudrait-il aller plus loin et procéder à des confrontations en profondeur entre les textes canoniques de ces différents doctrinaires du nazisme. Car ce n'est pas dans Kant ou dans Hegel que l'on trouvera la clé pour comprendre l'enjeu des commentaires heideggériens de Hölderlin, mais bien dans la comparaison avec les autres mythologues du nazisme. Et c'est parce que ce travail n'est généralement pas fait par les philosophes qu'ils sont si désarmés et parfois si séduits lorsqu'ils découvrent ces textes de Heidegger. Sans effectuer complètement ce travail critique, car il faut auparavant dégager les motifs centraux des écrits mêmes de Heidegger dans leur rapport au nazisme, ce qui est le propos de ce livre, nous voulons du moins en montrer la nécessité. Car sans cette prise de conscience et sans la vigilance qu'elle suscite, il y a un grand risque que la lecture de Heidegger rende acceptables au lecteur non averti des notions et des thèmes qu'il n'admettrait pas aussi aisément venus de Clauß ou de Rosenberg, dont le caractère racial de la doctrine est mieux connu.

Quoi qu'il en soit, le texte du cours contient bien assez d'indications pour qu'un lecteur attentif puisse discerner que l'usage heideggérien des mots « être » et « essence » n'a plus rien de philosophique et reconnaître que Heidegger ne fait ici que divulguer, plus habilement que d'autres peut-être, mais sans grande originalité quant au fond, les éléments de base de la mythologie *völkisch* qui s'est diffusée dans les premières décennies du XXe siècle sous le nom d'« Allemagne secrète », avant d'être reprise et absorbée dans le nazisme. Particulièrement laborieuse, mais dangereusement efficace pour des étudiants subjugués, est la glose finale sur l'intimité du secret et son « dévoilement » dans la poésie[1]. Car dans la brisure du fleuve et l'« intimité » de ce secret, ce n'est pas la paix qui s'annonce, mais bien le combat[2], dans « l'entrecroisement des tendances adverses[3] », figuré par la croix de potence et le svastika.

---

1. Voir GA 39, p. 250 *sq*.
2. Sur la vraie nature de ce « combat », on se reportera au chapitre 6.
3. « dieser sich überkreuzenden Gegenstrebigkeit » (GA 39, 245 et 248).

5.

L'hitlérisme de Heidegger dans le séminaire
Sur l'essence et les concepts de nature,
d'histoire et d'État

Nous abordons maintenant le texte central : celui
où se voit le plus directement la totale identification
de l'enseignement de Heidegger au principe même de
l'hitlérisme, à savoir la vénération du *Führer* et l'apologie de la relation de domination radicale instituée
par le nazisme entre le *Führer* et son peuple dans l'État
hitlérien, ou *Führerstaat*. Durant l'hiver 1933-1934, et
donc à l'époque où il concentre entre ses mains le pouvoir politique et universitaire d'un recteur-*Führer*, Heidegger tient, en même temps que son cours *L'Essence
de la vérité*, un séminaire pour étudiants avancés qui
devait originellement porter sur la science de la logique
de Fichte, mais qui va finalement s'intituler *Sur l'essence et les concepts de nature, d'histoire et d'État*[1].
Ce séminaire est généralement passé sous silence et sa
publication ne semble pas prévue dans le programme
d'édition de l'œuvre dite « intégrale ». Il faut noter à ce
propos que, tandis que les cours des années 1923-1944

---

1. HEIDEGGER, *Über Wesen und Begriff von Natur, Geschichte
und Staat*, WS 1933-1934. Le protocole du séminaire est conservé
au DLA de Marbach.

ont été classés selon l'ordre chronologique, il n'y aura pas de publication intégrale des séminaires ordonnés selon l'ordre chronologique. Seule est annoncée une publication sélective et partielle, sans aucune justification du choix effectué ni indication des séminaires écartés. C'est pourquoi la *Gesamtausgabe* ne mérite pas son nom.

Heidegger semble pourtant avoir accordé une importance particulière à ce séminaire, au point de l'évoquer en 1945, au début de l'essai de justification de son rectorat[1]. Il parle en effet d'« un séminaire fort suivi sur "le peuple et la science" », qui venait compléter son cours du même semestre sur l'allégorie platonicienne de la caverne et intitulé *L'Essence de la vérité*, reprise d'un cours déjà donné deux ans auparavant[2]. Comme presque chaque phrase de son texte justificatif de 1945, cette indication comporte une série de dissimulations, pour ne pas dire de falsifications. En effet, non seulement il ne dit rien du contenu ouvertement politique de son séminaire, mais il en modifie radicalement le titre, en supprimant notamment toute référence à son concept central : l'État. En outre, Heidegger présente son cours *L'Essence de la vérité* comme la simple répétition d'un cours antérieur, alors que nous pouvons juger aujourd'hui, en les comparant entre eux, de la transformation radicale en 1933-1934 du cours prononcé en 1931-1932[3].

1. HEIDEGGER, *Das Rektorat 1933/34. Tatsachen und Gedanken (1945)*, GA 16, 372-394.

2. « Diese Vorlesung [son cours sur l'allégorie de la caverne du WS 31-32] wurde während meines Rektorats im Wintersemester 1933/34 wiederholt und durch ein stark besuchtes Seminar über "Volk und Wissenschaft" ergänzt » (GA 16, 373).

3. Les deux cours, intitulés l'un et l'autre *L'Essence de la vérité*, sont publiés respectivement dans GA 34 et GA 36/37.

Depuis peu, il est possible de se faire une idée partielle du contenu de ce séminaire, à partir d'un résumé en anglais des trois dernières séances[1], et de l'édition allemande d'une partie du compte rendu de la septième séance[2]. En outre, grâce à l'obligeance de plusieurs chercheurs, nous avons eu accès à des transcriptions plus étendues du manuscrit conservé à Marbach, qui nous ont permis une étude plus complète des cinq dernières séances, consacrées à l'État dans son rapport au peuple et au *Führer*. Le séminaire de Heidegger se présente alors explicitement comme un cours d'« éducation politique » hitlérienne. Or ce séminaire est capital pour rétablir la vérité historique, face au révisionnisme des ayants droit et des principaux responsables de l'édition dite « intégrale », qui s'efforcent de nier toute relation substantielle entre l'enseignement de Heidegger et le national-socialisme. Les analyses que nous proposons, les citations que nous publions à l'appui de nos démonstrations sont donc destinées à servir le droit à la vérité historique que peut légitimement exiger le public soixante-dix ans après la tenue de ce séminaire.

Il s'agit d'un séminaire pour étudiants avancés dont le compte rendu, confié pour chaque séance à un étudiant différent, est consigné dans un livre de séminaire *(Seminarbuch)*, puis revu et parfois annoté par Hei-

---

1. Voir Theodore Kisiel, « In the Middle of Heidegger's Three Concepts of the Political », *Heidegger and Practical Philosophy*, *op. cit.,* p. 145-152. Le résumé anglais de Kisiel suit d'assez près le texte allemand, mais il est sélectif et donc incomplet.
2. Theodore Kisiel, « Heidegger als politischer Erzieher : der NS-Arbeiterstaat als Erziehungsstaat, 1933-34 », *Die Zeit Heideggers*, éd. par Norbert Lesniewski, Francfort-Berlin-Berne-Vienne, 2002, p. 71-87. Les extraits de la septième séance sont donnés en annexe, p. 83-87, non pas dans l'ordre du texte, mais répartis d'après trois questions formulées par l'auteur de l'article.

degger. Le séminaire comprend neuf séances de deux heures, dont la première a lieu le 3 novembre 1933 et la dernière le 23 février 1934. La cinquième séance, qui se déroule le vendredi 12 janvier 1934, est une séance de transition. Après le rappel habituel du contenu de la séance précédente, où il était question des rapports entre temps et espace selon Kant et selon Newton, Heidegger entreprend un assez long développement sur le temps dans son rapport à l'histoire. Il s'agit d'appréhender le temps de l'histoire entendue comme « *notre passé* ». Dès lors, « nous n'entendions pas le temps comme un cadre, mais comme la constitution fondamentale et authentique de l'homme[1] ». Le temps apparaît comme l'être de l'homme, lui-même entendu comme existence historique, ce qui conduit Heidegger à s'interroger sans détour sur « la nature de l'État ».

Ce raccourci est lourd de sens : par le détour de l'histoire, c'est à l'État que le temps est rapporté. En effet, les termes employés à propos du temps : l'« être » et la « constitution fondamentale » de l'homme, nous allons les retrouver dans la suite du séminaire, mais pour qualifier cette fois l'État. Sous couvert de « philosophie », c'est en réalité tout autre chose que fait pénétrer Heidegger dans son enseignement. En effet, toute la suite du séminaire ne va plus porter que sur l'État, non pas n'importe quel État, mais bien, selon le terme employé à la dernière séance, le *Führerstaat*, c'est-à-dire l'État du *Führer*, l'État hitlérien.

---

1. « Nicht als Rahmen verstanden wir die Zeit, sondern als die eigentliche Grundverfassung des Menschen » (HEIDEGGER, *Über Wesen und Begriff von Natur, Geschichte und Staat*, cinquième séance, 12 janvier 1934, prise en notes par Heinrich Buhr).

L'État, le peuple et la race

La fin de la cinquième séance et la sixième portent sur les trois notions sur lesquelles Heidegger va fonder ce qu'il nommera, dans la septième séance, son cours d'« éducation politique » : les notions de l'État, du politique et du peuple. Au cœur de ces trois notions il y a, explicitement assumée par Heidegger, la conception nazie du peuple comme « unité du sang et de la souche » et comme « race » *(Rasse)*.

Sur l'État, après avoir demandé s'il peut y avoir une histoire sans qu'il y ait d'État, Heidegger soutient que questionner relativement à l'État, c'est questionner relativement à « nous-mêmes[1] ». Il ne s'agit de s'interroger ni sur la finalité de l'État ni sur son origine. L'État n'est pas un domaine de l'histoire, mais doit être saisi primitivement *(primitiv)* dans son essence comme « une modalité de l'être dans laquelle il y a de l'homme[2] ». L'État est donc rapporté à l'être même. Cette ontologisation de l'État amène Heidegger à demander quel étant correspond à cet être. À quoi il répond : « le peuple[3] ». Cette réponse est encore sous une forme interrogative, car reste à savoir ce qu'il faut entendre par le « peuple ». En effet, dit-il, « sous la Révolution franç[aise] on répondait également : le peuple[4] ». Il n'est pas besoin d'être plus explicite : dans le contexte politique de l'époque, toute allusion à la

---

1. « Wenn wir jetzt nach dem Staat fragen, dann fragen wir nach uns » *(ibid.)*.

2. « So verstehen wir dann unter "Staat" eine Weise des Seins, in der Mensch ist » *(ibid.)*.

3. « Welches Seiende gehört nun zu diesem Staat ? "Das Volk" ? » *(ibid.)*.

4. « Was verstehen wir unter "Volk" mußten wir weiter fragen, denn in der franz. Revolution wurde ebenso geantwortet : das Volk » *(ibid.)*.

Révolution française agit comme un repoussoir absolu. Il s'agit donc de s'enquérir d'un concept de peuple qui ne doive rien à l'usage propre à la Révolution française, de s'interroger sur le peuple envisagé dans son essence, en vue d'une réponse qui n'est possible, selon Heidegger, que « sur la base d'une décision pour un État ». En effet, « la détermination du peuple dépend de comment il est dans son État[1] ».

Cette circularité dans le renvoi réciproque du peuple à l'État et de l'État au peuple ne fait qu'exprimer la conception nazie de l'État où celui-ci ne constitue pas l'expression, la représentation ou la délégation de la volonté et de la souveraineté du peuple, mais ne se veut rien d'autre que le peuple même pris dans son « essence », c'est-à-dire, en réalité, dans son unité raciale, comme Heidegger lui-même l'explicite. Il poursuit en ces termes :

> Nous avions tout d'abord établi formellement que le peuple est cet étant qui est selon la manière de l'État – qui est l'État ou qui peut l'être. Et, formellement, nous questionnions plus avant. Quelle est l'empreinte *(Prägung)* et la forme *(Gestalt)* que se donne le peuple dans l'État, que donne l'État au peuple ?
>
> […] Celle de l'ordre ? Formulé de la sorte, c'est trop général, car je peux tout ordonner, des pierres, des livres, etc. Ce qui touche juste en revanche est l'idée d'un ordre dans le sens de domination *(Herrschaft)*, de rang, de conduite *(Führung)* et de soumission *(Gefolgschaft)*[2].

---

1. « Diese Antwort ist nur möglich auf Grund einer Entscheidung zu einem Staat. Die Bestimmung des Volkes hängt davon ab, wie es in seinem Staat ist » *(ibid.)*.

2. « Zunächst stellten wir formal fest, daß das Volk das Seiende ist, das in der Art und Weise des Staates ist, das Staat ist oder sein kann. Formal fragten wir dann weiter. Welche Prägung und Gestalt gibt sich das Volk im Staat, der Staat dem Volk ? […] Die der Ord-

La terminologie de Heidegger est identique à celle de son discours de la même époque sur « l'étudiant allemand comme travailleur » : l'empreinte *(Prägung)* est un terme dont nous avons montré qu'il est également au centre de la doctrine raciale de Clauß et de Rothacker ; la forme ou figure *(Gestalt)* et la domination *(Herrschaft)* rappellent évidemment le sous-titre du *Travailleur* de Jünger : *Figure et domination (Gestalt und Herrschaft)*. Quant à ce qui est visé sous le nom d'État, c'est le *Führerprinzip* de l'hitlérisme, à savoir la relation *Führung-Gefolgschaft*, introduite ici et qui sera au centre des développements ultérieurs de la septième séance sur le politique et l'État. Il ne s'agit pas seulement de caractériser l'État comme organisme, ni même comme ordre si le terme est pris en un sens trop général, mais d'introduire à la relation précise entre le *Führer* et sa « suite », qui, dans l'hitlérisme, structure concrètement les relations de pouvoir. On peut alors parler d'un ordre au sein duquel se répartissent les distinctions de rang et les rapports de domination. La question est alors : « Qui doit diriger[1] ? »

Après le rappel de la séance précédente, la sixième séance procède à une explicitation du *politique*. Heidegger rappelle que le terme est dérivé du grec *polis* qui désigne la communauté de la cité d'où procède « tout être politique ». Il réinterprète alors le mot d'Aristote sur l'homme comme un *zoon politikon* : cela ne veut pas dire que l'homme serait, selon une possible traduction latine, un *animal social*, mais qu'« être-homme signifie : porter en soi la possibilité et la nécessité de

---

nung ? Das ist so zu allgemein, denn ich kann alles ordnen, Steine, Bücher und so weiter. Wohl aber trifft eine Ordnung im Sinn von Herrschaft, Rang, Führung und Gefolgschaft die Sache » *(ibid.)*.

1. « Wer regiert, wer darf regieren ? » *(ibid.)*.

façonner et d'accomplir son être propre et celui de la communauté dans une communauté[1] ». Ce qui fascine Heidegger, c'est le rapport de l'homme à la *Gemeinschaft*, sa capacité de façonner *(gestalten)* une communauté et de créer une *polis*, un État. Ce n'est donc pas l'État qui est la condition de la politique. L'État n'est possible que s'il se fonde sur l'être politique de l'homme. Heidegger n'entend pas par là la volonté individuelle de l'homme, mais bien la puissance de la communauté qui englobe tout. Cette conception totalisante, pour ne pas dire totalitaire de la communauté politique est au fondement de toute sa doctrine. Il rejette donc toute vision du politique comme un domaine limité à côté de la vie privée, de l'économie, de la technique, etc. Pour lui, cette conception conduit à une dégradation du politique, assimilé au politicien qui sait jouer des « coups bas du parlementarisme » *(parlamentarischen Kniffen)*. On aurait aimé que les critiques de Heidegger portent sur le *Schlag*, sur la frappe meurtrière du totalitarisme, mais lorsqu'il emploie ce terme, c'est au contraire pour faire l'apologie de cette violence et la légitimer en l'inscrivant dans l'être même.

Pour revenir au séminaire, Heidegger ne se limite pas à récuser la démocratie parlementaire, il embrasse la totalité des Temps modernes dans un mouvement de déclin qu'il fait débuter avec la Renaissance, lorsque l'homme individuel a été pris pour fin :

> Ce développement a commencé à la Renaissance, quand l'homme individuel en tant que personne fut érigé en but

---

1. « … insofern Menschsein heißt : in sich die Möglichkeit und Notwendigkeit tragen, in einer Gemeinschaft sein eigenes Sein und das der Gemeinschaft zu gestalten und zu vollenden » (HEIDEGGER, *Über Wesen und Begriff…, op. cit.*, sixième séance, 19 janvier 1934, prise en notes par Itel Gelzer).

de tout être, le grand homme, selon les deux idéaux de *l'homo universalis* et du spécialiste. C'est cette nouvelle volonté de développement de la personnalité qui a engendré cette mutation totale voulant que désormais tout devait n'être là que pour la grande individualité. Toute chose, et donc aussi la politique, est alors insérée dans une sphère au sein de laquelle l'homme a la possibilité et la volonté de vivre à sa guise. C'est ainsi que la politique, l'art, la science, chutent dans des domaines qui relèvent de la volonté individuelle de développement, et cela de manière d'autant plus poussée qu'ils s'y retrouvent élargis et par conséquent spécialisés par de puissantes réalisations. Mais dans les temps qui ont suivi, on a laissé jusqu'à nos jours tous les domaines culturels se séparer les uns des autres de plus en plus, jusqu'à perte de vue ; et la dangerosité de cet affairement est apparue avec une clarté élémentaire dans la ruine de notre État.

C'est pourquoi nous avons reconnu comme la tâche urgente de notre époque de faire face à ce danger, en tentant de redonner à la *politique* le rang qui lui revient, en enseignant à nouveau à la voir comme le caractère fondamental de l'homme philosophant dans l'histoire, et comme cet être dans lequel l'*État* se déploie, de sorte qu'elle puisse véritablement être appelée le mode d'être d'un peuple[1].

---

1. « Diese Entwicklung begann in der Renaissance, als zum Ziel alles Seins erhoben wurde der Einzelmensch als Person, der große Mensch, in den beiden Idealen des *homo universalis* und des Spezialisten. Dieser neue Wille zur Entfaltung der Persönlichkeit war es, was jene vollständige Wandlung zustande brachte, nach welcher fortan alles nur noch für den großen Einzelnen da sein sollte. Alles und also auch Politik wird nun in eine Sphäre gerückt, innert derer der Mensch sich auszuleben vermag und gewillt ist. So sinken Politik, Kunst, Wissenschaft und all die andern herab zu Gebieten individuellen Entfaltungswillens, und das um so ausgesprochener, je mehr sie durch gewaltige Leistungen erweitert und somit eben spezialisiert werden. In den Folgezeiten aber ließ man die sämtlichen Kulturgebiete nur immer weiter ins Unübersehbare

Dans cette récapitulation négative des Temps modernes, qui nous rappelle la citation du comte Yorck sur l'homme de la Renaissance « bon à être enterré », reprise par Heidegger dans *Être et temps*, on retrouve le fond invariant de la position de Heidegger, à savoir le rejet de toute considération de la valeur individuelle de l'homme, telle qu'elle s'exprime aussi bien dans la notion humaniste de l'homme universel que dans la valorisation de l'épanouissement individuel et la spécialisation des individualités dans les sociétés modernes. Pour lui, une culture qui recherche l'épanouissement des individus au lieu d'obéir au culte exclusif de l'unité de la communauté conduit à une spécialisation excessive et à la ruine de l'État. Heidegger rejoint ainsi la récusation par les nationaux-socialistes du libéralisme du XIXe siècle et de la République de Weimar : l'autonomisation des sphères d'activité est considérée comme conduisant à la constitution de « puissances indirectes » (partis politiques, syndicats, associations) qui opposent la liberté individuelle à l'État et sont perçues comme une menace pour son unité et son autorité[1]. En réaction à cette « dissolution », la politique n'est plus envisagée par Heidegger comme une activité humaine parmi

---

auseinanderwachsen bis in unsere Tage, wo die Gefährlichkeit solchen Treibens sich im Zerfall unseres Staates mit elementarer Deutlichkeit zeigte. Als dringende Aufgabe unserer Zeit erkannten wir deshalb, dieser Gefahr zu begegnen, indem wir die *Politik* ihren gehörigen Rang wieder zu geben versuchen, sie wieder zu sehen lehren als Grundcharakter des in der Geschichte philosophierenden Menschen und als das Sein, in dem der *Staat* sich entfaltet, sodaß dieselbe wahrhaft die Seinsart eines Volkes genannt werden kann » (*ibid.*).

1. Telle est la situation décrite par exemple par Schmitt au chapitre VI de son *Léviathan*. Voir Carl SCHMITT, *Le Léviathan dans la doctrine de l'État de Thomas Hobbes*, Paris, 2002, p. 134-135.

d'autres, mais comme « le caractère fondamental de l'homme philosophant dans l'histoire ».

En réalité, la politique ainsi identifiée à l'« être dans lequel se déploie l'État » est fondée sur tout autre chose que la pensée humaine et que le libre arbitre, de sorte que son lien avec la philosophie est vraiment problématique. La suite montre en effet que, pour Heidegger – qui ne fait que reprendre en cela la position des nationaux-socialistes –, le « mode d'être du peuple » auquel est identifiée la politique n'exprime en réalité que l'unité du sang et de la race. Le peuple est considéré par Heidegger comme « l'étant de l'État, sa substance, le fond qui le soutient[1] ». Annonçant le procédé repris dans le cours du semestre d'été 1934, Heidegger passe en revue plusieurs locutions utilisant le mot « peuple ». Il s'agit cette fois de caractériser le peuple dans son rapport à l'État et, à cette fin, Heidegger va privilégier trois expressions. Il y a d'abord le recensement de la population *(Volkszählung)* qui, précise-t-il, « englobe les membres étatiques d'*un* État ». Dans cette expression « est mise en avant, en tant que frontière et définition du peuple, la caractéristique de l'appartenance à l'État ». Reste à définir ce qui constitue cette appartenance. En effet, jusqu'à présent, l'on tournait dans un cercle : d'un côté, le peuple était conçu comme le fond substantiel qui porte et soutient l'État, de l'autre le peuple était déterminé d'après l'appartenance à *un* État. À la fin de la sixième séance, Heidegger révèle ce autour de quoi tournait tout son propos : l'unité du sang et de la race, sans laquelle on ne saurait pour lui penser l'unité du peuple. Il prend appui cette fois sur

---

1. « *das Seiende des Staates, seine Substanz, seinen tragenden Grund : das Volk* » (HEIDEGGER, *Über Wesen und Begriff...*, *op. cit.*, sixième séance).

une notion déjà rencontrée dans ses discours de 1933 :
la « santé du peuple » *(Volksgesundheit)*. On lit dans la
conclusion de cette sixième séance :

> Mais étroitement apparenté à cela est un mot comme
> « santé du peuple », dans lequel est ressenti en plus le lien
> de l'unité du sang et de la souche *(der Blut- und Stamme-
> seinheit)*, de la race *(Rasse)*[1].

Le propos, cette fois, est tout à fait explicite. L'unité
du peuple est d'abord une unité de sang et de « souche »,
rapportée à la race. Tel est le concept *völkisch* du peuple
que Heidegger fait explicitement sien. Que cette notion
völkisch soit chez lui comme chez tous les auteurs de
l'époque qui l'emploient un concept racial est désormais indiscutable, quelles que soient les discussions
sur la manière la plus appropriée de traduire ce terme.
Et l'on a vu, dans son discours à l'Institut d'anatomie
pathologique de Fribourg, les conséquences sinistres de
la conception raciste de la « santé du peuple », que Heidegger a faite sienne au point de justifier l'eugénisme
le plus dur[2]. Avec la conclusion de la sixième séance,
nous touchons donc au fondement le plus intimement
nazi de l'enseignement de Heidegger – qui d'ordinaire
se cache sous des appellations d'apparence plus philosophiques comme les mots « essence » ou « mode
d'être » –, à savoir ce qu'il faut bien nommer le fond

---

1. « Nahe damit verwandt aber ist ein Wort wie "Volksgesundheit", worin hinzukommend mitempfunden wird nur noch das
Band der Bluts- und Stammeseinheit, der Rasse » *(ibid.*, conclusion de la sixième séance). Cette conclusion, capitale pour saisir
la dimension raciale de la conception heideggérienne du peuple,
est inédite.

2. Voir *supra*, chapitre 3, p. 173-177.

racial de sa conception du peuple. Heidegger poursuit en ces termes :

> Mais l'usage le plus étendu que nous faisons du peuple, c'est lorsque par exemple nous parlons de « peuple en armes » : car nous n'entendons pas seulement par là ceux qui reçoivent leur avis de mobilisation, et nous entendons aussi quelque chose d'autre que la simple somme de ceux qui appartiennent à l'État, nous entendons quelque chose qui représente un lien encore plus fort que la communauté de souche et la race, à savoir la nation, et cela signifie un mode d'être advenu sous un destin commun et formé à l'intérieur d'*un* État[1].

Si le mode d'être de la nation, dans l'unité d'*un* État, constitue un lien encore plus fort que le seul lien du sang et de la race, il est clair que, pour Heidegger, ce mode d'être continue d'englober l'unité supposée du sang et de la race et de prendre appui sur elle. À la lecture de ce séminaire, il n'est donc plus possible d'affirmer que Heidegger n'aurait pas été raciste.

En outre, la manière dont, parti du peuple conçu comme race, Heidegger conclut sur l'État et la nation ne peut que rappeler, à l'auditeur de cette époque, l'un des développements les plus tristement célèbres de *Mein Kampf* : le chapitre 11 de la première partie, intitulé « Volk und Rasse », et dans lequel Hitler conclut sur la Nation allemande et l'État. L'auteur de *Mein Kampf*

---

1. « Aber am umfassendsten endlich brauchen wir Volk, wenn wir etwa reden von "Volk in Waffen" : indem wir darunter ja keineswegs etwa nur die verstehen, welche den Stellungsbefehl erhalten, und auch etwas anderes als die bloße Summe der Staats-gehörigen, ja etwas noch stärker Verbindendes sogar als Stam-mesgemeinschaft und Rasse : nämlich die Nation, und das heißt eine unter gemeinsamen Schicksal gewordene und innerhalb *eines* Staates ausgeprägte Seinsart » *(ibid.)*.

oppose l'État comme mécanisme à l'État *völkisch* organique, une distinction qui deviendra après lui un lieu commun du nazisme et qui sera reprise aussi bien dans L'*État total* d'Ernst Forsthoff que chez le juriste nazi disciple de Heidegger, Erik Wolf, ou chez Heidegger lui-même dans son séminaire inédit sur Hegel et l'État. Hitler parle en effet de :

> créer la base de granit sur laquelle un État pourra s'élever un jour, qui ne représente pas un mécanisme étranger à notre peuple [...], mais un organisme *völkisch* : *un État germanique de la Nation allemande*[1].

C'est bien la même conception de la nation qui s'exprime dans le séminaire de Heidegger et dans *Mein Kampf*.

L'ÉDUCATION POLITIQUE DE LA NOBLESSE DU IIIe REICH

À partir de sa septième séance, qui se tient le 2 février 1934, le séminaire de « philosophie » de l'hiver 1933-1934 se révèle en réalité et de façon tout à fait explicite un cours d'« éducation politique » *(politische Erziehung)*, selon l'expression alors officialisée par les nazis et que Heidegger n'hésite pas à faire sienne au début de la séance. En quoi consiste cette « éducation politique » ? Il entend donner à la conception hitlérienne de l'État et de la domination du *Führer* une légitimation « philosophique ». En cela, cette « éducation poli-

---

1. « ... das graniten Fundament zu schaffen, auf dem dereinst ein Staat bestehen kann, der nicht einen volksfremden Mechanismus [...], sondern einen völkischen Organismus darstellt : *Einen germanischen Staat deutscher Nation* » (HITLER, *Mein Kampf, op. cit.*, p. 361-362 ; trad. fr. [modifiée], p. 329).

tique » à la façon heideggérienne, cette introduction des étudiants avancés aux fondements mêmes du nazisme et de l'hitlérisme avec la triade du peuple, de l'État et du *Führer*, est en même temps une tentative pour introduire le nazisme dans la philosophie et pervertir celle-ci radicalement. La leçon débute ainsi :

> Le politique, comme possibilité fondamentale et modalité d'être distinctive de l'homme est – comme nous le disions – le fondement sur lequel l'État est. L'être de l'État repose ancré dans l'être politique des hommes qui, en tant que peuple, portent cet État, se décident pour lui. À cette décision politique, c'est-à-dire historiquement destinale, est nécessaire la clarification du lien originel de l'essence du peuple et de l'État. Pour tout homme une compréhension et un savoir de l'essence de l'État et du peuple sont nécessaires. Ce savoir, les concepts et la connaissance relèvent de l'éducation politique, c'est-à-dire de l'introduction *(Hineinführung)* dans notre être politique propre[1].

---

1. « Das Politische als Grundmöglichkeit und ausgezeichnete Seinsweise des Menschen ist – wie wir sagten, – der Grund, auf dem der Staat ist. Das Sein des Staates liegt verankert im politischen Sein der Menschen, die als Volk diesen Staat tragen, die sich für ihn entscheiden. Zu dieser politischen, d.h. geschichtlich schicksalhaften Entscheidung bedarf es der Klärung des ursprünglichen Wesenszusammenhangs von Volk und Staat. Es ist ein Verstehen und Wissen vom Wesen des Staates und Volkes nötig für jeden Menschen. Dieses Wissen, die Begriffe und Erkenntnisse gehören zur politischen Erziehung, d.h. zur Hineinführung in unser eigenes politisches Sein » (HEIDEGGER, *Über Wesen und Begriff...*, *op. cit.*, septième séance, prise en notes par Ingeborg Schroth début du § 1). Th. Kisiel ne cite que quelques phrases de ce paragraphe, mélangées à d'autres citations (« Heidegger als politischer Erzieher... », art. cité, p. 83-84). Il s'agit de la séance dont la prise de notes est le plus soignée (même si la syntaxe est aussi problématique que dans tous les cours de Heidegger). I. Schroth a distingué 13 §, et nous indiquerons en note de quels § sont tirées les citations, afin que le lecteur puisse mieux suivre le déroulement de la séance. Nous

Heidegger commence par rappeler une définition du politique déjà formulée dans la séance précédente. Que le politique soit considéré comme une possibilité et une modalité distinctives de l'homme semble traditionnel et fait écho à la définition connue d'Aristote. Sans doute trouverait-on des herméneutes pour affirmer que la conception heideggérienne du politique lui vient d'Aristote. En réalité, et comme la suite le montrera, l'accent mis à plusieurs reprises dans ces premières phrases sur le fondement, sur l'être et, plus loin, sur l'essence transforme radicalement la perspective. En effet, le pathos du fondamental et de l'essentiel en politique n'est pas neutre. C'est un procédé d'endoctrinement dont les nazis ont abusé. Mis au service d'une cause foncièrement destructrice, il constitue une arme redoutable et « par essence » totalitaire dans la mesure où rien ni personne ne lui échappe. De fait, la distinction principielle de la politique entre espace public et espace privé, entre libertés individuelles et libertés collectives est d'emblée récusée puisque le fond, l'essence, l'être même de l'homme sont ici mobilisés de manière à ce qu'aucun auditeur ne puisse se dérober. Heidegger utilise également la rhétorique de la « décision », de l'*Entscheidung*, mais ce mot est utilisé en un sens qui exclut toute délibération, tout usage réfléchi du libre arbitre individuel. Il n'est là que pour signifier l'identification de tout un peuple au « destin historique » de l'événement présent.

Le point capital, c'est que l'« être politique de l'homme », pour Heidegger comme pour tout national-socialiste, n'a de consistance que comme peuple, jamais comme individu. La seule réalité du politique ainsi

---

renverrons également à l'étude de Theodore Kisiel, toutes les fois où un paragraphe aura été partiellement ou intégralement édité par lui.

conçu, c'est le lien unissant le peuple à l'État, lui-même indissociable du lien rattachant le peuple et l'État au *Führer*. Il n'y a de place ni pour un contrat, ni même pour un pacte, tout au plus pour un plébiscite entérinant une situation déjà formée si l'on pense au 12 novembre 1933. Heidegger procède à l'ontologisation radicale de l'État. Il parle ainsi de « la relation d'essence originelle entre le peuple et l'État ». C'est la connaissance de ces concepts qui rend nécessaire l'« éducation politique », définie comme leur « introduction *(Hineinführung)* dans notre être politique propre ». Heidegger joue comme à l'accoutumée sur les mots, et il va montrer que cette *Hineinführung* nous révèle la nécessité d'un *Führer*. Il poursuit en effet en ces termes :

> cela ne veut pas dire pour autant que tout un chacun qui s'approprie ce savoir puisse agir politiquement et soit autorisé à le faire en tant qu'homme d'État ou *Führer*. Car l'origine de tout agir et de toute *Führung* politiques n'est pas dans le savoir, mais dans l'être. Tout *Führer est Führer, doit* être *Führer* conformément à la forme prégnante de son être, et simultanément, dans le vivant déploiement de son essence propre, il comprend, pense et met en œuvre ce que sont le peuple et l'État[1].

Ainsi, l'éducation politique ne saurait faire de nous des chefs. Être un chef, un *Führer*, ne relève pas d'un

---

1. « es heißt aber nicht, daß nun jeder, der sich dieses Wissen aneignet, politisch handeln kann und darf als Staatsmann oder Führer. Denn der Ursprung alles staatlichen Handelns und Führens liegt nicht im Wissen, sondern im Sein. Jeder Führer *ist* Führer, *muß* der geprägten Form seines Seins nach Führer sein, und versteht und bedenkt u. erwirkt in der lebendigen Entfaltung seines eigenen Wesens zugleich, was Volk und Staat ist » (HEIDEGGER, *Über Wesen und Begriff...*, *op. cit.*, septième séance, fin du § 1 ; voir Th. KISIEL, « Heidegger als politischer Erzieher... », art. cité, p. 84).

savoir que nous puissions acquérir, mais de l'être même de celui qui nous guide. À nouveau, cette ontologisation du statut du *Führer* place celui-ci au-delà de toute remise en question. Comme dans ses discours de novembre 1933, Heidegger souligne les verbes – le *Führer est...*, il *doit* être... – pour rendre acceptable l'affirmation tautologique d'un *Führer* qui *est Führer* par son être même. Le propos de Heidegger est très proche de celui du ministre de Hitler, Walter Darré, qui, dans *La Nouvelle Noblesse du sang et du sol*, parle de distinguer ceux qui, dans la totalité du *Volkstum*, sont des *Führer*-nés *(geborene Führer)*[1].

Que recouvrent cependant, dans le séminaire, les formules obscures qui suivent : « la forme prégnante de son être » ou « le vivant déploiement de son essence propre », sinon la sacralisation tout à la fois ontologique et politique du *Führer* ? Rappelons qu'un an plus tard, dans son premier cours sur Hölderlin, Heidegger affirme que le « vrai et unique *Führer* » fait signe vers le domaine ou l'empire *(Bereich)* des demi-dieux. Que le *Führer* seul puisse, par son être propre, comprendre et mettre en œuvre l'être du peuple et de l'État suppose entre lui et le peuple, pour reprendre l'expression employée dans la conclusion ultime de ce séminaire, un « lien vivant » *(lebendige Verbundenheit)*, qui ne saurait donc tenir sa substance que d'une supposée « unité du sang et de la race » entre le *Führer* et le peuple allemand, telle que Heidegger l'avait exprimée pour définir le peuple dans la conclusion de la sixième séance. C'est ce que soutenait Carl Schmitt l'année précédente,

---

1. Voir Walter Darré, *Neuadel aus Blut und Boden*, Munich, 1930, et l'article « Adel » dans Cornelia Schmitz-Berning, *Vokabular des Nationalsozialismus*, Berlin, New York, 1998, p. 10.

dans la quatrième partie d'*État, mouvement, peuple*. Le juriste nazi parlait d'homogénéité ou d'identité raciale entre le *Führer* et son peuple, employant le terme *Artgleichheit*, aussitôt repris, comme nous le verrons, par le plus proche disciple de Heidegger durant son rectorat, le juriste et « philosophe » du droit Erik Wolf.

Heidegger lui-même n'a pas besoin d'utiliser un tel terme. Comme nous le montrerons plus loin, il ne reprend que partiellement le vocabulaire de Schmitt. L'ontologisation caractéristique de son langage lui suffit, une fois affirmé que l'unité du peuple et de la nation comporte une dimension raciale. Il peut maintenant parler de la « relation d'essence », qui est supposée unir le peuple et l'État, et de l'identité de volonté qui lie dans un même destin *Führung* et *Gefolgschaft*, la conduite du chef et l'allégeance de ses féaux. La connotation raciale, indiscutable dans le contexte de l'époque, des expressions employées par Heidegger lors de la septième séance, « destin *völkisch* », « dressage » *(Zucht)*, suffit à confirmer à l'auditoire qu'il s'appuie sur les fondements mêmes de la conception national-socialiste de l'État et de son *Führer*.

Une éducation politique est cependant nécessaire, car Heidegger entend inculquer à son public d'étudiants avancés l'esprit de « service » et de « sacrifice » censé unir le *Führer* à ses partisans ou féaux. Il ne fait que reprendre, tout au long de la séance, et particulièrement à la fin, ce qui constitue le cœur de la doctrine politique de Hitler, aussi bien dans la deuxième partie de *Mein Kampf*, parue en 1927, que dans son ouvrage *Führung und Gefolgschaft*, publié en 1933 : imposer un rapport de domination pour l'un, et de subordination radicale pour les autres, entre Hitler et la totalité du peuple allemand, mais aussi, dans chaque ordre spécifique, entre le chef et sa suite, comme ici, dans l'Université, entre le recteur-*Führer* et sa troupe de professeurs et d'étudiants. La relation ne saurait donc être égale et l'éducation politique ne vaut que pour la *Gefolgschaft*. Heidegger le précise en ces termes :

> Un *Führer* n'a pas besoin d'être éduqué politiquement, mais une troupe de gardiens *(Hüterschar)* dans le peuple, qui contribue à porter la responsabilité de l'État, doit l'être. Car tout État et tout savoir de l'État croissent dans une tradition politique. Là où manque ce sol nourrissant et sécurisant, la meilleure idée de l'État qui soit ne peut pas prendre racine, elle ne peut pas croître à partir du sein porteur du peuple ni se déployer. Otto le Grand fonda son empire *(Reich)* sur les princes spirituels, en exigeant d'eux allégeance et savoir politiques et militaires. Et Frédéric le Grand éduqua la noblesse prussienne en gardiens *(Hüter)* de son État. Bismarck a négligé cet enracinement de son idée de l'État dans le sol solide et puissant de la noblesse politique, et lorsque son bras protecteur s'est desserré, le second empire s'effondra sans retenue. Il nous faut, aujourd'hui, ne pas négliger la fondation d'une tradition politique et l'éducation d'une noblesse politique[1].

---

1. « Ein Führer braucht nicht politisch erzogen zu werden, wohl aber eine Hüterschar im Volk, die die Verantwortung für den Staat mit tragen hilft. Denn jeder Staat und jedes Wissen um den Staat wächst in einer politischen Tradition. Wo dieser nährende, sichernde Boden fehlt, kann die beste Staatsidee nicht Wurzel fassen und aus dem tragenden Schoß des Volkes hervorwachsen und sich entfalten. Otto der Große gründete sein Reich auf die geistlichen Fürsten, indem er sie zu politischem und militärischem Dienst und Wissen verpflichtete. Und Friedrich der Große erzog den preußichen Adel zu Hütern seines Staates. Bismarck übersah diese Verwurzelung seiner Staatsidee in den festen, kräftigen Boden des politischen Adels, und als sein stützender Arm losließ, sank das zweite Reich haltlos zusammen. Wir dürfen die Gründung einer politischen Tradition und Erziehung eines politischen Adels jetzt

On voit combien l'éducation politique se fait ici concrète. L'enjeu est double : la transmission d'une tradition politique et la formation d'une noblesse politique pour le IIIe Reich, qui se fasse le « gardien » du nouvel empire. « Gardien » *(Hüter)* est un mot que l'on trouve alors employé dans un contexte racial ou politique : le raciologue nazi Hans K. Günther publie ainsi, en 1928, une apologie de l'eugénisme racial sous le titre *Platon comme gardien de la vie (Platon als Hüter des Lebens)*, et Carl Schmitt, en 1929, *Le Gardien de la Constitution (Der Hüter der Verfassung)*, avec une édition augmentée en 1931, où il décrit pour la première fois le « virage vers l'État total » *(Wendung zum totalen Staat)*[1]. Dans le séminaire de Heidegger, la formation de cette tradition politique gardienne du IIIe Reich s'appuie sur l'évocation des deux *Reich* antérieurs, pour mieux dégager la tâche présente du nouveau *Reich*. Il s'agit, par la transmission de cette « tradition politique » et la formation d'une nouvelle « noblesse politique » – adressée à un auditoire d'étudiants avancés dont plus d'un appartient à la SA ou même à la SS et suit les cours en uniforme – de rappeler le peuple à son destin *völkisch*, un terme dont nous avons vu la signification raciale explicitement formulée par Heidegger dans son cours du semestre d'été 1934. Ainsi poursuit Heidegger :

> Tout un chacun doit maintenant […] chercher à atteindre le savoir du peuple et de l'État, et sa responsabilité propre. L'État repose sur notre vigilance, sur notre disponibilité et

---

nicht übersehen » (HEIDEGGER, *Über Wesen und Begriff..., op. cit.*, septième séance, début du § 2 ; voir Th. KISIEL, « Heidegger als politischer Erzieher... », art. cité, p. 84-85).

1. Carl SCHMITT, *Der Hüter der Verfassung*, Tübingen, 1931, p. 91.

sur notre vie. Notre manière d'être donne sa frappe à l'être de notre État. Ainsi, chaque peuple prend position envers l'État, et à nul peuple ne manque le désir de l'État. Le peuple qui refuse l'État, qui est sans État, est simplement un peuple qui n'a pas encore trouvé le rassemblement de son essence ; il lui manque encore disponibilité et force dans l'engagement envers son destin *völkisch*[1].

HEIDEGGER ET STADELMANN :
LA CAPTATION NAZIE DE L'HISTOIRE ALLEMANDE

Que l'histoire allemande soit désormais intégrée à l'éducation politique du nazisme, ce fait est bien illustré non seulement par la teneur du séminaire inédit, mais aussi par la relation étroite et privilégiée entre Heidegger et l'historien Rudoph Stadelmann. Dans la *Gefolgschaft* du recteur Heidegger, ses deux principaux lieutenants, qui lui resteront d'ailleurs fidèles jusqu'au bout, étaient, outre le juriste Erik Wolf, l'historien Stadelmann, qui, après une thèse sur Nicolas de Cues et Giordano Bruno, était devenu éditeur et historien de Bismarck. En 1933, Stadelmann est un jeune enseignant en histoire de l'université de Fribourg et membre de la SA. Heidegger le choisit comme directeur de

---

1. « Vielmehr hat jeder Einzelne sich jetzt zu besinnen, um zu dem Wissen von Volk und Staat und zu eigener Verantwortung zu kommen. Auf unserer Wachheit und Bereitschaft und unserem Leben ruht der Staat. Die Art und Weise unseres Seins prägt das Sein unseres Staates. Jedes Volk nimmt so Stellung zum Staat und keinem Volk fehlt der Drang zum Staat. Das Volk, das den Staat ablehnt, das staatenlos ist, hat nur die Sammlung seines Wesens noch nicht gefunden ; es fehlt ihm noch Gefaßtheit und Kraft zur Verpflichtung an sein völkisches Schicksal » (HEIDEGGER, *Über Wesen und Begriff...*, *op. cit.*, septième séance, fin du § 2 ; voir Th. KISIEL, « Heidegger als politischer Erzieher... », art. cité, p. 85).

la presse *(Presseleiter)* de l'université. Pour la fête du Solstice de la corporation des étudiants *(Sonnenwend-feuer der Studentenschaft)*, instituée par Heidegger le soir du samedi 24 juin 1933 dans le stade de l'université, c'est à lui qu'il confie le soin de prononcer un discours à la mémoire de Bismarck devant les étudiants, avant de faire lui-même, dans la nuit, face à une gerbe de flammes, l'éloge de la « révolution allemande ». Résumé dans le *Journal de Fribourg*, le discours de Stadelmann donne une idée du pathos de la cérémonie :

Le privat-docent Dr Stadelmann s'avança alors et prononça un discours. En ce jour, partout la jeunesse se retrouverait devant les flammes pour fêter le solstice. Il parla du sens du solstice, des années d'avant-guerre, lorsque la jeunesse allemande, sur les hauteurs du Meißner[1], célébrait le changement, il parla des journées qui ont marqué le destin du peuple allemand et des journées de l'année 1933, où une génération nouvelle se tiendrait prête pour manifester sa volonté fidèlement allemande. Et [il déclara] qu'il convenait tout particulièrement, en une telle heure, de commémorer ces bâtisseurs du peuple qui avaient réalisé de grandes choses pour lui. L'un de ceux-là serait notre ancien chancelier Bismarck, à qui cet hommage était tout particulièrement dédié. L'esprit de Bismarck serait celui de la chevalerie, de la modération de soi, et cet esprit devait aussi s'imposer à la jeunesse universitaire. Bismarck devrait être celui qui montre la voie à la nouvelle Allemagne. La jeunesse, qui était maintenant face au bûcher en flammes, devait aspirer à former un peuple uni, elle devait prendre à cœur les mots de Bismarck : « Je n'aurais pas d'amis, si je n'avais pas d'ennemis. »

---

1. Der hohe Meißner, altitude 749 m, se trouve dans la chaîne montagneuse recouverte de forêts de la Hesse, au sud-est de Cassel.

L'esprit de chevalerie absolu resterait réservé au fort. Le trait fondamental du caractère germanique se trouverait dans la satisfaction de son exigence propre. Notre combat devait s'engager pour Dieu, pour la liberté, la patrie, la jeunesse, le peuple[1] !

On voit comment, dans ce discours, Bismarck, l'homme du IIe Reich, est présenté à la jeunesse étudiante comme un précurseur du IIIe Reich. De manière significative, Stadelmann retient de Bismarck une phrase qui aurait pu être écrite par Carl Schmitt : « Je n'aurais pas d'amis, si je n'avais pas d'ennemis[2]. » L'unité de la jeunesse et du peuple allemand se structure ainsi, dans le nazisme, selon l'opposition amis/

---

1. « Privatdozent Dr. Stadelmann trat sodann vor und hielt eine Ansprache. Die Jugend stände an diesem Tage überall vor den Flammen, um Sonnenwende zu begehen. Er sprach vom Sinn der Sonnenwende, von den Vorkriegsjahren, als damals die deutsche Jugend auf dem Hohen Meißner die Wende beging, von den Schicksalstagen des deutschen Volkes und von den Tagen des Jahres 1933, wo eine neue Generation bereit stände, um ihren treudeutschen Willen kundzutun. Und in solcher Stunde gedenke man besonders jener Baumeister am Volk, die Großes für dieses geschaffen hätten. Einer von ihnen sei unser Altkanzler Bismarck, dem diese Huldigung besonders gewidmet sei. Der Geist Bismarcks sei Ritterlichkeit, Selbstgenügsamkeit, und dieser Geist müsse sich auch bei der akademischen Jugend durchsetzen. Bismarck solle Wegweiser sein für das neue Deutschland. Die Jugend, die jetzt am brennenden Holzstoß stände, müsse danach streben, ein geeinigtes Volk zu bilden, müsse Bismarcks Worte beherzigen : « Ich würde keine Freunde haben, wenn ich keine Feinde hätte ». Absolute Ritterlichkeit sei dem Starken vorbehalten. Der Grundzug des germanischen Charakters liege in der Befriedigung des eigenen Bedürfnisses. Unser Kampf müsse sich einsetzen für Gottheit, Freiheit, Vaterland, Jugend, Volk ! » (*Freiburger Zeitung*, 26 juin 1933, p. 7 ; cité par G. SCHNEEBERGER, *op. cit.*, p. 70).

2. « Ich würde keine Freunde haben, wenn ich keine Feinde hätte » (*ibid.*).

ennemis, dont nous verrons qu'il s'agit principalement, chez Schmitt, d'une discrimination d'ordre racial.

Sous couvert de « l'esprit de chevalerie », c'est quelque chose de beaucoup plus sordide qui se passe effectivement, car cette invocation à la « nouvelle Allemagne », ces appels au « peuple uni » et ces discours à la jeunesse universitaire devant des bûchers sont indissociables des autodafés de livres organisés exactement à la même période par la *Deutsche Studentenschaft* avec laquelle Stadelmann, comme Heidegger, cultivait d'étroites relations, et, à Fribourg, par la Ligue de combat pour la culture allemande *(Kampfbund für deutsche Kultur)*. Et nous avons montré que les flammes devant lesquelles discouraient Stadelmann, puis Heidegger, avaient la valeur d'un autodafé symbolique de livres « non allemands », que la pluie ait permis ou non de brûler matériellement des livres[1].

En octobre 1933, lorsque le recteur Heidegger organise son premier camp à Todtnauberg, où se réunissent des membres nazis, triés sur le volet, des universités de Fribourg, Heidelberg et Kiel, c'est à Stadelmann qu'il confie la tâche d'être le *Führer* du groupe de Fribourg. L'un des objectifs les plus explicites de ces camps, nettement souligné tant dans le programme d'annonce rédigé par Heidegger et retrouvé dans le legs Stadelmann de Coblence[2] que dans la correspondance alors échangée entre Heidegger et Stadelmann, est de mettre à l'épreuve et de renforcer le lien entre *Führung* et *Gefolgschaft*. C'est ainsi que, dans un épisode tragicomique, Heidegger « sacrifie » son fidèle, Stadelmann, en lui ordonnant de quitter le camp la veille du jour où il devait prononcer un discours. Il lui reproche ensuite,

---

1. Voir *supra*, chapitre 2, p. 143.
2. GA 16, 170-171.

dans une lettre du 11 octobre 1933, d'être demeuré au camp jusqu'au petit matin du lendemain[1]. Stadelmann lui répond par une lettre pathétique, en l'assurant de son « obéissance », et en affirmant qu'il a bien compris que « le but de la révolution à l'université, c'est l'étudiant SA[2] ».

Peu de temps après, c'est à Stadelmann que le recteur Heidegger fait à nouveau appel, cette fois pour ouvrir une série de conférences publiques, obligatoires pour tous les étudiants, portant sur « Les tâches de la vie spirituelle dans l'État national-socialiste ». Les titres de plusieurs conférences instituées par Heidegger montrent le but visé : il s'agit d'introduire à l'université de Fribourg un enseignement obligatoire de la doctrine politique et raciale du nazisme. On trouve par exemple, pour le semestre d'hiver 1933-1934, les intitulés suivants, parfois difficiles à traduire d'ailleurs tant les termes sont connotés dans la langue nazie : « La vie économique actuelle considérée de manière historique et politique (libéralisme, fascisme, socialisme) », « L'hygiène raciale et sa signification pour la politique du peuplement », « Du camp de travail au service du travail », « L'enseignement de la patrie *(Heimat)* du *Deutschtum* national ». Et pour le semestre d'été 1934 : « Hygiène sociale et politique du peuplement », « L'enseignement de la *Heimat* allemande (race, *Volkstum, Heimat*) »[3].

---

1. GA 16, 174.
2. Rudolph Stadelmann à Martin Heidegger, 16 octobre 1933, cité par V. Farias, *op. cit.*, p. 143.
3. « Das Wirtschaftsleben der Gegenwart in geschichtlicher und politischer Betrachtung (Liberalismus, Faschismus, Sozialismus) » ; « Rassenhygiene und ihre Bedeutung für die Bevölkerungspolitik » ; « Vom Arbeitslager zum Arbeitsdienst » ; « Die Heimatlehre vom nationalen Deutschtum » ; « Soziale Hygiene und Bevölkerungspolitik » ; « Deutsche Heimatlehre (Rasse, Volkstum, Heimat) ».

Le 9 novembre 1933, dixième anniversaire de la marche du 9 novembre 1923 devant la Feldherrnhalle de Munich[1], et trois jours avant le plébiscite en faveur de Hitler, Stadelmann prononce une conférence en présence du recteur et de l'ensemble des professeurs et étudiants. Elle s'intitule : *La Conscience de soi historique de la nation*[2]. La présentation à grands traits qui y est faite de l'histoire allemande, de Luther à Bismarck, est très proche des évocations historiques de Heidegger dans son séminaire. En outre, cette conférence de Stadelmann aide à comprendre pourquoi et en quel sens Heidegger va, dans son séminaire d'éducation politique, utiliser un terme, celui de conscience de soi *(Selbstbewußtsein)*, pourtant banni de son vocabulaire depuis *Être et temps*. Stadelmann parle d'une « conscience de soi » qui est en réalité « dépourvue de réflexion sur soi » *(ohne Selbstreflexion)*[3]. C'est de l'« expérience de soi » *(Selbsterfahrung)* de la nation comme *conscience historique de soi* qu'il est en réalité question. Celle-ci suppose, comme dans *Être et temps*, le « passage du *moi* au *soi* » *(der Schritt vom Ich zum Selbst)*[4]. Bref, l'usage par Stadelmann de l'expression « conscience de soi » est caractéristique du détournement des concepts philo-

---

1. C'est le putsch manqué de Munich. Hitler ouvre *Mein Kampf* sur l'évocation de l'événement et la liste des morts.
2. Rudolph STADELMANN, *Das geschichtliche Selbstbewußtsein der Nation*, Tübingen, 1934. Rede, gehalten am 9. November 1933 vor Rektor, Dozenten und Studenten der Universität Freiburg i. Br.
3. *Ibid.*, p. 14.
4. « Daraus ergibt sich für Mensch und Volk ein Selbstbewußtsein, das ohne Selbstreflexion ist. […] Selbstbewußtsein in diesem höchsten Sinn ist Selbsterfahrung, und erst durch sie vermag der Einzelne oder die Nation sich in die Hand zu bekommen und dadurch den Schritt vom Ich zum Selbst zu tun. Erst auf dieser Stufe sprechen wir von *geschichtlichem Selbstbewußtsein* im engeren Verstand des Worts » *(ibid.)*.

sophiques dans la langue du IIIᵉ Reich : nous avons ici, en effet, une conscience sans *moi* ni réflexion, entièrement identifiée à l'« existence historique » de la nation et à son destin[1], et même, comme nous allons le voir, à la politique du *Führer*.

Sans résumer tout le propos de Stadelmann, nous aborderons quelques points qui marquent suffisamment l'esprit de sa conférence. Il commence par évoquer le changement qui s'est effectué dans les universités allemandes entre le semestre d'été 1933 et le semestre d'hiver 1933-1934. En plus emphatique et plus naïf, sans craindre de procéder à une accumulation de lieux communs ultranationalistes et nazis, son pathos est proche des discours de Heidegger. C'est ainsi qu'il s'exclame : « pourquoi encore des écoles, lorsque les hommes grandissent dans les camps et les sections d'assaut ? pourquoi réfléchir, lorsque la détresse d'un peuple appelle aux actes[2] ? » ; « nous devons [...] nous endurcir contre la tentation de rompre la discipline *(Zucht)* de l'esprit pour abréger le chemin qui mène à l'action[3] ». Stadelmann distingue alors trois formes de la « conscience de soi *völkisch* ». Tout d'abord, la conscience de soi naïve ou instinctive, cette conscience qui sait répondre à l'« appel », et à propos de laquelle il évoque le plébiscite imminent du 12 novembre, en présentant le « oui » comme allant de soi et déjà acquis :

---

1. « ... das geschichtliche Dasein als ein schicksalhaftes » (*ibid.*, p. 15).

2. « ... wozu noch Schulen, wenn die Männer groß werden in Lagern und Stürmen, wozu Besinnung, wenn die Not eines Volkes nach Taten ruft ? » (*ibid.*, p. 4).

3. « wir müssen uns [...] stark machen gegen die Versuchung, auszubrechen aus der Zucht des Geistes, um den Weg zur Tat zu verkürzen » (*ibid.*, p. 5).

La politique étrangère du *Führer* du Reich, à laquelle le peuple allemand adhérera *(sich bekennen)* dimanche prochain, est l'expression de cette conscience de soi à la fois courageuse et contraignante qui, sur la base de l'estime de soi, exige l'estime de la part des autres[1].

Ce qui motive cette conscience de soi, c'est « la grandeur politique de sa patrie » et l'« amour », selon les termes de Hitler que Stadelmann reprend abondamment en citant notamment cette phrase de l'auteur de *Mein Kampf* : « je ne peux me battre que pour ce que j'aime[2] ». On remarque qu'en évoquant ce thème Stadelmann anticipe sur le thème de l'*eros*, du désir amoureux du peuple pour son *Führer* et pour l'État, que Heidegger développera lui-même dans son séminaire. Quant à la citation de Hitler, Stadelmann la commente en plaçant la race au côté de l'histoire dans la « conscience » de la nation :

L'histoire, en cela, est tout simplement un moment à côté d'autres moments, à côté du paysage, de la forme de vie, de l'industrie, de la race *(Rasse)*, moments sur lesquels peut s'édifier la fierté d'une nation[3].

Vient ensuite la « conscience mythique », seconde forme de la « conscience de soi *völkisch* ». En effet,

---

1. « Die Außenpolitik des Reichsführers, zu der sich das deutsche Volk am kommenden Sonntag bekennen wird, ist der Ausdruck dieses zugleich mutigen und verbindlichen Selbstbewußtseins, das auf der Basis der Selbstachtung von den Andern Achtung verlangt » (*ibid.*, p. 11).

2. « kämpfen kann ich nur für etwas, das ich liebe » (*ibid.*). Stadelmann renvoie en note à : « Adolf Hitler, *Mein Kampf*, 9ᵉ édition, Munich, 1932, p. 34 et suiv. »

3. *Ibid.*, p. 11.

avance-t-il, « ce n'est pas dans l'histoire, mais dans le mythe que se reconnaît le génie de la nation[1] ». Ce à quoi songe Stadelmann, c'est à une remémoration mythifiée de la grandeur du passé allemand : le « courage de la conscience » *(Gewissenmut)* de Luther, la « figure du Chancelier de fer », c'est-à-dire Bismarck, « la Prusse de Frédéric comme symbole de l'État allemand ». En fait de mythes, nous avons ici les mêmes lieux communs de l'histoire allemande que ceux que l'on retrouvera dans le séminaire de Heidegger. Lorsque Stadelmann se fait plus original dans ses références, son propos n'en est pas moins discutable, car l'on voit alors l'historien de la Renaissance mettre son savoir au service du nationalisme nazi. Ainsi enrôle-t-il « l'Alsacien Beatus Rhenanus[2] », sans dire que ce philologue humaniste fut l'ami et l'éditeur d'Érasme et que c'est à l'université de Paris, au collège du Cardinal-Lemoine auprès de Jacques Lefèvre d'Étaples et de Charles de Bovelles, et non dans les universités allemandes qu'il choisit de suivre sa formation. Dans ses développements sur la conscience mythique, on voit par ailleurs Stadelmann évoquer Hegel comme le penseur génial de la race germanique *(germanische Rasse)*, puis ne pas hésiter à présenter le plus virulent des « philosophes » nazis, Ernst Krieck, comme le continuateur de Dilthey. Il écrit en effet :

> Dans un passage grandiose de sa « Philosophie de l'histoire universelle », Hegel a défini la tonalité fondamentale de la race germanique comme étant la « *Gemütlichkeit* », en précisant par une interprétation philosophique géniale

---

1. « Nicht in der Geschichte, sondern im Mythos erkennt sich der Genius der Nation » *(ibid.,* p. 12).

2. *Ibid.,* p. 14.

que la *Gemütlichkeit* était le « sentiment de la totalité naturelle ». Wilhelm Dilthey et, plus récemment, dans son sillage, Ernst Krieck, ont dégagé le trait fondamental de l'esprit allemand comme étant l'objectivité : l'abandon à l'infinité de la vie et au sens de l'expression de la force pour ce que celle-ci représente[1].

À cette date, Krieck est encore l'allié de Heidegger. Ainsi avait-il envoyé peu avant son représentant, Johann Stein, et sa *Gefolgschaft* de l'université de Heidelberg au camp de Todtnauberg. Sur le thème de la conscience mythique, Krieck et Heidegger continueront d'ailleurs, dans une certaine mesure, à se rejoindre, car si Krieck fait du mythe le moteur de l'histoire, Heidegger lui-même dira, dans son cours du semestre d'été 1935, que « la connaissance d'une histoire originelle est [...] de la mythologie[2] ».

La troisième force de « conscience de soi » de la nation est la conscience de soi historique proprement dite, et, cette fois, le développement de Stadelmann le conduit à faire l'apologie de Hitler :

---

1. « Hegel hat in einem großartigen Abschnitt seiner "Philosophie der Weltgeschichte" die Grundverfassung der germanischen Rasse als die "Gemütlichkeit" definiert und Gemütlichkeit in einer genialen Auslegung philosophisch als "Empfindung der natürlichen Totalität" präzisiert. Wilhelm Dilthey und auf seinen Spuren neuerdings Ernst Krieck haben als Grundzug des deutschen Geistes die Objektivität herausgehoben : die Hingabe an die Unendlichkeit des Lebens und den Sinn für die Kraftäußerung um ihrer selbst willen » (*ibid*, p. 13).

2. « Wissen von einer Ur-geschichte ist [...] Mythologie » (HEIDEGGER, *Einführung in die Metaphysik*, 2e éd., Tübingen, 1958, p. 119 ; trad. fr. [modifiée], p. 169). La différence entre Heidegger et Krieck sur ce point, c'est que le premier n'oppose pas le mythe au logos à la différence du second.

Nous disposons d'un témoignage hautement vivant de cette force rassembleuse de la mémoire historique dans la présentation de soi de Hitler[1].

Nous épargnons au lecteur le développement final, où Stadelmann magnifie « l'esprit de la révolution national-socialiste[2] » et fait de la « percée vers la vérité » la « mission » actuelle et exclusive du peuple allemand. Nous n'en citerons qu'un extrait :

La percée vers la vérité est la mission de l'Allemand : c'est pour elle qu'il avance. À l'apogée de l'histoire allemande, Hegel l'a exprimé ainsi : « C'est à chaque fois *le* peuple qui a saisi le concept le plus élevé de l'esprit qui vient à son moment et qui le domine »[3].

Stadelmann conclut dans la même page sur une citation de Nietzsche, qui, avec Hegel, Dilthey et *Mein Kampf* de Hitler, est l'une des quatre références majeures de sa conférence.

Est-il besoin de souligner le fait que la conférence de Stadelmann ne dépasse guère le niveau d'un discours de propagande ultranationaliste et pro-hitlérienne ? Les citations de Hegel et de Nietzsche ne sauraient masquer l'indigence philosophique du propos. Cela n'empêche pas le texte de Stadelmann de rencontrer la pleine approbation de Heidegger, et une approbation qui n'est pas passagère. Il n'est pas inutile en effet de savoir que, loin de s'éloigner de ses positions politiques initiales, Stadelmann, très vite promu professeur ordinaire à l'université de Tübingen, réédite en 1942 le texte de

---

1. R. Stadelmann, *Das geschichtliche…*, *op. cit.*, p. 18.
2. *Ibid.*, p. 19.
3. *Ibid.*, p. 23.

sa conférence de 1933, dans un ouvrage publié sous le titre *Vom Erbe der Neuzeit*. Heidegger, lui non plus, n'a pas oublié cette conférence : dans la correspondance qu'il échange avec Stadelmann en 1945, on trouve une lettre de Heidegger du 20 juillet 1945 qui commence par une évocation transparente du thème de sa conférence de 1933. Il écrit en effet :

> Une heure avant que votre lettre n'arrive, je méditais sur la conscience de soi historique [...] et pensais à ce propos vivement à vous[1].

Nous aurons l'occasion de revenir sur ces lettres échangées en 1945, qui confirment la permanence de l'exaltation par Heidegger de l'« essence » allemande. Ce qu'il importait dès à présent de montrer, c'est que les deux hommes partagent la même conception de l'histoire allemande comme trouvant son sens dans l'avènement du *Reich* hitlérien.

LE PEUPLE, L'ÉTAT ET LE *FÜHRER* SELON HEIDEGGER ET CARL SCHMITT

Lorsqu'il évoque la notion du politique, Heidegger en vient spontanément à mentionner deux conceptions, celle de Carl Schmitt et celle de Bismarck. On peut se demander pourquoi il choisit ces deux auteurs, mais le discours précédemment cité de Stadelmann nous met sur la voie, dans la mesure où il retient de Bismarck une proposition toute schmittienne.

---

1. « Eine Stunde, vordem Ihr Brief kam, sann ich über das geschichtliche Selbstbewußtsein [...] und dachte dabei lebhaft an Sie » (GA 16, 370).

Nous avons vu que Heidegger entend, par « l'éducation politique » de son séminaire, contribuer à ras-
sembler en son essence le peuple dans l'unité de son
« destin *völkisch* ». Il fait alors retour vers la conception encore largement indéterminée qu'il a énoncée
du politique, et c'est dans ce contexte qu'il évoque le
concept schmittien du politique :

> C'est pourquoi nous devons tenter avec une disponi-
> bilité toute particulière de clarifier plus avant l'essence
> du peuple et de l'État. Pour le faire, nous allons une fois
> encore partir de la clarification du politique comme mode
> d'être de l'homme et comme possibilité de l'État. À cette
> conception s'opposent encore d'autres concepts du poli-
> tique, par exemple le concept de la relation ami-ennemi,
> qui remonte à Carl Schmitt. Ce concept du politique
> comme relation ami-ennemi se fonde sur la vision selon
> laquelle le combat, c'est-à-dire la possibilité réelle de la
> guerre, serait le préalable du comportement politique, que
> la possibilité donc du combat décisif, qui peut aussi être
> mené sans moyens militaires, aiguise les oppositions exis-
> tantes, qu'elles soient morales, confessionnelles ou éco-
> nomiques jusqu'à l'unité radicale de l'ami et de l'ennemi.
> Dans l'unité et la totalité de cette opposition ami-ennemi
> repose toute existence politique. Mais ce qui est décisif
> pour cette vision c'est que l'unité politique ne doit pas
> nécessairement être identique avec l'État et le peuple[1].

---

1. « Wir müssen darum mit besonderer Bereitschaft versuchen,
das Wesen von Volk und Staat weiterhin zu klären. Wiederum
gehen wir dabei von der Klärung des Politischen als Seinsart des
Menschen und Ermöglichung des Staates aus. Dieser Auffassung
stehen noch andere Begriffe des Politischen entgegen, z.B. der
Begriff des Freund-Feindverhältnisses, der auf Carl Schmitt zurück-
geht. Dieser Begriff von Politik als Freund-Feindverhältnis ist
gegründet in der Anschauung, daß Kampf, d.h. die reale Möglichkeit des Krieges, Voraussetzung des politischen Verhaltens sei, daß

Heidegger ne s'exprimera pas plus explicitement sur Schmitt dans ce séminaire. Comme nous le montrerons, c'est un an plus tard, dans le séminaire intitulé *Hegel, sur l'État*, qu'il reviendra de manière plus précise et plus développée sur son rapport à Schmitt[1]. Mais nous pouvons retenir dès à présent que Heidegger ne conçoit pas l'essence du politique sans se référer à Carl Schmitt, même si c'est pour s'en distinguer en partie. Le point précis que nous voulons mettre en valeur dès à présent, c'est la façon dont Heidegger conçoit la relation entre le peuple, l'État et le *Führer*. Il apparaît en effet que l'évocation de Bismarck a pour but d'introduire à cette question, qui est au centre de la septième séance.

Il faut ajouter que la manière dont Heidegger s'appuie sur l'évocation des Ier et IIe Reich est calquée sur l'attitude même de Hitler. Ainsi ce dernier reprend-il souvent la définition que Bismarck a donnée de la politique comme « l'art du possible ». On trouve cette référence par exemple dans son discours du 13 juillet 1928, paru dans le *Völkischer Beobachter* du 18 juillet de la même année[2].

De Bismarck, Heidegger retient pareillement sa conception de la politique comme « l'art du possible »,

---

eben die Möglichkeit des Entscheidungskampfes, der auch ohne militärische Mittel ausgefochten werden kann, vorhandene Gegensätze, sie seien moralische, konfessionelle oder wirtschaftliche, verschärft bis zur radikalen Einheit als Freund und Feind. In der Einheit und Totalität dieses Gegensatzes von Freund-Feind ruht alle politische Existenz. Entscheidend für diese Anschauung ist aber, daß die politische Einheit nicht identisch sein muß mit Staat und Volk » (HEIDEGGER, *Über Wesen und Begriff...*, *op. cit.*, septième séance, § 3 ; voir Th. KISIEL, « Heidegger als politischer Erzieher... », art. cité, p. 86).

1. Voir *infra*, chapitre 8, p. 506-526.

2. Le discours est cité dans *Hitlers Zweites Buch. Ein Dokument aus dem Jahr 1928*, Stuttgart, 1961, p. 27.

pour interpréter le possible non comme le résultat d'un choix, mais comme « l'unique possible » qui doit « par essence et nécessité jaillir d'une situation historique », un possible qui n'est pas fondé sur une délibération mais imposé par le destin. Ce destin s'identifie au « projet créateur du grand homme d'État », qui se fixe un but « dont il ne déviera jamais » : il s'agit donc d'un décisionnisme radical, sans justification rationnelle, où l'État dépend entièrement de la personnalité et des décisions de son dirigeant, de son *Führer*. Heidegger s'exprime en effet en ces termes :

> Une autre saisie du politique s'exprime dans ces paroles de Bismarck : « La politique est l'art du possible. » Ce qui est ici entendu par possibilité n'est pas n'importe laquelle, qui serait par hasard imaginable, mais l'unique-possible, le seul-possible. La politique est pour Bismarck la faculté de voir et de mettre en œuvre ce qui doit par essence et nécessité jaillir d'une situation historique, et en même temps la *teknè*, l'aptitude à réaliser ce qui a été reconnu. Par là, la politique devient le projet créateur du grand homme d'État, qui a une vision d'ensemble des événements de l'histoire, et non pas seulement de ceux du présent, et qui, conformément à son idée de l'État, se fixe un but dont il ne déviera pas, en dépit de toutes les transformations occasionnelles de la situation. Cette vision de la politique et de l'État est étroitement liée à la personnalité de l'homme d'État génial ; de ses vues propres, de sa force et de sa tenue dépend l'être de l'État ; là où sa force et sa vie cessent commence aussi l'impuissance de l'État[1].

---

1. « Eine andere Fassung des Politischen spricht sich in Bismarcks Worten aus : "Politik ist die Kunst des Möglichen". Mit Möglichkeit ist hier nicht eine beliebige, zufällig ausdenkbare gemeint, sondern das Einzig-Mögliche, Nur-Mögliche. Politik ist für Bismarck das Vermögen, das zu sehen und zu erwirken, was wesensnotwendig aus einer geschichtlichen Situation entspringen

Cependant, aussitôt après, Heidegger affirme qu'« un État qui doit avoir consistance et durée et qui doit mûrir doit être fondé dans l'être du peuple ». Il y a là une contradiction rationnelle évidente : comment un État pourrait-il à la fois dépendre entièrement de son dirigeant et être fondé dans le peuple ? D'un point de vue rationnel, l'État ne saurait être à la fois dictature et démocratie. Même dans le plébiscite, la démo-cratie s'abolit dès l'instant où elle porte au pouvoir un nouveau tyran. Mais, précisément, l'État national-socialiste incarne cette contradiction[1], de sorte que toute idée rationnelle de l'État s'en trouve détruite. Ou plu-tôt, l'hitlérisme entend surmonter l'opposition, mais de manière occulte et irrationnelle, en affirmant l'unité substantielle de « l'être » du dirigeant et de « l'être » de son peuple, qui ne dépend d'aucune délibération et repose sur un présupposé racial. C'est la conception que Heidegger fait sienne, celle du peuple conçu comme « unité de sang et de souche », comme « race ». C'est le principe même du nazisme, largement développé en 1933 par Carl Schmitt dans la dernière partie d'*État, mouvement, peuple*, qui porte sur la relation indisso-

---

muß, und zugleich die *teknè*, die Geschicklichkeit, das Erkannte zu verwirklichen. Damit wird Politik zum schöpferischen Entwurf des großen Staatsmannes, der das Gesamtgeschehen der Geschichte, nicht etwa nur der Gegenwart, überblickt, der sich in seiner Staats-idee ein Ziel setzt, das er trotzt allen zufälligen Wandlungen der Situation fest im Auge behält. Diese Anschauung von Politik und Staat ist eng an die Person des genialen Staatsmannes gebunden, von dessen Wesensblick und Kraft und Haltung ist das Sein des Staates abhängig, wo dessen Macht und Leben aufhört, beginnt auch die Ohnmacht des Staates » (HEIDEGGER, *Über Wesen und Begriff...*, *op. cit.*, septième séance, § 4 ; voir Th. KISIEL, « Heideg-ger als politischer Erzieher... », art. cité, p. 86-87).

1. Dans la mesure où la « fondation dans le peuple » n'a plus rien de démocratique et revêt une signification raciale.

ciable entre le « principe du *Führer* » ou *Führerprinzip* et « l'identité raciale » (*Artgleichheit*). Si Heidegger n'utilise pas ce dernier terme, préférant parler, de manière encore plus explicite, d'« unité de souche » et de « race » *(Stammeseinheit und Rasse)*, l'un et l'autre emploient par ailleurs des expressions si proches, que l'on peut se demander si Heidegger ne reprend pas ici une partie du vocabulaire de Schmitt. Ainsi, lorsque Heidegger parle du « lien vivant » *(lebendige Verbundenheit)* qui unit la « volonté du *Führer* » et sa *Gefolgschaft* pour engendrer la communauté, on pense aussitôt à ce que Schmitt nomme la « liaison vivante » *(lebendige Verbindung)* entre le *Führer* et sa *Gefolgschaft*[1].

Il existe cependant une différence entre Schmitt et Heidegger qui aidera peut-être à comprendre la distance, toute relative d'ailleurs, que Heidegger va prendre à l'égard de la conception schmittienne du politique. Schmitt insiste davantage sur le rôle du « mouvement », c'est-à-dire du Parti, et sur celui du « conseil du *Führer* » *(Führerrat)*, à l'exemple du Conseil institué par Goering en Prusse sur la suggestion de Carl Schmitt en personne, et auquel il appartiendra jusqu'en 1945. Heidegger, quant à lui, mobilise – comme nous allons le montrer – ce qui est au cœur de sa doctrine, à savoir la différence ontologique de l'être et de l'étant, pour la mettre au service de la conception hitlérienne du rapport entre l'État du *Führer* et le peuple.

Ces deux positions sont pareillement dérisoires. En effet, le Conseil d'État institué par Goering n'aura pas de pouvoir politique effectif et ne sera guère plus qu'un alibi, destiné à donner l'apparence du maintien d'une

---

1. Carl SCHMITT, *Staat, Bewegung, Volk*, Hambourg, 1933, p. 35 ; trad. fr. : *État, mouvement, peuple, l'organisation triadique de l'unité politique*, Paris, 1997, p. 51.

institution juridique en Prusse. De même, si elle sert
à donner une apparence de légitimité philosophique et
de profondeur à la relation du peuple et de l'État, la
différence ontologique, dans cet usage, n'a pas d'autre
contenu que la présupposition d'un lien vivant et substantiel, de nature raciale, entre le *Führer* et son peuple.
Carl Schmitt essaie de faire croire que subsiste un ordre
du droit, alors que le nouvel État est la destruction en
acte de l'autonomie du droit. Heidegger voudrait donner l'illusion qu'au fondement du *Führerstaat* subsiste
une pensée, alors que celui-ci marque l'anéantissement
de tout choix véritablement libre et de toute volonté
rationnelle, bref, de toute philosophie et même de toute
pensée, car aucune pensée ne peut se constituer sans
liberté ni raison.

LA RELATION ENTRE L'ÉTAT ET LE PEUPLE IDENTIFIÉE
À LA RELATION ENTRE L'ÊTRE ET L'ÉTANT

C'est au cœur de la septième séance de son séminaire
que Heidegger identifie la relation entre l'étant et l'être
à celle unissant le peuple à l'État. On le voit en effet
« ontologiser » la relation entre l'État et le peuple et la
présenter comme l'équivalent exact de la relation entre
l'être et l'étant. Notons qu'il ne parle pas seulement de
« différence ontologique », mais de « relation ». La relation *Staat-Volk* est identifiée à la relation *Sein-Seiende*,
Heidegger affirmant que « le peuple, l'étant, entretient
une relation très précise avec son être, avec l'État[1] ».

---

1. « Das Volk, das Seiende hat ein ganz bestimmtes Verhältnis
zu seinem Sein, zum Staat » (HEIDEGGER, *Über Wesen und Begriff...*,
op. cit., septième séance, extrait du § 5 ; voir Th. KISIEL, « Heidegger als politischer Erzieher... », art. cité, p. 87).

Cette phrase modifie de manière radicale le regard que l'on peut porter sur l'ensemble de l'œuvre de Heidegger. On découvre qu'il n'hésite pas à identifier la différence politique entre le peuple et l'État à la différence ontologique, toujours présentée comme le centre de son œuvre, entre l'être et l'étant. En outre, il ne s'agit nullement d'une identification passagère, puisqu'on la retrouve notamment dans sa conférence de Constance du 30 novembre 1934 intitulée *La Situation actuelle et la tâche future de la philosophie allemande*. Heidegger y affirme qu'« un État *est* seulement lorsqu'il *devient, devient l'être historique* de l'étant, que l'on nomme *peuple*[1] ». Le « philosophique » et le politique ne peuvent donc en aucune façon être dissociés chez Heidegger. Les termes de l'un se traduisent immédiatement dans les termes de l'autre. Que les fondements de sa « doctrine » soient de part en part politiques, voilà ce que révèle ce séminaire. De ce fait, la différence ontologique entre l'être et l'étant est constamment susceptible de porter en elle, de manière voilée, une dimension politique de prime abord indiscernable. Il faut donc être vigilant face à la perversité de ce détour d'apparence philosophique, qui consiste à nous parler de l'être alors qu'il s'agit de transmettre aux auditeurs la conception hitlérienne du *Führerstaat*. Sous les mots « être », « essence », « vérité de l'être », etc., Heidegger parvient à véhiculer les principes mêmes du nazisme, et nous en donnerons plus d'un exemple dans ce livre.

---

1. « Ein Staat *ist* nur, indem er *wird, wird* zum *geschichtlichen Sein* des Seienden, das *Volk* heißt » (HEIDEGGER, *Die gegenwärtige Lage und die künftige Aufgabe der deutschen Philosophie*, GA 16, 333).

Comment ancrer la volonté du *Führer* dans l'être et l'âme du peuple

Sans vouloir composer de cette leçon un commentaire détaillé qui reviendrait à cautionner l'apparence
académique que Heidegger donne à son propos pour
mieux faire passer un fond radicalement hitlérien, il
n'est pas inutile d'être attentif à la manière dont il
procède et aux médiations qu'il se donne, bref, à sa
stratégie. Ainsi, pourquoi fait-il un long détour par
la mise en jeu de la différence ontologique à partir
de l'exemple tout scolaire de la craie ? Que cherche-
t-il à susciter chez ses étudiants ? L'interrogation,
familière à ses lecteurs et auditeurs, sur l'emploi du
verbe « être » dans des locutions aussi différentes que
« la craie est blanche » ou « la craie est à disposition
(vorhanden) », ne permet pas seulement de conclure
que, puisque l'emploi du verbe « être » n'est pas définis-
sable de manière univoque, l'être n'est pas « visible »
et échappe à la représentation. Heidegger dramatise
son propos : nous sommes face à une compréhension
qui s'obscurcit lorsqu'on l'interroge. Ici, le questionnement introduit à quelque chose d'occulte. Puisque
nous ne pouvons demander « qu'est-ce que l'être ? »
et qu'il se dérobe à nos questions, n'est-ce pas parce
que « le monde entier, nous-mêmes, serions néant » ?
L'interrogation ouvre sur l'abîme du rien, elle suscite
trouble et effroi... Heidegger joue – non sans lourdeur –
sur la même corde que dans la conférence de 1929,
« Qu'est-ce que la métaphysique ? ». Cependant, ce
pathos de l'angoisse et du danger tend maintenant vers
une résolution qui s'exprime de manière nouvelle. Il
déclare en effet que :

L'homme, qui par son essence doit questionner, doit s'exposer au danger du rien, du nihilisme, afin de saisir le sens de son être à partir du dépassement du nihilisme[1].

Sans plus d'explication, Heidegger objective ce « danger » par un terme, le « nihilisme », qui, comme le « libéralisme », est devenu l'un des mots favoris des nationaux-socialistes pour désigner tout ce qu'ils combattent. Il s'agit donc bien moins de laisser ouverte une question que de toucher le « rien », de susciter chez l'étudiant un mouvement d'angoisse et d'effroi, pour l'amener à réagir, à rechercher quelque chose de consistant, à se raccrocher à ce que Heidegger nomme, dans ses discours de la même époque, la « nouvelle réalité allemande ».

Notons dès à présent que si l'État est au peuple ce que l'être est à l'étant, cet État, d'une certaine manière, lui aussi n'« est » rien. Ce que dira plus loin Heidegger sur la constitution comme ne représentant plus aucun « ordre juridique » nous le confirme. En vérité, il n'y a, chez lui, ni philosophie politique, ni doctrine rationnelle de l'État. Sa démarche exprime le paradoxe du nazisme : durant les premières années de sa domination en Allemagne, il n'est question que de l'*État* dans les discours, les cours et les ouvrages de l'époque, alors même que tout le fondement juridique de l'État de droit, dans la pratique comme dans les textes, est détruit pour laisser place à la domination sans partage du *Führerprinzip*. C'est cette situation que décrit Heidegger dans son séminaire, pour la légitimer. L'État n'y est plus conçu comme une institution juridique, mais comme un

---

1. « Der Mensch, der seinem Wesen nach fragen muß, der muß sich der Gefahr des Nichts, des Nihilismus aussetzen, um aus dessen Überwindung den Sinn seines Seins zu erfassen » (Heidegger, *Über Wesen und Begriff…, op. cit.*, septième séance, fin du § 7, inédit).

fondement invisible et occulte, « ancré *(verankert)* dans l'être politique des hommes », lorsque « l'existence et la supériorité du *Führer* se sont enfoncés *(eingesunken)* dans l'être, dans l'âme du peuple ». Ce n'est pas une pensée politique qui s'exprime ici, mais la justification de la possession occulte de l'être et de l'âme de chacun par la volonté du *Führer*. Heidegger a parfaitement saisi le principe de l'hitlérisme, et il l'a fait sien.

Il faut en effet rappeler quel fut le mode de domination de Hitler, ainsi que Ian Kershaw l'a remarquablement montré[1]. Le pouvoir de Hitler n'est pas seulement celui d'une dictature où les décisions du *Führer* sont immédiatement exécutables et ne se discutent jamais. Chacun est en outre dressé à « travailler dans la direction du *Führer* », selon l'expression employée le 21 février 1934 – le mois même où Heidegger tient les trois dernières séances de son séminaire – par un fonctionnaire nazi, Werner Willikens, secrétaire d'État au ministère prussien de l'Agriculture. Or tout le détour heideggérien par « la question en direction de l'être », comme préparant à l'interrogation sur l'État, réalise exactement ce dessein en pénétrant le cœur, l'esprit et finalement l'être même de ses auditeurs. Il s'agit de laisser entrer en soi-même la volonté du *Führer*, au point de ne faire plus qu'un avec lui, dans « un *unique* destin » et « la réalisation d'*une* idée »[2].

La connaissance de ce séminaire permet de comprendre que ce n'est plus seulement une « doctrine » que veut transmettre Heidegger. Il procède à quelque chose de beaucoup plus insidieux et radical, n'hésitant

---

1. Voir Ian Kershaw, *Hitler 1889-1936 : Hubris*, Paris, 1999, p. 33-34, et tout le chapitre xiii, particulièrement p. 748-750.

2. Ce sont les expressions utilisées par Heidegger au § 13 de la septième séance, que nous citons intégralement *infra*, p. 324-326.

pas à pénétrer dans la vie intérieure de ses étudiants en faisant appel aux forces de leur « conscience » et surtout de leur *eros*.

L'évocation de la « conscience » *(Bewußtsein)* a quelque chose d'insolite lorsque l'on sait que tout *Être et temps* était dirigé contre cette notion. Cependant, l'usage que Rudolph Stadelmann fait alors du terme nous a mis en garde sur la façon dont ce mot « conscience » peut être dévoyé. Or c'est le cas ici. Heidegger, en effet, rapporte bien moins la conscience à une connaissance qu'à un certain mode d'être qui exprime la relation au monde environnant. Ce n'est pas de la conscience de soi qu'il est question, mais de la « conscience » entendue comme « savoir et souci de la hauteur et de la profondeur, de la grandeur et de l'impuissance de son être dans le tout du monde », sans lesquels l'homme « n'est plus en tant qu'homme »[1]. Hauteur et grandeur : dans l'indétermination du propos, on retrouve la hiérarchie des ordres, et c'est bien de cela qu'il est question. Il ne s'agit pas de rappeler l'être humain à lui-même, mais de rapporter la « conscience » que l'homme a relativement à son « être-homme », au souci du peuple relativement à son État. C'est donc toujours du peuple et de l'État qu'il est question, et non pas du discernement individuel de l'être humain. Malgré l'usage du mot « conscience », le propos de Heidegger relève de l'affect collectif et non de la pensée.

La suite le montre bien : il s'agit de présenter la volonté et l'amour *(eros)* du peuple à l'égard de son

---

1. « Ohne das Bewußtsein, das Wissen und Sorgen um Höhe und Tiefe, Größe und Ohnmacht seines Seins im Ganzen der Welt ist er nicht mehr als Mensch » (HEIDEGGER, *Über Wesen und Begriff...*, *op. cit.*, septième séance, extrait du § 10, inédit).

État comme aussi impératifs que la volonté pour chaque homme de vivre et d'être là. Ainsi affirme-t-il que :

> le peuple aime et veut l'État ; c'est là son genre et sa modalité d'être en tant que peuple. Le peuple est régi par la poussée, par l'*eros* vers l'État[1].

On voit que bien loin d'exprimer une délibération rationnelle, cette « volonté » du peuple a le caractère impérieux d'une « poussée » *(Drang)*, d'un affect. Heidegger en tire une notion bien particulière de la « constitution » *(Verfassung)* et du droit :

> La forme, la constitution *(Verfassung)* de l'État est une expression essentielle du sens que le peuple veut donner à son être. La constitution n'est pas un contrat rationnel, un ordre juridique, de la logique politique ou quoi que ce soit d'arbitraire et d'absolu, mais constitution et droit sont la réalisation de notre décision relativement à l'État ; ce sont les témoins factuels de ce que nous tenons pour notre tâche historique et *völkisch* et que nous tentons de vivre[2].

---

1. « … so will und liebt das Volk den Staat als seine Art und Weise, als Volk zu sein. Das Volk ist beherrscht vom Drang, vom *eros* zum Staat » (HEIDEGGER, *Über Wesen und Begriff...*, *op. cit.*, septième séance, extrait du § 11 ; voir Th. KISIEL, « Heidegger als politischer Erzieher… », art. cité, p. 85 – Kisiel met *ethos* là où la transcription donne *eros*, qui correspond en outre indiscutablement au propos de Heidegger).

2. « So ist denn auch die Form, die Verfassung des Staates wesentlicher Ausdruck dessen, was das Volk sich als Sinn setzt für sein Sein. Die Verfassung ist nicht ein rationaler Vertrag, eine Rechtsordnung, politische Logik oder sonst etwas Beliebiges, Absolutes, sondern Verfassung und Recht sind Verwirklichung unserer Entscheidung zum Staat, sind die faktischen Zeugen für das, was wir für unsere geschichtliche, völkische Aufgabe halten und zu leben versuchen » (HEIDEGGER, *Über Wesen und Begriff...*, *op. cit.*, septième séance, extrait du § 12 ; voir Th. KISIEL, « Heidegger als politischer Erzieher… », art. cité, p. 85).

Heidegger joue ici sur le mot *Verfassung*, dont le sens premier n'est pas celui de « constitution étatique », mais d'« état », au sens de façon, *fassen* venant, semble-t-il, du vieil allemand *fazzon*. Cela lui permet d'écarter la conception « libérale » de la constitution comme un « contrat rationnel » et la conception normativiste qui l'identifie à un « ordre juridique » et à une construction logique. Comme avant lui Carl Schmitt, dont il s'inspire visiblement, c'est la conception « décisionniste » du droit et de la constitution qui est seule retenue. Dans la suite du paragraphe, Heidegger revient de fait sur l'importance de cette « décision » qui concerne chacun :

Ainsi donc et de la même façon, le savoir de la constitution et du droit n'est pas quelque chose qui ne regarderait que les soi-disant « politiciens » et juristes, mais, en tant que pensée – et – conscience de l'État, est partie intégrante de l'existence de chaque homme singulier qui prend sur lui le combat pour la responsabilité de son peuple. En cet instant historique, la formation et la transformation claire de la pensée de l'État font partie de notre tâche. Maintenant, chaque homme et chaque femme doivent apprendre à savoir, ne serait-ce que sourdement et confusément, que leur vie singulière décide du destin du peuple et de l'État, le porte ou le rejette[1].

---

1. « So ist denn auch das Wissen um Verfassung und Recht nichts, was nur sogenannte "Politiker" und Juristen angeht, sondern gehört als Staatsdenken – und – Bewußtsein in das Dasein jedes einzelnen Menschen, der den Kampf um Verantwortung für sein Volk auf sich nimmt. Zu unserer Aufgabe in diesem geschichtlichen Augenblick gehört die klare Aus- und Umbildung des Staatsdenkens. Es muß jeder Mann und jede Frau, wenn auch nur dumpf und unklar wissen lernen, daß ihr einzelnes Leben das Schicksal des Volkes und Staates entscheidet, es trägt oder verwirft » (HEIDEGGER, *Über Wesen und Begriff…, op. cit.,* septième séance, extrait du § 12 ; voir Th. KISIEL, « Heidegger als politischer Erzieher… », art. cité, p. 85-86).

Le propos de Heidegger est volontairement ambigu. L'affirmation selon laquelle la « pensée » et la « conscience » de l'État ne regardent pas que les « politiciens » et les juristes, mais est « partie intégrante de l'existence de chaque homme singulier » peut sembler un appel à la conscience individuelle de chacun, alors qu'en réalité il n'en est rien. En effet, la « décision » emporte tous les membres de la communauté *völkisch*, non pas selon une délibération individuelle et rationnelle, qui est explicitement récusée avec le rejet de l'idée d'un « contrat rationnel », mais dans la mesure où l'existence de tous est concernée. On rejoint donc le concept de l'*État total*. Il ne s'agit nullement d'une délibération des consciences individuelles, mais que chacun soit prêt, selon les termes employés ensuite, à l'obéissance, au combat, à la fidélité et au sacrifice. Peu importe donc si cette « claire » pensée de l'État est apprise par chacun de manière « sourde et confuse ». Comme nous le verrons dans la suite du séminaire, ce qui compte, c'est d'être à tout instant prêt au sacrifice de son existence. Heidegger reprend la doctrine du sacrifice *(Opfer)* exposée par Hitler dans *Mein Kampf*.

Ce passage devrait aider à surmonter ce qui a semblé à beaucoup une aporie dans *Être et temps*. On s'est en effet souvent demandé comment Heidegger avait pu passer d'une description de l'existence qui paraît laisser place à la singularité – notamment dans la solitude face à la mort –, à l'affirmation selon laquelle cette existence n'accomplit son destin que dans l'être en commun, c'est-à-dire dans un peuple, une communauté. En réalité, précise-t-il, en tant que toute existence est destin, les destins ne sont pas individuels, ils sont toujours-déjà guidés[1]. Il n'y a donc aucune place, dans la doctrine

---

1. Heidegger, *Sein und Zeit, op. cit.*, p. 384.

d'*Être et temps*, pour la liberté individuelle. C'est ce que n'a pas assez nettement perçu Sartre, dont l'existentialisme a de ce fait le mérite de maintenir la liberté radicale de la conscience individuelle dans les limites, cependant, de sa « mise en situation ».

Pour revenir au séminaire de 1933-1934, l'intention qui anime ce cours d'« éducation politique » est aux antipodes de toute philosophie, puisque loin d'être mobilisée, la pensée individuelle de l'être humain est en réalité annihilée et détruite. En effet, le but visé, c'est que tous ne fassent plus qu'un avec la volonté du *Führer*.

Nous pouvons maintenant aborder le dernier paragraphe de la septième séance, le plus important sans doute, et que cependant Theodore Kisiel a laissé de côté. C'est pourtant là que nous découvrons jusqu'où Heidegger a voulu conduire ses étudiants. Il commence par insister sur la notion de l'« ordre » : « ordre de l'État » ou « ordre vrai » *(wahre Ordnung)*. La présence de cette notion aussitôt après un développement sur la « décision » dénote l'influence de Carl Schmitt sur Heidegger, qui paraît s'être inspiré à la fois de sa conception « décisionniste » du droit et de sa notion de l'« ordre concret ». Cela tend à confirmer l'interprétation selon laquelle le « décisionnisme » et la notion de l'« ordre concret » chez Schmitt, ou de l'« ordre vrai » chez Heidegger, ne sont nullement antagonistes, mais procèdent au contraire de la même visée[1].

Avant d'approfondir ce point, il n'est pas inutile de relever la coïncidence suivante : la huitième séance du

---

1. C'est ce que Richard Wolin a démontré de manière particulièrement éclairante dans son article sur « Carl Schmitt, l'existentialisme et l'État total », *Les Temps modernes*, février 1990, p. 50-88.

séminaire, qui se tient le 16 février 1934, a lieu une
semaine avant la conférence de Berlin du 21 février
1934 où Schmitt expose sa conception de « l'ordre
concret » et où il récuse, comme venait de le faire
Heidegger, l'expression « ordre juridique » *(Rechtsordnung)*, comme relevant encore du « normativisme »
qu'il combat. Schmitt écrit le mot avec un trait d'union
pour souligner le fait qu'il s'agit d'un mot composé où
la liaison entre les deux concepts ne va pas de soi, et il
récuse l'expression en ces termes :

> un terme tel que « national-socialiste » est nécessaire
> sous cette forme parce qu'il met fin à la violente sépara-
> tion et au jeu d'opposition existant entre les deux mots
> [...]. Mais il existe également des mots composés dont les
> termes entretiennent un rapport d'extériorité [...]. Aujour-
> d'hui le mot et le concept composé « ordre juridique » ne
> fait plus partie des mots composés dont on peut tirer un
> heureux profit, parce qu'il peut être utilisé pour voiler la
> différence qui existe entre la pensée orientée d'après les
> règles et la pensée orientée d'après l'ordre[1].

Pour Schmitt, l'« ordre juridique » est une expression où l'ordre est encore rapporté à des règles de
lois, selon la représentation normativiste du droit qu'il
combat, tandis que l'« ordre concret » émane directement du *Führer*. C'est la doctrine du *Nomos basileus*,
dont nous verrons, au prochain chapitre, à quel point
elle est commune à Heidegger et à Schmitt. L'ordre
n'est plus alors pensé selon les lois qui le régissent
et selon le droit, mais c'est au contraire, pourrait-
on dire, l'ordre qui dit le droit, si l'on prend l'ordre
également au sens de commandement. Ici, le français

---

1. Carl Schmitt, *Les Trois Types de pensée juridique*, Paris,
1995, p. 73, traduction de Dominique Séglard.

est plus suggestif que l'allemand, dans la mesure où le mot « ordre » peut désigner à la fois l'ordre donné *(Befehl)* et l'ordre constitué *(Ordnung)*. Quoi qu'il en soit, la contemporanéité entre les deux récusations de l'« ordre juridique », par Heidegger et par Schmitt, confirme la similitude et l'interpénétration entre les deux démarches. Comment donc le « décisionnisme » et la doctrine de l'« ordre concret » (Schmitt) ou de l'« ordre vrai » (Heidegger) sont-ils conciliables ? La réponse se trouve, pour Schmitt, dans la quatrième partie d'*État, mouvement, peuple*, et, pour Heidegger, dans son séminaire *Sur l'essence et les concepts de nature, d'histoire et d'État*.

Carl Schmitt s'appuie sur le concept de « substance du peuple » *(Volkssubstanz)*, dont le contenu racial est explicite. Il écrit en effet :

> Le national-socialisme [...] protège et prend soin de chaque véritable substance du peuple là où il la rencontre, dans l'espace naturel, la race ou l'état. Il a créé le droit applicable aux biens agraires héréditaires ; il a sauvé la paysannerie ; il a purifié le fonctionnariat allemand d'éléments étrangers à la race et l'a rétabli dans son état. Il a le courage de traiter inégalement l'inégal et d'imposer les différenciations nécessaires[1].

Le concept raciste de « substance du peuple » est commenté par Schmitt en référence aux lois raciales

---

1. « Der Nationalsozialismus [...] sichert und pflegt jede echte Volkssubstanz, wo er sie trifft, in Landschaft, Stamm oder Stand. Er hat das bäuerliche Erbhofrecht geschaffen ; das Bauerntum gerettet ; das deutsche Beamtentum von fremdgearteten Elementen gereinigt und dadurch als Stand wiederhergestellt. Er hat den Mut, Ungleiches ungleich zu behandeln und notwendige Differenzierungen durchzusetzen » (*Staat, Bewegung, Volk, op. cit.*, p. 32 ; trad. fr., p. 48).

qui viennent d'entrer en vigueur : les lois sur la pay-
sannerie chères à Walter Darré – nous verrons qu'elles
seront louées par Erik Wolf –, qui réservent aux seuls
« aryens » la transmission et la possession des terres
cultivables, et la loi du 7 avril 1933 sur la « restauration
de la fonction publique », dont nous avons vu qu'elle
destitue les fonctionnaires juifs. Comme le dit Schmitt,
« sans le principe de l'identité raciale, l'État national-
socialiste ne pourrait pas exister, et sa vie juridique
serait impensable[1] ». Cette « identité raciale » *(Artgleichheit)* ne sert pas seulement à « définir » ce qui
constitue pour Schmitt la « substance du peuple », elle
permet également de donner tout son sens racial à la
« liaison vivante » qui unit le *Führer* et sa *Gefolgschaft*.
C'est ce qu'il souligne fortement :

> Ce concept de *Führung* descend entièrement de la
> pensée concrète et substantielle du mouvement national-
> socialiste. [...] Il ne descend ni d'allégories et de repré-
> sentations baroques, ni d'une *idée générale* cartésienne.
> C'est un concept d'une contemporanéité immédiate et
> d'une *présence* réelle. Pour cette raison, il inclut, comme
> exigence positive, une *identité raciale inconditionnelle
> entre le Führer et la Gefolgschaft*[2].

---

1. « Ohne den Grundsatz der Artgleichheit könnte der nationalsozialistische Staat nicht bestehen und wäre sein Rechtsleben nicht
denkbar » *(ibid.,* p. 42 ; trad. fr., p. 59).
2. « Dieser Begriff von Führung stammt ganz aus dem konkreten, substanzhaften Denken der nationalsozialistischen Bewegung.
[...] Er stammt weder aus barocken Allegorien und Repräsentatio-
nen, noch aus einer cartesianischen *idée générale.* Er ist ein Begriff
unmittelbarer Gegenwart und realer *Präsenz.* Aus diesem Grunde
schließt er auch, als positives Erfordernis, eine *unbedingte Artgleichheit zwischen Führer und Gefolgschaft* in sich ein » *(ibid.,*
p. 42 ; trad. fr., p. 58-59).

On notera la récusation de Descartes, que nous retrouverons à la fin du séminaire de Heidegger, et l'usage d'expressions volontairement empruntées à la théologie catholique comme la « *présence* réelle », qu'il faudra comparer aux usages similaires, mais cette fois inspirés du luthéranisme, que l'on trouve dans le séminaire. Sur le fond, on voit que c'est désormais la « substantialité » du peuple telle qu'elle est « révélée » dans le mouvement national-socialiste qui constitue la base concrète de la décision[1]. On retrouve ici chez Schmitt l'équivalent « juridique » de la « base *völkisch* » *(völkische Basis)* chère au médecin eugéniste et nazi Eugen Fischer dans son discours de Leipzig du 11 novembre 1933, imprimé en cinq langues avec la profession de foi de Heidegger.

Or Heidegger s'appuie sur la même doctrine. Nous avons vu qu'il considère, dans son séminaire de l'hiver 1933-1934, le peuple comme « l'étant de l'État, sa substance, le fond qui le soutient[2] ». Quand on se rappelle combien il insiste, dans *Être et temps*, sur l'inadéquation de toute détermination du *moi* pensant comme « substance[3] » – une détermination qui, philosophiquement, a un sens, puisque cette dénomination cartésienne repose sur l'expérience de la pensée consciente de soi –,

---

1. Nous rejoignons ici la lecture de Richard Wolin : « cette position signifie l'union dernière des deux aspects parallèles de sa pensée, le décisionnisme et l'*Ordnungsdenken*. La vie concrète raciale du Volk *(Artgleichheit)* fournit désormais la base existentielle de la décision » (« Carl Schmitt… », art. cité, p. 87).

2. « das Seiende des Staates, seine Substanz, seinen tragenden Grund : *das Volk* ».

3. Voir par exemple la récusation par Heidegger de l'« interprétation ontologique de la substantialité du sujet » (*Sein und Zeit*, § 6, p. 22), et son développement sur l'« ontologie inadéquate du substantiel » à propos du *Je pense* kantien et de sa critique par Heimsoeth (*ibid.*, § 64, p. 317-321).

il est assez risible de le voir utiliser sans réserve le mot « substance » pour rejoindre les doctrinaires du national-socialisme en identifiant le « peuple » à la « substance » et au « fond » qui soutient l'État.

Il est vrai que dans *Être et temps*, tout usage du mot « substance » n'est pas récusé. À quatre reprises, son auteur affirme que « la substance de l'homme est l'existence[1] ». Et comme nous l'avons vu, cette existence n'est jamais celle d'un *moi* individuel, mais, comme il est affirmé au paragraphe 74, celle de la communauté d'un peuple uni par un « destin ». Le concept de « substance » est donc, chez Heidegger, un concept « existentiel ». C'est le cas également pour Schmitt, comme nous le montrerons au chapitre suivant à propos de l'édition de 1933 du *Concept du politique*. Cependant, et c'est là l'essentiel, que la « substance » du peuple soit à prendre en un sens « existentiel » ne nous prémunit nullement contre la détermination raciale du « peuple » et de sa « substance ». En effet, de même qu'« ordre » et « décision » s'unissent chez Heidegger comme chez Schmitt dans la même conception du « lien vivant » entre le *Führer* et sa *Gefolgschaft*, de même « substance » et « existence » renvoient pareillement à l'unité du « peuple », explicitement conçue par Heidegger comme « unité de sang et de souche », rapportée à la « race ».

De fait, le séminaire de l'hiver 1933-1934 suit, dans ses quatre dernières séances, un mouvement similaire à celui de la quatrième partie d'*État, mouvement, peuple*, qui s'intitule : « Principe du *Führer* et identité raciale comme concepts fondamentaux du droit national-

---

1. Voir Heidegger, *Sein und Zeit, op. cit.*, p. 117, 212, 303, 314.

socialiste[1] ». De même que Schmitt doit commencer par poser l'existence de la « substance du peuple » *(Volkssubstanz)* et marquer la signification raciale de ce concept en renvoyant aux lois raciales constitutives de la première « mise au pas » d'avril 1933, de même Heidegger doit-il désigner le « peuple » comme « substance » *(Substanz)* et « fond porteur » *(tragender Grund)* de l'État, et déterminer le peuple comme « race » *(Rasse)*, pour donner ensuite corps à son concept de l'État et du « lien vivant » unissant le *Führer* à son « peuple ».

Les conséquences de cette démonstration sur la compréhension des « existentiaux » de Heidegger sont radicales, car cela signifie que la conception heideggérienne de l'existence est dans son fond une conception raciale. Ce que nous avions vu, au deuxième chapitre, sur le lien qu'il établit dans ses discours entre sa notion du « souci » et le concept nazi du « travail » allait déjà nettement dans ce sens. De même que chez Oskar Becker ou chez Carl Schmitt, le racisme avéré de Heidegger ne se confond pas avec un naturalisme biologique dont il récuse le caractère trop « libéral » d'une « science » qui se veut positive. Cela ne signifie pas que son racisme soit moindre que celui d'un Hans K. Günther ou d'un Eugen Fischer, mais au contraire qu'il est encore plus radical, ne prêtant plus à aucune discussion scientifique ou supposée telle, ni donc à aucune réfutation rationnelle possible. Il se confond en effet avec la pure affirmation de soi *(Selbstbehauptung)* de l'existence *völkisch* du peuple allemand, seul de tous les peuples à avoir encore une « histoire », un « destin »,

---

1. « Führertum und Artgleichheit als Grundbegriffe des nationalsozialistischen Rechts » (C. Schmitt, *Staat, Bewegung, Volk, op. cit.*, p. 32).

seul peuple « métaphysique » capable de donner sens à la « grande transformation de l'existence de l'homme » initiée selon lui par la *Weltanschauung* de Hitler[1]. Il est clair que cette position de Heidegger est bien plus que du nationalisme politique : cette exclusivité « existentielle » du peuple allemand, présenté comme seul capable, sous la direction de Hitler, de prendre en charge la transformation de l'existence de l'homme, relève d'une prise de position de part en part et foncièrement raciste et discriminatoire. Si l'expression est moins triviale, l'extrémisme du propos n'a rien à envier aux thèses de *Mein Kampf.*

Datant exactement de la même époque que son séminaire, un passage de son cours *L'Essence de la vérité* confirme notre lecture. Heidegger écrit en effet ceci :

> le *corporel* doit être transposé *dans l'existence* de l'homme. [...] la race et la lignée aussi sont à comprendre ainsi et non pas à décrire à partir d'une biologie libérale vieillie[2].

On voit, de manière explicite et définitive, que Heidegger ne récuse nullement la notion de race, mais refuse de comprendre cette notion à partir d'une science qualifiée de « libérale », et donc opposée, dans son principe, aux fondements *völkisch* du national-socialisme. En qualifiant en outre cette biologie de « vieillie », il vise la biologie héritée du libéralisme du XIXᵉ siècle. Heidegger parle en effet, dans la même page, de délivrer les Allemands d'une erreur qui « dure depuis un

---

1. GA 36/37, 80, 119 et 225.
2. « die *Leiblichkeit* muß *in die Existenz* des Menschen versetzt werden. [...] auch Rasse und Geschlecht sind hierher zu verstehen und nicht von einer veralteten liberalistischen Biologie darzustellen » (GA 36/37, 178).

siècle ». Il entend donc fonder la compréhension de la race dans l'« existence ». Bref, c'est sa propre doctrine de la « vérité » qu'il présente désormais comme seule à même de procurer ses fondements à la doctrine hitlérienne de la « race », et d'appréhender la « transformation totale » *(Gesamtwandel)*[1] de l'existence de l'homme instituée par la *Weltanschauung* du *Führer*.

Nous pouvons maintenant citer intégralement la conclusion inédite de la septième séance du séminaire de l'hiver 1933-1934, l'un des textes qui révèle le mieux l'intensité de l'hitlérisme de Heidegger. On lit ceci :

> De ce savoir fait aussi partie la liaison à l'ordre de l'État. L'ordre est le mode d'être de l'homme et donc aussi du peuple. L'ordre de l'État s'exprime dans le champ délimité des devoirs des différents hommes et groupes d'hommes. Cet ordre n'est pas seulement quelque chose d'organique, comme on pourrait le supposer, et comme on l'a supposé d'après la fable de Menenius Agrippa ; il est au contraire quelque chose de spirituel-humain, c'est-à-dire simultanément de volontaire. Il est fondé sur la relation de domination et de servitude des hommes entre eux. Tout comme l'ordre médiéval de la vie, l'ordre de l'État est aujourd'hui porté par la volonté libre et pure d'obéir et d'être guidé, c'est-à-dire au combat et à la fidélité. Car si nous demandons : « Qu'est-ce que la domination ? Sur quoi se fonde-t-elle ? », alors, dans une réponse véritable et essentielle, nous n'apprendrons rien sur la puissance, la servitude, l'oppression, la contrainte, mais nous apprendrons bien plutôt que la domination, l'autorité et le service, la subordination sont fondés dans une tâche commune. Ce n'est que là où le *Führer* et ceux qu'il conduit se liguent en un *unique* destin et combattent pour la réalisation d'*une* idée que peut croître l'ordre vrai. Alors la supériorité spirituelle et la liberté se mettent en

---

1. GA 36/37, 225.

œuvre en tant que don profond de toutes les forces au peuple, à l'État ; en tant que dressage le plus sévère, enjeu, résistance, solitude et amour. Alors l'existence et la supériorité du *Führer* se sont enfoncées dans l'être, dans l'âme du peuple pour le lier originellement et passionnément à la tâche. Et si le peuple ressent ce don, il se laissera guider dans le combat, il voudra et aimera le combat. [Le peuple] alors déploiera ses forces et persévérera, il sera fidèle et se sacrifiera. À chaque nouvel instant, le *Führer* et le peuple se lieront plus étroitement, afin de mettre en œuvre l'essence de leur État, donc de leur être ; croissant côte à côte, ils opposeront leur être et leur vouloir historiques et sensés aux deux puissances menaçantes que sont la mort et le diable, c'est-à-dire la corruption et la décadence de leur essence authentique[1].

---

1. « Zu diesem Wissen gehört auch die Bindung an die Ordnung des Staates. Ordnung ist die Seinsweise des Menschen und somit auch des Volkes. Die Ordnung des Staates äußert sich im abgegrenzten Aufgabengebiet der einzelnen Menschen und Menschengruppen. Diese Ordnung ist nichts bloß Organisches, wie man nach der Fabel des Menenius Agrippa annehmen könnte und annahm, sondern sie ist etwas Geistig-Menschliches, d.h. zugleich Freiwilliges. Sie gründet im Herrschafts- und Dienstschaftsverhältnis der Menschen zueinander. Wie die mittelalterliche Lebensordnung, so ist auch heute die Ordnung des Staates getragen von dem freien, reinen Willen zu Gefolgschaft und Führerschaft, d.h. zu Kampf und Treue. Denn wenn wir fragen : "Was ist Herrschaft ? Worin gründet sie ?" Dann erfahren wir in einer wahren, wesentlichen Antwort nichts von Macht, Knechtschaft, Unterdrückung, Zwang. Wir erfahren vielmehr, daß Herrschaft, Autorität und Dienst, Unterordnung in einer gemeinsamen Aufgabe gründen. Nur wo Führer und Geführte gemeinsam in *ein* Schicksal sich binden und für die Verwirklichung *einer* Idee kämpfen, erwächst wahre Ordnung. Dann wirkt sich die geistige Überlegenheit und Freiheit aus als tiefe Hingabe aller Kräfte an das Volk, den Staat, als strengste Zucht, als Einsatz, Standhalten, Einsamkeit und Liebe. Dann ist die Existenz und Überlegenheit des Führers eingesenkt in das Sein, in die Seele des Volkes und bindet es so mit Ursprünglichkeit und Leidenschaft an die Aufgabe. Und wenn das Volk diese Hingabe spürt, wird es

On perçoit bien dans ce texte que l'insistance sur le « spirituel » plutôt que sur l'« organique » ne marque aucune prise de distance à l'égard du nazisme. Bien au contraire, vouloir introduire dans l'être même de l'homme et dans l'âme du peuple l'existence et la supériorité du *Führer*, c'est réaliser une forme de possession, puisque le principe de la « décision » n'est pas le libre choix individuel, mais la soumission et le dressage. Nous voyons donc comment Heidegger s'identifie totalement au principe de l'hitlérisme. L'ordre de l'État est assimilé à la relation *Führung-Gefolgschaft*, et « l'ordre vrai » consiste à ne faire qu'*un* avec la volonté du *Führer*.

Quant au combat du *Führer* et de son peuple contre la mort et le diable, les auditeurs de Heidegger ne pouvaient guère ignorer que dans le chapitre sur « le peuple et la race » de *Mein Kampf*, le Juif est identifié au diable :

> personne ne s'étonnera si, dans notre peuple, la personnification du diable comme symbole de tout ce qui est mal prend la figure corporelle du Juif[1].

---

sich in den Kampf führen lassen und den Kampf wollen und lieben. Es wird seine Kräfte entfalten und ausharren, treu sein und sich opfern. In jedem neuen Augenblick werden sich Führer und Volk enger verbinden, um das Wesen ihres Staates, also ihres Seins zu erwirken ; aneinander wachsend werden sie den beiden bedrohenden Mächten Tod und Teufel, d.h. Vergänglichkeit und Abfall vom eigenen Wesen, ihr sinnvolles, geschichtliches Sein und Wollen entgegensetzen » (HEIDEGGER, *Über Wesen und Begriff...*, *op. cit.*, septième séance, § 13, inédit).

1. « sich niemand zu wundern braucht, wenn in unserem Volke die Personifikation des Teufels als Sinnbild alles Bösen die leibhaftige Gestalt des Juden annimmt » (HITLER, *Mein Kampf, op. cit.*, p. 355).

En jouant du pathos du diable en référence au *Füh-rer*, Heidegger éveille et cultive chez ses étudiants ce qu'il y a plus noir dans l'hitlérisme.

Le procédé est analogue à celui que Carl Schmitt emploiera peu d'années après à la fin de son discours de 1936 intitulé *La Science allemande du droit dans sa lutte contre l'esprit juif*. Lorsqu'il affirme qu'« en me défendant contre le Juif, je lutte pour l'œuvre du Seigneur[1] », Schmitt fait en effet allusion à un passage du même chapitre de *Mein Kampf* sur « le peuple et la race », où l'on trouve une référence toute politique au Christ « usant du fouet pour chasser du temple du Seigneur cet adversaire de toute humanité » qu'est pour Hitler le Juif[2]. On peut donc en conclure que Heidegger, comme après lui Carl Schmitt, joue comme Hitler, et en référence à lui, de la fibre religieuse pour faire passer une allusion antisémite particulièrement odieuse.

HEIDEGGER ET L'ÉTAT *VÖLKISCH*

Au début de la séance suivante, lors de la récapitula-tion à laquelle procède à chaque fois Heidegger, celui-ci revient sur sa critique de Bismarck et des insuffisances du IIe Reich. Il ne se contente pas d'un simple rappel, il va beaucoup plus loin. On lit en effet ceci :

Il nous restait également encore quelque chose à ajou-ter sur les raisons internes de l'échec de la politique de

---

1. Carl SCHMITT, « La science allemande du droit dans sa lutte contre l'esprit juif », trad. fr. par Mira Köller et Dominique Séglard, *Cités*, 14, 2003, p. 180.
2. HITLER, *Mein Kampf, op. cit.*, p. 336 ; trad. fr., p. 306-307. Il est inutile de préciser que l'interprétation raciste de la scène du Temple est une invention sordide de Hitler.

Bismarck. Nous avons appris que, outre la nécessité d'un *Führer*, un peuple avait aussi besoin d'une tradition, qui repose sur une noblesse politique. Si après la mort de Bismarck, le IIe Reich a connu une décadence sans espoir, il ne faut pas seulement en voir la raison dans le fait que Bismarck n'avait pas réussi à créer cette noblesse politique. Il n'avait pas réussi non plus à considérer le prolétariat comme une apparition en elle-même justifiée, ni à l'intégrer dans l'État en allant à sa rencontre de manière compréhensive. Mais la raison majeure consiste sans doute dans le fait que le caractère *völkisch* du IIe Reich se limitait à ce que nous appelons patriotisme et patrie. En eux-mêmes, ces éléments de l'unification de 1870-1871 ne doivent pas être évalués négativement, mais ils sont totalement insuffisants à un véritable État *völkisch*. Ils n'avaient pas non plus le moindre enracinement dans le peuple[1].

Heidegger avance cette fois de nouvelles raisons à l'échec du IIe Reich. Non seulement il manquait à celui-ci un véritable *Führer*, non seulement Bismarck

---

1. « Desweiteren hatten wir noch etwas nachzutragen über die inneren Gründe des Scheiterns der Bismarckschen Politik. Wir haben gehört, daß ein Volk neben der Notwendigkeit eines Führers noch die einer Überlieferung habe, deren Träger ein politischer Adel sei. Daß das Zweite Reich nach dem Tode Bismarcks einem rettungslosen Zerfall ausgeliefert war, hat seinen Grund nicht nur darin, daß es Bismarck nicht gelang, diesen politischen Adel zu schaffen. Er brachte es auch nicht fertig, das Proletariat als eine in sich berechtigte Erscheinung zu betrachten und es mit verständnisvollem Entgegenkommen in den Staat zurückzuführen. Der Hauptgrund ist aber wohl der, daß sich der völkische Charakter des zweiten Reiches in dem erschöpfte, was wir Patriotismus und Vaterland nennen. Diese Elemente des Zusammenschlusses von 1870-71 sind an sich nicht negativ zu bewerten, sie sind aber völlig unzureichend für einen wahrhaft völkischen Staat. Sie hatten auch nicht die letzte Verwurzelheit im Volk » (HEIDEGGER, *Über Wesen und Begriff...*, *op. cit.*, huitième séance, 16 février 1934, prise en notes par Helmut Ibach, § 4).

n'avait pas su créer cette « noblesse politique » gardienne d'une tradition que le IIIe Reich allait constituer avec les cadres de la SA et de la SS, mais deux autres raisons expliqueraient son échec. Tout d'abord, il n'aurait pas su intégrer le prolétariat dans l'État comme a su le faire le IIIe Reich. Faut-il à ce propos rappeler ce que fut la réalité du « socialisme » nazi auquel Heidegger fait ici référence de manière positive ? Il commence par la dissolution de tous les syndicats et l'arrestation, le 1er mai 1933 – jour où Heidegger adhère officiellement au Parti – de tous les dirigeants ouvriers. Les nazis créent à leur place le Front du travail entièrement contrôlé par la NSDAP. En outre, ils instituent dans toutes les entreprises le rapport *Führung-Gefolgschaft* entre le patron et ses ouvriers. Telle est l'intégration « compréhensive » du prolétariat dans l'État du *Führer*.

Mais ce n'est pas encore là le plus important pour Heidegger. Ce qui a fait principalement défaut au IIe Reich, c'est qu'il s'en soit tenu au patriotisme traditionnel et qu'il n'ait pas su fonder un véritable État *völkisch*. Heidegger fait donc sien sans réserve le terme central de *Mein Kampf*, celui de *völkischer Staat*. On sait comment Hitler, dans ses longs développements sur l'État *völkisch*, le caractérise par le fait qu'il « doit mettre la race au centre de la vie générale[1] ». Et il reproche à l'ancien Reich d'avoir négligé « les fondements raciaux de notre *Volkstum*[2] », alors que ce sont « les caractères propres de son essence enracinés dans

---

1. « Er [der völkische Staat] hat die Rasse in den Mittelpunkt des allgemeinen Lebens zu setzen » (HITLER, *Mein Kampf, op. cit.,* p. 446 ; trad. fr. [modifiée], p. 402).

2. « Indem das alte Reich an der Frage der Erhaltung der rassischen Grundlagen unseres Volkstums achtlos vorüberging, mißachtete es auch das alleinige Recht, das auf dieser Welt Leben gibt » (*ibid.,* p. 359 ; trad. fr., p. 327).

son sang[1] » qui seuls donnent à un peuple le droit, selon Hitler, à l'existence terrestre. En faisant sienne la notion de l'État *völkisch* et la conception très particulière de l'enracinement dans le peuple qui en est indissociable, Heidegger adhère indiscutablement aux fondements racistes de l'hitlérisme.

HEIDEGGER, L'EXTENSION DE L'ESPACE VITAL
DU PEUPLE ALLEMAND ET LES NOMADES SÉMITES

Dans son séminaire, Heidegger a distingué deux façons d'aborder la question de l'État, toujours dans son rapport au peuple. Nous avons évoqué la première : elle procède « à partir du haut, du général, de l'être et de l'étant » et considère la relation entre l'État et le peuple à partir de la relation entre l'être et l'étant. Et nous avons vu qu'elle conduit *in fine* à prôner l'unité du peuple et de son *Führer*. La seconde, que nous allons analyser et qui est développée dans la huitième séance, procède au contraire « à partir du bas, à partir du peuple et de l'État, à partir de nous-mêmes ». Tout en rappelant qu'« il est impossible de considérer le peuple sans l'État, autrement dit l'étant sans son être », Heidegger propose une séparation méthodique et toute provisoire, où le peuple et l'État seront envisagés non plus ensemble, mais distinctement. C'est la question du peuple qui sera tout d'abord abordée, et, rappelant que « les processus de la nature et les événements de l'histoire se déroulent dans l'espace et le temps », il invite à s'interroger sur la détermination du peuple dans l'espace. Le propos débute ainsi :

---

1. « … in seinem Blute wurzelnden Eigenschaften seines Wesens » *(ibid.)*.

Lorsque nous nous interrogeons sur le peuple dans l'espace, il nous faut commencer par éliminer deux représentations erronées. Lorsque nous entendons ces deux termes, nous pensons tout d'abord à un slogan contemporain : « peuple sans espace ». Si nous entendons par là l'espace vital, il ne fait pas de doute que c'est trop dire. On pourrait peut-être dire : peuple sans espace vital suffisant, nécessaire à son déploiement positif. Nous ne devons jamais oublier que, nécessairement, l'espace est toujours corollaire du peuple dans son être concret, que, littéralement, il n'existe pas de « peuple sans espace »[1].

On voit dans quel état d'esprit se situe d'emblée Heidegger, puisqu'il commence par évoquer le titre de l'ouvrage alors célèbre de Hans Grimm, *Peuple sans espace*[2], dont les douze cents pages constituent « une diatribe véhémente contre l'Angleterre » et la « préparation savante à une politique de conquêtes territoriales »[3]. Heidegger, cependant, renchérit sur Grimm. Son ontologisation des notions l'amène à dire que tout peuple possède comme tel un espace vital. Il ne fait ici que reprendre à son compte la thèse de la « corrélation

---

1. « Wenn wir nach dem Volk im Raum fragen, so müssen wir zuvor zwei irrige Vorstellungen beseitigen. Hören wir diese beiden Worte, so denken wir zunächst an ein zeitgenössisches Schlagwort, an "Volk ohne Raum". Wenn wir darunter Lebensraum verstehen, so ist damit zweifellos zuviel gesagt. Man könnte vielleicht sagen : Volk ohne genügenden, ohne ausreichenden Lebensraum zu seiner positiven Entfaltung. Wir müssen immer wissen, daß zum Volk in seinem Konkretsein notwendig der Raum hinzugehört, daß es ein "Volk ohne Raum" im wörtlichsten Sinne gar nicht gibt » (HEIDEGGER, *Über Wesen und Begriff...*, *op. cit.*, huitième séance ; voir le résumé anglais de Th. KISIEL, « In the Middle... », art. cité, p. 148).

2. Hans GRIMM, *Volk ohne Raum*, Munich, 1926.

3. Voir Edmond VERMEIL, *Doctrinaires de la révolution allemande. 1918-1938*, Paris, 1948, p. 289.

de l'homme et du monde », pour employer les termes de Rothacker, ou de la relation essentielle entre le *Dasein* et son monde environnant, pour parler comme Heidegger lui-même. Le *Lebensraum* n'est donc qu'une autre formulation pour l'*Umwelt*. Prise littéralement, l'expression « peuple sans espace » n'a donc pas de sens. Il faut ajouter : « sans espace vital suffisant, nécessaire à son déploiement positif ». Habile manière de justifier d'emblée la « nécessité » d'étendre l'espace vital du peuple allemand.

Poursuivant cette essentialisation de l'espace, Heidegger affirme que la maîtrise de l'espace et le fait d'être caractérisé par lui appartiennent à l'essence et au mode d'être d'un peuple, de sorte que les nomades le seraient par essence. Il écrit en effet :

> L'histoire nous apprend que les nomades ne sont pas devenus ce qu'ils sont à cause de la désolation du désert et de la steppe, mais qu'ils ont même laissé souvent derrière eux le désert là où ils avaient trouvé une terre fertile et cultivée, et que les hommes enracinés dans un sol ont su se créer un pays natal, même dans une contrée sauvage[1]…

Cette essentialisation du nomade est profondément inacceptable. Elle suppose que certains seraient par essence sans racines et sans pays natal, sans *Heimat*, et, de ce fait, ne seraient pas vraiment des peuples, puisque pour Heidegger l'enracinement fait partie du mode

---

1. Die Geschichte lehrt uns, daß Nomaden nicht von der Trostlosigkeit der Wüste und der Steppe zu solchen wurden, sondern daß sie auch vielfach Wüste hinterließen, wo sie fruchtbares und kultiviertes Land vorfanden, und daß bodenständige Menschen auch in der Wildnis sich eine Heimat zu schaffen wussten » (HEIDEGGER, *Über Wesen und Begriff…, op. cit.,* huitième séance [inédit]).

d'être véritable du peuple. On voit quelles conséquences redoutables le IIIe Reich pourra tirer de telles considérations, lorsqu'elles seront appliquées au peuple juif ou au peuple tzigane.

Cependant, si être un peuple « authentique » se caractérise par l'enracinement dans un sol, comment justifier l'expansion d'un peuple ? Ici, Heidegger déclare qu'il n'est pas exact de considérer que l'idéal d'un peuple consiste uniquement dans son caractère autochtone, dans sa *Bodenständigkeit*, comme les paysans qui développent un sentiment d'être originaires d'une terre *(Bodenverwachsenheit)* et de lui appartenir. La « circulation » *(Verkehr)* est elle-même également nécessaire. Ainsi, la manière concrète selon laquelle les êtres humains œuvrent dans l'espace et lui donnent forme inclut à la fois l'enracinement dans le sol et la « circulation » : *Bodenständigkeit und Verkehr.*

Heidegger peut maintenant revenir à la question de l'État, sur le fondement de ce qui vient d'être affirmé du peuple et de son espace. Il utilise toutes les ressources de son vocabulaire pour introduire la notion d'empire *(Reich)*, en affirmant que l'espace de l'État est en un certain sens l'espace du peuple autochtone compris comme le déploiement effectif de sa « circulation » dans le commerce et le trafic, l'étendue *(Be-reich)* de son pouvoir et l'empire *(Reich)* de son régime et de sa loi. D'où la conclusion selon laquelle nous ne pouvons parler d'État que lorsque la volonté d'extension, la « circulation », s'ajoute à l'enracinement dans le sol ou caractère autochtone *(Bodenständigkeit).*

Heidegger en vient alors à distinguer le pays natal *(Heimat)* et la patrie *(Vaterland)*, ce qui lui permet d'évoquer, très concrètement, le problème de ces Allemands qui vivent hors des frontières du Reich. Ils ont une *Heimat* allemande mais n'appartiennent pas à l'État allemand, au Reich et, ajoute Heidegger, sont ainsi privés de leur propre mode d'être. On voit comment il amène l'auditeur à conclure à la nécessité de supprimer le décalage existentiel entre l'être *völkisch* et l'être étatique des Allemands. Concrètement, cela revient à accréditer l'un des deux principaux objectifs de Hitler avec son antisémitisme, à savoir l'idée que l'espace vital du peuple allemand, ce que Schmitt nommera son *Großraum*, s'étend bien au-delà de l'espace actuel du *Reich*. L'enseignement de Heidegger tend ainsi à légitimer par avance la politique d'annexion de l'Autriche, des Sudètes et des territoires de l'Est où séjournent des colons allemands, bref, la politique que Hitler lui-même s'apprête à mettre en œuvre.

À la fin de la huitième séance, Heidegger justifie à l'avance, et de façon véritablement criminelle, la discrimination qui, dans les territoires de l'Est, sera mise en œuvre entre le peuple allemand, les peuples slaves et ceux qu'il nomme maintenant les nomades sémites, c'est-à-dire, principalement, les Juifs, et à propos desquels il ne parle même plus de peuple. Le « nomade sémite » est donc par essence privé de tout espace propre. Voici en effet ce qu'enseigne le recteur-Heidegger à ses étudiants, dont beaucoup auront à se battre, au début de la décennie suivante, sur le front de l'Est :

> La nature de notre espace allemand se manifesterait sûrement d'une autre manière à un peuple slave qu'à nous ; au nomade sémite, elle ne se manifeste peut-être jamais[1].

---

1. « Einem slawischen Volke würde die Natur unseres deutschen Raumes bestimmt anders offenbar werden als uns, dem semitischen Nomaden wird sie vielleicht überhaupt nie offenbar » (HEIDEGGER, *Über Wesen und Begriff...*, *op. cit.,* huitième séance [inédit]).

L'éradication des Juifs, incapables par essence d'avoir connaissance de l'« espace allemand » et de ce qui est « spécifiquement le *Völkisch* »[1], se trouve ainsi légitimée à l'avance par Heidegger.

L'APOLOGIE HEIDEGGÉRIENNE
DE LA DOMINATION HITLÉRIENNE

À la fin de la huitième et dans la neuvième et dernière séance, Heidegger revient sur ce qui constitue l'obsession majeure de son séminaire, à savoir la relation au *Führer*. Il entend préciser les conditions d'une véritable direction politique ou *Führerschaft* et s'exprime en ces termes :

> *Führer* a [quelque chose] à voir avec volonté du peuple ; celle-ci n'est pas la somme des volontés individuelles, mais un tout constitué par un caractère propre originel.
> La question de la conscience de la volonté de la communauté est un problème qui se pose dans toutes les démocraties, mais qui, bien entendu, ne peut devenir fructueux que lorsque la volonté du *Führer* et la volonté du peuple sont identifiées dans leur essence. Aujourd'hui, la tâche consiste à aménager en fonction de cette réalité du peuple et du *Führer* la relation fondamentale de notre être commun et, ce faisant, à ne pas séparer les deux, car elles sont une seule réalité. Alors seulement, lorsque ce schéma fondamental aura résulté en son essence d'un élan, une véritable *Führerschaft* sera possible[2].

---

1. Heidegger substantive l'adjectif *völkisch*, qui renvoie au peuple entendu comme race, en parlant à la fin de la huitième séance du « spezifischen Völkischen ».
2. « Führer hat e[twa]s mit Volkswillen zu tun, dieser ist nicht Summe der Einzelwillen, sondern ein Ganzes von ursprünglicher Eigentümlichkeit. Die Frage nach dem Willensbewußtsein der

Il ne faut pas s'y tromper : Heidegger entend promouvoir une notion de la « volonté du peuple » qui ne doive rien à la volonté générale selon Rousseau dont la notion du contrat social est explicitement récusée dans la même séance, ainsi que toutes les « tentatives de déduction de l'État aux XVIIᵉ et XVIIIᵉ siècles ». Ce dont il s'agit ici, c'est d'identifier la volonté du peuple à la volonté du *Führer* en ramenant tout l'être à ce dernier. Si, comme le dit Heidegger dans la même séance, « le peuple est l'étant dont l'être est l'État », cet État en réalité n'a pas d'autre être que la domination totale du *Führer*, c'est-à-dire de Hitler. Et dans la dernière séance, Heidegger va faire l'apologie de cette domination. Il affirme ceci :

> À la domination, il faut le pouvoir ; celui-ci crée une hiérarchie qui permet au dominant d'imposer sa volonté, si son pouvoir est véritable : autrement dit à montrer aux dominés les voies et les buts[1].

Gemeinschaft ist ein Problem in allen Demokratien, das freilich aber erst dann fruchtbar werden kann, wenn Führerwille und Volkswille in ihrer Wesenheit erkannt sind. Heute gilt es, das Grundverhältnis unseres gemeinsamen Seins auf diese Wirklichkeit von Volk und Führer einzurichten, wobei beide als eine Wirklichkeit nicht zu trennen sind. Erst dann, wenn dieses Grundschema durch Anwandlung im Wesentlichen erfolgt ist, ist eine wahre Führerschaft möglich » (HEIDEGGER, *Über Wesen und Begriff...*, op. cit., huitième séance, conclusion inédite en allemand ; voir le résumé en anglais de Th. KISIEL, « In the Middle... », art. cité, p. 150-151). Kisiel rend la *wahre Führerschaft* par *a true schooling of leaders*, ce qui est discutable puisque Heidegger soutient que l'on ne peut pas apprendre à devenir *Führer*.

1. « Zur Herrschaft gehört Macht, die eine Rangordnung schafft durch die Willensdurchsetzung des Herrschenden, sofern er wirklich mächtig ist, d.h. weist den Beherrschten » (HEIDEGGER, *Über Wesen und Begriff...*, op. cit., extrait de la neuvième séance, 23 février 1934, prise en notes par Emil Schilt – l'ensemble de la

La question devient donc : comment le *Führer* peut-il imposer sa volonté ? Heidegger envisage alors froidement deux possibles « modalités d'imposition de la volonté » : la « persuasion par le discours » et la « contrainte par l'action », étant entendu que, dit-il, « de nos jours, le *Führer* persuade par le discours »[1]. Heidegger va jusqu'à prononcer une apologie radicale du style inimitable et « tambourinant » *(trommelnd)* de Hitler, où il n'hésite pas à le rapprocher de Thucydide[2] !

Cependant, la parole ne saurait suffire, et la supériorité du *Führer* se voit selon Heidegger dans sa capacité à conjuguer le discours et l'action. En effet :

> La volonté agissante persuade le plus efficacement par l'action. Le grand réalisateur, celui qui agit, est simultanément le puissant, le dominant, dont l'existence et la volonté deviennent déterminantes par persuasion, c'est-à-dire par connaissance et reconnaissance de la volonté plus haute du *Führer*[3].

---

neuvième séance est inédit ; pour le résumé en anglais de Th. KISIEL, voir « In the Middle... », art. cité, p. 151-152).

1. « Arten der Willensdurchsetzung : a) Überzeugung durch Rede b) Zwang durch Tat. In unseren Tagen überzeugt der Führer durch Reden » (HEIDEGGER, *Über Wesen und Begriff...*, op. cit., extrait de la neuvième séance).

2. Nous n'avons pu avoir connaissance de ce passage de la neuvième séance que par le résumé anglais de Th. KISIEL, « In the Middle... », art. cité, p. 151.

3. « Der wirkende Wille überzeugt aber am eindringlichsten durch Taten. Der große Täter und Wirker ist zugleich der Mächtige, der Herrscher, dessen Dasein und Wille bestimmend wird durch Überzeugung, d.h. durch Erkennung und Anerkennung des höher waltenden Willens des Führers » (HEIDEGGER, *Über Wesen und Begriff...*, op. cit., neuvième séance).

Quel est alors le but de l'éducation politique ? Heidegger le souligne nettement :

> Éducation politique actuelle = créer une nouvelle tenue fondamentale d'un mode conforme à la volonté[1].

La terminologie est proche de Rothacker en ce qui concerne la création d'une nouvelle « tenue » *(Haltung)*. On saisit plus nettement ainsi ce que Heidegger entend lorsqu'il parle, dans le cours de l'hiver 1933-1934, contemporain de ce séminaire, d'une « transformation de toute notre existence » présentée comme « nécessaire »[2], ou encore « la *grande transformation de l'existence de l'homme*[3] » et, en référence aux propos de Hitler et au national-socialisme, de « la transformation fondamentale à partir du monde allemand[4] ». Cette transformation radicale de l'homme n'a rien de philosophique : il ne s'agit de rien d'autre que d'une mutation de l'existence de l'homme initiée par Hitler lui-même.

Dans le même esprit, Heidegger déclare que :

> La volonté du *Führer* commence par transformer les autres en une *Gefolgschaft* dont jaillit la communauté. De ce lien vivant procèdent son sacrifice et sa soumission, et

---

1. « Gegenwärtige politische Erziehung = Schaffung einer neuen Grundhaltung willensmäßiger Art » *(ibid.)*.

2. « Eine Umwandlung unseres ganzen Daseins ist notwendig… » (GA 36/37, 161).

3. « die *große Wandlung des Daseins des Menschen* » (GA 36/37, 119).

4. « Der Nationalsozialismus ist nicht irgendwelche Lehre, sondern der Wandel von Grund aus der deutschen […] Welt » (GA 36/37, 225).

non pas de l'obéissance ou de la contrainte institutionnelle[1].

On mesure à ces propos la radicalité avec laquelle
Heidegger défend et promeut le principe de l'hitlérisme.

Précisons qu'il est nécessaire, pour une intelligence
plus exacte de la réalité du IIIe Reich et de la façon dont
Heidegger y participe, de distinguer nazisme et hitlérisme. Ces deux forces se sont certes servies l'une de
l'autre et se sont unies dans la même entreprise de destruction, mais elles ne sont pas complètement identifia-
bles l'une à l'autre. Le nazisme vise la promotion d'une
race « pure » dans la communauté du peuple et tend à
la discrimination radicale, puis à l'élimination physique
de tout ce qui s'y oppose ou simplement s'en distingue.
L'hitlérisme veut avant tout imposer la domination et
la possession totale de chacun et de tous par la volonté
et l'esprit du *Führer*. La domination et la destruction
des consciences vise d'abord les esprits et se propage
par le discours et l'écrit.

Or nous voyons que Heidegger a parfaitement identifié et fait sien ce principe, au point de se penser lui-même
comme un, sinon même comme LE *Führer* « spirituel »
du mouvement. Le séminaire de l'année suivante sur
Hegel et l'État nous le confirmera. Il n'est donc pas
possible de réduire l'action de Heidegger à l'une ou
l'autre des « variantes » du national-socialisme : ce
qu'il a reçu du nazisme et de l'hitlérisme, et la direction

---

1. « Der Führerwillen schafft allererst die anderen zu einer
Gefolgschaft um, aus der die Gemeinschaft entspringt. Aus dieser
lebendigen Verbundenheit geht ihr Opfer und Dienst hervor nicht
aus Gehorsam und Zwang von Institutionen » (HEIDEGGER, *Über
das Wesen und Begriff...*, *op. cit.*, neuvième séance).

qu'il a voulu lui-même leur imprimer concernent *l'in-tégralité* du phénomène. Sur ce point, nous ne suivons donc pas Victor Farias, lorsqu'il affirme, dans la préface de son livre, que « Martin Heidegger opta pour la ligne représentée par Ernst Röhm et ses SA, et chercha à fonder cette variante du national-socialisme sur sa propre philosophie[1] ». En effet, si, comme le montre sa correspondance avec Rudolph Stadelmann, Heidegger commence par approuver le rôle grandissant des SA à l'Université, il entre en conflit avec leurs représentants étudiants à la fin de son rectorat. En outre, les cours postérieurs au 30 juin 1934, son soutien renouvelé à Hitler durant l'été 1934, son projet, rédigé à la même époque, d'une haute école des professeurs du Reich ainsi que sa participation aux activités de l'Académie pour le droit allemand nous prouvent que son engagement hitlérien et nazi n'a pas été ébranlé par la nuit du 30 juin 1934. Et nous n'avons aucune connaissance de relations nouées entre Röhm et Heidegger, tandis que nous le savons proche du cercle de Goebbels, et, avant tout, totalement fasciné par la personne de Hitler, comme l'attestent, outre le séminaire hitlérien, ses déclarations de 1933 à Karl Jaspers sur les « admirables mains de Hitler », ou de 1936 à Karl Löwith sur sa foi inentamée dans le *Führer*, sans parler d'un nombre considérable de déclarations professées ou publiées durant ces mêmes années. Enfin, nous avons montré qu'il n'existe pas une « philosophie » de Heidegger, qui aurait été constituée de manière cohérente et distincte

---

1. V. FARIAS, *Heidegger et le nazisme, op. cit.*, p. 17. Dans la version allemande ultérieure du livre (p. 40-41), Farias renchérit, sans doute pour se défendre, sur cette thèse, mais au risque de lui donner une importance à notre avis excessive.

indépendamment de son implication radicale dans le nazisme : l'inachèvement d'*Être et temps*, la façon dont il y rapporte déjà le destin de l'existence authentique à la communauté du peuple, et son affirmation de Davos selon laquelle il y a une *Weltanschauung* au fondement de toute philosophie le prouvent suffisamment.

Nous ne précisons pas ces points pour ajouter aux critiques qui ont injustement accablé Farias : son livre n'est nullement construit autour de cette thèse énoncée brièvement, et les documents réunis par lui dans la troisième partie de l'ouvrage font contrepoids à ce qu'elle avait de trop partiel. Il importe seulement de montrer que la ligne suivie par Heidegger ne saurait être identifiée à aucune « variante » particulière du national-socialisme. On ne parlera donc pas d'un national-socialisme « fribourgeois » ou d'un national-socialisme « privé », comme cela a parfois été affirmé par des auteurs qui ont voulu atténuer l'importance de sa participation. Trop de textes, à commencer par le discours de rectorat, nous révèlent qu'il s'est identifié non seulement au nazisme, mais aussi à l'hitlérisme, et qu'il a eu l'ambition d'assurer la direction intellectuelle et « spirituelle » de l'ensemble du mouvement, en luttant contre ses déviations « libérales ».

HEIDEGGER ET LES DISCOURS DE HITLER

Arrivés à ce point de notre analyse, nous devons poser une question que nous soumettons à la sagacité des futurs chercheurs. En effet, la valorisation par Heidegger des discours et du style de Hitler, sa défense totale du principe de domination de l'hitlérisme comme fondement du politique et de l'État amènent à s'interroger plus en profondeur sur la nature des relations entre Heidegger et Hitler. Heidegger est-il uniquement celui qui vient appuyer et défendre l'œuvre de Hitler – ce qui représente déjà une compromission effrayante – ou bien sa participation à la dictature de l'hitlérisme n'est-elle pas plus active encore ?

Celui qui, pour ses recherches, a dû lire de près les discours, les conférences et les cours de Heidegger des années 1933-1934 et d'autre part certains discours de Hitler de la même période ne peut qu'être extrêmement frappé par la similitude de style et de doctrine entre nombre de passages des discours de Hitler et de ceux de Heidegger. Cela pourrait s'expliquer par l'imprégnation du style hitlérien dans l'esprit de Heidegger.

Cependant, Heidegger n'a pas fait que recevoir en lui l'hitlérisme et s'en nourrir. Il a aussi activement contribué à sa suprématie, comme nous l'a montré l'ardeur avec laquelle il s'est consacré à l'introduction du principe du *Führer* à l'Université. Jusqu'où est allée son activité en faveur de Hitler ? À ce propos, il faut prêter attention au fait, bien trop méconnu, que nombre de discours prononcés par Hitler ne sont pas de sa plume. Pour qui a feuilleté le *Völkischer Beobachter* des années 1933-1934, il apparaît matériellement impossible que le *Führer* ait pu rédiger entièrement lui-même la totalité des innombrables discours-fleuves qu'il a prononcés presque quotidiennement. Or il n'existe pas d'étude exhaustive sur les personnalités qui, dans l'entourage proche ou lointain de Hitler, ont été amenées à rédiger à son attention notes, mémorandums et projets de discours. Il n'est donc pas absurde de formuler l'hypothèse que parmi les réseaux cachés du nazisme aujourd'hui encore si mal connus, Heidegger ait pu jouer un certain rôle dans la conception en amont des mémorandums qui ont servi de base aux discours de Hitler. À cet égard, le télégramme que Heidegger a envoyé au chancelier Hitler pour le conseiller sur l'attitude à adopter à l'égard de l'Union universitaire *(Hochschulverband)* apparaît comme un signe public d'une volonté de conseiller le *Führer* dont l'ampleur reste à évaluer. Il s'agit d'un travail qui dépasse largement l'horizon de ce livre, mais qu'il serait indispensable de réaliser un jour. En effet, lorsque Heidegger déclare, au début de son discours de rectorat, que « les *Führer* sont eux-mêmes conduits », il ne s'agit pas d'une parole en l'air. Aujourd'hui où nous pouvons confronter entre eux les discours, les cours et certains des séminaires encore inédits de Heidegger, il apparaît en effet qu'il a voulu imprimer lui-même la direction spirituelle dans laquelle s'est inscrite la volonté de domination totale de l'hitlérisme sur les esprits.

Sans prétendre faire autre chose qu'amorcer ce travail, nous voudrions simplement proposer un indice en ce sens. Un passage important du mémorandum, ou *Denkschrift*, de Hitler en date du 15 décembre 1932 et qui s'intitule : « Sur les fondements internes de la disposition à produire une force de frappe renforcée du mouvement[1] » est, dans sa conception comme dans sa terminologie et son style, particulièrement proche des propositions de Heidegger que l'on trouve dans ses discours et dans ses séminaires des années 1933-1934. Or ce mémorandum est resté inédit, et lorsqu'en juin 1943 Goebbels a jugé qu'il contenait des « arguments si classiques » qu'il pouvait encore servir sans amendement,

---

1. « Denkschrift über die inneren Gründe für die Verfügung zur Herstellung einer erhöhten Schlagkraft der Bewegung ».

Hitler avait complètement oublié le document[1], ce qui tendrait à prouver qu'il n'en était pas l'auteur.

Voici le passage en question :

> Le *fondement* de l'organisation politique est la fidélité. En elle se manifeste comme expression du sentiment le plus noble la connaissance de la nécessité de l'*obéissance* comme la *condition* de la construction de toute communauté humaine.
>
> La fidélité dans l'obéissance ne peut *jamais* être remplacée par des mesures techniques et des institutions formelles quelles qu'elles soient.
>
> Le but de l'organisation politique est de rendre possible la diffusion la plus large de la connaissance regardée comme nécessaire à l'affirmation de la vie de la nation ainsi que de la volonté qui la sert. Le but final est ainsi la mobilisation de la nation pour cette idée.
>
> La *victoire* de l'*idée* national-socialiste est le *but* de notre combat, l'organisation de notre parti un moyen d'atteindre ce but[2].

---

1. Voir I. Kershaw, *Hitler 1889-1936 : Hubris, op. cit.*, p. 993-994.

2. « Das *Fundament* der politischen Organisation ist die Treue. In ihr offenbart sich als edelster Gefühlsausdruck die Erkenntnis der Notwendigkeit des *Gehorsams* als *Voraussetzung* für den Aufbau jeder menschlichen Gemeinschaft. Die Treue in Gehorsam kann *niemals* ersetzt werden durch formale technische Maßnahmen und Einrichtungen, gleich welcher Art. Der Zweck der politischen Organisation ist die Ermöglichung weitester Verbreitung einer für die Lebensbehauptung der Nation notwendig angesehen Erkenntnis sowie des ihr dienenden Willens. Der Endzweck ist damit die Erfassung der Nation für diese Idee. Der *Sieg* der nationalsozialistischen *Idee* ist das *Ziel* unseres Kampfes. Die Organisation unserer Partei ein Mittel zur Erreichung dieses Ziel » (I. Kershaw, *Hitler 1889-1936 : Hubris*, Stuttgart, 1998, p. 500 ; trad. fr. modifiée, *op. cit.*, p. 575).

Ian Kershaw commente ce texte en remarquant que « ce langage éthéré montre à quel point la conception qu'avait Hitler du Parti était loin de toute idée d'organisation bureaucratique ». Or il faut noter que cette conception du politique, qui ramène tout à la relation *Führung-Gefolgschaft* et au lien de fidélité qui rattache la communauté à la volonté de son *Führer*, unis dans la même « idée », est exactement ce que Heidegger défend constamment, tant dans ses discours que dans son séminaire du semestre d'hiver 1933-1934. Et le propos que Heidegger tient à Karl Löwith en 1936 va toujours dans le même sens. Il affirme en effet que « seul lui semblait préoccupant l'excès d'organisation aux dépens des forces vives[1] ».

On doit par ailleurs attirer l'attention sur le fait que si nous ne savons pas quelle fut au juste l'activité de Heidegger durant la période qui va de juillet 1932 à avril 1933 et où il bénéficiait d'un congé d'enseignement, sa correspondance avec Elisabeth Blochmann et ce que nous savons de ses lettres à Bultmann de décembre 1932 nous prouvent que ses préoccupations étaient alors principalement politiques et liées à la montée en puissance de la NSDAP pour laquelle il avait voté. Quoi qu'il en soit, la manière de mettre en italique des termes clés, la valorisation d'une seule *idée*[2] et le

---

1. « Bedenklich schien ihm bloß das maßlose Organisieren auf Kosten des lebendigen Kräfte » (K. Löwith, *Mein Leben in Deutschland...*, *op. cit.*, p. 57 ; trad. fr. [modifiée], p. 78).
2. On a vu en effet Heidegger affirmer dans la septième séance que « ce n'est que là où le *Führer* et ceux qu'il conduit se liguent en un *unique* destin et combattent pour la réalisation d'*une* idée, que peut croître l'ordre vrai ».

pathos de la fidélité *(Treue)*[1] se retrouvent notamment dans le séminaire hitlérien sur lequel porte ce chapitre. Les affinités entre la *Denkschrift* attribuée à Hitler et les orientations et propos de Heidegger sont donc assez significatives pour que l'hypothèse que nous avons formulée mérite d'être examinée.

Heidegger et le *Führerstaat*

Nous avons vu Heidegger faire siennes les principales composantes du nazisme et de l'hitlérisme : la définition du peuple comme communauté de sang et de race, la relation *Führung-Gefolgschaft*, l'apologie de l'État *völkisch* et la légitimation de l'extension de l'espace vital du peuple allemand ; nous l'avons vu exprimer sa fascination pour les discours du « tambour » – comme se nommait lui-même Hitler – et pour l'efficacité persuasive de sa propagande ; nous l'avons vu enfin prononcer l'apologie du principe de l'hitlérisme, voire contribuer à le forger, à savoir que la communauté du peuple se constitue dans le lien vivant qui l'unit à son *Führer*. Dans tous les développements de ce séminaire sur l'État, il n'y a donc rien de philosophique, et rien de plus que l'expression d'une fascination active et com-

---

1. Heidegger affirme en effet dans son séminaire que « l'ordre de l'État est aujourd'hui porté par la volonté libre et pure à obéir et à être guidé, c'est-à-dire au combat et à la fidélité *(Treue)* ». On observe certes une différence, en ce que l'obéissance *(Gehorsam)* est placée dans la *Denkschrift* du côté de la fidélité, tandis qu'elle est située dans le séminaire du côté de la contrainte institutionnelle. Mais le fond de la doctrine reste le même : seuls importent la fidélité inconditionnelle au *Führer* et le combat pour une seule « idée ».

plice de Martin Heidegger pour tout ce que représente Hitler.

D'ailleurs, dans les conclusions de la dernière séance, il va jusqu'au bout de son absolutisation de l'État hitlérien. En effet, il n'hésite pas à affirmer que :

> L'État [...] est la réalité la plus réelle, qui doit donner à la totalité de l'être un sens nouveau, un sens originel. C'est dans l'État qu'advient la plus haute réalisation de ce qu'est l'être humain[1].

Or cet État qui est censé donner à la « totalité de l'être » un nouveau sens, et permettre « la plus haute réalisation » de l'être humain, c'est, comme Heidegger le dit maintenant explicitement, l'État hitlérien, le *Führerstaat*. Il place ici, comme le fait Hitler lui-même, le IIIᵉ Reich dans la continuité des précédents, et donc de l'État prussien, et n'hésite pas à se réclamer de l'héritage politique du luthéranisme, évidemment dévoyé dans cet amalgame. Telle est la conclusion de Heidegger, sur laquelle nous terminerons aussi ce chapitre, car l'hitlérisme radical de l'auteur d'*Être et temps* est suffisamment démontré :

> Le *Führerstaat* – tel que nous l'avons – signifie l'accomplissement du développement historique, la réalisation du peuple dans le *Führer*. L'État prussien tel qu'il s'était parfait sous l'impulsion formatrice de la noblesse prussienne est la forme préalable de l'État d'aujourd'hui. Cette relation atteste l'affinité élective qui existe entre le prussia-

---

1. « Der Staat [...] ist die wirklichste Wirklichkeit, die in einem neuen, urprünglichen Sinn dem ganzen Sein einen neuen Sinn geben muß. Die höchste Verwirklichung menschlichen Seins geschieht im Staat » (HEIDEGGER, *Über Wesen und Begriff...*, *op. cit.*, conclusion de la neuvième séance).

nisme et le *Führer*. C'est de cette grande tradition que procède le mot, imprégné de l'esprit luthérien, du grand Prince électeur, et nous nous y tenons lorsque nous professons son sens : *Nous exerçons nos pouvoirs en sorte qu'ils sachent que ce qui appartient au peuple n'est rien de privé*[1].

---

1. « Der Führerstaat – wie wir ihn haben – bedeutet die Vollendung der geschichtlichen Entwicklung : die Verwirklichung des Volkes im Führer. Der preußische Staat, wie er sich vollendete unter Bildung des preußischen Adels, ist die Vorform des heutigen. Dieses Verhältnis bezeugt die Wahlverwandtschaft, die zwischen dem Preußentum und dem Führer besteht. Aus dieser großen Tradition stammt und in ihm stehen wir, wenn wir uns zu seinem Sinn bekennen, das Wort des großen Kurfürsten aus lutherischem Geiste : *Si[c] gestamus principatus ut scia[nt] rem esse populi non unam privatam* » (*ibid.* Nous proposons de rectifier le latin pour qu'il ait un sens, dans l'attente de pouvoir consulter le manuscrit même. T. Kisiel a proposé deux versions de la phrase latine, mais aucune ne semble pleinement satisfaisante. Pour les références, cf. Bibliographie, p. 744).

6

Heidegger, Carl Schmitt et Alfred Baeumler :
le combat contre l'ennemi et son extermination

Les deux séminaires inédits de Heidegger – le séminaire hitlérien que nous venons d'étudier et le séminaire intitulé *Hegel, sur l'État* que nous aborderons bientôt – apportent des lumières nouvelles sur les relations entre Martin Heidegger et Carl Schmitt. Nous y découvrons que, lorsqu'il traite du politique, Heidegger est conduit à évoquer de manière explicite la conception schmittienne du politique, et cela non pas pour s'y identifier, mais pour marquer sa différence, sans pour autant récuser la conception de Schmitt. Il serait cependant erroné de situer les rapports entre les deux hommes sur un plan strictement intellectuel. En réalité, leurs relations ne constituent pas un dialogue entre deux penseurs, mais s'inscrivent dans l'effectivité la plus brutale de la politique nazie et de l'entreprise hitlérienne au moment de la « mise au pas » ou *Gleichschaltung*, dont ils sont l'un et l'autre des soutiens et même des acteurs, à plus d'un égard décisifs. Nous avons montré le rôle actif joué par Heidegger ; nous dirons quelques mots de l'activité de Carl Schmitt, avant de voir jusqu'à quel point sont allés Heidegger et Schmitt, ainsi que Baeumler, dans l'apologie du combat contre « l'ennemi » et l'appel à son extermination.

CARL SCHMITT ET LA *GLEICHSCHALTUNG* COMME MOYEN
AU SERVICE DE L'« HOMOGÉNÉITÉ » RACIALE DU PEUPLE

Nous avons déjà évoqué la publication par Ernst
Forsthoff d'un important passage du discours de rectorat de Heidegger confronté aux douze thèses antisémites « Contre l'esprit non allemand »[1]. Il faut ajouter
que Forsthoff représente un lien méconnu entre Heidegger et Carl Schmitt. Né en 1902, il est en effet, avec
Ernst Rudolf Huber et Theodor Maunz, l'un des principaux disciples ultra-nazis et antisémites virulents de
Carl Schmitt. Bien avant la prise du pouvoir de 1933, il
collabore sous divers pseudonymes à plusieurs revues
antisémites. En 1930, Carl Schmitt entreprend de lui
faire soutenir son habilitation. Après une tentative
infructueuse à Bonn, c'est à l'université de Fribourg
que Forsthoff la soutient, le 12 mai 1930, sous la direction du juriste Fritz Freiherr von Marschall. Chargé de
cours à la Faculté de droit de Fribourg jusqu'au printemps 1933, Forsthoff est nommé ensuite à Francfort
sur la chaire du juriste Hermann Heller, adversaire
de Carl Schmitt lors du procès du « coup d'État » de
Prusse ou *Preußenschlag* de 1932, et révoqué en avril
1933 comme juif par la loi sur la « restauration de la
fonction publique ». Protestant, Forsthoff est proche
d'Erik Wolf, et cela jusqu'après 1945, comme l'attestent les lettres qu'échangent les deux hommes après
la défaite du Reich – la correspondance est conservée
dans les Archives Wolf de l'université de Fribourg[2].
Compte tenu de ces différents liens, il est vraisemblable
que Forsthoff et Heidegger se sont connus à Fribourg
durant les années 1930-1933. En outre, Forsthoff est

---

1. Voir *supra*, chapitre 2, p. 144-148 et 152-153.
2. *Erik Wolf Nachlaß*, C 130.

l'auteur, en 1933, de *L'État total (Der Totale Staat)*, ouvrage à l'impact considérable et cité notamment par Erik Wolf, la même année, comme une référence. Et lorsque Heidegger lui-même, dans son séminaire inédit de 1934-1935, parle de « l'État total », c'est non seulement à Carl Schmitt, mais également à l'ouvrage de Forsthoff qu'il fait certainement allusion. Mais venons-en à Schmitt lui-même.

Le commentaire que publie Carl Schmitt de la *Gleich-schaltung* en cours, le 12 mai 1933, dans le *Westdeutscher Beobachter*, et qui s'intitule « Le bon droit de la révolution allemande », montre explicitement le but antisémite et raciste de cette « mise au pas ». Comme à son accoutumée, il joue sur le mot *gleich*, qui signifie à la fois « égal » et « identique », et que l'on retrouve dans le terme *Gleichartigkeit*. Ce mot est ambigu, et Schmitt va jouer longtemps, et de manière perverse, sur cette ambiguïté avant 1933. En effet, on peut le rattacher au mot *Gleichheit*, qui signifie l'« égalité » – mais aussi la « similarité » – et qui peut donc coïncider avec le concept démocratique d'égalité politique et sociale. Cependant, Schmitt emploie comme un synonyme de *Gleichartigkeit* le terme *Homogeneität*, et, dès la fin des années 1920, il devient clair que ce qu'il nomme alors, notamment dans sa *Théorie de la Constitution* de 1928, « l'homogénéité substantielle du peuple » *(die substantielle Gleichartigkeit des Volkes)* ne renvoie nullement à l'égalité sociale, mais à tout autre chose, qui est d'ordre racial. Or ce qui constitue un piège, c'est que, durant cette période, Schmitt maintient le terme « démocratie » pour l'opposer au « libéralisme », mais la manière dont il entend le *demos*, le peuple, est déjà pré-nazie, et il ne cache pas que la « démocratie politique », telle qu'il la conçoit, s'accommode parfaitement de la dictature. Dans le long avertissement de

la deuxième édition de 1926 de son ouvrage intitulé
*La Situation historique-spirituelle du parlementarisme
actuel*, Schmitt se dévoile un peu plus. Il affirme en effet
qu'« à la démocratie appartient tout d'abord nécessairement l'homogénéité et deuxièmement – au besoin –
l'élimination ou l'extermination *(Vernichtung)* de l'hétérogène[1] ». Cet « au besoin » *(nötigenfalls)* est particulièrement pervers, car tout le travail de Schmitt dans
le nazisme va consister à justifier cette « extermination
de l'hétérogène ».

Toujours est-il – pour revenir à son commentaire
de la « mise au pas » – qu'en mai 1933 Schmitt peut
se permettre d'être beaucoup plus explicite. Il écrit en
effet :

> Le droit allemand et l'État allemand ne reposent plus
> désormais sur une vide et formelle « égalité de tous devant
> la loi » ou sur la trompeuse parole de « l'égalité de tout ce
> qui porte visage humain », mais sur la nature homogène
> réelle et substantielle de tout le peuple allemand unitaire
> en soi et homogène.
>
> La *Gleichartigkeit* est quelque chose de plus et de plus
> profond que la *Gleichschaltung*, qui n'est qu'un moyen
> et un instrument de la *Gleichartigkeit*. [...] Les décisions
> concernant magistrats, médecins et avocats purifient la vie
> publique des éléments non aryens étrangers à la race[2].

---

1. « Zur Demokratie gehört also notwendig erstens Homogeneität und zweitens – nötigenfalls – die Ausscheidung oder Vernichtung des Heterogenen » (Carl SCHMITT, *Die geistesgeschichtliche Lage des heutigen Parlementarismus*, Munich, 2ᵉ éd., 1926,
p. 14 ; cité par Manfred GANGL, « Gesellschaftliche Pluralität und
politische Einheit », *Intellektuelle im Nationalsozialismus*, éd. par
Wolfgang Bialas et Manfred Gangl, Francfort, 2000, p. 109).
2. « Das deutsche Recht und der deutsche Staat beruhen von
jetzt ab nicht mehr auf einer leeren und formalen "Gleichheit Aller

Il est donc manifeste que la *Gleichschaltung* n'est pas seulement une « mise au pas » politique, mais qu'elle a pour fin la « reconstitution » de « l'homogénéité » raciale, par l'exclusion des « éléments non aryens de race étrangère » de la « vie publique ». C'est le but de la « loi pour la reconstitution de la fonction publique » du 7 avril 1933, mais cette loi ne constitue qu'un début. Le nazisme ira beaucoup plus loin avec les lois raciales de Nuremberg du 15 septembre 1935 – dont Schmitt se fera le commentateur enthousiaste dans un écrit intitulé « La Constitution de la liberté » –, puis avec la Nuit de cristal de 1938, et la « Solution finale » décidée en 1942. Cet enchaînement était ouvertement annoncé dès avant 1933 puisque l'on a vu Carl Schmitt envisager froidement, comme Hitler dans *Mein Kampf*, « l'extermination » des éléments dits « hétérogènes » dès 1926.

Ce qu'il est capital de bien comprendre, c'est que la « mise au pas » accomplie par le nazisme s'est réalisée à la fois dans les faits et dans les paroles et les écrits. À cet égard, les juristes apparaissent comme au centre du dispositif, au moins jusqu'en 1936, car bientôt viendra le temps où la police et l'armée prendront définitivement le relais du « droit ». Cependant, la succession des lois qui imposent l'exclusion raciale toujours plus radicale des « non-aryens » de la communauté allemande

---

vor dem Gesetz" oder dem irreführenden "Gleichheit alles dessen, was Menschenantlitz trägt", sondern auf der sachlichen und substanzhaften Gleichartigkeit des ganzen, in sich einheitlichen und gleichartigen deutschen Volkes. Gleichartigkeit ist mehr und etwas Tieferes als Gleichschaltung, die nur ein Mittel und Werkzeug der Gleichartigkeit ist. [...] Die Bestimmungen über Beamte, Ärzte und Anwälte reinigen das öffentliche Leben von nichtarischen fremdgearteten Elementen » (Carl SCHMITT, « Das gute Recht der deutschen Revolution », *Westdeutscher Beobachter*, 12 mai 1933 ; voir M. GANGL, art. cité, p. 118-119).

ne fait que traduire en actes ce qui existait déjà dans les textes. Derrière les juristes, il y a les « philosophes », et l'évolution que l'on constate dans les ouvrages de Schmitt, de sa *Théorie de la Constitution* de 1928 à ses écrits de l'année 1933, est comparable à celle de Heidegger, depuis *Être et temps* de 1927 jusqu'aux cours, discours et conférences des années 1933-1935, en passant par le cours de l'hiver 1929-1930 sur les *Concepts fondamentaux de la métaphysique* où l'orientation politique de Heidegger commence à transparaître nettement, notamment au paragraphe 38. On le voit en effet évoquer dans la même phrase « l'imbroglio politique » *(die politische Wirrnis)* et « le déracinement de la philosophie » *(die Bodenlosigkeit der Philosophie)*, puis la nécessité de reconduire le *Dasein* à « l'unité enracinée d'un agir essentiel » *(wurzelhaften Einheit eines wesentlichen Handelns)*, et d'« être durs au fondement de notre essence » *(im Grunde unseres Wesens stark zu sein)*[1].

Il est donc indispensable d'approfondir la nature des relations entre Heidegger et Schmitt, dans la mesure où cela nous éclaire sur la responsabilité effective de Heidegger et sur la manière dont les « philosophes » du nazisme et ses « juristes » – il faut mettre les termes entre guillemets – se déterminent et s'inspirent mutuellement. Nous évoquerons tout d'abord ce que nous savons actuellement des relations entre Schmitt et Heidegger en 1933, avant d'aborder la manière dont ces relations se manifestent dans leurs écrits de l'époque.

---

1. Voir Heidegger, *Die Grundbegriffe der Metaphysik*, GA 29-30, 243-245 ; trad. fr., p. 245-247.

LA LETTRE DE HEIDEGGER À CARL SCHMITT DU
22 AOÛT 1933, LE SOUHAIT DE « COLLABORATION DÉCISIVE »
ENTRE LES DEUX HOMMES ET LA NAZIFICATION
DE LA FACULTÉ DE DROIT DE FRIBOURG

L'année 1933 n'est pas seulement celle d'un engagement commun dans le nazisme de la part de Heidegger
et de Carl Schmitt, qui adhèrent à la NSDAP le même
jour, elle est aussi celle d'une collaboration intellectuelle et politique entre les deux hommes, confirmée
par le fait que leurs écrits de l'époque portent la marque
d'une influence réciproque profonde et incontestable.
C'est pourquoi Karl Vossler et Karl Jaspers ont eu raison de les associer dans le même destin politique[1]. Il
semble pour autant difficile de parler d'un « échange de
lettres » entre Heidegger et Schmitt[2], puisque – comme
nous allons le montrer – nous ne disposons actuellement que d'une seule lettre de Heidegger à Schmitt,
sans réponse connue de ce dernier. Néanmoins, la révé-
lation par cette lettre du fait que les deux hommes s'entendent en 1933 sur la même conception du *polemos*
permet de mettre en lumière à quel point le racisme est
profondément inscrit dans leur doctrine.

Le 22 août 1933, au lendemain de la promulgation
de la loi sur l'introduction du principe du *Führer* dans
les universités du pays de Bade, Heidegger écrit à Carl
Schmitt en ces termes :

---

1. Voir la lettre de Karl Vossler à Benedetto Croce du 25 août
1933 présentant Heidegger et Schmitt comme « les deux désastres
intellectuels de l'Allemagne nouvelle » (cité par G. SCHNEEBERGER,
op. cit., p. 110-111) ; et le jugement de Jaspers du 22 déc. 1945 (cité
dans *M. Heidegger/Karl Jaspers Briefwechsel, op. cit.*, p. 272 ; trad.
fr., p. 421).
2. Selon l'expression employée par Jacques Derrida dans *Politiques de l'amitié*, Paris, 1994, p. 403.

Très honoré Monsieur Schmitt !
Je vous remercie pour l'envoi de votre écrit, que je connais
déjà dans sa seconde édition et qui contient une approche
de la plus grande importance.
J'apprécierais beaucoup de pouvoir un jour m'entretenir
là-dessus de vive voix avec vous.
Sur votre citation d'Héraclite, j'ai tout particulièrement
apprécié le fait que vous n'avez pas oublié le *basileus*,
qui seul donne sa pleine consistance à l'ensemble de
l'aphorisme, lorsqu'on l'interprète entièrement. Depuis
des années je tiens prête une telle interprétation concernant le concept de vérité – l'*edeixe* et l'*epoiese* [le montrer
et le faire] qui apparaissent dans le fragment 53.
Mais je me trouve maintenant aussi au milieu du *polemos*
et les projets littéraires doivent céder le pas.
Je voudrais aujourd'hui vous dire seulement que je compte
beaucoup sur votre collaboration décisive lorsqu'il s'agira
de reconstruire entièrement de l'intérieur la Faculté de
droit dans ses orientations scientifiques et éducatives.
Ici, la situation est malheureusement très désespérante. Le
rassemblement des forces spirituelles, qui doivent mener
vers ce qui vient, devient toujours plus urgent.
Je conclus pour aujourd'hui avec mes salutations amicales.
Heil Hitler !

Votre HEIDEGGER[1].

---

1. Sehr verehrte Herr Schmitt ! Ich danke Ihnen für die Übersendung Ihrer Schrift, die ich in der zweiten Auflage schon kenne und
die einen Ansatz von der größten Tragweite enthält. Ich wünsche
sehr, mit Ihnen darüber einmal mündlich sprechen zu können. An
Ihrem Zitat von Heraklit hat mich ganz besonders gefreut, daß sie
den *basileus* nicht vergessen haben, der dem ganzen Spruch erst
seinen vollen Gehalt gibt, wenn man ihn ganz auslegt. Seit Jahren
habe ich eine solche Auslegung mit Bezug auf den Wahrheits-
begriff bereit liegen – das *edeixe* und *epoiese*, die im Fragment 53
vorkommen. Aber nun stehe ich selbst mitten im *polemos* und Lite-
rarisches muß zurücktreten. Heute möchte ich Ihnen nur sagen, daß
ich sehr auf Ihre entscheidende Mitarbeit hoffe, wenn es gilt, die

La lettre de Heidegger répond à l'envoi de la troisième édition du *Concept du politique* publiée par Carl Schmitt en 1933 avec beaucoup de modifications. Il se peut que cet envoi de Schmitt ait lui-même été précédé par celui du discours de rectorat de Heidegger, car la première édition du discours se trouve dans le *Nachlaß Schmitt* de Düsseldorf. Nous apprenons de Heidegger qu'il connaît déjà la deuxième édition datée de 1932 et qu'il apprécie particulièrement les importantes modifications introduites par Schmitt au début de la troisième, publiée par la Hanseatische Verlagsanstalt. Cette officine nazie de Hambourg a fait paraître l'année précédente *Le Travailleur* de Jünger avant d'éditer en 1933 *L'État total* de Forsthoff ainsi qu'*État, mouvement, peuple* de Schmitt.

La référence à Héraclite semble plus énigmatique, dans la mesure où Schmitt ne cite pas l'aphorisme 53 dans sa troisième édition du *Concept du politique*, mais se contente d'y faire allusion dans une note ajoutée en 1933, à propos de l'interprétation de Nietzsche et d'Héraclite par Baeumler. Il est possible que Heidegger se réfère à la dédicace manuscrite du livre, où Schmitt aurait cité l'aphorisme en question ; il semble moins vraisemblable que Heidegger réponde à une lettre d'accompagnement, malgré ce que suggèrent les éditeurs américains de la revue *Telos*, car Schmitt a pour habitude de conserver une copie de ses lettres ; or il n'y a pas trace d'une lettre de Schmitt à Heidegger dans le *Nach-*

Juristische Fakultät im Ganzen nach ihrer wissenschaftlichen und erzieherischen Ausrichtung von Innen her neu aufzubauen. Hier ist es leider sehr trostlos. Die Sammlung der geistigen Kräfte, die das Kommende heraufführen sollen, wird immer dringender. Für heute schließe ich mit freundlichen Grüßen. Heil Hitler ! Ihr Heidegger (publié dans la revue *Telos*, n° 72, été 1987, *Special Issue. Carl Schmitt: Enemy or Foe?*, p. 132 ; réédité dans GA 16, p. 156).

358 Heidegger, l'introduction du nazisme...

laß Schmitt. Si c'est bien d'une lettre qu'il s'agit, cela signifierait que Schmitt l'a intentionnellement occultée ou détruite, pour masquer la réalité de leurs relations.

Une analyse des sources donne à penser qu'il ne subsiste (ou du moins qu'il n'est conservé dans les fonds publiquement répertoriés) qu'une seule lettre de Heidegger à Carl Schmitt. En effet, l'existence d'une première lettre en date du 22 avril 1933 n'est étayée par aucun texte actuellement connu. La première mention de cette lettre se trouve dans une étude de Joseph W. Bendersky, *Carl Schmitt Theorist for the Reich*, datée de 1983. Bendersky note simplement que Heidegger écrivit à Schmitt en 1933, en l'invitant à « collaborer », et il donne la date du 22 avril. En 1987, Victor Farias écrit que « ce fut Heidegger qui invita Carl Schmitt à rejoindre le mouvement national-socialiste, dans une lettre datée du 22 avril 1933 et qui est conservée dans les archives personnelles de Schmitt[1] ». Cependant, comme Farias ne renvoie pas au *Nachlaß Schmitt*, mais seulement à la page déjà signalée de Bendersky, on peut penser qu'il a surinterprété l'invitation à collaborer signalée laconiquement par ce dernier[2]. Bref, il est probable que Bendersky a eu sous les yeux la lettre manuscrite du 22 août 1933 ou sa copie, et qu'il a mal déchiffré la mention du mois. L'invitation à collaborer ne serait donc pas une invitation à adhérer au parti nazi, mais le souhait d'une « collaboration décisive *(entscheidende Mitarbeit)* en ce qui concerne la restructuration de la Faculté de droit », que nous

---

1. V. FARIAS, *op. cit.*, p. 199 ; trad. fr., p. 151.

2. Depuis Farias, l'existence de cette invitation à adhérer au parti nazi a semblé admise (voir par exemple la présentation de D. Séglard aux *Trois Types de pensée juridique*, de Schmitt, *op. cit.*, p. 26).

trouvons mentionnée dans la lettre du 22 août[1]. Quoi qu'il en soit, après Bendersky et Farias, la lettre du 22 « avril » et l'invitation supposée de Heidegger à adhérer à la NSDAP seront plus d'une fois évoquées par les commentateurs de Schmitt en France, sans que personne s'attache à vérifier si cette lettre a réellement existé.

Carl Schmitt a doublement tenu compte des suggestions de la seule lettre actuellement connue de Heidegger, celle du 22 août 1933. Il s'en est tout d'abord inspiré dans ses propres écrits. En effet, dans ses deux conférences du début de l'année 1934 sur *Les Trois Types de pensée juridique*, on le voit proposer une assez longue exégèse de la notion de *nomos basileus* et renvoyer à un aphorisme d'Héraclite[2], le fragment 33, il est vrai, et non le 53. Cependant, Schmitt ne rapporte pas le *nomos basileus* ou « *nomos* roi » à Héraclite, mais à Pindare[3]. Après avoir rappelé que l'on a pu donner une interprétation normativiste de l'expression, en la prenant au sens de la loi comme roi, il soutient que *nomos* ne veut pas dire « loi », mais « droit », et ne signifie pas seulement la norme, mais la décision, et même avant tout l'ordre. Cela lui permet de rejoindre « l'ordre concret du roi ou du *Führer* ». On a alors, selon les termes de Schmitt, « une coordination véritable. Tout comme *le nomos est roi, le roi est nomos*[4] ». Et Schmitt de s'appuyer sur une note que Hölderlin a placée au bas de sa traduction de Pindare et qui a été publiée dans l'édition de ses

---

1. Le *Nachlaß Schmitt* de Düsseldof mentionne bien (p. 75) l'existence de deux lettres de Heidegger, mais, vérification faite, il s'agit d'une erreur, l'une de ces deux lettres n'étant que la copie de celle du 22 août 1933.

2. C. SCHMITT, *Les Trois Types de pensée juridique, op. cit.*, p. 81.

3. *Ibid.*, p. 72.

4. *Ibid.*, p. 74.

œuvres par Norbert von Hellingrath. Dans la note de Hölderlin que cite Carl Schmitt, le *nomos* comprend les statuts hérités qui conservent « *les conditions vivantes* dans lesquelles *un peuple s'est trouvé et se trouve en présence de lui-même*[1] ». On voit que Heidegger n'est pas le seul à tirer parti de Hölderlin.

En tant que juriste et universitaire, Schmitt a par ailleurs répondu aux attentes de Heidegger. On le voit souligner, dans les mêmes conférences de 1934, la nécessité de renforcer le pouvoir du recteur d'université. Du fait que dans la *Gleichschaltung*, les droits du sénat sont conférés au recteur, Schmitt affirme qu'« il serait erroné d'exclure de ce transfert de pouvoir ceux qui concernent le droit disciplinaire et les tribunaux d'honneur, sous prétexte qu'il s'agirait là d'une juridiction[2] ». Il veut donc ajouter aux pouvoirs du recteur-*Führer* les pouvoirs disciplinaires et judiciaires qui lui permettraient d'exercer à l'université une dictature sans partage. Selon Schmitt, ne pas conférer au recteur ce pouvoir judiciaire, ce serait se rendre aux raisons d'un « normativisme séparant les pouvoirs et détruisant le concept de *Führung* ».

En outre, Schmitt va participer à la nazification de la Faculté de droit de Fribourg. Nous avons vu que la date de la lettre à Schmitt n'est pas indifférente : Heidegger l'envoie au lendemain de la promulgation par le ministère du pays de Bade de la nouvelle constitution des universités. Celle-ci instaure le *Führerprinzip* selon lequel le nouveau recteur n'est plus élu par les professeurs ordinaires, mais directement nommé par le ministre, tandis qu'il nomme lui-même les doyens

---

1. HÖLDERLIN, *Sämtliche Werke*, Berlin, 1923, vol. VI, p. 9 ; cité par C. SCHMITT, *op. cit.*, p. 75.
2. *Ibid.*, p. 102.

des différentes facultés. En supprimant le principe de l'élection et donc la liberté académique, la nouvelle constitution institue *de facto* la « mise au pas » de l'Université, que Heidegger appelait de ses vœux dès le 20 mai 1933 dans un télégramme adressé à Hitler[1]. On a vu que Heidegger s'empresse de diffuser la nouvelle de ce changement de constitution universitaire à tous les professeurs et assistants dès le 24 août 1933[2], mais, comme il l'écrit peu après à Elisabeth Blochmann, si recteur et doyens se voient doter de pouvoirs considérables, les hommes manquent à Fribourg pour mettre en œuvre cette mise au pas[3]. C'est alors vrai tout spécialement pour la Faculté de droit : d'où, sans doute, l'appel à Carl Schmitt qui constitue la deuxième partie de la lettre. En cela aussi, Heidegger sera entendu.

Le problème qu'il rencontre dans sa volonté de « mise au pas » de la Faculté de droit, c'est que celle-ci, qui s'intitule en réalité « Faculté de droit et de sciences politiques », regroupe, outre les juristes, les économistes, parmi lesquels il trouvera ses principaux adversaires en la personne de Walter Eucken et celle d'Adolf Lampe. Il va donc s'appuyer sur un jeune juriste nazi, Erik Wolf, tout à la fois son disciple fanatique et, comme nous le verrons par ses écrits, idéologiquement très proche de Forsthoff et de Schmitt. Si Wolf n'est pas encore membre de la NSDAP, il a adhéré durant l'été 1933 au *NS-Juristenbund*, ce qui constitue une adhésion de fait au « mouvement ». Cette orientation en partie schmittienne de la Faculté de droit marquée par

_____

1. GA 16, 105 ; voir *supra*, chapitre 3, p. 159-160.
2. GA 16, 157 ; voir *supra*, chapitre 2, p. 127.
3. Martin Heidegger à Elisabeth Blochmann, 30 août 1933, *op. cit.*, p. 69 ; trad. fr., p. 292.

la présence à sa tête du doyen Erik Wolf va se renforcer avec la nomination de juristes nazis. Les deux professeurs de droit romain ont été, pour l'un, ou vont être, pour l'autre, révoqués pour raisons raciales, de sorte que la place est libre pour qu'en 1935 soient nommés deux nouveaux titulaires. Le premier, Theodor Maunz, est l'un des disciples les plus proches de Carl Schmitt qui va d'ailleurs le recommander chaleureusement et se porter garant auprès de l'université de Fribourg des orientations national-socialistes du nouveau *Dozent*[1]. Le second, Horst Müller, est un antisémite déclaré qui participera, ainsi d'ailleurs que Maunz, aux Journées de 1936 contre l'esprit juif organisées par Schmitt en présence de Julius Streicher. On peut donc dire que les vœux de Heidegger sont dès 1935 en voie d'être comblés et que, l'année suivante, en 1936, avec la participation active des deux nouveaux professeurs aux Journées antisémites organisées par Schmitt, la nazification de la Faculté de droit aura bel et bien été réalisée dans un esprit schmittien, c'est-à-dire par l'application, dans la « science » du droit, du principe de l'identité raciale ou de l'*Artgleichheit*.

Cette mise en place est parfaitement orchestrée, et, le 1ᵉʳ mai 1937, les trois jeunes juristes nazis de la Faculté de droit de Fribourg, Wolf, Maunz, Müller, vont adhérer ensemble à la NSDAP, réitérant ainsi le geste réalisé quatre ans plus tôt par Heidegger, Schmitt, Rothacker et Freyer. On voit donc à quel point la lettre de Heidegger à Schmitt n'était pas une simple réponse

---

1. Voir la lettre de Carl Schmitt au recteur de l'université de Fribourg du 25 janvier 1935, citée par Silke SEEMANN, *Die politischen Säuberungen des Lehrkörpers der Freiburger Universität nach dem Ende des Zweiten Weltkrieges (1945-1957)*, Fribourg-en-Brisgau, 2002, p. 100.

de courtoisie à l'envoi d'un livre, mais bien un appel concret à la réalisation d'un plan concerté de nazification de l'Université et du Droit en particulier.

L'IDENTIFICATION SCHMITTIENNE DE L'ENNEMI
À L'ÉTRANGER À LA RACE DANS L'ÉDITION DE 1933
DU *CONCEPT DU POLITIQUE* LOUÉE PAR HEIDEGGER

Nous allons maintenant approfondir la façon dont Heidegger se reconnaît dans les écrits de Schmitt, et comment cela se reflète dans ses propres écrits. Nous ne chercherons pas lequel aurait le premier inspiré l'autre, car il semble plutôt qu'il y ait eu entre eux une interaction : dans le nazisme où les individualités sont abolies, ses différentes figures communiquent souterrainement entre elles et font corps à la façon de membres irrigués par le même « sang » – ou plutôt le même poison. Pour mettre au jour l'influence réciproque entre Heidegger et Schmitt, nous évoquerons successivement la troisième édition du *Concept du politique* envoyée par Schmitt en 1933, la référence à Baeumler qui s'y trouve ajoutée, et la conception de l'ennemi développée par Heidegger lui-même dans son cours de l'hiver 1933-1934.

Quel est le commencement ou l'approche *(Ansatz)* qui, dans l'édition de 1933, revêt une si grande importance pour Heidegger ? On remarquera qu'il emploie dans sa lettre à Schmitt le même mot *(Ansatz)* que celui utilisé une année plus tard dans sa lettre à Rothacker. Dans l'édition de 1933, tout le premier chapitre ainsi que le premier paragraphe du second chapitre sont supprimés, de sorte que Schmitt entame directement son exposé par la discrimination entre l'ami et l'ennemi qui n'est plus dite « spécifiquement », mais « proprement *(eigentlich) politique* »[1]. Il reprend à son compte le terme le plus central de l'analytique existentielle d'*Être et temps* et donne ainsi raison à ceux qui rapprochent la distinction heideggérienne entre existence propre et existence impropre (ou authentique et inauthentique) et la discrimination schmittienne entre ami et ennemi[2]. Il est important de souligner à ce propos qu'*Être et temps* et la première édition du *Concept du politique* sont parus la même année 1927. Parler de discrimination « proprement *politique* », c'est en effet indiquer que ce sont ceux qui savent distinguer l'ennemi qui possèdent la conception « propre » de l'existence politique, tandis que la conception « libérale » de la politique, qui tend à la résolution pacifique des conflits par la discussion, serait « impropre ».

En outre, deux importantes additions doivent être relevées, car ce sont elles qui, très vraisemblablement, ont intéressé Heidegger. En effet, nous verrons que l'on trouve comme un écho précis aux considérations de Schmitt dans le cours que Heidegger donnera lors du semestre d'hiver 1933-1934 sur *L'Essence de la vérité*.

Tout d'abord, à la suite du passage où il précise que l'ennemi politique est l'autre, l'étranger, l'auteur du *Concept du politique* ajoute en 1933 une série de considérations qui, lorsque l'on connaît le vocabulaire racial de l'époque tel qu'il a été constitué de Clauß à Schmitt et Forsthoff, montrent que les mots « ami » et « ennemi » sont pour lui des termes raciaux. L'ami est identifié comme « de la même race » *(gleichgeartet)*

---

1. « Die eigentlich *politische* Unterscheidung ist die Unterscheidung von *Freund* und *Feind* » (C. Schmitt, *Der Begriff des Politischen*, Hambourg, 1933, p. 7).
2. Voir notamment l'ouvrage classique de Christian Graf von Krockow, *Die Entscheidung. Eine Untersuchung über Ernst Jünger, Carl Schmitt, Martin Heidegger*, Stuttgart, 1958.

et l'ennemi comme « d'une autre race » *(anders-geartet)*. Schmitt précise ainsi que « la possibilité de relations spécifiquement politiques est donnée par là qu'il n'existe pas que des amis – alliés et de la même race – mais aussi des ennemis[1] ». La phrase qui suit est presque identique à l'édition précédente, à une nuance près qui n'est pas sans signification. L'adjectif « existentiel », déjà employé en 1932 pour souligner le fait que l'ennemi est constitutivement quelque chose d'autre et d'étranger, est, en 1933, mis en italique et répété deux fois :

> L'ennemi est, dans un sens particulièrement intense *existentiellement*, un autre et un étranger, avec lequel, dans un cas extrême, des *conflits existentiels* sont possibles[2].

Ainsi, dans l'édition de 1933, le vocabulaire racial de « l'homogénéité » *(Gleichartigkeit)* et le vocabulaire existentiel du propre, de l'authenticité *(Eigentlichkeit)* et de l'existence, commun à Heidegger et à Schmitt, se rejoignent et se confondent explicitement pour justifier la radicalité du conflit « politique » : si l'ennemi est « existentiellement » tel, c'est-à-dire, par son « essence » même et par sa race *(Art)*, un étranger, alors le conflit ami/ennemi est existentiel au sens où c'est l'existence de l'autre qui est en jeu sans qu'aucune médiation, ni par des normes, ni par un tiers, soit possible. L'anéantissement de l'ennemi devient non seulement justifié, mais « existentiellement » nécessaire.

---

1. « Die Möglichkeit spezifisch politischer Beziehungen ist dadurch gegeben, daß es nicht nur Freunde – Gleichgeartete und Verbündete – sondern auch Feinde gibt » (C. Schmitt, *Der Begriff des Politischen, op. cit.*, p. 8).

2. « Der Feind ist in einem besonders intensiven Sinne *existenziell* ein Anderer und Fremder, mit dem im extremen Fall *existenzielle Konflikte* möglich sind » *(ibid.)*.

On ne saurait trop souligner la dangerosité de cette doctrine, qui d'une part récuse la légitimité d'un droit international et la possibilité d'une résolution légale des conflits politiques, et d'autre part ramène le politique à une lutte raciale. C'est ouvrir la voie à la guerre d'anéantissement ; c'est prévoir et légitimer, dès 1933, la direction dans laquelle va s'engager le *Reich* hitlérien.

Schmitt ajoute dans l'édition de 1933 un long développement qui mérite d'être cité, car c'est peut-être cette page qui a tant intéressé Heidegger :

> Un étranger ne saurait ni décider de la question de savoir si le « cas extrême » est donné, ni de la question corollaire du « moyen extrême » nécessaire, en un sens vital, pour défendre l'existence propre et préserver l'être propre – *in suo esse perseverare*. Celui qui est étranger et d'une autre race *(Andersgeartete)* peut bien se prétendre strictement « critique », « objectif », « neutre » et « purement scientifique », et il peut immiscer sous des déguisements analogues son jugement étranger. Son « objectivité » n'est qu'un *déguisement* politique ou bien alors *le manque total de sens de la relativité*, qui passe à côté de tout ce qui est essentiel. Dans la décision politique, la seule possibilité de la juste reconnaissance et compréhension, et donc aussi la légitimité à donner son avis et à juger, ne peut reposer que sur un *avoir-part* et sur un prendre-part existentiels, que sur l'authentique *participatio*. C'est pourquoi seuls les participants *eux-mêmes*, entre eux, peuvent distinguer le cas extrême du conflit ; et plus spécifiquement, chacun d'eux ne peut décider que *lui-même* de la question de savoir si, dans le cas de conflit qui se présente concrètement, l'être-autre de l'étranger signifie la négation de son propre type d'existence *(eigene Art Existenz)* et doit pour cette raison être éloigné ou combattu, afin de sauver son propre type de vie conforme à son être propre[1].

---

1. « Weder die Frage, ob der "äußerste Fall" gegeben ist, noch die weitere Frage, was als "äußerstes Mittel" lebensnotwendig

Dans cette longue addition, le mot *être* est central. Schmitt introduit en effet une troisième distinction posée comme équivalente aux deux premières : il n'y a plus seulement la distinction *Freund/Feind* et la distinction *gleichgeartet/andersgeartet*, mais aussi celle entre l'être propre et l'être-autre : *das eigene Sein* et *das Anderssein*. Bref, les mots *Art* et *Sein*, « genre » ou « race » et « être » sont utilisés comme des synonymes. Schmitt procure à la lutte nazie des races une caution existentielle et « ontologique » puisée dans la « doctrine » même de Heidegger. Il nous livre ainsi une lecture raciale de l'« ontologie » heideggérienne que l'on peut considérer comme approuvée par Heidegger, puisqu'il a exprimé dans sa lettre à Schmitt tout le bien qu'il pense de la version de 1933 du *Concept du politique*.

Ce point est capital, car il nous fait découvrir la connotation raciale des expressions de Heidegger constamment ressassées mettant en jeu l'être, comme le « rang de l'être » ou même la « vérité de l'être ». Nous en trouverons la confirmation dans bien des textes

---

wird, um die eigene Existenz zu verteidigen und das eigene Sein zu wahren – *in suo esse perseverare* – könnte ein Fremder entscheiden. Der Fremde und Andersgeartete mag sich streng "kritisch", "objektiv", "neutral", "rein wissenschaftlich" geben und unter ähnlichen Verschleierungen sein fremdes Urteil einmischen. Seine "Objektivität" ist entweder nur eine politische *Verschleierung* oder aber die völlige, alles Wesentliche verfehlende *Beziehungslosigkeit*. Bei politischen Entscheidungen beruht selbst die bloße Möglichkeit richtigen Erkennens und Verstehens und damit auch die Befugnis mitzusprechen und zu urteilen nur auf dem existenziellen *Teilhaben* und Teilnehmen, nur auf der echten *participatio*. Den extremen Konfliktsfall können daher nur die Beteiligten *selbst* unter sich ausmachen ; insbesondere kann jeder von ihnen nur *selbst* entscheiden, ob das Anderssein des Fremden im konkret vorliegenden Konfliktsfall die Negation der eigenen Art Existenz bedeutet und deshalb abgewehrt oder bekämpft werden muß, um die eigene, seinsmäßige Art von Leben zu retten » *(ibid.)*.

de ce dernier, notamment dans ses écrits récemment publiés sur Ernst Jünger[1]. On peut dire que Heidegger est, en comparaison d'auteurs comme Clauß, Becker, Rothacker, Wolf ou Schmitt, celui qui a poussé le plus loin le souci de dissimuler sous des termes en apparence indéterminés comme « être », « essence » ou « existence » *(Dasein)* le contenu racial du nazisme, en ne dévoilant qu'à des moments particulièrement choisis la véritable signification de sa « doctrine ».

Pour revenir à Carl Schmitt, la signification raciale de la distinction *gleichgeartet/andersgeartet* est incontestable, et il suffit de lire son ouvrage paru la même année chez le même éditeur pour s'en convaincre. Dans *État, mouvement, peuple*, Schmitt retourne en quelque sorte le mot *Gleichartigkeit* et parle désormais d'*Artgleichheit*, terme dont nous avons vu que la signification raciale est déjà manifeste dans *L'Âme nordique* de Clauß en 1923, et qui, chez Schmitt, désigne l'identité raciale qui unit dans la « communauté populaire » *(Volksgemeinschaft)* le *Führer* et son peuple. Si, en 1933, la visée antisémite de Carl Schmitt n'est pas aussi brutalement thématisée qu'elle le sera par exemple en 1936 lors du congrès qu'il organisera contre « l'esprit juif », il faut dire que nous sommes à un moment où, par calcul et par stratégie, Hitler lui-même met une sourdine à ses propos antisémites. Dans la vie académique allemande, l'antisémitisme explicite et brutal est alors peu présent, sauf chez quelques agitateurs extrémistes comme Krieck – dont la carrière est purement politique et que l'on ne prend au sérieux que par crainte de son pouvoir lorsque, dans les années 1935-1937, il peut se prévaloir de puissants appuis dans le SD – ou, de manière plus maîtrisée mais non moins odieuse, chez des auteurs

---

1. Voir *infra*, chapitre 9, p. 632-653.

plus jeunes comme Forsthoff, qui n'hésitent pas à renchérir sur les propos de leur maître.

Chez Ernst Forsthoff, la signification antisémite du terme *Artgleichheit* est explicitement revendiquée. Dans *L'État total*, il écrit en effet :

> La conscience de l'identité raciale et de la co-appartenance *völkisch* s'actualise avant tout dans l'aptitude à reconnaître la différence de race et à distinguer l'ami de l'ennemi. Et il importe précisément de savoir reconnaître la différence de race là où elle n'est pas rendue forcément perceptible par l'appartenance à une nation étrangère, par exemple chez les Juifs qui, par une participation active à la vie culturelle et économique, cherchent à provoquer et, sachant s'y prendre, provoquent l'illusion d'une identité raciale et d'une appartenance au peuple[1].

Chez le disciple, les choses sont tout à fait explicites : la discrimination schmittienne entre l'ami et l'ennemi est une discrimination raciale, et elle vise avant tout le « Juif » qui, malgré tous ses efforts pour s'assimiler et pour s'intégrer dans la vie culturelle et économique d'un peuple, est percé à jour par la prise de conscience raciste, qui reconnaît en lui sa différence radicale. Schmitt, pour sa part, est plus allusif et plus

---

1. « Das Bewußtsein der Artgleichheit und völkischen Zusammengehörigkeit aktualisiert sich vor allem in der Fähigkeit, die Artverschiedenheit zu erkennen und den Freund vom Feind unterscheiden. Und zwar kommt es darauf an, die Artverschiedenheit dort zu erkennen, wo sie nicht durch die Zugehörigkeit zu einer fremden Nation ohne weiteres sichtbar ist, etwa in dem Juden, der durch eine aktive Beteiligung an dem kulturellen und wirtschaftlichen Leben die Illusion einer Artgleichheit und einer Zugehörigkeit zum Volke zu erwecken suchte und zu erwecken verstand » (Ernst Forsthoff, *Der Totale Staat*, *op. cit.*, p. 38 ; cité par Raphaël Gross, *Carl Schmitt und die Juden*, Francfort-sur-le-Main, 2000, p. 65).

retors : dans la page citée, l'antisémitisme perce de manière allusive et indirecte, à travers la citation latine de Spinoza : *in suo esse perseverare*.

LA NOTE DE CARL SCHMITT SUR BAEUMLER ET JÜNGER ET LA RÉFÉRENCE DE BAEUMLER À HÉRACLITE

Comme nous l'avons vu, la lettre de Heidegger semble se référer à la fois au début de la nouvelle édition de 1933 du *Concept du politique* et à une longue note additionnelle où Schmitt évoque la relation entre le combat, le politique et la guerre, en se référant notamment à Héraclite. Cette note est importante, puisque c'est elle qui a sans doute motivé la citation par Schmitt de l'aphorisme 53, soit en dédicace du livre, soit dans une lettre d'accompagnement. Or, voici en quels termes Schmitt évoque Héraclite au début de sa note :

A. Baeumler interprète sur un mode totalement agonal le concept du combat de Nietzsche et d'Héraclite. Question : d'où viennent les ennemis dans le Walhalla ? H. Schaefer, dans *Forme de l'État et politique*, renvoie au « caractère fondamentalement agonal » de la vie grecque ; même dans les confrontations sanglantes entre des Grecs et des Grecs, le combat était toujours seulement « agon », l'adversaire seulement « antagoniste », joueur opposé ou lutteur opposé, mais non pas ennemi, et par conséquent l'achèvement de la lutte n'était pas non plus conclusion de paix *(eigonè)*. Cette situation ne prend fin qu'avec la guerre du Péloponnèse, lorsque l'unité politique de l'hellénisme se fracture. Dans tout examen approfondi de la guerre apparaît cette grande opposition métaphysique entre pensée *agonale* et pensée *politique*. Concernant l'époque la plus récente, j'aimerais citer ici l'extraordinaire confrontation entre Ernst Jünger et Paul Adams […], dont j'espère que nous pourrons bientôt en disposer sous forme imprimée. Ernst Jünger défendait là le principe agonal (« L'homme n'est pas fait pour la paix »), tandis que Paul Adams voyait le sens de la guerre dans l'engendrement de la domination, de l'ordre et de la paix[1].

Cette note est bien représentative de la façon de s'exprimer de Schmitt, qui saute d'une allusion à l'autre sans proposer une argumentation construite et claire. Pour un lecteur averti, l'apparence de l'érudition ne saurait masquer la carence de la pensée, et si sa connaissance du latin lui permet d'user de formules concises et frappantes, nous ne voyons pas au nom de quoi certains interprètes ont pu parler à son propos d'un grand « penseur » du politique. Sans pouvoir ici l'analyser complètement, nous retiendrons plusieurs choses du contenu de la note. Tout d'abord, la référence à Baeumler, que nous allons examiner pour elle-même ; ensuite, la référence

---

1. « A. Baeumler deutet Nietzsches und Heraklits Kampfbegriff ganz ins Agonale. Frage : woher kommen in Walhall die Feinde ? H. Schaefer, *Staatsform und Politik* (1932), weist auf den "agonalen Grundcharakter" des griechischen Lebens hin ; auch bei blutigen Zusammenstößen von Griechen mit Griechen war der Kampf nur "Agon", der Gegner nur "Antagonist", Gegenspieler oder Gegenringer, nicht Feind, und die Beendigung des Wettringens infolgedessen auch kein Friedensschluß *(eigonè)*. Das hört erst mit dem peloponnesischen Kriege auf, als die politische Einheit des Hellenentums zerbrach. Der große metaphysische Gegensatz *agonalen* und *politischen* Denkens tritt in jeder tieferen Erörterung des Krieges zutage. Aus neuester Zeit möchte ich hier das großartige Streitgespräch zwischen Ernst Jünger und Paul Adams (Deutschland-Sender, 1. Februar 1933) nennen, das hoffentlich bald auch gedruckt zu lesen ist. Hier vertrat Ernst Jünger das agonale Prinzip ("der Mensch ist nicht auf den Frieden angelegt") während Paul Adams den Sinn des Krieges in der Herbeiführung von Herrschaft, Ordnung und Frieden sah » (C. Schmitt, *Der Begriff des Politischen, op. cit.*, note 1, p. 10).

372   *Heidegger, l'introduction du nazisme...*

à Jünger, également importante ; enfin, et plus généralement, le fait que la question de l'ennemi *(Feind)*
– entendu comme *hostis* et non comme *inimicus* –
est explicitement envisagée par Schmitt en relation avec
la guerre. Cela signifie que l'ennemi politique dont il
est question n'est pas un adversaire privé, distingué par
un sentiment d'antipathie personnel, mais un ennemi
public, que l'on combat pour défendre sa propre existence. Cet ennemi correspond au latin *hostis* ou au grec
polemios, et Schmitt traduit explicitement, dans la
même page, le *polemos* par la guerre *(Krieg)*. Nous verrons, à propos de Heidegger, l'importance de ce point.

La façon dont Schmitt se réfère à Baeumler et à Jünger est donc une semi-critique : ils n'auraient perçu que
le caractère « agonal » du combat valorisé en quelque
sorte pour lui-même, par son caractère de lutte violente
entre deux antagonistes, sans reconnaître ce que signifie véritablement, selon Schmitt, la lutte d'un peuple
pour son existence. Il y a cependant un leurre et un
piège dans cette note, comme c'est constamment le
cas chez Schmitt. En évoquant l'opposition de Paul
Adams à Jünger, Schmitt semble vouloir privilégier
une conception politique de la guerre, qui seule permettrait de parvenir à la conclusion de la paix, tandis que
la lutte agonale, qui ne vise rien d'autre qu'elle-même,
serait sans fin. Cependant, une autre note de la même
page, où il s'appuie cette fois sur sa lecture de Platon
pour définir la manière dont il entend le *polemos*, nous
révèle ce qu'il a véritablement à l'esprit. Une lutte
intestine, une lutte entre Grecs, ne saurait être un véritable combat entre ennemis. « Seule une guerre entre
Hellènes et Barbares [qui, écrit Schmitt, sont "ennemis
de nature"] est une guerre véritable. » Il n'y a donc
pour lui de guerre véritable qu'entre peuples opposés,
« ennemis de nature », c'est-à-dire qui ne sont pas de

la même race. Loin de conduire à la paix, la « véritable guerre » selon lui est une guerre « pour son existence » et elle conduit nécessairement à l'anéantissement de l'ennemi. Nous l'avons vu se référer à la *Vernichtung* dès 1926, et, dans sa correspondance avec Jünger, il se plaira à citer le mot de Léon Bloy : « La guerre est dénuée de sens quand elle n'est pas exterminatrice[1]. »

L'esprit dans lequel Schmitt cite Baeumler et Jünger est donc comparable à celui dans lequel Heidegger évoque Schmitt dans ses séminaires. Ces références montrent dans quel contexte nazi évolue leur « réflexion » sur le politique, ainsi que le souci de chacun d'eux de montrer qu'il est le seul à définir le politique dans toute sa radicalité. Cependant, la référence à Baeumler est en elle-même très importante, car elle renvoie à un texte qui a pu constituer une source commune à Schmitt et à Heidegger. L'ouvrage de Baeumler auquel Schmitt fait allusion n'est autre que *Nietzsche, le philosophe et le politique*, publié en 1931 et dont l'influence fut considérable. L'auteur, qui venait, l'année précédente, de rééditer *La Volonté de puissance* avec une postface dont Heidegger fera l'éloge, avait entrepris, avec ce livre sur Nietzsche, de le « traiter comme un penseur de rang européen et placé aux côtés de Descartes, Leibniz et Kant ». Bien avant Heidegger, on le voit prendre au sérieux la « métaphysique » de Nietzsche, mettre en valeur son « perspectivisme » et centrer son interprétation sur la « volonté de puissance ». Un chapitre est consacré à ce qu'il nomme « le monde héraclitéen », et c'est là que l'on trouve la page évoquée par Schmitt. Voici ce qu'écrit Baeumler :

---

1. *Briefe 1930-1985 Ernst Jünger, Carl Schmitt*, éd. par Helmut Kiesel, Stuttgart, 1999, p. 49.

Les présupposés de la justice sont l'inégalité et le combat. Cette justice ne règne pas sur le monde, elle ne règne pas sur le tumulte des parties en conflit, elle ne connaît ni culpabilité ni responsabilité, ni procédure de justice ni prononcé de jugement : elle est immanente au combat. C'est la raison pour laquelle elle n'est pas possible dans un monde pacifique. La justice ne peut exister que là où les forces se mesurent librement les unes aux autres. Sous une autorité absolue, dans un ordre des choses qui reconnaît un maître divin, dans le domaine de la *Pax Romana*, là il n'y a plus de justice, car là il n'y a plus de combat. Le monde se pétrifie alors en une forme conventionnelle. Nietzsche en revanche affirme : du combat lui-même la justice se réengendre à chaque instant, le combat est le père de toutes choses, c'est lui qui fait du maître le maître et de l'esclave l'esclave. Ainsi parle Héraclite d'Éphèse. Mais c'est aussi là une conception originellement germanique : c'est dans le combat que se révèle qui est noble et qui ne l'est pas ; c'est par son courage inné que le maître devient le maître, et c'est par sa lâcheté que l'esclave devient l'esclave. Et c'est justement par là que s'exprime l'éternelle justice : elle structure et sépare, elle crée l'ordre du monde, elle est à l'origine de toute distinction de rang. C'est ainsi que, de la pensée nodale de la métaphysique germano-grecque de Nietzsche, jaillit son grand enseignement : qu'il n'existe pas une seule morale, mais une morale des maîtres et une morale des esclaves[1].

---

1. « Ungleichheit und Kampf sind die Voraussetzungen der Gerechtigkeit. Diese Gerechtigkeit waltet nicht über der Welt, nicht über dem Gewühl der Streitenden, sie kennt keine Schuld und keine Verantwortung, kein Gerichtsverfahren und keinen Urteilsspruch : sie ist dem Kampfe immanent. Deshalb ist sie in einer Friedenswelt nicht möglich. Gerechtigkeit kann nur sein, wo Kräfte in Freiheit sich miteinander messen. Unter einer absoluten Autorität, in einer Ordnung der Dinge, die einen göttlichen Herrn kennt, im Bereich der *Pax Romana*, da ist keine Gerechtigkeit mehr, denn da ist kein Kampf mehr. Da erstarrt die Welt in einer konventionellen Form. Nietzsche dagegen steht : aus dem Kampfe selber gebiert sich in

Nous trouvons dans cette page de Baeumler plus d'un thème maintes fois repris par Heidegger, et notamment la référence centrale au fragment 53 d'Héraclite, réinterprété d'après *La Généalogie de la morale* de Nietzsche. On voit tout d'abord Baeumler reprendre à Nietzsche la notion d'une « justice » immanente au combat, dont Heidegger fera l'un des cinq mots clés de la « métaphysique » de Nietzsche. Cette « justice » est tout le contraire de ce que l'on entend par ce mot, puisqu'elle ne sert pas l'égalité, mais au contraire consacre l'inégalité radicale entre le maître et l'esclave et fonde la « distinction de rang » dont s'enivre Baeumler. La critique de la romanité, celle du monde sans combat qui vise le christianisme et la démocratie, l'exaltation d'Héraclite dont la parole est identifiée à la conception « originellement germanique », ces points se retrouveront non seulement dans les cours de Heidegger sur Nietzsche, mais aussi, pour plusieurs d'entre eux, dans le cours de l'hiver 1933-1934.

Ajoutons que si pour Baeumler le sens du combat relève de ce qu'il nomme la « métaphysique germano-grecque », ce qu'il y a de « politique » dans son interprétation, c'est qu'il identifie nettement l'ennemi. Dans

---

jedem Augenblick die Gerechtigkeit neu, der Kampf ist der Vater aller Dinge, er macht den Herrn zum Herrn und den Sklaven zum Sklaven. So spricht Heraklit von Ephesus. Das ist aber auch urgermanische Anschauung : im Kampfe erweist sich, wer edel ist und wer nicht ; durch den eingeborenen Mut wird der Herr zum Herrn, und durch seine Feigheit wird der Sklave zum Sklaven. Eben darin äußert sich auch die ewige Gerechtigkeit : sie gliedert und trennt, sie schafft die Ordnung der Welt, sie ist die Urheberin jedes Ranges. So entspringt aus dem Kerngedanken der griechischgermanischen Metaphysik Nietzsches seine große Lehre : daß es nicht eine Moral gibt, sondern nur eine Moral der Herren und eine Moral der Sklaven » (Alfred BAEUMLER, *Nietzsche, der Philosoph und Politiker*, Leipzig, 1931, p. 67).

les développements qui suivent la page citée, il insiste sur ce qu'il nomme la « nature guerrière » *(Kriegernatur)* de Nietzsche[1]. L'auteur du *Zarathoustra* serait « guerrier jusqu'aux instincts[2] ». Baeumler oppose alors « les peuples comme les Germains et les Grecs », peuples de guerriers qui ne connaissent que « la force propre et le destin » et trouvent face à eux « le monde des prêtres » et « le monde des tenants des Lumières ». Ce que décrit Baeumler dépasse donc entièrement la lutte agonale à laquelle veut le réduire Schmitt. Il s'agit bien ici d'une guerre entre les peuples, entre ceux qui ont par nature le sens de la guerre et ceux qui ne l'ont pas. Le nazisme de cette conception où le maître tient son rang d'un courage inné, et où certains peuples sont dits « par nature » des guerriers (les peuples grecs et germaniques) tandis que d'autres ne sauraient l'être (les peuples de prêtres et les tenants des Lumières, où s'amalgament dans son esprit les peuples latins, les Juifs et les Français), est manifeste. Aussi les tentatives de certains apologistes pour faire croire que, par son « réalisme héroïque », Baeumler serait seulement un fasciste, ou même un simple représentant de la « révolution conservatrice », et non un nazi, sont-elles dérisoires en regard de ces textes et de la réalité des faits : Alfred Baeumler est en effet l'un des très rares universitaires allemands à adhérer à la NSDAP avant 1933 ; il est, en 1932-1933, la figure du nazisme la plus proche de Heidegger[3], et il saura jouer le rôle que le « mou-

---

1. *Ibid.*, p. 68.

2. « ... Nietzsche bis in die Instinkte hinein Krieger ist » *(ibid.)*.

3. Il serait certainement bien éclairant, pour prendre la mesure de leur extrémisme nazi en 1932-1933, de pouvoir lire un jour la correspondance entre Heidegger et Baeumler si elle n'a pas été

vement » attend de lui lorsqu'il sera nommé, aussitôt
après la prise du pouvoir par les nazis, à une chaire
d'« éducation politique » créée pour lui à l'université
de Berlin. Comme nous l'avons vu, c'est Baeumler
qui met la dernière main aux thèses antisémites de la
Deutsche Studentenschaft et prononce, le 10 mai 1933,
un discours à la suite de Goebbels, devant les flammes
où brûlent les livres « non allemands ».

LA « VÉRITÉ » RAPPORTÉE À LA *HEIMAT*

Bien plus encore que Baeumler, mais sans doute
en partie influencé par lui, et, comme nous allons le
montrer, par la conception schmittienne de l'ennemi,
Heidegger va faire, dans les années 1933-1936, de
l'interprétation du fragment 53 d'Héraclite le centre
de sa doctrine. On l'a vu, dans sa lettre à Schmitt,
relier sa lecture de l'aphorisme à son interprétation
du concept de *vérité*, et indiquer qu'il tient cette interprétation « prête depuis des années ». Cela signifierait
que ses thèses sur le *polemos*, le combat *(Kampf)* et
la guerre *(Krieg)* enseignées dans son cours de l'hiver
1933-1934 seraient mûries de longue date, et donc que
les fondements nazis dont il se réclame ouvertement
en 1933 seraient depuis des années au principe de son
travail.

À cet égard, il existe un texte, toujours inédit, qui
demanderait examen : la première version de sa confé-

---

détruite. Le fonds Baeumler est conservé à Munich et son accès
dépend du bon vouloir de sa veuve, Marianne Baeumler. Selon
celle-ci, les lettres de Heidegger à Baeumler seraient perdues sauf
une seule, du 19 août 1932 (voir M. Baeumler, *op. cit.*, p. 242).

rence « De l'essence de la vérité », donnée en juillet 1930 lors du *Heimattag* du pays de Bade qui s'était tenu du 11 au 14 juillet 1930 pour célébrer le récent retrait des troupes françaises de la Rhénanie, et où se réunirent avec Heidegger des figures nazies aussi marquées qu'Eugen Fischer ou Ernst Krieck. Il faudrait pouvoir vérifier si l'on y trouve déjà des prémisses de l'interprétation du concept de « vérité » en relation avec le *polemos*. De ce qui nous a été rapporté de la première version de cette conférence, en effet, nous savons que Heidegger se référait déjà à Nietzsche et aux pré-socratiques, et rattachait « l'authenticité » *(Wahrhaftigkeit)* à l'enracinement dans le sol natal *(Bodenständigkeit)*. Ce sont ces deux concepts que le compte rendu du congrès paru dans la *Karlsruher Zeitung* retient de la conférence[1]. Charles Bambach, qui a pu consulter le texte original, précise qu'il contient des « thèmes *völkisch* » qui n'apparaîtront plus de manière explicite dans l'édition du texte[2]. Dans la version que l'on lira après la guerre, d'une conférence longtemps auréolée du fait que Heidegger avait fait croire que sa publication avait failli être interdite en 1943, sans préciser que la conférence était parue en réalité avec l'appui de Mussolini et de Goebbels[3], le fond sous-jacent de sa « doctrine » est volontairement masqué et voilé – mais il est très perceptible à un lecteur averti par

---

1. *Karlsruher Zeitung*, 16 juin 1930, p. 2 ; cité par G. SCHNEE-BERGER, *op. cit.*, p. 12. Schneeberger précise que dans son édition de 1943 du texte (donc à une date où la défaite nazie était attendue comme inévitable), Heidegger s'est gardé de rappeler que cette conférence avait d'abord été prononcée lors du congrès de Karlsruhe : voir en effet *Questions I*, Paris, 1968, p. 193.
2. Ch. BAMBACH, *Heidegger's Roots, op. cit.*, p. 41.
3. Voir H. OTT, *op. cit.*, p. 272 ; trad. fr., p. 294.

les cours des années 1933-1934 de la façon dont Heidegger entend « l'existence historique » de l'homme. Dans le texte original, au contraire, c'est explicitement que la « vérité » est rapportée au sol de la *Heimat*[1]. Ces précisions sont décisives, car elles nous révèlent que la conception heideggérienne de la « vérité » comme « dévoilement » *(aletheia)* est en réalité conçue comme la manifestation d'un fond enraciné dans la terre et le sol natal : c'est une conception *völkisch* qui porte donc en elle des principes nazis. L'œuvre de Heidegger n'apporte pas une notion nouvelle de la vérité susceptible d'éclairer toute pensée, mais provoque au contraire la ruine de la vérité conçue dans son universalité, au profit d'une doctrine discriminatoire qui abuse du mot « vérité » en le rapportant à « l'existence historique » de l'homme par essence enraciné dans le sol de sa *Heimat*.

L'EXTERMINATION DE L'ENNEMI DANS LE COURS DE L'HIVER 1933-1934

Pour revenir à son interprétation d'Héraclite qu'il dit tenir prête depuis des années, Heidegger la livre à ses étudiants dans son cours du semestre d'hiver 1933-1934 intitulé *L'Essence de la vérité*. On trouve en effet, dans l'introduction du cours, tout un paragraphe intitulé « La sentence d'Héraclite. Le combat comme essence de l'étant ». Il s'agit, annonce Heidegger, d'« écouter

---

1. Selon le témoignage d'un auditeur : « Wahrheit und Wirklichkeit trafen sich auf dem Boden der Heimat » (Heinrich BERL, *Gespräche mit berühmten Zeitgenossen*, Baden-Baden, 1946, p. 67 ; cité par G. SCHNEEBEERGER, *op. cit.*, p. 12).

la voix du grand commencement », non pas pour devenir des Grecs, mais pour percevoir « les lois originelles
de notre race d'hommes germaniques[1] », ou ce qu'il
nomme aussi, dans la même page, « les possibilités
fondamentales de l'essence de la race germanique
originelle[2] ». Le caractère racial de ses thèses sur le
commencement grec dans son rapport à la « race germanique » est donc totalement assumé. C'est ainsi qu'il
voit en Héraclite, dans son cours de l'année suivante
sur *Le Rhin* de Hölderlin, « le nom d'une puissance
originelle de l'existence historique occidentale et germanique[3] » ! La « doctrine » de Heidegger se rattache
donc à la version de la doctrine raciale du nazisme qui
considère les Grecs comme le peuple aryen précurseur
des Germains.

Commence alors une étrange exégèse du fragment
d'Héraclite. Elle s'exprime en ces termes :

> Avec grandeur et simplicité figure au commencement
> de la sentence *polemos*, guerre *(Krieg)*[4]. Ce qui est ainsi
> désigné n'est pas l'événement extérieur ou la mise en avant
> du « militaire », mais ce qui est décisif : se dresser contre
> l'ennemi. Nous avons traduit par « combat » *(Kampf)* pour
> saisir l'essentiel ; mais il importe d'autre part de réfléchir à
> ceci : il n'est pas dit *agon*, lutte/compétition, dans laquelle
> deux adversaires amis *(freundliche)* mesurent leurs forces,
> mais il s'agit du combat, du *polemos*, de la guerre *(Krieg)* ;

---

1. « die Urgesetze unseres germanischen Menschenstammes »
(GA 36/37, 89).
2. « die Grundmöglichkeiten des urgermanischen Stammeswesens » *(ibid.)*.
3. GA 39, 134 : voir *supra*, chapitre 4, p. 262.
4. Heidegger tient à indiquer ici en note qu'Héraclite « des-
cendait d'une race de nobles souverains » *(er stammte aus adligem
Herrschergeschlecht)*.

ce qui veut dire qu'il y a du sérieux dans le combat, l'adversaire n'est pas un partenaire, mais un ennemi. Le combat comme tenir tête à l'ennemi, plus précisément : comme l'endurance dans la confrontation[1].

Le *polemos* n'est pas une simple compétition *(agon)* entre adversaires amis *(freundlich)*, mais bien un combat, une guerre, ce qui veut dire que « l'adversaire n'est pas un partenaire, mais un ennemi ». Heidegger reprend exactement les affirmations de Carl Schmitt dans le *Concept du politique*. C'est donc de Schmitt qu'il part, et il faudra se remémorer ce point lorsque nous verrons qu'après s'en être tant inspiré, il affirme que le concept schmittien du politique ne constituerait qu'une conception dérivée, sa propre conception du politique étant la plus originaire[2].

Le seul élément du développement dont le ton est un peu différent de celui de Schmitt, c'est l'insistance sur le « tenir tête » ou le fait de s'ériger *(Stehen)* contre l'ennemi. Heidegger va en effet user de toutes les variations autour de ce *Stehen*, pour faire du combat le « surgissement dans l'être », « l'origine jaillissante de l'être » et la manifestation de la « vérité ». C'est en cela

---

1. « Groß und einfach steht am Beginn des Spruches : *polemos*, Krieg. Gemeint ist dabei nicht das äußere Vorkommnis und die Voraussetzung des "Militärischen", sondern das Entscheidende : das Stehen gegen den Feind. Wir haben mit "Kampf" übersetzt, um das Wesentliche festzuhalten ; aber anderseits ist wichtig zu bedenken : es heißt nicht *agon*, Wettkampf, in dem zwei freundliche Gegner ihre Kräfte messen, sondern Kampf des *polemos*, Krieg, d.h. es gilt Ernst in dem Kampf, der Gegner ist nicht ein Partner, sondern Feind. Der Kampf als Stehen gegen den Feind, deutlicher : das Durchstehen in der Auseinandersetzung » (HEIDEGGER, GA 36/37, 90).

2. Voir les conclusions du séminaire inédit *Hegel, sur l'État* analysées au chapitre 8, p. 531 *sq.*

que Heidegger est sans doute encore plus dangereux que Schmitt, car son « ontologisation » de la violence et du combat, qu'il inscrit au cœur même de « l'être », donne à cette doctrine meurtrière une fausse allure de « noblesse » existentielle qui a séduit et trompé un nombre considérable de lecteurs. Cependant, les textes récemment publiés incitent à bien plus de vigilance.

On voit aussi Heidegger traduire à deux reprises le *polemos* grec par la « guerre ». Même s'il entend ne pas réduire ce terme à la mise en avant du « militaire », même s'il entreprend d'« ontologiser » le concept de guerre, il est manifeste que la guerre effective est incluse dans ce concept. D'autres textes, comme le discours de Constance de la fin de mai 1934 ou les conférences d'août 1934 évoquées précédemment[1], le confirment définitivement. Heidegger introduit son interprétation du fragment 53 d'Héraclite par l'évocation de la Grande Guerre[2], et il fait de la « guerre mondiale » la « grande épreuve pour *chaque* peuple », et la question posée à tous les peuples, pour savoir s'ils veulent « se rajeunir ou bien vieillir[3] ».

Pour revenir au cours de 1933-1934, les trois façons de traduire le *polemos* que retient Heidegger – « guerre » *(Krieg)*, « combat » *(Kampf)* et « confrontation » *(Auseinandersetzung)* – sont donc indissociables, un des termes pouvant à tout instant être remplacé par un autre, et si Heidegger peut jouer, selon la tonalité qu'il entend donner à ses textes, de l'un ou de l'autre

---

1. Voir *supra*, p. 200-204.
2. Voir ce passage capital dans GA 16, 283.
3. « Der Weltkrieg ist für *jedes* Volk die große Erprobung darüber, ob es imstande sein wird, dieses Geschehnis in sich geistig-geschichtlich zu verwandeln. Der Weltkrieg ist die Frage an die einzelnen Völker, ob sie an diesem Geschehnis sich verjüngen oder alt werden wollen » (GA 16, 299).

de ces trois termes, ses dénégations de 1945 pour tenter de faire croire que le *polemos* n'a chez lui rien d'une guerre[1] apparaissent aujourd'hui comme dérisoires à la lecture de ces textes.

On trouve ainsi un développement qui, recoupant exactement les propos d'un Schmitt ou d'un Forsthoff, montre comment il s'agit de repérer et de débusquer l'ennemi à la racine la plus intime de l'existence d'un peuple, de le démasquer pour mieux l'exterminer :

> L'ennemi est celui-là, est tout un chacun qui fait planer une menace essentielle contre l'existence du peuple et de ses membres. L'ennemi n'est pas nécessairement l'ennemi extérieur, et l'ennemi extérieur n'est pas nécessairement le plus dangereux. Il peut même sembler qu'il n'y a pas d'ennemi du tout. L'exigence radicale est alors de trouver l'ennemi, de le mettre en lumière ou peut-être même de le créer, afin qu'ait lieu ce surgissement contre l'ennemi et que l'existence ne soit pas hébétée.
>
> L'ennemi peut s'être enté sur la racine la plus intérieure de l'existence d'un peuple, et s'opposer à l'essence propre de celui-ci, agir contre lui. D'autant plus acéré, et dur, et difficile est alors le combat, car seule une partie infime de celui-ci consiste en frappe réciproque ; il est souvent bien plus difficile et laborieux de repérer l'ennemi en tant que tel, de le conduire à se démasquer, de ne pas se faire d'illusions sur son compte, de se tenir prêt à l'attaque, de cultiver et d'accroître la disponibilité constante et d'initier l'attaque depuis le long terme, avec pour but l'extermination totale[2].

---

1. Voir *Das Rektorat 1933-34*, GA 16, 379.
2. « Feind ist derjenige und jeder, von dem eine wesentliche Bedrohung des Daseins des Volkes und seiner Einzelnen ausgeht. Der Feind braucht nicht der äußere zu sein, und der äußere ist nicht einmal immer der gefährlichere. Und es kann so aussehen, als sei kein Feind da. Dann ist Grunderfordernis, den Feind zu finden,

Il s'agit de l'une des pages les plus insoutenables de Heidegger, car le combat qu'il décrit contre l'ennemi embusqué jusque dans la racine du peuple décrit exactement, dans le langage qui est le sien, la réalité de la lutte raciale du nazisme et de l'hitlérisme contre les Juifs assimilés dans le peuple allemand, laquelle conduira, durant ces années 1933-1935, des premières mesures antisémites que nous avons décrites comme faisant partie de la *Gleichschaltung* aux lois antijuives de Nuremberg et à l'*Endlösung* : la « Solution finale ».

En outre, il ne s'agit pas seulement de reconnaître l'ennemi ou même, en quelque sorte, de le « créer » en l'identifiant, mais bien de l'exterminer. Heidegger, comme Schmitt et comme Hitler, n'hésite pas à parler de *Vernichtung*. Si, dans ce cours, le vocabulaire racial de Heidegger n'est pas entièrement le même que celui de Schmitt ou de Forsthoff, le premier parlant de *Stamm* (mais aussi, en d'autres lieux, de *Stammesart*) quand les seconds parlent d'*Artgleichheit*, tous visent le même but : reconnaître et débusquer l'ennemi censé menacer de l'intérieur l'essence la plus intime du peuple et de la race germanique, et provoquer un combat existentiel qui conduise à son extermination.

---

ins Licht zu stellen oder gar erst zu schaffen, damit dieses Stehen gegen den Feind geschehe und das Dasein nicht stumpf werde. Der Feind kann in der innersten Wurzel des Daseins eines Volkes sich festgesetzt haben und dessen eigenem Wesen sich entgegenstellen und zuwiderhandeln. Um so schärfer und härter und schwerer ist der Kampf, denn dieser besteht ja nur zum geringsten Teil im Gegeneinanderschlagen ; oft weit schwieriger und langwieriger ist es, den Feind als solchen zu erspähen, ihn zur Entfaltung zu bringen, ihm gegenüber sich nichts vorzumachen, sich angriffsfertig zu halten, die ständige Bereitschaft zu pflegen und zu steigern und den Angriff auf weite Sicht mit dem Ziel der völligen Vernichtung anzusetzen » (Heidegger, GA 36/37, 90-91).

Ce qui est particulièrement pervers dans la doctrine heideggérienne, c'est que si le combat est conçu comme une « décision », cette décision ne peut qu'exprimer « l'essence de l'être ». Exactement comme chez Baeumler lorsqu'il affirme qu'un peuple est guerrier par nature, Heidegger soutient que l'on est maître ou esclave, selon ce que recèle son « être ». Il y aurait donc, exactement comme chez Hitler, des peuples qui, par leur essence, seraient destinés à dominer, et d'autres à être asservis. Dans les longs et fangeux développements du cours de Heidegger qui vont dans ce sens, nous donnerons le passage suivant comme exemple :

> L'essence de l'être est combat ; tout être passe par la décision, la victoire et la défaite. On n'est pas simplement ou dieu ou homme, mais avec l'être tombe à chaque fois une décision combative qui place le combat dans l'être ; on n'est pas serf, parce que cela existe parmi beaucoup d'autres choses, mais parce que cet être recèle en lui une défaite, un manquement, une insuffisance, une lâcheté, et peut-être même un vouloir-être inférieur et faible.
>
> Dès lors il devient clair que le combat place dans l'être et y maintient ; il est ce qui décide de l'essence de l'être, et ce de telle sorte qu'il *investit* tout étant d'un *caractère de décision*. Cette constante acuité du ou bien, ou bien ; ou bien eux, ou bien moi ; ou bien tenir, ou bien succomber.
>
> Ce caractère combatif de décision de tout être introduit dans l'étant une *tonalité fondamentale*, qui est à la fois réjouissance et volonté victorieuses, terreur de l'afflux déchaîné, sublimité et fureur en un, – ce que nous ne sommes pas en mesure d'énoncer par un mot, mais ce pour quoi les Grecs avaient un mot, qui est récurrent dans la grande poésie des tragiques : *to deinon* [ce qui inspire la terreur][1].

---

1. « Das Wesen des Seins ist Kampf ; jedes Sein geht durch Entscheidung, Sieg und Niederlage hindurch. Man ist nicht einfach

La stratégie de Heidegger, qui lui assure pour le long terme, par rapport à Baeumler, une plus grande efficacité, c'est, pour reprendre l'expression que ce dernier applique à Nietzsche (et que Heidegger emploie à propos de Jünger), d'avoir su convertir le « réalisme héroïque » en sentence sur « l'être » et sa « vérité », et donner à son propos une tonalité captivante qui a englouti plus d'un lecteur. Nous pensons pour notre part qu'il n'est rien de plus pervers que la jouissance que Heidegger prétend tirer de l'expérience de la guerre et du combat. Il est vrai que Jünger et Hitler l'avaient déjà précédé dans cette voie : Jünger qui, dans son ouvrage de 1922 sur *Le Combat comme expérience intérieure*, écrit ceci :

> C'est la guerre qui fait des hommes et des temps ce qu'ils sont. Jamais encore une race semblable à la nôtre n'est entrée dans l'arène de la Terre pour vider entre soi cette querelle et proclamer le maître du siècle. […] Le combat, père de toutes choses, est aussi le nôtre ; c'est lui

---

nur Gott oder eben Mensch, sondern mit dem Sein ist je eine kämpferische Entscheidung gefallen und damit der Kampf in das Sein versetzt ; man ist nicht Knecht, weil es so etwas unter vielen anderen auch gibt, sondern weil dieses Sein in sich eine Niederlage, ein Versagen, ein Ungenügen, eine Feigheit, ja vielleicht ein Gering- und Niedrigseinwollen birgt. Daraus wird deutlich : der Kampf stellt ins Sein und hält darin ; er macht das Wesen des Seins aus, und zwar derart, daß er alles Seiende mit *Entscheidungscharakter durchsetzt*, jener ständigen Schärfe des Entweder-Oder ; entweder die oder ich ; entweder stehen oder fallen. Dieser kämpferische Entscheidungscharakter alles Seins bringt in das Seiende eine *Grundstimmung*, die sieghafter Jubel und Wille, Furchtbarkeit des ungebändigten Andrangs (Widerstandes) zugleich ist, Erhabenheit und Grimm in einem, – was wir in einem Wort nicht zu sagen vermögen, wofür aber die Griechen ein Wort haben, das in der großen Dichtung der Tragiker wiederkehrt : *to deinon* » (GA 36/37, 94-95).

qui nous a martelés, ciselés et trempés pour faire de nous ce que nous sommes. Et toujours, si longtemps que la roue de la vie danse en nous sa ronde puissante, cette guerre sera l'essieu autour duquel elle vrombit. Elle nous a formés au combat, et tant que nous serons, nous resterons des combattants[1].

Lorsque Jünger écrit ces lignes, il appartient aux corps francs, qui s'étaient donné depuis 1918 comme emblème le svastika. Lui-même fera bientôt l'éloge de la croix gammée et l'on est en droit de se demander si cette roue vrombissante de la vie qu'il célèbre dans le combat ne correspond pas à cet emblème.

Pour revenir à Heidegger, nous savons maintenant quelle doctrine relative à la guerre il transmet à ses étudiants de philosophie de l'université de Fribourg, en ces années où le corps enseignant, et bientôt le corps étudiant lui-même, est « épuré » de ses membres non aryens. Il est nécessaire de voir que cette doctrine de l'ennemi et du *polemos*, si « ontologisée » soit-elle par Heidegger, n'est en aucune façon une simple vue théorique ou un jeu intellectuel, mais bien une doctrine radicalement meurtrière, dont la traduction effective ne peut conduire qu'à la guerre d'extermination et aux camps d'extermination.

---

1. « Der Krieg ist es, der die Menschen und ihre Zeiten zu dem machte, was sie sind. Ein Geschlecht wie das unsere ist noch nie in die Arena der Erde geschritten, um unter sich die Macht über sein Zeitalter auszuringen. [...] Der Krieg, aller Dinge Vater, ist auch der unsere ; er hat uns gehämmert, gemeißelt und gehärtet, zu dem, was wir sind. Und immer, solange des Lebens schwingendes Rad noch in uns kreist, wird dieser Krieg die Achse sein, um die es schwirrt. Er hat uns erzogen zum Kampf, und Kämpfer werden wir bleiben, solange wir sind » (Ernst JÜNGER, *Der Kampf als inneres Erlebnis, Werke, Essays I*, Stuttgart, s.d., p. 13-14 ; trad. fr. par François Poncet, Paris, 1997, p. 32).

Quant à l'ennemi, Heidegger le désigne maintes fois comme « l'Asiatique ». Dans le langage national-socialiste de l'époque qu'il fait ouvertement sien ici, le terme désigne sans équivoque avant tout les Juifs, ensuite les bolcheviques, et, plus généralement, il peut finir par désigner tous les ennemis potentiels de l'Allemagne, en tant qu'ils sont censés être sous la coupe de ce que Heidegger, dans sa lettre au conseiller Schwoerer, appelait « l'enjuivement [...] au sens large ». Or le terme se trouve chez Heidegger dès le cours de 1933-1934, où il parle de puissances qui se déchaînent « comme quelque chose d'effréné, de sans frein, d'envoûtant et de sauvage, de furieux, d'Asiatique[1] ». Et comme dans *L'Âme nordique* de Ludwig Clauß, il ramène « les puissances opposées dans ce combat » à « ce que Nietzsche désigne comme l'apollinien et le dionysiaque »[2].

On retrouve ensuite à maintes reprises l'identification heideggérienne de l'ennemi à l'Asiatique : dans la conférence du 30 novembre 1934, où il parle de « la grande décision de la terre contre l'*Asiatique*[3] » ; dans le cours sur la *Germanie* de Hölderlin où nous l'avons vu faire d'Héraclite « le nom d'une puissance originelle du *Dasein* historique occidental-germanique [...] dans sa confrontation première avec l'Asiatique[4] » ; dans la conférence prononcée à Rome le 8 avril 1936 et intitulée « L'Europe et la philosophie allemande », où dès les premières lignes, Heidegger avance que le salut

---

1. « ... als das Unbändige, Zügellose, Rauschhafte und Wilde, Rasende, Asiatische » (GA 36/37, 92).
2. *Ibid.*
3. « ... in der großen Entscheidung der Erde gegen das *Asiatische* » (GA 16, 333).
4. GA 39, 134.

de l'Europe dépend de « la préservation des peuples européens contre l'Asiatique[1] », et dans le texte de 1937 intitulé *Wege zur Aussprache*. La guerre entre les Hellènes et les Barbares apparaît donc, exactement comme dans le *Concept du politique* de Carl Schmitt, comme le modèle et la matrice des guerres présentes et à venir entre le *Dasein* historique du peuple germanique et son adversaire existentiel, où se décide à chaque fois qui sera maître et qui sera esclave. On comprend donc pourquoi ce combat-là peut s'extérioriser en guerre mondiale, mais débute par une lutte interne, évidemment d'ordre racial, celle-là même à laquelle les nazis se consacrent en Allemagne à partir de 1933. Dès lors, la conclusion s'impose. Hitler annonce le 30 janvier 1939, dans son discours le plus effroyable, que la guerre mondiale signifiera « l'extermination de la race juive en Europe ». Il appelle cela sa « prophétie », qu'il mettra à exécution à partir de la « Solution finale » décidée en janvier 1942. Or, c'est tout simplement la traduction ultime de ce que Heidegger théorise dès 1933, où il parle déjà, comme nous l'avons vu, d'un « anéantissement total ».

Il faut donc prendre au sérieux ce que des auteurs nazis comme Heidegger ou Schmitt écrivent en toutes lettres dans leurs écrits ou expriment dans leurs conférences et dans leurs cours. Lorsqu'ils prononcent le mot « extermination » *(Vernichtung)*, il ne s'agit certainement pas de simples vues de l'esprit. Proférés par des figures très écoutées, ces énoncés font leur chemin

---

1. « die Bewahrung der europäischen Völker vor dem Asiatischen », Heidegger, « Europa und die deutsche Philosophie » (*Europa und die Philosophie*, éd. par Hans-Helmut Gander, Francfort, 1992, p. 31).

et préparent l'avenir en attendant de se traduire dans les faits, et l'histoire a montré avec quelle rapidité la mise en application des énoncés meurtriers s'effectue dans l'hitlérisme.

On ne saurait trop insister sur ce point lorsque l'on voit, dans un ouvrage comme *Politiques de l'amitié* – qui a malheureusement beaucoup contribué à la diffusion planétaire des idées de Schmitt et de Heidegger –, son auteur se laisser prendre à tous les pièges posés par ces deux nazis. Pour nous limiter au cas de Heidegger, Jacques Derrida affirme ainsi que « Heidegger ne nomme jamais l'ennemi[1] », alors que les textes où il désigne comme ennemi « l'Asiatique », c'est-à-dire, dans le langage nazi de l'époque, principalement les Juifs, sont légion. L'auteur déclare par ailleurs, à maintes reprises, que le *polemos* heideggérien n'est « certainement pas » une « guerre humaine »[2], et il va jusqu'à magnifier « le *Kampf* originaire[3] ». Il entrevoit tout de même que Heidegger peut fournir une « justification » à « ceux qui n'ont que le *Kampf* à la bouche », mais avance que cette justification est « la plus digne et la plus pensante »[4]. Or, même si Derrida ne pouvait disposer de tous les textes aujourd'hui publiés dans l'édition dite « intégrale », des cours déjà parus comme ceux de 1934-1935 sur les hymnes de Hölderlin auraient dû l'alerter sur la dangerosité de la doctrine et ses véritables visées, puisque leur contenu racial est clair et la désignation de l'adversaire comme « l'Asiatique », explicite[5]. Appeler ses auditeurs à débusquer l'ennemi

---

1. J. DERRIDA, *Politiques de l'amitié, op. cit.*, p. 417.
2. *Ibid.*, p. 403. Voir aussi p. 404, 409, 416, etc.
3. *Ibid.*, p. 412.
4. *Ibid.*, p. 413.
5. Voir *supra*, chapitre 4, p. 262-264.

dans les racines du peuple et à l'exterminer totalement, voilà qui va certainement dans le sens de la destruction de toute dignité humaine et de toute pensée. Ce n'est en effet rien d'autre qu'un appel à l'anéantissement physique, moral et spirituel, de l'ennemi confondu, par Heidegger comme par Schmitt, avec ce qui est étranger à « l'essence » raciale du peuple.

7

Le droit et la race :
Erik Wolf entre Heidegger,
Schmitt et Rosenberg

Pour prendre la mesure de l'action et de la « doctrine »
de Heidegger durant la période de son rectorat, mais
aussi durant les années qui vont suivre, il est indispensable de prêter attention aux personnalités dont il s'est
entouré et qu'il a lui-même nommées à des responsabilités universitaires importantes. C'est ainsi qu'après
avoir appelé de ses vœux la collaboration de Carl
Schmitt pour restructurer « de l'intérieur » la Faculté
de droit, il va nommer comme doyen de cette faculté
le jeune juriste Erik Wolf, depuis plusieurs années
déjà entièrement dévoué à sa personne et à sa « doctrine ». Désormais, et jusqu'au bout, ce dernier sera un
intime parmi les intimes de Heidegger. Nous le verrons
notamment participer au séminaire sur Hegel et l'État
du semestre d'hiver 1934-1935, dont l'analyse fera
l'objet du prochain chapitre.

Les résistances de plus en plus vives que l'activisme
d'Erik Wolf va rencontrer dans l'université constituent l'élément le plus déterminant dans la démission
de Heidegger du rectorat le 27 avril 1934. Par la suite,
Erik Wolf va accepter dans l'Église confessante des

responsabilités qui pourront donner l'impression que son engagement nazi passe au second plan. De ce fait, Heidegger va se prévaloir, en 1945, de ses liens avec lui pour tenter de donner à sa démission l'apparence d'un geste de réserve à l'égard du pouvoir national-socialiste. Depuis, beaucoup d'apologistes ont repris et amplifié le même argument.

Cependant, l'implication d'Erik Wolf dans le national-socialisme fut radicale. Adhérent dès l'été 1933 de la Ligue des juristes nationaux-socialistes, il va, dans ses conférences et articles parus dans les années 1933-1935, faire siens la doctrine raciale et l'eugénisme nazis et reprendre à Carl Schmitt et à Ernst Forsthoff la notion de l'État total pour en faire l'apologie. Hugo Ott a su rappeler qu'Erik Wolf était en 1933 « tout à fait dans la ligne et même davantage[1] », mais il reste à déterminer, d'après les textes, en quoi consista, sur le plan « doctrinal », son engagement dans le national-socialisme. Nous disposons pour cela d'un certain nombre de textes : les conférences, articles et ouvrages publiés par Erik Wolf de 1933 à 1944, un projet de lettre justificative destinée à Karl Barth (rédigé après la défaite nazie, il n'a pas été envoyé, et Alexander Hollerbach l'a publié après sa mort), enfin, un second texte justificatif rédigé à l'intention des autorités françaises et resté inédit, que nous avons découvert dans les Archives de Colmar du ministère des Affaires étrangères. Nous nous appuierons également sur les lettres inédites de Wolf à son éditeur, que nous avons

---

1. H. OTT, *op. cit.*, p. 228 ; trad. fr., p. 245. Par ailleurs, Hugo Ott, qui a suivi, au début des années 1950, l'enseignement d'Erik Wolf (un séminaire sur Feuerbach) et l'a donc connu personnellement, estime que son engagement dans l'Église confessante ne fut qu'une partie *(nur ein Teil)* du personnage (entretien avec l'auteur).

pu consulter dans le fonds Klostermann récemment
déposé à Marbach.

LA CONCEPTION RACISTE ET ORGANIQUE DE L'ÉTAT TOTAL ET DU PEUPLE DÉVELOPPÉE PAR ERIK WOLF SOUS LE RECTORAT DE HEIDEGGER

Né en 1903, de nationalité suisse et allemande, Erik
Wolf vient du néo-kantisme. Il fait la connaissance de
Heidegger en 1928, année où il se lie d'amitié avec
Gerhardt Husserl, juriste comme lui, collègue à l'université de Kiel, et fils du fondateur de la phénoménologie. Dès l'année suivante, Erik Wolf devient le disciple
de Heidegger en même temps qu'il fréquente intensément le cercle de Stefan George. Cette « conversion »
à Heidegger contribue de manière décisive à détruire
en lui les barrières éthiques qui auraient pu le retenir
d'adhérer inconditionnellement à l'hitlérisme. En 1933,
il rompt tout lien avec Gerhardt Husserl et ne manifeste
aucune solidarité ni compassion lors des persécutions
antisémites contre son ancien ami. Il accède au sénat
de l'université en mai 1933 au moment où Heidegger
devient recteur. Un violent conflit l'oppose à l'économiste Walter Eucken, qui lui reproche son fanatisme
heideggérien. Durant l'été 1933, nous avons vu qu'il
rejoint le *NS-Juristenbund*. Au 1er octobre, selon les
pouvoirs qui lui sont conférés par le *Führerprinzip*,
Heidegger nomme Erik Wolf doyen de la Faculté de
droit en remplacement d'Eduard Kern. À nouveau, l'activisme fanatique de Wolf rencontre l'opposition de ses
collègues, mais il a pour effet d'entraîner les étudiants
disciples de Wolf dans les organisations paramilitaires
du nazisme. Finalement, les oppositions rencontrées
parmi ses collègues et au ministère de Karlsruhe – qui

finit par s'inquiéter des troubles occasionnés – constituent la cause principale de la démission de Heidegger
du rectorat. Pas plus que son maître Heidegger, Erik
Wolf ne s'éloigne pour autant du nazisme. Les titres des
cours qu'il dispense lors du semestre d'été de l'année
1934 le prouvent : « L'idée du droit pour le national-
socialisme » ou « La lutte contre la criminalité dans
l'État national-socialiste »[1].

Parmi les textes qu'il publie durant les années 1933-
1935, deux surtout doivent retenir notre attention. Le
premier s'intitule *Le Vrai Droit dans l'État national-
socialiste*. C'est le texte d'une conférence prononcée à
l'université de Fribourg le 7 décembre 1933. Celle-ci
s'inscrit dans la série des conférences obligatoires pour
tous les étudiants sur « les tâches de la vie spirituelle
dans l'État national-socialiste », instituées par le rec-
teur-*Führer* et auxquelles celui-ci assiste officiellement. Le texte est paru en 1934 comme le 13e cahier de
la série des « Discours universitaires fribourgeois » –
le 11e n'étant autre que le discours de rectorat de Heidegger (quatre discours seulement paraîtront dans cette
série sous le rectorat de Heidegger). On voit donc tout
ce qui rattache le texte de cette conférence à Heidegger
lui-même : Erik Wolf est alors un jeune juriste nazi,
membre du NSLB, nommé deux mois plus tôt doyen
par le recteur Heidegger qui le fait parler dans une série
de conférences officielles et obligatoires auxquelles il
assiste en personne en tant que recteur et lui apporte
ainsi sa caution. À ces éléments factuels s'ajoutent

---

1. « Die Rechtsidee des Nationalsozialismus », « Die Verbre-
chensbekämpfung im Nationalsozialistischen Staat », *Vorlesungsverzeichnis der Universität Freiburg*, Sommersemester 1934, p. 18
sq. ; cité par Silke SEEMANN, *Die politischen Säuberungen des Lehrkörpers der Freiburger Universität nach dem Ende des Zweiten
Weltkrieges (1945-1957)*, *op. cit.*, p. 29.

des éléments plus déterminants encore, car internes au texte même et donc à la « doctrine » du jeune doyen. Il suffit en effet de lire le premier paragraphe, pour voir à quel point la terminologie et le style sont tributaires de l'œuvre de Heidegger :

Le droit appartient à l'essence originelle de l'homme même, car nous reconnaissons aussi l'essence de l'homme à ceci qu'un monde du droit lui est propre. Cet être-dans-le-monde-du-droit est inéluctable, et il en découle nécessairement le questionnement sur le vrai droit. Ce n'est pas là une résultante de ruminations propres aux Temps modernes, et cela ne désigne rien qui puisse être consigné sur du papier. C'est quelque chose qui vit dans le sang[1].

Erik Wolf se pose en disciple, d'une part, en se rapportant à l'« essence originelle de l'homme même » (*ursprünglichen Wesen des Menschen selbst*), d'autre part, en reprenant la notion d'« être au monde » venue d'*Être et temps*, pour former un nouvel existential : l'« être-dans-le-monde-du-droit »*(In-der-Welt-des-Rechts-sein)*. De manière toute heideggérienne, le terme *Mensch* disparaît dans les paragraphes qui suivent, pour laisser la place au mot *Dasein*. Par ailleurs, la référence au sang est exactement dans la tonalité des discours et des cours heideggériens de l'époque. Ce n'est pas la simple évocation de ce que l'on nomme le « droit du

---

1. « Recht gehört zum ursprünglichen Wesen des Menschen selbst, denn das Wesen des Menschen erkennen wir mit daran, daß es eine Welt des Rechtes hat. Unabwendbar ist dieses In-der-Welt-des-Rechts-sein und unabweisbar folgt aus ihm das Fragen nach dem richtigen Recht. Es ist kein Ergebnis neutzeitlichen Grübelns und meint nichts auf Papier geschriebenes. Es ist etwas im Blute lebendes » (Erik WOLF, *Richtiges Recht im nationalsozialistischen Staate*, « Freiburger Universitätsreden », Heft 13, Fribourg-en-Brisgau, 1934, p. 3).

sang » ; comme la suite le prouve, il s'agit d'une notion explicitement raciale.

Après une première partie critique[1], où il renvoie dos à dos le droit naturel du XVIIIe siècle et le droit positif du XIXe, Erik Wolf rapporte l'essentiel de notre existence ou *Dasein* au « destin de la communauté populaire allemande[2] ». « Notre droit véritable, dit-il, ne peut être [...] que le droit du national-socialisme dans le IIIe Reich[3]. » Qu'est-ce à dire ? Pour définir aujourd'hui le droit du national-socialisme, le fait de se rapporter à l'ancien programme de la NSDAP, ou au « livre de combat » de Hitler *(Hitlers Kampfbuch)* n'est pas suffisant. Non que la référence à Hitler ne soit pas nécessaire pour Erik Wolf ; au contraire, comme il le précise, il ne s'agit pas de définir un droit administratif de l'État, mais un « droit populaire », car, comme le *Führer* l'a bien exprimé, l'État n'est pour lui qu'un moyen en vue d'une fin qui est « la réalisation sans réserve de la *Volksgemeinschaft* »[4].

Dans la perspective national-socialiste qu'il a faite sienne, la référence au peuple ne saurait suffire sans que soit aussitôt précisé à quelles notions le peuple doit être rattaché. Erik Wolf se fait donc plus explicite :

> Il existe avant tout deux réalités de la vie historique-naturelle : le peuple et la race. D'elles émanent deux exigences envers chaque vie individuelle : l'intérêt commun

---

1. *Ibid.*, p. 4-7.

2. « das Schicksal der deutschen Volksgemeinschaft » (*ibid.*, p. 9).

3. « unser wirkliches Recht kann [...] nur das Recht des Nationalsozialismus im Dritten Reich sein » (*ibid.*, p. 10).

4. « Denn dieser stellt, wie es der Führer mehrfach ausgesprochen hat, das Volk vor den Staat, er will Volksrecht, nicht Behördenrecht. Der Staat ist ihm nur Mittel zum Zweck der restlosen Verwirklichung der Volksgemeinschaft » (*ibid.*, p. 12).

et le sens du sacrifice. Et deux valeurs veulent réaliser ces exigences : l'unité de la nation et la communauté sociale. La totalité de la vie dans laquelle cela advient s'appelle l'État, l'État total. C'est en lui que l'édification du droit nouveau doit se réaliser[1].

Ainsi, le peuple est conçu dans sa relation à la race, d'où émanent les « valeurs » destinées à se réaliser dans l'État total. La dimension foncièrement raciale de la communauté populaire et du « sens du sacrifice » dans le national-socialisme est donc très explicitement affirmée par Erik Wolf.

Faut-il à nouveau souligner que ces propos et cette conception raciale du droit sont à l'évidence approuvés et encouragés par le recteur Heidegger, puisque non seulement il a fait nommer Erik Wolf doyen de la Faculté de droit deux mois plus tôt, mais il va refuser la démission que ce dernier lui présente dans une lettre pathétique, le soir même de sa conférence, et le maintenir en poste, au nom du principe du *Führer*, sans prendre en compte ses arguments. À la suite de cette démission refusée, Heidegger diffuse, le 20 décembre 1933, une lettre à tous les doyens et enseignants de l'université, où l'on peut lire que, dans l'État national-socialiste :

l'individu, où qu'il se tienne, ne compte pour rien. Le destin de notre peuple dans son État compte pour tout[2].

_____

1. « Es sind vor allem zwei Tatsachen des natürlich-geschichtlichen Lebens : Volk und Rasse. Aus ihnen erheben sich zwei Forderungen an jedes Einzelleben : Gemeinnützigkeit und Opfersinn. Und zwei Werte wollen diese Forderungen verwirklichen : Einheit der Nation und soziale Gemeinschaft. Die Lebensganzheit, in der das geschieht, heißt Staat, totaler Staat. In ihm muß der Aufbau des neuen Rechts sich vollziehen » (*ibid.*, p. 13).
2. « Der Einzelne, wo er auch stehe, gilt nichts. Das Schicksal unseres Volkes in seinem Staat gilt alles » (cité par H. Oᴛᴛ, *op. cit.*,

Doctrinalement, la mise au point d'Erik Wolf nous révèle un national-socialiste averti. Il introduit en effet la notion d'« État total », forgée en Allemagne par Carl Schmitt avant d'être reprise en 1933 par son disciple Ernst Forsthoff (dont nous allons voir qu'Erik Wolf se réclame explicitement), non pas en référence au *stato totalitario* italien et fasciste, dont il n'est pas question ici, mais à partir de la conception raciale de la vie du peuple, qui est propre au nazisme. L'État est total en ce qu'il réunit la totalité de la vie populaire et raciale allemande. En bref, comme chez Forsthoff, le concept wolfien du *totaler Staat* est explicitement raciste.

Quant au peuple, il ne se limite nullement à désigner les citoyens d'un État regroupés dans les mêmes frontières. Erik Wolf propose ici une mise au point identique à celle de Heidegger dans son cours du semestre d'été 1934.

Mais le peuple au sens national-socialiste ne recouvre pas non plus la population au sein des frontières du *Reich*, il englobe aussi, en un sens plus large, tous ceux qui sont de race allemande sur d'autres territoires. Pour le national-socialiste, l'organisme du peuple n'est pas l'accumulation d'une masse d'individus uniques, mais une unité de groupes populaires structurée par corps de métiers. La structure corporative repose sur les ordres populaires naturels que sont le mariage et la famille, la communauté et la race, et enfin, l'État[1].

---

p. 229). Cette lettre capitale n'est pas éditée par Hermann Heidegger dans le volume 16 de l'œuvre dite « intégrale ».
1. « Volk im national-sozialistischen Sinne deckt sich aber auch nicht mit der Bevölkerung innerhalb der Reichsgrenzen, es umfaßt in einem weiteren Sinne auch die Deutschstämmigen auf anderen Territorien. Der Volksorganismus ist für den National-sozialisten keine Anhäufung massenhaft auftretender Einzelner, sondern gegliederte Einheit berufsständischer Volksgruppen. Die

L'esprit du peuple ainsi compris devient directement source de droit : le *Volksrecht* s'alimente au *Volksgeist*. Mais il faut voir où souffle pour Wolf cet « esprit du peuple » : dans les mouvements SA, SS et la *Hitlerjugend*. Il écrit en effet :

> Et avant tout, nous ne devons pas oublier ceci : le droit populaire émanant de l'esprit du peuple est en croissance actuellement aussi. Là où existe une vie populaire authentique du présent, là se trouve le commencement du nouveau droit. Dans la loi non écrite de la camaraderie des SA et des SS, dans les nouvelles formes de vie des jeunesses hitlériennes, dans telle association corporative professionnelle dont la croissance fut authentique, dans le NSBO et dans le Front du travail, le droit vivant est à l'œuvre, et la force en vue d'une validité commune lui est inhérente[1].

Ce que nous devons toujours garder à l'esprit en lisant ces pages d'Erik Wolf, c'est qu'il s'agit des propos d'un juriste qui n'appartiennent pas seulement à l'ordre du discours, mais sont destinés à se traduire en pratiques sociales, en décrets et en lois. Si pour les nazis le *Volksrecht* est à l'origine un droit non écrit, il est destiné à être traduit en lois comme par exemple la loi de Nuremberg sur la « conservation du sang allemand ».

Ständeordnung ruht auf den natürlichen Volksordnungen der Ehe und Familie, der Gemeinde und des Stammes, endlich des Staates » (E. WOLF, *Richtiges Recht...*, *op. cit.*, p. 13-14).

1. « Und vor allem, vergessen wir nicht : Volksrecht aus dem Volksgeist ist auch gegenwärtig wachsend. Wo echtes Volksleben der Gegenwart ist, da sind Ansätze zu neuem Recht. Im ungeschriebenen Kameradschaftsgesetz der S.A. und S.S., in den neuen Lebensformen der Hitlerjugend, in manchem echt gewachsenen berufständischen Verband, in NSBO und Arbeitsfront ist lebendiges Recht in Uebung, dem Kraft zu verallgemeinerter Geltung innewohnt » (*ibid.*, p. 15).

Il est maintenant indispensable de citer le passage où Erik Wolf fait le point sur la manière dont il entend la race *(Rasse)*. En effet, ses positions épousent très exactement celles-là mêmes de Heidegger, et condensent, de manière particulièrement explicite, l'ensemble des positions exprimées par ce dernier dans ses cours, discours et proclamations des années 1933-1934, ainsi que dans son séminaire hitlérien de l'hiver 1933-1934. On y trouve le même attachement raciste à la souche allemande, la même semi-distance prise à l'égard de la seule biologie sur laquelle s'appuie trop exclusivement la « nouvelle anthropologie », pour lui opposer la référence existentielle à l'« être-authentique » des Allemands, le même souci de penser la communauté de race également comme une communauté de langage, la même légitimation, enfin, de l'eugénisme le plus radical. On lit ceci :

La nouvelle vie du peuple se comprend elle-même et comprend son histoire à partir d'une nouvelle expérience vécue de la *race*. Et le cœur même de cette expérience réside moins dans la conscience de l'origine biologique de l'évolution des peuples que dans la vivante expérience de l'être-authentique raciste des Allemands, dont le développement culturel s'est fait, au cours d'un millier d'années, sans l'intervention essentielle d'aucun élément de race étrangère. Être de race étrangère veut dire : ne pas appartenir à l'une des quatre races allemandes mêlées les unes avec les autres : la nordique, la falique, la dinarique et l'alpine, qui ont en commun la racine indo-germanique ou aryenne. Contrairement à la théorie du nationalisme impérialiste, qui ne laisse décider du concept de « peuple » que la communauté économique et culturelle d'une masse humaine régie par l'État, pour le national-socialisme le fondement de la communauté populaire est la communauté de race et de langue ; c'est à elle qu'il accorde la préséance – et aucu-

nement pour des raisons qui ne seraient que biologiques.
Il ne s'appuie pas seulement sur ce résultat de l'anthropologie moderne selon laquelle, pour citer Eugen Fischer,
« les destins des peuples et des États sont on ne peut plus
fortement et décisivement influencés par la nature de la
race de leurs membres ». Il a bien plutôt su, comme on
n'était jusque-là parvenu à le faire que par bribes, intégrer l'appartenance à la race à l'expérience spirituelle et
politique de larges parties du peuple. Il s'agit là d'une
expérience communautaire aux strates très diversifiées.
Les fondements n'en sont pas seulement ou exclusivement
naturels. L'expérience de la race porte intrinsèquement en
elle des éléments spirituels, comme la tradition, la famille,
la noblesse, la tenue *(Haltung)* et les convictions[1].

---

1. « Das neue Volksleben versteht sich und seine Geschichte
von einem neuen Erlebnis der *Rasse* her. Dabei liegt der Kern des
Erlebens weniger in einer Besinnung auf den biologischen Ursprung der Völkerentwicklung, als in der lebendigen Erfahrung
des rassischen Eigenseins der Deutschen, deren Kulturaufbau in
tausendjähriger Entwicklung ohne wesentliche Mitwirkung Fremdstämmiger erfolgt ist. Fremdstämmig heißt : nicht zugehörig zu
einer der vier unter einander vermischten deutschen Rassen, der
nordischen, fälischen, dinarischen und alpinen, die auf den indo-
germanischen oder arischen Wurzelstamm zurückgeführt werden.
Im Gegensatz zur Theorie des imperialistischen Nationalismus, der
nur die Wirtschafts- und Kulturgemeinschaft einer staatlich regier-
baren Menschenmasse über den Begriff "Volk" entscheiden läßt,
ist für den Nationalsozialismus Grundlage der Volksgemeinschaft
die Rassen- und Sprachgemeinschaft ; ihr spricht er und keineswegs
bloß aufgrund biologischer Erwägungen, den Vorrang zu. Er stützt
sich nicht allein auf jenes Ergebnis der modernen Anthropologie,
demzufolge, um ein Wort Eugen Fischer zu gebrauchen, "die
Schicksale der Völker und Staaten aufs stärkste und entschiedenste
von der rassischen Natur ihrer Träger beeinflußt" sind. Vielmehr
hat er in einer zuvor kaum in Ansätzen vorhandenen Weise ver-
mocht, die Rassenzugehörigkeit zum geistigen und politischen
Erlebnis weiter Volksteile zu machen. Es handelt sich hier um ein
sehr vielschichtiges Gemeinschaftserlebnis. Es hat keineswegs nur
oder auch nur wesentlich naturkundlich zu erfassende Grundlagen.

Ce texte est essentiel au propos de notre livre, notamment parce qu'il apporte la preuve que l'on peut parfaitement exprimer des réserves à l'égard d'une compréhension uniquement biologique de la doctrine raciale, et rappeler les dimensions « spirituelle » et politique du peuple entendu comme race, tout en faisant sienne, de la manière la plus radicale, la doctrine raciale du nazisme. Ainsi, ce n'est pas parce que Heidegger, tout comme son disciple Erik Wolf, critique le « biologisme » et entend allier le sang à l'« esprit » qu'il n'est pas pour autant foncièrement raciste dans sa conception *völkisch* du peuple et de la nation germaniques.

Erik Wolf tire maintenant les conséquences « juridiques » de son développement :

> En conséquence, cette expérience nouvelle se répercute aussi sur la pensée juridique. La conscience se répand de plus en plus qu'un droit du peuple ne saurait faire abstraction de l'origine raciale du peuple. Ce faisant, il ne faudrait pas placer au premier plan la question de la participation des diverses races aryennes à la construction de notre communauté populaire. Cela pourrait facilement conduire à une rivalité menaçant l'unité. Toutes les races allemandes doivent prendre et avoir part à l'édification juridique de l'État national-socialiste. La signification juridique de la pensée de la race ne peut pas résider dans une préférence juridique pour les types de race nordique au détriment des autres. Il repose sur les mesures qui seront prises pour conserver la composition de la race allemande telle qu'elle est aujourd'hui, parmi lesquelles sont la protection contre l'étranger, en excluant ceux qui sont de race étrangère de l'acquisition de propriétés foncières ter-

---

Im Rassenerlebnis schwingen geistige Dinge, wie Ueberlieferung, Familie, Adel, Haltung und Gesinnung mit. Folgerichtig wirkt dieses neue Erlebnis sich auch im Rechtsgedanken aus » (*ibid.*, p. 15-16).

riennes[1], en rendant plus difficile leur intégration civique, en restreignant son influence immédiate sur l'éducation, les juridictions, la conduite des affaires de l'État et les publications. Pour empêcher que la dégradation de la race ne progresse au sein des peuples allemands, il convient d'imposer des prescriptions comme l'eugénisme social, la stérilisation forcée des criminels professionnels et de ceux qui sont atteints de maladies héréditaires graves, et enfin de freiner l'émigration[2].

Telle est donc la doctrine raciste et eugéniste de celui que Heidegger lui-même et ses apologistes ont pré-

---

1. Il s'agit ici d'une référence transparente à la « loi du Reich sur l'exploitation héréditairement transmissible » du 29 septembre 1933, œuvre du « chef des paysans du Reich », Walter Darré. Ne peut être paysan que celui qui est de sang allemand ou de souche apparentée depuis 1800, de sorte que sont exclus du futur ordre des propriétaires fonciers tout « huitième de Juif » ou « huitième de Nègre » (voir É. Conte et C. Essner, *La Quête de la race...*, *op. cit.*, p. 214-215).

2. « Es wächst die Einsicht, daß ein Volksrecht die Tatsache des rassischen Volksursprungs nicht übersehen darf. Dabei sollte die Frage des Anteils der verschiedenen arischen Rassen am Aufbau unseres Volkstums nicht in den Vordergrund treten. Sie dürfte leicht zu einem einheitsgefährdenden Rangstreit führen. Am Rechtsaufbau des nationalsozialistischen Staates müssen alle deutschen Stämme teilnehmen und teilhaben. Die juristische Bedeutung des Rassegedankens kann nicht in einer rechtlichen Bevorzugung nordischer Rassetypen gegenüber den andern liegen. Sie beruht in den Maßnahmen zur Erhaltung des heutigen deutschen Rassenbestandes, wozu der Schutz vor Ueberfremdung durch Ausschluß Fremdstämmiger von der Erwerbung ländlichen Grundbesitzes, Erschwerung ihrer Einbürgerung, Verminderung ihres unmittelbaren Einflusses auf Erziehung, Rechtsprechung, Staatsführung, Schrifttum gehört. Zur Verhütung einer weiteren Rassenverschlechterung innerhalb der Deutschstämmigen dienen Vorschriften sozial-eugenischer Art, Zwangssterilisierung von Berufsverbrechern und schwer Erbkranken, endlich Auswanderungshemmung » (E. Wolf, *Richtiges Recht...*, *op. cit.*, p. 16).

senté après la guerre comme un juriste non nazi. Cela demande néanmoins que l'on s'y arrête pour souligner plusieurs points importants :

1. La terminologie employée démontre bien que les mots *Rasse* et *Stamm* sont alors utilisés indifféremment, ce qui constitue un point capital pour notre lecture de Heidegger, qui, évitant autant qu'il le peut les *Fremd-wörter* et autre *römische Wörter*, emploie bien plus fréquemment le mot *Stamm* que le mot *Rasse*. Cela ne signifie donc pas que Heidegger serait moins raciste que Wolf, mais au contraire qu'il l'est, si cela est possible, plus encore, dans la mesure où son racisme *völkisch* s'exerce avec une vigilance inégalée dans le choix des mots et le langage même.

2. Comme nous l'avons souligné, le discours d'Erik Wolf prouve qu'il est parfaitement possible pour un « juriste » comme lui, ou pour un « philosophe » comme Heidegger, de prendre nettement de la distance à l'égard d'une interprétation exclusivement biologique du peuple et de la race allemande qui est celle d'un « médecin » nazi comme Eugen Fischer, sans pour autant être moins raciste que ceux qui expliquent exclusivement la race par la biologie. Pour un nazi, critiquer l'approche exclusivement biologique ne signifie donc en aucune manière qu'il n'est pas raciste. On le voit assez à l'adhésion sans réserve d'Erik Wolf à l'identification nazie de la « race allemande » aux races dites « aryennes », et au sort qu'il réserve à ceux qui sont de race étrangère, c'est-à-dire, avant tout, aux Juifs.

3. Parmi les nazis eux-mêmes, nous avons vu qu'il existe certaines divergences dans la définition de la race aryenne. Ceux qui, tels Rosenberg ou Hans Günther, font principalement l'éloge de la race dite « nordique », se heurtent à la fronde des théoriciens nazis généralement issus du sud de l'Allemagne, qui expriment leurs

réserves à l'égard de cette préférence. Parmi eux, il y a ceux qui, tel Merkenschlager – auquel s'est particulièrement intéressé Ernst Jünger –, s'appuient sur le concept de « race allemande » et ceux, comme Erik Wolf ou Erich Rothacker, qui admettent la classification de Günther en quatre – puis cinq – races allemandes, mais tentent de tempérer le « nordicisme » en insistant sur la participation des différentes races et, chez un juriste comme Wolf, sur les mesures eugénistes et racistes à mettre en œuvre.

Nous pouvons donc retenir que Wolf se révèle un connaisseur averti de la *Rassenkunde* de l'époque et des controverses alors en cours entre défenseurs de la « race nordique » et tenants de la « race allemande »[1], et qu'il prend plutôt parti pour la seconde tendance, certes tout aussi raciste que la première, mais qui n'aura finalement pas gain de cause, bien que ce soit celle qui tende le plus à l'identification *völkisch* entre « race » et « peuple ».

4. On remarque chez Wolf, comme chez Heidegger, le souci de définir l'appartenance raciale non seulement en termes biologiques, mais aussi, et surtout, en termes « spirituels ». Cela n'a rien d'original. On retrouve cela dans la plupart des écrits et discours des nazis de l'époque, surtout dans les premières années du nazisme, où le mot *Geist* est plus souvent évoqué encore que le mot *Rasse*. L'origine directement hitlérienne de cette appropriation nazie de l'esprit se voit à l'usage du mot *Geist* dans *Mein Kampf*, et au fameux discours d'août 1933, où Hitler définit la race par l'esprit, discours sur lequel s'appuie explicitement Rothacker.

---

1. Sur « la grande dispute raciologique » entre « race allemande » et « race nordique », voir l'étude indispensable de Cornelia Ess-NER, « Le dogme nordique des races », dans *La Quête de la race...*, *op. cit.*, chap. II, p. 65-116.

5. La référence à Eugen Fischer mérite d'être particulièrement soulignée. Les liens d'amitié qui existent entre celui-ci et Martin Heidegger, et qui persisteront jusqu'après la guerre, sont aujourd'hui connus. Ici, la référence de Wolf à Eugen Fischer est lourde de sens. On sait qu'il fut l'un des tout premiers et principaux théoriciens de l'eugénisme, de l'hygiène raciale et du génocide des peuples dits « inférieurs », et cela dès avant la prise de pouvoir des nazis. C'est dans l'institut qu'il dirige à Berlin que sera formé, entre autres, le docteur Mengele d'Auschwitz. En 1933, Eugen Fischer, qui va être aussitôt nommé par les nazis recteur de l'université de Berlin, ne se présente pas seulement en tant que théoricien de la médecine nazie, mais aussi, dans un discours qui sera aussitôt imprimé dans deux maisons d'édition différentes, comme un théoricien politique de l'État *völkisch*. Son discours s'intitule *Le Concept de l'État völkisch, considéré de manière biologique*. Comme le titre l'indique, la référence à la biologie est centrale pour ce médecin. Mais il a la prétention de tenir compte du « corporel » et du « spirituel » et se réfère par exemple tout à la fois aux « différences corporelles et spirituelles » qui, selon lui, opposent les « Aryens » et les « Juifs »[1].

On peut considérer qu'il existe des degrés dans l'horreur, et qu'une certaine distance sépare encore, d'un côté, le discours fribourgeois de Wolf, qui insiste sur le « spirituel » au moins autant que sur le « biologique », qui évite de prononcer le mot « juif » mais oppose néanmoins les personnes de « race aryenne » à celles de « race étrangère », et, d'un autre côté, la brutalité du

---

1. « körperliche und geistige Unterschiede » (Eugen FISCHER, *Der Begriff des völkischen Staates, biologisch betrachtet*, Berlin, 1933, p. 14).

discours berlinois de Fischer, qui attaque explicitement le « Juif » et insiste beaucoup plus lourdement sur le fondement biologique du racisme nazi. Il faut cependant souligner que l'évocation de Fischer par Wolf prend la forme, non pas d'un refus, mais de la locution : « non seulement […] mais bien plutôt ». Il n'entend donc pas réfuter Eugen Fischer, mais nuancer et compléter le propos de ce dernier. En outre et surtout, les mesures préconisées par Wolf rejoignent celles préconisées par Fischer. Wolf énumère, en effet, contre ceux qui sont de « race étrangère », une longue série de mesures à prendre qui affectent toutes les dimensions de leur existence. L'évocation de ces dispositions racistes est aussitôt suivie de la légitimation de l'eugénisme social, de la stérilisation forcée des criminels et des hommes atteints de maladies héréditaires. C'est la même alliance de racisme et d'eugénisme que chez Fischer.

Si l'abjection se fait plus manifeste chez le médecin qui va concrètement appliquer aux êtres humains les mesures édictées par le juriste, et si par ailleurs le juriste se fait plus explicite que le « philosophe » universitaire, puisque c'est à lui qu'il revient de traduire par des lois particulières ce que le « philosophe » n'exprime encore que par des termes généraux, une même chaîne de responsabilités relie ici le « philosophe », le juriste et le médecin. La responsabilité du premier n'est pas la moindre, qui fournit la légitimation théorique des concepts discriminatoires – comme la distinction de l'existence authentique et de l'existence inauthentique – transposés ensuite dans des lois et des décrets d'application et finalement mis en œuvre dans des pratiques tout à la fois médicales et policières, qui détruisent les hommes dans leur chair, leur âme, leur esprit et leur vie. Il nous faut donc être particulièrement vigilants sur ce qui se produit dans la philosophie.

Après avoir longuement explicité la signification et le rapport au droit d'expressions comme le sens du sacrifice *(Opfersinn)*, Erik Wolf revient à sa définition de l'« État total national-socialiste ». En spécialiste nazi du droit pénal, il entend criminaliser la résistance à l'État total :

> Dans l'État national-socialiste total, le crime apparaît en première ligne sous la forme de la désobéissance et de la rébellion, et dans le criminel, c'est l'ennemi de l'État qui est visé[1].

Si, dans l'État total, le crime par excellence consiste dans l'opposition à l'État, l'opposant politique devient le premier des criminels. Wolf justifie ainsi la nature d'un régime où le prisonnier politique est traité bien plus sauvagement que le criminel de droit commun : on sait que dans les camps de concentration nazis, les « politiques » sont à la merci des « droits-communs » qui ont pratiquement sur eux droit de vie ou de mort. Le criminel n'est plus défini par Wolf comme celui qui porte atteinte à la personne, mais comme l'ennemi *(Feind)* de l'État. On peut donc parler, vu le contexte de l'époque, d'un élément schmittien dans le discours de Wolf, d'autant que dans *Le Vrai Droit*, il poursuit sa présentation de l'État total en se référant à Ernst Forsthoff, lui-même disciple de Schmitt et auteur de *L'État total*.

Erik Wolf écrit ainsi :

---

1. « Im totalen nationalsozialistischen Staat erscheint das Verbrechen in erster Linie als Ungehorsam und Auflehnung, im Verbrecher wird der Feind des Staates getroffen » (E. WOLF, *Richtiges Recht...*, *op. cit.*, p. 23). Ce passage est repris dans Erik WOLF, « Das Rechtsideal des nationalsozialistischen Staates », *Archiv für Rechts- und Sozialphilosophie*, XXVIII, 1934-1935, p. 348-363.

L'ambition de l'État national-socialiste saisit l'existence terrestre de l'homme de manière englobante. Elle ne trouve ses limites ni dans les traditions historiques ni dans certains droits fondamentaux ou droits de l'homme. Ainsi qu'Ernst Forsthoff l'a lumineusement démontré, il ne faut pas comprendre cette conception de l'État total de manière mécaniste, comme s'il fallait désormais organiser et schématiser, à l'aide de l'appareil des autorités de l'État, tous les autres domaines de l'existence. L'État total n'est pas une unité mécanique, mais organique, il ne schématise pas, il structure. À travers cet être-structuré, il tend à un ordre de domination aristocratique, qui culmine dans le *Führer* personnel et s'édifie sur une suite de hiérarchies et de fonctions[1].

L'État total s'édifie donc sur la récusation de toute référence à des droits fondamentaux ou droits de l'homme qui pourraient lui être opposés. Cette présentation du *totaler Staat* n'a rien d'original, mais il fallait la citer, car la conception non plus mécanique, mais organique de l'État, ici empruntée à Forsthoff – mais que nous avons également trouvée à la fin du chapitre sur « Volk und Rasse » de *Mein Kampf* –, sera reprise

---

1. « Der Anspruch des nationalsozialistischen Staates ergreift das irdische Dasein des Menschen in umfassender Weise. Er findet seine Grenze weder an geschichtlichen Traditionen noch an gewissen Grundrechten oder Menschenrechten. Diese Vorstellung vom totalen Staat darf man, wie Ernst Forsthoff einleuchtend gezeigt hat, nicht mechanistisch verstehen, als gelte es nun, mit dem Behördenapparat des Staates alle übrigen Lebensgebiete zu organisieren und zu schematisieren. Der totale Staat ist keine mechanische, sondern eine organische Einheit, er schematisiert nicht, er gliedert. Er drängt in diesem Gegliedertsein zu einer aristokratischen Herrschaftsordnung, die im persönlichen Führer gipfelt und hierarchisch in einer Stufenfolge von Rangordnungen und Aemtern sich aufbaut » (E. Wolf, *Richtiges Recht...*, *op. cit.*, p. 23-24). Le texte est repris dans « Das Rechtsideal... », art. cité, p. 355-356.

par Heidegger lui-même dans le séminaire inédit qu'il organisera en 1934-1935 avec la participation, justement, d'Erik Wolf.

Dans l'État total, que reste-t-il de l'homme ? Aucune vie personnelle ne subsiste, aucune reconnaissance de la valeur en elle-même de l'existence individuelle de l'être humain. Erik Wolf est on ne peut plus explicite. Reprenant un mot forgé par Forsthoff, il souligne l'« implication totale de chaque individu dans la nation » et utilise la notion hégélienne d'*Aufhebung* pour affirmer que « cette implication annule le caractère privé de l'existence individuelle[1] ». Heidegger se fera l'écho de cette affirmation lorsqu'il balayera tous les arguments personnels du jeune juriste et refusera sa démission en lui opposant, comme nous l'avons vu, que, désormais, « l'individu ne compte pour rien ».

Dans la suite du texte, Erik Wolf développe un thème qui lui tient alors particulièrement à cœur et qui, en soi révoltant, le rapproche dangereusement des *Deutsch-Christen* ou réformés pro-hitlériens, ceux-là mêmes dont s'inquiétera tant Jean Cavaillès[2]. Le juriste nazi entend en effet établir « le lien essentiel et nécessaire entre national-socialisme et chrétienté[3] ». Il s'agit ici d'une orientation qui le distingue de Heidegger, mais il est probable que, pour des raisons soit simplement

---

1. « diese Impflichnahme hebt den privaten Charakter der Einzelexistenz auf » (E. Wolf, *Richtiges Recht...*, *op. cit.*, p. 25).

2. Jean Cavaillès s'est inquiété des relations entre le protestantisme allemand et l'hitlérisme en 1933. Il a entrepris des recherches en Allemagne et publié trois articles à ce propos : « Protestantisme et hitlérisme. La crise du protestantisme allemand », *Esprit*, novembre 1933, p. 305-316, « Les conflits à l'intérieur du protestantisme allemand », *Politique*, 1934, n° II, p. 179-183, « La crise de l'Église protestante allemande », *Politique*, 1934, n° XII, p. 1036-1042.

3. « die wesensnotwendige Verbindung von Nationalsozialismus und Christentum » (E. Wolf, *Richtiges Recht...*, *op. cit.*, p. 26).

stratégiques, soit plus profondes, ce dernier n'était pas mécontent de s'appuyer sur un national-socialiste protestant, dans la lutte, à ses yeux prioritaire, contre le catholicisme dominant à Fribourg. Il sera en effet particulièrement répressif et dur à l'égard de son disciple catholique Max Müller, dont il remettra en cause la fiabilité politique et la conception de l'État dans un rapport de la fin des années 1930 qui brisera toute possibilité de carrière universitaire sous le IIIᵉ Reich pour Müller et mettra en péril son existence, et cela alors même que ce dernier avait publié, en septembre 1933, l'apologie la plus explicite du *Führerstaat*, mais en associant – d'une manière inacceptable, sans doute, aux yeux de Heidegger – les buts religieux aux « buts étatiques-*völkisch*[1] ».

Erik Wolf disciple de Rosenberg et de Schmitt

Ni sa démission de la charge de doyen de la Faculté de droit de Fribourg en mars 1934, ni celle de son « guide », Heidegger, ni la Nuit des longs couteaux ne vont entamer l'ardeur hitlérienne d'Erik Wolf. Près d'une année après sa conférence du 7 décembre 1933, il va de nouveau prendre la parole, cette fois devant la section fribourgeoise de la Ligue *(Bund)* des juristes nationaux-socialistes allemands, le 20 novembre 1934. Le titre pompeux de sa conférence, « L'idéal du droit de l'État national-socialiste », ne peut cacher le fait qu'il s'agit d'un texte pire encore que le précédent. Cette fois,

---

1. Voir Max MÜLLER, « Neudeutsche Jugend und neue Staat », *Leuchtturm*, 6 septembre 1933 ; réédité dans *Katholische Kirche und National-sozialismus*, éd. par Hans MÜLLER, Munich, 1965, p. 182-186.

Erik Wolf n'hésite pas à mettre ses propos tout à la fois sous la bannière d'Alfred Rosenberg et de Carl Schmitt. Il s'appuie également sur l'autorité du recteur pro-nazi qui a succédé à Heidegger à Fribourg, un juriste lui aussi : Eduard Kern. Le texte de la conférence paraît en 1935 dans la revue qui s'intitule *Archiv für Rechts- und Sozialphilosophie*. S'il est nécessaire de s'arrêter sur les points majeurs de ce texte, c'est parce qu'il nous donne l'état de la « doctrine » de Wolf au moment précis où Heidegger va, fait rarissime, faire appel à lui pour une longue intervention dans le séminaire qu'il consacrera, en cet hiver 1934-1935, à la doctrine hégélienne de l'État. On sait ainsi exactement sur quelle « philosophie du droit » Heidegger pouvait alors s'appuyer dans son séminaire, en décidant d'y inviter Erik Wolf.

Pour l'essentiel, la conférence de novembre 1934 (où toute référence au christianisme et à l'autorité de Dieu a cette fois disparu) reproduit la tripartition schmittienne quelque peu remaniée de *Staat, Bewegung, Volk*[1], tout en unifiant la totalité de l'ordre juridique sous la notion de l'honneur *(Ehre)*, qui est explicitement reprise du *Mythe du XXᵉ siècle* de Rosenberg. Elle a donc pour but de montrer l'unité des deux doctrines, la triade schmittienne exprimant selon Wolf la même réalité que le concept rosenbergien de l'honneur. Ce texte mériterait d'être regardé de près par ceux qui croient pouvoir faire une distinction nette entre un « théoricien » (Schmitt) et un « idéologue » (Rosenberg).

Voici dans quel contexte intervient, au début de l'article, la référence à Rosenberg :

---

1. L'ouvrage de Carl Schmitt est cité par Wolf p. 356. Nous avons opposé cet article d'Erik Wolf à Alexander Hollerbach, lorsqu'il nous a soutenu que Wolf aurait toujours été opposé à Carl Schmitt (entretien avec l'auteur).

Il appartient [...] aux caractéristiques de l'authenticité de la révolution national-socialiste que le mouvement ait redécouvert une source du droit auparavant tarie : la communauté du peuple, et découvert une source nouvelle : le principe du *Führer*. [...] Il ne s'agit plus de l'idéal traditionnel de l'égalité formelle des sujets de droit abstraits, il s'agit de l'idée de l'honneur, hiérarchisé selon les corporations, de la communauté juridique-*völkisch*. C'est de cette manière que l'honneur, dont un *Führer* du mouvement [Rosenberg] disait que la vie juridique allemande s'était de tout temps inspirée, devient la valeur fondamentale qui englobe la totalité de notre ordre juridique, l'idéal juridique du national-socialisme[1].

Erik Wolf va longuement montrer comment cet « honneur », notion détournée et dépravée par l'hitlérisme, aussi centrale chez Rosenberg que chez Schmitt, et qui, dans l'État total, a pris la place de l'égalité juridique propre aux États de droit, vaut désormais en tant qu'« honneur du peuple » *(Volksehre)* s'incarnant dans le *Führer* lui-même[2]. Il écrit ainsi :

---

1. « Es gehört [...] zu den Kennzeichen der Echtheit der nationalsozialistischen Revolution, daß die Bewegung eine zuvor versiegte Rechtsquelle : das Volkstum, wieder entdeckt und eine neue : das Führertum, erschlossen hat. [...] Es ist nicht mehr das herkömmliche Ideal formaler Gleichheit der abstrakten Rechtssubjekte, es ist der Gedanke ständisch gestufter Ehre der völkischen Rechtsgenossen. Auf diese Art wird die Ehre, von der ein Führer der Bewegung sagte, daß deutsches Rechtsleben seit jeher auf ihr beruht habe, der allumfassende Grundwert unserer neuen Rechtsordnung, das Rechtsideal des Nationalsozialismus » (E. WOLF, *Das Rechtsideal...*, *op. cit.*, p. 348-349). Comme pour montrer qu'il a lu de près l'ouvrage de Rosenberg, Erik Wolf renvoie en note à plusieurs pages du *Mythe du xxᵉ siècle* : p. 145 et suivantes, 204, 563 et autres.

2. « Im obersten *Führer* selbst als die Verkörperung der Volksehre ist dann eine zentrale Rechtsmacht vorhanden » (E. WOLF, « Das Rechtsideal... », art. cité, p. 362).

Dans le combat contre les tumeurs malfaisantes de l'âge du libéralisme, il importe certes, d'une part, d'éradiquer sans égard l'égoïsme asocial et toute attitude originale étrangère au peuple *(Volksfremdheit)*, mais aussi, d'autre part, de cultiver la liberté morale, spirituelle et juridique de la communauté de droit *(Rechtsgenossen)*, car là se trouvent les racines dispensatrices de vie des principes authentiques que sont le principe du *Führer* et le principe de l'héroïsme, y compris dans le champ du renouvellement *völkisch* du droit[1].

Alors que la conférence de décembre 1933 mettait l'accent sur la conception raciste du peuple dans l'État total national-socialiste, celle de novembre 1934 insiste sur cette nouvelle « source du droit » qu'est le principe du *Führer*. L'esprit proprement hitlérien du nouveau droit tel que l'entend Wolf est donc tout particulièrement souligné. Ce qui assure l'unité et le lien du *Führer* et du peuple allemand, c'est l'« identité raciale » *(Artgleichheit)*, terme repris à la quatrième partie du livre de Carl Schmitt *État, mouvement, peuple*. Wolf fait sienne la tripartition schmittienne, avec cette seule différence que, plus proche en cela de la conception *völkisch* défendue par Heidegger dans ses cours de 1933-1934, c'est le peuple qu'il met en premier et non l'État. Sa tripartition est donc celle du peuple, de l'État et du mouvement, à laquelle correspond terme à terme la tripartition du sang, de l'état ou du rang *(Stand)* et de la tradition. Dans les passages mêmes où il se

---

1. « Im Kampf mit den üblen Auswüchsen des liberalistischen Zeitalters gilt es zwar unsozialen Egoismus und eigenbrötlerische Volksfremdheit rücksichtslos zu beseitigen, aber andererseits auch die sittliche, geistige und rechtliche Freiheit der Rechtsgenossen zu pflegen, denn hier liegen die lebenspendenden Wurzeln echten Führer- und Heldentums, auch auf dem Felde völkischer Rechtserneuerung » *(ibid.*, p. 353).

réfère explicitement à l'ouvrage de Schmitt, on voit
qu'il formule la doctrine nazie d'une manière un peu
différente, plus *völkisch* que celle du *Kronjurist*. On
note par ailleurs qu'il insiste sur des points qui seront
traités dans le séminaire sur Hegel et l'État qu'il tien-
dra avec Heidegger. Le passage qui suit – dans lequel
on retrouve certaines formulations de sa conférence de
1933 – mérite donc une attention particulière :

> L'ambition de l'État national-socialiste saisit l'exis-
> tence terrestre de l'homme de manière englobante. […] Il
> ne faut pas concevoir ce nouvel État sur un mode méca-
> niste, comme s'il s'agissait désormais d'organiser, à l'aide
> de l'appareil de domination, tous les autres domaines de
> la vie : l'Église, l'art, la science […] La pensée socio-
> logique occidentale ne voit en lui qu'un appareil, mais le
> sens allemand à son plus haut niveau de développement
> a perçu en lui la réalité de l'idée de la moralité. L'État
> ne doit jamais être envisagé indépendamment du peuple,
> car il est l'unité politique elle-même, qui est tantôt visible
> comme peuple, tantôt comme État, tantôt comme mouve-
> ment politique[1].

On a reconnu dans cette dernière phrase la thèse de
l'ouvrage de Carl Schmitt *État, mouvement, peuple*,
cité en note dans sa réédition de 1934. La critique de

---

1. « Der Anspruch des nationalsozialistischen Staates ergreift
das irdische Dasein des Menschen in umfassender Weise. […] Diesen neuen Staat darf man nicht mechanistisch verstehen, als gelte
es nun mit dem Behördenapparat alle übrigen Gebiete des Lebens :
Kirche, Kunst, Wissenschaft, zu organisieren. […] Soziologisch-
westliches Denken erkennt ihn nur als Apparat, deutscher Sinn
auf der Stufe höchster Entfaltung hat in ihm die Wirklichkeit der
sittlichen Idee erblickt. Der Staat darf niemals losgelöst vom Volk
betrachtet werden, denn er ist ja die politische Einheit selbst, die
bald als Volk, bald als Staat, bald als politische Bewegung sichtbar
wird » (*ibid.*, p. 355-356).

la conception de l'État comme mécanisme et comme « appareil » *(Apparat)* se retrouve dans les mêmes termes dans le séminaire de la même époque de Heidegger, ainsi que la critique de la pensée sociologique appliquée à l'État. En outre, la longue périphrase sur « le sens allemand à son plus haut niveau de développement » qui « a perçu en lui la réalité de l'idée de la moralité » est une allusion transparente à la conception hégélienne de l'État qui vient conclure ses *Principes de la philosophie du droit*. Enfin, il importe de noter que cette référence implicite à Hegel vient juste avant la référence plus explicite à Schmitt.

Dans cette conférence comme dans le séminaire sur Hegel et l'État, la doctrine schmittienne de l'État est perçue par Wolf, comme par Heidegger, en relation avec la philosophie hégélienne de l'État comme réalisation concrète de l'idée de la moralité. Que l'on puisse encore parler ici de « moralité » a quelque chose d'odieux, et, le moment venu, il faudra voir de plus près pourquoi Wolf, comme Heidegger, met ainsi en relation Hegel et Schmitt.

Il nous faut par ailleurs garder à l'esprit le fait qu'il s'agit non seulement d'un texte « théorique », mais aussi d'une étude rédigée par un spécialiste de droit pénal, et publiée dans les *Archives pour la philosophie du droit et de la société*. Wolf va donc s'attacher à préciser le « contenu » de ce nouveau droit fondé non plus sur l'égalité juridique des citoyens, mais sur l'« honneur », en faisant correspondre, à la triade schmittienne remaniée du peuple, de l'État et du mouvement, la tripartition du sang, de l'état ou du rang *(Stand)* et de l'histoire :

Les caractéristiques essentielles du peuple fondées sur l'honneur sont simultanément les caractéristiques essentielles de son droit. Ces caractéristiques sont le sang, le rang *(Stand)* et la tradition. Avec elles, nous touchons au contenu du nouvel idéal juridique de l'honneur. Cet idéal est fait de valeurs *völkisch*, de valeurs de rang *(ständisch)* et de valeurs historiques. Le moment est venu d'en parler plus en détail.

1. La conception de l'identité de sang, ou de race *(Blut- oder Artgleichheit)* de l'être-peuple *(Volkstum)* désigne cette unité à rameaux multiples et grandie sur le sol naturel de l'héritage racial des souches allemandes en leur essence la plus profonde, celle que l'on décrit par les termes d'esprit du peuple ou d'âme du peuple. C'est la raison pour laquelle une conception du droit qui voit dans l'esprit du peuple la racine du droit, et dans le service rendu à l'être-peuple *(Volkstum)* son but, doit nécessairement exiger que soient réservées à la communauté de la race authentique (qui n'est pas la même chose que les « citoyens » juridiques « de l'État » !) certaines fonctions particulièrement importantes à l'édification de la communauté du peuple – parce que les prédispositions *völkisch* nécessaires à cela font défaut aux étrangers ou aux citoyens de race étrangère[1].

---

1. « Die ehrbegründeten Wesensmerkmale des Volks sind zugleich die Wesensmerkmale seines Rechts. Diese Merkmale sind Blut, Stand und Überlieferung. Mit ihnen stoßen wir zu den Inhalten des neuen Rechtsideals der Ehre vor. Es besteht aus völkischen, ständischen und geschichtlichen Werten. Davon ist jetzt ein Näheres zu sagen. 1. Der Gedanke der Blut- oder Artgleichheit des Volkstums meint jene auf dem Naturgrund rassischen Erbgutes erwachsene, vielgliedrige Einheit der deutschen Stämme in ihrem innersten Wesen, das mit den Worten Volksgeist oder Volksseele umschrieben wird. Eine Rechtsidee, die im Volksgeist die Wurzel des Rechtes sieht und im Dienst am Volkstum sein Ziel, muß demnach fordern, daß den arteigenen Volksgenossen (die nicht das gleiche sind, wie juristische "Staatsbürger" !) gewisse, für den Aufbau der Volksgemeinschaft besonders wichtige Funktionen vorbehalten bleiben, weil Ausländern oder Staatsbürgern fremdrassiger

Il en tire sans ambages une conséquence pratique qui est beaucoup plus dure encore que dans la conférence de 1933 : alors que seules les responsabilités publiques, l'appartenance au corps des fonctionnaires de l'État et l'acquisition de terres étaient interdites aux non-aryens, cette fois, ceux qui sont dits de race étrangère tombent entièrement hors du droit. Erik Wolf est on ne peut plus clair :

> Les hôtes du peuple de race différente *(nichtartglei-chen)*, qui ne jouissent d'aucun droit juridique, sont ceux qui sont de race étrangère et les étrangers[1].

Désormais, il n'y a plus de réalité du droit hors de la communauté *völkisch* : plus de « droit des gens », plus même de reconnaissance de « sujets mixtes » qui appartiendraient encore pour partie à l'ordre juridique régissant la communauté allemande :

> Un ordre juridique *völkisch* ne peut pas reconnaître des prétendus « sujets mixtes » au sens du droit des gens en vigueur jusque-là[2].

Le glissement meurtrier se précise : les non-aryens n'ont désormais plus aucune protection juridique. Les lois de Nuremberg sont déjà en esprit dans ce texte. N'appartenant pas à la communauté de sang *völkisch*,

---

Artung hierfür die völkischen Voraussetzungen fehlen » (E. Wolf, « Das Rechtsideal... », art. cité, p. 357).

1. « Zu den nichtartgleichen Volksgästen, denen keine Rechtsstandschaft zukommt, gehören rassisch fremdstämmige und Ausländer » (*ibid.*, p. 360).

2. « Eine völkische Rechtsordnung kann sog. "sujets mixtes" im Sinne des bisherigen Völkerrechts nicht anerkennen » (*ibid.*, p. 361).

les « non-aryens » ne font plus partie de l'État. Ils en sont donc, au sens schmittien, potentiellement les « ennemis » et pourront ainsi être criminalisés puisque nous avons vu le « pénaliste » qu'est Wolf identifier comme un crime la résistance à l'État.

Telle est donc la « doctrine » de celui que Heidegger compte plus que jamais parmi ses intimes, et à qui il choisit de faire appel dans le séminaire sur l'État qu'il organise au même moment.

L'APOLOGIE D'ERIK WOLF ET DE HEIDEGGER PAR JEAN-MICHEL PALMIER

Avertis désormais de la « doctrine » effective professée par Erik Wolf en 1933-1935, nous ne pouvons lire qu'avec beaucoup de perplexité ce que Jean-Michel Palmier écrivait de lui, en 1968, dans *Les Écrits politiques de Heidegger* – un ouvrage, il est vrai, entaché de graves erreurs qui demanderaient à être rectifiées une à une. La volonté constante d'apologie que manifeste ce livre est d'autant plus inacceptable qu'elle n'est accompagnée d'aucune recherche approfondie. D'ailleurs, l'auteur a sensiblement infléchi sa position lorsqu'il a mieux été informé des faits réels[1]. Mais, en 1968, Jean-Michel Palmier écrivait ceci :

> Le professeur Erich *[sic]* Wolf, dont l'œuvre tout entière mérite d'être traduite, enseignait le droit, et était bien connu pour ses attaques à l'égard des juristes hitlériens, Carl Schmitt, notamment. Il dirigea même avec Heidegger un séminaire contre Carl Schmitt. L'une de ses œuvres essentielles : *Vom Wesen des Rechtes in deutscher Dich-*

---

1. Nous pensons à la postface qu'il a rédigée pour l'édition française de la monographie de Hugo Ott.

tung, dédiée en partie à Heidegger, reprend une série de cours, professés à Fribourg, sur « L'essence du droit dans la poésie allemande » (Klostermann, 1946). Une simple lecture révèle la grandeur de l'œuvre et de l'homme qui fut, avec Heidegger, l'un des rares professeurs à avoir publiquement combattu le nazisme par son enseignement[1].

En réalité, si l'on veut trouver des opposants au nazisme à l'université de Fribourg, ce n'est pas vers Erik Wolf qu'il nous faut nous tourner, mais au contraire vers ceux qui ont refusé de s'engager dans le national-socialisme et qui se sont de ce fait opposés aux excès d'Erik Wolf en 1933, comme les économistes Walter Eucken et Adolf Lampe. Nous avons vu en outre que, bien loin de combattre Schmitt et le nazisme, Wolf, à la fin de l'année 1934, reprend et développe de la manière la plus explicite et radicale les thèses et les concepts de *Staat, Bewegung, Volk*. Il ne se contente d'ailleurs pas d'être alors le disciple de Schmitt : il s'appuie sur l'autorité d'autres juristes nazis comme Eduard Kern, qui sera nommé recteur de l'université de Fribourg après Heidegger. Dans la conclusion de sa conférence prononcée le 29 mai 1934 et publiée comme le 15e cahier de la série des *Freiburger Universitätsreden*, Eduard Kern remercie Adolf Hitler d'avoir œuvré pour la fondation d'un Reich destiné à durer mille ans[2]. Quant au discours de rectorat d'Eduard Kern, qui s'intitule *Das Führertum in der Rechtspflege*, il est publié comme le 18e cahier de la même série et constitue, comme son

_____

1. Jean-Michel PALMIER, *Les Écrits politiques de Heidegger*, Paris, 1968, p. 74.

2. Eduard KERN, *Die Überleitung der Justiz auf das Reich*, Fribourg-en-Brisgau, 1934, p. 36.

titre l'indique, une illustration de l'application du *Führerprinzip* au domaine du droit. En outre, Kern s'appuie explicitement sur les déclarations et les thèses de l'un des juristes nazis les plus virulents dans la répression des opposants politiques : Roland Freisler.

Or il faut savoir qu'Erik Wolf n'a jamais rompu avec Eduard Kern. En 1941, on trouve, dans la liste des vingt-neuf destinataires de son écrit sur *La Pensée du droit d'Adalbert Stifter*, Eduard Kern en seizième place et Forsthoff, le théoricien schmittien de l'État total, en vingt-quatrième position[1]. Après la guerre encore, dans la liste des cinquante-huit destinataires de la réédition de ces *Dichterstudien* qu'évoque Jean-Michel Palmier, on trouve en troisième place Eduard Kern, en cinquième Ernst Jünger, en dixième Erich Rothacker, en quatorzième Martin Heidegger[2]. Karl Jaspers ne vient qu'en quarantième position... Nous pouvons donc légitimement douter de la réalité des attaques de Wolf contre les juristes nazis, et par ailleurs nous demander, devant ces faits, s'il est possible de parler d'une rupture d'Erik Wolf avec le nazisme, même après 1945.

Au passage, notons un point qui dépasse le propos de ce livre et demanderait une enquête historique particulière : nous apprenons, par une série de lettres de Vittorio Klostermann à Erik Wolf[3] et une autre du Bureau

---

1. « Prof. Dr. Eduard Kern. Tübingen. Gustav-Schabstrasse 6. », lettre à V. Klostermann du 24 [?] 1941 (fonds V. Klostermann, DLA, Marbach). Une lettre en date du 11 janvier 1941 à V. Klostermann nous apprend que c'est sur la recommandation de Heidegger qu'Erik Wolf a pris contact avec Klostermann, qui sera désormais son éditeur.

2. La liste dactylographiée est adressée à Vittorio Klostermann le 22 février 1948 (fonds V. Klostermann, DLA, Marbach).

3. Lettres des 22 novembre 1946, 3 décembre 1946 et 22 août 1947.

du gouvernement militaire de la Hesse à Klostermann[1], que ce dernier a rencontré des difficultés pour le publier à Francfort et a dû réclamer des justificatifs à l'auteur. Il semble que les *Dichterstudien*, réimprimées en un volume en 1946, n'ont pu être distribuées qu'en 1948, puisque nous avons vu Wolf ne constituer sa liste d'envois qu'en février de cette année-là. Dans sa lettre du 2 décembre 1946, notamment, l'éditeur indique à Wolf que dans la zone sous occupation américaine, pour être alors autorisé à publier, un auteur doit apporter la preuve que ni en paroles, ni par écrit, il n'a adhéré au national-socialisme ou à ses buts[2]. La seule existence des conférences publiées de 1933 à 1935, si elle avait été portée à la connaissance des autorités américaines, aurait donc dû entraîner l'interdiction de rééditer ses études publiées sous le nazisme au début des années 1940. Malheureusement, ses réponses nous manquent et nous ne savons pas qui l'a suffisamment couvert pour que l'autorisation lui soit finalement accordée. Ce qui est certain, c'est que Wolf – protégé par son activité tardive dans l'Église confessante – a soigneusement caché après la guerre la radicalité de son engagement nazi, au point que rien n'en transparaît ni dans les actes du colloque qui lui est consacré en 1967[3], ni dans l'article nécrologique de la *Frankfurter Allgemeine Zeitung*

---

1. Lettre de l'Office of Military Government for Hesse à V. Klostermann, 19 août 1957 (fonds V. Klostermann, DLA, Marbach).

2. « Es muß die Gewähr gegeben sein, daß der Verfasser weder in Wort noch Schrift für den Nationalsozialismus oder seine Ziele eingetreten ist » (Vittorio Klostermann à Erik Wolf, 3 décembre 1946 ; fonds V. Klostermann, DLA, Marbach).

3. *Quaestiones et Responsa. Ein rechtsphilosophisches Gespräch für Erik Wolf zum 65. Geburtstag*, Vittorio Klostermann, Francfort, 1968. Heidegger fait partie des 21 participants du colloque énumérés p. 43.

de 1977, où Wolf est exclusivement présenté comme celui qui aurait orienté ses étudiants de Fribourg vers les fondements humains, démocratiques et éthiques du droit[1] ! Aucune allusion n'est faite aux thèses racistes et eugénistes qu'il a enseignées avec tant d'enthousiasme.

Pour revenir aux propos de Jean-Michel Palmier, il faut relever l'allusion à un séminaire commun entre Heidegger et Wolf, qui ne peut être que le séminaire sur Hegel et l'État, objet du prochain chapitre de notre livre. Nous verrons que les quelques réserves exprimées par Heidegger sur Carl Schmitt – mais non par Wolf lui-même – ne sauraient d'aucune façon s'apparenter à des attaques et, surtout, qu'elles n'expriment d'aucune manière un point de vue anti-nazi. Il faudrait rechercher qui a « informé » ou plutôt désinformé ainsi Jean-Michel Palmier à propos d'un séminaire inédit alors inaccessible, puisque les cours manuscrits de Heidegger n'avaient pas encore été réunis et déposés dans un fonds d'archives publiques. Il ne peut vraisemblablement s'agir que de Heidegger lui-même ou du petit cercle de ses intimes, comme par exemple François Fédier que l'auteur remercie à la fin de son livre[2].

Dans la deuxième partie de son projet de lettre justificative à Karl Barth, Erik Wolf se prévaut de ce soutien inattendu venu de France, en citant ce qu'il présente comme « une brochure pour la réhabilitation de Martin Heidegger[3] ». Mais il se garde de reprendre à son

---

1. « Wolf spielte in Freiburg [...] die Rolle dessen, der den Studenten das geistige Korsett eines menschlichen, demokratischen und ethischen Grundsätzen orientierten Rechts vorzog » (Hanno KÜHNERT, « Das Recht und die Nähe der Theologie, Zum Tode von Erik Wolf », *FAZ*, 20 octobre 1977, n° 244, p. 25).

2. J.-M. PALMIER, *op. cit.*, p. 332.

3. « ... in einer zur Rehabilitation Martin Heideggers verfaßten Broschüre eines jungen Franzosen » (cité dans Alexander HOL-

compte le thème – qui ne saurait résister à l'examen de ses écrits – d'une opposition de sa part à Carl Schmitt et aux juristes nazis.

Quoi qu'il en soit, et tout à l'opposé de ce qu'avançait Palmier, nous savons aujourd'hui que Wolf et Heidegger furent parmi les rares professeurs de l'université de Fribourg à avoir publiquement enseigné, de manière radicale, et alors qu'ils détenaient entre leurs mains le pouvoir universitaire instauré par le *Führerprinzip*, ce qu'il faut bien appeler l'application de l'hitlérisme et du nazisme au droit et à la philosophie.

Notre livre ne traite pas de la réception de Heidegger. Nous avons fait une exception en évoquant l'ouvrage de Jean-Michel Palmier parce qu'il montre jusqu'où peut aller l'aveuglement d'auteurs qui raisonnent sur des données historiques entièrement faussées, sans prendre la précaution d'étayer sérieusement leurs allégations. Palmier renchérit en effet sur la relation entre un Erik Wolf magnifié – dont il ignore (ou veut ignorer) ce qu'il a écrit dans les années 1930 – et le recteur Heidegger, pour tenter de dédouaner ce dernier. Parfaitement germaniste, Palmier a pris le temps d'aller rencontrer Ernst Jünger à Pfüllingen, mais pas de lire les écrits publiés par Wolf[1]. Il n'hésite pourtant pas à amplifier au maximum son apologie. Dans une controverse particulièrement vive contre l'ouvrage consacré

LERBACH, « Im Schatten des Jahres 1933 : Erik Wolf und Martin Heidegger », in *Martin Heidegger. Ein Philosoph und die Politik, op. cit.*, p. 138).

1. Il n'est point besoin d'aller dans une bibliothèque allemande pour lire les principaux écrits nazis d'Erik Wolf, qui sont disponibles aussi bien à la Bibliothèque nationale de Paris qu'à la BNU de Strasbourg.

à Heidegger par Alexander Schwan[1], pourtant bien modéré et infiniment mieux informé que son propre livre, Jean-Michel Palmier écrit ceci :

> une attention plus soutenue à la réalité historique du rectorat de Heidegger aurait démenti une telle interprétation [d'Alexander Schwan]. Heidegger ne s'est pas contenté d'effectuer quelques « remarques critiques » à l'égard de l'« idéologie », il s'est opposé au fondement même du national-socialisme en attaquant précisément le totalitarisme dans la personne du grand juriste nazi, Carl Schmitt. Rappelons ici la communauté d'idées qui unissait *Heidegger au doyen anti-nazi qu'il avait lui-même nommé, et qu'il refusa de destituer* : le professeur Erich *[sic]* Wolf. Erich Wolf fut sans doute l'un des plus grands adversaires du droit national-socialiste et du totalitarisme dont Carl Schmitt était le représentant officiel. L'une des œuvres les plus importantes d'Erich Wolf, publiée en 1946, *Vom Wesen des Rechts in deutscher Dichtung* (De l'essence du droit dans la poésie allemande) est du reste pour une large part dédiée à Heidegger. *Il faut quand même bien reconnaître qu'il serait assez paradoxal que l'ennemi le plus acharné du totalitarisme dédiât une œuvre consacrée à la défense de l'essence du droit à un homme dont toute la philosophie est la justification du totalitarisme*[2].

Parler d'une « attention plus soutenue à la réalité historique du rectorat de Heidegger » ne constitue qu'une parole vide : il n'y a, dans le livre de Palmier, aucune recherche de première main sur la réalité du rectorat de Heidegger, rien d'autre que la répétition de la vul-

---

1. Voir Alexander SCHWAN, *Politische Philosophie im Denken Heideggers*, Cologne et Opladen, 1965.
2. J.-M. PALMIER, *op. cit.*, p. 159. À la fin du passage mis en italique par l'auteur, on attendrait le conditionnel « serait » – l'indicatif « est » a des allures de lapsus révélateur.

gate mise au point par le petit cercle de ses apologistes d'après les indications du maître lui-même[1]. Ainsi, la nomination de Heidegger n'aurait « rigoureusement aucun caractère politique[2] » – rien n'est dit sur le rôle actif de Heidegger dans la *Gleichschaltung*; son adhésion à la NSDAP serait « sans aucun doute l'expression d'une simple formalité administrative[3] ». En outre, Palmier cite la phrase du discours de rectorat où Heidegger fait l'éloge du « nouveau droit des étudiants[4] », sans s'interroger un seul instant sur le contenu de ce « nouveau droit ». La réalité *völkisch* et raciste du nouveau droit des étudiants que nous avons montrée plus haut[5] est autrement bien perçue dans une étude récemment parue de Reinhard Brandt, qui rappelle opportunément le contenu raciste de la loi du 22 avril 1933[6].

---

1. Dans son chapitre sur « Le rectorat de Heidegger », Jean-Michel Palmier (*op. cit.*, p. 73) indique qu'il s'appuie sur « les différents essais de François Fédier ».

2. *Ibid.*, p. 72.

3. *Ibid.*, p. 75.

4. *Ibid.*, p. 81.

5. Voir *supra*, chapitre 2, p. 135 *sq.*

6. Reinhard BRANDT, « Martin Heidegger : "Die Selbstbehauptung der deutschen Universität" », publié en annexe à *Universität zwischen Selbst- und Fremdbestimmung. Kants « Streit der Fakultäten »*, Berlin, 2003, p. 169-170 et 179. En réalité, l'étude de Brandt laisse une impression contrastée : d'un côté, son auteur développe de judicieuses critiques du discours de Heidegger, en montrant à quel point il ruine aussi bien le droit que la philologie; mais, de l'autre, il parle de rechercher « le sens proprement philosophique de l'affirmation de soi universitaire et *völkisch* » et compare la situation du discours de rectorat dans la « philosophie » de Heidegger à celle du *Conflit des facultés* dans la métaphysique kantienne. L'auteur ne semble pas avoir suffisamment vu que le discours de Heidegger ne ruine pas seulement le droit et la philologie mais, en ramenant « l'esprit » aux forces de la terre et du sang, la pensée philosophique elle-même.

Pour revenir à Jean-Michel Palmier, tout son raisonnement repose sur la prémisse selon laquelle Erik Wolf serait « l'ennemi le plus acharné du totalitarisme ». Or la réalité de ses écrits montre que cette prémisse est fausse et son contraire vrai : dans maints articles, Wolf se fait le propagandiste enthousiaste de l'État total et de son droit eugéniste et raciste, et il s'inspire explicitement du théoricien de l'État total et disciple de Schmitt, Ernst Forsthoff (dont il est personnellement proche), quand ce n'est pas de Schmitt lui-même. S'il est exact de parler de « la communauté d'idées » qui unit Heidegger et Wolf, il est clair, d'après les textes, que c'est dans l'apologie du *Führerstaat* hitlérien que l'un et l'autre communient.

Il reste à examiner en quel sens l'on pourrait dire que l'étude d'Erik Wolf publiée en 1941 et dédiée à Martin Heidegger serait « consacrée à la défense de l'essence du droit ». 1941, c'est l'année où les armées du Reich nazi dominent l'Europe et n'ont plus pour adversaire qu'une Angleterre exposée aux bombardements massifs de la Luftwaffe. Or voici la citation d'Adalbert Stifter que Wolf choisit comme épigraphe de son étude, juste avant la dédicace à Heidegger :

> Le droit et les mœurs sont ce qu'il y a de plus haut dans le monde, et comme le peuple allemand est selon mon opinion le premier quant à l'esprit et quant à l'âme, qu'il veuille toujours se tenir à la pointe du droit et des mœurs[1].

---

1. « Recht und Sitte ist das Höchste der Welt, und wie nach meiner Meinung das deutsche Volk das erste an Geist und Seele ist, wollte es stets an der Spitze stehen von Recht und Sitte » (Adalbert Stifter, cité par Erik Wolf).

Le choix de cette citation montre le lien indissociable que Wolf entend établir entre sa très particulière « défense » du « droit » et sa conception du peuple allemand comme le premier de tous les peuples, exprimée dans le contexte historique de l'année 1941. Faut-il préciser que Wolf se gardera de conserver cette citation dans la réédition de 1946 ?

Par ailleurs, on aurait souhaité que Wolf prenne la citation de Stifter au sens d'un rappel aux exigences de l'éthique et du droit, mais la conception qu'il présente du droit dans son étude reste foncièrement essentialiste et discriminatoire et tend à prouver qu'il n'a nullement rompu les ponts avec le national-socialisme. Dans ses études *Sur l'essence du droit dans la poésie allemande*, Wolf dépeint un Stifter s'inspirant des « pensées de Herder dans sa conception *volkstümlich* de l'État ». L'auteur combat ceux qui, tel Domantl, présentent Stifter comme « un libéral déclaré[1] ». Wolf avance que le droit « se réalise dans chaque existence *(Dasein)* humaine, mais pas en chacun de la même façon *(nicht in jedem auf gleiche Art)*[2] ». Tout dépend de la « tenue » *(Haltung)* et de la discipline *(Zucht)* des hommes et des peuples[3], de l'« état » ou du rang *(Stand)* entendu comme « la forme de la communauté » *(die Form der Gemeinschaft)*. Ce que Wolf apprécie en Stifter, c'est qu'il « voit comme poète non pas l'homme abstrait ou l'humanité historique, mais la figure humaine vivante » *(die lebendige menschliche Gestalt)*. Bref, dans le droit « se manifestent la tenue, la direction et la

---

1. Erik WOLF, *Vom Wesen des Rechts in deutscher Dichtung. Hölderlin-Stifter-Hebbel-Droste*, Francfort-sur-le-Main, 1946, p. 160.

2. « Recht […] verwirklicht sich zwar in jedem menschlichen Dasein, aber nicht in jedem auf gleiche Art » (*ibid.*, p. 163).

3. *Ibid.*, p. 164-165.

consistance d'un homme qui s'accomplit avec sérieux, qui veut accéder à lui-même ». Telle est la leçon à tirer : « seul l'homme essentiel a le vrai droit. Il est dans le droit, demeure dans le droit et se tient dans le droit. Rien d'inessentiel ne peut conserver le droit[1] ».

On voit comment Erik Wolf évolue : il se réfugie dans une évocation de « l'homme essentiel » qui laisse peu de prise à la critique directe, mais fait passer un message précis : il n'y a pas de droit universel de l'homme comme tel. Le droit n'appartient qu'à l'homme essentiel et à lui seul. C'est donc la discrimination de l'essentiel et de l'inessentiel qui fonde le « droit ». Est-ce là défendre l'essence du droit ? N'est-ce pas, tout à l'opposé, une fois nié le caractère universel du droit, poser une discrimination plus originelle que le droit lui-même, celle de l'essentiel et de l'inessentiel, qui rappelle la distinction heideggérienne entre l'authentique et l'inauthentique ou, plus explicite encore, celle d'Oskar Becker entre l'essence *(Wesen)* et la « non-essence », qui permet à ce dernier de fonder son ontologie raciale ? Quant à ce qui constitue cet « essentiel », on peut avoir les pires craintes lorsque l'on voit la terminologie reprise par Erik Wolf : *Haltung, Zucht, Stand, Gestalt…* Ce sont en effet les termes que nous avons déjà rencontrés maintes fois chez les « intellectuels » du nazisme, de Rothacker à Heidegger lui-même.

L'étude sur Hölderlin, originellement parue en 1940, est plus explicite encore que celle sur Adalbert Stifter. On voit Erik Wolf réduire le droit aux « ordres originaires de la famille, la race et le peuple, la ville comme véritable communauté de vie,

---

1. « nur der wesentliche Mensch hat wirkliches Recht. Er ist im Recht, bleibt im Recht und setzt ins Recht. Kein Unwesen kann Recht behalten » (*ibid.*, p. 166).

la patrie[1] », louer Hölderlin d'avoir montré que « la voix du peuple » est « un « mouvement tempétueux » *(stürmisch bewegte Stimme)*. En outre, le droit n'est pas seulement « quelque chose d'originel », il est aussi « quelque chose de *destinal* ». En effet, « les manifestations du droit dans la nature, le héros, le peuple sont les manifestations mêmes du destin[2] ». Wolf s'attache également à montrer ce que Hölderlin aurait puisé dans Héraclite : « son idée du droit du destin, son affirmation de la guerre, son exigence héroïque de l'engagement de toutes les forces du peuple dans le combat pour la patrie[3] » (Wolf publie ces lignes l'année de l'invasion de la France par les armées nazies). Il oppose à l'« État dégénéré » *(entarteter Staat)* le « droit du héros » et l'« ordre du destin »[4], à l'humanisme « étranger à la vie » « l'humanisme allemand » de Hölderlin[5]. Pour Wolf, l'État selon Hölderlin est « commune, communauté, corporation, *polis*, mais non pas Léviathan, société ou simple appareil administratif[6] ». Comme nous le verrons au prochain chapitre, on retrouve là,

---

1. « die Urordnungen der Familie, des Stammes und Volkes, der Stadt als wirklicher Lebensgemeinschaft, des Vaterlandes » (*ibid.*, p. 33).

2. « Nicht nur ist das Recht etwas Ursprüngliches […] es ist etwas *Schicksalhaftes*. […] Die Manifestationen des Rechts in Natur, Heros, Volk sind ja selbst Manifestationen des Schicksals » (*ibid.*, p. 37).

3. « Mit Heraklit verwandt erscheint seine Idee des Schicksalsrechts, seine Bejahung des Krieges, sein heroisches Fordern des Einsatzes aller Volkskräfte für den Kampf um das Vaterland » (*ibid.*, p. 39).

4. *Ibid.*, p. 44.

5. *Ibid.*, p. 47.

6. « Sein Staat ist Gemeinde, Gemeinschaft, Korporation, Polis, aber nicht Leviathan, Gesellschaft oder gar bloßer Behördenapparat » (*ibid.*, p. 49).

condensée, la même critique de l'État comme « appareil » et de la société libérale – auxquels sont opposés communauté, corporation ou *polis* de l'État national-socialiste – que dans le séminaire de Heidegger et de Wolf sur Hegel et l'État.

Cet éloge de l'État corporatif et communautaire est suivi de l'apologie par Erik Wolf de la guerre, conçue non pas comme « simple combat de l'idée » mais comme « une véritable lutte sanglante » pour « conduire une vie droite selon l'ordre éternel de la nature » ; bref, un « renouveau du peuple » *(Volkserneuerung)* conçu comme « un combat pour l'auto-affirmation » *(Kampf um die Selbstbehauptung)*[1]. Ces pages, de même que l'apologie finale du « droit germanique » opposé à l'« *Aufklärung* de l'Ouest »[2], dépassent le simple nationalisme : ce sont le langage et les notions spécifiques du nazisme et cela l'année même de la victoire du IIIᵉ Reich.

SUR LA NÉCESSITÉ DE RECHERCHES NOUVELLES
CONCERNANT L'ÉVOLUTION RÉELLE D'ERIK WOLF

Ce livre n'a pas Erik Wolf pour sujet. Cependant, il est indispensable d'apporter suffisamment d'indications pour que son image presque hagiographique de « résistant » soit reconsidérée en profondeur. En effet, Heidegger s'est servi de cette légende pour se dédouaner et plus d'un apologiste a suivi le maître. Il faut donc évoquer un certain nombre d'éléments inédits, ou publiés, mais jamais étudiés, qui apportent des preuves indiscutables de la radicalité et de la constance de l'engagement pro-nazi d'Erik Wolf.

---

1. *Ibid.*
2. *Ibid.*, p. 52.

Nous avons déjà évoqué les listes de destinataires des publications de ce dernier durant les années 1940, avant et après la défaite du Reich : elles prouvent qu'il est loin d'avoir rompu tout lien avec certains des juristes nazis les plus radicaux. En outre, comme en témoigne une série de lettres conservées dans les archives Wolf de l'université de Fribourg, et notamment une de deux pages dactylographiées, en date du 8 novembre 1945, dans laquelle Ernst Forsthoff lui demande de l'aider à se justifier face aux autorités américaines dont il dépend puisqu'il se trouve à Heidelberg, ses rapports avec Ernst Forsthoff sont suffisamment étroits pour que ce soit vers lui que ce dernier se tourne en 1945 pour lui demander protection[1].

Autre document important, la lettre de justification (inédite) de cinq pages dactylographiées, signée de la main d'Erik Wolf et adressée par ce dernier le 2 novembre 1945 au gouvernement militaire français de Baden-Baden, et que nous avons retrouvée dans les Archives du ministère des Affaires étrangères conservées à Colmar. Wolf y est plus explicite que dans son projet de lettre à Karl Barth publié par Alexander Hollerbach. Il ne peut en effet cacher des faits que les autorités françaises sont alors à même de vérifier en consultant les Archives de Karlsruhe. Il reconnaît ainsi qu'il a adhéré durant l'été 1933 à la Ligue des juristes nationaux-socialistes et versé à partir de cette date une contribution mensuelle au parti nazi, puis qu'il a adhéré à la NSDAP le 1er mai 1937. Pour justifier son engagement de 1933, Erik Wolf avance principalement deux arguments : il aurait été entraîné par l'influence déterminante de Martin Heidegger et par ailleurs, plus

---

1. *Erik Wolf Nachlaß*, C 130.

« à gauche » que ce dernier, il aurait été motivé par sa volonté de réforme sociale. Ainsi assure-t-il :

> Ce n'est pas selon la « conjoncture » […] mais pour montrer ma bonne volonté sociale que je suis entré durant l'été 1933 dans le *NS-Juristenbund* et que j'ai versé une contribution mensuelle pour ce que l'on appelait « l'anneau du sacrifice », dans l'idée que l'argent serait dirigé vers des buts sociaux[1].

Cet ascendant remonterait à l'année 1929, et se serait conjugué avec l'influence du cercle de Stefan George :

> Depuis 1929, je me trouvais sous la profonde influence de la philosophie de l'existence de Martin Heidegger, vers qui j'étais venu par le néo-kantisme, la phénoménologie de Husserl et la lecture de Kierkegaard. La poésie et les recherches du cercle de Stefan George m'avaient également fort influencé en 1924-1927, et surtout mon parcours personnel avec Gundolf qui m'introduisit dans l'idée de Platon du souverain philosophe et attendait d'un « grand homme » le salut de l'avenir allemand[2].

---

1. « Nicht aus "Konjunktur" […] sondern um meinen guten sozialen Willen zu zeigen, bin ich im Sommer 1933 dem NS-Juristenbund beigetreten und habe für den sog. "Opferring" der Partei einen monatlichen Beitrag bezahlt, in der Meinung, das Geld werde sozialen Zwecken zugeführt » (Erik Wolf, MAE, Colmar).
2. « Seit 1929 stand ich unter dem tiefen Eindruck der Existentielphilosophie Martin Heideggers, zu der ich über den Neukantianismus, die Phänomenologie Husserls und Lektüre Kierkegaards gekommen war. Stark beeinflusst hatte mich auch 1924/27 die Dichtung und Forschung des Kreises um Stefan George, vor allem mein persönlicher Verkehr mit Gundolf, der mich in Platons Idee des philosophischen Herrschers einführte und von einem "großen Menschen" das Heil der deutschen Zukunft erwartete » (Erik Wolf, MAE, Colmar).

Mais dans l'engagement nazi de 1933, c'est l'influence heideggérienne qui aurait été déterminante :

> je me suis efforcé de rectifier l'erreur à laquelle j'avais succombé en 1933 sous l'influence suggestive d'un penseur considérable [Heidegger]. Cette erreur consistait dans le fait d'avoir cru à la possibilité que l'idéal de justice sociale se réalise aussi sous la domination du national-socialisme[1].

Que Wolf soit dans le vrai lorsqu'il met l'accent sur la responsabilité de Heidegger et son ascendant à son égard est confirmé par l'épisode (dont il ne parle pas ici) de la démission refusée le soir de sa conférence de décembre 1933. Et le témoignage de Wolf, dans sa lettre de 1945, contredit formellement ce qu'avance Hermann Heidegger, lorsqu'il prétend que « son père n'avait [...] pas un seul élève qui puisse être qualifié de national-socialiste[2] » : non seulement Erik Wolf – pour ne parler ici que de lui – est à l'évidence, en 1933, un national-socialiste ardent, mais son engagement politique procède directement de l'influence considérable que Heidegger a exercée sur lui.

Que l'adhésion d'Erik Wolf au nazisme soit motivée avant tout par un idéal de « justice sociale », voilà qui

---

1. « In allendem habe ich mich bemüht, den Irrtum wieder gut zu machen, dem ich 1933 unter dem suggestiven Einfluss eines bedeutenden Denkers [Heidegger, cité juste après] erlegen war. Dieser Irrtum war, daß ich an die Möglichkeit geglaubt habe, es lasse sich auch unter der Herrschaft des Nationalsozialismus das Ideal sozialer Gerechtigkeit verwirklichen » (Erik Wolf, MAE, Colmar).

2. « Mein Vater hatte [...] keinen einzigen Schüler, den man als Nationalsozialisten bezeichnen könnte » (Hermann Heidegger, GA 16, 838).

est infiniment moins crédible, si l'on se tourne vers ses écrits de l'époque où l'accent est mis principalement sur l'accomplissement de la « race allemande » dans l'État total et sur les mesures eugénistes et racistes énergiques que Wolf préconise et entend justifier du point de vue du droit.

Par ailleurs, l'engagement progressif de Wolf dans l'Église confessante est indéniable, mais il apparaît, à la lecture des textes qu'il a publiés, qu'il cherche bien plus à concilier qu'à opposer l'une à l'autre l'orientation religieuse et l'orientation nazie de son existence. C'est par exemple tout à fait explicite dans l'article qu'il écrit en 1934 dans la revue évangélique nazie *Wort und Tat* de Walter Künneth et qui s'intitule « Les tâches du mouvement de jeunesse chrétienne-évangélique dans le IIIe Reich ». On voit en effet Erik Wolf y exalter « notre vie chrétienne, *bündisch, völkisch*[1] » et poursuivre en ces termes :

> Il s'agit donc maintenant de maintenir vraiment dans la durée notre être chrétien, notre être *bündisch*, notre être allemand, dont nous avons pris conscience dans les trois grandes expériences de l'Évangile, du mouvement de jeunesse, du national-socialisme. C'est pourquoi ce n'est pas de diviser ces expériences selon leurs spécificités et leurs différenciations respectives qui importe, mais de les considérer selon leur unité indissoluble dans notre vie même. Nous savons que c'est en tant que jeunesse protestante que nous vivons dans la communauté paroissiale et que nous nous tenons dans la fidélité à notre Église ; nous savons que c'est en tant que jeunesse *bündisch* que nous menons la vie du *Bund* et répondons de notre *Bund* ; nous savons

---

1. Erik Wolf, « Die Aufgaben der evangelisch-christlichen Jugendbewegung im dritten Reich », *Wort und Tat. Zeitschrift für Weltanschauung und Geisteskampf*, janvier 1934, p. 21.

438 Heidegger, l'introduction du nazisme...

que c'est en tant que jeunesse allemande que nous préservons notre *Volkstum* et que nous nous tenons derrière notre *Führer* Adolf Hitler. Or ce ne sont pas des réalités qui se tiennent côte à côte, mais l'une dans l'autre, et la spécificité de notre vie ne consiste pas, comme plusieurs le pensent, à être un bon chrétien et un mauvais camarade du peuple, un bon élément du *Bund* et un mauvais membre de la communauté paroissiale, un bon camarade du peuple et un chrétien négligent, mais de former au contraire une unité vivante de ce triple déploiement de notre essence, à partir de laquelle croîtront de nouvelles forces pour l'Église, le peuple, l'État et le *Bund*[1].

Une conception qui unit aussi étroitement une existence se disant chrétienne et l'engagement pour Hitler n'a pas grand-chose à envier aux « chrétiens allemands », ces réformés hitlériens qui composent dès 1933 une Église officiellement inféodée au *Führer*,

---

1. « So geht es jetzt darum, unser Christsein, Bündischsein, Deutschsein, dessen wir in den drei großen Erlebnissen des Evangeliums, der Jugendbewegung, des Nationalsozialismus innegeworden sind, wirklich durchzuhalten. Deshalb ist nicht die Zerlegung dieser Erlebnisse in ihre jeweilige Besonderheit und Unterschiedenheit wichtig, sondern die Einsicht in ihre unauflösliche Einheit in unserem Leben selbst. Wir wissen, daß wir als evangelische Jugend in der Gemeinde leben und in Treue zu unserer Kirche stehen ; wir wissen, daß wir als bündische Jugend Bundesleben führen und für unseren Bund einstehen ; wir wissen, daß wir als deutsche Jugend unser Volkstum bewahren und hinter unserem Führer Adolf Hitler stehen. Aber das ist eben kein Nebeneinander, sondern ein Ineinander, und die Besonderheit unseres Lebens liegt nicht darin, wie manche meinen, als gute Christen schlechte Volksgenossen, als gute Bündische schlechte Kirchengemeidegliker, als gute Volksgenossen lässige Christen zu sein – sondern darin, diese dreifache Entfaltung unseres Wesens zu einer lebendigen Einheit zu gestalten, aus der dann Kirche, Volk, Staat und Bund neue Kräfte zuwachsen » (*ibid.*, p. 22).

même si Wolf ne se situe pas dans une mouvance aussi extrême. Par ses thèses, Wolf est proche de Walter Künneth, auteur de *La Religion völkisch du présent*, qui entend promouvoir ce qu'il nomme « le dogme *völkisch* de l'unité de la race, du peuple et de la religion[1] » sans vouloir tomber dans tous les excès de ceux qui rejettent comme « juif » l'Ancien Testament dans sa totalité et font ainsi revivre la « vision du monde de Marcion[2] ».

C'est en effet dans un collectif codirigé par Walter Künneth qui a pour titre : *La Nation devant Dieu. Sur le message de l'Église dans le IIIᵉ Reich*, que Wolf publie un autre texte « évangélique », plus élaboré. L'ouvrage édité par Künneth accorde une très large place à des études raciales et eugénistes comme par exemple « La race comme grandeur biologique », « La race comme principe de la vision du monde », ou « Possibilités et limites de l'eugénique ». L'étude de Wolf a connu deux versions différentes, celle des éditions des années 1933-1934 et celle, très remaniée, de la cinquième édition publiée en 1937. La comparaison entre les deux éditions et l'étude approfondie de la version de 1937 – plus étendue et qui intègre les « acquis » du droit nazi de l'année 1935 – apportent la preuve que Wolf est loin de renier le nazisme en 1937[3].

Dans la première version, on trouve parmi les références principales de Wolf en première ligne *L'État total* de Forsthoff, la *Théologie politique* de Carl

---

1. Walter Künneth, *Die völkische Religion der Gegenwart*, Berlin, 1931, p. 7.

2. *Ibid.*, p. 8.

3. Voir Erik Wolf, « Richtiges Recht und evangelischer Glaube », *Die Nation vor Gott. Zur Botschaft der Kirche im Dritten Reich*, éd. par Walther Künneth et Helmuth Schreiner, Berlin, 3ᵉ éd., 1934, p. 241-265 ; 5ᵉ éd. revue et augmentée, 1937, p. 243-274.

Schmitt avec sa critique de la sécularisation politique des concepts théologiques, et *Être et temps* de Heidegger, avec ses existentiaux comme l'appel et la conscience, sur lesquels il s'appuie pour évoquer ce qu'il nomme « l'être-autorité authentique » *(eigensten Autorität-Sein)*[1].

En 1937, le point de départ heideggérien du propos est toujours affirmé, à savoir ce que Wolf appelle « l'être-dans-le-monde-du-droit » *(das In-der-Welt-des-Rechts-Sein)*[2]. En revanche, on ne trouve plus le discours sur la race omniprésent de la première version. Mais est-ce le signe d'un recul critique ? Sans doute le racisme foncier et l'antisémitisme d'Erik Wolf sont-ils plus immédiatement visibles dans la première version, où il n'est question que d'illustrer l'« unité ethnique du peuple dans la race et le langage » en tant qu'elle est « création », étant entendu que « l'ordre populaire chrétien repose dans l'existence du peuple comme *ethnos*, non comme *demos* », et s'oppose à ce qu'il appelle l'« ordre juif ancien » *(altjüdisch)*[3]. Cette unité est le fait de « l'État total populaire national-socialiste » *(nationalsozialistischer totaler Volksstaat)* qui préserve le « bien héréditaire racial » *(rassisches Erbgut)*[4]. Bref, tout son propos consiste à expliciter et à illustrer ce qu'il n'hésite pas à appeler « la relation d'essence nécessaire entre le national-socialisme et la chrétienté[5] ».

Que ces développements sur la race ne soient pas repris dans la deuxième version peut s'expliquer par le

---

1. *Ibid.*, 3e éd., p. 254.
2. Voir *ibid.*, respectivement la 3e éd., p. 241 et la 5e éd., p. 243.
3. *Ibid.*, 3e éd., p. 256.
4. *Ibid.*, p. 248.
5. « die wesensnotwendige Verbindung von Nationalsozialismus und Christentum », *ibid.*, p. 249.

fait que le racisme d'Erik Wolf a été publiquement attaqué en 1935 dans le journal de Fribourg *Der Alemanne*
comme n'étant pas assez « nordiciste[1] ». Rothacker a
connu un sort analogue. À cette date, la question de
l'orthodoxie de la doctrine raciale est devenue un sujet
brûlant dans les sphères du nazisme. Sans doute est-
ce la raison principale pour laquelle, à partir de 1937,
Wolf se réfugie dans un discours plus nébuleux et donc
plus difficilement attaquable, directement inspiré du
langage heideggérien. On lit en effet ceci :

> nous éprouvons et reconnaissons dans le droit une par-
> tie de notre monde, une qualité d'existence qui est pro-
> pre à la structure déterminée de notre être. Cette structure
> de l'être est la structure de la communauté dans laquelle
> nous sommes et qui nous rend d'abord conscients du droit
> comme un moment de cette existence particulière[2].

On voit que le droit est rapporté par Wolf à la structure de notre être, étant entendu qu'elle est la structure de la communauté. De là, il affirme que « le vrai
droit du présent allemand[3] » renvoie à « la totalité
politico-culturelle de la communauté du peuple alle-

---

1. L'attaque contre la doctrine raciale exposée par Erik Wolf
se trouve dans Helmut METZDORF, « Gegen die Verfälschung des
Rassebegriffes », *Der Alemanne*, 27 octobre 1935 ; cité par Alexander HOLLERBACH, « Zum Leben und Werk Erik Wolfs », préface à
Erik Wolf, *Studien zur Geschichte des Rechtsdenkens*, Francfort-
sur-le-Main, 1982, p. 249, n. 51.

2. « Vielmehr erleben und erkennen wir im Recht einen Teil unserer Welt, eine Daseinsqualität, die unserer bestimmten Seinsstruktur
eigen ist. Diese Seinsstruktur ist die Struktur der Gemeinschaft, in
der wir sind und die uns das Recht als ein Moment dieses besonderen Daseins überhaupt erst offenbar macht » (Erik Wolf, « Richtiges
Recht und evangelischer Glaube », art. cité, 5ᵉ éd., p. 248).

3. « das richtige Recht der deutschen Gegenwart » (*ibid.*, p. 249).

mand[1] ». Parti de l'identité présupposée entre l'être et la communauté, entre *Sein* et *Gemeinschaft*, il retrouve, *in fine*, le concept nazi par excellence de la *Volksgemeinschaft*.

La doctrine du droit exposée par Wolf en 1937 n'est donc pas moins nazie que celle formulée en 1933, mais correspond dans son langage à une évolution que l'on retrouve de façon comparable chez d'autres « philosophes » du nazisme comme Erich Rothacker ou Carl Schmitt. Wolf combine de façon éclectique des éléments hégéliens – sans doute par la médiation de Karl Larenz, ce juriste nazi néo-hégélien de Kiel qu'il cite souvent avec faveur –, heideggériens et schmittiens. Une fois le droit rapporté à « *l'existence politique d'une communauté du peuple[2]* », il s'agit d'expliciter la relation de la *Volksgemeinschaft* au droit. Wolf emprunte alors à Schmitt la critique du droit conçu comme « norme » positive à laquelle opposer le droit conçu comme « ordre d'une communauté concrète[3] » et « comme un état de choses historico-spirituel qui ne peut être véritablement saisi et éprouvé qu'à partir du sol d'une appartenance existentielle à la communauté[4] ».

Derrière ces définitions verbeuses, Wolf poursuit un objectif précis. Il entend disposer d'un concept

---

1. « das politisch-kulturelle Ganze der deutschen Volksgemeinschaft » (*ibid.*).

2. « Das Stück Leben, worin heute allenthalben die Wirklichkeit des Rechts als Einheit geschaut wird, ist die *politische Existenz einer Volksgemeinschaft* » (*ibid.*, p. 252).

3. « Das Recht wird als Ordnung einer konkreten Gemeinschaft gewürdigt » (*ibid.*).

4. « Das Recht wird […] begriffen […] als ein geistesgeschichtlicher Tatbestand, der nur vom Boden einer existentiellen Gemeinschaftszugehörigkeit aus richtig erfaßt und erlebt werden kann » (*ibid.*).

de la communauté qui soit applicable, d'un côté, au concept nazi de la communauté du peuple, de l'autre, à la communauté de l'Église confessante : d'un côté, au « contenu politique de l'État », de l'autre, au « contenu spirituel d'une Église »[1]. Sur ce point, il y a indiscutablement une évolution de 1933-1934 à 1937, dans la mesure où il ne s'agit plus d'affirmer l'unité de l'État et de l'Église, mais de les articuler sans les fusionner. La polémique avec les « chrétiens allemands » se fait donc explicite, puisque ces derniers tendent à confondre le *Volkstum* allemand et l'Église. Cependant, l'opposition entre « chrétiens allemands » et Église confessante telle que la conçoit Wolf ne correspond nullement à l'opposition entre une conception nazie de l'Église protestante et une conception anti-nazie. En réalité, et ce point est essentiel, les arguments de Wolf restent explicitement nazis. Nous avons donc là une polémique qui, pour une très grande part, reste interne au nazisme lui-même.

En effet, ce que Wolf reproche aux « chrétiens allemands », c'est d'être restés prisonniers de la « même erreur » *(gleicher Irrtum)* que ceux qui, « après la Première Guerre mondiale, identifiaient le "peuple" d'Église avec le concept libéral-démocratique de peuple[2] ». Bref, c'est l'Église confessante et non les « chrétiens allemands » qui auraient le mieux compris et su appliquer à l'Église protestante le nouveau concept de communauté organique. Wolf n'hésite donc pas à s'appuyer sur le droit nazi, à savoir la « loi pour la sécurité de l'Église évangélique allemande du 24 septembre 1935[3] » et le « point 24 du programme de Parti de la

---

1. *Ibid.*, p. 256.
2. *Ibid.*, p. 270.
3. *Ibid.*, p. 268.

NSDAP », qui prévoit la « liberté de toutes les confessions religieuses dans l'État », mais à condition qu'elles n'aillent pas contre « la race germanique » *(germanische Rasse)*.

Wolf fait donc explicitement siennes les limites raciales à l'intérieur desquelles le nazisme circonscrit la « liberté religieuse ». Il y a là une hypocrisie évidente : on laisse à l'État la responsabilité de définir ce qui est dit bon pour la « race allemande » – c'est-à-dire le rejet de tous les Juifs hors de la « communauté du peuple » – et l'on entend sauvegarder, dans ce contexte politique radicalement raciste, la « liberté confessionnelle » ! Car c'est bien à cela que revient la position d'Erik Wolf : « le peuple n'est pas la communauté, mais l'Église rassemble sa communauté dans le peuple[1] », étant bien entendu que ce peuple, c'est le *Volkstum* allemand tel qu'il a été défini par les nazis. À ce propos il n'hésite pas à parler, en 1937 – donc bien après les lois de Nuremberg –, de « la réorganisation fondamentale de la conscience politique de soi du peuple allemand dans le national-socialisme[2] ». Bref, la communauté de l'Église confessante telle que la conçoit Wolf reste explicitement inscrite dans la communauté du peuple conçue par le nazisme. Il avance en effet que :

> L'Église se tient aussi dans le monde du droit de la communauté du peuple, à l'intérieur de laquelle elle rassemble sa communauté[3].

---

1. *Ibid.*, p. 269.
2. « Die grundlegende Neugestaltung des politischen Selbstbewußtseins des deutschen Volkes im Nationalsozialismus » (*ibid.*, p. 259).
3. « Die Kirche steht aber auch in der Welt des Rechts der Volksgemeinschaft, innerhalb derer, sie ihre Gemeinde sammelt » (*ibid.*, p. 263).

On comprend donc que Wolf ait pu accepter d'adhérer en cette même année 1937 à la NSDAP. Cet engagement réaffirmé et plus étroit dans le mouvement nazi est la répétition consciente et concertée de ce qui avait eu lieu le 1er mai 1933 : cette fois ce sont les juristes nazis de la Faculté de droit de Fribourg, Theodor Maunz, Hörst Müller et Erik Wolf, qui adhèrent ensemble, le 1er mai 1937, au Parti. Faut-il rappeler que Maunz et Müller avaient participé l'année précédente au congrès violemment antisémite organisé par Carl Schmitt « contre l'esprit juif » ? La « réorganisation de la Faculté de droit » de Fribourg, tant souhaitée par le recteur Heidegger quatre ans auparavant dans sa lettre à Carl Schmitt, est maintenant accomplie, et Erik Wolf ne s'y est pas dérobé.

Il suffit par ailleurs de consulter les textes relatifs au droit que ce dernier a continué de publier après 1934 pour se convaincre qu'il a fait plus que donner des gages au régime. On le voit par exemple aux ouvrages parus en 1935 et 1936 qu'il choisit de recenser et à la manière dont il le fait : le livre de Hans K.E.L. Keller qui défend en 1935 l'idée selon laquelle il existerait « une pensée originellement allemande et en même temps supra-nationale de "l'empire", distincte de l'idée christiano-romaine de l'*Imperium* et opposée au concept français de l'Empire », et qui serait sur le point de s'accomplir dans « le droit des peuples du xxe siècle tel qu'il s'annonce dans la communauté du peuple d'Adolf Hitler ». À « l'universalisme égalitaire » de l'Empire français s'opposerait « l'idée dynamique-vitale du Reich allemand ». Wolf n'émet quelques réserves que sur la manière dont l'auteur traite des « fondements religieux de la pensée de l'empire », mais il estime en conclusion que « considéré du point de vue politique, le livre de Keller jette une lumière nouvelle sur la situation politique européenne actuelle »[1].

Encore plus révélateur, s'il se peut, est le compte rendu qu'il fait de l'ouvrage paru l'année suivante : *Le Droit naturel actuel* de Hans-Helmut Dietze. Cet auteur est l'un des principaux théoriciens nazis du droit *völkisch*. Wolf approuve sans réserve, comme une thèse « en soi vraie », sa distinction entre deux possibilités de réalisation de la pensée du droit naturel : « organique-*völkisch* et abstraite-individualiste ». Cependant, pour pouvoir « penser » cette distinction, il ne suffit pas de s'appuyer par exemple sur la distinction que fait Ferdinand Tönnies entre « communauté » *(Gemeinschaft)* et « société » *(Gesellschaft)* : pour sortir de cette opposition encore abstraite et parler adéquatement de la « forme de la communauté allemande actuelle », il faut, selon lui, prendre appui sur « l'idée nouvelle d'un droit de l'existence *(Daseinsrecht)* qui ne découle pas de l'idée mais de la forme, pas de la théorie mais de la *praxis* de l'existence politique ». Et Wolf de se moquer à ce propos du « vitalisme à la manière bergsonienne », d'une manière qui, dans le contexte du temps, comporte inévitablement un relent d'antisémitisme. La façon dont il entend fonder le droit *völkisch* du nazisme dans le « droit du *Dasein* » correspond à celle dont Heidegger lui-même rapporte dans ses cours des années 1933-1934 la race à l'existence politico-historique du peuple. Ce compte rendu confirme que Wolf ne cherche nulle-

---

1. « Politisch betrachtet wirft K.s Buch ein neues Schlaglicht auf die gegenwärtige europäische Situation ». Nous avons trouvé ces deux comptes rendus parmi les tirés à part réunis par Erik Wolf lui-même et légués par lui à l'*Institut für Staatswissenschaft und Rechtsphilosophie* de l'université de Fribourg. Cependant, aucune indication ne nous a permis d'identifier la revue dans laquelle avaient paru ces deux comptes rendus.

ment à éviter les sujets politiques qui l'obligent à prendre position et qu'il demeure tributaire de la façon dont Heidegger entend lui-même « fonder » le nazisme.

Un écrit plus développé, daté de l'année 1939, nous révèle que, loin de prendre ses distances, Erik Wolf a l'ambition d'apparaître comme un « philosophe du droit » qui fasse référence pour le national-socialisme. Il s'agit d'un article intitulé « Le conflit de méthode dans la doctrine du droit pénal et son dépassement », publié en avril 1939 dans la revue de droit nazi *Deutsche Rechtswissenschaft* de l'Académie pour le droit allemand fondée et dirigée par Hans Franck[1]. La revue est publiée par la maison d'édition nazie de Hambourg, Hanseatische Verlagsanstalt. L'auteur expose le conflit qui oppose l'école des juristes de Kiel à celle de Marburg, chaque groupe ayant tendance à se présenter comme « l'unique fondateur du véritable esprit de la science du droit national-socialiste[2] ». Ce qui est en jeu, ce sont, selon Wolf :

> les valeurs déterminées et pensées protectrices comme : la race, le peuple, la patrie, l'honneur, la fidélité, la force de défense [...], dans lesquelles s'exprime l'esprit de renouveau du droit pénal national-socialiste[3].

Sans cacher une certaine proximité avec le néo-hégélianisme du « philosophe du droit » de Kiel, Karl Larenz – il est rappelé au passage que ce dernier s'ins-

---

1. Sur l'Académie pour le droit allemand dont fera partie Heidegger, voir *infra*, chapitre 8, p. 460-465.

2. E. WOLF, art. cité, p. 170.

3. « ... bestimmte Werte und Schutzgedanken wie : Rasse, Volk, Vaterland, Ehre, Treue, Wehrkraft [...], in denen der Geist der nationalsozialistischen Strafrechtserneuerung sich ausspricht » (*ibid.*, p. 172).

pire largement du « réalisme politique » de Krieck, Baeumler, C. Schmitt et Freyer[1] –, Erik Wolf soutient comme indiscutable que ces deux écoles ont une orientation fondamentalement national-socialiste. Il propose un dépassement de la controverse, en s'appuyant sur Hegel et plus encore sur les mots mêmes de Heidegger pour affirmer que « l'historicité (finitude) de l'être » advient aussi dans le droit, et que « sa vérité » n'est pas une rectitude logique immanente au sens du rationalisme, mais « l'ouverture temporelle à l'existence historique[2] ».

Ces quelques textes confirment que Wolf ne dispose pas d'une « doctrine » originale, mais ne fait guère plus, en fait de « philosophie du droit », que transposer dans le domaine du droit ce qu'il a retenu de Heidegger, à chaque fois en vue de proposer la légitimation selon lui la plus « véridique » du droit nazi. La façon dont il ressasse le mot « droit » *(Recht)* correspond à l'utilisation incantatoire du mot « être » chez Heidegger. Chez les deux hommes, la stratégie est la même : s'emparer d'un terme central de la philosophie ou du droit pour faire passer, à travers lui, une « doctrine » qui, dans ses fondements discriminatoires et racistes, n'est ni philosophique, ni juridique, mais nazie.

Au début des années 1940, les écrits de Wolf sur le droit dans la poésie allemande ou chez les premiers penseurs grecs nous révèlent jusqu'où peut aller son mimétisme à l'égard de la démarche de Heidegger. En outre, nous avons vu qu'une lecture attentive de ses études sur les poètes allemands atteste, bien qu'exprimée de manière plus feutrée, la présence du même essentialisme du peuple et de la race *(Stamm)* que dans

---

1. *Ibid.*, p. 174.
2. *Ibid.*, p. 179.

ses écrits des années 1930, et le même enracinement *völkisch* du droit dans la communauté et le *Volkstum*. Ce qui a donné à Erik Wolf une aura de « résistant » après la guerre, c'est qu'il est de ces Allemands qui, lorsque la défaite de Hitler est devenue probable, puis certaine, ont commencé à réfléchir sérieusement à l'après-Hitler, et que, sans en faire véritablement partie, il a approché le « cercle de Fribourg » *(Freiburger Kreis)* composé d'universitaires protestants tels que l'historien Gerhardt Ritter et l'économiste Constantin von Dietze, qui ont rédigé en 1942 un mémorandum secret intitulé « L'ordre de la communauté politique. Une tentative de retour sur soi de la conscience chrétienne dans la détresse politique de notre temps[1] ». Lorsque Gerhardt Ritter a été arrêté (il ne sera délivré que grâce à l'avancée de l'armée russe), Wolf a été interrogé quelques heures par la Gestapo à Berlin durant l'hiver 1944, mais sans être sérieusement inquiété. Dans le contexte de l'époque, les membres du cercle de Fribourg composent indiscutablement un noyau de résistance à Hitler; cependant, le mémorandum comporte une dernière section rédigée par Constantin von Dietze et intitulée « La question juive », qui apparaît pour le moins fâcheuse. En 1942, alors que se décide et se réalise la « Solution finale » et que le sort effroyable des Juifs sous le nazisme ne peut plus être ignoré, le mémorandum admet la légitimité du retour des Juifs en Allemagne et dans les pays d'où ils ont été proscrits, mais affirme que la « question juive » ne sera pas réglée pour autant! Loin de défendre la réintégration des Juifs allemands dans le peuple allemand, le mémorandum présente comme indispensable

---

1. « Politische Gemeinschaftsordnung. Ein Versuch zur Selbstbesinnung des christlichen Gewissens in den politischen Nöten unserer Zeit ».

la constitution d'un « statut international des Juifs » par lequel ils auront, « dans tous les États dont ils sont résidents, la position d'étrangers »[1].

Quoi qu'il en soit, les contacts de Wolf avec le cercle de Fribourg ne sont que l'un des aspects de son activité. Il continue en même temps de participer à l'effort de guerre de la Wehrmacht en acceptant de publier en fascicules pour l'armée ses études sur les grands penseurs allemands du droit, et, en février 1944, il vient à Paris donner des cours à l'École supérieure de la Wehrmacht[2]...

Un dernier point mérite d'être évoqué : la manière dont la Faculté de droit de Fribourg se reforme après 1945. Theodor Maunz et Horst Müller, les deux juristes nazis qui avaient été appelés à Fribourg en 1935 et avaient adhéré à la NSDAP en même temps qu'Erik

---

1. « Es wird ein bis in einzelne gehendes internationales Juden-status festgelegt, das etwa folgenden Inhalt haben könnte : [...] Die Juden haben in allen Staaten, in denen sie beheimatet sind, die Stellung von Ausländern » (cité par Silke SEEMANN, qui souligne le caractère « nationaliste et tendanciellement antisémite » du mémoire, *op. cit.*, p. 230-231). La section du mémorandum sur la « Question juive » *(Judenfrage)* est plus amplement citée et commentée par Hugo OTT, dans « Der "Freiburger Kreis" », *Mitverschwörer-Mitgestalter. Der 20. Juli im deutschen Südwesten*, éd. par Klaus Eisele et Rolf-Ulrich Kunze, Constance, 2004, p. 121-124.

2. Erik Wolf reçoit lors de son séjour à Paris un long appel téléphonique d'Ernst Jünger, qui le connaît alors de réputation par la lecture de son étude sur Adalbert Stifter et leur goût commun pour l'étude des coléoptères (voir Alexander HOLLERBACH, « Erinnerung an Erik Wolf », *Freiburger Universitätsblätter*, décembre 2002, p. 99). Il existe une correspondance que nous avons partiellement consultée entre Erik Wolf et les frères Jünger, conservée pour partie à Marbach (pour les lettres de Wolf), pour partie dans le *Nachlaß Wolf* de l'université de Fribourg (pour les lettres qu'il a reçues).

Wolf le 1ᵉʳ mai 1937[1], sont tour à tour réintégrés dans l'université. Maunz, qui avait notamment participé au congrès antisémite de Carl Schmitt avec une conférence sur « Les Juifs dans le droit administratif », bénéficie, en tant que « catholique », de la protection de l'archevêque Konrad Gröber (qui est intervenu également en faveur de Heidegger), ce qui lui permet d'être admis à l'émérat le 13 octobre 1945[2]. Il se plaint alors que sa réintégration soit retardée par le fait que, selon ses termes : « trois Juifs siègent déjà à nouveau dans la Faculté[3] ». Dès l'année suivante, le sénat de l'université propose la réintégration de Maunz, et celui-ci œuvre alors à celle des autres juristes nazis de Fribourg. Il présente à cette fin l'antisémitisme de Horst Müller, auteur lors du congrès de Schmitt d'une contribution particulièrement virulente sur « Les Juifs dans la science du droit », comme un « écart de jeunesse » *(jugendliche Entgleisung)*. Lui-même et Erik Wolf parviennent à obtenir sa réintégration en 1951[4], malgré les protestations du prorecteur Friedrich Oehlkers, qui s'élève contre la « renazification actuelle » de l'université que constitue la réintégration d'un homme comme Horst Müller[5]. Nous voyons donc qu'Erik Wolf n'hésite pas à collaborer avec Maunz et à participer à cette entreprise de « renazification » de la Faculté de droit.

---

1. Silke Seemann affirme que Theodor Maunz appartenait à la NSDAP « depuis 1933 » (*op. cit.*, p. 99). En réalité, nous avons pu vérifier dans les Archives du MAE à Colmar que Maunz avait adhéré lui aussi le 1ᵉʳ mai 1937 au parti nazi.

2. S. Seemann, *op. cit.*, p. 108.

3. « bereits drei Juden wieder in der Fakultät säßen » (cité par S. Seemann, *op. cit.*, p. 111).

4. « Insbesondere Theodor Maunz und Erik Wolf drängten als Vertreter der Rechts- und Staatswissenschaftlichen Fakultät im Senat auf eine schnelle Entscheidung im Fall Müllers » (*ibid.*, p. 304).

5. *Ibid.*, p. 305.

Après Horst Müller, c'est Ernst Rudolf Huber, professeur à l'université du Reich de Strasbourg en 1941 et révoqué en 1945, disciple de Schmitt, et l'un des juristes nazis les plus compromis[1], qui peut commencer une seconde carrière grâce à la complaisance active de la Faculté de droit de Fribourg qui accepte de l'accueillir[2].

Il importe de noter à ce propos, car c'est un fait trop peu connu, que Ernst Rudolf Huber appartient au « cercle le plus étroit » *(engsten Kreis)* qui gravite autour de Martin Heidegger[3]. De 1933 à 1937, il est professeur à Kiel, l'université la plus « nazifiée » de tout le IIIᵉ Reich. Nous avons par ailleurs découvert que Heidegger fut autorisé par le ministère à se rendre en pleine guerre mondiale, au mois d'octobre 1943, en vacances à Strasbourg, et il est possible qu'il y ait retrouvé Huber, professeur à l'université de Strasbourg depuis 1941. Or 1943, c'est l'année où Huber publie, toujours dans la maison d'édition nazie de Hambourg Hanseatische Verlagsanstalt, un ouvrage collectif de droit national-socialiste intitulé *Idée et ordre de l'Empire* dans lequel, comme nous allons le voir, est paru notamment un long article de Theodor Maunz[4]. Ces indications ouvrent des pistes pour les chercheurs qui entreprendraient d'approfondir encore davantage les

---

1. Voir par exemple la compilation par Ernst Rudolf Huber du droit *völkisch* du nazisme intitulée *Verfassungsrecht des Großdeutschen Reiches*, Hambourg, 2ᵉ éd., 1939, dans laquelle l'auteur cite en détail et commente les lois et décrets antisémites qui se succèdent sans discontinuer d'avril 1933 à novembre 1938 (« Die Stellung der Juden », p. 181-185).

2. S. Seemann, *op. cit.*, p. 320-322.

3. Selon les termes de Max Müller, dans *Martin Heidegger. Ein Philosoph und die Politik, op. cit.*, p. 106.

4. Ernst Rudolf Huber, *Idee und Ordnung des Reiches*, Hambourg, 1943.

multiples liens qui ont existé entre Heidegger et plusieurs juristes ultra-nazis.

Pour revenir à Theodor Maunz, son évolution ultérieure donne à réfléchir, car elle prouve que le temps n'a pas remédié au nazisme foncier des juristes schmittiens. Bientôt appelé à l'université de Munich et membre de la CSU, Maunz devient ministre de la Culture de Bavière. Cependant, la redécouverte du fait qu'il avait publié, dans l'ouvrage édité par Huber en 1943, une étude de cent pages intitulée « Forme et droit de la police » le force à démissionner[1]. On trouve notamment dans son article un développement sur les rapports entre police, SS et Wehrmacht[2]. Par la suite, c'est seulement après 1993, année de sa disparition, que l'on découvrira qu'il entretenait depuis des décennies des contacts secrets avec le parti néo-nazi *Deutsche Volksunion* et avait même rédigé un article anonyme pour la presse de ce parti[3].

Quant à Wolf lui-même, dont la trajectoire reste à étudier plus en profondeur, nous avons vu qu'il n'a en aucune façon rompu après 1945 ses liens avec d'autres juristes nazis comme Forsthoff, Maunz ou Kern. En outre, il a légué à la bibliothèque de l'*Institut für Staatswissenschaft und Rechtsphilosophie* de Fribourg l'ensemble de ses écrits et de ses tirés à part reliés incluant les différents articles et comptes rendus foncièrement nazis que nous avons partiellement cités. Tout cela montre bien qu'il n'a pas renié cet aspect de son œuvre. D'autre part, dans ses écrits moins ouvertement marqués, sa conception de l'être comme *nomos* appa-

---

1. Theodor Maunz, « Gestalt und Recht der Polizei », in *Idee und Ordnung des Reiches*, t. II, p. 5-104.
2. « Polizei – S.S. – Wehrmacht », *ibid.*, p. 28-36.
3. Voir S. Seemann, *op. cit.*, p. 99.

raît comme une synthèse des positions de Heidegger et de Schmitt[1]. Encore faut-il être averti de la connotation des termes employés par l'auteur des *Penseurs grecs du droit*, lorsqu'on lit une phrase comme celle-ci :

> la justice comme destinée de l'être pour tout étant signifie aussi l'unité et l'affirmation de soi *(Selbstbehauptung)* de l'être essentiel dans tout l'étant[2].

Cette phrase est inspirée du cours sur Parménide professé par Heidegger pendant le semestre d'hiver 1942-1943 et que Wolf a suivi. Le lexique y est caractéristique : l'auteur ramène la justice à l'être, tout comme Heidegger identifiait l'État *völkisch* à l'être dans son séminaire hitlérien de 1933-1934. En outre, le mot *Selbstbehauptung*, employé comme on le sait dans le titre du discours de rectorat, est celui même par lequel le maître entend définir le politique dans le séminaire inédit de 1934-1935 qu'ils ont conduit en commun[3]. Une fois de plus, des termes d'apparence philoso-

---

1. « echtes Sein sei sich selbst "nomos" » (A. HOLLERBACH, « Im Schatten des Jahres 1933... », art. cité, p. 146, qui renvoie à ce propos à Walter HEINEMANN, *Die Relevanz der Philosophie Martin Heideggers für das Rechtsdenken*, Diss. Jur., Fribourg, 1970).

2. « Dike als Fügung des Seins für alles Seiende bedeutet aber auch Einheit und Selbstbehauptung des wesenhaften Seins in allem Seienden » (Erik WOLF, *Griechische Rechtsdenker*, 1950-1970, t. I [Parménide], p. 293 ; cité par Hans-Peter SCHNEIDER, « Recht und Denken. Erinnerungen an Erik Wolf und Martin Heidegger », *Verfassung-Philosophie-Kirche, Festschrift für Alexander Hollerbach zum 70. Geburtstag*, Berlin, 2001, p. 470-471). L'article de H.-P. Schneider omet complètement les textes des années 1933-1944 et ne traite des rapports entre Heidegger et Wolf qu'en se référant aux écrits des années 1950-1970, ce qui interdit de discerner le fond nazi qui continue de se diffuser en profondeur, derrière l'usage apparemment anodin des termes les plus généraux.

3. Voir *infra*, chapitre 8, p. 531 *sq.*

phique comme « être », ou juridique comme « justice » et « droit », masquent en réalité de tout autres contenus. Ainsi, après s'être exprimées de façon radicale lors des premières années, les convictions profondes d'Erik Wolf (comme celles de Heidegger) semblent d'une remarquable constance, même si par la suite elles sont formulées de façon de plus en plus nébuleuse et cryptée[1]. Il apparaît donc qu'il n'a pas rompu avec le nazisme. Tout comme son maître, il s'en est nourri de manière occulte, comme un feu qui continue de couver sous la cendre.

---

1. Voir par exemple l'article de 1950 en hommage à Heidegger : Erik WOLF, « ANHP ΔΙΚΑΙΟΣ. Zur rechtsphilosophischen Interpretation der Tragödie "Ödipus Rex" von Sophokles », *Anteile. Martin Heidegger zum 60. Geburtstag*, Francfort-sur-le-Main, 1950, p. 80-105.

8.

Heidegger et la pérennité de l'État nazi
dans le séminaire inédit sur Hegel et l'État

> On a dit qu'en 1933 Hegel était mort ; au contraire, c'est alors seulement qu'il a commencé à vivre.

Heidegger, Hegel, sur l'État[1]

Les écrits des années 1933-1934 que nous avons évoqués, qu'il s'agisse des discours, des conférences ou des cours, exaltent la « grandeur » du moment historique représenté par la prise de pouvoir du *Führer* et la « transformation dans l'essence de l'homme » que cet événement entraîne. Par ailleurs, le séminaire hitlérien de l'hiver 1933-1934 nous a révélé un Heidegger attaché à consolider l'institution du IIIe Reich par la formation d'une « noblesse politique » qui aurait fait défaut à Bismarck, noblesse destinée à servir corps et âme la domination du *Führerstaat* en attisant l'*eros* censé

---

1. « Man hat gesagt, 1933 ist Hegel gestorben ; im Gegenteil : er hat erst angefangen zu leben » (HEIDEGGER, *Hegel, über den Staat*, Winterseminar 1934-1935, Deutsches Literaturarchiv, Marbach am Neckar, début de la 8e séance, 23 janvier 1935, *reportatio* de Wilhelm Hallwachs, f. 75 v°).

unir le peuple allemand à Hitler. Le texte que nous allons examiner permet d'aller plus loin encore dans l'appréhension de l'engagement national-socialiste de Heidegger. Il s'agit du second séminaire inédit auquel ce livre est consacré. Il date de l'hiver 1934-1935 et porte le double titre *Hegel, sur l'État*. On y voit Martin Heidegger soucieux d'assurer la pérennité de l'État nazi sur le très long terme.

En effet, dès l'introduction du séminaire, il n'hésite pas à affirmer ceci : « l'État actuel doit encore durer au-delà de 50 ou 100 ans[1] ». Énoncée à la fin de l'année 1934, cette phrase montre que Heidegger projette la réalité politique de l'État nazi dans l'avenir le plus lointain – au-delà même de l'année 2034 ! Nous le verrons enjoindre à ses étudiants d'envisager la pérennité de cet État au-delà même de la personne et de la durée de vie du *Führer*. Il ne s'agit pas d'une distance critique prise à l'égard de Hitler : la façon dont il valorise la finitude constitutive du « seul et unique *Führer* » dans le cours sur Hölderlin de la même époque, l'éloge de Hitler et de Mussolini dans le cours de l'année suivante sur Schelling, ou le témoignage romain de Karl Löwith de l'année 1936 nous prouvent que son hitlérisme ne faiblit ni après l'assassinat, le 30 juin 1934, d'Ernst Röhm et de Schleicher, ni après les lois raciales de Nuremberg de septembre 1935. Il faut donc voir dans cette projection sur le long terme une façon de se présenter soi-même comme celui qui sera le plus apte à assurer le plus durablement la direction et la pérennité « spirituelles » de l'État nazi.

Cette ambition démontre que le but visé par son enseignement n'est pas philosophique, mais politique.

---

1. « ... der Staat auch noch nach 50 oder 100 Jahren existieren soll » (*ibid.*, f. 1 r°).

Il ne s'agit pas de contribuer au progrès de la pensée humaine, mais de renforcer la domination inconditionnelle de l'État nazi. Or à cette date le doute n'est plus possible : sa violence est radicalement destructrice pour l'être humain et pour ses libertés fondamentales comme le montrent les lois racistes instituées de 1933 à 1935, les exactions quotidiennes de la SA, l'emprise grandissante du SD et de la Gestapo à tous les échelons de l'activité administrative et académique, l'ouverture des premiers camps de concentration et les assassinats de la Nuit des longs couteaux.

Que Heidegger se conçoive lui-même comme le « penseur » instituant en « esprit » l'État nazi concrètement créé par Hitler et permettant sa pérennité sur le très long terme nous est confirmé dans la suite du séminaire, où il n'hésite pas à comparer sa « doctrine » de l'État et sa réalisation à venir avec la pensée aristotélicienne du mouvement qui, vingt-cinq siècles après, a rendu possible l'essor de la mécanique et finalement l'automobile ! Ainsi, la relation ternaire qui unit poète, penseur et créateur d'État dans le cours sur Hölderlin de la même époque est illustrée et appuyée par la façon dont Heidegger conçoit la relation de son œuvre à l'action du *Führer*, c'est-à-dire à la pérennité de « l'État actuel » institué par Hitler.

Cette volonté de se projeter dans le futur le plus lointain est ce qu'il y a de plus inquiétant chez Heidegger. D'une part, ce qu'il entend pérenniser c'est tout simplement le nazisme venu au pouvoir en 1933. D'autre part, sa stratégie de « reconquête » de l'après-guerre, qui a si formidablement réussi, tend à diffuser le fond hitlérien et nazi dont il s'est constamment nourri. À cet égard, le fait que ce séminaire n'est toujours pas accessible, mais seulement annoncé comme à paraître, dans un avenir indéterminé, au tome 80 de la *Gesamtausgabe* qui devrait contenir tous les séminaires consacrés à Hegel et à Schelling (ce qui semble matériellement peu réalisable), montre bien que cette intention est toujours à l'œuvre et toujours d'actualité, puisque l'on prévoit d'éditer comme un séminaire de philosophie sur Hegel un enseignement qui a pour but avoué de pérenniser la domination du nazisme.

En proposant un examen critique de ce séminaire, étayé par des citations significatives destinées à servir le « droit à l'histoire », nous entendons attirer l'attention des lecteurs sur le danger que représente l'emprise grandissante de l'œuvre de Heidegger sur les esprits. Pour préserver l'avenir, pour libérer l'horizon de la philosophie, il est temps d'y faire face et de révéler la vraie nature de cette œuvre.

Heidegger et la « Commission pour la philosophie du droit » créée en mai 1934

La projection politique de Martin Heidegger sur le long terme ne le conduit pas pour autant à négliger le présent. Son engagement à partir de mai 1934 dans l'Académie pour le droit allemand créée par le *Führer* des juristes nazis, Hans Franck, nous le prouve. Pour comprendre le contexte dans lequel se situe ce séminaire, il nous faut commencer par évoquer l'engagement institutionnel, qui constitue la toile de fond des prises de position de Heidegger à l'égard de la « philosophie du droit » et d'un juriste comme Carl Schmitt, dont il va discuter la conception du politique.

Si le rapport de Heidegger à la « philosophie du droit » est l'un des enjeux du séminaire, il est bien moins philosophique qu'institutionnel et politique. En

1934-1935, il ne s'agit plus d'introduire le principe du *Führer* à l'université. Cette étape est déjà dépassée et si Heidegger a renoncé au rectorat, ce n'est pas seulement à cause des obstacles rencontrés, c'est aussi pour se consacrer à d'autres tâches, où il peut agir de façon moins locale et moins exposée. De fait, à peine a-t-il démissionné du rectorat de Fribourg qu'il participe à la création d'une nouvelle institution : la « Commission pour la philosophie du droit de l'Académie pour le droit allemand » *(Ausschuß für Rechtsphilosophie der Akademie für Deutsches Recht)*.

Le créateur de l'Académie pour le droit allemand, Hans Franck, fut l'un des tout premiers nationaux-socialistes. En 1919, il avait fait partie, avec Dietrich Eckart, Adolf Hitler, Alfred Rosenberg, Rudolf Hess et Karl Haushofer, de la *Thule Gesellschaft*, société secrète qui fut la matrice du mouvement hitlérien. En 1933, il devient ministre d'État pour la Bavière et commissaire à la Justice du Reich. L'Académie pour le droit allemand est fondée en 1933 comme une corporation de droit public dont le siège se trouve à Munich. Par la loi du 11 juillet 1934, elle reçoit le statut d'institution du Reich. Dans son discours au Congrès des juristes de Leipzig de 1933, Hans Franck précise en ces termes la relation constitutive entre le droit et le concept de race *(Rassebegriff)* :

> La race est la substance créatrice d'un peuple et l'unique condition essentielle de sa durée. La tâche du droit est de protéger la race en tous les sens. [...] Ce n'est qu'avec le concept de race que la partie saine des peuples du monde sera libérée de la folie de la décadence[1].

---

1. Cité par G. Schneeberger, *op. cit.*, p. 255.

La Commission pour la philosophie du droit est officiellement fondée au début du mois de mai 1934, lors d'une manifestation qui se tient du 3 au 5 mai dans les Archives Nietzsche à Weimar. Les membres de cette commission ont été choisis par Hans Franck. Y siègent des « philosophes » comme Martin Heidegger, Erich Rothacker et Hans Freyer, un juriste qui, dans l'Académie pour le droit allemand, tient la deuxième place après Hans Franck, à savoir Carl Schmitt, enfin des dignitaires du Parti comme Alfred Rosenberg et l'agitateur Julius Streicher, rédacteur en chef du journal antisémite *Der Stürmer*.

Dans sa conférence inaugurale, Hans Franck demande que « la commission se constitue comme une commission de combat du national-socialisme ». Il s'agit de relier entre eux des concepts tels que ceux de « race, État, *Führer*, sang… ». En effet, dit-il :

l'irruption de la philosophie du droit signifie : prendre solennellement congé de la conception d'une philosophie d'esclave au service de dogmes non allemands. Le droit de la vie et non le droit formel doit être notre but. […] ce doit être un droit de maîtres et non un droit d'esclaves. Le concept d'État du national-socialisme sera reconstruit par nous sur l'unité et la pureté de l'homme allemand, formulé et réalisé dans le droit et le *Führerprinzip*[1].

_____

1. « Der Durchbruch der Rechtsphilosophie heißt daher : Feierlich Abschied nehmen von der Entwicklung einer Knechtsphilosophie im Dienste undeutscher Dogmen. Lebensrecht und nicht Formalrecht soll unser Ziel sein. […] es soll aber ein Herrenrecht und nicht Sklavenrecht sein. Der Staatsbegriff des Nationalsozialismus wird von uns neugebaut auf Einheit und Reinheit des deutschen Menschentums, formuliert und verwirklicht im Recht und im Führerprinzip » (Hans FRANCK, *Frankfurter Zeitung*, 5 mai 1934 ; cité par V. FARIAS, *op. cit.*, p. 278 ; trad. fr. [modifiée], p. 230-231).

On voit comment il rattache le fondement racial du droit nazi à la distinction grossièrement reprise à *La Généalogie de la morale* de Nietzsche – auquel il se réfère explicitement – et transposée dans le droit : distinguer un droit des maîtres et un droit des esclaves. On voit également comment l'une des tâches principales de la Commission pour la philosophie du droit doit être de travailler à la conception de l'État hitlérien, rapportée au droit nazi et au *Führerprinzip.* C'est à une tâche de cet ordre que Heidegger participe explicitement dans ses deux séminaires inédits.

Cependant, l'aspect politique du travail de la commission reste subordonné à son but racial. Hans Franck ne le cache pas lors de la conférence de presse qu'il tient à l'issue de la manifestation, le 5 mai 1934, devant deux cents journalistes, dont quarante représentants de la presse étrangère. Il précise en effet : « le fondement de notre législation est la sauvegarde de la substance raciale de notre peuple et de sa valeur[1] ».

Telle est la commission aux travaux de laquelle Heidegger a participé durant plusieurs années. Nous ne connaissons pas actuellement le contenu des séances de travail auxquelles il a pris part, ni les déclarations qu'il a pu y faire. À cet égard, on peut considérer qu'il est regrettable qu'en 1945 un examen sérieux du passé n'ait pas permis de faire la lumière sur ce point, mais la commission de l'université de Fribourg chargée de statuer sur son cas s'est trop exclusivement concentrée sur son rectorat, et elle s'est limitée à faire appel au

---

1. « ... das Fundament unserer Gesetzgebung die Erhaltung der rassischen Wertsubstanz unseres Volkes ist » (Hans Frank [éd.], *Akademie für Deutsches Recht, Jahrbuch 1, 1933/34*, p. 177 ; cité par V. FARIAS, *op. cit.*, p. 279 ; cette citation ne figure pas dans l'édition française).

témoignage de quelques collègues, sans entreprendre la moindre enquête dans les fonds d'archives. Il est vrai que la majeure partie des Actes de l'Académie pour le droit allemand, conservés à Munich, a été détruite à la fin de la guerre. Nous savons tout au moins, par le témoignage de Karl Löwith, qu'en 1936 Heidegger continue de faire notoirement partie de l'institution et accepte de siéger auprès d'un homme comme Julius Streicher. Dans une réponse embarrassée à Löwith, prononcée à contrecœur et après un silence, Heidegger concède que le *Stürmer* de Streicher n'est « rien d'autre que de la pornographie », mais il tente de dédouaner le *Führer* en affirmant qu'il « ne comprenait pas pourquoi Hitler ne se débarrassait pas de ce type-là »[1]. Visiblement, à cette date, l'hitlérisme de Heidegger est toujours intact. Löwith le confirme en relevant que son ancien maître ne lui « laissa aucun doute sur sa foi en Hitler[2] ».

Or il faut savoir que l'Académie pour le droit allemand a participé activement, sous la tutelle de Hans Franck et de Carl Schmitt, à l'élaboration des lois racistes et antisémites de Nuremberg de septembre 1935. Et il est par ailleurs établi que de 1934 à 1936 au moins, Heidegger était présent et actif dans cette institution. C'est pourquoi sa participation à la Commission pour la philosophie du droit, qui se poursuit après la promulgation des lois racistes de Nuremberg, apparaît, compte tenu de l'évolution du régime hitlérien, comme moralement plus grave et plus compromettante encore que son rectorat. Quoi qu'il en soit, c'est dans le contexte de

---

1. « Warum sich Hitler nicht von diesem Kerl befreie, das verstünde er nicht » (Karl Löwith, *Mein Leben in Deutschland...*, *op. cit.*, p. 58 ; trad. fr., p. 78).
2. « Er ließ auch keinen Zweifel über seinen Glauben an Hitler » (*ibid.*, p. 57 ; trad. fr., p. 77).

cette collaboration intellectuelle à l'œuvre des juristes nazis que Heidegger tient avec Erik Wolf un séminaire sur la philosophie du droit et de l'État de Hegel.

Présentation du séminaire sur Hegel et l'État

Il semble que ne subsistent, pour le séminaire intitulé *Hegel, sur l'État*, ni le livre de séminaire où le protocole de chaque séance est consigné par un étudiant différent et relu par le maître, ni un texte de la main de Heidegger, mais uniquement les notes de cours, très complètes, qui ont été prises par deux étudiants, Wilhelm Hallwachs et Siegfried Bröse, et conservées au DLA de Marbach. Actuellement, le lecteur ne dispose que d'une brève mais utile présentation synthétique de Jeffrey Barash, le premier à avoir évoqué le contenu de ce séminaire[1], à quoi il faut ajouter trois courtes citations concernant Carl Schmitt, publiées par Theodore Kisiel et Marion Heinz et qui sont extraites de la *reportatio* de Bröse[2], enfin un développement plus récent de Francesco Fistetti, qui s'appuie uniquement sur la présentation de Barash et non sur une étude directe des *reportationes*[3].

---

1. Voir J. A. Barash, *Heidegger et son siècle. Temps de l'Être, temps de l'histoire, op. cit.*, p. 131-134. L'auteur avait déjà parlé de ce séminaire dans « Martin Heidegger in the Perspective of the 20th Century », *Journal of Modern History*, 64, n° 1, mars 1992, p. 52-78. Il l'évoque à nouveau plus brièvement dans *Martin Heidegger and the Problem of Historical Meaning*, New York, 2e éd., 2003, p. 224-225.

2. Voir Marion Heinz et Theodore Kisiel, « Heideggers Beziehungen zum Nietzsche-Archiv », *Annäherungen an Martin Heidegger, Festschrift für Hugo Ott zum 65. Geburtstag*, éd. par Hermann Schäfer, Francfort-sur-le-Main, 1996, p. 110.

3. Francesco Fistetti, *Heidegger e l'Utopia della Polis*, Gênes, 1999, p. 31-36.

À la différence du séminaire hitlérien de l'hiver précédent, qui n'apparaît pas dans le plan d'édition de la *Gesamtausgabe* et dont l'existence n'est jamais mentionnée par les ayants droit (sans doute parce que l'intensité de l'hitlérisme de Heidegger y est si manifeste qu'il ne peut pas être masqué par des titres de paragraphes d'allure philosophique), le séminaire *Hegel, sur l'État* devrait être édité dans le volume 80, destiné à réunir l'ensemble de ceux consacrés à Hegel et à Schelling. La *Gesamtausgabe* n'étant pas une édition critique, on ignore si les éditeurs futurs suivront le texte de Hallwachs, celui de Bröse, ou bien un mixage des deux dont, en l'absence de notes justificatives, le lecteur n'aura aucun moyen de vérifier les critères et la pertinence. Quoi qu'il en soit, et bien que nous disposions de la transcription de toutes les notes de Wilhelm Hallwachs, ce n'est pas à nous qu'il revient de publier l'intégralité de ce séminaire. S'il est néanmoins nécessaire d'informer de manière plus complète, et dès à présent, le public sur la réalité de ce qui y est enseigné, et, par ailleurs, d'approfondir sérieusement ce qu'il représente et ce que signifie la présence d'Erik Wolf aux côtés de Heidegger, c'est notamment parce que l'existence de ce texte, ainsi que la participation d'Erik Wolf, ont été, comme nous l'avons vu avec l'exemple de Jean-Michel Palmier, utilisés par certains apologistes pour faire croire que Heidegger aurait pris ses distances avec l'État national-socialiste à partir de 1934. Or, lorsque l'on prend connaissance du contenu du séminaire, c'est le contraire qui apparaît à l'évidence, de sorte que l'on est amené à conclure que ces apologistes n'avaient pas lu le séminaire ni les écrits nazis d'Erik Wolf ou bien qu'ils dissimulaient sciemment ce qu'ils savaient. Il s'agit donc de rétablir la vérité historique, ce qui ne peut être réalisé qu'en s'appuyant sur un minimum de citations et d'extraits.

Dans la *reportatio* de Wilhelm Hallwachs, constituée de quatre-vingt-deux feuillets recto et verso, il semble que l'on peut distinguer huit séances, qui se seraient tenues du début de novembre 1934 au 23 janvier 1935 (seules les cinq dernières sont précisément datées). Il ne peut pas être question de résumer la totalité du séminaire, mais l'on peut en proposer une première approche, qui permettra de mettre en évidence plusieurs points importants : l'introduction du séminaire, qui énonce le but politique recherché par Heidegger ; la débâcle des trois premières séances où il s'enlise dans des considérations générales et suscite la protestation de ses étudiants ; l'identification intolérable de Hegel avec le nazisme venu au pouvoir en 1933 ; la façon très particulière dont Heidegger use des concepts hégéliens, notamment dans la quatrième séance ; ses remarques et celles d'Erik Wolf sur la « philosophie du droit » et la « constitution », dans les cinquième et sixième séances ; enfin, le développement de la huitième et dernière séance, où Heidegger évoque l'État total et *völkisch*, rapporte l'État à la *polis*, puis opère une distinction entre sa conception du politique et celle de Carl Schmitt.

L'INTRODUCTION DU SÉMINAIRE : COMMENT FAIRE DURER L'ÉTAT NAZI AU-DELÀ DE CINQUANTE OU CENT ANS ?

Le séminaire se présente comme un travail académique, destiné à des étudiants qui débutent en philosophie. De fait, comme très souvent dans les cours de

Heidegger, il prend volontiers l'allure d'un commentaire, ou même d'une simple paraphrase des paragraphes des *Principes de la philosophie du droit* de Hegel qui portent sur l'État. En outre, l'évocation des grands concepts hégéliens : « esprit » et « liberté », donne l'impression que le séminaire évolue dans la sphère de la philosophie. Cependant, il ne s'agit là que d'une apparence. En réalité, l'enjeu du propos n'est pas philosophique, mais bien politique. La manière dont, dès le printemps 1933, Heidegger évoque dans son cours la doctrine de l'État de Hegel montre déjà dans quel esprit il la conçoit. Il écrit en effet ceci :

> Comme Hegel quittait Heidelberg, il déclara, dans un texte d'adieu, que ce n'était pas avec des intentions philosophiques mais politiques qu'il allait à Berlin : la philosophie de l'État était au point. Il en espérait de l'efficience politique ; il n'avait pas de goût pour le simple enseignement. Sa philosophie obtint une fort singulière influence sur la disposition d'esprit de l'État[1].

S'appuyant sur la lettre écrite par Hegel au sénat de l'université de Heidelberg qu'il quittait pour Berlin, Heidegger interprète l'acceptation de cette chaire comme l'expression de sa volonté non pas philosophique, mais politique d'inspirer la constitution de l'État effectif. Loin d'être seulement un travail de réflexion théorique sur les fondements du droit politique, la doctrine de l'État de Hegel ne prendrait tout

---

1. « Als Hegel Heidelberg verließ, brachte er in einem Abschiedsschreiben zum Ausdruck, daß er nicht in philosophischen Absichten nach Berlin gehe, sondern in politischen : die Staatsphilosophie sei fertig. Er hoffe auf politische Wirksamkeit, am bloßen Dozieren habe er keinen Geschmack. Seine Philosophie gewann höchst merkwürdigen Einfluß auf die Staatsgesinnung » (HEIDEGGER, GA 36/37, 19).

son sens que dans la mesure où elle se traduirait dans la réalité politique la plus concrète.

Nous n'avons pas ici à discuter en profondeur et pour elle-même la question si débattue des relations entre la philosophie hégélienne de l'État et son contexte historique. Ce que nous devons retenir, c'est la manière dont Heidegger lui-même conçoit la question. En effet, cela nous renseigne sur la façon dont il envisage le travail réalisé dans son séminaire. Nous pouvons même aller plus loin. Il semble en effet que Heidegger s'identifie à la position de Hegel. Aussitôt après le paragraphe que nous avons cité du cours de 1933, il écrit que « Hegel manifeste la nature spécifique et le caractère racial *(Stammesart)* du Souabe ». De manière toute *völkisch*, Heidegger accorde la plus haute importance à ces racines souabes de l'auteur des *Principes de la philosophie du droit* qui sont aussi les siennes, comme il se plaisait par exemple à le rappeler à propos du conseiller Schwoerer, « un Souabe comme moi », disait-il, avec qui il évoquait, en 1929, ce qu'il n'hésitait pas à appeler « l'enjuivement croissant » de la « vie spirituelle allemande ». Cette approche « souabe » et *völkisch* de Hegel se retrouve pareillement chez un de ses exégètes, qui versera en 1933 dans le nazisme, Theodor Haering, professeur à l'université de Tübingen. Dans sa conférence sur « Der werdende Hegel », prononcée en 1931 au congrès Hegel de Berlin pour le centenaire de sa mort, Theodor Haering souligne les racines souabes de Hegel, né comme lui à Stuttgart, et entend penser à partir de lui l'« unité concrète et authentique du peuple, des Allemands[1] ».

---

1. « ... der eigenen Konkreten Volkseinheit, der deutschen » (Theodor HAERING, « Der werdende Hegel », *Verhandlungen des Zweiten Hegelkongresses [Berlin, 1931]*, 1932, p. 26). Haering

Pour revenir à Heidegger, il est vraisemblable qu'il voit dans la trajectoire de Hegel, de Heidelberg à Berlin, l'équivalent de la carrière qui aurait pu être la sienne lorsqu'il fut appelé, par deux fois, à l'université de Berlin, pour décider finalement de demeurer à Fribourg. En tout cas, la doctrine hégélienne de l'État représente certainement pour lui, en 1934-1935, l'exemple même d'une pensée destinée à inspirer les « créateurs d'État », selon la triade exposée dans le cours sur Hölderlin de la même période.

Nous pouvons même aller plus loin : la volonté hégélienne d'influer sur la constitution de l'État de son temps permet à Heidegger de reprendre cette intention politique à son compte et de se présenter comme celui qui « pense », sur le plus long terme, « l'État actuel », c'est-à-dire l'État national-socialiste institué en 1933 et renforcé par une succession de décrets, tel qu'il devra encore exister au-delà du siècle à venir. C'est en effet ce qu'il énonce d'emblée dans son séminaire :

Le but de l'exercice est la *réflexion philosophique sur l'État*, devant être conduite en s'appuyant sur Hegel. On pourrait tenir aujourd'hui pour inactuelle la réflexion philosophique sur l'État, parce que l'on dit aujourd'hui que l'État actuel n'est pas né des livres, mais du combat. Une telle affirmation repose sur la représentation selon laquelle le spirituel se trouve seulement dans les livres. On oublie là que l'État doit encore exister au-delà de 50 ou 100 ans. Mais il doit alors avoir quelque chose *par*

---

publiera par la suite : *Hegel, sein Wollen und sein Werk, eine chronologische Entwicklungsgeschichte der Gedanken und der Sprache Hegels*, Leipzig, vol. II, 1938, dans lequel sa lecture *völkisch* de Hegel est encore plus explicite. Et il éditera encore, en 1942, un ouvrage collectif d'inspiration nazie intitulé *Das Deutsche in der deutschen Philosophie*.

lequel il existe. Il ne peut durer que par l'esprit. Or ce sont les hommes qui portent l'esprit. Mais les hommes doivent être éduqués[1].

On voit que l'objectif affirmé de ce séminaire est le même que celui de 1933-1934 : la pérennité de l'État institué par le IIIe Reich. Pour atteindre ce but, Martin Heidegger se sert de la « philosophie du droit » comme d'un simple moyen. Il l'utilise à des fins qui lui sont absolument étrangères, puisque ce qui est en jeu, c'est la longévité de l'État total et *völkisch* du nazisme. Au bout du compte, c'est la philosophie tout entière qui est instrumentalisée non seulement parce que Heidegger soutient que, dans Hegel, c'est toute la philosophie occidentale qui est rassemblée, mais aussi parce que le but explicitement visé n'est pas d'élaborer une conception théorique de l'État, mais de contribuer à la pérennité de l'État nazi. Comme nous l'avons dit, la fin n'est donc pas philosophique, mais politique. Il s'agit de pourvoir à l'éducation « spirituelle » des hommes destinés à faire durer cet État. Et nous avons vu comment, dans ses cours, Heidegger conçoit « l'esprit » : ni comme une raison, ni comme

---

1. « Die Absicht der Übung ist die *philosophische Besinnung über den Staat*. Durchzuführen an der Hand von Hegel. Die philosophische Besinnung über den Staat könnte man heute für unzeitgemäß halten, da man ja heute sagt, daß der heutige Staat nicht durch Bücher entstanden sei, sondern durch Kampf. Einer solchen Behauptung liegt die Vorstellung zu Grund, daß das Geistige nur in Büchern steht. Man vergisst dabei, daß der Staat auch noch nach 50 oder 100 Jahren existieren soll. Dann muß er aber etwas haben, *wovon* er existiert. Er kann nur dauern durch den Geist. Der Geist aber wird getragen durch die Menschen. Die Menschen aber müssen erzogen werden » (HEIDEGGER, *Hegel, über den Staat, op. cit.*, f. 1 r°).

un entendement, mais comme « vent », « tempête », « impulsion », « engagement »[1], comme ce qui émeut et transporte un peuple et non comme ce qui vient éclairer la pensée humaine.

On peut donc dire que Heidegger poursuit, dans ce séminaire, « l'éducation politique » commencée dans les discours et les cours des années 1933-1934 et dans le séminaire inédit de l'année précédente. Et l'on ne s'étonnera pas qu'il revienne, à la fin de son nouveau séminaire, à la définition du politique et à la discussion de Schmitt entreprise un an auparavant. Qu'il songe plus que jamais à la pérennité de l'État institué en 1933 montre bien qu'il n'a d'aucune façon renoncé à son engagement dans le nazisme. Il y a cependant un changement de perspective, qu'il est essentiel de bien discerner parce qu'il engage tout l'avenir.

Au printemps 1933, Heidegger avait la présomption de croire qu'il pouvait directement conseiller Hitler. On l'a vu par le télégramme qu'il lui adresse le 5 mai 1933 et où il ne fait rien de moins que lui suggérer la conduite à suivre. Nous avons en outre posé la question de savoir si Heidegger – dont les contacts politiques étroits avec des personnalités politiquement haut placées de Berlin et de Munich sont avérés – n'aurait pas participé à l'élaboration de certains des mémorandums et peut-être même des discours innombrables du *Führer*. En novembre 1933, au moment du plébiscite, Heidegger a mis toutes ses forces au service de la consolidation immédiate du pouvoir du *Führer*. Nous avons vu par ailleurs qu'il a songé à accepter la chaire de Munich afin d'être plus proche de Hitler.

---

1. Voir Heidegger, GA 36/37, 7 et *supra*, chapitre 4, p. 229-230.

En août 1934 encore, et donc quelques semaines après les assassinats de la Nuit des longs couteaux, Heidegger signe, en compagnie notamment de Carl Schmitt et d'Eugen Fischer, une déclaration publique d'allégeance à Hitler au moment où ce dernier, à la mort de Hindenburg, accède à la fonction de chef de l'État. La déclaration en faveur de Hitler, qui constitue, après celle de novembre 1933, une seconde profession de foi de Martin Heidegger envers le *Führer*, est tout à fait dans le style des discours qu'il a prononcés lorsqu'il était encore recteur. On lit en effet ceci :

> L'efficacité à l'intérieur comme à l'extérieur doit à nouveau vouloir que l'unité et la résolution du peuple allemand et sa volonté de liberté et d'honneur s'expriment à travers la profession de foi envers Adolf Hitler[1].

À l'automne 1934, il semble néanmoins qu'il ait compris qu'il n'était pas facile d'influer directement sur Hitler et que l'on était dans un tout autre cas de figure qu'en Italie, où un théoricien comme Gentile pouvait collaborer directement avec le *Duce*. Cependant, loin de jeter l'éponge, Heidegger continue de se considérer comme le véritable *Führer* « spirituel » du mouvement. Il se présente donc, dans son séminaire, comme celui qui est le mieux à même de prolonger en esprit la pérennité de l'État national-socialiste. Cette ambition est confirmée dans la suite. Heidegger affirme en effet, dans un passage capital :

---

1. « ... der Wirkung nach innen wie nach außen willen muß erneut die Einheit und Geschlossenheit des deutschen Volkes und seines Willens zu Freiheit und Ehre durch das Bekenntnis zur Führerschaft Adolf Hitlers zum Ausdruck gebracht werden » (V. FARIAS, *op. cit.*, éd. all., p. 262 ; trad. fr. [modifiée], p. 214).

Dans 60 ans, notre État ne sera certainement plus conduit par le *Führer*, aussi ce qu'il deviendra *alors* dépend de *nous*[1].

Phrase stupéfiante par ce qu'elle révèle des intentions cachées de Heidegger. Ce « nous », en effet, vise en partie à mobiliser ses étudiants, mais il exprime plus encore la manière dont Martin Heidegger conçoit son propre rôle politico-« spirituel » : guider, sur le plus long terme, le mouvement national-socialiste, assurer sa pérennité au-delà même de la durée temporelle de l'existence de Hitler.

Il faut prendre au sérieux cette déclaration. D'autres indices nous confirment que c'est ainsi que Heidegger se perçoit. En outre, et c'est le plus important, tel est le rôle que son œuvre a joué après 1945, notamment lorsqu'il a choisi d'éditer, en 1953, son *Introduction à la métaphysique* de 1935, en y maintenant son éloge de la « vérité interne et de la grandeur » du mouvement national-socialiste. Or cette œuvre continuera de jouer ce rôle dans l'avenir si nous ne lui résistons pas, si nous ne parvenons pas à nous en libérer et à stopper définitivement la diffusion de ce « mouvement » dans la philosophie.

À la lecture du séminaire sur Hegel et l'État, Heidegger se découvre à nous aujourd'hui comme celui qui a voulu assurer la pérennité de l'hitlérisme et de sa domination dictatoriale et destructrice sur les esprits, par-delà la personne historique du *Führer*. Et ce rôle de véritable *Führer* spirituel, il s'est résolu à le tenir extrêmement tôt, avec une prescience qui lui a permis

---

1. « Unser Staat wird in 60 Jahren bestimmt nicht mehr vom Führer getragen, was *dann* aber wird, steht bei *uns* » (HEIDEGGER, *Hegel, über den Staat, op. cit.*, f. 16 v°).

de surnager après la défaite de 1945, de pérenniser son action et de propager son influence dans les esprits après que son exact contemporain, Hitler, eut militairement échoué. Et cela alors que son œuvre, qui avait épousé jusqu'en 1945 la cause même du IIIe Reich – comme nous le montrerons précisément dans le prochain chapitre –, était à cette date *terminée*, la défaite du Reich nazi marquant le terme et la fin d'une œuvre dont la principale raison d'être consistait à légitimer la domination du IIIe Reich et, comme nous le verrons, de son principe de sélection raciale.

Dans cette entreprise, le plus difficile à bien appréhender et qui a de fait assuré le succès planétaire actuel des écrits de Heidegger, c'est la manière dont il a réussi à se servir de la philosophie, ou plutôt de son apparence verbale, pour rendre acceptable et diffuser une œuvre qui s'enracine pourtant dans les fondements du nazisme. À cet égard, le séminaire intitulé *Hegel, sur l'État* est l'un des meilleurs exemples de sa stratégie : se servir d'un philosophe majeur pour donner à son propos la plus grande autorité philosophique possible ; traiter en réalité bien moins de cette pensée même que du concept d'État – les considérations sur l'État laissent place, à la fin du séminaire, à la conception proprement heideggérienne de l'État ; entrer en discussion avec son seul rival dans le nazisme en ce qui concerne la conception du politique, à savoir Carl Schmitt, et affirmer sa propre conception comme plus fondamentale, de manière à conserver la *Führung* « spirituelle » sur le mouvement.

Il reste à voir plus en détail comment il s'y prend. Pour revenir à l'introduction du séminaire, il poursuit en ces termes :

476   *Heidegger, l'introduction du nazisme...*

Pourquoi avons-nous justement choisi Hegel pour ce travail, alors que d'autres philosophes également, par exemple Platon, Kant, Fichte, ont médité sur l'État ? C'est parce que, premièrement, la philosophie de Hegel n'est pas n'importe quelle philosophie, mais que nous devons bien plutôt voir dans cette philosophie l'accomplissement de la philosophie occidentale tout entière, accomplissement dans un grand commencement en vue de l'*Aufhebung* de la pensée antique et de la pensée chrétienne dans *un* grand système. Hegel avait la claire conscience de cela, il avait la conviction qu'avec lui la philosophie était parvenue à son terme. Et c'est vrai. Ce qui vient après Hegel n'est plus de la philosophie. Pas non plus Kierkegaard ou Nietzsche. Ces deux-là ne sont pas des philosophes mais des hommes sans catégorie, qui seront seulement compris à des époques ultérieures. Jusqu'à Hegel, il y a de la philosophie, qu'il mène à sa fin comme nous l'avons dit[1].

Heidegger renchérit sur la pensée hégélienne de l'accomplissement de la philosophie. Il va jusqu'à en faire un terme effectif. Bref, il réinterprète l'accomplissement *(Vollendung)* comme une fin *(Ende)*, ce qui est la lecture la plus réductrice que l'on puisse faire de

---

1. « Warum haben wir gerade Hegel gewählt für diese Arbeit ?, da doch auch andere Philosophen, z.B. Plato, Kant, Fichte über den Staat gedacht haben. Darum, weil 1) Hegels Philosophie keine beliebige ist, sondern weil wir vielmehr in dieser Philosophie sehen müssen die Vollendung der gesamten abendländischen Philosophie, Vollendung im großen Ansatz in Richtung auf die Aufhebung des antiken und des christlichen Denkens in *einem* großen System. Hegel hatte davon das klare Bewußtsein, er hatte die Überzeugung, daß mit ihm die Philosophie ans Ende gekommen wäre. Das ist auch richtig. Was nach Hegel kommt, ist keine Philosophie mehr. Auch nicht Kierkegaard oder Nietzsche. Diese beiden sind keine Philosophen, sondern Menschen ohne Kategorie, die erst spätere Zeiten begreifen werden. Bis zu Hegel gibt es Philosophie, die er wie gesagt abschließt » (*ibid.*, f. 1 r°-1 v°).

l'œuvre de Hegel. Notons en outre que l'ancien disciple de Husserl va jusqu'à affirmer comme allant de soi
qu'il n'y a plus de philosophe après Hegel. L'apport
de philosophes de l'envergure de Husserl, de Bergson
ou de Cassirer est de la sorte balayé. Heidegger précise ici ce qu'il laissait déjà entendre dans son cours
du printemps 1933 : c'est avec Hegel qu'aurait eu lieu
« l'achèvement de la métaphysique occidentale », en
regard duquel Kierkegaard et Nietzsche représente-
raient comme une « sortie » *(Ausgang)*[1].

L'arbitraire de ces affirmations se voit au fait que
peu de temps après, c'est à Nietzsche et non plus à
Hegel qu'il appliquera le même schéma, faisant cette
fois de la pensée de Nietzsche l'accomplissement de
la « métaphysique » occidentale. Nous verrons, le
moment venu, la signification exacte de ce déplacement
de Hegel à Nietzsche. D'ores et déjà, on peut noter
qu'il entre dans ce mode de présentation une grande
part de pathos. Il s'agit de donner aux étudiants le sentiment que leur maître embrasse toute l'histoire de la
pensée en prenant pour interlocuteur, d'un point de vue
supposé plus approfondi, celui-là même qui, avant lui,
aurait mené à son terme l'ensemble de la philosophie
occidentale. Cela implique, s'il est conséquent, que
Heidegger lui-même ne saurait prétendre faire œuvre
de philosophe, puisqu'il vient après l'accomplissement de la philosophie. La façon dont il se projette
dans l'avenir ne constitue pas non plus l'invention
d'un nouveau mode de pensée qui surpasserait la philosophie. En réalité, son objectif demeure politique : il
s'agit d'assurer la pérennité du *Führerstaat* institué en
l'an 1933.

---

1. Voir HEIDEGGER, GA 36/37, 72 et 15.

Pour compléter cette évocation de l'introduction du séminaire, voici l'essentiel du troisième paragraphe :

C'est pourquoi réfléchir au philosopher de Hegel sur l'État équivaut à réfléchir au commencement fondamental et à la direction fondamentale de la pensée occidentale de l'État. La seconde raison, c'est que la doctrine de l'État de Hegel, tournée vers l'avenir (vers l'époque qui lui a *succédé*), a été décisive de manière aussi bien indirecte que directe, à savoir en un sens aussi bien positif que négatif. Ainsi Karl Marx y revient-il en un sens négatif. En outre, on n'apprend à comprendre le libéralisme du XIXᵉ siècle que lorsque l'on a compris la pensée hégélienne de l'État. C'est donc ainsi qu'il faut penser cet exercice. Cela doit être une étude pour débutants. Cela signifie que rien ne sera présupposé, dans un sens négatif, dans la mesure où la maîtrise de l'outil de travail philosophique ne sera pas exigée de manière immédiate. Ce qui ne veut pas dire que nous ne nous approprierons pas certains points au cours de l'exercice. On ne présupposera pas non plus un savoir *assuré* de l'objet. Un tel savoir, vous pouvez sans souci le laisser à la maison. Ce qui est donc bien plutôt requis est une *volonté* réelle d'un savoir authentique. C'est en cela que réside le vouloir-connaître l'*essence* de ce dont nous traitons : l'exigence de la *clarté conceptuelle*, l'exigence de la *fondation originelle* de ce savoir. Voilà les trois présupposés fondamentaux[1].

---

1. « Deshalb ist die Besinnung auf Hegels Philosophieren über den Staat gleichzusetzen der Besinnung auf den Grundansatz und die Grundrichtung des abendländischen Staatsdenkens überhaupt. Zweiter Grund ist, weil Hegels Staatslehre nach vorne (für die Zeit *nach* ihm) sowohl unmittelbar wie mittelbar entscheidend war und zwar sowohl im positiven wie im negativen Sinne. So geht im negativen Sinn Karl Marx auf ihn zurück. Aber auch den Liberalismus des Neunzehnten Jahrhunderts lernt man nur begreifen, wenn man das Hegel'sche Staatsdenken begriffen hat. So also ist diese Übung zu denken. Es soll eine Übung für Anfänger sein. D.h. es wird nichts vorausgesetzt, im negativen Sinn sofern die Beherrschung

Heidegger exprime les deux raisons qui le font s'intéresser à Hegel.

D'une part, une fois posé qu'en Hegel se trouverait rassemblée toute la tradition occidentale, l'évoquer permet de donner l'illusion que l'on remonte jusqu'au commencement de la pensée occidentale de l'État. Peu importe alors que l'on n'ait qu'un ensemble de notions superficielles en philosophie politique[1].

D'autre part, c'est Hegel qui permettrait de comprendre ce qui a eu lieu après lui, à commencer par le « négatif », à savoir l'œuvre de Marx et le « libéralisme » du XIXᵉ siècle. Il sera effectivement beaucoup question de Marx et du « libéralisme » dans ce séminaire.

Les précisions qui suivent sont importantes pour comprendre l'effet recherché par Heidegger. Lorsqu'il affirme que « la maîtrise de l'outil de travail philosophique ne sera pas exigée de manière immédiate », il faut entendre cela en plusieurs sens. Au premier sens, cela exprime le fait qu'il s'adresse à des « débutants » *(Anfänger)*. Heidegger donne en effet presque toujours

---

des philosophischen Handwerkszeugs nicht unmittelbar verlangt wird. Das besagt nicht, daß wir uns nicht im Verlauf der Übung einiges aneignen werden. Es wird auch nicht vorausgesetzt ein *festes* Wissen über den Gegenstand. Solches Wissen können Sie ruhig zu Hause lassen. Um so mehr ist vorausgesetzt wirklicher *Wille* zu einem echten Wissen. Darin liegt das Wissenwollen um das *Wesen* dessen, wovon wir handeln, das Fordern der *begrifflichen Klarheit*, der Anspruch der *ursprünglichen Begründung* dieses Wissens. Dies sind die drei Grundvoraussetzungen » (Heidegger, *Hegel, über den Staat, op. cit.*, f. 2 r°-3r°).

1. On ne trouve en effet, dans l'œuvre de Heidegger, aucune analyse précise et approfondie des doctrines antiques, médiévales ou modernes de l'État. Et ses considérations élémentaires à propos de la *polis* grecque ne supportent aucune comparaison avec la richesse des investigations que l'on trouve dans la *Politique* d'Aristote.

deux séminaires : l'un pour étudiants novices, l'autre pour étudiants avancés, soigneusement « sélectionnés » par le professeur. Celui qui est intitulé *Sur l'essence et le concept de nature, d'histoire et d'État* fait partie de ces travaux pour étudiants avancés, qui ont déjà suivi au moins quatre ou cinq semestres d'étude. Le séminaire peut alors donner lieu à un protocole élaboré rédigé par un auditeur différent pour chaque séance. *Hegel, sur l'État*, au contraire, fait partie de ces séminaires pour étudiants qui débutent et qui – la philosophie n'étant pas systématiquement enseignée dans les lycées allemands – n'ont le plus souvent aucune base ni culture philosophique. De fait, le niveau d'élaboration conceptuelle et d'argumentation n'est alors guère élevé.

Cependant, l'avertissement de Heidegger peut également être pris en un autre sens : ce qui est requis n'est pas d'ordre intellectuel. Ce qu'il veut, c'est de « l'authentique », de « l'originel », du « fondamental ». Tout ce que nous avons pu lire de Heidegger nous a appris à nous méfier de ce vocabulaire et, selon le mot d'Adorno, de ce jargon, mais des novices en philosophie peuvent s'y laisser prendre.

Quelle est la fonction de son pathos ? Il y a, chez Heidegger, le goût de la domination des êtres et des esprits qui peut atteindre – nous l'avons vu dans ses rapports avec Rudolph Stadelmann ou Erik Wolf – des proportions qui ne sont pas ordinaires. Il y a aussi cette évidence que le but visé n'est pas philosophique, mais politique. Martin Heidegger dit de Hegel qu'il n'a pas le goût de l'enseignement pour l'enseignement, mais cela vaut avant tout pour lui-même. Ce qu'il recherche, c'est « l'activité politique », moins au sens où il briguerait des fonctions officielles – encore que dans l'État national-socialiste, être recteur-*Führer* en soit une – qu'au sens où ce qu'il aime, c'est agir sur les esprits et diriger les volontés. Il ne manifeste aucun respect de la liberté individuelle. Tout son enseignement est orienté par cette volonté de dominer les esprits. D'où son total mépris de la discussion et cette complexion foncièrement dictatoriale qui sera relevée par Karl Jaspers[1] après avoir été soulignée par Robert Musil qui voyait en Heidegger le parangon du « dictateur intellectuel[2] ».

En outre, ce séminaire est politique non seulement par son sujet, mais par la manière dont il est conduit. La récusation de Marx, de la sociologie, du libéralisme, comme les références à 1933, à « l'État actuel » et au *Führer* le confirment amplement.

HEIDEGGER ET RICHARD KRONER

Pour mieux saisir le contexte dans lequel Heidegger va en quelque sorte s'approprier Hegel en le nazifiant, il est nécessaire de dire quelques mots de Richard Kroner et de sa critique hégélienne de l'ontologie de Heidegger. En effet, Kroner avait, au début des années 1930, formulé à l'encontre de Heidegger des critiques remarquables de pertinence et qui s'appuyaient sur la philosophie hégélienne. Ancien élève de Heinrich Rickert, directeur de la revue de philosophie *Logos*, auteur d'un ouvrage qui avait fait date, *De Kant à Hegel*, et concurrent malheureux de Heidegger à Mar-

---

1. « La manière de penser de Heidegger, qui me paraît essentiellement non libre, dictatoriale, dépourvue de communication, serait aujourd'hui funeste dans l'enseignement » (cité dans HEIDEGGER, *Correspondance avec Karl Jaspers, op. cit.*, p. 420).
2. Voir sur ce point Jacques BOUVERESSE, « Heidegger, la politique et l'intelligentsia française », *Essais IV. Pourquoi pas des philosophes ?*, Marseille, 2004, p. 131.

burg en 1923 avant d'être élu à l'université de Kiel,
Richard Kroner avait fondé à La Haye, en 1930, la
« Société Hegel internationale » *(Internationale Hegel
Gesellschaft)*, organisatrice de trois congrès internationaux destinés à commémorer le centenaire de la mort
de Hegel. Ceux-ci eurent lieu à La Haye (1930), Berlin
(1931) et Rome (1933). La plus grande diversité apparaît dans les Actes des congrès où l'on voit par exemple
se côtoyer le Hegel universaliste défendu par Richard
Kroner et le Hegel aux racines souabes et à l'esprit déjà
völkisch dépeint par Theodor Haering. Et au congrès
de Berlin, le théoricien du fascisme, Giovanni Gentile,
viendra parler en italien de l'État chez Hegel.

Les introductions de Richard Kroner aux Actes de
ces trois congrès mériteraient d'être rééditées : pour lui,
l'enjeu principal de l'époque se situe dans la tension
entre la philosophie de l'esprit infini héritée de Hegel
et l'ontologie de la finitude de Heidegger dont il appro-
fondit à chaque fois la critique, en montrant que la possibilité même de la pensée requiert d'autres dimensions
que celle de la finitude. Il pose en effet la question de
savoir comment l'homme pourrait connaître sa finitude,
s'il n'avait pas en lui la conscience de l'infini. Il en
découle à ses yeux que c'est la conscience de l'infini, et
non la finitude, qui est la condition de la pensée[1].

La prise du pouvoir par Hitler en 1933 met un terme
à ces colloques internationaux ; quant à la revue *Logos*,
elle est bientôt mise au pas. Son titre initial : *Logos,
Internationale Zeitschrift für Philosophie der Kultur*
devient, à partir de 1935 : *Zeitschrift für Deutsche
Kulturphilosophie. Neue Folge des Logos*. Les philo-

---

1. Richard KRONER, « Rede zur Eröffnung des II. Internationalen Hegelkongresses », *Verhandlungen des Zweiten Hegelkongresses…*, Tübingen, Haarlem, 1932, p. 13-15.

sophes juifs qui la patronnaient, Ernst Cassirer et Edmund Husserl, ont été chassés de la revue, remplacés par des universitaires ralliés au nazisme : Hans Freyer, Theodor Haering, Nicolai Hartmann, Heinz Heimsoeth, Erwin Guido Kolbenheyer, Hans Naumann, Erich Rothacker, Max Wundt... Le directeur lui-même, Richard Kroner, est remplacé par deux néo-hégéliens nationaux-socialistes : Hermann Glockner et Karl Larenz. Dans l'éditorial au contenu lourdement *völkisch*, on lit notamment ceci :

> À partir de la relation nouvelle à la communauté et aux forces éternelles de l'être-peuple *(Volkstum)* que notre époque vient de conquérir se développera aussi pour nous une compréhension nouvelle de la culture et de l'histoire, comme du droit, de l'État et de l'économie. Plus fortes qu'auparavant, ce que l'on appelle les sciences de l'esprit aspireront à sortir de l'isolement des disciplines et chercheront un centre dans la pénétration philosophique de toutes les formes de la vie de la communauté. Cette nouvelle tenue *(Haltung)* des sciences de l'esprit détermine la nouvelle orientation de la revue.
>
> Notre volonté s'exprime dans le nouveau titre. Une *Revue internationale pour la philosophie de la culture* est devenue une *Revue pour la philosophie de la culture allemande*. Mais nous ne voulons pas nous isoler en cela de l'échange spirituel avec d'autres peuples. Avec la même résolution avec laquelle nous refusons le fantôme blême d'une philosophie de la culture internationale, nous saluons chaque contact philosophique avec l'esprit d'autres nations sur l'unique sol fécond et vivifiant de la particularité *völkisch*[1].

---

1. « Aus dem neuen Verhältnis, das unsere Zeit zur Gemeinschaft und zu den ewigen Kräften des Volkstums gewonnen hat, wird uns auch ein neues Verständnis der Kultur und der Geschichte sowie des Rechtes, des Staates und der Wirtschaft erwachsen.

Telle est l'atmosphère qui pèse alors sur la philosophie en Allemagne, et voilà ce qu'est devenue la revue que Richard Kroner dirigeait avant 1933. En outre, le manifeste *völkisch* de la revue *Logos* mise au pas constitue une illustration aussi exemplaire que sinistre de ce que notre livre entend montrer sous le nom d'introduction du nazisme dans la philosophie et dans tous les domaines de la culture. On voit qu'il existe alors, chez les nationaux-socialistes, une volonté tout à fait consciente de pénétrer tous les domaines de la vie intellectuelle et spirituelle.

Heidegger lui-même ne participe pas à la rédaction de la revue. Il s'est en effet toujours tenu à l'écart des comités de rédaction des revues, que ce soit avant ou après 1933. Mais il répond à sa façon aux critiques de Richard Kroner. Ce dernier, en effet, avait publié en 1928 un essai intitulé *Die Selbstverwirklichung des Geistes, Prolegomena zur Kulturphilosophie*. À cet égard, le discours de rectorat de Heidegger, qui s'intitule *Die Selbstbehauptung der deutschen Universität*,

---

Stärker als früher werden die sogenannten Geisteswissenschaften über die Isolierung der Fächer hinausstreben und in der philosophischen Durchdringung aller Formen des Gemeinschaftslebens einen Mittelpunkt suchen. Diese neue Haltung der Geisteswissenschaften bestimmt die neue Richtung der Zeitschrift. Unser Wille kommt in dem neuen Titel zum Ausdruck. Aus einer "Internationalen Zeitschrift für Philosophie der Kultur" ist eine "Zeitschrift für Deutsche Kulturphilosophie" geworden. Aber wir wollen damit uns nicht von dem geistigen Austausch mit anderen Völkern abschließen. Mit der gleichen Entschiedenheit, mit der wir das fahle Gespenst einer internationalen Kulturphilosophie ablehnen, begrüßen wir jede philosophische Berührung mit dem Geiste anderer Nationen auf dem einzig fruchtbaren und lebenspendenden Boden völkischer Eigentümlichkeit » (« Zur Einführung », *Zeitschrift für Deutsche Kulturphilosophie. Neue Folge des Logos*, éd. par Hermann Glockner et Karl Larenz, t. 1, 1935, p. 1-2 – le temps pour elle d'être « mise au pas », la revue n'avait pas paru en 1934).

apparaît comme une réponse à Kroner. À la « réalisation de soi de l'esprit » dans la culture selon Kroner répond « l'affirmation de soi » de « l'existence
allemande » selon Heidegger, où ce dernier ramène
« l'esprit » aux forces élémentaires de la « terre » et du
« sang ». Et Heidegger adressera un exemplaire de son
discours *völkisch* à un Richard Kroner désormais interdit de publication.

L'INCONSISTANCE DE L'ENSEIGNEMENT DE HEIDEGGER
ET SA RÉPONSE AUX PROSTESTATIONS DE SES ÉTUDIANTS

Pour revenir au séminaire, il est conduit de manière
étrange et semble traduire la difficulté, pour Heidegger,
de pénétrer dans le texte de la *Philosophie du droit* de
Hegel. En effet, malgré son titre et son sujet, il ne commence nullement par exposer la doctrine de l'État de
Hegel. Les trois premières séances ne consistent pour
l'essentiel qu'en de longs préliminaires où alternent,
de manière improvisée et passablement désordonnée,
des considérations élémentaires et très scolaires sur la
méthode et le système hégélien, des aperçus sur l'histoire de la métaphysique qui, par leur généralité, ne
dépassent pas le niveau d'une introduction de manuel,
et quelques allusions à ce qu'il nomme « notre » État
actuel, c'est-à-dire à l'État hitlérien, destinées à rappeler la visée politique de cet enseignement.

Très vite, Heidegger donne à ses étudiants un
premier travail : la lecture du texte de Hegel sur « la
constitution de l'Allemagne[1] ». Selon lui, ce texte sur
la constitution est plus ou moins incompréhensible, de
sorte qu'il existerait deux voies pour s'en rendre maî-

---

1. HEIDEGGER, *Hegel, über den Staat, op. cit.*, f. 3 v°.

tre : 1) essayer d'éclaircir la philosophie hégélienne ; 2) mener une réflexion indépendante sur l'État[1]. C'est en réalité la seconde voie que vise Heidegger, comme la dernière séance du séminaire le montrera. Il se sert donc de Hegel pour nous conduire jusqu'à sa propre doctrine de l'État.

Après une évocation de la dialectique chez Platon, Heidegger revient à Hegel et commente sa méthode, en faisant allusion à des textes de la période d'Iéna où l'on trouve des considérations sur la nature, le travail et l'outil. Il s'attarde sur le travail du métal et de la ferronnerie et sur le marteau comme exemple de l'outil, reprenant ainsi un thème déjà longuement exploité dans *Être et temps*[2]. L'outil a « essentiellement le caractère de la *passivité* et en même temps le caractère de l'*activité*[3] » : quand on tient le marteau, l'outil est passif ; mais aussitôt que l'on frappe, il est actif. On peut donc dire que le marteau est à la fois soi-même et son contraire : cette contradiction est dans son essence. On affirmera alors avec Hegel que « l'essence de la chose est la contradiction[4] ».

Cependant, l'exemple choisi ne semble guère probant car ce n'est pas sous le même rapport que le marteau est dit passif ou actif, de sorte que l'on ne voit pas clairement où gît la contradiction : le marteau est en

---

1. « Der Text [ist] uns zunächst mehr oder weniger unverständlich. Wie sollen wir seiner Herr werden ? Es gibt 2 Wege. 1) Uns klar werden über das *hegelsche Philosophieren* [...]. 2) *unabhängig* von Hegel uns darauf besinnen, wo so etwas überhaupt hingehört : Staat, in welchen Bereich es gehört, uns gewissermaßen eine Vorübung verschaffen » (*ibid.*, f. 3 v°-4 r°).

2. Heidegger, *Sein und Zeit*, § 15, p. 69-70 *sq.*

3. « das Werkzeug hat wesentlich 1) den Charakter des *Passiven* u[nd] 2) gleichzeitig den Charakter der *Aktivität* » (Heidegger, *Hegel, über den Staat, op. cit.*, f. 8 v°).

4. *Ibid.*, f. 9 r°.

effet passif par rapport à celui qui le tient mais ne peut être dit actif que par rapport à ce qui est frappé et à l'effet produit. En vérité, la nature des exemples choisis et la façon dont Heidegger les expose ne dénotent pas une vraie compréhension de la dialectique hégélienne. Ce qui est clair en tout cas, c'est la manière au mieux sophistique dont il conçoit la contradiction.

Après le marteau, Heidegger choisit le *moi* : « Lorsque je dis : "je suis toi" ou "tu es moi", où gît ici le dialectique ? » En ce que ni *tous*, ni *personne* ne sont *moi*. Vient ensuite l'exemple de l'âne : « âne » étant un mot dont le son est en moi lorsque je le prononce, dire « c'est un âne » implique que l'on admet de soi (du moins en est-il ainsi pour Heidegger) que « c'est donc *moi* aussi qui suis l'âne » *(Also bin* ich *der Esel)*[1]. En quoi ce sophisme élémentaire illustre-t-il la contradiction dans la dialectique hégélienne ? Cela reste pour nous un mystère. Même si Heidegger s'adresse à des « apprentis », il est difficile, lorsque l'on pense à toutes ces études qui nous présentent aujourd'hui Heidegger comme un « grand penseur », de ne pas s'étonner de la lourdeur des exemples et de l'argumentation, car même dans l'exposé des principes, un philosophe authentique sait être subtil : que l'on songe par exemple à Descartes ou Leibniz.

En réalité, tout le début du séminaire est particulièrement laborieux. Il n'y a pas de pensée construite, mais une succession de remarques qui montrent surtout la grande difficulté pour Heidegger de pénétrer philosophiquement le texte de Hegel. Comme si souvent dans ses cours, alternent des moments de simple paraphrase et de courtes digressions qui donnent un soudain relief à son propos par leur caractère d'allusion polémique,

---

1. *Ibid.*, f. 10 r°.

mais ne font pas réellement avancer la pensée. Nous en donnerons deux exemples. Après avoir évoqué de façon paraphrastique la négativité hégélienne et sa doctrine de l'être qui est, et n'est pas, le néant, Heidegger remarque abruptement :

> Les véritables nihilistes sont ceux qui ne voient pas que nous ne pourrions pas concevoir l'être s'il n'était pas le néant[1].

Nous qui sommes avertis, cette remarque nous intéresse, car nous y voyons une possible réplique aux attaques formulées peu de mois auparavant par Ernst Krieck dans sa revue *Volk im Werden*, et dans lesquelles ce dernier reprochait à Heidegger de parler du néant et de faire preuve en cela de « nihilisme métaphysique ». Pour les étudiants cependant, aux yeux de qui l'enjeu polémique est vraisemblablement opaque, la remarque ne fait guère progresser la réflexion.

L'autre exemple vient aussitôt après : à la suite d'un développement traditionnel sur la différence entre entendement fini et raison « infinie », à l'occasion duquel Heidegger ne trouve rien de mieux que d'évoquer à nouveau l'exemple de l'outil, il cite la célèbre proposition de Hegel selon laquelle « tout le réel est rationnel, et tout ce qui est rationnel est réel », et enchaîne aussitôt en ces termes :

> Le traité de Versailles est réel, mais pourtant il n'est pas rationnel[2].

---

1. « Eigentliche Nihilisten sind diejenigen, die nicht einsehen, daß wir Sein gar nicht begreifen können, wenn es nicht das Nichts wäre » (*ibid.*, f. 11 v°).
2. « Der Vertrag von Versailles ist wirklich, aber doch nicht vernünftig » (*ibid.*, f. 13 r°).

Cette fois, l'exemple semble mieux s'intégrer dans la logique du propos. Il s'agit, en effet, de montrer que « réel » ne veut pas simplement dire « existant », mais « la *réalisation* de l'*essence* de la chose ». Cependant, le choix de l'exemple reste problématique. Il en dit en effet beaucoup plus que l'argumentation qui demeure très sommaire. L'exemple du traité de Versailles présuppose en effet comme allant de soi la thèse éminemment polémique selon laquelle il n'y aurait aucune rationalité dans le traité de Versailles, qui n'exprimerait que le diktat des vainqueurs.

Si nous avons pris le temps de détailler quelque peu la démarche de Heidegger dans la première séance de ce séminaire, c'est notamment parce que plusieurs de ses étudiants semblent s'être plaints de son enseignement. Au début de la séance suivante, en effet, Heidegger leur répond. Non dépourvue d'habileté, si ce n'est de rouerie, la réponse commence par une anecdote plutôt plaisante, mais se poursuit sur un mode beaucoup plus inquiétant si l'on saisit complètement ce qui se dit. Nous avons déjà cité une phrase de cette réponse, mais il nous faut maintenant la considérer dans son ensemble :

Nous voulons maintenant apporter encore quelques compléments et quelques éclaircissements à ce qui a été dit dans la séance précédente, mais auparavant il y a encore une question préliminaire à expédier : plusieurs auditeurs se sont adressés à moi en remarquant que le thème de notre travail leur demeurait trop éloigné, les discussions proposées ne leur « *servant* » à rien. Cela caractérise parfaitement mes exercices de séminaire. Pour l'illustrer, je vais raconter une petite histoire. Je rendais récemment visite à une famille d'ici dont la servante qui m'annonça laissa échapper : « Heidegger ! est-ce celui chez qui les étudiants n'apprennent rien ? » La servante avait servi peu de temps auparavant chez un professeur de chimie. C'était la définition la meilleure pour mon enseignement. Vous n'apprenez pratiquement rien ici ! La question de savoir si l'on peut avoir besoin de la philosophie ne se décide pas d'emblée. Peut-être le remarquerez-vous au bout de quatre ans, lorsque vous aurez fini d'étudier, ou seulement lorsque vous aurez quarante ans, mais il sera alors trop tard. Pour produire une automobile ou une bicyclette, on n'a assurément besoin d'aucune philosophie, mais de la mécanique, c'est-à-dire de la physique, telle qu'elle a été fondée par Galilée. Cependant, nous n'aurions ni Galilée, ni Newton s'il n'y avait eu Aristote. Pourtant, Aristote ne philosophe pas en prévoyant que l'on puisse avoir besoin de sa philosophie pour construire des automobiles. À présent, il ne s'agit pas d'automobiles, mais de l'État. L'État ne se tient pas appuyé contre le mur de telle sorte que nous puissions le prendre et le regarder de près, mais nous ne savons même pas ce que c'est que l'État, nous savons seulement que quelque chose comme l'État est en devenir. Dans soixante ans, notre État ne sera certainement plus conduit par le *Führer*, aussi ce qu'il deviendra *alors* dépend de *nous*. C'est pourquoi nous devons philosopher[1].

---

1. « Wir wollen jetzt noch einige Ergänzungen und Erklärungen geben zu dem, was in der vorigen Stunde besprochen wurde, zuvor ist aber noch eine weitere Vorfrage zu erledigen : Verschiedene Hörer sind mit der Bemerkung an mich herangetreten, das Thema unserer Übung läge ihnen zu fern, sie könnten die geplanten Erörterungen ja zu nichts *"gebrauchen"*. Ich machte neulich Besuch in einer hiesigen Familie, dem Mädchen, welches mich anmeldete, entfuhr es dabei : Heidegger ! ist das der, bei dem die Studenten nichts lernen ? Das Mädchen hatte kurz zuvor noch bei einem Chemieprofessor gedient. Dies war die allerbeste Definition für meine Lehrtätigkeit. Sie lernen praktisch hier nichts ! Die Frage, ob man Philosophie brauchen kann, ist von vornherein nicht zu entscheiden. Vielleicht merken Sie es nach 4 Jahren, wenn Sie fertig studiert haben, oder vielleicht erst im 40ten Lebensjahr, dann ist es aber zu spät. Um ein Automobil oder ein Fahrrad herzustellen, braucht man

Il faut assez de vigilance pour bien apercevoir la spéciosité, pour ne pas dire la monstruosité, de l'argument de Heidegger. Passons sur le fait qu'il confond un peu vite l'inconsistance de la première séance de son séminaire avec la cause même de la « philosophie ». Heidegger est en effet coutumier de ce genre d'assimilation. Prenons surtout en considération le fait suivant : Heidegger semble plaider en faveur de l'usage de la philosophie dont il est bien connu que l'utilité n'apparaît pas immédiatement, mais rétrospectivement lorsque l'on mesure jusqu'où peut aller la traduction pratique de ses concepts. Ainsi pouvons-nous suivre aujourd'hui le fil qui relie la physique d'Aristote à la mécanique moderne et celle-ci à la construction d'automobiles. Le problème, c'est que la réalité dont nous parle Heidegger est d'une tout autre nature, dont l'incompatibilité avec toute forme de philosopher est radicale. C'est en effet au devenir de l'État qu'il entend faire servir la philosophie, et pas de n'importe quel État. Il s'agit de l'État total et *völkisch* institué en 1933 par le *Führer* et dirigé par lui depuis le mois d'août 1934 à la suite du décès de Hindenburg. Cet État, dont Heidegger souhaite qu'il dure au-delà des cent années à venir, et donc bien au-delà de la personne même du *Führer*, il

---

allerdings keine Philosophie, aber doch Mechanik, d.h. dann aber Physik d.h. wie sie durch Galilei begründet wird. Wir hätten aber keinen Galilei und Newton, wenn es keinen Aristoteles gegeben hätte. Aristoteles philosophiert aber nicht in der Voraussicht, daß man seine Philosophie zum Automobilbau gebrauchen kann. Es handelt sich jetzt nicht um Automobile sondern um den Staat. Der Staat steht nicht an der Wand herum, so daß wir ihn hernehmen und betrachten könnten, sondern wir wissen ja gar nicht, was der Staat ist, wir wissen nur, daß so etwas wie Staat im Werden ist. Unser Staat wird in 60 Jahren bestimmt nicht mehr vom Führer getragen, was *dann* aber wird, steht bei *uns*. Deshalb müssen wir philosophieren » (*ibid.*, seconde séance, f. 15 v°-16 v°).

faudrait maintenant « penser » son devenir, et telle est la tâche à laquelle il entend faire servir la philosophie ! Mettre toute la philosophie au service du devenir du *Führerstaat*, tel est en effet ce que Heidegger propose. En outre, lui-même semble exprimer l'ambition insensée d'être au devenir de l'État nazi ce qu'Aristote fut à l'instauration de la physique, à moins qu'il ne situe Hegel et sa doctrine de l'État dans ce rôle, et lui-même dans une position analogue à celle d'un Galilée ou d'un Newton.

Nous discernons maintenant quel sens Heidegger donne à son œuvre : il la met tout entière au service du devenir de l'État national-socialiste. Et nous verrons qu'il en sera ainsi jusqu'au début des années 1940. C'est pourquoi l'on peut légitimement considérer que l'œuvre de Heidegger est *terminée* en 1945 : avec la défaite du IIIᵉ Reich en 1945, c'est la raison d'être et le moteur profond de son œuvre qui auront cessé d'exister. Il tentera, néanmoins, de la projeter dans l'avenir et de faire essaimer ainsi à nouveau les principes du nazisme dans les esprits.

L'IDENTIFICATION DE HEGEL À L'ÉTAT INSTITUÉ EN 1933

Nous venons de voir comment Heidegger tente d'échapper à la critique de ses auditeurs par la radicalisation de l'enjeu de son propos. Ce procédé est si constant, et l'effet produit a été si efficace sur tant de lecteurs de ses textes qu'il apparaît indispensable d'insister sur les stratégies heideggériennes. C'est en effet ce procédé qu'il utilisera à nouveau après 1945, lorsqu'il tentera de rendre son œuvre acceptable en dépit de son enracinement dans le nazisme. Il brossera alors un tableau si désolé de la modernité et de la planétarisation de la « technique » que le national-socialisme perdra toute spécificité et se verra ainsi disculpé – et Heidegger du même coup – de toutes ses responsabilités dans les ravages qu'il a entraînés pour l'humanité entière.

Dans son séminaire, la principale stratégie de Heidegger consiste à jouer tour à tour sur deux tableaux. Il ne cache pas cette dualité, puisque nous l'avons vu distinguer « deux voies » dans la première séance : celle qui s'interroge sur la philosophie de Hegel prise dans son ensemble et celle qui porte, indépendamment de Hegel, sur l'État. Et l'on peut maintenant considérer que, dans sa brièveté, le titre même du séminaire exprime bien cela. Il est en effet constitué de deux parties séparées d'une virgule : d'une part « *Hegel* », de l'autre « *sur l'État* », de sorte que l'énoncé du titre ne permet pas de savoir clairement s'il s'agit d'étudier la pensée de Hegel sur l'État ou de traiter, en partant de Hegel, de l'État comme tel. À la fin de la deuxième séance, par exemple, Heidegger traite tour à tour, et de manière bien distincte, de Hegel, puis de l'État actuel, en accentuant la vigueur dramatique de chacun des questionnements.

D'un côté, il présente Hegel comme celui qui récapitule tout : « dans cette pensée de l'État, écrit-il, Hegel a *rassemblé* la tradition occidentale ». « Même au risque qu'il ne doive rester, de la doctrine hégélienne de l'État, aucune pierre debout, poursuit-il, nous devons donc nous confronter avec lui, précisément parce que la philosophie de Hegel est jusqu'à présent l'*unique* philosophie de l'État[1]. » Toutes les doctrines contem-

---

1. « Selbst auf die Gefahr hin daß von Hegel's Staatslehre kein Stein auf dem anderen bleiben sollte, müssen wir uns mit ihm auseinandersetzen, weil eben Hegels Philosophie die *einzige* bisherige Philosophie über den Staat ist » (*ibid.*, f. 23 v°).

poraines de l'État procèdent donc de Hegel, même celle qui est à ses yeux la pire, à savoir le marxisme. En effet, déclare-t-il, Marx tire « sa force spirituelle, sa fermeté et sa profondeur conceptuelle de la philosophie de Hegel[1] ». Heidegger pouvait donc dire plus haut que « la dialectique est en soi une terreur de la pensée. Avec Hegel, on peut tout faire[2] ».

D'un autre côté, Heidegger revient sans transition à son questionnement sur « l'État actuel » et il s'exprime en ces termes :

Nous voulons maintenant parler de l'État à partir de l'autre point de vue, à partir de *nous*, en improvisant. *Où* l'État est-il aujourd'hui ? « L'État », c'est *a priori* un terme *équivoque*. Est-ce *notre* État ? ce qui advient maintenant ? ou désignons-nous « l'État en tant que tel » ? n'importe quel État pour autant que l'État revêt un caractère historique ? parlons-nous des différents États et des différentes formes d'État ? *L'*État, qu'est-ce à dire généralement ? Nous voyons que déjà le questionnement sur l'État est en soi peu clair et confus.

Questionnons-nous au sujet de *notre* État, *où* est-il donc ? […]

Aujourd'hui personne ne peut encore savoir qui *est* l'État. Un État *va être*, c'est-à-dire nous *croyons* qu'il va être, celui qui est un État de ce peuple, de sorte que chacun à sa manière sait *réellement* ce que l'État est. […] Mais que veut ici dire *être* (l'État *est*) ? Nous manquons totalement de notions, tout est confus[3].

---

1. « … er hat die geistige Kraft, die begriffliche Sicherheit und Tiefe aus Hegels Philosophie » (*ibid.*, f. 23 r°).

2. « Dialektik an sich ist eine Fürchterlichkeit des Denkens. Mit Hegel kann man *alles* » (*ibid.*, f. 23 r°).

3. « Wir wollen nun von der anderen Seite her von dem Staat sprechen, von *uns* her, so aus dem Handgelenk. *Wo* ist nun der Staat heute ? "Der Staat", der Ausdruck ist von vornherein *vieldeutig*.

Il est frappant de voir dans ce passage comment Heidegger use de la même rhétorique du questionnement aporétique que dans tant de textes de sa plume où il est question de l'être. Comme l'être, l'État se dit en plusieurs sens et nous ne parvenons pas à le saisir dans un concept déterminé. Il échapperait donc radicalement à toute pensée. Ce qui pourrait, à première lecture, donner le sentiment de la profondeur de la pensée trahit le procédé lorsqu'on le retrouve presque indifféremment mis en œuvre pour l'être et pour l'État. Et nous comprenons mieux maintenant pourquoi Heidegger avait pu, dans son séminaire hitlérien de l'hiver précédent, si facilement rapprocher entre eux et presque identifier l'un à l'autre le rapport de l'être à l'étant et le rapport de l'État au peuple.

En réalité, au fond du questionnement heideggérien, il n'y a pas, comme par exemple chez Bergson, une intuition spirituelle ou une pensée inspiratrice, mais au contraire un vide et une défection radicale de la pensée, qui agit sur l'auditeur ou le lecteur comme une puissance de captation et de fascination d'autant plus grande que personne ne peut intellectuellement et mentalement avoir prise sur elle. Nous sommes là très éloignés, et même à l'opposé de toute philosophie. En effet, le vrai danger de ce procédé, c'est qu'il agit comme

---

Ist es *unser* Staat? das was jetzt wird? oder meinen wir "den Staat überhaupt"? jeden Staat, sofern der Staat geschichtlich ist? reden wir von den verschiedenen Staaten und Staatsformen? *Der* Staat, was heißt das allgemein? Wir sehen, schon die Frage nach dem Staat ist an sich unklar und verworren. Fragen wir nach *unserem* Staat, *wo* ist er denn? [...] *Heute* weiß noch niemand, wer der Staat *ist*. Ein Staat *wird*, d.h. wir *glauben* daran, daß er wird, der ein Staat dieses Volkes ist, so daß jeder in seiner Weise *wirklich* weiß, was der Staat ist. [...] Was aber heißt hier *Sein* (der Staat *ist*)? Uns fehlen vollkommen die Begriffe, alles ist wirr » (*ibid.*, f. 23 v°-24 v°).

une puissance de manipulation : quand Heidegger dit de la dialectique hégélienne : « avec elle, on peut tout faire », il décrit tout simplement sa propre manière, qui consiste non à introduire dans les esprits la clarté philosophique de la pensée humaine consciente de soi et accomplie, comme dans le questionnement d'Aristote ou les méditations de Descartes, mais à y déposer le fond le plus occulte et le moins vérifiable : l'*eros* pour le *Führer* dans le séminaire hitlérien ou, comme nous allons le voir maintenant, un hégélianisme nazifié dans ce séminaire.

Heidegger met en parallèle la plénitude et la totalité affirmées du système hégélien, et l'impossibilité de donner un contenu déterminé à l'État actuel, de sorte que, le vide appelant le plein, il va finir par identifier l'un à l'autre l'État national-socialiste et l'esprit hégélien. Le point culminant du séminaire est sans doute le moment où Heidegger énonce abruptement, sans aucune justification préalable, la phrase suivante :

> On a dit qu'en 1933 Hegel était mort ; au contraire, c'est alors seulement qu'il a commencé à vivre[1].

Cette phrase odieuse – c'est le choc ressenti à la découvrir, il y a plusieurs années, qui nous a conduit au projet de ce livre – ne saurait se justifier quel que soit le jugement que l'on porte sur la philosophie hégélienne et sa doctrine de l'État. La brutalité de cet énoncé nous confirme en effet, en cet hiver 1934-1935, le caractère radical de l'engagement nazi de Heidegger. Ce qu'il apprécie dans la doctrine hégélienne, ce n'est

---

1. « Man hat gesagt, 1933 ist Hegel gestorben ; im Gegenteil : er hat erst angefangen zu leben » (*ibid.*, début de la 8ᵉ séance, f. 75 v°).

pas un moment révolu dans les conceptions passées de l'État, mais la possibilité d'y retrouver la figure même de l'État telle qu'elle s'est réalisée à partir de la prise du pouvoir par Hitler de janvier 1933. Ce qu'il y a d'insoutenable dans cette phrase, c'est d'une part que Heidegger réaffirme par là, au début de l'année 1935, devant ses étudiants, son allégeance au pouvoir hitlérien et, d'autre part, qu'il associe et confond sciemment, à travers l'association entre Hegel et l'an 1933, philosophie et nazisme. Dans un séminaire où Heidegger affirme que « dans cette pensée hégélienne de l'État, la tradition occidentale s'est *rassemblée* », dire que c'est en 1933 que Hegel a commencé de vivre, c'est faire de l'hitlérisme l'accomplissement même de la « tradition occidentale ».

L'affirmation de Heidegger représente en outre, dans l'économie du séminaire, l'instant précis où il fait coïncider ce qu'il avait nommé les deux voies : le questionnement sur Hegel et l'interrogation sur l'État actuel. Non seulement il dénature ainsi la philosophie de l'auteur de la *Phénoménologie de l'esprit*, mais il procure abusivement à la prise du pouvoir du nazisme l'autorité philosophique de Hegel. L'on ne saurait d'aucune façon qualifier de « grand penseur » un auteur qui, par perversion ou par aveuglement, a cru pouvoir élever l'avènement du nazisme à la dignité d'une « philosophie de l'histoire ».

Certes il y a, dans la doctrine hégélienne de l'État, plus d'un élément qui ouvre sur des pentes particulièrement dangereuses, telles que la conception de l'État comme totalité ou le fait de rapporter l'État à l'esprit du peuple *(Volksgeist)*. Et l'on sait par ailleurs quelle inspiration les théoriciens italiens du fascisme croiront trouver dans l'État hégélien. Si nous n'entendons donc pas plaider outre mesure en faveur de la doctrine hégélienne de l'État, nous jugeons néanmoins inacceptable la perversion de sa pensée que suppose l'identification du sens historique de celle-ci à la prise de pouvoir du national-socialisme. De la conception de l'État comme totalité organique à l'État total du nazisme, et du *Volksgeist* au *Volkstum* hitlérien, il y a plus qu'une distance. Le passage ne peut s'effectuer qu'au prix d'une appropriation totalitaire et *völkisch* de la philosophie du droit hégélienne, laquelle laisse largement de côté la tension dialectique entre le particulier et l'universel qui constitue toute la dynamique de la pensée hégélienne de l'État.

On voit donc que par son affirmation, Heidegger n'hésite pas à nazifier intégralement Hegel. Il ne faudra pas oublier ce fait lorsque nous aborderons la question du rapport de Heidegger à Nietzsche, avec lequel, contrairement à ce qu'il tentera de faire croire après la guerre, il procédera de façon similaire.

Heidegger et Erik Wolf : de l'indistinction entre les concepts à l'ontologisation du droit et de la constitution

Après les développements très généraux de la troisième séance sur le système hégélien et l'histoire de la métaphysique moderne, c'est dans la quatrième séance que l'on commence à comprendre où Heidegger veut en venir. Il s'agit d'affirmer que la question du droit et celle de l'État ne sauraient être déterminées par les juristes. La définition de l'État ne procède pas du droit mais de « l'esprit », de la « volonté substantielle » et de la « liberté », et le droit n'est pas pris « au sens du droit des juristes, mais il a un sens métaphysique »[1]. Une telle affirmation semble le prélude encourageant à une véritable « philosophie du droit ». En réalité, ce n'est pas cela qu'il a en vue. La pensée philosophique, en effet, tend vers la distinction des concepts. Heidegger, au contraire, va procéder à une identification de tous les concepts hégéliens gravitant autour de sa « doctrine » de l'État, de manière à montrer que chacun d'eux ne dit rien d'autre que l'être. Il tend ainsi vers un état d'indifférenciation intellectuelle et d'affirmation tautologique où toute distinction claire de la pensée est neutralisée.

Voyons tout d'abord ce qu'il dit du « savoir » *(Wissen)* : « le savoir *appartient* au vouloir[2] ». « Le simple savoir dépourvu de vouloir est simple *connaissance (Kenntnis)* et n'est pas un savoir au sens de l'être et d'être dans la chose[3] ». Le « savoir », au sens que lui donne l'auteur, ne renvoie ni à la connaissance, ni au discernement de la pensée, mais à l'être. Ce n'est donc pas un concept philosophique, mais un mot discriminatoire : ne « sait » que celui qui est tel par son « être ». Il poursuit en effet en ces termes :

> Nous disons par exemple [...] « je me *sais* décidé », *ainsi*, le savoir n'est pas pris au sens de la connaissance, mais au sens où « je me *sais résolu* à cela, je *suis* cela »[4].

---

1. « ... also ist Recht gar nicht im Sinn des juristischen Rechts [...] genommen, sondern es hat metaphysischen Sinn » (quatrième séance, 28 novembre 1934, f. 30 r°-v°).

2. « Wissen *gehört* zum Willen » (*ibid.*, f. 38 v°).

3. « Bloßes Wissen, das nicht will, ist bloße Kenntnis und nicht Wissen im Sinne des Seins und des Seins in der Sache stehen » *(ibid.)*.

4. « Wir sagen z.B. [...] "ich weiß mich entschieden", *so* ist Wissen nicht im Sinne der Kenntnis genommen, sondern "ich *weiß* [mich] dazu *entschlossen*, ich *bin* es" » *(ibid.)*.

Nous retrouvons en cela la position constante de Heidegger, d'*Être et temps* aux cours des années 1933-1934 : la « décision », la « résolution », et désormais le « savoir » n'expriment pas l'usage par l'être humain de son libre arbitre et de sa faculté de discerner, mais ne font que manifester son « être ». Ne peut « décider », « être résolu » ou « savoir » que celui qui est tel par son « être ».

Il procède de même avec chaque concept. Le « savoir est volonté », et « la volonté *est* liberté ». Il va jusqu'à affirmer que la liberté appartient au vouloir comme la configuration dans l'espace et la superficie au tableau. Bref, la « liberté » n'a plus rien à voir avec le libre arbitre de l'être humain individuel. Heidegger ne craint pas de mettre les points sur les *i*, en assurant que :

> nous ne pouvons pas saisir ce que Hegel comprend par liberté lorsque nous le prenons comme détermination de l'essence d'un *moi individuel* […] la liberté n'est réelle que là où il y a une communauté *(Gemeinschaft)* de *moi*, de sujets[1].

Ce qui, chez Hegel, conserve une signification dialectique, nourrie de la tension entre l'individuel et l'universel, disparaît ici puisque toute référence à l'universel a disparu, et il ne reste que l'identification tautologique entre « savoir », « vouloir » et « être libre » *(Frei-sein)*. Heidegger reprend alors à Hegel le concept de « reconnaissance », mais pour tout rapporter au peuple et à l'État :

---

1. « … was Hegel unter Freiheit versteht, wir nicht begreifen können, wenn wir es als Wesensbestimmung eines *einzelnen* Ich nehmen […] Freiheit nur wirklich ist, wo eine Gemeinschaft von Ichen, Subjekten da ist » (*ibid.*, f. 39 v°-40 r°).

La réalité accomplie de la reconnaissance est l'État. Dans l'État, le peuple parvient à soi-même, à condition que l'État soit l'État du peuple[1].

Cette circularité tautologique ne laisse aucune place à l'expression de l'individualité humaine. On retrouve, *in fine*, la même affirmation de la relation réciproque du peuple et de l'État que dans le séminaire de l'hiver précédent, où Heidegger soutenait que le peuple est à l'État ce que l'étant est à son être.

Il reste à voir quelle « philosophie du droit » il est possible de former à partir de telles prémisses. La séance suivante, qui a lieu le 5 décembre 1934, a un statut particulier, car c'est alors qu'Erik Wolf intervient longuement. Il répond au double souhait exprimé par Heidegger : que signifie le droit dans la *science du droit*, et « comment la réalité du droit et de l'État se révèlent à *nous* de manière *métaphysique*[2] ».

L'intervention d'Erik Wolf n'est guère approfondie. De longues considérations sur le droit et la loi tendent à montrer que le droit n'est pas seulement « décision normative » et qu'il faut remonter jusqu'au *gerechtes Recht*. Cette expression pléonastique en allemand est difficile à traduire, de même que l'expression voisine employée dans une conférence de l'année précédente : *richtiges Recht*. Nous ne saurions en effet parler du « droit droit » : on peut éventuellement parler de « juste droit » ou de « droit légitime », mais, dans la pers-

---

1. « Im Staat kommt das Volk zu sich selbst, gesetzt, daß der Staat = der Staat des Volkes ist » (*ibid*, f. 40 r°).

2. « Wir wollen in der nächsten Stunde sehen, wie das Recht sich von der *Rechtswissenschaft* ausnimmt und wie andererseits *metaphysisch* die Wirklichkeit des Rechts und Staats sich *uns* offenbart » (*ibid.*, f. 41 v°).

pective de nos auteurs, cela ne renvoie en rien à une notion de la justice qui viendrait éclairer la formation du droit : c'est une façon de ramener le droit au « peuple », ou, comme le diraient Wolf ou Heidegger dans la perspective *völkisch* qui est la leur, à « nous », à « notre soi », à ce que Heidegger, dans ses écrits sur Jünger, appellera « l'essence allemande ». Et c'est bien sur cette affirmation « ontologique » du droit que conclut, de manière interrogative, Erik Wolf :

> Lorsque nous voulons nous interroger *nous-mêmes*, faisons-nous face au droit comme à une *partie* de notre nous-mêmes, par la question portant *sur nous-mêmes*[1] ?

La reprise de Heidegger est sans équivoque. Après avoir demandé si la loi n'est que norme, il rapporte le droit au « savoir » d'un « être-droit » *(Rechtsein)* et la loi non pas à une proposition, mais à la « manière déterminée d'un être » *(bestimmte Weise eines Seins)*[2]. Cette détermination n'est pas plus juridique qu'elle n'est, au sens philosophique du mot, « métaphysique ». Elle est foncièrement discriminatoire, comme l'a montré, au précédent chapitre, l'étude des écrits d'Erik Wolf de la même période, où celui-ci s'appuie sur « l'existential » heideggérien de « l'être-dans-le-monde-du-droit » pour conclure que ceux dont « l'être » est étranger à la race allemande n'ont pas de droits.

Dans le séminaire, Erik Wolf apparaît comme le disciple qui apporte au maître sa caution de juriste et lui prépare le terrain. Heidegger peut maintenant conden-

---

1. « Wenn wir *selbst* fragen wollen, stehen wir dem Recht gegenüber als einem *Teil* unserer selbst, bei der Frage *nach uns selbst* ? » (*ibid.*, f. 48 r°).

2. *Ibid.*, f. 48 r°-v°.

ser le propos esquissé par Wolf, en déclarant, non sans beaucoup de lourdeur et de néologismes, que :

> la loi est liée au se-savoir-soi-même *(Sich-selbst-wissen)*. Cependant le se-savoir-soi-même n'est pas une simple connaissance et un être-instruit des situations, mais le se-savoir-soi-même est le fondement de l'être. Une forme bien précise : la puissance de l'être est celle dans laquelle l'être *étatique* se réalise[1].

Ce fondamentalisme tautologique, où « savoir » et « puissance » d'une part, « être » et « État » d'autre part ne font plus qu'un, marque la fin de toute véritable philosophie du droit.

Au début de la sixième séance, lorsque Erik Wolf commence par rappeler comment il avait distingué trois conceptions du droit, Heidegger répond sèchement : de telles distinctions ou décisions sur le droit se rapportent au temps où « nous n'avions pas d'État. *Là* où un État est réellement présent, de telles décisions sont impossibles[2] ». Ce qui signifie que désormais s'impose, dans l'État institué en 1933, ce qu'il nomme « la réalité historique du peuple et de l'État[3] ». C'est alors qu'il va pouvoir, dans la septième séance, se servir de Hegel pour identifier « l'unité substantielle de l'État »

---

1. « Das Gesetz hängt mit dem Sich-selbst-wissen zusammen. Das Sich-selbst-wissen ist aber nicht ein bloßes Kennen und Unterrichtet-sein über Zustände, sondern das Sich-selbst-wissen ist Grund des Seins. Ganz bestimmte Form = Macht des Seins ist es, in der *staatliches* Sein sich verwirklicht » (*ibid.*, f. 49 v°).

2. « Aus diesen 3 Entscheidungen ist zu entnehmen, daß wir in der Zeit, in die diese Entscheidungen fallen, keinen Staat hatten. Wo wirklich ein Staat *da* ist, sind solche Entscheidungen unmöglich » (*ibid.*, sixième séance, 12 décembre 1934, f. 50 r°-v°).

3. « ... die geschichtliche Wirklichkeit des Volkes und Staates » (*ibid.*, f. 49 v°).

à « la puissance absolue sur terre »[1] et à « l'esprit du peuple[2] ».

En maniant les termes, repris à Hegel, de « puissance » et d'« esprit », Heidegger peut donner l'impression, à un auditeur ou à un lecteur crédule, qu'il « philosophe ». En réalité, il confond esprit et puissance et rapporte « l'esprit » non pas à l'être humain, mais à « l'esprit du peuple » – expression dont la signification devenue raciale apparaît alors explicitement dans l'emploi qu'en font des nazis comme Rothacker, Stadelmann, Larenz et bien d'autres –, et à l'affirmation de soi du peuple dans l'État comme puissance absolue. Il n'y a plus aucune distinction entre les concepts : liberté, volonté, savoir, esprit désignent pareillement cette domination sans partage de l'État *völkisch*, organique et total. Sans doute peut-on considérer qu'il y a une responsabilité historique importante de l'auteur des *Principes de la philosophie du droit* en raison des thèses exposées dans sa doctrine de l'État. Cependant, c'est bien Heidegger qui, supprimant la question proprement hégélienne de la conciliation de l'individuel et de l'universel, pour retenir uniquement l'identification de l'État à la puissance absolue et à l'esprit du peuple, affirme, comme on l'a vu, que la pensée de Hegel s'est mise à vivre dans l'État institué en 1933 !

L'évocation de la « philosophie du droit » permet à Heidegger de reprendre l'initiative par rapport aux juristes (et en particulier à Carl Schmitt). Il se sert pour cela de la caution d'Erik Wolf. Son propos est sans sur-

---

1. « Der Staat ist die absolute Macht auf Erden » (*ibid.*, septième séance, 9 janvier 1935, f. 69 v°).
2. « Der Staat ist das Treibende im Geschehen der Völker, sofern Staat nichts anderes ist als der Geist des Volkes » (*ibid.*, f. 71 v°-72 r°).

prise et ses adversaires sont ceux du nazisme : Hegel lui permet de récuser tour à tour Rousseau, Marx, le libéralisme et la sociologie. Affirmant que cette théorie du droit est l'*unique* philosophie de l'État, il coupe court à toute discussion et prépare sa propre conception du politique rapportée à la fondation de la *polis*, où un peuple, une race, une ethnie trouvent leurs contours et leur mesure.

Nous pouvons donc conclure qu'il n'y a rien de philosophique dans le propos de Heidegger : au lieu de distinguer les notions comme cherche à le faire tout philosophe, il procède à une réduction de tous les concepts à l'affirmation pure de « l'être » et du *soi* où « savoir » = « vouloir » = « liberté » = « droit » = « État » = « puissance absolue » = « esprit du peuple » = affirmation de soi du peuple et de la race[1]. Quant au mot « métaphysique », que Heidegger se garde de définir même s'il esquisse un bref historique des premiers usages du terme, il ne signifie désormais rien d'autre que l'identification de l'esprit à la puissance, et de l'être à l'État.

Une grande vigilance est donc indispensable pour comprendre ce qui se passe dans les cours et séminaires de Heidegger. En effet, ce n'est point parce que l'on utilise des mots de la tradition et de la langue philosophiques que l'on fait pour autant œuvre de philosophe. Si l'on ne cherche pas à atteindre plus de distinction dans la conception, plus de clarté et de discernement dans la pensée, si l'on tend au contraire vers une indistinction obscure entre tous les concepts, c'est qu'il n'y a, en réalité, ni vrai travail de la pensée, ni philosophie. En particulier, malgré ce qu'Erik Wolf affirme, il n'y a pas de philosophie du droit chez Heidegger, et cela

---

1. Sur cette dernière équivalence, voir *infra*, p. 525 et 535.

se voit notamment à sa définition tautologique de la « constitution » comme la façon dont l'État se *constitue* lui-même[1].

On mesure ainsi ce qui sépare Heidegger de Hegel. Chez ce dernier, même si les thèses qu'il formule sur les relations entre pouvoir législatif, pouvoir du gouvernement et pouvoir du prince sont éminemment discutables en ce qu'elles conduisent, au paragraphe 273 de ses *Principes de la philosophie du droit*, à la valorisation exclusive de la monarchie constitutionnelle, il y a néanmoins chez lui une argumentation construite sur la séparation des pouvoirs, qu'il est donc possible de discuter et de remettre en question. Heidegger, pour sa part, réduit la « constitution » au « savoir de soi-même » de « l'être authentique ». Cette ontologisation du mot « constitution » supprime toute possibilité de réflexion juridique sur la formation effective du droit constitutionnel et de réflexion politique argumentée sur la relation entre eux des différents pouvoirs. En outre, elle repose sur un concept discriminatoire, car il ne peut alors y avoir, à « proprement » parler, de constitution que pour l'être affirmé comme « authentique ».

L'ÉTAT TOTAL ET *VÖLKISCH* DE 1933 ET SON RAPPORT À HEGEL SELON CARL SCHMITT ET HEIDEGGER

Nous avons vu à quel point la question des relations entre la doctrine de l'État de Hegel et la conception heideggérienne de l'État est délicate, comme l'est plus généralement celle de l'influence possible de la doc-

---

1. « Die Verfassung ist nicht anderes als dasjenige, worin der Staat sich selbst *faßt* » (*ibid*, f. 63 v°).

trine hégélienne de l'État sur le fascisme et le national-socialisme. Lorsqu'on lit par exemple les écrits tout à la fois néo-hégéliens et *völkisch* d'un Karl Larenz, qui enseigne dans les années 1930 la « philosophie du droit » à l'université de Kiel, mais aussi lorsque l'on revient à certains moments du texte même de Hegel, par exemple au paragraphe 358 des *Principes de la philosophie du droit*, avec ses considérations sur le peuple d'Israël et sur le principe nordique des peuples germaniques, il est difficile de ne pas se poser bien des questions, même si la résolution de celles-ci exigerait une recherche spécifique qui n'entre pas dans le sujet de notre livre. Cela dit, nous pouvons proposer les quelques conclusions qui suivent.

D'un côté, il apparaît que si Heidegger s'appuie sur plusieurs propositions de la *Philosophie du droit* et notamment sur la conception de l'État comme « organisme », les différences entre son fondamentalisme ontologique et la pensée dialectique restent très importantes. Comme on l'a vu, il délaisse la question proprement hégélienne de la conciliation de l'individuel et de l'universel pour ne retenir que l'identification de l'État à la puissance absolue et à l'esprit du peuple.

De l'autre, il est historiquement indiscutable que la doctrine hégélienne de l'État fut, avec les *Discours à la Nation allemande* de Fichte et la première dissertation de *La Généalogie de la morale* de Nietzsche, l'un des textes de la philosophie allemande du XIXᵉ siècle les plus fréquemment invoqués par les nationaux-socialistes. Que leur utilisation ait été discutable et même abusive, nous en sommes convaincu, particulièrement dans le cas de Hegel dont on sait qu'il a eu avec Marx une postérité toute contraire, mais cela ne supprime pas tous les problèmes que posent ces différents textes.

Certes, la formule de l'*État total* ne vient pas directement de Hegel. Lorsque Ernst Forsthoff la choisit en 1933 comme titre de l'un de ses livres, c'est à Carl Schmitt qu'il la reprend. Et la genèse de l'expression doit aussi beaucoup à la « mobilisation totale » d'Ernst Jünger. Cependant, comme le précisera Forsthoff après la guerre, cette formule « est le résultat d'une analyse appliquée à la situation d'alors, avec des moyens de pensée qui remontent essentiellement à Hegel[1] ». On trouve en effet chez ce dernier une conception de la totalité de l'État qui a influencé la doctrine du fascisme italien et qui est également à l'origine de la formulation nazie.

Néanmoins, cette influence hégélienne a ses limites. « L'État total » décrit par Forsthoff s'identifie historiquement au *Führerstaat* hitlérien et non à l'État prussien que l'auteur des *Principes de la philosophie du droit* avait présent à l'esprit en 1820. Aussi l'identification heideggérienne de Hegel à l'année 1933 demeure-t-elle historiquement et philosophiquement inacceptable.

Pour revenir au séminaire, Heidegger développe longuement, à la fin de la sixième séance, la conception de l'État comme organisme, qu'il reprend à Hegel, et comme figure *(Gestalt)*, ce qui rappelle Jünger. C'est ainsi qu'il parle de « l'autoformation intérieure de l'État comme *organisme*[2] ». Cet organisme n'est pas conçu de manière biologique, mais comme une unité *(Einheit)*, un soi *(Selbst)* et comme le *tout (das Ganze)*[3]. Heidegger pose alors la question suivante :

---

1. Lettre d'Ernst Forsthoff à Jean-Pierre Faye, 31 août 1963, citée dans *Théorie du récit*, Paris, 1973, p. 49.
2. « ... das innere Sich-gestalten des Staates als *Organismus* » (HEIDEGGER, *Hegel, über den Staat, op. cit.*, f. 64 r°).
3. *Ibid.*, f. 64 v°-65 r°.

Comment la constitution de l'État est-elle pensée ? (de manière biologique ? de manière raciste, *völkisch* – ou comme esprit de la constitution ?)[1].

Comme on le voit, l'équivalence entre les mots allemands *rassisch* et *völkisch* est énoncée par Heidegger comme allant de soi. Ce fait réfute donc une fois de plus les tentatives des apologistes pour faire croire qu'il aurait inventé un usage du mot *völkisch* qui l'aurait distingué de sa signification raciste. Par ailleurs, l'interrogation de Heidegger, telle qu'elle est rapportée par Hallwachs, peut sembler ambiguë, car l'on ne voit pas immédiatement où passe l'alternative. A-t-on d'un côté la conception uniquement « biologique » de l'État, et de l'autre celle tout à la fois raciste, *völkisch* et spirituelle ? ou bien la conception raciste et *völkisch* est-elle rapportée au biologique et distinguée du spirituel ? La suite du séminaire, où Heidegger parle de « l'État total » et de « l'État *völkisch* » sans récuser ces expressions, nous indique que la première compréhension est la bonne.

En outre, le biologique et la considération de la « race » ne se confondent pas chez Heidegger : sa critique du « biologisme » n'attend pas les cours sur Nietzsche, mais elle est présente bien plus tôt, dès le paragraphe 10 d'*Être et temps* et elle se trouve fortement exprimée dans les cours *völkisch* et racistes des années 1933-1934[2], de sorte qu'il y a, indiscutablement, un racisme de Heidegger assumé comme tel. Nous en avons vu la confirmation dans la conception du peuple qu'il fait sienne à la fin de la sixième séance de son séminaire hitlérien, conception qui n'est pas de nature biologique, mais conjugue en soi « l'esprit » et le sang.

---

1. *Ibid.*, f. 65 r°.
2. Voir *supra*, chapitre 4, p. 216 et 235-239.

Nous ne sommes donc jamais, chez Heidegger, dans le spirituel pur, mais dans une conception dévoyée et pervertie de « l'esprit » rapporté à la terre et au sang, et de « l'esprit du peuple » conçu de façon *völkisch.*

Dans le texte de réponse figurant au début de la deuxième séance, il affirme que, pour Hegel :

> l'*organisme* n'est pensé ni de façon biologique, ni de façon universelle, métaphysique, comme système, mais cette façon d'opérer ensemble ne fonctionne pas seulement : dans le *gouvernement*, elle se sait soi-même, *elle est* auprès *d'elle-même*[1].

On voit donc que ce que Heidegger retient : l'État, comme organisme, n'est pas pensé de manière universelle, mais dans le rapport à soi. Il reste à savoir de quelle nature est ce « soi ». Il pourra bien dire, au début de la septième séance, que l'État, comme organisme, est esprit[2]. Mais que signifie pour lui ce terme qu'il emprunte à Hegel ? Il n'est nullement question, avec le mot « esprit », d'un entendement ou d'une raison universelle. Heidegger va au contraire s'appuyer longuement sur les paragraphes 257 et 259 des *Principes de la philosophie du droit* pour en retenir l'idée que l'unité substantielle de l'État doit être rapportée au *Volksgeist,* à l'esprit du peuple :

> Pendant que l'État lui-même devient, il devient nécessaire dans cet acte de s'affirmer-soi-même *(Sich-selbst-behaupten)* = un se-distinguer d'un autre.

---

1. « Hier ist *Organismus* weder biologisch noch allgemein metaphysisch, als System, gemeint, sondern daß dieses Zusammenwirkende nicht nur funktioniert, sondern in der *Regierung* sich selbst weiß, bei *sich selbst ist* » (*ibid.*, f. 65 r°).
2. *Ibid.*, f. 66 v°.

[...] L'État est ce qui donne l'impulsion dans l'advenir des peuples, pour autant que l'État n'est rien d'autre que l'esprit du peuple[1].

Il faut bien voir que si Heidegger reprend des termes et des propositions hégéliens, ce n'est que partiellement et son intention est en réalité bien différente. En effet, il introduit ici, sous forme verbale, le concept d'affirmation de soi *(Selbstbehauptung)* de l'État qui devient lui-même dans sa confrontation à un autre État, et nous allons voir que ce concept, repris du titre de son discours de rectorat de mai 1933 et par ailleurs central également chez Alfred Baeumler, sera utilisé à la fin du séminaire pour définir le politique.

En bref, Heidegger retient de Hegel la notion de l'État comme la puissance absolue, et, à la fin de la septième séance, il croit pouvoir se servir de la conception hégélienne de l'esprit et de la liberté pour prétendre que le libéralisme repose sur une mécompréhension de la liberté[2] dont l'essence n'est pas à déterminer à partir des individus, mais à partir de l'esprit lui-même, c'est-à-dire ici, en réalité, par le truchement du *Volksgeist*, à partir du peuple dans sa relation à l'État. On retrouve donc, sous-jacents, le même combat contre le libéralisme et la même affirmation de la relation d'essence entre le peuple et son État que dans le séminaire hitlérien de l'hiver précédent.

C'est seulement dans la dernière séance que, cessant de s'abriter derrière Hegel, Heidegger se dévoile

---

1. « Indem er Staat er selbst wird, wird er notwendig in diesem Sich-selbst-behaupten = ein Sich-absetzen gegen einen anderen. [...] Der Staat ist das Treibende im Geschehen der Völker, sofern Staat nichts anderes ist als der Geist des Volkes » *(ibid.*, f. 72 r°-72 v°).

2. « Liberalismus ist immer eine besondere Art der [...] Miß-deutung der Freiheit » *(ibid.*, f. 73 v°).

davantage et formule ce qu'il a à l'esprit. Après quelques allusions rapides aux paragraphes 258-271 des *Principes de la philosophie du droit*, à propos desquels il déclare que la conception hégélienne de la communauté *(Gemeinschaft)* n'est pas sociologique, mais historico-métaphysique, il attaque par une phrase destinée à frapper et que nous avons déjà partiellement citée : « Mais quelle est à présent la conception *actuelle* de l'État ? On a dit qu'en 1933 Hegel était mort ; au contraire, c'est alors seulement qu'il a commencé de vivre[1]. » Et il poursuit :

> Nous parlons bien de l'État *total*. Il ne serait pas un *domaine* particulier (parmi d'autres), non pas un appareil destiné à protéger la société (de l'État *lui-même*), un domaine dont seules certaines personnes auraient à s'occuper. Mais politiquement, qu'est-ce que « l'État total » ? Comment les choses s'agencent-elles en lui s'agissant par exemple de l'Université ? Autrefois la relation de l'Université à l'État avait été telle que l'État ne faisait que l'entretenir et qu'elle suivait sa propre voie. Qu'en est-il aujourd'hui[2] ?

Il faut préciser que dans la *reportatio* de Siegfried Bröse, Heidegger parle non seulement du « *totaler*

---

1. « Welches ist nun die *heutige* Staatsauffassung ?… » (*ibid.*, huitième séance, 23 janvier 1935, f. 75 v°).
2. « Wir sprechen wohl vom *totalen* Staat. Er sei nicht ein besonderer *Bereich* (neben anderen), keine Apparatur, dazu da, die Gesellschaft zu schützen (vor dem Staat *selbst*), ein Bereich, mit dem nur bestimmte Leute sich abzugeben hätten. Aber was ist politisch der "totale Staat" ? Wie ist es in ihm zum Beispiel mit der Universität beschaffen ? Die Beziehung von Universität zum Staat sei früher nur so gewesen, daß der Staat sie unterhält, und sie ihre Wege geht. Wie ist es denn jetzt ? » (*ibid., f.* 75 v°-76 r°).

Staat », mais aussi du « *völkischer Staat* »[1], et il ne récuse nullement ces appellations. Il entend seulement rapporter l'État total et l'État *völkisch* à « une détermination essentielle de nature métaphysique ».

Avec ces affirmations et ces questions sur l'État total et *völkisch* commencent les développements les plus essentiels du séminaire : Heidegger va en effet, de manière plus explicite que dans le séminaire hitlérien, livrer sa définition du politique et préciser en même temps en quoi elle se distinguerait de celle de Carl Schmitt. Le premier point à préciser, car il est capital pour la compréhension de ce qui va suivre, c'est que Heidegger commence par reprendre une affirmation de Carl Schmitt pour la renverser. Or elle se trouve dans l'un des ouvrages les plus radicalement racistes et nazis de Schmitt, à savoir *Staat, Bewegung, Volk*, publié en 1933 par une des principales maisons d'édition national-socialiste, Hanseatische Verlagsanstalt, dans la collection intitulée « L'État allemand actuel » *(Der deutsche Staat der Gegenwart)* dirigée par Schmitt lui-même. Ce dernier écrit, à la fin de la troisième partie d'*État, mouvement, peuple* :

Ce jour-là [...], on peut dire que « Hegel est mort »[2].

Cette affirmation de Schmitt a été citée et commentée par maints interprètes[3], qui en tirent généralement

---

1. « Heute spricht man vom "totalen" Staat und vom völkischen Staat » (M. Heinz et Th. Kiesel, art. cité, p. 110).

2. « Am diesem Tage ist demnach, so kann man sagen, "Hegel gestorben" » (C. Schmitt, *Staat, Bewegung, Volk, op. cit.*, p. 32 ; trad. fr., p. 46).

3. Voir par exemple Richard Wolin, *La Politique de l'Être. La pensée politique de Martin Heidegger*, Paris, 1992, p. 169 ; Domenico Losurdo, *Hegel et la catastrophe allemande*, Paris, 1994,

la conclusion que les nationaux-socialistes auraient pris leurs distances à l'égard de Hegel. C'est une conclusion trop rapide. D'une part, comme nous l'avons vu, loin de faire l'unanimité chez les nazis, ce mot est contredit ouvertement par Heidegger. D'autre part, la suite du texte de Schmitt corrige et nuance sensiblement son affirmation. Il ajoute en effet ceci, que l'on néglige généralement de citer :

> Cela ne signifie pourtant pas que la grande valeur du philosophe allemand de l'État aurait perdu tout son sens et que l'idée d'une *Führung* politique se tenant au-dessus de l'égoïsme des intérêts de la société serait abandonnée. Ce qui est, intemporellement, grand et allemand dans le puissant édifice intellectuel de Hegel reste toujours effectif dans la nouvelle configuration[1].

On voit donc que sur le fond, et par-delà son goût des formules frappantes, Schmitt maintient l'idée d'une continuité forte entre Hegel et le *Führerstaat* institué en 1933, par-delà la mutation historique des formes de l'État allemand. Comme il le précise : « Seules les formes de l'État de fonctionnaires hégéliens, qui correspondent à la situation nationale du XIXᵉ siècle, sont

---

p. 129 ; Jean-François Kᴇʀᴠᴇ́ɢᴀɴ, *Hegel, Carl Schmitt. Le politique entre spéculation et positivité*, Paris, 1992, p. 323, et André Sᴛᴀɴ-ɢᴇɴɴᴇᴄ, « À l'origine de l'idée allemande de nation : la philosophie romantique et la philosophie hégélienne de l'État », *Revue française d'histoire des idées politiques*, nº 14, 2001, p. 350.
1. « Das bedeutet aber nicht, daß das große Werk des deutschen Staatsphilosophen bedeutungslos geworden und der Gedanke einer über dem Egoismus gesellschaftlicher Interessen stehenden politischen Führung preisgegeben wäre. Was an Hegel mächtigem Geistesbau überzeitlich groß und deutsch ist, bleibt auch in der neuen Gestalt weiter wirksam » (C. Sᴄʜᴍɪᴛᴛ, *Staat, Bewegung, Volk, op. cit.*, p. 32 ; trad. fr. p. 46-47).

abolies et remplacées par d'autres configurations, qui s'accordent à notre réalité aujourd'hui[1]. »

Est-il nécessaire d'ajouter que les propositions grandiloquentes de Schmitt ne relèvent en aucune façon d'une véritable philosophie de l'État ? La suite montre en effet l'abjection – le mot n'est pas trop fort – de la façon dont Schmitt conçoit « ce qui est, intemporellement, grand et allemand ». Lorsqu'il avance, dans la même page, que « le fonctionnariat allemand est libéré d'une position hybride devenue trouble et intenable[2] », c'est, dans le contexte de l'année 1933, une allusion transparente à la loi d'avril 1933 sur « la restauration de la fonction publique » qui impose la révocation des fonctionnaires non aryens. Mettre fin à la « position hybride » de la fonction publique allemande, restaurer « l'unité politique du peuple allemand », c'est bien évidemment, dans l'esprit de Schmitt, assurer ce qu'il nommera, dans la quatrième partie du livre, l'homogénéité ou identité raciale *(Artgleichheit)* du peuple allemand.

De fait, la suite de son texte est sans ambiguïté. Schmitt écrit, au début de la quatrième partie :

> Le national-socialisme [...] protège et prend soin de chaque véritable substance du peuple là où il la rencontre, dans l'espace naturel, la race *(Stamm)* ou l'état *(Stand)*. Il a [...] purifié le fonctionnariat allemand d'éléments étrangers à la race *(fremdgearteten)* et l'a rétabli comme état. Il

---

1. « Nur die der innerstaatlichen Lage des 19. Jahrhunderts entsprechenden Formen des hegelischen Beamtenstaates sind beseitigt und durch andere, unserer heutigen Wirklichkeit entsprechende Gestaltungen ersetzt » *(ibid.)*.

2. « Das deutsche Berufsbeamtentum ist aus einer unklar und unhaltbar gewordenen Zwitterstellung befreit... » *(ibid.)*.

a le courage de traiter inégalement l'inégal et de procéder aux différenciations nécessaires[1].

Ce « courage » du nazisme consiste donc, pour Schmitt, dans le fait d'imposer la sélection raciale à la fonction publique de l'État allemand, et de créer un nouveau droit corporatif en fonction des différents « états », par exemple, propose-t-il, « pour des organisations spécifiques du Parti telles que la SA et la SS[2] ». Concrètement, cela signifie, comme il osait l'écrire plus haut, que « l'on ne peut incriminer le Parti ou la SA d'une quelconque responsabilité civile »[3]. En clair, un particulier ne peut plus faire appel à la justice et au droit pour exiger réparation des exactions de la SA.

Lorsque Heidegger prend le contre-pied de la phrase de Schmitt sur Hegel, il ne faut pas considérer qu'il s'oppose fondamentalement à lui, mais que derrière le jeu de rôle et la volonté de frapper à son tour son auditoire par une formule tout aussi grandiloquente et qui fasse mouche, il souscrit en réalité à la thèse schmittienne de la continuité profonde entre Hegel et l'État institué en 1933, une fois éliminés les éléments hérités du « libéralisme » du XIXe siècle – élimination qui, nous l'avons vu, repose essentiellement sur une discrimi-

---

1. « Der Nationalsozialismus [...] sichert und pflegt jede echte Volkssubstanz, wo er sie trifft, in Landschaft, Stamm oder Stand. Er hat [...] das deutsche Beamtentum von fremdgearteten Elementen gereinigt und dadurch als Stand wiederhergestellt. Er hat den Mut, Ungleiches ungleich zu behandeln und notwendige Differenzierungen durchzusetzen » (*ibid.*, p. 32 ; trad. fr., p. 48).

2. « ... für bestimmte Organisationen der Partei, wie SA und SS » (*ibid.*, p. 33 ; trad. fr., p. 48).

3. « Daher könne auch die Gesichtspunkte der Haftung, insbesondere die der Körperschaftshaftung für Amtsmißbrauch [...] nicht auf die Partei oder die SA übertragen werden » (*ibid.*, p. 22 ; trad. fr., p. 35).

nation raciste. Schmitt soutient que « l'organisation ternaire » de l'État du xxᵉ siècle, qui trouve son accomplissement, selon lui, dans l'État total hitlérien où sont réunis sous la même *Führung* État, mouvement et peuple, correspond « à la grande tradition allemande, fondée par Hegel, de la pensée de l'État[1] ». Ce qui a donné l'illusion d'une discontinuité entre Hegel et l'État hitlérien, c'est, dit Schmitt, « seulement dans la deuxième moitié du xixᵉ siècle qu'elle [cette tradition allemande qui remonte à Hegel] a été refoulée de la conscience du peuple allemand, sous l'influence de théoriciens et d'écrivains libéraux et étrangers à la race[2] ». En ce sens, la « loi sur la restauration de la fonction publique » a rétabli cette continuité.

On voit que la formule de Heidegger ne constitue en aucune façon une critique, même voilée, du nazisme de Schmitt, mais tout au contraire une forme de radicalisation puisqu'il renchérit sur la thèse véritable de Schmitt, celle d'une continuité profonde entre la pensée hégélienne de la totalité de l'État, avec sa dimension corporatiste, et l'organisation ternaire de l'État hitlérien.

Cependant, le propos de Heidegger reste nébuleux : il ne construit aucune argumentation claire, mais avance une série de remarques discontinues. L'une des plus intéressantes est la référence à l'État total et *völkisch* qui fait suite à la phrase sur Hegel et l'année 1933. L'association d'idées que dénote cette allusion

---

1. « Der dreigliederige Aufbau […] entspricht auch den großen, durch Hegel begründeten Überlieferungen deutschen Staatsdenkens » (*ibid.*, p. 13 ; trad. fr., p. 26).
2. « Erst in der zweiten Hälfte des 19. Jahrhunderts ist er unter dem Einfluß liberaler und artfremder Theoretiker und Schriftsteller aus dem Bewußtsein des deutschen Volkes verdrängt worden » (*ibid.*).

apparaît comme la confirmation de ce que dira Forsthoff après la guerre, lorsqu'il rapportera la genèse de
la formule du *totaler Staat* à « des moyens de pensée
qui remontent essentiellement à Hegel ».

Heidegger n'émet pas de réserve à propos de la formule de l'État total et de l'expression « État *völkisch* ».
En utilisant le « nous » *(wir)*, il s'inclut, et inclut certainement aussi Erik Wolf parmi ceux qui parlent « volontiers » ainsi. On se souvient en effet que, dans ses
publications des années 1933-1935, ce dernier reprend
la formule en se référant explicitement à Forsthoff pour
désigner l'État conçu non pas comme mécanisme, mais
comme organisme[1], ce qui nous renvoie à ce que Heidegger lui-même, dans son séminaire, met longuement
en valeur dans l'État hégélien. Il n'est pas inutile non
plus de rappeler que le disciple de Heidegger souligne
dans ces mêmes années la signification foncièrement
raciste de « l'État total populaire national-socialiste »
(nationalsozialistischer totaler Volksstaat), destiné à
sauvegarder le « bien héréditaire racial » *(rassisches
Erbgut)*[2] du peuple allemand.

Si Heidegger fait sienne la formule de l'État total
héritée de Schmitt et de Forsthoff et reprise non seulement par Erik Wolf, mais par Hitler lui-même à
l'automne 1933, et s'il évoque également la notion de
l'État *völkisch* qui vient de *Mein Kampf*, la difficulté
commence selon lui lorsqu'il s'agit de définir « poli-

---

1. « L'état total n'est pas une unité mécanique, mais organique,
il ne schématise pas, il structure. À travers cet être-structuré, il tend
à un ordre de domination aristocratique, qui culmine dans le *Führer*
personnel et s'édifie sur une suite de hiérarchies et de fonctions »
(E. Wolf, *Richtiges Recht...*, *op. cit.*, p. 23-24, le texte est repris en
1935 dans *Das Rechtsideal...*, *op. cit.*, p. 355-356).

2. E. Wolf, « Richtiges Recht und evangelischer Glaube », *Die
Nation vor Gott...*, *op. cit.*, 3ᵉ éd., 1934, p. 248.

tiquement » le *totale Staat*. Quelle est par exemple la relation de l'Université à l'État total ? Nous avons vu la réponse qu'il fait le 30 juin 1933 : loin de continuer à affirmer son autonomie et à s'autoriser de la liberté académique, « l'Université doit *réintégrer la communauté du peuple* et *se rattacher à l'État*[1] ». Tel est le véritable sens de l'affirmation de soi *(Selbstbehauptung)* de l'Université allemande selon lui : il ne s'agit pas d'une déclaration d'indépendance, il s'agit de proclamer sa volonté d'incorporer l'Université allemande dans la communauté du peuple et de la relier *politiquement* à l'État du *Führer*. Non seulement Heidegger ne lutte pas contre la politisation de l'Université allemande – comme il tentera de le faire croire après la défaite nazie –, mais il entend affirmer sa vocation « politique ».

Encore faut-il donner à l'affirmation de soi *(Selbstbehauptung)* son « véritable » sens. C'est ce à quoi il va s'employer dans ce séminaire. Il écarte donc les considérations théoriques sur l'Université dans son rapport à l'État pour se concentrer sur la relation entre l'État et le politique et poursuit en ces termes :

> Ce n'est pas avec de telles questions et de telles considérations que nous avancerons, mais seulement grâce à une méditation *essentielle* et *de nature métaphysique*.
> La signification de la confrontation avec la philosophie de l'État de Hegel et tout d'abord de sa méditation consiste à apprendre *à quoi* ressemble une pensée métaphysique et approfondie de l'État. Il s'agit de la *forme* de la pensée de l'État. Il est certain que notre nouvelle lutte pour l'État est *dégagée* du questionnement *sociologique*, même si elle y retombe sans cesse à nouveau.

---

1. « die Universität muß [...] *wieder in die Volksgemeinschaft eingegliedert* und mit dem *Staat verbunden* werden » (HEIDEGGER, « Die Universität im neuen Reich », GA 16, 761).

Ces paragraphes, en particulier les paragraphes 262 et suivants, sont ceux où *Marx* intervient avec sa critique, c'est là qu'il met Hegel la tête à l'envers.

Cette connexion de l'universel et de l'individuel, ancrée comme ce qui advient dans la réalité effective de l'État, est *à sa place* ici. Mais ce n'est encore là qu'une détermination tout à fait *générale*.

Dans ces alinéas (à savoir, dans le dernier, le 267), Hegel parle pour la première fois du « politique » : « la nécessité de l'idéalité…, etc. », « *l'État politique* ». Que signifie ici *politique*? Y a-t-il un État qui ne soit *pas* politique? Chez Hegel, on distingue l'État *extérieur*, l'*État de nécessité*, l'*État d'entendement*. Cet État *extérieur*, c'est le système entier de la société bourgeoise, la régulation de ses besoins, la gradation de ses états, toute cette intrication qui règle les besoins de l'individu et des différents groupes. Hegel parle troisièmement de l'État *spirituel*; c'est le devenir tout entier de l'histoire du monde, du processus de l'État qui parvient à soi-même, *dans* l'avènement et le déclin des États particuliers, dans ce cosmos qui englobe tout. Ainsi Hegel forme-t-il également le concept d'État en un sens plus large qui *ne recouvre pas le politique*.

L'État politique est *davantage* État, il est l'État proprement *étatique*[1].

---

1. « Mit solchen Fragen und Überlegungen kommen wir nicht durch, sondern nur durch *wesentliche* Besinnung *metaphysischer Art*. Die Bedeutung der Auseinandersetzung mit Hegel's Staatsphilosophie und zunächst der Besinnung auf sie liegt darin, zu lernen, *wie* ein metaphysisches Denken und Durchdenken des Staates aussieht. Es handelt sich um die *Form* des Staatsdenkens. Es ist sicher, daß unser neues Ringen um den Staat aus der *soziologischen* Fragestellung *heraus* ist, wenn es auch immer wieder in sie zurückfällt. Diese §.§., vor allem § 262 ff. sind es, an denen *Marx* mit seiner Kritik einsetzt, er stellt dabei Hegel auf den Kopf. Dieser Zusammenhang zwischen Allgemeinem und Einzelne als Geschehen in der Wirklichkeit des Staates verankert, gehört *mit* hier herein. Aber dies ist doch nur eine ganz *allgemeine* Bestim-

Les considérations de Heidegger ne sont pas ici d'une grande clarté. Il reprend son opposition formulée plus haut dans le séminaire entre conception « socio-logique » et conception « métaphysique » de l'État, mais sans préciser quel sens donner au mot « métaphy-sique », si ce n'est qu'il s'agit de rapporter une chose à son « essence » *(Wesen)*. Ce qui est certain, c'est que cette opposition ne traduit aucune prise de recul à l'égard de la vision national-socialiste de l'État. La conception dite « sociologique », en effet, est celle qui ramène l'État à son rôle de régulation des rapports entre les individus dans la société ou *Gesellschaft*, et de garant des libertés individuelles et des droits de l'homme (récusés explicitement par Erik Wolf[1]), donc à la conception dite « libérale » de l'État constamment combattue par les nationaux-socialistes. En outre, Hei-degger évoque ce qu'il appelle « notre nouvelle lutte pour l'État », preuve qu'il se pense comme entièrement solidaire de la lutte en cours pour l'instauration du *Führerstaat*.

_____

mung. In diesen §.§. (d.h. im letzten, spricht Hegel zum ersten Male vom "politischen" (§ 267) : "Die Notwendigkeit der Idealität... u.s.w.", *"Der politische Staat"*. Was heißt hier *politisch*? Gibt es einen Staat, der *nicht* politisch ist? Zum Unterschied gibt es bei Hegel den *äußeren* Staat, oder den *Not-staat*, oder *Verstandes-staat*. Dieser *äußere* Staat ist das ganze System der bürgerlichen Gesell-schaft, der Regelung ihrer Bedürfnisse, der Gliederung der Stände, dieses ganze Ineinander, das die Bedürfnisse der Einzelnen und der einzelnen Gruppen regelt. 3) spricht Hegel vom *geistigen* Staat; es ist das gesamte Geschehen der Weltgeschichte, des Prozesses des zu sich selbst Kommens des Staates, *im* Auf- und Unter-gehen der einzelnen Staaten, dieses gesamten Kosmos. Also Hegel faßt den Begriff Staat auch in einem weiten Sinn, der sich mit *politisch nicht deckt*. Der politische Staat ist *mehr* Staat, ist der eigentliche *staatliche* Staat » (Heidegger, *Hegel, über den Staat, op. cit.*, f. 76 r°-77 v°).

    1. Voir *supra*, chapitre 7, p. 411.

Le développement qui fait suite paraît relativement moins discontinu, et il est d'une grande importance car il constitue, de tous ses écrits actuellement connus, sa définition la plus explicite de ce qu'il nomme « l'essence du politique » :

> Que signifie le politique ? rapporté à la *polis*, le *politique* est une propriété particulière de la *polis*, il survient avec la *polis*, advient dans une *polis*.
> Cependant, on peut également le comprendre ainsi : le politique est ce qui *constitue* précisément l'*essence* de l'État (de la *polis*). Il peut donc être compris premièrement comme propriété, deuxièmement comme fondement essentiel.
> D'après l'une ou l'autre conception, la proposition selon laquelle nous disons que « l'essence de l'État doit être déterminée à partir du politique » sera juste ou non. La proposition est *juste* lorsqu'elle s'applique à un *non*-État, inepte (tautologique) lorsque l'État est déjà État effectif.
> Pour déterminer l'essence du politique, il faut avant tout en revenir à l'essence de l'*État*[1].

Après avoir, selon l'étymologie grecque, rapporté le politique à la Cité *(polis)*, Heidegger distingue deux façons de comprendre le politique dans son rapport à la

---

1. « Was heißt politisch ? auf die *polis* bezogen, *politisch* ist eine besondere Eigenschaft der *politeia,* geht mit der *polis* zusammen, kommt an einer *polis* vor. Man kann aber auch so verstehen : das Politische ist das, was das *Wesen* des Staates (der *polis*) gerade *ausmacht*. Also 1) als Eigenschaft 2) als Wesensgrund. Je nach der einen oder anderen Auffassung hat der Satz Richtigkeit oder nicht, wenn wir sagen : "Das Wesen des Staates muß aus dem Politischen bestimmt werden". *Richtig* ist der Satz, wenn er auf einen *Un*staat angewendet wird, unsinnig (tautologisch) wenn der Staat schon wirklicher Staat ist. Für die Bestimmung des Wesens des Politischen ist der Rückgang auf das Wesen des Staates das Allererste. » (*ibid.*, f. 77 v°-78 r°).

polis, selon que l'on fait de la *polis* ou bien du « politique » le déterminant. Où veut-il en venir ? Nous le voyons citer une proposition qui s'apparente de près à l'une des thèses les plus connues de Carl Schmitt. Suivant les termes de Heidegger rapportés par Hallwachs : « l'essence de l'État doit être déterminée à partir du politique ». Établir à quel texte précis de Schmitt Heidegger fait allusion demande quelque attention. Si l'on pense d'emblée à la première phrase de l'édition de 1932 du *Concept du politique* : « Le concept d'État présuppose le concept du politique[1] », les termes de Heidegger sont plus proches d'un passage de la deuxième partie d'*État, mouvement, peuple*, où Schmitt déclare en le soulignant qu'« *aujourd'hui, l'État ne peut plus déterminer le politique ; c'est le politique qui doit déterminer l'État*[2] ». On peut donc considérer que la proposition reprise et discutée ici est une citation partielle, avec l'ajout du mot « essence », d'une phrase d'*État, mouvement, peuple*, ce qui prouve l'attention particulière que Heidegger porte à cet ouvrage.

Il oppose une double critique à cette proposition. D'une part, elle serait juste si l'on rapporte l'État au politique comme le fait Schmitt, mais fausse si l'on rapporte au contraire, selon l'étymologie et la position qui sera celle de Heidegger, le politique à la *polis* et donc à l'État. D'autre part, la proposition de Schmitt serait tautologique et donc inepte lorsque l'État est déjà État effectif, au sens, semble-t-il, où c'est alors

---

1. « Der Begriff des Staates setzt den Begriff des Politischen voraus » (Carl SCHMITT, *Der Begriff des Politischen [Text von 1932]*, Berlin, 1963, p. 20).

2. « *Heute kann das Politische nicht mehr vom Staate her, sondern muß der Staat vom Politischen her bestimmt werden* » (C. SCHMITT, *Staat, Bewegung, Volk, op. cit.*, p. 15 ; trad. fr., p. 28).

l'existence même de l'État qui détermine *de facto* la signification du politique.

Cet argument a en outre pour lui le fait que lorsque l'État total du nazisme sera en place, Schmitt supprimera, dans la réédition de 1933 du *Concept du politique* – qu'il enverra à Heidegger –, tout le développement initial où il subordonnait l'État au politique pour commencer directement par sa définition du politique.

Rappelons en effet à quel point l'édition de 1933 est modifiée : elle comporte dix chapitres au lieu de huit et tout le premier chapitre ainsi que le premier paragraphe du deuxième chapitre de l'édition de 1932 ont disparu. Le livre s'ouvre dès lors non plus sur le rapport entre le concept d'État et le concept du politique qu'il présuppose, mais sur la discrimination ami/ennemi. Et l'équivalence posée entre l'étranger *(der Fremde)* et celui qui est d'une autre race *(der Andersgeartete)*, l'idée d'une différence dans l'être même de l'ennemi lorsque Schmitt parle de « l'être-autre de l'étranger » *(das Anderssein des Fremden)*, tout cela suggère que la discrimination ami/ennemi est d'ordre ethnique et racial[1].

Pour revenir au séminaire de Heidegger, la question de la définition du politique devrait, selon lui, laisser place à la question de la signification de la *polis*. Il poursuit en ce sens :

> Que signifie *polis* ? *status* signifie *état, status rei publicae* = état de la chose publique (dans l'acception moderne, d'abord apparue dans l'italien *stato*). *Cet État* n'a absolument rien à voir avec la *polis*.
> *Polis* n'est *pas* non plus la communauté de la *politeia*. Ce qu'est la *polis*, nous l'apprenons déjà d'Homère, *Odys-*

---

1. Voir *supra*, chapitre 6, p. 363 *sq.*

sée, livre VI, vers 9 *sq*. « Autour de la *polis*, il construisit (fit édifier) une enceinte et bâtit des maisons, les temples des dieux et fit le partage des terres. »

Polis est donc le *milieu* authentique de l'empire de l'existence. Ce milieu est proprement le temple et le *marché*, où l'assemblée de la *politeia* trouve place. La *polis* est le milieu authentique et déterminant de l'existence historique d'un peuple, d'une race, d'un clan ; ce autour de quoi la vie se déroule ; le milieu à quoi tout se rapporte, dont la protection comme affirmation de soi importe.

L'essentiel de l'existence est affirmation de soi. Enceinte, maison, terre, dieux. C'est à partir de là que l'on doit saisir l'essence du politique[1].

L'explicitation heideggérienne de la signification de la *polis* passe par la récusation du terme latin d'où vient le mot moderne « État » (ou *Staat*), à savoir le mot *status*, que l'on retrouve dans l'italien *stato*. Cette récusation n'écarte pas seulement, comme à l'ordinaire chez Heidegger, le terme latin au profit du grec, au nom d'un fondamentalisme qui confine à la sacralisation, pour ne

---

1. « Was heißt *polis* ? Status heißt *Zustand*, status rei publicae = Zustand der öffentlichen Dinge (zuerst moderner Gebrauch im Italienischen stato). *Dieser Staat* hat mit polis gar nichts zu tun. polis ist auch *nicht* die Gemeinschaft der *politeia*. Was *polis* ist, erfahren wir schon aus *Homer*, Odyssee, VI. Buch, Vers 9 ff. "Um die *polis* herum zog er (fuhr er) mit einer Mauer, und baute Häuser und Tempel der Götter und teilte aus das Ackerland." *Polis* ist so die eigentliche *Mitte* des Daseinsbereiches. Diese Mitte ist eigentlich der Tempel und der *Markt*, auf dem die Versammlung der *politeia* stattfindet, *polis* ist die eigentlich bestimmende Mitte des geschichtlichen Daseins eines Volkes, eines Stammes, einer Sippe ; das, worum sich das Leben abspielt ; die Mitte, auf die alles bezogen ist, um dessen Schutz als Selbstbehauptung es geht. Das Wesentliche des Daseins ist Selbstbehauptung. Mauer, Haus, Land, Götter. Von hier aus ist das Wesen des Politischen zu begreifen » (Heidegger, *Hegel, über den Staat, op. cit.*, f. 78 v°).

pas dire la mythologisation des mots grecs ; elle vise
directement Schmitt qui, au début de l'édition de 1932
du *Concept du politique*, faisait de l'État, au sens strict
du terme et dans son apparition historique, « le statut
par excellence[1] ». Et sans doute Heidegger entend-il
récuser aussi la référence à l'État italien, pour mieux
asseoir la notion de l'État telle qu'il veut l'imposer, sur
la conception grecque de la *polis*.

LE TEMPLE, LA CONFÉRENCE SUR L'ŒUVRE D'ART ET LE CONGRÈS DE NUREMBERG DE 1935

Heidegger ne cherche pas la signification de la *polis*
grecque dans les écrits des philosophes, il ne renvoie
pas à la *Politeia* de Platon ou à la *Politique* d'Aristote,
mais cite deux vers d'Homère. Plus tard, dans son cours
du semestre d'été 1935 intitulé *Introduction à la métaphysique*, Heidegger prétendra que l'histoire, à ses ori-
gines, est mythologie. Ici, il entend poser un fondement
existentiel qui serait plus originel que la communauté
et l'assemblée humaine de la *politeia*, un « milieu »
(Mitte) qui serait déterminant pour « l'existence historique » d'un peuple, d'une race, d'un clan. Notons qu'il
ne commente pas les vers en suivant l'ordre exact des
mots : là où Homère évoque en premier l'enceinte et
les maisons, Heidegger identifie ce milieu tout d'abord
au *temple*. En rapportant ainsi la *polis* à un centre sacré,
il manifeste que sa conception du politique n'est pas
philosophique mais, pourrait-on dire faute de mieux et
pour reprendre l'un de ses termes, mythologique.

---

1. « der Status schlechthin » (C. SCHMITT, *Der Begriff des Politischen, op. cit.*, p. 20).

Or, cette valorisation heideggérienne du temple est reprise et amplifiée la même année dans la conférence sur « L'origine de l'œuvre d'art ». Cette conférence est prononcée pour la première fois le 13 novembre 1935 à Fribourg, une deuxième fois le 17 janvier 1936 à Zurich, et une troisième fois (en trois parties) à Francfort les 17, 24 novembre et 4 décembre 1936. Le texte paru en 1949 dans les *Holzwege* reprend les trois conférences de Francfort, vraisemblablement retouchées après la guerre. Deux versions antérieures ont également été publiées, l'une en 1987[1], l'autre en 1989[2]. Dans la version la plus connue, celle des *Holzwege*, Heidegger évoque le temple grec et semble donc se reporter au passé[3]. Mais dans la version primitive, éditée en 1989 par Hermann Heidegger – l'année du centenaire de la naissance de Heidegger et de Hitler –, il n'est pas explicitement question du temple grec[4]. La référence à l'architecture grecque est certainement toujours à l'arrière-plan, mais il n'est parlé que du temple,

---

1. Par Emmanuel Martineau.
2. Martin HEIDEGGER, « Vom Ursprung des Kunstwerks : Erste Ausarbeitung », éd. par Hermann Heidegger, *Heidegger Studies*, 5, 1989, p. 5-22. Le texte constitue soit un premier état non prononcé de la conférence de Fribourg, soit le texte même de cette conférence, auquel cas le texte publié par Emmanuel Martineau pourrait correspondre à la conférence prononcée deux mois plus tard à Zurich. Quoi qu'il en soit, il n'est pas vraisemblable que cette première version ait été composée en 1931-1932 comme le soutient Friedrich-Wilhelm von Herrmann (*Heidegger Studies*, 8, 1992, p. 5). Une traduction française de la conférence par Nicolas Rialland est diffusée sur Internet.
3. « Ein Bauwerk, ein griechischer Tempel... » (HEIDEGGER, *Holzwege*, 3ᵉ éd., 1957, p. 30).
4. Dans cette première version, on lit : « Das Bauwerk, der als Tempel die Gestalt des Gottes einbehält... » (*Heidegger Studies*, 5, p. 12).

comme œuvre architecturale, en tant qu'il ouvre le « là » où « un peuple accède à lui-même, c'est-à-dire dans la puissance ordonnatrice de son dieu »[1].

Or, en novembre 1935, le fait de se référer au temple comme « milieu enraciné et étendu, dans lequel et à partir duquel un peuple fonde son séjour historique[2] », et cela dans une conférence où il est explicitement question du peuple allemand[3], évoque nécessairement, aux auditeurs de l'époque, le congrès qui s'est tenu deux mois plus tôt à Nuremberg. Cette année-là, en effet, le congrès de la NSDAP et les discours du *Führer* avaient eu lieu dans l'enceinte du *Zeppelinfeld*, bordé par une tribune de 360 mètres à laquelle des colonnades et des vasques donnaient une allure de temple grec. Cette *Zeppelintribüne* était d'ailleurs inspirée d'un édifice antique : l'Autel de Pergame.

On sait que Hitler avait choisi Nuremberg comme lieu symbolique, au centre de l'Allemagne, pour les congrès annuels du Parti qui se déroulaient chaque année pendant une semaine, généralement en septembre. Et il avait conçu, avec l'architecte et futur ministre de l'Armement Albert Speer, le site des congrès du parti national-socialiste, dont seule la *Zeppelintri-büne* sera entièrement construite. La mise en scène, à chaque fois « grandiose », était destinée à démontrer la

---

1. « … eröffnet der Tempel das Da, worin ein Volk zu sich selbst, d.h. in die fügende Macht seines Gottes kommt » (*ibid.*).

2. « … die ausbreitsame und gewurzelte Mitte, in der und aus der ein Volk sein geschichtliches Wohnen gründet » (*ibid.*, p. 13).

3. Heidegger affirme que « pour les Allemands », dans la poésie de Hölderlin, « le milieu encore inexploré de leur monde et de leur terre se conserve et des décisions importantes se préparent » (*ibid.*, p. 15). Bien d'autres textes, dont les écrits récemment publiés *Sur Ernst Jünger* (GA 90), montrent que ces « décisions importantes » désignent la Seconde Guerre mondiale à venir.

solidarité du peuple et du *Führer*. Or 1935, c'est l'année où, sous le nom de « congrès de la liberté », sont proclamées les lois antisémites, dites « de Nuremberg ». Cette année-là, cent cinquante projecteurs de la DCA dressent jusqu'au ciel des colonnades de lumière, qui viennent délimiter l'espace où la foule est rassemblée pour écouter Hitler. C'est ainsi que le temple de marbre se double d'un temple de lumière. Le *Zeppelinfeld* n'est plus « qu'une mer de svastikas, éclairée de nuit par des torches[1] ». Parler deux mois plus tard, dans sa conférence, du « temple » où le peuple « accède à lui-même » – ce qui est une conception non pas grecque, mais nazie – et de la « clairière » *(Lichtung)*, telle est la façon choisie par Heidegger pour célébrer le congrès de Nuremberg de septembre 1935. C'est pourquoi la conférence sur « L'origine de l'œuvre d'art » est, dans sa signification historique et politique réelle, un texte qui n'est pas loin d'être aussi odieux que celui publié par Carl Schmitt dans la *Deutsche Juristen Zeitung*, le 1ᵉʳ octobre 1935, pour célébrer les lois de Nuremberg sous le titre : « La constitution de la liberté ».

Cette évidence n'a jamais été perçue, car, jusqu'à présent, on a trop peu tenu compte des corrélations, toujours précises, entre les textes de Heidegger et la situation historique et politique correspondante, qu'il commente ou célèbre à sa façon. Et lorsque l'on connaît l'influence démesurée de cet écrit dans les réflexions contemporaines sur l'art, on mesure mieux toute la dangerosité que représente l'œuvre de Martin Heidegger et ce qu'elle véhicule.

Lorsque, dans son séminaire, Heidegger met déjà l'accent sur le temple conçu comme le « *milieu* authen-

---

1. I. KERSHAW, *Hitler, op. cit.*, t. I, p. 805.

tique de l'empire de l'existence », « où l'assemblée de la *politeia* trouve place », lorsqu'il ramène l'État à la *polis* et la *polis* au « temple », défini comme le « milieu authentique et déterminant de l'existence historique d'un peuple, d'une race, d'un clan », il nous révèle que sa conception du temple et de l'œuvre d'art est foncièrement politique. Sa conférence de Rome du 8 avril 1936 sur « L'Europe et la philosophie allemande » nous le confirme, dans laquelle il évoque le travail de l'art entre l'action politique et l'organisation de l'ordre du peuple[1].

Il est très vraisemblable que dans son séminaire, au début de l'année 1935, il avait déjà présente à l'esprit la construction du site de Nuremberg, dont il était alors fréquemment question dans la presse du Parti que Heidegger recevait quotidiennement. Ce qu'il décrit quelques mois plus tard sous le nom d'œuvre d'art, c'est donc la fondation politique du peuple uni dans l'enceinte du temple et dans la mythologie, ou *Sage* du « poème ». Et lorsqu'il ajoute que la *polis*, en tant que « temple », est « ce autour de quoi la vie se déroule ; le milieu à quoi tout se rapporte, dont la protection comme affirmation de soi importe », ce thème de l'affirmation de soi et de la « protection » du peuple, de la race, du clan a une résonance sinistre, en cette année 1935 où la principale des lois raciales de Nuremberg s'intitule la « loi pour la protection du sang et de l'honneur allemands ».

---

1. « Die politische Tat, das Werk der Kunst, die Gliederung der Volksordnung », « Europa und die deutsche Philosophie », *Europa und die Philosophie*, éd. par Hans Helmut Gander, Francfort-sur-le-Main, 1992, p. 31.

LE CONCEPT DU POLITIQUE SELON MARTIN HEIDEGGER
ET SELON CARL SCHMITT

Par ailleurs, ce que Heidegger entend mettre en avant à la fin de son séminaire, c'est le concept d'« affirmation de soi » *(Selbstbehauptung)*. Il est remarquable de le voir reprendre le terme bien connu du titre de son discours de rectorat, *L'Affirmation de soi de l'Université allemande*, pour définir l'essence du politique. Rétrospectivement cela prouve que la conception de l'Université exposée dans ce discours est foncièrement politique. Quant au concept de *Selbstbehauptung*, il n'est pas propre à Heidegger, mais provient de la définition par Spengler de la politique, que Heidegger cite avec éloge dans ses cours sur Nietzsche[1]. Le concept se trouve par ailleurs également au centre des propositions d'un autre « philosophe » du nazisme, à savoir Alfred Baeumler, tant dans son *Nietzsche, le philosophe et le politique* de 1931 que dans son *Alfred Rosenberg et le mythe du XXe siècle* de 1943, où le mot « affirmation de soi » choisi par Heidegger pour définir le politique est utilisé par Baeumler pour exprimer sa compréhension de l'histoire mondiale. On lit en effet ceci :

Le combat du *Führer* contre Versailles était le combat contre le mythe démocratique juif. Ce fut la tâche de Rosenberg de conduire ce combat à son terme au niveau du fondamental. Le compagnon d'armes du *Führer* résolvait la tâche en prouvant que l'histoire mondiale ne peut pas être comprise comme un « développement » imaginaire d'un but imaginaire, mais comme l'affirmation de soi

---

1. Voir *infra*, chapitre 9, p. 571 *sq.*

(Selbstbehauptung) et le combat les uns contre les autres des mythes qui façonnent l'être[1].

Pour revenir à Heidegger, ce qu'il écrit est parfaitement trivial. Cela revient à soutenir que l'affirmation d'existence est première et que c'est à partir d'elle que se produit la lutte pour la vie. Dans la suite du séminaire, en effet, il évoque directement le concept schmittien du politique, non pas pour le récuser complètement, mais pour dire qu'il est second et dérivé, que la discrimination entre l'ami et l'ennemi vient seulement après « l'affirmation de soi ». Il s'agit donc pour Heidegger d'affirmer la primauté de ses positions en les faisant passer pour les plus fondamentales, mais pour autant il ne parvient pas à penser une notion du politique qui serait radicalement distincte de celle de Schmitt. En effet, dans les deux cas, c'est le combat pour l'être qui est mis au cœur du politique. Heidegger poursuit en ces termes :

> Récemment est apparue la *relation ami-ennemi* comme l'essence du politique. Elle *présuppose l'affirmation de soi* et est donc une *conséquence* essentielle du politique.
> Il n'y a d'ami et d'ennemi que là où il y a affirmation de soi. L'affirmation de soi prise en ce sens exige une

---

1. « Der Kampf des Führers gegen Versailles war der Kampf gegen den jüdisch-demokratischen Mythus. Es war Rosenbergs Aufgabe, diesen Kampf in der Ebene des Grundsätzlichen zu Ende zu führen. Der Mitkämpfer des Führers löste die Aufgabe durch den Nachweis, daß die Weltgeschichte nicht als eine imaginäre "Entwicklung" zu einem imaginären Ziele verstanden werden kann, sondern die Selbstbehauptung und der Kampf seinsgestaltender Mythen gegeneinander ist » (Alfred BAEUMLER, *Alfred Rosenberg und der Mythus des 20. Jahrhunderts*, Munich, 1943, p. 69-70). Voir Charles BAMBACH, *Heidegger's Roots, op. cit.*, p. 278-280.

conception déterminée de l'être historique du peuple et de l'État lui-même. Parce que l'État est cette affirmation de soi de l'être historique d'un peuple *et* parce que l'on peut appeler l'État *polis*, le politique apparaît en conséquence comme la relation ami/ennemi ; mais cette relation n'*est* pas *le* politique[1].

Nous donnons également la version du même passage dans la *reportatio* de Siegfried Bröse. Si le sens est le même, le nom de Carl Schmitt est cette fois explicitement prononcé :

Récemment est apparue, comme l'essence du politique, la relation ami/ennemi. *Cf.* sur ce point la relation ami/ennemi selon Carl Schmitt comme étant le politique. Celui-ci présuppose l'affirmation de soi ; mais la relation ami/ennemi n'atteint pas le politique, mais l'affirmation de soi, laquelle est de nature historique. Dans la mesure où l'État est cette affirmation de soi de l'être historique d'un peuple, la *polis* se révèle dans son advenir à travers la relation ami/ennemi, cette dernière n'est pas le politique[2].

---

1. « Neuerdings ist das *Freund-Feindverhältnis* aufgetaucht als Wesen des Politischen. Es setzt die *Selbstbehauptung voraus*, ist also Wesens*folge* des Politischen. Freund und Feind gibt es nur, wo Selbstbehauptung ist. Selbstbehauptung in diesem Sinn verlangt eine bestimmte Auffassung des geschichtlichen Seins des Volkes und des Staates selbst. Weil der Staat diese Selbstbehauptung des geschichtlichen Seins eines Volkes ist *und* weil man Staat *polis* nennen kann, zeigt sich demzufolge das Politische als Freund-Feindverhältnis ; aber nicht *ist* dieses Verhältnis *das* Politische » (HEIDEGGER, *Hegel, über den Staat, op. cit.*, f. 78 v°-79 r°).

2. « Neuerdings ist das Freund-Feind Verhältnis aufgetaucht als Wesen des Politischen. Vgl. Dazu das Freund-Feindverhältnis als das Politische von Carl Schmitt. Dieses setzt die Selbstbehauptung voraus ; aber [das] Freund-Feind Verhältnis trifft nicht das Politische, sondern die Selbstbehauptung, die eine geschichtliche ist. Sofern der Staat diese Selbstbehauptung des geschichtlichen Seins

534 *Heidegger, l'introduction du nazisme…*

Ainsi, tandis que le concept schmittien du politique repose sur la discrimination entre l'ami et l'ennemi *(die Unterscheidung von Freund und Feind)*, la conception heideggérienne identifie le politique à « l'affirmation de soi » *(Selbstbehauptung)* et prétend énoncer la détermination originelle du politique, dont la discrimination schmittienne ne serait que l'expression dérivée. Nous avons vu cependant combien, dans son cours de l'hiver 1933-1934 et dans son séminaire hitlérien sur le concept d'État, Heidegger est proche de Schmitt : même dramatisation du combat existentiel qui peut aller jusqu'à l'anéantissement de l'autre, mêmes conceptions *völkisch* du « peuple » comme « substance » et du « lien vivant » entre le *Führer* et ses « partisans », même doctrine du droit et de la constitution conçus non pas comme un « ordre juridique » rapporté à un contrat rationnel ou à des normes, mais tout à la fois comme « décision » existentielle et comme « ordre vrai » (Heidegger), ou « ordre concret » (Schmitt). Il est vrai que ces affirmations sur le combat, le peuple et le *Führer* et contre la conception démocratique et « libérale » du droit s'enfoncent dans les mêmes fondrières de l'hitlérisme et du nazisme.

Nous comprenons maintenant en quoi Heidegger se distingue de Schmitt, et ce séminaire éclaire rétrospectivement ce qu'il disait de lui dans le séminaire hitlérien de l'hiver précédent. Il n'y a pas ici de critique du nazisme de Schmitt, et les affirmations de Jean-Michel Palmier selon lesquelles c'est comme juriste nazi que Schmitt aurait été remis en cause dans le séminaire tenu par Heidegger et Erik Wolf se révèlent sans fondement.

---

eines Volkes ist, zeigt sich die *polis* in ihrem Geschehen im Freund-Feind Verhältnis, dieses ist nicht das Politische » *(ibid., reportatio* de Siegfried Bröse, DLA Marbach).

Le concept schmittien du politique, en effet, n'est pas récusé, mais simplement présenté comme non fondamental et dérivé de « l'affirmation de soi ». Heidegger entend montrer que sa conception du politique englobe la discrimination schmittienne entre l'ami et l'ennemi et en rend raison. Or nous avons, par l'étude de l'édition de 1933 du *Concept du politique*, montré qu'il s'agit d'une discrimination avant tout raciale. Nous assistons donc non pas à une véritable récusation de Schmitt, mais, de façon beaucoup plus triviale, à une lutte pour la suprématie dans le nazisme même[1].

En effet, Heidegger s'engage dans ce qu'il nomme « notre nouvelle lutte pour l'État ». Il se conçoit lui-même comme le penseur capable d'accéder au fondement « authentique » justifiant cette entreprise politique. Il remonte pour cela à une vision mythologique de la *polis* et du temple, qui le conduit à poser comme première l'affirmation de soi d'un peuple et d'une race. Il se présente alors comme le « guide spirituel » du peuple allemand, selon une stratégie pareillement à l'œuvre dans le cours sur les hymnes de Hölderlin *La Germanie* et *Le Rhin*, contemporain du séminaire sur Hegel et l'État, et où poètes et penseurs apparaissent comme ceux qui inspirent les créateurs d'État. Bref, il continue de se penser comme le *Führer* « spirituel » du nazisme, comme celui qui osera encore, bien après la Seconde Guerre mondiale, alors que la politique d'extermination du nazisme sera connue de tous, affirmer qu'en ce qui concerne la possibilité de

---

1. Heidegger n'a nullement rompu avec Carl Schmitt : en 1944, alors qu'il se trouve à Berlin avec son épouse, il téléphone à Carl Schmitt et déjeune avec lui. Il n'est question entre eux que de la guerre. Voir Carl ULMER, « Between the Weimar Republic and the Third Reich: Continuity in Carl Schmitt's Thought », *Telos*, n° 119, printemps 2001, p. 29.

parvenir à une « relation satisfaisante » *(zureichendes Verhältnis)* entre l'homme et « l'essence de la technique », « le national-socialisme est bien allé dans la direction » *(der Nationalsozialismus ist zwar in die Richtung gegangen)*[1]. Martin Heidegger continue donc de juger « satisfaisante » la direction prise par le nazisme : loin de la récuser, il entend visiblement la faire revivre après 1945.

---

1. HEIDEGGER, « *Spiegel-Gespräch* », *Antwort, Martin Heidegger im Gespräch*, éd. par Günther Neske et Emil Kettering, Pfüllingen, 1988, p. 105. Dans tout l'entretien, il n'y a pas un mot sur l'entreprise d'extermination du nazisme et sur la Shoah. La seule réserve exprimée par Martin Heidegger porte sur l'indigence de « pensée » des dirigeants du mouvement.

9.

De la justification de la sélection raciale au négationnisme ontologique des Conférences de Brême

« le *principe* de l'institution d'une sélection raciale est […] métaphysiquement nécessaire »

Heidegger, 1941-1942[1]

L'implication politique de Martin Heidegger dans le national-socialisme s'inscrit dans une radicalisation bien antérieure à 1933. Il est tout aussi vrai que cet engagement n'a aucunement pris fin ni en 1934, ni après. Il s'est poursuivi jusqu'au bout et n'a jamais été renié par Heidegger. À partir de 1936, cependant, ses relations profondes avec le national-socialisme entrent dans une nouvelle phase. Celle-ci est principalement marquée par sa participation officielle aux travaux des Archives Nietzsche de Weimar que Hitler a publiquement honorées comme un haut lieu du nazisme, et par ses cours sur Nietzsche qui représentent l'essentiel de son enseignement de 1936 à 1940. À l'automne 1944

---

1. « … ist das *Prinzip* der Einrichtung einer Rassenzüchtung […] metaphysisch notwendig » (HEIDEGGER, *Nietzsches Metaphysik*, WS 1941/42, GA 50, 56-57 : *Nietzsche II*, p. 309 ; trad. fr., p. 247).

encore, dans son dernier cours partiellement professé avant la défaite nazie et intitulé *Dichten und Denken*, il réunit les deux figures les plus célébrées par les « intellectuels » du nazisme : Hölderlin et Nietzsche. Plus complexe, par suite des luttes internes qui opposent entre eux des courants différents et des personnalités ennemies (c'est le cas précisément de Krieck et de Heidegger), cette nouvelle période n'en est pas moins révélatrice du fait que l'œuvre de ce dernier continue de puiser son inspiration dans l'évolution du mouvement national-socialiste. Ainsi, au début des années 1940, l'un de ses thèmes les plus obsessionnels n'est autre que la froide légitimation de la sélection raciale, qu'il présente comme « dans son *principe* métaphysiquement nécessaire » !

Pour les seules années 1935-1944, les cours publiés dans la *Gesamtausgabe* représentent seize volumes[1], auxquels il faut ajouter les notes personnelles du *Nachlaß* dont six volumes ont été édités[2], et les séminaires dont un seul est paru à ce jour[3]. La profusion des cours et des notes édités dans la *Gesamtausgabe* constitue ainsi un véritable obstacle matériel à surmonter pour celui qui entreprend de réaliser une synthèse critique de l'œuvre de Heidegger. De ce fait, il n'est pas matériellement possible d'apporter dans ce chapitre des démonstrations textuelles aussi complètes que pour les années 1933-1935 étudiées dans les chapitres précédents.

---

1. De GA 40 à GA 55.
2. GA 65 : *Beiträge zur Philosophie* ; GA 66 : *Besinnung* ; GA 67 : *Metaphysik und Nihilismus* ; GA 68 : *Hegel* ; GA 69 : *Die Geschichte des Seyns [...] Koinon* ; GA 90 *Zu Ernst Jünger*.
3. Heidegger, *Nietzsche Seminare 1937 und 1944*, GA 87 (publié en 2004).

Nous pouvons, néanmoins, ouvrir quelques perspectives essentielles. Ainsi, l'étude des volumes évoqués nous a progressivement révélé que les thèmes heideggériens popularisés dans ses écrits parus *après* 1945 – le « tournant » *(die Kehre)*, « l'autre commencement » *(der andere Anfang)* en tant qu'il permettrait d'opposer « l'événement » et la « vérité de l'être » à « l'histoire de la métaphysique », ainsi que l'identification de la métaphysique au « nihilisme » – constituent autant de leurres qui répondent à un double objectif : faire croire, pour se disculper, à un retournement dans son rapport au national-socialisme et charger non les guides du nazisme, mais l'ensemble de la tradition philosophique occidentale de la responsabilité de l'industrie d'anéantissement du IIIᵉ Reich.

Nous ne devons pas nous laisser prendre à ces leurres, car, en réalité, la seule mutation importante du discours de Heidegger a eu lieu durant les années 1942-1949, et sa motivation est stratégique. Elle est esquissée alors que se profile la défaite du nazisme, puis elle se précise après qu'il a dû faire face à l'échec du IIIᵉ Reich, qui signifiait en même temps l'échec total de son œuvre qui en accompagnait le mouvement. Comme il le dit en 1945 à la sœur de l'archevêque Konrad Gröber auprès de qui il est venu demander protection : « C'en est fini de moi » – *Mit mir ist es jetzt zu Ende*[1].

Les cours des années 1933-1944 nous montrent aujourd'hui que son œuvre a profondément concordé avec la progression victorieuse du mouvement national-socialiste dans les esprits et sur le théâtre des armées. C'est pourquoi elle a perdu sa raison d'être et a *pris fin* avec la défaite nazie de 1945.

---

1. Cité par Max MÜLLER, dans *Martin Heidegger. Ein Philosoph und die Politik, op. cit.*, p. 112.

Cependant, comme la plupart des nazis les plus extré-mistes, Heidegger n'accepte pas cette défaite totale, à la fois générale et personnelle. On le voit bien dans les lettres qu'il a écrites en 1945 à l'un de ses fidèles, Rudolph Stadelmann[1]. Par la suite, Heidegger sera amené à multiplier les manœuvres et les stratagèmes en vue de faire admettre et de diffuser son œuvre dans l'après-guerre.

Pour réussir dans son entreprise, il n'hésite pas, comme l'a prouvé Hugo Ott en ce qui concerne sa « justification » du rectorat, à opposer les dénégations les moins soutenables à la réalité de ses actions passées, et, comme nous le montrerons, à multiplier les réécri-tures et falsifications de ses propres textes. Il prétendra en effet, à propos de son éloge du national-socialisme dans l'*Introduction à la métaphysique*, n'avoir fait que maintenir des parenthèses déjà écrites mais non prononcées, et, à propos de ses cours sur Nietzsche, n'avoir effectué que quelques modifications de pure forme là où nous savons maintenant qu'il a voulu dis-simuler la vraie nature de son propos pour le rendre acceptable. Ces faits sont extrêmement graves, car ils ne constituent pas seulement une dissimulation de la vérité, mais aussi une volonté délibérée de transmettre après la Seconde Guerre mondiale les thèmes et les principes de fond du nazisme.

De ce fait, celui qui, à partir des textes et des docu-ments actuellement accessibles, entend parvenir à une vue d'ensemble suffisamment complète et objective de l'œuvre de Heidegger doit prendre en considération à la fois les écrits des années 1933-1944 et la façon dont

---

1. Voir GA 16, 370-371 et *infra*, p. 669. Rudolph Stadelmann est mort peu après et les lettres de Heidegger sont restées dans ses archives personnelles.

ils ont été édités après 1945, parfois à deux reprises et de façon très différente. Il faut distinguer à cet égard la période qui a précédé la publication de la *Gesamtausgabe* et celle qui débute en 1975 avec la parution du premier volume de l'édition dite « intégrale ». C'est seulement ainsi que l'on peut voir clair dans les stratégies mises en œuvre et les intentions réelles de leur auteur. On sera alors suffisamment averti pour comprendre combien il est indispensable d'exercer aujourd'hui une grande vigilance, face à l'entreprise de publication de la *Gesamtausgabe*, dite aussi « de dernière main ». Comme on l'a bien souligné[1], le fait que Heidegger a refusé toute édition critique pose problème : lorsque l'on ne peut pas confronter les volumes de la *Gesamtausgabe* à des éditions antérieures ou aux manuscrits mêmes de l'auteur, ses réécritures tardives ne sont plus discernables. Et lorsque la comparaison devient possible, il faut des recherches longues et minutieuses que très peu de commentateurs ont la patience de mener à bien, principalement en France où nombre d'études récentes continuent de se fonder uniquement sur le *Nietzsche* de 1961, sans jamais se référer aux cours réellement prononcés sur Nietzsche, dont la publication dans la *Gesamtausgabe* a pourtant commencé dès 1985 et se trouve achevée depuis 2003.

Nous ajouterons une dernière observation, sans doute la plus importante, car elle apporte une clé pour comprendre la période d'après 1945. Heidegger vise successivement deux buts. Tout d'abord, il entend rendre acceptables ses cours les plus nazis des années 1930 et, dans cette intention, il ajoute une parenthèse destinée à atténuer son éloge du mouvement national-socialiste

---

1. Herman PHILIPSE, *Heidegger's Philosophy of Being. A Critical Interpretation*, Princeton, 1998, p. 251.

de 1935, il supprime la phrase apologétique sur Mussolini et Hitler de son cours de 1936 sur Schelling, et il modifie la conclusion exaltant la motorisation de la Wehrmacht dans son cours professé au moment de l'invasion de la France. En même temps, il entend montrer qu'il n'a rien renié sur le fond, mais il ne peut le faire que de manière extrêmement prudente et progressive.

Ainsi, la *Lettre sur l'humanisme* de 1947 ne parle-t-elle que par allusions et, comme Heidegger lui-même le dira par la suite, « qu'à mots couverts[1] », comme c'est le cas de la référence aux jeunes Allemands qui, parce qu'ils « avaient connaissance de Hölderlin », ont « pensé et vécu tout autre chose en face de la mort »[2]. En 1949, devant le public choisi du « club de Brême », il se risque, dans la conférence intitulée « Le Dispositif » *(Das Ge-stell)*, à propos des camps d'extermination et des chambres à gaz, à une affirmation d'un révisionnisme radical, qu'il se gardera de publier dans son édition des conférences de 1962. Et comme nous le verrons, il ira encore bien plus loin dans une autre conférence, rédigée au même moment mais publiée seulement en 1994, dans la *Gesamtausgabe*[3].

Il a fallu l'entretien paru après sa mort dans le *Spiegel* en 1976 et les textes aujourd'hui disponibles dans la *Gesamtausgabe*, pour que les lecteurs commencent à voir clairement qu'il n'avait rien renié de son nazisme profond. C'est pour cela que cette « édition complète » est si nocive : par son contenu même, elle diffuse dans la philosophie la légitimation explicite et sans aucun repentir des principes directeurs du mouvement nazi.

---

1. Heidegger, *Questions I*, p. 310.
2. Heidegger, *Lettre sur l'humanisme*, texte allemand traduit par Roger Munier, Paris, 1957, p. 97-99.
3. Voir *infra*, p. 662-669.

Cependant, lorsqu'il a conçu le plan de la *Gesamt-ausgabe*, Heidegger n'est pas allé jusqu'au bout de son « dévoilement ». Il a par exemple écarté de la publication le séminaire de l'hiver 1933-1934, sans doute parce que son *eros* hitlérien y est si manifeste qu'il n'est plus possible de le masquer par des titres d'apparence philosophique. De ce fait, la présentation et l'étude de ce séminaire ont constitué l'un des sujets majeurs de notre livre. Et sans doute existe-t-il bien des écrits et des lettres gardés en réserve... Nous disposons cependant aujourd'hui de suffisamment d'écrits pour faire toute la vérité sur cette œuvre, afin de ne plus être retenus captifs de ses pièges. C'est cette investigation en profondeur jusqu'au fond le plus noir de la doctrine de Heidegger que nous proposons dans ce chapitre.

L'INTRODUCTION DU NAZISME DANS LA « MÉTAPHYSIQUE »

Avant d'évoquer le premier des cours édités après 1945 : l'*Introduction à la métaphysique* parue en 1953 – vingt ans exactement après la prise de pouvoir de Hitler –, nous devons donner une information historique d'ordre général sur l'année 1935 pendant laquelle le cours a été professé. Cette année-là, un décret du ministère du Reich durcit une directive formulée deux ans auparavant et interdit définitivement aux professeurs de faire de la politique dans leur cours. Comme le relate, non sans humour, Karl Löwith :

Non moins lamentable était la tentative générale de se rapprocher de la « vision du monde » politique. Le nouveau programme des cours fourmillait de titres qui avaient ajouté « l'État » : « La physique et l'État », « Art et État », « Philosophie et politique », « Platon et le national-socialisme », etc. Cela eut pour conséquence, le semestre suivant, une note du ministre interdisant aux enseignants les sujets politiques lorsqu'ils ne correspondaient pas à leur spécialité. Deux ans plus tard, la situation avait tellement empiré que le ministre, en raison des résultats misérables aux examens, décréta qu'il ne tolérerait plus aucun professeur faisant de la politique. Les résultats de la science « proche du peuple » menaient à une dépolitisation, et cela pour des raisons politiques, et l'État total devint paradoxalement l'avocat de la neutralité dans les choses de l'esprit[1] !

Ce que rapporte Löwith est capital. Nous savons maintenant que si Heidegger, après son séminaire sur Hegel et l'État, ne consacre plus de cours à un sujet explicitement politique, ce n'est pas en raison d'une distance personnelle prise à l'égard du régime, mais en conformité avec l'évolution générale du Reich et l'interdiction faite aux professeurs d'aborder des sujets politiques. Il y a donc, à partir de 1935, une relative dépolitisation de l'Université en ce qui concerne les professeurs enseignant des disciplines classiques. À cet

1. « Nicht weniger kläglich war die allgemeine Anbiederung an die politische "Weltanschauung". Das neue Vorlesungsverzeichnis wimmelte von Titeln, die den "Staat" angehängt hatten : "Die Physik und der Staat", "Kunst und Staat", "Philosophie und Politik", "Plato und der Nationalsozialismus" usw. Die Folge war, daß im nächsten Semester vom Minister ein Schreiben kam, welches den Dozenten die politischen Themen verbot, soweit sie ihrem Fach nach nicht dafür zuständig waren. Zwei Jahre später war die Entwicklung soweit gediehen, daß der Minister auf Grund der miserablen Prüfungsergebnisse erklärte, er werde keine politisierenden Professoren mehr dulden. Die Resultate der "volksnahen" Wissenschaft führten zu einer Entpolitisierung, und zwar aus politischen Gründen, und der totale Staat wurde paradoxer Weise wieder zum Befürworter der Neutralität in geistigen Dingen ! » (K. Löwith, *Mein Leben in Deutschland...*, *op. cit.*, p. 76 ; trad. fr. [modifiée] p. 99).

égard, il se pourrait que la lutte de Heidegger contre la spécialisation universitaire traduise non pas un refus de la « science politisée », comme il voudra le faire croire après la défaite, mais tout au contraire son aversion à l'égard de la dépolitisation de l'Université. Nous savons en effet maintenant que le mot « affirmation de soi » *(Selbsbehauptung)*, par lequel il entend désigner la mission de l'Université allemande, est le terme même par lequel il définit « l'essence » du politique. Comment pourrait-il de ce fait prétendre qu'il s'est toujours opposé à la politisation de l'Université !

Désormais, les prises de position politiques dans les cours de Heidegger se font plus rares, mais elles ne disparaissent pas : elles deviennent même plus incisives et abruptes, comme s'il entendait compenser cette raréfaction du politique dans les cours universitaires par des formules plus saisissantes. Nous pouvons par exemple considérer, comme il le laissera entendre dans une lettre à *Die Zeit* de septembre 1953, que le cours de 1935 sur l'*Introduction à la métaphysique* est tout entier conçu pour conduire l'auditeur jusqu'à l'éloge final[1] de ce qu'il n'hésite pas à nommer « la vérité interne et la grandeur du mouvement » national-socialiste *(der inneren Wahrheit und Größe dieser Bewegung)*[2].

Cette « introduction » *(Einführung)* à la métaphysique est en réalité l'introduction dans la philosophie du principe de la direction *(Führung)* « spirituelle »

---

1. « … je suis convaincu que le cours supporte de fond en comble les phrases évoquées » *(… bin ich überzeugt, daß die Vorlesung die erwähnte Sätze durchaus verträgt)*, Heidegger à *Die Zeit*, 24 septembre 1953.

2. HEIDEGGER, *Einführung in die Metaphysik*, Tübingen, 2ᵉ éd., 1958, p. 152 ; trad. fr., 1958, p. 213. Nous indiquons la pagination de la traduction française de Gilbert Kahn, bien qu'elle soit de peu d'usage car le plus souvent trop éloignée de l'allemand.

du mouvement national-socialiste, dont il exalte la « vérité interne et la grandeur ». La violence du ton qui caractérise bien des pages de ce cours tient à la teneur du « message », mais aussi au fait que Heidegger est alors engagé dans une polémique sauvage avec un autre « philosophe » du nazisme, à savoir Ernst Krieck. En cette année 1935, les luttes politiques au sein du nazisme se font plus âpres. Krieck et plusieurs de ses proches sont alors actifs dans le service de sûreté de la SS, le SD *(Sicherheitsdienst)* et il n'est pas uniquement question de luttes d'idées, comme le montre le sort d'un proche de Heidegger, Joachim Haupt.

Membre de longue date de la NSDAP, Haupt est un spécialiste de l'éducation et il a fondé les « instituts d'éducation nationaux politiques » *(Nationalpolitische Erziehungsanstalten)* ou « Napolas ». Comme Heidegger, il fait l'éloge du nouveau droit raciste des étudiants[1] et se distingue en participant aux Journées de la *Deutsche Studentenschaft* en juillet 1933 avec Alfred Baeumler et Martin Heidegger, lesquelles sont organisées, semble-t-il, à l'initiative personnelle du recteur de Fribourg. Or Krieck, dès cette date opposé à Baeumler, n'y prend pas part, et il se peut que son absence constitue le signe avant-coureur de sa rupture prochaine avec Heidegger. Haupt lui-même entreprend de développer, dans un ouvrage publié en 1935 chez Armanen Verlag sous un pseudonyme et intitulé *Sinnwandlung der formalen Bildung*, des thèmes très

----

1. Joachim Haupt consacre toute une brochure à exposer la signification raciste du « nouveau droit des étudiants ». Elle s'intitule *Neuordnung im Schulwesen und Hochschulwesen*, Berlin, 1935. Il conclut (p. 24) sur une présentation des « Napolas », où les élèves portent le *Hitleruniform* et où les « jeunes combattants de la Révolution » sont éduqués par les « combattants plus âgés » sous le signe de « l'idée *völkisch* ».

proches de ceux de Heidegger et vraisemblamblement inspirés par lui. Pour Haupt, ce qui apparente le peuple allemand au peuple grec, c'est « le combat pour l'être véritable *(wahres Sein)* ». Comme Heidegger dans son séminaire hitlérien, il rapporte le peuple à la « communauté de sang » et place l'existence *völkisch* sous le signe de l'*eros*. Il insiste également sur l'importance à cet égard du langage et de la race, dans un chapitre intitulé *Rasse und Sprache*[1]. Or, en octobre 1935, un proche de Krieck et membre comme lui du SD, Reinhard Hoehn[2], fait arrêter Haupt sous prétexte d'homosexualité et cela sur la foi de sa correspondance privée qui était interceptée et surveillée. Haupt fera deux mois de prison et sera exclu de la NSDAP en 1937 au terme de son procès.

En regard de ces luttes, le premier exemple donné par le cours de 1935 à propos de la question de l'être de l'État est révélateur du climat de l'époque et de ce que signifie concrètement le *Führerstaat* :

> un État – il *est*. En quoi consiste son être ? En ce que la police d'État arrête un suspect[3].

---

1. Voir WINFRIED (pseudonyme de Joachim Haupt), *Sinnwandlung der formalen Bildung*, Leipzig, 1935, et les indications factuelles recueillies dans Franck H. W. EDLER, « Heidegger and Ernst Krieck: to what extent did they collaborate ? », article publié sur Internet en 2002.

2. En 1935, Reinhard Hoehn était responsable dans le SD de la « recherche de l'adversaire » *(Gegnerforschung)*. En 1937, il sera inquiété à son tour et, à partir de 1938, il semble que Krieck aura perdu beaucoup de son pouvoir. Ce dernier s'acharnera néanmoins jusqu'au bout sur Heidegger (voir *infra*, « Annexes », p. 699-709).

3. « Ein Staat – er *ist*. Worin besteht dessen Sein ? Darin, daß die Staatspolizei einen Verdächtigen verhaftet » (HEIDEGGER, *Einführung...*, *op. cit.*, p. 27 ; trad. fr., p. 44).

Les deux autres exemples formulés par Heidegger sont ceux des machines à écrire en action à la chancellerie du Reich et de l'entretien du *Führer* avec le ministre anglais des Affaires étrangères. Police d'État, machines à écrire, politique étrangère de Hitler, voilà en effet qui résume bien l'État hitlérien tant vanté et promu par Heidegger dans son séminaire hitlérien de 1933-1934, et envisagé par lui dans sa pérennité lors de son séminaire de 1934-1935 sur Hegel et l'État…

Dans la première partie du cours, Heidegger réduit la question directrice de la « métaphysique » à la « question de l'être ». Celle-ci est entendue en un sens qui ne relève plus, de près ou de loin, de la vraie philosophie, laquelle concerne tout être humain et ne saurait donc être confisquée au profit d'un peuple ou d'une « race ». Il n'est plus question, dit-il, de bâtir une ontologie : il est temps au contraire, de renoncer à ce terme[1]. Désormais, c'est de l'être historique de l'homme, de « notre » avenir le plus propre qu'il est question. Heidegger poursuit en ces termes :

> Il s'agit de replacer l'existence historique de l'homme – et cela veut toujours dire en même temps : notre existence la plus authentique et future dans l'ensemble de l'histoire qui nous est destinée – dans la puissance de l'être qui doit éclore originellement. [...] C'est pourquoi nous avons mis la question de l'être en relation avec le destin de l'Europe, où sera décidé le destin de la Terre, et où notre existence historique se révèle comme le milieu de l'Europe[2].

---

1. « … mag es gut sein, künftig auf den Gebrauch des Titels "Ontologie", "ontologisch" zu verzichten » (*ibid.*, p. 31).
2. « Es gilt, das geschichtliche Dasein des Menschen und d.h. immer zugleich unser eigenstes künftiges, im Ganzen der uns bestimmten Geschichte in die Macht des ursprünglich zu eröffnenden Seins zurückzufügen. [...] Deshalb brachten wir die Frage nach

Avec l'évocation de l'existence historique, rapportée en réalité de manière extrêmement banale à la temporalité du futur, à laquelle s'ajoute le pathos de tonalité nazie sur le destin, l'authenticité et la puissance de l'être, les deux phrases citées constituent un bon condensé de la *Lingua Tertii Imperii* ou LTI, dans sa version heideggérienne. Cependant, l'emphase du propos ne parvient pas à masquer la réalité brutale et très concrète de ce qui est en jeu, à mille lieues de toute philosophie et de toute métaphysique. Quel est en effet le statut de ce « nous » ? Il désigne exclusivement le peuple qui se tient au milieu de l'Europe et décide du destin de la terre. Heidegger confond l'existence historique de l'homme et le « nous » du seul peuple germanique réuni sous la *Führung* hitlérienne, un peuple qui se prépare à cette date, par un réarmement massif, à envahir, asservir et anéantir spirituellement ou même physiquement les autres peuples d'Europe. On sait en effet avec quelle rapidité le « destin » de la Tchécoslovaquie, de la Pologne, de la France – et de l'Angleterre si elle n'avait su tenir tête – va successivement se jouer peu après 1935, une fois réglé le sort de l'Espagne républicaine avec l'appui de la Luftwaffe.

Le projet apparemment directeur d'*Être et temps*, celui d'une ontologie fondamentale, laisse place à la réalité de ce qui est en jeu sous le déguisement verbal. Derrière l'indétermination du propos portant sur l'être et le rien surgit la détermination la plus précise et radicale du peuple allemand comme « le peuple métaphysique » *(das metaphysische Volk)* situé au milieu

---

dem Sein in den Zusammenhang mit dem Schicksal Europas, worin das Schicksal der Erde entscheiden wird, wobei für Europa selbst unser geschichtliches Dasein sich als die Mitte erweist » (*ibid.*, p. 32 ; trad. fr. [modifiée] p. 50-51).

de l'Europe et seul capable de sauver l'Occident de l'anéantissement[1]. Point capital, le thème de « l'autre commencement » est déjà présent, et c'est un thème dont l'esprit est nazi : il s'agit d'un commencement qui soit un « recommencement plus originel », où il est question, selon Heidegger, « de *répéter* le commencement de notre existence historico-spirituelle et de le transformer en l'autre commencement »[2] grâce auquel le *Dasein* retrouvera son sol *(Bodenständigkeit)* et se réenracinera[3]. L'interrogation sur l'être renvoie au destin de l'Europe où va se décider le destin de la terre, une Europe dans laquelle l'existence historique du peuple allemand est conçue comme le *milieu*, pris en étau entre Russie et Amérique qui sont, comme il le dit véhémentement à plusieurs reprises, la même chose[4].

Il est essentiel de voir que le thème de « l'autre commencement » n'apparaît pas seulement dans les inédits tels que les *Contributions à la philosophie* et qu'il ne constitue donc pas une alternative à l'enseignement dispensé dans les cours, qu'il s'agisse de l'*Introduction à la métaphysique* ou des cours sur Nietzsche, et encore moins la version ésotérique d'un enseignement exotérique, comme on l'a parfois affirmé. En réalité, c'est dans ses cours que Heidegger commence par évoquer « l'autre commencement », identifié au moment où le peuple allemand accède à la « puissance de l'être » en vue de décider du devenir historique de l'Europe et même de la terre entière. Hitler ne pense pas autrement. L'« autre commencement » n'est nullement

---

1. Voir *ibid.*, p. 29 ; trad. fr., p. 47.
2. « … den Anfang unseres geschichtlich-geistigen Daseins wieder-holen, um ihn in den anderen Anfang zu verwandeln » *(ibid.)*.
3. *Ibid.*, p. 30 ; trad. fr., p. 48.
4. *Ibid.*, p. 28 et 35 ; trad. fr., p. 46 et 54.

autre par rapport au nazisme et à l'hitlérisme auxquels il s'identifie au contraire, il n'est autre que par rapport au « premier commencement » posé comme originaire et qui aurait eu lieu en Grèce.

Par ailleurs, le cours de 1935 est l'un des textes de Heidegger où l'exaltation nazie du peuple allemand prend le tour le plus violent. À travers la récusation de la Russie et de l'Amérique, c'est le rejet de l'égalisation qui nivelle tout rang que formule Heidegger[1]. La démocratie occidentale et le marxisme sont pareillement visés. Au milieu d'un paragraphe contre le marxisme figure un passage dont l'exégèse présentée par certains a pu faire croire qu'il s'agissait d'une prise de distance à l'égard du national-socialisme, mais cela tient pour l'essentiel à la traduction. Il s'agit de la formule : « la direction organisatrice de la masse vivante et de la race d'un peuple[2] ». Ce que vise la critique de Heidegger, c'est la notion de « direction organisatrice » *(organisatorische Lenkung)* et il ne remet pas en question le fait de considérer le peuple comme race. Le mot *Organisation* – qui n'est pas de racine allemande mais fait partie de ces « mots romains » que rejette Heidegger au nom de sa conception *völkisch* du langage – est employé par lui de façon péjorative dès son livre de 1929 sur *Kant et le problème de la métaphysique*, à la fin duquel, d'une façon qui a pu sembler énigmatique à cette date, mais dont la signification discriminatoire nous est aujourd'hui manifeste, il oppose les « fous de l'organisation » *(Narren der Organisation)* aux « amis de l'essentiel » *(Freunde des Wesentlichen)*[3]. Sous le mot « organisa-

---

1. *Ibid.*, p. 35 ; trad. fr., p. 55.
2. *Ibid.*, p. 36 ; trad. fr. (modifiée), p. 56.
3. Heidegger, *Kant und das Problem der Metaphysik*, Francfort, 5ᵉ éd., 1991, p. 246.

tion », Heidegger vise les régimes politiques opposés à la communauté ou *Gemeinschaft*, qu'il s'agisse du bolchevisme soviétique ou du libéralisme de l'Ouest ; il attaque en particulier ce dernier en tant qu'il risque, selon lui, de contaminer le mode de direction de la NSDAP et de conduire à ce qu'il appelle, dans l'un de ses cours, le « national-socialisme libéral[1] », celui où l'organisation bureaucratique prendrait le pas sur la violence dictatoriale du *Führerprinzip* !

Il faut rappeler à ce propos que cette célébration des « amis de l'essentiel » est contemporaine du moment où s'opposant à Cassirer, Heidegger, comme tous les nationaux-socialistes de sa génération, affirme non sans violence : « c'est [...] la vision du monde *(Weltanschauung)* qui est la condition de l'acte de philosopher[2] ». Cela devrait conduire les commentateurs à venir à plus de vigilance et à relire le *Kantbuch* en tenant compte des déclarations de son auteur. Quoi qu'il en soit, nous savons maintenant, par ses enseignements des années 1933-1935, comment Heidegger entendait développer la « question de l'homme » qu'il avait reprise à Kant. Il identifiait vraisemblablement déjà, dans son esprit, l'existence ou *Dasein* de l'homme au destin « historico-métaphysique » du seul peuple allemand.

Plusieurs questions centrales ne peuvent donc plus être éludées : qu'on le prenne en tant qu'adjectif ou comme substantif, quel sens philosophique peut encore recevoir le mot « métaphysique », lorsque Heidegger qualifie ainsi l'existence du seul peuple germanique uni sous le joug hitlérien ? et comment pourrait-on

1. GA 36/37, 119.
2. HEIDEGGER, « Davoser Disputation », *Kant und das Problem der Metaphysik, op. cit.*, p. 284.

prendre philosophiquement au sérieux un tel usage ? Il y a chez lui une usurpation manifeste des mots de la langue philosophique, mis au service d'une « vision du monde » qui n'est rien d'autre que la destruction de toute philosophie.

Cette perversion heideggérienne dans l'usage du mot « métaphysique » atteint un degré tel qu'il va jusqu'à présenter, en juin 1940, la « motorisation de la Wehrmacht » comme « un acte métaphysique » ! C'est pourquoi il est aujourd'hui essentiel de prendre conscience que ce dont nous parle Heidegger sous le nom de « métaphysique » est sans rapport avec la vraie métaphysique ou philosophie première, science des principes et des causes, telle qu'on la voit à l'œuvre chez des philosophes aussi différents qu'Aristote ou Descartes.

LES RÉÉCRITURES DES COURS SUR NIETZSCHE ET L'APPRÉCIATION DE BAEUMLER

De 1936 à 1940, Heidegger consacre presque tous ses cours à Nietzsche. Cet enseignement est intimement lié à son implication officielle dans les projets d'édition des Archives Nietzsche de Weimar, dont on peut dire qu'elle constitue sa contribution la plus visible à l'extension progressive du national-socialisme dans la philosophie même. En effet, loin de représenter une « explication » avec le national-socialisme et une « résistance spirituelle », comme il le prétendra lorsqu'il tentera de se disculper en 1945 devant la commission de Fribourg, les cours sur Nietzsche constituent un effort conscient et résolu pour légitimer le nazisme, particulièrement lors de ses premières victoires militaires au printemps de l'année 1940.

Institution fondée par Elisabeth Förster-Nietzsche, les Archives Nietzsche de Weimar deviennent officiellement, à partir de 1933, un lieu culte pour le nouveau régime. Une semaine après son intronisation, Hitler vient se faire photographier aux côtés du buste de Nietzsche, et il soutient directement l'institution qui devient ainsi un pilier idéologique de l'État national-socialiste.

Au début du mois de mai 1934, et donc au lendemain de sa démission du rectorat, Heidegger participe avec Alfred Rosenberg, Hans Franck, Carl Schmitt et Erich Rothacker aux Journées de la Commission pour la philosophie du droit de l'Académie pour le droit allemand organisées dans les bâtiments des Archives Nietzsche. Le thème des Journées porte sur « l'actualisation du droit germanique[1] ». Le fait d'organiser cette manifestation dans les Archives Nietzsche de Weimar montre la volonté des dirigeants nazis de faire de Weimar une ville culte pour la « philosophie » au même titre que Bayreuth pour la musique[2].

Heidegger s'implique officiellement dans les travaux des Archives Nietzsche à partir de l'année 1935, et siège à la réunion de la commission de recherche qui se tient les 22 et 23 février 1936 à Weimar. Un autre « philosophe » nazi, Hans Heyse, est nommé en même temps que lui[3]. Pendant huit ans, de 1935 à 1942, et jusqu'en 1938 de façon très active, Heidegger sera membre de la « commission scientifique pour l'édition intégrale *(Gesamtausgabe)* historique et critique des œuvres et des lettres de Nietzsche ». Comme l'écrira

---

1. Voir *supra*, chapitre 8, p. 460-465.
2. Voir M. Heinz et Th. Kisiel, « Heideggers Beziehungen zum Nietzsche-Archiv », *Annäherungen an Martin Heidegger…*, *op. cit.*, p. 109.
3. *Ibid.*, p. 107.

Karl Löwith : « il couvrait en réalité ainsi le mal par son nom réputé[1] ».

Heidegger prend en charge la préparation de la nouvelle édition de *La Volonté de puissance* prévue par les Archives Nietzsche. C'est sur sa proposition que l'autobiographie de jeunesse de Nietzsche, *Ma vie*, est éditée la même année et adressée aux personnalités les plus susceptibles d'apporter leur soutien financier à l'institution : Hitler, Mussolini, Franck, Rosenberg, Baeumler[2]. Heidegger dispose pour ses travaux de reproductions des inédits qui serviront particulièrement à l'élaboration de son cours du semestre d'été 1937 sur *La Position fondamentale de Nietzsche. Le retour éternel du même*. En outre, il séjourne longuement aux Archives Nietzsche pour ses recherches. C'est ainsi qu'il écrit le 11 juillet 1936 à Henri Corbin : « je ne suis rentré qu'hier soir de Weimar où j'ai hanté le Nietzsche-Archiv. Je fais partie d'une commission scientifique pour la nouvelle édition historique et critique[3] ».

Lorsqu'en 1938 un conflit éclate entre les Archives Nietzsche et « l'Office *(Amt)* Rosenberg » qui prétend en contrôler la publication, c'est le chef de la chancellerie de Hitler en personne, Hans Heinrich Lammers, qui s'interpose pour tenter de trouver un compromis. Heidegger, pour sa part, se sent suffisamment fort pour refuser la tutelle de l'*Amt Rosenberg*, en soulignant l'importance de l'œuvre de Nietzsche « pour le peuple

---

1. « ... während er in Wirklichkeit damit das Schlechte mit seinem guten Namen deckt » (K. Löwith, *Mein Leben in Deutschland...*, *op. cit.*, p. 142 ; trad. fr. [modifiée], p. 177).

2. M. Heinz et Th. Kisiel, art. cité, p. 111.

3. *Henry Corbin, L'Herne*, éd. par Christian Jambet, Paris, 1981, p. 319.

allemand et l'avenir de l'Occident ». Cependant, il prend soin de préciser que, pour lui :

> un contrôle idéologique *(weltanschaulich)* des nouveaux ouvrages allemands qui paraissent aujourd'hui est politiquement nécessaire et n'est pas ici discuté[1].

Heidegger admet donc, en 1938, la « nécessité politique » de la censure nazie sur les publications.

Venons-en aux cours sur Nietzsche. Heidegger en a réédité l'ensemble en 1961, ainsi que cinq textes rédigés de 1940 à 1946, sous les titres *Nietzsche I* et *Nietzsche II*. Pour rendre acceptable son enseignement sur Nietzsche seize ans après la défaite nazie, il a effectué de très nombreuses et significatives suppressions, modifications, additions. Il n'en a rien dit aux lecteurs[2], de sorte que toute une génération de philosophes n'a disposé que d'un texte mutilé, qui ne permettait pas de se faire une idée exacte des positions effectivement enseignées par Heidegger de 1936 à 1940. C'est particulièrement vrai pour la France, qui ne dispose depuis plus de trente ans (1971) que de la traduction française de l'édition de 1961. Le lecteur germanophone a cependant aujourd'hui accès au texte des cours publiés dans la *Gesamtausgabe*, ce qui permet de mesurer précisément l'importance des modifications introduites par Heidegger en 1961. Sans pouvoir être exhaustif, car ce travail demanderait un ouvrage entier, nous étudierons

---

1. « Eine weltanschauliche Überprüfung des heute neu erscheinenden deutschen Schrifttums ist politisch notwendig und steht hier nicht zur Erörterung » (art. cité, p. 121).

2. Dans sa préface de 1961, Heidegger ne parle que de corrections formelles, sans indiquer que bien des suppressions et modifications portent sur le fond même de sa doctrine. Voir *Nietzsche I*, p. 10 ; trad. fr., p. 9.

plusieurs de ces altérations ou suppressions et renverrons toujours au texte des cours tel qu'il est réédité depuis 1986.

Le premier point fondamental à souligner, c'est que loin de s'opposer aux interprétations nazies de Nietzsche qui ont alors cours, Heidegger y renvoie ses étudiants comme à des références positives. Les deux interprètes nazis de Nietzsche les plus en vue sont en effet Alfred Baeumler et Kurt Hildebrandt[1]. Or quelle est la première référence à laquelle renvoie Heidegger ? ce qu'il nomme la « judicieuse postface » de Baeumler à son édition de 1930 de *La Volonté de puissance*[2]. Il importe donc de voir ce que contient cette postface de Baeumler ainsi prioritairement recommandée aux étudiants.

Baeumler présente, exactement comme le fera Heidegger six ans plus tard, *La Volonté de puissance* comme « l'œuvre philosophique maîtresse » de Nietzsche et insiste sur la cohérence systématique de sa pensée qu'il compare à celle d'Héraclite[3]. Avec Nietzsche, c'est « le législateur d'une époque déterminée de l'histoire occidentale » qui nous parle, comme « le dictateur de l'avenir »[4]. Il s'agit de « porter à l'ex-

---

1. Heidegger évoque dans son cours le « beau livre » *(« das schöne Buch »)* de Hildebrandt sur Nietzsche et Wagner (GA 43, 105), éloge qu'il supprime en 1961 (*Nietzsche*, I, p. 106 ; trad. fr., p. 86).

2. « ... einem verständigen Nachwort » (HEIDEGGER, *Nietzsche : der Wille zur Macht als Kunst*, GA 43, 13 [*Nietzsche I*, p. 19 ; trad. fr., p. 19]).

3. A. BAEUMLER, in *Nietzsche, Der Wille zur Macht, Versuch einer Umwertung aller Werte*, mit einem Nachwort von Alfred Baeumler, Leipzig, 1930, p. 699.

4. « hier spricht der Gesetzgeber einer bestimmten Epoche der abendländischen Geschichte, Diktator der Zukunft » (*ibid.*, p. 703).

pression le contre-mouvement qui s'oppose au nihilisme européen[1] » et, conformément à « l'essence de la vie », remplacer « les fondements pourris de la culture chrétienne » par « de nouveaux fondements, en vérité plus anciens »[2]. En effet, « celui qui veut éduquer doit remonter du fondement de la vie. Il doit commencer par la vie et l'engendrement de la vie ». Il doit, comme l'a fait Nietzsche avec le titre du livre IV de *La Volonté de puissance*, renvoyer au « concept grec de l'éducation » entendue comme « dressage et sélection » *(Zucht und Züchtung)*[3]. Bref, il lui faut reporter le « concept gréco-germanique de l'éducation » à sa « réalité qui donne à penser »[4]. Nietzsche joue « la vie contre la conscience, l'instinct contre la connaissance », avec la volonté entendue comme « pulsion, affect, force organisatrice, puissance créatrice, formatrice, vie devenant "puissance" dans des formes ». Encore faut-il correctement comprendre ses concepts majeurs tels que « volonté de puissance », « surhomme », « maître dans la morale » et « esclave dans la morale ». Il n'est pas question de les entendre en « un sens idéalisé ». Déjà, le jeune Nietzsche avait su « protester contre le concept

---

1. En 1936, Heidegger reprendra cette formulation pour son éloge de Mussolini et de Hitler (voir GA 42, 40-41).

2. « Es soll die Gegenbewegung gegen den europäischen Nihilismus zum Ausdruck bringen, es soll die morsch gewordenen Grundlagen der christlichen Kultur aus der Erkenntnis dessen heraus, was das Wesen des Lebens ausmacht, durch neue Grundlagen, in Wahrheit ältere, ersetzen » *(ibid.*, p. 704).

3. « Wer erziehen will, das ist seine Einsicht, der muß auf den Grund des Lebens hinabsteigen. Er muß beim Leibe und bei der leiblichen Zeugung beginnen. So dachten die Griechen, und auf diesen griechischen Begriff von Erziehung weist der Titel des vierten Buches hin Zucht und Züchtung » *(ibid.*, p. 705). Baeumler ne donne aucune explication sur le caractère « grec » de ce concept.

4. *Ibid.*, p. 706.

d'humanité », dresser « la culture contre la civilisation ». Le rôle propre de Nietzsche, c'est d'avoir su montrer qu'« instincts et affects expriment en chaque race *(Rasse)* et en chaque rang *(Stand)* quelque chose de leurs conditions d'existence ; exiger que ces affects s'effacent devant la "vertu" revient à demander que ces races ou états soient annihilés[1] ». Ce n'est donc « pas le concept moral de vertu mais le concept historique de grandeur qui se tient au centre de l'éthique nietzchéenne ». D'où « la critique de la philosophie » pour laquelle, « mis à part les Grecs, Nietzsche se confronte seulement aux Allemands »[2]. D'où également sa doctrine sociale : « la démocratie représente le fait de ne pas croire aux grands hommes ». Et Baeumler de citer aussi cette autre affirmation de Nietzsche : « ma philosophie s'édifie sur l'ordre hiérarchique, non sur une morale individuelle ». Ce qu'il résume à sa façon, à propos du « surhomme » nietzschéen :

> Il montre l'image du maître de la terre, de l'homme héroïque, qui se sait comme un destin. Avec hauteur, il sonne la fin du verbiage libéral de la noblesse de l'esprit : il n'y a pas d'esprit authentique sans vie authentique, c'est d'abord le sang *(das Geblüt)* qui anoblit l'esprit[3].

1: « Instinkte und Affekte drücken bei jeder Rasse und bei jedem Stande etwas von ihren Existenzbedingungen aus ; verlangen, daß diese Affekte der "Tugend" weichen sollen, heißt fordern, daß jene Rassen oder Stände zugrunde gehen sollen » (*ibid.*, p. 707).

2. « Es folgt die Kritik der Philosophie, wobei sich Nietzsche außer mit den Griechen nur mit den Deutschen auseinandersetzt » (*ibid.*).

3. « Er zeichnet das Bild des Herrn der Erde, des heroischen Menschen, der sich als ein Schicksal weiß. Mit Hohn tut er die liberale Phrase vom Adel des Geistes ab : es gibt keinen rechten Geist ohne den rechten Leib, erst das Geblüt adelt den Geist » (*ibid.*, p. 709).

L'éducation entendue comme dressage et comme sélection, le libéralisme et la démocratie remplacés par l'ordre hiérarchique déterminé d'après la race et le rang, l'esprit rattaché à la noblesse du sang, voilà ce que professe ouvertement Baeumler dans ce court texte que Heidegger recommande à ses étudiants comme judicieux. Or c'est la quintessence de la doctrine politique et raciale du nazisme qui est ainsi exposée par Baeumler dès 1930 et que Heidegger approuve sans réserve dans son cours de l'hiver 1936-1937. Ce n'est pas là un signe de convergence isolé : nous trouvons maintes fois dans l'enseignement de Heidegger, soit en 1933-1935, soit dans les textes sur Nietzsche des années 1936-1941, des propositions semblables à celles énoncées ici par Baeumler.

Cette approbation de la postface de Baeumler constitue un élément décisif si l'on veut comprendre le *Nietzsche* de Heidegger : nous détenons la preuve qu'il approuve une interprétation de la volonté de puissance qui consiste pour l'essentiel à rapporter celle-ci à la race et au sang. Cette constatation ne va pas dans le sens des interprétations habituelles du *Nietzsche* de Heidegger, lesquelles, partant du fait qu'il semble prendre ses distances avec ce qu'il nomme le « biologisme » (mais nous verrons que, même sur ce point, il faut être nuancé), en concluent bien à tort qu'il rejette l'interprétation raciale de la volonté de puissance nietzschéenne et qu'il s'oppose à l'interprétation national-socialiste de Nietzsche en tant qu'elle relèverait du « biologisme », raison pour laquelle il critiquerait Baeumler. Que Heidegger ne rejette pas l'interprétation raciale de la volonté de puissance et du surhomme nietzschéen, mais au contraire la légitime, c'est ce que nous montrent les textes. En effet, nous le voyons, dans le cours non professé de 1941, rapporter le surhomme à « la sélection raciale de l'homme[1] », sans exprimer l'ombre d'une réserve à l'égard de la façon raciste de comprendre Nietzsche.

Que, par ailleurs, il discute l'interprétation « biologique » de Nietzsche, c'est ce que montrent également les textes, mais, à la vérité, il le fait d'une manière toujours ambiguë et qu'on ne peut saisir qu'en se reportant à d'importants développements de 1939, supprimés dans le *Nietzsche* de 1961[2]. Il faut en conclure que pour lui racisme et biologisme ne sont pas identiques et qu'il existe un racisme non exclusivement « biologique ». Bref, ce n'est pas parce que Heidegger discute le biologisme qu'il n'est pas raciste.

D'autre part, est-ce l'interprétation nazie usuelle de Nietzsche qu'il remet en question lorsqu'il discute le biologisme ? Nullement. En 1937, les principaux représentants de cette lecture nazie sont Baeumler et Hildebrandt. Or nous avons vu Heidegger renvoyer très favorablement ses étudiants à leurs ouvrages. Certes, il y a dans le premier cours sur Nietzsche un développement critique concernant Baeumler, et nous allons l'analyser de près. Mais ce développement est conclu par un nouvel éloge de ce dernier énoncé en ces termes :

> Baeumler figure parmi les très rares qui se soient élevés contre l'interprétation psycho-biologique de Nietzsche par Klages[3].

---

1. GA 50, 56-57 ; *Nietzsche II*, p. 309 ; trad. fr., p. 247.
2. Sur ce point, voir *infra*, p. 566-576.
3. « Baeumler sonst zu den ganz Wenigen gehört, die gegen die psychologisch-biologistische Deutung Nietzsches durch Klages angehen » (GA 43, 26) ; voir *Nietzsche I*, p. 31 ; trad. fr., p. 29. Dans le *Nietzsche I*, le *ganz* est devenu *sehr* et n'est pas traduit en français.

Contrairement à ce qui a été jusqu'à présent affirmé par les commentateurs, l'interprétation de Nietzsche par Baeumler n'est donc pas considérée par Heidegger comme « biologique », mais tout au contraire comme s'y opposant[1]. C'est la preuve que le fait de se réclamer de la race et du sang ne coïncide nullement avec ce que Heidegger rejette sous le mot « biologisme ». Par ailleurs, on voit que la critique heideggérienne du « biologisme » associé ici au « psychologisme » ne vise pas Baeumler, mais Ludwig Klages, c'est-à-dire un auteur qui, en 1936-1937, a perdu la position quasi officielle qui avait été la sienne lors de ses conférences à Berlin de 1934. Klages vit désormais en Suisse et, en 1936-1937, il n'est d'aucune façon considéré en Allemagne comme un représentant majeur de la « philosophie » national-socialiste. En réalité, comme le prouve notamment le cours du semestre d'hiver 1933-1934[2], le fait d'associer le sang et l'esprit pour les mettre au service d'une conception raciste et explicitement nazie de la supériorité du peuple allemand est commune à Heidegger et à Baeumler. En outre, il semble que l'on trouve la même position chez Hitler et chez Rosen-

---

1. Voir par exemple Charles Bambach qui, en dépit de développements importants sur les affinités multiples entre Baeumler et Heidegger dans leur lecture de Nietzsche, croit que c'est Baeumler qui est visé dans la critique heideggérienne du « biologisme » : Ch. BAMBACH, *Heidegger's Roots. Nietzsche, National Socialism and the Greeks, op. cit.*, p. 283-286.

2. Voir GA 36/37, 263. Sur l'opposition entre Baeumler et Klages à l'intérieur du national-socialisme, qui éclaire les raisons de l'hostilité de Heidegger à l'égard de Klages, voir l'article du *Völkischer Beobachter* : « Gegenpole innerhalb der völkischen Idee. Klages und Baeumler », et l'article de Tobias SCHNEIDER, « Ideologische Grabenkämpfe. Der Philosoph Ludwig Klages und der Nationalsozialismus 1933-1938 », *Vierteljahrshefte für Zeitgeschichte*, avril 2001, p. 275-294.

berg. Il est en effet important de relever que dans un ouvrage récent sur *La Religion politique du national-socialisme* principalement consacré aux écrits de Hitler et de Rosenberg, son auteur soutient qu'il n'y a pas de biologisme social-darwinien chez Hitler et chez Rosenberg, et pense qu'« avec la caractérisation biologique de l'idéologème race », c'est « le fond tout entier du racisme national-socialiste » qui « demeure caché »[1].

Quoi qu'il en soit, ce que Heidegger reproche à Baeumler ne concerne pas son interprétation de Nietzsche en termes de sang et de race. Sa critique porte exclusivement sur l'importance à accorder à la notion nietzschéenne du retour éternel du même. Sur ce point, où il s'inspire de Karl Löwith, mais sans le nommer, Heidegger renvoie dos à dos Baeumler et Jaspers, alors que ce dernier est sur le point d'être mis à la retraite et interdit d'enseignement en tant que professeur dont l'épouse est « non aryenne ». Cela confirme bien que la critique ne vise pas Baeumler en tant que « philosophe » national-socialiste.

En réalité, les interprétations de Baeumler et de Heidegger sont extrêmement proches à cette date. Tous deux mettent au centre de la doctrine de Nietzsche la volonté de puissance, tous deux la font culminer dans la notion du surhomme, en s'en prenant au « nihilisme », tous deux visent en fait tout ce que le nazisme combat : les valeurs du christianisme, la démocratie, et la liberté individuelle alors désignée par le mot « libéralisme ». Tous deux enfin s'opposent à la conception étroitement « biologique » de Nietzsche. Le seul point important qui les oppose est le suivant : Baeumler prétend que le retour éternel du même contredirait la volonté de

---

1. Claus-Ekkehard Bärsch, *Die politische Religion des Nationalsozialismus*, Munich, 2002, p. 332 et 336.

puissance interprétée comme devenir irréversible. Heidegger soutient au contraire que ces deux doctrines sont en cohérence, ce qui ne s'entend bien que si on les rapporte à leurs fondements « métaphysiques ». Trop politique, la conception de Baeumler, dans son ouvrage de 1931, *Nietzsche, le philosophe et le politique*, n'y parviendrait pas.

Dans son cours de l'hiver 1936-1937, Heidegger s'en tient à une remarque nuancée, il laisse entendre que c'est moins la compatibilité entre la doctrine de l'éternel retour et la conception politique de Baeumler qui est en cause, que l'insuffisance de son analyse à ce sujet. Il écrit en effet ceci :

> La doctrine nietzschéenne de l'éternel retour ne convient pas à la politique de Baeumler, ou du moins il pense qu'elle ne lui convient pas[1].

Dans le *Nietzsche* de 1961, Heidegger récrit la phrase pour tenter de faire croire à une critique radicale du nazisme de Baeumler, en réalité complètement absente du cours professé en 1936-1937 :

> La doctrine nietzschéenne du retour éternel du même récuse la conception qu'a Baeumler de la politique[2].

En allemand, l'homophonie entre *Wiederkehr* et *widerstreitet* accentue la force de la critique et tout semble conçu pour suggérer au lecteur que Heidegger se serait opposé frontalement à Baeumler et aurait fait, par

---

1. « Die Lehre Nietzsches von der ewigen Wiederkehr paßt Baeumler nicht in seine Politik, oder er meint mindestens, sie passe nicht dazu » (GA 43, 26).
2. « Die Lehre Nietzsches von der ewigen Wiederkehr widerstreitet Baeumlers Auffassung von der Politik » (*Nietzsche I*, 31).

sa lecture de Nietzsche, acte de « résistance » *(Widerstand)* spirituelle, comme il le prétendra en 1945. En outre, cette modification radicale de la phrase n'est pas la seule manipulation du passage. Heidegger atténue l'éloge qui suit en ôtant le « très » *(sehr)* : Baeumler n'est plus « l'un des très rares », mais seulement « l'un des rares » à s'être élevé contre l'interprétation psychobiologique de Nietzsche. Et il atténue considérablement la critique de Jaspers qui vient ensuite. En effet, on trouve en 1936-1937 un long paragraphe qui constitue une charge virulente contre Jaspers : Heidegger lui reproche notamment de « ne plus prendre au sérieux le savoir philosophique dans son fondement le plus intime ». La philosophie devient « une psychologie moralisante de l'existence de l'homme[1] ».

En 1936-1937, le lecteur est confronté au contraste entre deux attitudes critiques : celle qui concerne Baeumler est conclue par un éloge appuyé, tandis que l'autre aboutit de façon radicale à unir Jaspers et Klages dans un commun opprobre, les deux hommes ayant eu le tort de s'en tenir à des considérations « psychologiques ». En 1961, la situation est inversée : tout le paragraphe critique sur Jaspers, où il est présenté comme un psychologue et non comme un philosophe, est supprimé et sa critique ainsi écourtée paraît bien modérée en regard de celle de Baeumler qui, au contraire, a été durcie. Ces changements constituent une première illustration des manipulations heideggériennes de l'après-guerre, qui sont destinées à rendre ses cours acceptables au public de cet après-guerre. S'il y a donc bien un « tournant », s'il y a une *Kehre* heideggérienne, elle est de l'ordre de la falsification et non du revirement de la pensée.

---

1. GA 43, 26.

En effet, si les transformations du texte en 1961 avaient correspondu à une évolution authentique et profonde de Heidegger après vingt-cinq ans, c'eût certainement été un point positif. Malheureusement, le fait que Heidegger prétend, dans la préface de 1961, n'avoir introduit que des corrections de pure forme, et l'existence de la *Gesamtausgabe*, où les cours sur Nietzsche sont réédités cette fois dans leur version inchangée, tout cela prouve que les modifications de 1961 n'obéissent pour l'essentiel qu'à des considérations tactiques liées au contexte intellectuel et politique de l'immédiat après-guerre. Il s'agit seulement pour Martin Heidegger d'éviter que l'ouvrage ne soit rejeté par les lecteurs de nos démocraties, et cela afin de permettre, selon le mot méchant de Carl Schmitt, son « come-back » après sa retraite forcée des lendemains de la défaite nazie.

Une fois sa renommée mondiale assurée, à partir du milieu des années 1970, Heidegger peut laisser rééditer ses cours tels qu'il les a professés. Il nous donne ainsi à lire aujourd'hui sa doctrine telle qu'il l'estime toujours opératoire et préparant un avenir dans lequel son œuvre pourrait rejoindre à nouveau le mouvement de l'histoire…

L'ÉLOGE DE SPENGLER, LE « BIOLOGISME » ET LES FONDEMENTS DE LA POLITIQUE

L'un des scandales de l'édition de 1961 du *Nietzsche* de Heidegger, c'est qu'il supprime sans le dire la plupart des longs développements dans lesquels il reprend le propos de la leçon précédente pour le concrétiser. Malgré leur nom, ces « répétitions » *(Wiederholungen)* ne se bornent pas à répéter ce qui a déjà été exposé : c'est dans ces développements que Heidegger révèle à quelles sources il puise sa « doctrine », c'est là qu'il précise les liens étroits qui relient son enseignement sur Nietzsche à l'actualité politique du nazisme. Ainsi, dans le cours de 1939 sur *La Volonté de puissance en tant que connaissance*, le chapitre sur « le biologisme de Nietzsche » contient un développement capital de vingt-six pages, qui ne figurait pas dans le premier volume du *Nietzsche* de 1961[1] et qui a seulement été publié en 1989, au tome 47 de la *Gesamtausgabe*.

Bien qu'elles soient parues depuis quinze ans, ces pages ne sont évoquées dans aucune étude en France, où l'on continue généralement de se référer exclusivement au *Nietzsche* de 1961. C'est pourtant dans cette section longtemps supprimée que l'on voit dans quel esprit Heidegger discute le biologisme. Avant tout, c'est l'usage des mots en *-isme* qu'il brocarde, tels que « biologisme », « idéalisme », « libéralisme ». Pour lui, ces néologismes relèvent des formes de communication publique contemporaine où tout se vaut, l'ancien comme le moderne, où par exemple, dit-il, « figurent côte à côte des reportages en images sur l'Acropole et sur un village de nègres *(Negerkral)*[2] ».

Utiliser le mot *Negerkral* est la marque d'un racisme profondément ancré. Rarement employé, le terme allemand *Kral* vient de *Kraal*, mot hollandais pour « village », que l'on retrouve dans l'anglais *corral* et qui, en Afrique du Sud, désigne l'enclos pour bétail. Nous ne sommes pas loin du « parc humain » de Sloterdijk... *Negerkral* signifie donc « village de nègres », ou, pis : « enclos pour nègres ». Visiblement, pour le racisme

---

1. Voir GA 47, 68-95.

2. « Bildberichte über die Akropolis neben solchen von einem Negerkral [...] stehen » (GA 47, 70).

foncier de Heidegger, le fait de rapprocher l'Acropole et un village africain constitue en soi un scandale et se passe de commentaires. La connotation raciste de ce passage nous rappelle ce qu'il disait déjà des « nègres » et des Cafres dans son cours de 1934[1].

On trouve ensuite un long développement critique sur l'évolution de *Die Tat*, cette publication qui se relie au mouvement des « Jeunes-conservateurs » (*Jungkonservative)* dont Heidegger avait été proche, ainsi que ses disciples Hans-Georg Gadamer et Erik Wolf. Les responsables de cette revue avaient contribué à préparer, avant de la célébrer sans réserve, la prise de pouvoir de 1933[2]. Heidegger évoque, non sans pathos, la « jeunesse allemande », naguère regroupée autour de cette revue et qui militait avant la guerre dans les « corps francs académiques » *(akademische Freischaren)* des universités d'Iéna, Göttingen et Marburg, avant de tomber à la bataille de Langemarck. Il est déplorable, ajoute-t-il alors, qu'en cette année 1939, « dans la détresse actuelle de notre peuple », la revue *Die Tat* se soit donné un nouveau sous-titre : « le vingtième siècle » et, « née d'un élan impulsé par les hommes les plus allemands possible », se soit « transformée en un genre de magazine américain d'un niveau relativement élevé »[3].

---

1. Voir GA 38, 81 et *supra*, chapitre 4, p. 246.

2. Voir notamment l'article de Hans ZEHRER, « Die Revolution von Rechts », où l'auteur s'appuie sur la « mobilisation totale » de Jünger et sur la « transformation de la quantité en qualité » de Carl Schmitt, pour saluer non pas une véritable révolution, mais bien « l'inscription *(Einordnung)* de la NSDAP dans l'État » (*Die Tat*, avril 1933, p. 1-16).

3. « sie ist aus einem Aufbruch deutschester Menschen zu einem amerikanischen Magazin etwas gehobener Art geworden » (GA 47, 71).

Aussitôt après, Heidegger se moque, comme plus d'une fois dans ses cours, du « front confessionnel » où se sont rassemblés les protestants les moins inféodés au nazisme. Ces attaques n'ont pas éloigné de lui Erik Wolf, ce qui nous confirme que ce dernier avait d'autres attaches.

Mais ce qui est le plus profondément révélateur des pensées réelles de Heidegger, c'est le long passage sur le biologisme chez Oswald Spengler et Ludwig Klages[1]. Heidegger ne profère que quelques mots de mépris sur Klages, ne respectant en lui que le fondateur de la graphologie. Très développée au contraire, son évocation de Spengler n'est que positive. Après s'être élevé contre le fait de considérer Spengler, au vu de son titre *Le Déclin de l'Occident*, comme un « prédicateur pessimiste d'une tonalité de déclin faible et sans espoir[2] » alors qu'il est « tout le contraire », il entreprend un éloge appuyé en ces termes :

> Sur le fond d'une interprétation biologique de la « volonté de puissance », il est devenu l'un des premiers et essentiels éducateurs politiques dans la décennie entre les années 1920 et 1930, alors qu'il essayait d'écrire l'histoire pour l'homme d'État et de développer historiquement l'art d'être un homme d'État[3].

---

1. GA 47, 74-76.
2. « … als einen pessimistischen Prediger einer schwachen und hoffnugslosen Untergangsstimmung » (GA 47, 75).
3. « Aufgrund einer biologischen Deutung des "Willens zur Macht" wurde er zu einem der ersten und wesentlichen politischen Erzieher in dem Jahrzehnt zwischen 1920 und 30, indem er versuchte, Geschichte für den Staatsmann zu schreiben und die Kunst der Staatsmannes geschichtlich zu entwickeln » (GA 47, 75).

On voit que le « biologisme » de Spengler n'est pas mal considéré. Par ailleurs, Heidegger apprécie en lui « l'éducateur politique ». Pour nous qui connaissons la volonté heideggérienne de jouer lui-même le rôle d'« éducateur politique », il nous importe de voir qu'en 1939 il n'a pas changé d'idée par rapport à l'ambition qu'il affichait six ans plus tôt, dans son séminaire hitlérien, à une date où il lui était encore possible de transformer ouvertement son enseignement en un cours de propagande hitlérienne et nazie.

En 1939, Heidegger récidive en se couvrant cette fois de l'autorité de Spengler. Voici en effet les citations du livre *Der Staat* qu'il recueille pour ses étudiants en ce printemps 1939 :

> Dans la préface à son écrit intitulé *L'État* (1924), dans lequel il résume les pensées philosophiques fondamentales du *Déclin de l'Occident* (1917), nous trouvons les propositions : « … là où nous nous trouvons : dans le passage du parlementarisme au césarisme. Nous vivons une grande époque… Le destin de l'Allemagne dépend de l'influence conquise par les hommes qui auront compris cette époque et seront à sa hauteur » (préface, p. IV). « Les succès anglais ont toujours commencé par des insuccès et seule la ténacité dans la lutte finale les a garantis[1]. »

---

1. « Im Vorwort zu seiner Schrift "Der Staat" (1924), in dem er die philosophischen Grundgedanken des "Untergangs des Abendlandes" (1917) zusammenfaßt, finden wir die Sätze : "… wo wir heute stehen : am Übergang vom Parlamentarismus zum Cesarismus. Wir leben in einer großen Zeit… Das Schicksal Deutschlands hängt von dem Einfluß ab, welchen sich die Männer erobern, die diese Lage begriffen haben und ihr gewachsen sind" (Vorwort S. IV). "Englische Erfolge sind stets durch Mißerfolge eingeleitet und nur durch Zähigkeit im Endkampf gesichert worden" (Vorwort S. III) » (Oswald SPENGLER, *Der Staat*, Munich, 1924 ; cité par HEIDEGGER, GA 47, 75).

Après avoir choisi ces extraits de la préface du livre, Heidegger cite plusieurs phrases prises dans les premières pages de la troisième partie, qui s'intitule « Philosophie de la politique » :

Il n'y a pas de peuples politiquement doués. Il n'y a que des peuples qui sont solidement placés dans la main d'une minorité dirigeante et qui se sentent ainsi en bonne constitution. Les Anglais comme peuple sont aussi dépourvus de jugement, aussi étroits et aussi peu pratiques dans les choses politiques que toute autre nation, mais ils possèdent une *tradition de la confiance*, en dépit de toute inclination aux débats publics... Confiance veut dire renoncement spontané à la critique... *Le génie politique d'une masse n'est que la confiance dans le commandement (Führung)*. Mais il faut l'acquérir, il faut qu'il mûrisse lentement, qu'il soit éprouvé par des succès et qu'il soit devenu tradition[1].

Les points de suspension correspondent à des développements sur les Anglais supprimés par Heidegger pour en venir à ce qui l'intéresse : l'affirmation de la *Führung* à laquelle se résume, pour lui comme pour Hitler, l'essentiel de la politique.

---

1. « "Politisch begabte Völker gibt es nicht. Es gibt nur Völker, die fest in der Hand einer regierenden Minderheit sind und die sich deshalb gut in Verfassung fühlen. Die Engländer sind als Volk ebenso urteillos, eng und unpraktisch in politischen Dingen wie irgend eine andere Nation, aber sie besitzen eine *Tradition des Vertrauens*, bei allem Geschmack an öffentlichen Debatten... Vertrauen, das heißt unwillkürlicher Verzicht auf Kritik... *Politische Begabung einer Menge ist nichts als Vertrauen auf die Führung*. Aber sie will erworben werden, sie will langsam reifen, durch Erfolge bewährt und zur Tradition geworden sein" (S. 147) » (cité par Heidegger, *ibid.*); trad. fr. (modifiée) de M. Tazerout : Oswald Spengler, *Le Déclin de l'Occident*, Paris, 1948, p. 406-407, où se trouve le chapitre correspondant à *L'État*.

La suite de son cours est particulièrement importante, car elle nous révèle les sources où Heidegger puise sa conception de la politique comme « affirmation de soi » *(Selbstbehauptung)*. Il poursuit en ces termes :

> Le fondamental et l'essentiel en politique, où la conception par Spengler de la position politique et de la réflexion historique prend sa source, apparaît dans les phrases suivantes, qui rappellent souvent littéralement Nietzsche :
>
> « La politique est la modalité où l'existence humaine qui afflue s'affirme *(sich behauptet), grandit*, triomphe des autres courants vitaux. *La vie entière est politique*, dans chacun de ses traits instinctifs, jusqu'à la moelle la plus intérieure. Ce que nous qualifions aujourd'hui volontiers d'énergie vitale (vitalité), ce "Il" qui est en nous, qui veut avancer et monter à tout prix, notre élan aveugle, cosmique, nostalgique vers la reconnaissance et la puissance, qui reste lié à la terre comme une plante, à la "patrie" par sa race, existence dirigée et *nécessité* de l'action, forment ce qui, en tant que vie politique chez les hommes supérieurs, cherche et est tenu de chercher les grandes décisions pour être un destin ou pour subir un destin. Car on ne peut que *grandir ou dépérir*. Il n'existe pas de troisième possibilité[1]. »

---

1. « Das Grundsätzliche und Wesentliche über Politik, aus welcher Auffassung Spenglers politische Haltung und Geschichtsbetrachtung entspringt, zeigt sich in folgenden Sätzen, die oft wörtlich an Nietzsche erinnern : "Politik ist die Art und Weise, in der sich das menschlich strömende Dasein behauptet, *wächst*, über andere Lebensströme triumphiert. *Das ganze Leben ist Politik*, in jedem triebhaften Zuge, bis ins innerste Mark. Was wir heute gerne als Lebensenergie (Vitalität) bezeichnen, jenes 'es' in uns, das vorwärts und aufwärts will um jeden Preis, der blinde, kosmische, sehnsüchtige Drang nach Geltung und Macht, der pflanzenhaft und

La confrontation de cette page de Spengler citée par Heidegger et de la fin du séminaire inédit sur Hegel et l'État nous montre que la définition heideggérienne du politique comme « affirmation de soi » *(Selbstbehauptung)* est directement inspirée de la définition spenglérienne de la politique comme la « modalité où l'existence qui afflue s'affirme *(sich behauptet)*, grandit, triomphe des autres courants vitaux[1] ». Ainsi se dévoile à nous la source à laquelle Heidegger a pu puiser sa conception de la politique dès sa conférence sur Spengler de 1920. La politique – ou, dans le séminaire sur Hegel et l'État, *le* politique – n'est rien d'autre que l'affirmation de soi de l'existence. Certes, Heidegger transpose dans un vocabulaire existentiel et ontologique ce que Spengler énonce dans un vocabulaire plus vitaliste, mais le fond est le même, et nous avons vu que Heidegger n'hésite pas à parler à l'occasion du « flot du sang » *(das Strömen des Blutes)*[2].

Or quelle est cette « existence » *(Dasein)* qui s'affirme dans la politique selon Spengler ? La phrase qui précède l'indique :

---

rassehaft mit der Erde, der 'Heimat' verbunden bleibt, das Gerichtetsein und Wirken*müssen* ist es, was überall unter höheren Menschen als politisches Leben die großen Entscheidungen sucht und suchen muß, um ein Schicksal entweder zu sein oder zu erleiden. Denn man *wächst oder stirbt ab.* Es gibt keine dritte Möglichkeit" (S. 145) » (cité par Heidegger, GA 47, 76) ; trad. fr. (modifiée) dans O. Spengler, *Le Déclin de l'Occident, op. cit.,* p. 404-405.

1. « Politik ist die Art und Weise, in der dieses strömende Dasein sich behauptet, wächst, über andere Lebenströme triumphiert ». Nous citons cette fois la phrase exacte de Spengler, que Heidegger a un peu modifiée pour tenir compte de la précédente qu'il ne cite pas.

2. GA 36/37, 263.

Nous appelons histoire les courants de l'existence humaine dès que nous les envisageons comme mouvement : race *(Geschlecht)*, ordre *(Stand)*, peuple, nation[1]…

Ainsi, l'existence est « politique » en tant qu'elle s'affirme, « histoire » en tant qu'elle est mouvement. C'est alors comme race qu'elle est d'abord saisie. Voilà la doctrine à laquelle se réfère Heidegger.

Il faut souligner l'extrême nocivité de ces pages de Spengler, qui constituent le fond dans lequel les principaux « doctrinaires » du nazisme comme Alfred Baeumler, Alfred Rosenberg, Walter Darré ou Martin Heidegger vont puiser. Presque chacun des mots de Spengler se retrouve dans la doctrine nazie. Ainsi par exemple de son éloge de la « noblesse » *(Adel)* comme expression de la « race dure », et de la « discipline » ou « dressage » *(Zucht)* comme la modalité de l'éducation politique. Spengler écrit en effet :

> C'est pourquoi la noblesse en tant qu'expression d'une race dure est l'ordre proprement politique, et la discipline, non l'instruction, est la modalité proprement politique de l'éducation[2].

La définition heideggérienne du politique comme « affirmation de soi » est donc sans originalité. Elle procède du même fond raciste que les développements de Spengler. La démonstration définitive est donc faite que Heidegger ne combat nullement ce « biologisme »-là.

---

1. « Die menschlichen Daseinsströme nennen wir Geschichte, sobald wir sie als Bewegung : Geschlecht, Stand, Volk, Nation betrachten » (O. Spengler, *Der Staat, op. cit.*, p. 145).
2. « Deshalb ist der Adel als Ausdruck einer starken Rasse der eigentlich politische Stand, und Zucht, nicht Bildung, die eigentlich politische Art der Erziehung » *(ibid.)*.

Ce qu'il critique continuellement, c'est le darwinisme en tant qu'il est anglo-saxon et donc « libéral ». Mais il prend soin, dans la suite de son cours sur Nietzsche, de préciser que « le biologisme de Nietzsche n'est pas du darwinisme ». En effet, ajoute-t-il, Darwin comprend la vie de manière « *sociologico*-métaphysique », tandis que Nietzsche l'interprète de façon « *ontologico*-métaphysique », le mot « ontologique », précise-t-il, n'étant pas pris au sens scolastique[1]. Nous pouvons donc affirmer que la « doctrine » heideggérienne constitue dans ses prémisses la reprise et la transposition existentielle et « ontologique » du combat pour la vie et pour la domination totale, tel qu'on le trouve dans les interprétations de Nietzsche par Spengler et par Jünger, qui restent ses deux principales sources tout au long des années 1930.

Certes, Heidegger essaiera constamment de défendre son originalité en forgeant notamment sa propre terminologie mais, sur le fond, l'inspiration raciste demeure commune aux trois auteurs. On peut même affirmer qu'en s'exprimant de manière « ontologique », elle se radicalise chez Heidegger. Ce qui lui importe avant tout, quelle que soit la façon dont on l'exprime, c'est la défense de ce qu'il nomme, dans son cours du semestre d'été 1934, « les possibilités créatrices et les auto-affirmations *(Selbstbehaupten)* de la force du peuple allemand[2] ». Pour cela, il faut puiser dans ce qu'il nomme « les possibilités fondamentales de l'essence de la race originellement germanique » *(die Grundmöglichkeiten des urgermanischen Stammeswesens)*[3]. Et ce qui a fait la fortune de son œuvre, c'est que Heidegger

---

1. GA 47, 91.
2. GA 38, 75.
3. GA 36/37, 89.

a su donner au fond raciste de cette doctrine une apparence plus « philosophique » que ne l'avaient fait Spengler ou Jünger, alors que cette doctrine, par ce qu'elle a de discriminatoire, constitue la perversion radicale et la destruction en acte de la philosophie.

HEIDEGGER ET OSKAR BECKER : ÊTRE, ESSENCE ET RACE

Sur l'enjeu raciste de « l'ontologie » heideggérienne, la controverse soulevée dans les années 1937-1938 par l'un de ses disciples, Oskar Becker, apporte des lumières importantes. Becker est, avec Karl Löwith, l'un des deux principaux élèves de Heidegger au début des années 1920. Durant ces mêmes années, les disciples et le maître échangent une ample correspondance restée inédite autour des thèses d'*Être et temps*. Dès cette époque, Becker se révèle très proche du raciologue Ludwig Clauß. En 1928, Heidegger estime suffisamment Becker pour le proposer à sa succession à Marburg. Cependant, ce dernier ayant été déclassé par le ministère au profit de Franck, Heidegger le prend comme premier assistant à Fribourg, avant qu'il ne soit élu professeur à Bonn, où il devient le collègue d'Erich Rothacker.

En 1937, Becker fait partie de la délégation sélectionnée par le régime pour représenter l'Allemagne au congrès Descartes. Son intervention est publiée la même année au tome VIII des *Travaux du IX{{e}} congrès international de philosophie. Congrès Descartes*. Elle s'intitule « Transzendenz und Paratranszendenz ». Elle est résumée en ces termes :

L'expression connue de Platon *epekeina tes ousias* et les considérations d'Aristote sur le thème de la philosophie première font reconnaître, dans l'idée de transcendance, un double sens, qui n'est pas éclairci. La poursuite systématique de ce problème conduit à une séparation de l'idée traditionnelle de transcendance en une « transcendance » proprement dite (en un sens éminent) et en une forme nouvelle, jusqu'ici insuffisamment considérée, la « paratranscendance ». Elle correspond au « naturel », à la croissance organique, aux puissances maternelles, sang et terre. La recherche qui la concerne fonde une nouvelle discipline métaphysique de même genre que l'ontologie, la « parontologie »[1].

On a compris qu'il s'agit de fonder la doctrine raciale national-socialiste du *Blut und Boden* sur une pseudo-métaphysique élaborée à partir de l'ontologie fondamentale de Heidegger et d'après elle. Ce qui est effarant dans cette entreprise, c'est d'une part l'apparence de technicité philosophique qu'elle se donne, avec une pseudo-discussion savante de Platon et d'Aristote émaillée de citations grecques, et d'autre part le fait que les responsables du congrès ont publié ce texte. On voit à cet exemple comment le fonctionnement routinier de l'institution, l'absence de prise de conscience sérieuse et profonde de ce qui est dit sous les apparences d'un propos philosophique, permet aux doctrines les plus dévastratrices de se répandre dans la pensée. C'est un avertissement à méditer aujourd'hui.

En effet, sommes-nous, en 2005, plus vigilants qu'en 1937 ? Avons-nous, selon l'expression consacrée, retenu les leçons de l'histoire ? La réalité de ce qui est actuellement publié amène à en douter. Nous en donnerons un exemple. En 2003 est paru un article

---

1. O. Becker, « Transzendenz und Paratranszendenz », *Travaux du IX⁰ congrès international de philosophie. Congrès Descartes*, *op. cit.*, t. VIII, Iʳᵉ partie, p. 97.

d'un schmittien, Reinhard Mehring, où, sans cacher le caractère *völkisch* et raciste des conceptions de Larenz, mais en passant sous silence le racisme de Wolf présenté comme un « personnaliste », l'auteur prononce un éloge appuyé de la « philosophie du droit » d'Erik Wolf et de Karl Larenz et l'oppose à « l'ethos démocratique du relativisme » qui, selon lui, ne peut qu'incliner à la « résignation »[1]. Bref, c'est de Wolf et de Larenz dont il faut aujourd'hui s'inspirer selon lui, et non pas de Gustav Radbruch qui fut, sous le nazisme, un opposant authentique quoique discret. C'est ainsi que dans une publication consacrée aux *Juristes de gauche dans la République de Weimar*, un article peut faire la promotion de la conception nazie du droit sans que personne, semble-t-il, s'en inquiète. Il est vrai que son auteur s'abrite en partie sous la réputation usurpée d'Erik Wolf, ce qui nous confirme à quel point il était nécessaire de faire plus de clarté sur la doctrine véritable du disciple de Heidegger.

Pour revenir à Oskar Becker, ce qu'il importe de souligner, c'est que son propos s'appuie sur Heidegger à partir duquel, par une forme de surenchère, il entend constituer une nouvelle « ontologie » qui rendrait mieux compte de la race que celle élaborée par ce dernier. Becker commence par s'appuyer sur le concept de « naissance » *(Geburt)* – central dans le nazisme et, nous l'avons vu, dans le premier cours sur Hölderlin de Heidegger. *Geburt* est pour Becker un concept « originellement païen » *(urheidnisch)* qui s'enracine dans le « mythe originel » *(Ursprungsmythos)*. Il présente la

1. Reinhard MEHRING, « Der sozialdemokratische Strafrechtsdiskurs in Weimar und seine Kritik. Gustav Radbruch, Erik Wolf und Karl Larenz », *Linke Juristen in der Weimarer Republik*, éd. par Manfred Gangl, Berlin, 2003, p. 169-187.

« naissance » comme le « contrepoint métaphysique » *(metaphysisches Gegenspiel)* de « l'existential » heideggérien de la « déréliction » *(Geworfenheit)*. Bref, il voit en l'auteur d'*Être et temps* celui qui a su décrire la déréliction du *Dasein* dans l'existence inauthentique, caractérisée par l'absence de sol et la non-appartenance à la *Gemeinschaft*, tandis que lui-même entreprend de fonder l'appartenance à la race dans une nouvelle « ontologie ».

Il est pathétique de voir ce disciple s'efforcer d'exister par rapport à son maître en inventant des néologismes encore plus barbares tels que « paratranscendance » et « parontologie », et sombrer dans les bas-fonds les plus nauséeux du nazisme en voulant, mieux que Heidegger, en implanter la doctrine raciale dans la philosophie. Becker se dévoile en effet à la fin de son étude. À propos du « phénomène de la naissance », il affirme que :

> C'est là que les expériences fondamentales telles que l'appartenance à un être-peuple *(Volkstum)* déterminé, à une race déterminée et au paysage natal ont leur place. Ce qui devient visible dans ces expériences fondamentales, ce sont les anciennes puissances maternelles du sang et de la terre, mythiquement apparentées depuis toujours[1].

Et Becker de reprendre tout le vocabulaire racial métaphorisé du national-socialisme élaboré par Clauß, Rothacker et Jünger et, comme nous l'avons vu, utilisé

---

1. « Hier ist der Ort, wo Grunderfahrungen, wie die Zugehörigkeit zu einem bestimmten Volkstum, einer bestimmten Rasse und der heimatlichen Landschaft ihren Platz haben. Was in diesen Grunderfahrungen sichtbar wird, sind die alten mütterlichen Mächte des Blutes und der Erde, von jeher mythisch verwandt » (O. Becker, « Transzendenz... », art. cité, p. 102).

maintes fois par Heidegger lui-même, particulièrement dans ses cours de 1933 : « la force qui imprime »
(prägende Kraft), le « type » *(Typ)*, la « frappe »
(Schlag), la figure fondamentale *(Grundgestalt)*. Il se
demande ensuite si l'on retrouve bien ici le *Dasein*
humain décrit par Heidegger dans son analytique existentielle. Sans doute, laisse-t-il entendre, mais à condition d'effectuer un déplacement dans la terminologie.
En s'inspirant de la « nature philosophique de la langue
allemande », qui parle de l'enfant comme d'une « petite
essence » *(kleines Wesen)*, on ne dira plus *Dasein*, mais
Da-wesen, on ne parlera plus de *Sein*, mais de *wesendes
Wesen*. Becker poursuit ses élucubrations en se situant
constamment par rapport à Heidegger : il entend compléter la « différence ontologique » de l'être et de l'étant
par « l'identité parontologique » *(parontologische
Gleichung)* de l'essence avec l'essence. En réalité,
loin de parvenir à se distinguer de son maître, il ne fait
que confirmer une tendance décelable dans les textes
mêmes de ce dernier, où la référence à « l'essence »
(Wesen) devient de plus en plus insistante durant les
années 1930. Nous verrons ainsi Heidegger, dans ses
écrits sur Jünger, parler de « l'essence non encore purifiée des Allemands[1] ».

En 1938, Becker publie, dans la revue *Rasse*, un
article encore plus explicite qu'il intitule « Métaphysique nordique[2] ». Cette revue mensuelle est alors
éditée à Leipzig par Teubner, l'éditeur d'Aristote. Déjà
signalée par Karl Löwith et Hans Sluga, cette seconde
« étude » de Becker est un peu mieux connue que la

---

1. Voir *infra*, p. 638 *sq.*
2. Oskar Becker, « Nordische Metaphysik », *Rasse, Monatschrift
der Nordischen Bewegung*, Leipzig et Berlin, 1938, p. 81-92.

première[1]. Elle est tout aussi instructive par sa façon d'« ontologiser » un fond raciste. Le disciple reprend de manière plus directe ce que le maître avait accompli de façon plus dissimulée. Il y a cependant une différence entre les deux auteurs, dans la mesure où Heidegger est, comme Erik Wolf, et selon ses propres expressions, partisan d'une « essence des Allemands » et d'une « essence de la race originellement germanique », tandis que Becker, comme Ludwig Clauß, se fonde sur le mythe de la « race nordique ». L'article débute ainsi par les affirmations selon lesquelles « tous les peuples n'ont pas une métaphysique » et « la métaphysique est une possibilité nordique », là où Heidegger affirme, un peu autrement, que les Allemands sont « le peuple métaphysique ».

Dans cet article, Becker ne discute plus seulement l'existentialisme de Heidegger, mais aussi la forme que lui a donnée un autre de ses disciples, Hans Heyse, dans *Idee und Existenz*. Le contexte de la revue *Rasse* lui permet d'être plus explicite, et il en vient dans ses conclusions, où il s'appuie sur les raciologues Houston Stewart Chamberlain et Ludwig Clauß, à exprimer la relation de l'essence de l'homme à la race en ces termes :

L'essence de l'homme appartient à la sauvegarde *(Geborgenheit)* de sa race[2].

---

1. K. Löwith, *Mein Leben in Deutschland...*, *op. cit.*, p. 51-52 ; trad. fr., p. 71-72. Hans Sluga, *Heidegger's Crisis. Philosophy and Politics in Nazi Germany*, Cambridge, Massachusetts et Londres, 1995, p. 219-223.
2. « Das Wesen des Menschen angehörig ist [...] der Geborgenheit in seiner Rasse » (O. Becker, « Nordische Metaphysik », art. cité, p. 91).

La terminologie de Becker annonce précisément les développements ultérieurs de Heidegger et notamment ses *Conférences de Brême* de 1949, où l'on trouve des mots de la même racine que *Geborgenheit*, ce dernier parlant de la « mise à l'abri » *(bergen)* et du « sauvetage » *(Bergung)* de l'homme dans la vérité et dans « l'essence » de l'être[1].

D'une manière générale, l'évolution de la terminologie de Heidegger sous le nazisme va dans le même sens que le vocabulaire de Becker : il est de plus en plus constamment question d'« essence ». Dans les années 1930, il y a longtemps que le mot *Existenz* a disparu du langage heideggérien. En revanche, « l'essence de l'être » *(Wesen des Seins)* est désormais au cœur de son propos.

Précisons par ailleurs que Becker a voulu poursuivre sur la race une controverse amicale entamée au milieu des années 1920 à propos de l'art. Il mettait alors en doute la capacité de l'analyse existentielle d'*Être et temps* à rendre compte de l'art. Cependant, comme le montre bien Hans Sluga[2], il y a longtemps, en 1938, que Heidegger a entièrement reconsidéré la question de l'art et fondé celle-ci dans l'appartenance d'un peuple à la « terre », rapprochant, dans sa conférence de 1935 sur *L'Origine de l'œuvre d'art*, la fondation de la Cité *(polis)* et celle de l'œuvre d'art, notamment autour de l'exemple du temple. Les reproches de Becker en 1937-1938 sont donc décalés par rapport à l'évolution effective des écrits de Heidegger.

De fait, non seulement ce dernier n'a rien à envier à Becker en matière de vaticinations sur « l'essence de la race germanique originelle », mais il ira plus loin

---

1. Voir *infra*, p. 663.
2. H. Sluga, *Heidegger's Crisis, op. cit.*, p. 222.

que lui dans l'ostracisme antisémite. En effet, lorsque Oskar Becker publie en 1942, dans la série des « conférences de guerre » de l'université de Bonn, un essai intitulé *Les Pensées de Frédéric Nietzsche sur l'ordre du rang, le dressage et la sélection*[1], il fait figurer dans sa courte bibliographie le livre publié par Karl Löwith en 1935 : *Nietzsche, philosophie de l'éternel retour du même*[2]. Heidegger, au contraire, qui a pourtant tiré le plus grand parti de la mise en valeur par Karl Löwith de l'éternel retour nietzschéen, ne se réfère jamais à son livre et ne prononce pas une seule fois le nom de Löwith dans ses cours sur Nietzsche.

La discussion raciale de son ontologie par Oskar Becker n'a visiblement pas troublé Heidegger car, après la Seconde Guerre mondiale, les deux hommes resteront amis. C'est ainsi que dans une lettre du 30 mars 1966 adressée à Eugen Fink, Heidegger lui parle de « notre très estimé ami Oskar Becker récemment disparu[3] ». Ce dernier avait, peu avant de mourir, réédité en 1963, chez Neske, le même éditeur que Heidegger, ses considérations sur *Dasein et Dawesen*, dépouillées de tout ce qui laissait apparaître, dans ses écrits des années 1937-1938, la signification raciale de sa notion de « l'essence[4] ». Et en 1984 encore, son étude intitulée « Para-Existenz. Menschliches Dasein und Dawesen »

1. Oskar BECKER, *Gedanken Friedrich Nietzsches über Rangordnung, Zucht und Züchtung*, « Kriegsvorträge der Rheinischen Friedrich-Wilhelms-Universität Bonn a. Rh. », aus der Vortragsreihe « Führungsformen der Völker », Bonn, 1942.

2. Karl LÖWITH, *Nietzsches Philosophie der ewigen Wiederkunft des Gleichen*, Berlin, 1935.

3. « ... unseres jüngst verstorbenen hochgeschätzten Freundes Oskar Becker » (HEIDEGGER, GA 29/30, 532 ; trad. fr., p. 527).

4. Oskar BECKER, *Dasein und Dawesen. Gesammelte Philosophische Aufsätze*, Pfüllingen, 1963. Voir H. SLUGA, *op. cit.*, p. 280.

est publiée par un élève de Heidegger, Otto Pöggeler, dans un ouvrage collectif sur son maître[1]. Ainsi, et même si le fond racial de la doctrine de Becker reste volontairement masqué après 1945, Heidegger et son disciple continuent d'accueillir les écrits de ce dernier sans jamais manifester la moindre réserve à l'égard de ce qui demeure fondamentalement une discussion raciale de l'œuvre de Heidegger.

L'interprétation de Descartes et de la « métaphysique » lors de l'invasion de la France

Revenons aux cours sur Nietzsche et à la position qui s'en dégage au début des années 1940. Il est notamment important de voir de quelle manière Heidegger considère désormais Descartes, car il peut sembler, à la première lecture, qu'il a profondément changé dans son appréciation de l'auteur des *Méditations métaphysiques* par rapport à sa condamnation sans appel de 1933. En réalité, le revirement apparent reflète le bouleversement des rapports de force entre l'Allemagne nazie et la France. Nous sommes en effet au printemps de l'année 1940. Les armées du Reich nazi déferlent sur la France. C'est le moment que choisit Heidegger pour évoquer longuement Descartes. Le cours original est beaucoup plus développé que le texte édité en 1961 dans le *Nietzsche II*, où plus d'une vingtaine de pages de récapitulation concernant Descartes – dans sa relation notamment à la critique de Pascal – sont supprimées. Cependant, on ne saurait parler d'une élucidation philosophique de l'œuvre cartésienne : on retrouve au

---

1. Otto Pöggeler (éd.), *Heidegger. Perspektiven zur Deutung seines Werks*, Cologne, Berlin, 1970.

contraire les anciennes « interprétations » de Descartes, déjà présentes dans son cours de l'hiver 1923-1924[1], et sous une forme durcie, ce qui se voit aux formules que Heidegger prête à Descartes mais qui, en réalité, ne sont nullement de lui. En effet, les expressions employées : le *cogito me cogitare*, l'*ego cogito* comme *fundamentum absolutum inconcussum veritatis*[2] et comme *subjectum*[3], n'appartiennent pas au vocabulaire des *Méditations* : jamais Descartes n'y parle de « fondement » au singulier, jamais il ne qualifie d'« absolu » le *moi* humain, et, comme nous l'avons vu, jamais, dans les *Méditations*, il n'utilise à propos de la *res cogitans* le terme *subjectum*.

Par ailleurs, on retrouve, en 1940 et 1941, les mêmes présupposés réducteurs qu'en 1923-1924, preuve que la conception que se fait Heidegger de l'auteur des *Méditations* n'a pas fondamentalement varié en deux décennies. En effet, il persiste à interpréter la *philosophia prima* de Descartes de manière toute scolastique, comme une philosophie qui se maintient « dans la sphère de la question concernant l'*ens qua ens*[4] ». En outre, et bien qu'il se défende parfois de vouloir utiliser

---

1. Voir H<small>EIDEGGER</small>, GA 17, *Einführung in die phänomenologische Forschung*.

2. H<small>EIDEGGER</small>, *Nietzsche II*, p. 142, 179, etc. ; trad. fr. p. 115, 144, etc.

3. Rappelons à ce propos que celui qui, en France, a explicitement pensé la puissance de connaître de l'homme comme un *subiectum* n'est pas Descartes, mais, dès la Renaissance, Charles de Bovelles qui, en 1511, au chapitre VIII, proposition 7 de son *Livre de l'intellect*, a posé l'équivalence *subiectum sive cognitrix potestas et spectatrix facultas*.

4. « die "Betrachtungen" bezeichnen sich selbst als "Mediationes de prima philosophia", als solche also, die sich im Umkreis der Frage nach dem ens qua ens halten » (H<small>EIDEGGER</small>, *Nietzsche II*, p. 433 ; trad. fr., p. 347).

le mot « sécularisation », il continue à interpréter la position métaphysique de Descartes comme la traduction et l'équivalent philosophique d'une position théologique. La liberté cartésienne et sa détermination de la vérité comme certitude sont conçues comme une « certitude semblable » à « la certitude du salut » dans la foi[1]. Ce rapprochement permet à Heidegger d'associer Luther et Descartes en les situant comme les deux références au commencement de la modernité[2]. Cependant, outre le fait qu'elle n'est étayée par aucune argumentation solide, la mise en relation de la certitude philosophique et de la foi religieuse n'est pas recevable du point de vue cartésien. Elle suppose en effet une confusion entre croyance et certitude rationnelle que Descartes a toujours récusée. Pour l'auteur des *Regulae*, la croyance est l'adhésion de la volonté à quelque chose d'obscur[3], tandis que la certitude rationnelle naît de l'évidence d'une perception pleinement claire et distincte. Il n'y a donc aucune commune mesure entre les deux.

---

1. « Jetzt heißt Freisein, daß der Mensch an die Stelle der für alle Wahrheit maßgebenden Heilsgewißheit eine solche Gewißheit setzt, kraft derer er und in der er sich seiner selbst gewiß wird als des Seienden, das dergestalt sich selbst auf sich stellt » (*ibid.*, p. 145 ; trad. fr., p. 116). Voir également le développement du cours de 1941 qui s'intitule « Der Wandel der Wahrheit zur Gewißheit », *ibid.*, p. 421-429 ; trad. fr., p. 337-344.

2. Dans ses notes complémentaires au cours sur *La Métaphysique de Nietzsche* rédigé pour le WS 1941/42, Heidegger écrit en effet : « Neuzeit, Beginn. Subjektivität und certitudo : Descartes […] Justification, iustitia – Luther » (GA 50, 83). Il n'y a cependant aucune explicitation de ce rapprochement, ni prise de conscience du fait que la conception de l'homme dans la Réforme et dans la philosophie cartésienne sont sans commune mesure.

3. « *illa, quae divinitus revelata sunt, omni cognitione certiora credamus, cum illorum fides, quaecumque est de obscuris, non ingenii actio sit, sed voluntatis* » (DESCARTES, *Regulae ad directionem ingenii*, Reg. III, AT X, 370).

En rapprochant ainsi la certitude de la foi et la certitude rationnelle dans la connaissance humaine, Heidegger tend à absolutiser la certitude humaine, à l'opposé de l'esprit des *Méditations*. Cela lui permet de présenter la métaphysique cartésienne comme l'anticipation de l'absolue « domination du sujet dans les Temps modernes », qui trouverait sa plus haute expression dans le « savoir absolu » de Hegel avant de s'accomplir dans la « volonté de puissance » nietzschéenne[1]. La déformation du projet cartésien est ici à son comble. En effet, la philosophie première de Descartes est une philosophie de la perception claire de la vérité. Ce n'est pas une doctrine de l'auto-affirmation de la puissance. En effet, l'esprit cartésien n'est ni un « esprit absolu » à la manière hégélienne, ni une auto-production à la manière de Fichte ou de Gentile, mais une *mens humana* qui ne prétend nullement s'identifier à l'*ens infinitum*.

Toute l'originalité de la métaphysique des *Méditations* tient en effet dans l'équilibre subtilement préservé entre l'évidence humaine et la véracité divine. Descartes évite ainsi deux écueils : celui d'une pure affirmation de soi de l'esprit qui se poserait comme un fondement absolu et celui d'une soumission du « sujet » humain à un fondement inintelligible dont il ne saurait avoir aucune pensée. En effet, si nous ne pouvons comprendre l'infini, nous n'en avons pas moins une intellection claire et distincte : une *idée* et non pas une croyance. Or la lecture heideggérienne détruit cet équilibre de la pensée, en passant sous silence la quête

---

1. Voir notamment le développement de 1940 intitulé « Die Herrschaft des Subjekts in der Neuzeit », *in* Heidegger, *Nietzsche II*, p. 141-147 ; trad. fr., p. 114-119.

métaphysique de la véracité divine et en absolutisant
la certitude d'exister de notre esprit. Cette évidence
n'est, selon Descartes, que le point de départ et le
principe de la philosophie, et non son terme ultime et
son apothéose, de sorte que le *moi* des *Méditations* est
sans véritable rapport avec ce que Hegel nommera le
« savoir absolu ».

Pour imputer à Descartes la responsabilité de la relation de domination de l'homme moderne sur tout ce qui
est, Heidegger, comme tous ceux qui s'en inspireront
pour accabler son auteur, cite sans le commenter le
fameux passage de la sixième partie du *Discours de
la méthode*, où l'auteur parle de « nous rendre comme
maîtres et possesseurs de la nature », une formule qui
résonne comme un écho atténué du projet baconien. Si
on l'isole de son contexte, si on le considère sans prêter attention à la nuance du « comme » et si on le rapproche de manière tout anachronique de la « volonté de
puissance » nietzschéenne et des ravages de la surex-
ploitation contemporaine de la nature, le mot de Descartes peut sembler excessif. Mais il faut voir clair dans
ce qu'il signifie. La suite du texte explicite le sens du
passage en question (mais Heidegger ne la cite pas) : la
fin recherchée n'est pas d'abord l'ensemble des « com-
modités » qui se trouvent sur terre, mais « la conservation de la santé » en vue de rendre les hommes « plus
sages ». Cela suppose une connaissance des « causes »
de nos maladies et de « tous les remèdes dont la nature
nous a pourvus »[1]. Cette façon de considérer la santé
comme la condition de la sagesse ne traduit aucune
volonté d'exploitation effrénée de la nature, mais au
contraire une profonde attention à la vie, en vue de préserver l'unité de l'homme.

---

1. AT VI, 62.

Après ces analyses critiques, nécessaires pour montrer à quel point Heidegger se tient éloigné d'une lecture attentive et précise de Descartes, il faut aborder la façon dont son apport est, dans le cours du printemps 1940, en apparence réévalué mais en réalité manipulé jusqu'à être nié. En effet, si Heidegger continue à rappeler par moments les sources scolastiques et médiévales de la métaphysique de Descartes, il insiste désormais bien davantage sur son rôle dans les commencements des Temps modernes. Descartes apparaît comme celui qui, faisant du *moi* le *subjectum* par excellence établi dans la certitude du représenter, inaugure la « métaphysique de la subjectivité ». Il annoncerait ainsi la « domination du sujet dans les Temps modernes », que la volonté de puissance nietzschéenne aurait accomplie.

Cette conception de l'« histoire de la métaphysique » moderne comme histoire de la subjectivité, où s'égrènent dans une continuité « destinale » implacable les noms de Descartes, Hegel et Nietzsche, a été répétée à l'envi par maints commentateurs depuis la publication du *Nietzsche* de 1961. Cependant, il ne semble pas que l'on se soit sérieusement demandé comment Heidegger pouvait passer ainsi de la *mens* cartésienne à la *Macht* nietzschéenne. Rien ne permet en effet de traduire en termes de puissance l'esprit humain tel qu'il prend conscience de soi dans les *Méditations*.

En outre, si l'on prend en considération les textes supprimés dans le *Nietzsche* de 1961, on découvre que Heidegger conçoit la subjectivité moderne en un sens radicalement opposé à la philosophie cartésienne. En effet, ce n'est plus à l'esprit et au *moi* humain qu'il relie la subjectivité : l'attachement au *moi* n'est, écrit-il, qu'une « dégénérescence » *(Entartung)* de l'être soi-même. Heidegger n'hésite pas à employer à plusieurs reprises, dans ce passage, le terme *Entartung* qui appartient au vocabulaire racial le plus connoté du nazisme. Ce n'est donc nullement l'être humain dans sa valeur individuelle, mais au contraire le peuple et la nation entendus comme communauté, et donc la *Volksgemeinschaft*, que Heidegger conçoit sous le nom de « subjectivité ». Il écrit en effet :

> Lorsqu'un homme se sacrifie, il ne le peut que pour autant qu'il est entièrement soi-même – à partir de l'être soi-même et de l'abandon de son individualité. [...]
>
> La subjectivité ne peut en aucun cas être déterminée à partir de l'égoïté ni se fonder sur elle. Cependant il nous est difficile de nous ôter de l'oreille la tonalité fausse de « l'individualiste », lorsque nous entendons les mots « sujet » et « subjectif ».
>
> Néanmoins, il faut inculquer ceci : plus, et plus universellement l'homme en tant qu'humanité historique (peuple, nation), repose sur soi-même, plus l'homme devient « subjectif » au sens métaphysique. L'accent mis sur la communauté *(Gemeinschaft)* par opposition à l'égoïsme de l'individu n'est pas, métaphysiquement pensé, le dépassement du subjectivisme, mais bien son accomplissement, car l'homme – non pas l'individu séparé, mais l'homme dans son *essence* – entre à présent en piste : tout ce qui est, tout ce qui est mis en œuvre et créé, subi et conquis doit reposer sur lui-même et s'établir sous sa domination[1].

---

1. « Wenn ein Mensch sich opfert, kann er das nur, sofern er ganz er selbst ist – aus der Selbstheit unter Dahingabe seiner Einzelheit. [...] Die Subjekivität kann niemals von der Ichheit her bestimmt und auf diese gegründet werden. Doch wir bringen den falschen Ton des "Individualistischen" nur schwer aus dem Ohr, wenn wir das Wort "Subjekt" und "Subjektiv" hören, gilt es einzuschärfen : Je mehr und allseitiger der Mensch als geschichtliches Menschentum (Volk, Nation) sich auf sich selbst stellt, um so "subjektiver" wird der Mensch im metaphysischen Sinne. Die Betonung der

Ce passage nous montre comment, parti du thème national-socialiste de l'*Opfer*, du sacrifice qui scelle l'appartenance de l'individu à la communauté, et sous couvert de l'attaque habituelle chez les nationaux-socialistes de l'« égoïsme » supposé de l'individu, Heidegger identifie, en 1940, l'accomplissement de la subjectivité moderne à la domination de la *Volksgemeinschaft* nazie, et celle-ci à l'entrée en scène de l'homme entendu « dans son *essence* » ! Il est ainsi clair que ce que Heidegger comprend sous l'expression « métaphysique de la subjectivité » n'a dans le fond rien à voir avec Descartes, rien à voir non plus avec la métaphysique comme telle, qui relève du discernement de la pensée et non de l'affirmation de soi et de la domination d'une communauté nationale et raciale.

L'usage très particulier qui est fait par Heidegger du mot « métaphysique » se voit également à la manière dont il entend interpréter « métaphysiquement » l'invasion de la France par les armées du Reich. On est en effet frappé par l'identification opérée par Heidegger entre ce qu'il nomme la « métaphysique » et la brutalité des événements militaires – et cela à l'époque où, dans des centaines de pages inédites, regroupées après coup, de manière sélective, en volumes (*Beiträge zur Philosophie, Besinnung*, etc.) et publiées après sa mort, il se pose en penseur de l'« événement » *(Ereignis)* et de ce qu'il nomme « l'autre commencement » – ce qui ne l'empêche pas de réaffirmer, dans ces mêmes pages,

---

Gemeinschaft gegenüber der Eigensucht des Einzelnen ist, metaphysisch gedacht, nicht Überwindung des Subjektivismus, sondern erst seine Erfüllung, denn der Mensch – nicht der abgesonderte Einzelne, sondern der Mensch in seinem *Wesen* – kommt jetzt in die Bahn : Alles, was ist, was gewirkt und geschaffen, gelitten und erstritten wird, auf sich selbst zu stellen und in seine Herrschaft einzubeziehen » (GA 48, 211-212).

son adhésion à ce qu'il nomme « la nouvelle volonté allemande[1] ».

Dans un passage capital du cours de 1940, qui fait suite à de longs développements sur la « subjectivité » cartésienne, il commente en effet la défaite de la France en ces termes :

> En ces jours nous sommes nous-mêmes les témoins d'une loi mystérieuse de l'histoire, selon laquelle il vient un jour où un peuple n'est plus à la hauteur de la métaphysique surgie de sa propre histoire, et cela à l'instant même où cette métaphysique s'est convertie en l'inconditionnel[2].

Cela signifie en clair que pour Heidegger, l'invasion de la France par l'armée allemande est un événement non pas seulement militaire mais « métaphysique », qui révèle aux Allemands – désignés dans ces pages par l'expression *wir selbst* – que la France en tant que peuple n'est plus à la hauteur de la métaphysique instituée par Descartes. Dans le contexte de l'invasion de la France par les armées nazies et de la signature de l'armistice le 22 juin 1940 entre Hitler et les représentants de Pétain, Descartes n'apparaît plus comme l'ennemi héréditaire à abattre, mais comme un moment dépassé qu'il semble désormais possible d'incorporer dans une « histoire de l'être » qui aboutit à la domina-

---

1. *Beiträge zur Philosophie*, GA 65, 54.
2. « In diesen Tagen sind wir selbst die Zeugen eines geheimnisvollen Gesetzes der Geschichte, daß ein Volk eines Tages der Metaphysik, die aus seiner eigenen Geschichte entsprungen, nicht mehr gewachsen ist und dies gerade in dem Augenblick, da diese Metaphysik sich in das Unbedingte gewandelt hat » (Heidegger, *Nietzsche II*, p. 165 ; trad. fr. [modifiée], p. 133). Voir également GA 48, 205.

tion de l'Allemagne nazie et de ses satellites ou alliés de l'heure sur le continent européen.

Contrairement à ce qu'avait affirmé un commentateur désireux de faire passer ce cours pour une critique du national-socialisme alors qu'il constitue au contraire la légitimation explicite de sa domination, le peuple mis en cause dans cette leçon de juin 1940 est bien évidemment le peuple français et non le peuple allemand[1]. La suite le montre bien qui, cette fois, concerne le peuple allemand : il faut « à la technique moderne et à sa vérité métaphysique » une « humanité nouvelle, qui dépasse l'homme actuel » *(ein neues Menschentum [...] das über den bisherigen Menschen hinausgeht)*, un nouveau type humain voué à la « domination inconditionnée sur la terre ». Que cette « humanité nouvelle » ne fasse qu'un avec la communauté du peuple allemand sous le nazisme nous est confirmé par le fait que c'est dans la récapitulation *(Wiederholung)* de ces pages que l'on trouve le passage évoqué plus haut sur la « subjectivité » qui s'accomplit dans le peuple, la nation et la « communauté » *(Gemeinschaft)*.

Malheureusement, les réécritures du *Nietzsche* de 1961 ont trompé bien des lecteurs, surtout en France. On a cru que Heidegger critiquait en 1940 la domination nazie sur l'Europe, alors que c'est l'inverse qui est vrai. Maints passages du cours tel qu'il fut réellement professé en 1940 en apportent la preuve. Outre le texte cité sur la communauté, on mentionnera, entre autres, les modifications dans la conclusion du cours :

---

1. Voir Silvio VIETTA, *Heidegger critique du national-socialisme et de la technique*, Puiseaux, 1989, p. 117 : outre son interprétation erronée du passage sur l'invasion de la France, l'auteur se voit obligé, pour tenter d'accréditer sa thèse d'une critique du nazisme en 1940, de commenter les cours de 1940 à l'aide des conférences des années 1950 *(ibid.,* p. 118-119).

Heidegger ajoute en 1961 un paragraphe sur l'« histoire de l'être » et supprime les trois pages de la conclusion véritable du cours de 1940. Or dans cette conclusion, il soutient que « la motorisation de la Wehrmacht » – qui venait d'assurer les victoires militaires du Reich nazi dans la campagne de France – n'est pas un phénomène relevant du « technicisme », mais « un acte métaphysique »[1] !

Victor Klemperer a montré que le mot « historicité » était devenu un mot clé de la langue du IIIᵉ Reich, ou LTI[2]. On peut dire qu'avec son usage par Heidegger, le mot « métaphysique » était lui aussi en passe de devenir un terme de la LTI.

LA LÉGITIMATION DE LA SÉLECTION RACIALE COMME
« MÉTAPHYSIQUEMENT NÉCESSAIRE »

Dans sa tentative pour inscrire de force Descartes dans une « histoire de la métaphysique » identifiée à la planétarisation des rapports de puissance et de domination, Heidegger soutient, sans jamais le démontrer ni même l'expliciter, que l'essence de la subjectivité se déploierait « nécessairement » de l'*animal rationale* (formule qu'il présente à tort comme assumée par Descartes[3]) à la *brutalitas* de la *bestialitas* revendiquée

---

1. « In Wahrheit ist dies [''Motorisierung'' der Wehrmacht] ein metaphysischer Akt » (GA 48, 333); pour la suppression en 1961 de cette conclusion, voir *Nietzsche II*, p. 256; trad. fr., p. 203.

2. V. KLEMPERER, *LTI...*, *op. cit.*, p. 73-74.

3. Heidegger soutient, tant dans son *Nietzsche* que dans la *Lettre sur l'humanisme*, que « l'interprétation qui a eu cours jusqu'alors, c'est-à-dire l'interprétation métaphysique de l'homme » *(die bisherige, d.h. metaphysiche Auslegung des Menschen)*, serait celle de l'homme comme *animal rationale* (*Nietzsche II*, p. 193; trad. fr.,

selon lui par Nietzsche dans son évocation de la « bête blonde[1] ». Ce n'est pas là une critique, mais bien une légitimation du nazisme, inscrit par Heidegger comme participant de « l'histoire de l'être » et de l'accomplissement de la « métaphysique », en tant qu'il s'agit selon lui, en 1940, du seul mouvement historique à même de réaliser la planétarisation de la domination de l'homme sur tout l'étant.

Tel est bien ce qu'accomplit Heidegger : dès les premiers cours sur Nietzsche, lors d'un important passage du cours de 1936-1937 – supprimé dans le *Nietzsche* de 1961 mais rétabli en 1985 dans l'édition du cours –, il s'en prend violemment à la démocratie, présentée comme la « mort historique » de l'Europe en ce qu'elle ne reposerait que sur des « valeurs » et non pas, comme la « grande politique », sur des « forces donatrices de formes » *(gestaltgebende Kräfte)*[2]. En 1941-1942, dans son cours rédigé mais finalement non prononcé sur *La Métaphysique de Nietzsche*, il n'hésite pas à présenter le « dressage *(Züchtung)* des hommes » et le

---

p. 155 ; *Über den Humanismus*, Francfort, 2001, p. 13). Or nous savons au contraire que la définition scolaire de l'homme comme *animal rationale* a été explicitement écartée par Montaigne (*Essais*, livre III, chap. XIII, p. 1069), puis par Descartes lui-même dans la *Méditation seconde* et dans la *Recherche de la vérité* (AT VII, 25 et AT X, 515-516). La modernité de la pensée philosophique de l'homme, chez Descartes, se voit à son refus d'arrêter la pensée par une définition toute faite qui nous dispenserait d'un nouvel effort de recherche.

1. GA 48, 267 ; *Nietzsche II*, p. 200 ; trad. fr., p. 160-161. Sans nier le fait que bien des choses sont hautement problématiques chez Nietzsche, à commencer par la première dissertation de *La Généalogie de la morale*, l'interprétation heideggérienne de Nietzsche demande elle aussi à être remise en question.

2. « Europa will sich immer noch an die "Demokratie" klammern und will nicht sehen lernen, daß diese sein geschichtlicher Tod würde » (GA 43, 193).

« *principe* de l'institution d'une sélection de race » *(Rassenzüchtung)*, comme « métaphysiquement néces-saire » *(metaphysisch notwendig)*[1] !

En outre, Heidegger parle à ce propos de « *pensée* de la race » *(*Rassen*gedanke)*, en soulignant le mot « pensée ». Il élève ainsi la doctrine raciale à la dignité d'une « pensée », en vue de lui conférer une légitimité non plus seulement historique, mais « philosophique ». Dans cette perspective de froide légitimation des fon-dements mêmes du nazisme, où la « sélection raciale de l'homme » *(rassische Züchtung des Menschen)* est présentée comme une nécessité « métaphysique » – ce qui constitue, dans quelque sens que l'on prenne la phrase, une perversion inacceptable dans l'usage du mot –, Heidegger nous conduit jusqu'à la destitution de l'être humain, à l'opposé absolu de la philosophie cartésienne de la perfection de l'homme.

Dès lors, dans la démarche de Heidegger, l'apport de Descartes est complètement laminé : il ne représente même plus la figure de l'adversaire, et donc une alter-native pour l'esprit ou une résistance possible. Dans la détermination, univoque et dictatoriale, de ce qu'il nomme abusivement « l'histoire de la métaphysique » et qui, en 1940, conduit en réalité à la légitimation de la domination, qu'il estime bientôt planétaire, de la *Volksgemeinschaft* nazie sous la *Führung* hitlérienne, la manipulation ou plutôt la négation de l'apport de Descartes n'est pas loin de son maximum. Nous sommes très éloignés de toute approche philosophique de Descartes, et nous le serons plus encore, s'il se peut, après la guerre, lorsque, à la suite de la défaite de l'Allemagne nazie, Heidegger modifiera une fois de plus son discours selon le cours de « l'événement »,

_____

1. GA 50, 56-57 ; *Nietzsche II*, p. 309 ; trad. fr., p. 247.

affirmant désormais que « la guerre n'a rien décidé[1] ». Il s'agit pourtant d'une guerre qui a délivré l'Europe de la domination nazie.

Heidegger laisse alors entendre – ce qui sera amplement développé par maints épigones – que la métaphysique elle-même et la « subjectivité » cartésienne en particulier seraient les véritables responsables du déchaînement planétaire de la technique, les chambres à gaz et les camps d'extermination nazis *(Gaskammern und Vernichtungslager)* n'étant présentés, dans les conférences de Brême de 1949, que comme une particularité parmi d'autres du « dis-positif » *(Ge-stell)* de la technique moderne. C'est là une forme particulièrement grave de négationnisme, qui nie ouvertement la spécificité de la Shoah – de la « Solution finale » – et tend à disculper le national-socialisme de sa responsabilité radicale dans l'anéantissement du peuple juif et la destruction de l'être humain à laquelle s'était vouée l'industrie du nazisme.

LE « PRINCIPE *VÖLKISCH* » ET L'ANTISÉMITISME DE HEIDEGGER DANS LES *BEITRÄGE ZUR PHILOSOPHIE*

Il n'est pas possible, lorsque l'on évoque l'œuvre de Heidegger dans la seconde moitié des années 1930, de faire l'économie d'un examen approfondi des *Contributions à la philosophie (Beiträge zur Philosophie)* que l'on a coutume de désigner comme les *Beiträge*. En même temps, il faut être particulièrement conscient du fait qu'il s'agit d'un livre tardif et posthume et non d'un ouvrage qui aurait été entièrement composé dans

---

1. HEIDEGGER, *Was heißt Denken ?*, op. cit., p. 65.

la seconde moitié des années 1930 sous la forme où nous pouvons le lire aujourd'hui. Les *Beiträge* sont parus en 1989 dans l'édition dite « intégrale », pour le centenaire de la naissance de Heidegger, et ils ont été présentés par les ayants droit de Heidegger comme le second grand livre du « maître » après *Être et temps*. En outre, on laissait entendre que ce livre allait prouver, mieux encore que les cours sur Nietzsche, à quel point Heidegger aurait été un opposant au nazisme[1]. Deux études magistrales de Nicolas Tertulian ont cependant ruiné cette tentative de défense[2]. Nous supposons donc connus ces articles et entendons seulement les compléter sur plusieurs points majeurs.

Les *Beiträge* sont l'un des volumes de l'édition dite « intégrale » pour lesquels l'absence d'édition critique est le plus scandaleuse. Ne pouvant pas consulter les manuscrits originaux, nous n'avons pas d'autre recours que de tenir compte des quelques remarques formulées par un défenseur de Heidegger dont les interprétations sont particulièrement infondées mais qui, ayant une formation littéraire et possédant personnellement le manuscrit, a donné quelques indications sur sa composition. On apprend que Heidegger aurait « numéroté au crayon les feuillets destinés à être copiés par son frère Fritz, excluant ainsi de la copie un grand nombre d'entre eux », qui « n'ont d'ailleurs pas été repris dans

---

1. En France, la traduction des *Beiträge* a été annoncée comme devant être réalisée par l'ayant droit de Heidegger en France, François Fédier. Cependant, depuis près de quinze ans qu'elle est annoncée, elle n'est toujours pas parue. Une traduction américaine a été publiée en 1999.

2. Nicolas Tertulian, « Histoire de l'être et révolution politique », *Les Temps modernes*, n° 523, février 1990, p. 109-136, et « Qui a peur du débat ? », *Les Temps modernes*, n° 529-530, août-septembre 1990, p. 214-240.

l'édition complète »[1]. L'auteur de cette remarque ne
relève pas que, de ce fait, la notion d'édition « complète » ne mérite plus d'être utilisée. Il ne dit pas non
plus quel sort éditorial est réservé à ces nombreux
feuillets exclus de la copie. Ce que nous lisons depuis
1989 sous le titre de *Beiträge* n'est donc pas un ouvrage
composé par Heidegger dans les années 1936-1938,
mais seulement après le mois de mai 1939 – et très
vraisemblablement soigneusement revu après 1945 –
à partir d'une sélection de ses notes rédigées sur des
feuillets volants indépendants les uns des autres.

De plus, nous n'avons aucune certitude sur la data-
tion exacte des feuillets : ainsi, Silvio Vietta a montré
que les datations de Heidegger sont parfois largement
inexactes, comme dans le cas de l'étude intitulée
« Dépassement de la métaphysique », éditée dans les
Essais et conférences comme un texte des années 1939-
1940 alors qu'elle contient la référence à un événement
survenu seulement en 1942[2]. Pour les *Beiträge*, il est
possible que l'ensemble soit en partie antidaté. Ainsi,
il n'est pas certain que le thème directeur du « passage
de la métaphysique à la pensée historique de l'être »
caractérise la position de Heidegger dans les années
1936-1937.

Quoi qu'il en soit, si la majeure partie des feuillets sélectionnés a effectivement été écrite durant les
années 1936-1938, on peut conjecturer deux choses. Il
est vraisemblable que le projet de rédiger un ouvrage
composé de fragments assemblés par sections a été

---

1. S. Vietta, *Heidegger critique du national-socialisme et de la
technique, op. cit.*, p. 125. La traduction française est parue dans
la collection « Révolution conservatrice » dirigée par Alain de
Benoist (où l'on trouve également Carl Schmitt, Werner Sombart et
Armin Mohler) chez l'éditeur d'extrême droite Pardès.

2. *Ibid.*, p. 86.

inspiré par l'exemple de *La Volonté de puissance* de Nietzsche, dont Heidegger travaille à la réédition dans les années 1936-1938. Par ailleurs, durant ces mêmes années, il adhère toujours entièrement à l'hitlérisme puisque, selon un témoignage d'après-guerre édité dans l'ouvrage de Vietta, Heidegger n'aurait pas conçu de réserves avant l'année 1938[1]. Ainsi, il est indiscutable que les notions heideggériennes de « nouveau commencement », d'« événement » *(Ereignis)* et de « mutation de l'essence de l'homme » ont été conçues alors qu'il était dans une pleine adhésion au nazisme.

L'ouvrage s'inscrit dans la continuité du thème heideggérien de l'historicité et de la décision : les mots « historicité » *(Geschichtlichkeit)* et « décision » *(Entscheidung)* sont toujours centraux[2]. La différence avec les cours de 1933-1934, c'est que Heidegger n'est plus dans le pathos du présent, mais, depuis les cours et séminaires de 1934-1935, il se projette passionnément vers l'avenir. Cela correspond exactement à la nouvelle phase dans laquelle est entré le IIIe Reich : le temps de la prise du pouvoir *(Machtergreifung)* est passé. Vient maintenant celui de la consolidation où il s'agit à la fois d'assurer la pérennité du *Führerstaat* en prolongeant l'état d'exception juridique créé par Hitler et les juristes nazis et de préparer la conquête militaire d'un nouvel espace vital pour le *Volkstum* allemand.

L'événement *(Ereignis)* attendu qui constitue le sous-titre, c'est « une transformation essentielle *(Wesen-*

---

1. Heidegger aurait affirmé en 1959, au pédagogue Heribert Heinrich, qu'il avait pris des distances avec Hitler et le national-socialisme non pas après Stalingrad comme tous les Allemands, mais en 1938 : en réalité, ses écrits des années 1938-1942 montrent qu'il n'en est rien et que son nazisme a connu un regain de virulence au début des années 1940.

2. Voir par exemple GA 65, 13.

wandel) de l'homme de l'animal rationnel en *Da-sein*[1] ». Or, loin de constituer un motif nouveau dans ses écrits, cette mutation de l'essence de l'homme est déjà un thème central des cours et des séminaires des années 1933-1934, et c'est un thème explicitement hitlérien. Il faut en effet rappeler ici comment, dans le cours de l'hiver 1933-1934, Heidegger évoquait de manière insistante « la grande transformation *(Wandlung)* de l'existence *(Dasein)* de l'homme[2] », identifié comme on l'a montré au peuple allemand, pour préciser ensuite que cette « transformation fondamentale à partir du monde allemand[3] » avait lieu dans la « transformation totale » *(Gesamtwandel)* initiée par le *Führer* lui-même et sa « vision du monde national-socialiste ». Ce n'est pas seulement de la formation d'une « idéologie » qu'il s'agit, mais bien d'une domination et d'une possession totale de l'être humain par le *Führer*. C'est d'ailleurs l'une des raisons pour lesquelles nous avons renoncé dans ce livre à la présentation traditionnelle du problème du nazisme de Heidegger en termes de rapports entre une philosophie et une idéologie, l'autre raison étant que les résultats de nos recherches nous ont conduit à remettre en question l'existence même d'une « philosophie » de Heidegger.

De manière plus explicite encore que le cours cité, le séminaire hitlérien de 1933-1934 montrait – dans un passage inédit que nous avons cité plus complètement au chapitre 5[4] – comment « la volonté du *Führer*

---

1. « einem Wesenwandel des Menschen aus dem "vernünftigen Tier" (animal rationale) in das Da-sein » (HEIDEGGER, *Beiträge...*, GA 65, 3).

2. GA 36/37, 119.

3. « ... der Wandel von Grund aus der deutschen [...] Welt » (GA 36/37, 225).

4. Voir *supra*, p. 338-339.

commence par transformer les autres pour les entraîner après soi, et [que] de cette *Gefolgschaft* jaillit ensuite la communauté[1] ». L'*Ereignis* des *Beiträge* constitue donc toujours le même motif obsessionnel, celui d'une transformation de l'essence de l'homme dont le fondement clairement hitlérien n'est autre que le « principe *völkisch* » de la discrimination et de la sélection raciale. Or ce « principe *völkisch* », Heidegger continue de le faire explicitement sien dans les *Beiträge*. Il déclare en effet, dans un passage que nous pouvons considérer comme le plus important de toutes ces « Contributions à la philosophie », que :

> La méditation de ce qui est populaire *(das Volkhafte)* est une percée essentielle. Aussi peu il nous est permis de méconnaître cela, autant il importe de savoir que doit être conquis un rang ultime de l'être pour que puisse être introduit dans le jeu, de manière maîtrisée, comme déterminant pour l'existence historique, un « principe *völkisch* »[2].

Ainsi, le principe *völkisch* qui est par définition un principe racial – comme Heidegger lui-même l'affirme dans son cours du semestre d'été 1934 – continue d'être explicitement conçu comme déterminant pour « l'existence historique ». Et la mystique nazie du « rang » est ouvertement inscrite par lui dans l'être même – désormais, par une forme d'archaïsme fondamentaliste, écrit

---

1. « Der Führerwillen schafft allererst die anderen zu einer Gefolgschaft um, aus der die Gemeinschaft entspringt » (HEIDEGGER, *Über das Wesen und Begriff…, op. cit.*, neuvième séance).

2. « Die Besinnung auf das Volkhafte ist ein wesentlicher Durchgang. So wenig wir dies verkennen dürfen, so sehr gilt es zu wissen, daß ein höchster Rang des Seyns errungen sein muß, wenn ein "völkisches Prinzip" als maßgebend für das geschichtliche Da-sein gemeistert ins Spiel gebracht werden soll » (HEIDEGGER, *Beiträge…*, GA 65, 42).

avec un *y* : *Seyn* – et qui devient de ce fait un terme *völkisch*. En ce sens, le thème du passage de la « méta-physique » à la « pensée historique de l'être », sur lequel Heidegger fera fond après 1945 pour donner à croire qu'il a tout dépassé et ouvre d'autres commence-ments, n'est qu'un effet de surface verbal et un leurre, en regard du fait que le principe raciste de l'hitlérisme continue d'être au centre de ses préoccupations, tant dans les cours de 1933 que dans les *Beiträge*.

On ne s'étonnera donc pas de voir que certains des passages essentiels des *Beiträge* comportent des renvois explicites au discours de rectorat[1], ainsi qu'au cours du semestre d'été 1934 où Heidegger expose le plus explicitement l'équivalence *völkisch* : peuple = race[2]. Il est donc bien clair que les *Beiträge* ne constituent en aucune façon une rupture à l'égard du fond hitlérien et *völkisch* des cours et séminaires des années 1933-1935. Ce fait est d'une importance capitale, puisque c'est la notion de l'événement *(Ereignis)* développée dans les *Beiträge* qui, sur la foi notamment d'une note ajoutée par Heidegger à sa *Lettre sur l'humanisme*[3], est aujourd'hui présentée par plus d'un apologiste comme constituant la « pensée » du « dernier Heidegger ».

Il faut maintenant évoquer plus en détail certains éléments du livre. Ce serait tomber dans un piège des *Beiträge* que de prendre son mépris à l'égard de la men-talité ambiante pour une critique du nazisme. En réa-lité, il n'en est rien, et cela doit être montré. Heidegger affirme qu'en se contentant de parler du « politique » et du « racial », on n'obtient rien de plus qu'une version

---

1. Voir GA 65, 55.
2. Pour la référence au discours de rectorat, voir GA 65, 48 ; pour celle au cours du semestre d'été 1934, voir GA 65, 48 et 79.
3. GA 9, 316.

inédite de la philosophie de l'École[1]. De prime abord surprenante – et de toutes les façons odieuse en ce qu'elle envisage que la considération de la race puisse être intégrée dans une philosophie – cette affirmation est explicitée plus loin : la transcendance du Dieu de la chrétienté a été déniée et remplacée par le peuple lui-même – suffisamment indéterminé dans son essence – comme but et fin de l'histoire. Cette « vision du monde » antichrétienne n'est, selon Heidegger, qu'en apparence non chrétienne, car elle s'accorderait pour l'essentiel avec ce mode de pensée que l'on dénomme le « libéralisme ». En effet, cette transcendance du peuple est une « idée », une « valeur » ou une « signification », quelque chose pour lequel on ne met pas sa vie en jeu et qui ne se réalise qu'à travers une « culture ». Cela donne un mixte d'idées *völkisch*, de culture politique et de chrétienté qui forme la « vision du monde » actuelle mais n'élève pas jusqu'à la décision[2].

Dans cette critique, qui reviendra maintes fois dans les *Beiträge*, ce n'est pas le principe du racisme ni la notion même du *völkisch* comme tel qui sont récusés, mais bien le manque de radicalité d'une « vision du monde » qui ravale le *völkisch* au niveau d'une simple « culture » et ne dépasse donc pas le mode de pensée « libéral » que le nazisme entend pourtant combattre. On retrouve la même hantise que dans le cours de l'hiver 1933-1934 : celle d'une dérive « libérale » du nazisme ! Les cibles de Heidegger sont donc toujours les mêmes que celles de l'hitlérisme : le christianisme et le libéralisme. Simplement, les différentes « visions du monde » qui dominent la scène et s'entre-déchirent en apparence ne sont, pour Heidegger, pas à la hauteur

---

1. GA 65, 19.
2. GA 65, 24-25.

du « combat » qu'il s'agit de livrer. Encore une fois, ce n'est pas le racisme comme tel, ce n'est pas la notion du *völkisch* que récuse Heidegger, mais seulement le fait de réduire le *völkisch* – à la façon par exemple d'un Heyse – à des « idées » ; ce n'est pas la notion du peuple comme telle qui est remise en question, mais au contraire sa trop grande indétermination dans les différentes « visions du monde » qui s'affrontent. Et lorsqu'il brocarde l'anthropologie « politique-*völkisch* », c'est une allusion évidente à l'ouvrage du même nom de son principal adversaire d'alors, Ernst Krieck, et nullement la récusation du « principe *völkisch* » comme tel.

Ce que Heidegger reproche aux visions du monde « totales », c'est qu'elles ne parviendraient pas à penser le fond caché d'où elles proviennent, à savoir « l'essence du peuple[1] ». Peu importe le contenu de ces visions du monde. Il pousse l'indifférenciation si loin qu'il en vient à dire que « la croyance politique totale » et « la foi chrétienne totale » sont de « la même essence », la « propagande » rejoignant « l'apologétique » dans la même absence de combat créateur. Loin d'esquisser la moindre critique du nazisme et de l'hitlérisme dans leur spécificité, Heidegger noie dans une indifférenciation obscure ses cibles obsessionnelles : le christianisme d'une part, l'idéologie de ceux qui ont voulu représenter la « philosophie » national-socialiste et qu'il combat désormais à des degrés variés, les Krieck, Heyse, etc., d'autre part.

Cependant, les fondements *völkisch* du nazisme ne sont pas remis en cause. Ce qu'il faut en effet bien voir, c'est que la référence à « l'essence » du peuple allemand n'est nullement récusée. Au contraire, il s'agit pour Heidegger de « penser » plus profondément

---

1. GA 65, 40.

encore cette référence au peuple et cette « essence ». À cet égard, le paragraphe 15 intitulé « La philosophie comme "philosophie d'un peuple" » est une clé pour comprendre la signification des *Beiträge*. L'auteur admet comme une évidence que la philosophie est toujours celle d'un peuple : n'est-elle pas celle du « peuple grec » ? Et « la fin grandiose de la philosophie occidentale, de "l'idéalisme allemand" et de "Nietzsche" n'est-ce pas la philosophie "du" peuple allemand ? »[1]. Cependant, cette affirmation selon laquelle la philosophie est philosophie d'un peuple ne dit encore rien tant que nous ne savons pas ce qu'est un peuple, tant que nous ne savons pas « ce que nous sommes nous-mêmes » *(was wir selbst sind)*. On retrouve ici, sous une forme plus appuyée et en même temps plus cryptée, la même pensée que dans les cours nazis des années 1933-1934. Ce qui a changé, c'est que la récusation rémanente du « libéralisme » s'est doublée, sous l'influence de sa lecture de Nietzsche, d'une destruction du « platonisme » qui continuerait à percer dans les visions du monde. Il ne s'agit donc pas de résumer le peuple dans une idée ou une valeur, mais de méditer son essence. Aux « idées *völkisch* » jugées trop « métaphysiques », il oppose, comme nous l'avons vu, ce qu'il nomme un « principe *völkisch* », censé déterminer l'existence historique s'il est fondé sur un « rang ultime de l'être ».

Ce n'est donc pas la référence nazie au peuple qui est récusée, au contraire ! La cible de Heidegger ne diffère guère de celle du « nietzschéisme » nazi de l'époque. Ce qu'il traque, ce sont les restes de « platonisme » qui continueraient à courir. Et le « principe *völkisch* », ce n'est rien d'autre que la « loi » que le peuple se donne à

---

1. GA 65, 42.

lui-même dans le « combat », lorsqu'il « se décide pour lui-même », pour son existence ou *Da-sein* historique.

Plus loin, dans le paragraphe 19 intitulé « Philosophie » et sous-titré « Vers la question : qui sommes-nous ? », nous retrouvons le même pathos que dans le cours du semestre d'été 1934 auquel renvoie d'ailleurs une note des *Beiträge*[1]. Il faut se pencher de près sur ce paragraphe, qui manifeste nettement que le fond hitlérien, nazi et radicalement antisémite de Heidegger est toujours aussi présent à l'époque des *Beiträge* qu'en 1933-1934. Nous lisons ceci :

> Ici, le questionnement de la question : qui sommes-nous ? est en effet *plus dangereux* que toute autre opposition qui se rencontre au même niveau de certitude sur l'homme (la forme finale du marxisme, qui n'a essentiellement rien à faire ni avec le judaïsme, ni avec la Russie ; si quelque part un spiritualisme non développé sommeille encore, c'est dans le peuple russe ; le bolchevisme est originellement de l'Ouest, c'est une possibilité européenne : l'émergence des masses, l'industrie, la technique, l'extinction du christianisme ; mais pour autant que la domination de la raison comme mise à égalité de tous n'est que la conséquence du christianisme et que celui-ci est fondamentalement d'origine juive [*cf.* la pensée de Nietzsche sur la révolte des esclaves relative à la morale], le bolchevisme est de fait juif ; mais alors le christianisme est aussi fondamentalement bolcheviste ! Et quelles sont les décisions qui deviennent nécessaires à partir de là ?).
>
> Mais la dangerosité de la question : qui sommes-nous ? est en même temps – si le danger peut en même temps imposer ce qui est le plus haut – l'unique chemin pour parvenir jusqu'à nous-mêmes et préparer ainsi le salut originel, c'est-à-dire la justification de l'Occident à partir de son histoire.

---

1. GA 65, 48.

Le danger de cette question est en soi si essentiel pour nous qu'il perd l'apparence de l'opposition à la nouvelle volonté allemande[1].

Au milieu de ce pathos obscur et même sibyllin – où il n'est pas dit, par exemple, quel est ce « plus haut » qu'il s'agit d'imposer – apparaissent cependant des idées précises. Elles vont à l'opposé de ce que plus d'un apologiste a cru pouvoir tirer de ce texte. On a dit en effet que ce passage prouverait que Heidegger n'était pas nazi car il aurait su distinguer, à la différence de Hitler, marxisme et judaïsme. C'est ne considérer que le seul début de la longue phrase qui constitue l'essentiel du texte, sans tenir compte de la suite, où il s'agit bien d'affirmer *in fine*, comme tous les nazis de l'époque, que le bolchevisme est un phénomène « juif ». La

---

1. « Hier ist in der Tat das Fragen der Frage : wer wir sind, *gefährlicher* als jede andere Gegnerschaft, die einem je auf derselben Ebene einer Gewißheit über den Menschen begegnet (die Endform des Marxismus, die wesentlich weder mit Judentum noch gar mit dem Russentum etwas zu tun hat ; wenn irgendwo noch ein unentfalteter Spiritualismus schlummert, dann im russischen Volk ; der Bolschewismus ist urprünglich westlich, europäische Möglichkeit : das Heraufkommen der Massen, die Industrie, Technik, das Absterben des Christentums ; sofern aber die Vernunftherrschaft als Gleichsetzung aller nur die Folge des Christentums ist und dieses im Grunde jüdischen Ursprungs (vgl. Nietzsches Gedanke vom Sklavenaufstand der Moral), ist der Bolschewismus in der Tat jüdisch ; aber dann ist auch das Christentum im Grunde bolschewistisch ! Und welche Entscheidungen werden von hier aus notwendig ?). Aber die Gefährlichkeit der Frage, wer wir sind, ist zugleich, wenn Gefahr das Höchste ernötigen kann, der einzige Weg, um zu uns selbst zu kommen und damit die ursprüngliche Rettung, d.h. Rechtfertigung des Abendlandes aus seiner Geschichte, anzubahnen. Die Gefährlichkeit dieser Frage ist so wesentlich in sich für uns, daß sie den Anschein der Gegnerschaft zum neuen deutschen Willen verliert » (HEIDEGGER, *Beiträge...*, GA 65, 54).

position de Heidegger rejoint le même antisémitisme que celui de Hitler. Simplement, en passant, il a intégré dans sa « démonstration », ou plutôt sa récusation, le christianisme même, dans la mesure où il serait, sans discussion possible, « juif » dans ses fondements[1].

Cette phrase des *Beiträge* résume à elle seule la confusion nauséeuse qui constitue le trait distinctif de tous les inédits ou *Nachlaß* des années 1936-1944, des *Beiträge* à *Koinon* et autres textes. Et l'on y retrouve les poncifs haineux de l'hitlérisme et du nazisme de leur époque dans leur version la plus dure : la « domination de la raison » qui entraîne l'égalisation de tous les individus dans les démocraties de l'Ouest et la récusation radicale du christianisme comme phénomène originairement « juif » et principal responsable de cet égalitarisme honni, même lorsque l'on constate le reflux historique du christianisme comme religion. Tel est le but évident de Heidegger, et telle est l'obsession qui se manifeste dans ses écrits depuis l'année 1933 où il affirmait sa volonté de faire interdire l'association d'étudiants catholiques de Fribourg *Ripuaria* au même titre que l'association des étudiants juifs[2] : ne pas épargner le christianisme, montrer qu'il faut ajouter un terme dans l'équivalence nazie : bolchevique = « juif », et admettre que christianisme = judaïsme = bolchevisme. Quant aux décisions que cela entraîne, il suffit de se référer à la politique hitlérienne qui s'affirme dans les années 1936-1937, bien loin du concordat de 1933 : dissolu-

---

1. Heidegger anticipe ici ce que Hitler soutiendra en 1941 (voir Robert S. Wistrich, *Hitler, l'Europe et la Shoah*, Paris, 2005, p. 177-178).

2. Il faut également rappeler à ce propos sa lettre du 22 juin 1932 à Elisabeth Blochmann, où il qualifie le *Zentrum* catholique de « diabolique » *(teuflisch)*, Heidegger/Blochmann, *op. cit.*, p. 52 ; trad. fr., p. 268.

tion progressive des mouvements de jeunesse confessionnels au profit des seules Jeunesses hitlériennes, persécutions et déportations de prêtres et de pasteurs, internement à Dachau du pasteur Niemöller...

Le propos de Heidegger est en réalité tout à fait transparent : ce n'est que dans un premier temps qu'il paraît contredire la « nouvelle volonté allemande » en mettant en question l'origine directement « juive » du marxisme. En réalité, il conclut dans le même sens que le nazisme, après avoir intégré au passage tout le christianisme, les démocraties occidentales avec leur égalitarisme et la raison humaine elle-même, comme des phénomènes pareillement « juifs » dans leurs fondements. Il serait donc difficile de se montrer plus radicalement antisémite que ne l'est Heidegger dans cette page où il ramène tout ce que lui-même et les nazis combattent à un fondement « juif » supposé.

Les considérations qui emplissent les *Beiträge* obéissent à la même stratégie : brocarder quelques lieux communs de l'idéologie du temps, non pas pour s'opposer au nazisme, mais au contraire pour reconduire le lecteur à ses fondements mêmes. Car les considérations sur le peuple sont toujours au centre du propos. Le mot *völkisch*, comme on l'a vu, n'est pas récusé : lorsque Heidegger s'en prend aux « idées *völkisch* » ce n'est pas au *völkisch* qu'il en veut, mais au reste de « platonisme » que trahirait l'usage du mot « idée », à la manière d'*Idee und Existenz* de Hans Heyse. De même son rejet de l'anthropologie *völkisch-politisch*[1] vise-t-elle l'anthropologie politique d'Ersnt Krieck et non le *völkisch* comme tel. En effet, non seulement Heidegger maintient que toute philosophie est philosophie d'un peuple, mais il affirme que « l'essence du

_____
1. GA 65, 142.

peuple est sa "voix"[1] », pour dire ensuite que « la *voix* du peuple parle rarement et seulement à travers le petit nombre[2] ».

Or nous ne pouvons pas oublier que cette thématique de la voix a de sinistres précédents dans ses cours, Heidegger évoquant en 1934, comme nous l'avons vu, ce qu'il n'hésite pas à nommer « la voix du sang[3] ». Que la conception organique de l'essence du peuple rapportée à la génération et à la race soit toujours au fondement de la doctrine des *Beiträge*, cela se confirme dans plus d'un passage, comme par exemple dans le paragraphe 251 intitulé « L'essence du peuple et du *Da-sein* », lequel fait partie des développements les plus troubles du livre consacrés au « dernier dieu » et conclut sur « ceux du futur » *(Die Zu-künftigen)*[4]. On lit en effet ceci :

> L'essence du peuple est fondée dans l'historicité de l'appartenance *à soi à partir* de l'appartenance au dieu. À partir de l'événement dans lequel cette appartenance est fondée historiquement advient premièrement la fondation par laquelle la « vie » et le corps, la procréation et la génération *(Geschlecht)*, la race *(Stamm)* – dit de manière fondamentale : la terre – appartiennent à l'histoire[5]...

---

1. « Das Wesen des Volkes aber ist seine "Stimme" » (Heidegger, *Beiträge*…, GA 65, 319).

2. « Die *Stimme* des Volkes spricht selten und nur in Wenigen… » *(ibid.)*.

3. Voir *supra*, p. 247.

4. GA 65, 398.

5. « Das Wesen des Volkes gründet in der Geschichtlichkeit der *Sich*gehörenden *aus* der Zugehörigkeit zu dem Gott. Aus dem Ereignis, worin diese Zugehörigkeit geschichtlich sich gründet, entspringt erst die Begründung, warum "Leben" und Leib, Zeugung und Geschlecht, Stamm, im Grundwort gesagt : die Erde, zur Geschichte gehören… » (Heidegger, *Beiträge*…, GA 65, 399).

Nous n'insisterons pas sur le vocabulaire et le style redondant de ce passage (et de sa suite), car cela caractérise en réalité la totalité du livre, au point qu'indépendamment de la dangerosité des thèmes traités et des « principes » invoqués, tout ce ressassement suffirait à faire douter un lecteur de bon sens que ce livre puisse « contribuer » en quoi que ce soit à la philosophie. Quant au fond, la mythologie nébuleuse et plus que trouble des *Beiträge* n'incite pas à souhaiter que l'humanité connaisse jamais l'avènement du « dernier dieu », d'autant que le titre même de la section qui inclut ces développements, *Die Zu-künftigen*, n'est pas sans rappeler celui de la revue du *Bund* des Artamanen (d'où est issu Himmler) : *Die Kommenden*, à laquelle Ernst Jünger, notamment, donna de nombreux articles[1].

Il reste à se demander quel est ce petit nombre *(die Wenigen)* d'hommes du futur, seuls habilités à faire entendre la « voix du peuple ». Sous le titre « La "décision" », le paragraphe 45 – un numéro qui, s'il a été choisi après la défaite du IIIᵉ Reich, n'est peut-être pas le fruit du hasard – dresse le tableau d'une sorte de société secrète et de conjuration *völkisch* ou, selon l'expression ironique de Nicolas Tertulian, de « charte heideggérienne du futur[2] », qui ne manque pas d'inquiéter. Faut-il rappeler que ces pages sont composées par Heidegger à une époque où, selon ses propres déclarations, il est tout entier voué à Hitler, et qu'elles sont publiées dans la *Gesamtausgabe*, en 1989, pour célébrer le centenaire de la naissance du « maître », qui est aussi le centenaire de celle de Hitler.

---

1. Voir Jean-Luc Évard, *Ernst Jünger. Autorité et domination*, Paris, 2004, p. 253. Sur Jünger et les Artamanen, voir *infra*, p. 647.

2. N. Tertulian, « Histoire de l'être et révolution politique », art. cité, p. 128.

Heidegger distingue trois cercles : les solitaires (ou ceux qui sont uniques), le petit nombre, et les nombreux *(die Einzelnen, die Wenigen, die Vielen)*. À propos de ceux qui sont « uniques » et répondent ainsi de « l'unicité de l'être même » *(die Einzigkeit des Seyns selbst)*, nous retrouvons la triade hitlérienne déjà reprise par Heidegger dans son cours sur Hölderlin de 1934-1935 : poésie-pensée-action   *(Dichtung-Denken-Tat)* auquel est ajouté cette fois un quatrième terme, également central dans *Mein Kampf* : le sacrifice *(Opfer)*.

Viennent ensuite le petit nombre de ceux qui s'allient dans des *Bund*, et les nombreux. Qu'est-ce qui les relie entre eux ? Heidegger indique que l'accord entre les trois cercles demeure caché *(verborgen)*. Par là se prépare, se rassemble et devient historique ce qui doit être nommé *un peuple*. Et, ajoute-t-il :

> Dans son origine et dans sa détermination ce peuple est unique, correspondant à l'unicité de l'être même, dont ce peuple doit fonder la vérité une seule fois, en un seul lieu, dans un moment unique[1].

Nous retrouvons donc dans le *Nachlaß* de Heidegger la même doctrine *völkisch* et nazie que dans ses cours : un seul peuple, à l'évidence le peuple allemand, peut et doit « fonder la vérité ». Et ce dont il s'agit, précise Heidegger au paragraphe suivant, c'est de préserver la loi et la mission de l'Occident dont il est clair que, pour lui, seule « l'essence allemande » est le garant.

Nous sommes toujours dans la même et unique idée de la fondation historique du peuple allemand dans

---

1. « Dieses Volk ist in seinem Ursprung und seiner Bestimmung einzig gemäß der Einzigkeit des Seyns selbst, dessen Wahrheit es einmalig an einer einzigen Stätte in einem einzigen Augenblick zu gründen hat » (HEIDEGGER, *Beiträge...*, GA 65, 97).

« l'être » même. Que Heidegger ne parle plus de la fondation du peuple dans un État *(Staat)* mais dans un « lieu » *(Stätt)* unique, qu'il n'évoque plus explicitement la *Führung* hitlérienne, mais l'agencement *(Fügung)* de l'être, n'altère en rien la permanence du fond hitlérien et nazi qui est à l'œuvre. Il s'agit du même motif obsessionnel, qui va bien plus loin qu'un simple nationalisme, selon lequel le peuple allemand, et lui seul, serait le gardien du destin historique et de la loi de l'Occident tout entier et même de la « terre ». En cela, nous pouvons dire que la seule « contribution » heideggérienne à la philosophie consiste à avoir consacré toutes ses forces à y introduire, de multiples manières, les principes mêmes du nazisme en s'abritant sous des termes comme « vérité » et « être » qui, chez lui, ne sont plus « philosophiques » qu'en apparence et dont le sens caché *(verborgen)* est toujours essentiellement le même et n'a rien à voir avec la philosophie comme telle.

Si nous avions le moindre doute sur ce qui est en jeu dans les *Beiträge*, un passage de ses écrits *Sur Ernst Jünger* récemment parus le dissiperait. Dans un ensemble de paragraphes regroupés sous le titre « La question de la vérité » *(Die Wahrheitsfrage)*, et sous-titré « Vérité et figure » *(Wahrheit und Gestalt)*, on peut lire maintenant ceci :

> L'attribution du rang est la représentation totale de la mobilisation totale.
> (pour les types passif, actif et dictatorial)
> (les nombreux, le petit nombre, les uniques)[1].

---

1. « *Ranggeben ist die totale Repräsentation der totalen Mobilmachung.* (für passive, aktive und diktatorische Typen) (die Vielen, die Wenigen, die Einzigen) » (HEIDEGGER, *Zu Ernst Jünger*, GA 90, 59).

Cette fois, Heidegger se démasque. La conjuration des trois cercles exposée dans les *Beiträge* n'est pas une constellation pensante, mais bien la mise en œuvre concertée et cachée d'un pouvoir qui vise à l'avènement historique d'une dictature. Il s'agit de capter les trois types d'hommes : ceux qui, passifs, se laissent entraîner par la force du nombre et par leur soumission à la *Führung* dictatoriale imposant sa loi à la *Gefolgschaft* ; ceux qui, actifs, exigent résolution et « décision » et s'organisent en *Bund*[1] ; ceux, enfin, qui peuvent n'être qu'un seul, ont vocation à dominer et sont par leur « être » même destinés à être *Führer*.

Heidegger fait donc toujours sienne, dans les *Beiträge*, l'interprétation qu'il s'est donnée de la « mobilisation totale » jüngérienne et qui rejoint chez lui la relation hitlérienne et dictatoriale de la *Führung* et de la *Gefolgschaft*. Certes, ce que Heidegger décrit dans les *Beiträge* forme une communauté invisible et en apparence désœuvrée, une conjuration silencieuse. Cependant, il s'agit bien de préparer et d'attendre le moment et le lieu uniques où le « peuple », rassemblé selon et par cette communauté invisible, saura fonder sa « vérité » et en imposer la loi à tout l'Occident, voire à toute la Terre.

Tel est le message que Heidegger transmet à ses lecteurs les plus attentifs et les plus avertis, dans la *Gesamtausgabe* que nous trouvons aujourd'hui sur les rayonnages des bibliothèques de philosophie. Ce n'est rien d'autre qu'une conjuration d'esprit nazi dont ses écrits préparent l'avènement. Nous y voyons également la confirmation du fait que la distinction mise en

---

1. À quel genre de *Bund* songe Heidegger dans les *Beiträge* et dans ses écrits sur Jünger ? L'éloge par Jünger du *Bund* des Artamanen pourrait apporter un élément de réponse. Voir *infra*, p. 647.

avant dans l'après-guerre entre « l'accomplissement de la métaphysique » et « l'autre commencement » n'est rien de plus qu'une stratégie et qu'un leurre. En effet, cet « autre commencement » est bien conçu par Heidegger en relation avec la « mobilisation totale » jüngérienne (qu'il relie par ailleurs à « l'accomplissement de la métaphysique »), puisque la « conjuration » des *Beiträge* se retrouve exactement, avec ses trois « types », dans ses écrits sur Jünger et la mobilisation totale. Que Heidegger s'efforce, après l'effondrement du IIIᵉ Reich, de différencier l'avènement de cet « autre commencement » de ce qui s'est accompli de 1933 à la défaite de 1945 n'est rien d'autre qu'une stratégie de survie. Il s'agit de prendre suffisamment de distance avec une entreprise dont l'échec fut total, non pas pour la désavouer, puisqu'il donnera encore, dans son entretien posthume, un satisfecit à la direction prise par le national-socialisme, mais pour la prolonger coûte que coûte et préparer son retour, sous des formes nouvelles sur lesquelles il anticipe par la diffusion de son œuvre, et qu'il entend ainsi préparer.

Le « double jeu » du « judéo-christianisme » dénoncé dans *Besinnung*

Le *Nachlaß* des *Beiträge* n'est que le premier volume d'une série curieusement émiettée. En effet, outre les volumes actuellement parus (GA 65-69), trois volumes de « réflexions » *(Überlegungen)* sont annoncés comme les tomes 94-96 et, dans les notes des *Beiträge* et de *Besinnung*, plusieurs renvois y sont faits. Pour nous en tenir à ce qui est actuellement accessible, nous dirons un mot de *Besinnung* (GA 66) avant de nous arrêter plus longuement sur *Koinon* (publié dans GA 69).

Dans *Besinnung*, présenté comme la suite des *Beiträge* et regroupant des écrits des années 1938-1939, le ressassement de Heidegger se fait encore plus obsessionnel et lancinant. Il se concentre tout particulièrement autour d'un terme déjà apparu dans les *Beiträge* et qu'il ne se lasse pas de reprendre : la *Machenschaft*, mot difficilement traduisible et dont une approximation possible en français pourrait-être : la « machination ». Ce terme lui sert à désigner indistinctement toutes les formes modernes que la « volonté de puissance » est censée revêtir, y compris la « sélection raciale », qui se trouve ainsi légitimée comme une forme « nécessaire » de volonté de puissance au service de la « mobilisation totale ». Par ailleurs, Heidegger est même allé jusqu'à identifier la *Machenchaft* à la *poiesis*[1].

Comme le révèle une note préparatoire à sa rédaction du *Méridien* – qui renvoie peut-être aussi à « l'affaire Goll » –, Paul Celan a su voir la monstruosité de ces jeux de mots heideggériens autour de la puissance :

> *[Das Machen] Die Mache – Machenschaft.* […] Certains d'entre vous devraient savoir quoi et qui est ici à l'œuvre. C'est un jeu *littéraire* de l'infamie, et par conséquent – parce que rimé avec des mots – d'une modalité particulièrement monstrueuse du sans-nom[2].

---

1. GA 69, 46-47.
2. « *[Das Machen] Die Mache – Machenschaft.* […] Einigen von ihnen dürfte bekannt sein, was und wer hier am Werk ist. Es gibt auch das. Es ist eine *literarische* Spielart des Infamen, also des auf eine besonders monströse – weil [mit Worten] zusammengereimte – Weise Namenlosen » (Paul CELAN, *Der Meridian*, Tübinger Ausgabe, 1999, p. 154) ; le texte est traduit par Denis Trierweiler dans « *Polla ta deina*, ou comment dire l'innommable… », art. cité, p. 263.

Dans *Besinnung* et dans *Koinon*, le propos de Heidegger n'est plus contenu dans la forme du paragraphe : il s'emporte en de longs discours sur la *Machenschaft* et sur la race où aucune pensée ne respire, développements sans retenue qui témoignent de l'activité d'un esprit maniaque, acharné à laisser s'épancher la fureur qui le ronge. Dans une langue plus lourde et plus abstraite, certains de ces textes apparaissent, par leur ressassement obsessionnel, comme un *analogon* allemand des pamphlets écrits par Céline à la même époque.

On retrouve notamment, dans *Besinnung*, l'antisémitisme déjà exprimé dans les *Beiträge*. À preuve, ce passage où Heidegger écrit :

> La domination *judéo-chrétienne* mène [...] conformément à sa nature *(Art)* un double jeu et se tient à la fois du côté de la « dictature du prolétariat » et du côté de l'empressement culturel libéral-démocratique ; ce double jeu masque encore pour un certain temps le déracinement déjà existant et l'absence de force pour les décisions essentielles[1].

La hargne avec laquelle l'auteur met en cause « la domination *judéo-chrétienne* » alors qu'il écrit dans l'Allemagne nazie d'après la Nuit de cristal est odieuse à plus d'un titre : il y a d'abord cette volonté d'utiliser le contexte de l'époque pour mieux disqualifier le christianisme en le traitant de phénomène « juif » ; il y a ensuite l'amalgame entre les deux formes de « domi-

---

1. « Die *jüdisch-christliche* Herrschaft treibt [...] ihrer Art gemäß ein Doppelspiel und steht zugleich auf der Seite der "Diktatur des Proletariats" und auf der Seite der liberal-demokratischen Kulturbeflissenheit ; dieses Doppelspiel verschleiert noch eine Zeitlang die schon bestehende Entwurzelung und Unkraft zu wesentlichen Entscheidungen » (Heidegger, *Besinnung*, GA 66, 59).

nation *judéo-chrétienne* » que seraient le bolchevisme
de l'Est et les démocraties de l'Ouest ; et enfin, par
l'accusation de duplicité, la reprise caractéristique du
procès que l'antisémitisme nazi intente au judaïsme
accusé de tirer les ficelles et d'être le ressort caché d'un
complot mondial. Et l'on ne peut pas ne pas penser
au mot de Heidegger à Jaspers en 1933, lorsqu'il le
mettait en garde contre ce qu'il n'hésitait pas à appeler
« une dangereuse collusion internationale des Juifs[1] ».
Dire que le masque va tenir encore « pour un certain
temps » est particulièrement sinistre en 1938-1939, à
un moment où, après avoir été privés de tous les droits,
les Juifs allemands commencent à être massivement
internés dans des camps de concentration.

Un autre passage de *Besinnung* mérite d'être signalé :
celui où Heidegger commente et critique une phrase
d'un discours de Hitler. Cette phrase relève de la langue
de bois du totalitarisme nazi : Hitler affirme que toute
conduite, toute « tenue » *(Haltung)* trouve sa justification dernière dans le service *(Nutzen)* rendu à l'ensemble
(Gesamtheit)[2]. Heidegger remet en question non pas
l'affirmation même énoncée dans la phrase, mais les
termes employés par Hitler : *Gesamtheit, Nutzen,
Haltung*. Il est possible que cette page de Heidegger
traduise un certain désenchantement à l'égard de Hitler
en 1939, ou du moins à l'égard d'un langage qui ne lui

---

1. « Es gibt doch eine gefährliche internationale Verbindung der
Juden » (Karl JASPERS, *Philosophische Autobiographie*, Munich,
1977, p. 101).
2. « Es gibt keine Haltung, die ihre letzte Rechtfertigung nicht
in dem aus ihr entspringenden Nutzen für die Gesamtheit finden
könnte » (Hitler, cité par HEIDEGGER, *Besinnung*, GA 66, 122). La
référence donnée en note est la suivante : « Rede des Führers vor
dem 1. Großdeutschen Reichstag am 30. Januar 1939. Druckerei
der Reichsbank Berlin 1939, S.19. »

semble plus à la mesure de la « relation cachée de l'essence de l'homme à l'être ». Néanmoins, il est difficile de lire le commentaire de Heidegger sans éprouver un profond malaise. Quel sens y a-t-il, en effet, à écrire en 1939 que le langage employé par le *Führer* – qui, pour le terme *Haltung* notamment, a longtemps été celui de Heidegger lui-même – exprimerait le renoncement à tout questionnement essentiel portant sur la relation de l'essence de l'homme à l'être[1] ? Si l'on ne peut qu'approuver par principe toute remise en cause des propos de Hitler, la teneur de la critique heideggérienne n'en demeure pas moins consternante. Elle nous révèle qu'après avoir longtemps pensé et affirmé que la parole de Hitler exprimait la vérité et la loi cachée de l'être allemand et annonçait la transformation complète de l'essence de l'homme, Heidegger n'aurait découvert qu'en 1939 "l'indigence de pensée" de certains propos du *Führer* (*Mein Kampf* était pourtant paru en 1925-1927). Ce ne serait donc qu'à cette date qu'il se serait acheminé vers la position qu'il exprimera dans son entretien au *Spiegel* où il affirme que malgré l'indigence de pensée de ses dirigeants, le national-socialisme serait allé dans la direction jugée « satisfaisante », et cela sans doute parce que la *Führung* heideggérienne a continué jusqu'au bout d'être quelque part agissante.

En outre, ce qu'il y a de plus grave encore, c'est que la phrase fort quelconque sur laquelle Heidegger choisit de s'arrêter appartient au discours le plus meurtrier et le plus lourd de conséquences de Hitler : celui où, le 30 janvier 1939, il « prophétise » devant le Reichstag ce qu'il n'hésite pas à nommer « l'anéantissement de la

---

1. « Liegt in diesem Begriff Haltung nicht schon der Verzicht auf jede wesentliche Fraglichkeit des Menschenwesens hinsichtlich seines verborgenen Bezugs zum Seyn ? » *(ibid.)*.

race juive en Europe » si une nouvelle guerre mondiale venait à se déclarer. On aurait pu souhaiter que Martin Heidegger s'arrête sur la « prophétie » de Hitler pour s'en inquiéter et non sur la phrase comparativement bien anodine qu'il entreprend de commenter. Voilà qui confirme, s'il le fallait, qu'il n'éprouve, à l'égard de ce qu'il appelle alors la « pensée de la race » *(Rassegedanke)* du nazisme, aucune réserve de fond. Tout au contraire, il va s'employer, dans les textes écrits durant les années 1939-1942, à légitimer la sélection raciale. Nous l'avons vu dans ses écrits sur Nietzsche, nous allons en avoir la confirmation dans le texte intitulé *Koinon* et dans ses écrits sur Jünger.

LA « PENSÉE DE LA RACE » RAPPORTÉE À L'EXPÉRIENCE DE L'ÊTRE DANS *KOINON*

Dans les textes regroupés sous le titre *Koinon*, on trouve plusieurs longs passages qui établissent de façon monstrueuse – le mot de Celan n'est ici pas trop fort – que ce que Heidegger n'hésite pas à nommer « la *pensée* de la race » (Rasse*gedanke*) en soulignant le mot « pensée[1] », correspond pour lui de manière nécessaire à l'accomplissement de la « métaphysique ». Le développement le plus essentiel de *Koinon* sur la race commence en ces termes :

> La *pensée* de la race, cela veut dire que le fait de compter avec la race jaillit de l'expérience de l'être en tant que subjectivité et n'est pas quelque chose de « politique ».

---

1. *Rassegedanke* est un terme majeur du vocabulaire racial du nazisme, mais c'est à Heidegger que revient l'initiative de souligner le mot *Gedanke*, comme si le racisme pouvait être élevé au rang d'une « pensée ».

Le dressage-de-la-race *(Rasse-züchtung)* est une voie de l'affirmation de soi *(Selbstbehauptung)* en vue de la domination. Cette pensée vient à la rencontre de l'explication de l'être comme « vie », c'est-à-dire comme « dynamique »[1].

Ici comme dans le cours sur Nietzsche de l'hiver 1941-1942, rédigé mais non prononcé, Heidegger élève la doctrine de la race et le « dressage » *(Zucht)* humain qu'elle implique à la dignité d'une *pensée*, et il la prétend jaillie d'une « expérience de l'être », entendue comme subjectivité ! Il s'agirait d'une « pensée » relevant de l'ontologique et non pas de la « politique » au sens courant du mot, celui par exemple qu'un Krieck peut mobiliser lorsqu'il parle d'une « anthropologie politique-*völkisch* ». Cependant, pour nous qui sommes maintenant avertis de l'importance que Heidegger accorde au terme *Selbstbehauptung*, le deuxième paragraphe du texte nous confirme que ce « dressage de la race » auquel conduit toute « *pensée* de la race » relève bien du « politique » au sens défini par Heidegger lui-même dans son séminaire sur Hegel et l'État, et qui consiste dans l'affirmation de soi d'un peuple et d'une race, et dans le pouvoir et la domination qu'elle implique nécessairement. C'est donc toujours le même et unique fondement racial du nazisme que Heidegger continue de porter en soi et d'exprimer dans ce texte de *Koinon*, de façon plus explicite que jamais, et en vue de le légitimer. Il poursuit en ces termes :

---

1. « Der *Gedanke* der Rasse, das will sagen, das Rechnen mit der Rasse entspringt der Erfahrung des Seins als Subjektivität und ist nicht ein "Politikum". Rasse-züchtung ist ein Weg der Selbstbehauptung für die Herrschaft. Diesem Gedanken kommt entgegen die Auslegung des Seins als "Leben", d.h. als "Dynamik" » (HEIDEGGER, *Koinon*, GA 69, 70).

Le soin de la race est une mesure conforme à la puissance. C'est pourquoi on peut tantôt le mettre en œuvre et tantôt le négliger. Son maniement et sa promulgation dépendent à chaque fois de la situation de domination et de puissance. Il ne s'agit en aucune façon d'un « idéal » en soi, car il [le soin de la race] devrait alors conduire à renoncer aux prétentions de puissance, et pratiquer le laisser-valoir de toute disposition « biologique ».

C'est pourquoi, toute doctrine de la race comporte à strictement parler, d'emblée, la pensée d'une *prééminence* raciale (Rasse*vorrang*). La prééminence se fonde diversement, mais toujours sur des choses que la « race » a réalisées, réalisations qui sont subordonnées aux critères de la « culture » et autres choses semblables. Mais qu'en est-il lorsque celle-ci, considérée du point de vue restreint de la pensée de la race, n'est plus que le produit de la race ? (Le cercle de la subjectivité.)

Ici apparaît au premier plan le cercle oublieux de lui-même de toute subjectivité, qui ne contient pas une détermination métaphysique du *moi*, mais de l'essence humaine tout entière dans sa relation à l'étant et à soi-même.

Le fondement métaphysique de la pensée raciale n'est pas le biologisme, mais la subjectivité (à penser métaphysiquement) de tout être de quelque chose d'étant (la portée du dépassement de l'essence de la métaphysique et de la métaphysique des Temps modernes plus particulièrement).

(Pensée trop grossière de toutes les réfutations du biologisme : donc en vain.)[1]

---

1. « Rassen-pflege ist eine machtmäßige Maßnahme. Sie kann daher bald eingeschaltet bald zurückgestellt werden. Sir hängt in ihrer Handhabung und Verkündung ab von der jeweiligen Herrschafts- und Machtlage. Sie ist keineswegs ein "Ideal" an sich, denn sie müßte dann zum Verzicht auf Machtansprüche führen und ein Geltenlassen jeder "biologischen" Veranlagung betreiben. Daher ist streng gesehen in jeder Rassenlehre bereits der Gedanke eines Rasse*vorrangs* eingeschlossen. Der Vorrang gründet sich verschiedenartig, aber immer auf solches, was die "Rasse" geleistet

624 Heidegger, l'introduction du nazisme…

Malgré son extrême nébulosité, ce texte de *Koinon* est sans doute l'un de ceux où un lecteur averti peut le mieux comprendre de quoi il retourne. Tout d'abord, il y a à l'arrière-plan de cette page une certaine interprétation de Nietzsche et de sa lecture par Jünger dans *Le Travailleur*. Les textes tout récemment édités de Heidegger sur Jünger et que nous examinerons bientôt nous le confirmeront. Ce que Heidegger nomme « la *pensée* de la race », « le dressage de la race », « le soin de la race » ou encore « la prééminence raciale », bref tout le racisme dans sa quintessence, n'est pas ramené à des présupposés simplement biologiques, mais à une « expérience de l'être » conçu « métaphysiquement » comme subjectivité et comme puissance. Ce que Heidegger reproche au biologisme, c'est de ne pas être assez « profond », mais il dit bien qu'il n'y a pas lieu de le récuser, car une réfutation serait tout aussi grossière. Il est donc bien clair que les réserves parfois exprimées par Heidegger à l'égard de ce qu'il nomme le biologisme n'ont pas pour but de remettre en question le racisme, mais au contraire de le rapporter à une « expérience de l'être » jugée par lui plus essentielle et qui le fonde.

---

hat, welche Leistung den Maßstäben der "Kultur" und dgl. untersteht. Wie aber, wenn diese und zwar aus dem engen Gesichtskreis des Rassedenkens her gerechnet nur Rasseprodukt überhaupt ist? (Der Zirkel der Subjektivität.) Hier kommt der selbstvergessene Zirkel aller Subjektivität zum Vorschein, der nicht eine metaphysische Bestimmung des Ich, sondern des ganzen Menschenwesens in seiner Beziehung zum Seienden und zu sich selbst enthält. Der metaphysische Grund des Rassedenkens ist nicht der Biologismus, sondern die metaphysisch zu denkende Subjektivität alles Seins von Seiendem (die Tragweite der Überwindung des Wesens der Metaphysik und der neuzeitlichen Metaphysik im besonderen). (Zu grobes Denken in allen Widerlegungen des Biologismus : daher vergeblich.) » (GA 69, 70-71).

Ce qui est monstrueux dans la thèse de Heidegger, c'est qu'il fait du racisme l'expression ultime de la « métaphysique ». En affirmant que la doctrine de la prééminence raciale, qui constitue comme telle le principe même de l'hitlérisme et du nazisme, n'est en soi ni la raison ni le but, mais, pour qui sait aller plus profond que le « cercle de la subjectivité », seulement l'expression la plus haute de l'expérience de l'être entendu comme puissance, Heidegger apporte au racisme la caution la plus radicale que l'on puisse trouver. Il procure ainsi au racisme une légitimité inespérée, plus profonde et moins facile encore à déraciner que celle de « médecins » nazis comme Eugen Fischer, avec leur utilisation perverse des tables de Mendel, ou celle de « juristes » nazis comme Hans Franck ou Carl Schmitt, avec leur appel au principe de la « défense du sang allemand », qui avait légitimé les lois de Nuremberg. Cette fois, ce n'est plus le droit ni la médecine, mais bien la philosophie elle-même qui se trouve récupérée, dévoyée et détruite par cette utilisation monstrueuse du terme « métaphysique ».

La métaphysique, en effet, depuis Aristote et Descartes, est conçue dans la philosophie comme la science des principes et des premières causes, qui repose dans la pensée de l'être humain considéré en tant que tel et dans son intégrité. Prétendre découvrir ou placer un concept « métaphysique » de l'être conçu comme « puissance » et comme « subjectivité » au fondement d'une doctrine affirmant la prééminence d'une race – avec le dressage, la sélection raciale et bientôt l'extermination qui en découle –, c'est non seulement un dévoiement des termes de la philosophie, mais la négation de l'humanité de l'homme comme tel. Le « travail » du « philosophe » nazi est plus criminel encore que celui du juriste et du médecin, car il cautionne et

justifie en profondeur ce que ces derniers vont mettre
en œuvre.

Que Heidegger se croie personnellement investi de
cette mission, qu'il prétende transmettre son nazisme
aux médecins et aux juristes, le discours qu'il a prononcé en 1933 à l'Institut d'anatomie pathologique de
Fribourg l'atteste, ainsi que l'influence qu'il a exercée
sur le juriste Erik Wolf. Le fait que l'action du « philosophe » est moins apparente que celle du magistrat ou
du praticien de la médecine ne rend pas son influence
moins dangereuse. On dira même : au contraire, et
l'audience actuelle de Martin Heidegger dans le monde
entier nous le confirme malheureusement, de même que
son influence personnelle et directe sur les historiens
les plus révisionnistes, comme on le voit avec Ernst
Nolte et Christian Tilitzki[1].

Pour autant, Heidegger ne détruit pas seulement la
métaphysique : il anéantit en même temps la possibilité même de l'attitude morale, qui constitue l'âme et
le cœur de toute philosophie. Il n'hésite pas en effet à
associer la défense de la moralité et la sauvegarde de ce
qu'il nomme « la substance *völkisch* » comme relevant
l'une comme l'autre de la même aspiration à la puissance ! En effet, déclare-t-il dans une de ces phrases où
il prend plaisir à multiplier les dérivés du mot « puissance » *(Macht)* :

> le combat le plus honnête pour la sauvegarde de la
> liberté et de la moralité sert seulement à la préservation et
> à la multiplication d'une possession de puissance *(Macht-
> besitz)* dont la puissance *(Mächtigkeit)* ne peut tolérer de
> mise en question, parce que justement, la poussée en avant
> de la puissance *(Macht)* comme être de l'étant a déjà maî-

---

1. Voir *infra*, p. 669-684.

trisé la moralité et sa défense comme moyen de puissance *(Machtmittel)* essentiel[1].

On est ici très proche des développements les plus pervers d'un Carl Schmitt contre l'appel au respect de l'humanité en politique. La moralité n'a pour Heidegger plus aucune consistance propre, elle n'apparaît plus que comme un moyen au service du même but que la doctrine raciale ! Par cette indifférenciation nébuleuse et véritablement criminelle, car toute possibilité de résistance morale au racisme nazi est ici détruite, la moralité est d'ailleurs subordonnée au racisme lui-même qui a la prééminence et définit seul « les buts les plus élevés », de sorte que celui qui ne se soumettrait pas aux visées raciales du nazisme « succomberait » selon lui « à une réduction insensée ». Il ajoute en effet :

> Et l'on succomberait à une réduction insensée de toutes les tensions efficaces mises en jeu si l'on ne reconnaissait pas comme les buts les plus élevés la sauvegarde des êtres-peuple *(Volkstümer)* et la préservation de leur composition raciale « éternelle »[2].

Arrivé à ce point, le discours heideggérien s'emballe comme c'est constamment le cas dans *Koinon* et il continue en ces termes :

---

1. « ... gerade der ehrlichste Kampf für die Rettung von Freiheit und Sittlichkeit nur der Erhaltung und Mehrung eines Machtbesitzes gilt, dessen Mächtigkeit deshalb keine Befragung duldet, weil der Vordrang der Macht als Sein des Seienden sich bereits der Moralität und ihrer Verteidigung als wesentliches Machtmittel bemächtigt hat » (GA 69, 183).
2. « Und man verfiele einer törichten Verkleinerung dessen, was an wirksamen Strebungen ins Spiel gebracht wird, wollte man die Rettung der Volkstümer und die Sicherung seines "ewigen" rassischen Bestandes nicht als höchste Ziele anerkennen » *(ibid.)*.

Ce n'est qu'ainsi que l'entrée dans le combat pour la possession de la puissance mondiale reçoit sa portée et son acuité, car cette visée également est un moyen qui est mis sur la voie par la poussée en avant de la puissance[1]. Ces types d'objectifs, tout comme les modalités de leur promulgation et de leur inculcation, sont indispensables dans les combats pour la puissance mondiale ; car la défense des biens « spirituels » de l'humanité, et la sauvegarde de la « substance » « corporelle » des nationalités *(Menschentümer)* doivent partout être retenues comme des tâches et fixées à nouveau là où l'étant est dominé de part en part par la structuration fondamentale de la « métaphysique », conformément à laquelle des « idéaux » spirituels doivent être réalisés, et conformément à laquelle cette réalisation a besoin de la force vitale spirituelle et corporelle tout entière. Mais cette même structuration *(Gefüge)* de la métaphysique est le fondement historique du fait que, pardessus l'explication de l'être comme réalité et efficacité, c'est finalement l'essence de l'être comme puissance qui s'impose au premier plan. Ces visées sont métaphysiquement nécessaires, elles ne sont pas imaginées et mises en avant comme des choses et des « intérêts » fortuitement souhaitables[2].

---

1. Heidegger renvoie ici en note au développement déjà cité sur « puissance et race ».

2. « Erst dadurch empfängt der Eintritt in den Kampf um den Weltmachtbesitz seine Tragweite und Schärfe, weil auch diese Zielsetzung ein Mittel ist, das durch den Vordrang der Macht auf die Bahn gebracht wird. Diese Arten von Zielsetzung und die Weisen ihrer Veröffentlichung und Einprägung sind in den Weltmachtkämpfen unentbehrlich; denn die Verteidigung der "geistigen" Güter der Menschheit und die Rettung der "leiblichen" "Substanz" der Menschentümer müssen überall als Aufgaben festgehalten und neu gestellt sein, wo das Seiende vom Grundgefüge der "Metaphysik" durchherrscht ist, demgemäß geistige "Ideale" verwirklicht werden sollen und ihre Verwirklichung der ungebrochenen leiblich-seelischen Lebenskraft bedarf. Dasselbe Gefüge der Metaphysik ist aber der geschichtliche Grund dafür, daß über die Auslegung des

Il nous a bien fallu citer ces textes insensés et pervers, pour que le lecteur se demande à son tour si leur auteur n'a pas perdu « l'esprit », au sens humain et philosophique du terme. Il semble qu'il n'y ait plus en lui, selon sa propre définition du *Geist*, que « tempête » *(Sturm)* et non plus entendement ni raison. C'est avec de tels textes que l'on perçoit jusqu'où peut conduire la volonté d'introduire le nazisme dans la philosophie. Lorsqu'il enseigne, Heidegger sait donner à son propos une expression professorale et lisse qui – du moins en apparence et en surface – le rend plus acceptable, mais lorsqu'il exprime directement sur le papier les conceptions qui l'habitent, cela procure au lecteur une impression bien différente.

En outre, le moment où est rédigé *Koinon* contribue à accroître la confusion du propos. Comme l'auteur l'indique dès les premières lignes, nous sommes au début de la Seconde Guerre mondiale, c'est-à-dire dans cette période complexe et trouble où vient d'entrer en vigueur le pacte germano-russe signé par Ribbentrop et Molotov au nom de Hitler et de Staline. Le communisme « bolcheviste », l'ennemi total des nazis depuis l'origine, est alors leur principal allié. Ce pacte forcément précaire va permettre, comme on le sait, le démembrement et le partage de la Pologne et la mobilisation de toutes les forces du IIIᵉ Reich pour porter l'assaut contre l'Ouest, c'est-à-dire en premier lieu contre la France et l'Angleterre.

C'est ce moment que Heidegger choisit pour évoquer sa vision du « communisme ». Sans doute est-il

---

Seins als der Wirklichkeit und Wirksamkeit schließlich das Wesen des Seins als Macht sich vordrängt. Jene Zielsetzungen sind metaphysisch notwendig und nicht als zufällige Wünschbarkeiten und "Interessen" ausgedacht und vorgebracht » (GA 66, 182-184).

d'ailleurs inexact de parler de choix tant ses écrits et
ses cours portent constamment la marque des événements historiques et militaires dans lesquels ils sont
inscrits et qu'ils commentent selon la perspective supposée « destinale » de « l'histoire de l'être ». La thèse
de Heidegger, c'est que le communisme ne doit pas
être pensé de manière « politique », « sociologique »,
ou même seulement « métaphysique », mais « comme
un certain destin de l'étant comme tel saisi dans sa
totalité, qui marque l'accomplissement de l'âge historique et en cela la fin de toute métaphysique »[1] ! Et de
proposer une « définition » du communisme qui mérite
d'être retenue comme un exemple extrême de ce que
peuvent donner l'agglutination de la langue allemande
et l'usage obsessionnel du terme de *Machenschaft*. On
retrouve en effet à six reprises les mots « puissance »
(Macht) ou « faire » *(machen)* dans une seule et courte
phrase, ce qui la rend littéralement intraduisible en
français. Voici ce qu'écrit Heidegger :

> Der « Kommunismus » ist die Durchmachtung des
> Seienden als solchen mit der Ermächtigung der Macht
> zu Machenschaft als dem unbedingten Sicheinrichten der
> Macht auf die vorgerichtete Machsamkeit alles Seienden[2].

Malgré la prétention « destinale » du propos, ses
préoccupations historico-politiques – pour ne pas
dire militaires – sont tout à fait nettes. Il est curieux
de le voir attribuer à Lénine la paternité de la notion
jüngérienne de « mobilisation totale[3] », affirmation

---

1. GA 69, 191.
2. GA 69, 195. Pour cette fois, on voudra bien nous excuser de
ne pas traduire en langue française cette prose à proprement parler,
pour reprendre le terme si juste de Paul Celan, *innommable*.
3. GA 69, 210.

que l'on retrouve dans ses écrits de la même époque sur Ernst Jünger[1]. Par ailleurs, on notera ses développements autour de la notion de « guerre totale[2] ». Surtout, il exprime bien le fait que pour lui, comme pour les dirigeants du Reich nazi, l'ennemi à anéantir n'est pas alors en priorité l'Union soviétique devenue provisoirement un allié, mais bien l'Angleterre. Comment rendre acceptable ce revirement tactique, alors que des années de propagande ont imprimé dans toutes les têtes que l'adversaire du peuple allemand était le bolchevisme ? La solution est grossière, mais simple : il n'y a qu'à affirmer que l'État anglais est « la même chose *(dasselbe)* que l'État de l'Union des républiques soviétiques », avec cette seule différence que l'État anglais a su se donner « l'apparence de la moralité » *(der Schein der Moralität)*. C'est précisément en cela qu'il est plus dangereux. Et Heidegger d'affirmer que :

> La forme chrétienne et bourgeoise du « bolchevisme » anglais est la plus dangereuse. Sans l'anéantissement *(Vernichtung)* de celle-ci, l'époque moderne se maintient[3].

On voit que les considérations « destinales » de Heidegger le conduisent à des prescriptions bien concrètes, les mêmes que celles de Hitler à cette date : anéantir l'Angleterre. Le « dépassement de la métaphysique » ne lui fait pas oublier les buts de guerre du nazisme.

---

1. Voir HEIDEGGER, *Über Ernst Jünger*, GA 90, 230-231.
2. Voir notamment GA 69, 181.
3. « Die bürgerlich-christliche Form des englischen "Bolschewismus" ist die gefährlichste. Ohne die Vernichtung dieser bleibt die Neuzeit weiter erhalten » (HEIDEGGER, *Koinon*, GA 69, 208-209).

SUR ERNST JÜNGER, OU LA DOMINATION MONDIALE
ET DICTATORIALE DE LA RACE ET DE L'ESSENCE ALLEMANDES

L'ensemble des notes et des développements de Heidegger sur Ernst Jünger récemment parus[1] constitue désormais un document de première importance pour qui cherche à comprendre l'histoire du développement du nazisme dans la pensée. Nous savions de longue date que Heidegger s'était inspiré des écrits de Jünger et tout particulièrement de *La Mobilisation totale* et du *Travailleur*, mais son article d'hommage de l'après-guerre : « Sur la ligne » marquait surtout la distance qu'il entendait prendre sur la question du nihilisme, de la technique et de la métaphysique. La masse des textes aujourd'hui disponibles montre, de manière sensiblement différente, à quel point Heidegger, comme par ailleurs Carl Schmitt, s'est nourri de l'œuvre de Jünger à propos de concepts aussi importants que la « métaphysique », la « puissance », la « forme », la « totalité organique », le « travail », le « type » et « l'élémentaire », sans parler de la *race*. Il est au contraire fort peu question du nihilisme dans les textes sur Jünger antérieurs à la défaite nazie. Nous ne proposerons que quelques coups de sonde dans un sujet qui exigerait une étude bien plus complète, mais cela sera suffisant pour apporter des éléments nouveaux et décisifs quant à la conception heideggérienne de la domination planétaire et totale de la race allemande à laquelle, comme Jünger, il aspire ouvertement.

Notons tout d'abord que l'éditeur du volume de la *Gesamtausgabe* intitulé *Sur Ernst Jünger*, Peter Trawny, précise que l'on y trouve le texte de « L'Ex-

---

1. HEIDEGGER, *Über Ernst Jünger*, GA 90.

plication sur Ernst Jünger » *(Aussprache über Ernst Jünger)*[1] prononcée en janvier 1940 devant un petit cercle de collègues de l'université de Fribourg[2]. Il s'agit de ce fameux séminaire dont Heidegger soutenait en 1945 qu'il aurait été interdit. Pourtant, l'éditeur ne dit pas un mot de cette interdiction supposée : s'agirait-il, une fois de plus, de l'une de ces inventions dont Heidegger avait truffé son plaidoyer de 1945 pour tenter de se disculper ? Quoi qu'il en soit, il ne semble pas, comme on va le voir, que l'on puisse trouver dans ce texte de quoi inquiéter le pouvoir nazi.

Étant donné la date et d'autre part ce que nous avons vu des préoccupations de Heidegger lui-même dans son cours sur Nietzsche de la même année et aussi dans *Koinon*, on ne s'étonnera pas de noter que la guerre est au centre de son propos : il souligne notamment que, dès les premiers écrits de Jünger, la « bataille de matériel » *(Materialschlacht)* apparaît comme une manifestation de la volonté de puissance (c'est en cela, sans doute, que la « motorisation de la Wehrmacht » devient pour Heidegger, après la défaite de la France, un « acte métaphysique », et que le « travail » en vient à prendre dans la guerre un « caractère animal »[3]). Ce n'est donc nullement la question du « nihilisme » qui constitue le principal intérêt de Jünger aux yeux de Heidegger – comme les jeux de rôle des *Festschriften* et les leurres de l'après-guerre le feront croire à beaucoup –, mais bien la guerre mondiale et son enjeu : la domination planétaire d'un nouveau type ou d'une nouvelle race issue de ce que Heidegger nomme en conclusion « la

---

1. Le texte est publié en GA 90, 213-266.
2. Voir GA 90, 469.
3. GA 90, 218.

force essentielle des Allemands » *(Wesenskraft der Deutschen)*[1] et que Jünger lui-même, dans la conclusion du *Travailleur*, désigne comme « le sol maternel du peuple, porteur d'une nouvelle race » *(der Mutterboden des Volkes als der Träger einer neuen Rasse)*[2].

La conception jüngérienne du « travailleur », qualifiée de « métaphysique » en ce qu'elle ne fait qu'un avec la manifestation de la « puissance », est-elle conforme à la pensée de Nietzsche ? Pour résoudre la question, Heidegger cite tour à tour deux aphorismes édités l'un à la suite de l'autre dans *La Volonté de puissance*. Il commence par le second :

> Les travailleurs doivent vivre un jour comme vivent aujourd'hui les bourgeois ; mais *au-dessus* d'eux, en se distinguant par leur frugalité comme la *plus haute caste* : donc plus pauvres et plus simples, mais en possession de la puissance[3].

Pour Heidegger, « ce mot de Nietzsche résonne comme une moquerie par rapport à ce que Jünger pense dans *Le Travailleur*[4] », mais, précise-t-il, ce n'est là qu'un aphorisme de jeunesse, bien mal classé puisque c'est le précédent aphorisme qui, dans *La Volonté de puissance* rééditée en 1930 par Alfred Baeumler, correspond au Nietzsche de la maturité. Cet aphorisme s'intitule *Sur l'avenir des travailleurs* et débute ainsi :

---

1. GA 90, 222.

2. Ernst Jünger, *Der Arbeiter. Herrschaft und Gestalt*, 3e éd., Hambourg, 1932, p. 292.

3. « ... sich durch Bedürfnislosigkeit auszeichnend, die *höhere Kaste* : also ärmer und einfacher, doch im Besitz der Macht » (*Nietzsche, Der Wille zur Macht, Versuch einer Umwertung aller Werte, op. cit.*, § 764, p. 506).

4. GA 90, 219.

« les travailleurs devraient apprendre à ressentir comme des *soldats*[1] ».

Cette fois, le mot de Nietzsche lui semble conforme à ce que pense Jünger et à ce que lui-même veut en retenir : le « travailleur » actuel n'a plus rien d'un bourgeois : c'est un *soldat*, et son « travail » se dénomme la *guerre*. Heidegger écrit ainsi :

> le travailleur est pensé de façon guerrière comme soldat et considéré selon la *race (Art)* – c'est-à-dire comme type (en allemand *Schlag* : frappe)[2].

Il va alors tirer parti du fait que Nietzsche a parlé de l'*avenir* des travailleurs, pour dégager ce qui, selon lui – en ce mois de janvier 1940 – est l'enjeu de la guerre mondiale entre les démocraties de l'Ouest et le Reich nazi :

> Les puissances de l'Ouest avaient porté à la plus haute clarté et l'acuité la plus haute leur volonté jusque-là exprimée de maintenir en leur possession la puissance mondiale au sens des démocraties nationales. Chez nous, ce n'est que dans le pressentiment de quelques guerriers essentiels que le pressentiment a commencé à passer à la certitude qu'un changement dans la manière de posséder la puissance mondiale se préparait. Les puissances de l'Ouest luttent pour sauver le passé, nous luttons pour la formation d'un futur[3].

---

1. « Arbeiter sollten wie *Soldaten* empfinden lernen ».
2. « der Arbeiter ist soldatisch-kriegerisch gedacht und nach der *Art* – d.h. als Typus (zu Deutsch : Schlag) gewertet » (HEIDEGGER, *Zu Ernst Jünger*, GA 90, 220).
3. « Die Westmächte waren zur höchsten Klarheit und Schärfe ihres bisherigen Willens vorgedrungen, im Sinne der nationalen Demokratien die Weltmacht im Besitz zu halten. Bei uns war erst nur in den Ahnungen weniger wesentlicher Krieger die Ahnung zur

À lire ces lignes, nous devons accorder à Heidegger qu'il sait manier la rhétorique d'un chef de guerre. Ce qui pourrait être en soi plus surprenant, mais qui ne peut plus nous étonner après tant de textes évoqués qui disent toujours la même chose, c'est qu'il présente ce discours martial comme menant à « une nouvelle vérité de l'être » *(eine neue Wahrheit des Seyns)*. Nous devons citer ici une partie importante du long développement qui conclut son « explication sur Jünger », car nous y trouvons de la manière la plus explicite possible ce qu'il a réellement à l'esprit lorsqu'il parle de « dépassement de la métaphysique » et de « vérité de l'être » :

> La question, qui *sont* les quatre-vingts millions [d'Alle-mands], ne se résout pas d'après ce que leurs ancêtres ont créé mais d'après ce qu'eux-mêmes peuvent savoir et vou-loir comme mission pour le futur, afin d'estimer seulement d'après cela s'ils sont dignes d'invoquer les ancêtres.
>
> Dans la prochaine zone de décision, la lutte porte uni-quement sur la puissance mondiale, et cela non pas tant au sens de la seule possession de la puissance, que bien plutôt comme la capacité à maintenir dans la puissance la puis-sance comme essence de la réalité, et cela veut toujours dire ici : l'augmenter. La décision consiste avant tout à savoir si les « empires » démocratiques (Angleterre, Amé-rique) demeurent capables de puissance ou si la dictature impériale de l'armement absolu pour l'armement devient capable de puissance[1].

Gewißheit geworden, daß ein Wandel in der Art der Weltmachtha-berschaft sich vorbereite. Die Westmächte kämpfen um die Rettung des Bisherigen, wir kämpfen um die Gestaltung eines Künftigen » (GA 90, 221).

1. « Die Frage, wer die 80 Millionen *sind*, beantwortet sich auch nicht nach dem, was ihre Vorfahren geschaffen haben, sondern nach dem, was sie selbst als Auftrag der Zukunft zu wissen und zu wollen vermögen, um daraus erst zu ermessen, ob sie der Berufung

On voit définitivement ici de quoi Heidegger se nourrit et s'enivre : ce n'est d'aucune façon en philosophe et en métaphysicien qu'il argumente, mais en nazi résolu à annoncer et à promouvoir en pensée la domination inconditionnelle et dictatoriale du Reich nazi sur la planète, au moment où tous ses efforts se concentrent dans le réarmement et la motorisation de ses forces, et cela en lieu et place des « empires » démocratiques anglo-saxons. Sous le nom de « métaphysique », ce n'est donc rien d'autre que l'exaltation nazie de la puissance et de la domination dictatoriale de l'Allemagne hitlérienne que Heidegger a faite sienne, et – même si cela a pu tromper des esprits comme Derrida – nous voyons maintenant à quel point sont dérisoires ses dénégations tardives destinées à faire croire que sa conception du combat ne concernerait pas la guerre, que le *Kampf* dont il nous parle n'aurait rien d'un *Krieg*.

En même temps, comme va le montrer la suite du texte, Heidegger a l'ambition personnelle d'être celui qui conduit l'Allemagne hitlérienne jusqu'à l'accomplissement de sa « vérité ». Telle est sans doute son ambition la plus insensée et la plus dangereuse, car il a pu donner l'illusion d'être capable de dépasser le nazisme, alors qu'il n'a fait qu'assurer son accomplissement en le complétant et en le justifiant par son propre apport. Il a voulu, pour ainsi dire, rendre l'hitlérisme fréquentable, mais, en se servant pour cela de son habi-

---

auf die Vorfahren würdig sind. Der Kampf geht in der nächsten Zone einzig um die Weltmacht : und zwar nicht so sehr im Sinne des bloßen Machtbesitzes als vielmehr der Fähigkeit, die Macht als Wesen des Wirklichen in der Macht zu erhalten und d.h. hier immer : zu steigern. Die Entscheidung ist zunächst, ob die demokratischen "Imperien" (England, Amerika) machtfähig bleiben, oder ob die imperiale Diktatur der unbedingten Rüstung um der Rüstung willen machtfähig wird » (GA 90, 221).

leté à captiver et posséder les esprits, ce qu'il a diffusé
sur toute la planète c'est tout simplement le nazisme
avec toute sa puissance de destruction radicale de l'être
humain.

Heidegger poursuit en ces termes :

> Mais cette décision est seulement une décision prélimi-
> naire, son règlement peut exiger un siècle ou plus.
>
> Car supposé que la possession de la puissance au sens
> de la dictature impériale de l'armement absolu pour l'ar-
> mement abrite en même temps en elle la possibilité essen-
> tielle de la dévastation complète du monde, la question se
> pose de savoir si la plus haute possession de la puissance
> en vue du pouvoir suprême devient capable de surmonter
> la puissance elle-même comme essence de la réalité, et,
> sinon de fonder une nouvelle vérité de l'être, du moins de
> la préparer dans ses fondements.
>
> C'est seulement si le lieu d'une telle décision est atteint
> que l'âge de l'époque moderne peut être considéré comme
> surmonté. Que la force de l'essence cachée et non encore
> purifiée des Allemands s'étende aussi loin, telle est *notre*
> croyance. Mais parce que les décisions élémentaires
> concernant l'essence de l'être ne peuvent ni être prises, ni
> croître aveuglément, mais sont un présent de l'être même
> ou une privation, nous ne devons pas vouloir outrepasser
> les zones de décision[1].

---

1. « Aber diese Entscheidung ist erst eine Vorentscheidung,
mag ihr Austrag ein Jahrhundert und mehr für sich fordern. Denn
gesetzt, daß der Machtbesitz im Sinne der imperialen Diktatur der
unbedingten Rüstung um der Rüstung willen zugleich die wesentliche Möglichkeit der vollständigen Verwüstung des Erdkreises in
sich birgt, dann erhebt sich die Frage, ob der höchste Machtbesitz
zur höchsten Machthabe fähig wird, die Macht selbst als Wesen
der Wirklichkeit zu überwinden und eine neue Wahrheit des Seyns
wenn nicht zu stiften, so doch in ihrer Gründung vorzubereiten. Erst
wenn dieser Ort solcher Entscheidung erreicht ist, kann das Welt-
alter der Neuzeit für überwunden gelten. Daß die verborgene und

On voit que la stratégie de Heidegger est toujours la même : il se présente comme celui qui est en mesure de voir plus loin, au-delà même du siècle à venir, mais en définitive, il n'est jamais question pour lui de s'opposer à ce qu'il nommait, dans les *Beiträge*, « la nouvelle volonté allemande » : nous sommes cette fois en 1940, la guerre mondiale doit se poursuivre et la puissance d'armement du Reich hitlérien se mesurer aux démocraties de l'Ouest. Ce n'est pas seulement, affirme Heidegger, parce qu'il s'agirait d'opposer le « socialisme allemand » *(deutscher Sozialismus)* à la « ploutocratie de l'Ouest »[1] : les justifications idéologiques anciennes, grossièrement tirées par exemple des travaux d'un Werner Sombart, ne suffisent plus pour lui. La puissance du Reich allemand doit l'emporter parce qu'elle seule, dit-il, combat pour la configuration d'un futur. Invoquer l'espace vital nécessaire à quatre-vingts millions d'Allemands ne suffit pas non plus, car ce n'est pas une question de nombre d'individus. Heidegger invoque quelque chose de bien plus fondamental à ses yeux, à savoir ce qu'il nomme « *notre* croyance » *(*unser *Glaube)* – et qui n'a donc rien d'une philosophie ni d'une pensée : la croyance au lien caché entre « la force essentielle des Allemands » et « la vérité de l'être » !

Nous avons donc la confirmation de ce qui s'était déjà avéré dans l'étude du séminaire hitlérien et des *Beiträge*, à savoir que l'être heideggérien est un être

noch ungeläuterte Wesenskraft der Deutschen so weit hinausreicht, daß ist *unser* Glaube. Weil aber die einfachen Entscheidungen über das Wesen des Seins weder gemacht werden können, noch blindlings wachsen, sondern ein Geschenk sind des Seyns selbst oder eine Entbehrung, deshalb dürfen wir Entscheidungszonen nicht überspringen wollen » (GA 90, 222).

1. GA 90, 221.

völkisch, dont la manifestation ou le retrait est à ses yeux indissociable de ce qu'il nomme la « purification » de l'essence allemande. On ne sera donc pas étonné qu'il soit beaucoup question de *race* dans ses écrits sur Jünger.

Faut-il aller jusqu'à penser que la déclaration de Heidegger sur ce qu'il nomme « *notre* croyance » l'apparenterait discrètement à ceux que l'on appelait alors les *Deutschgläubigen*, pour qui la croyance *völkisch* en l'essence de la race allemande avait supplanté toute foi religieuse authentique, et parmi lesquels on pouvait compter, semblé-t-il, son ancien élève Oskar Becker[1] et son ancien condisciple et élève de Husserl, le raciologue Ludwig Clauß ? Ou bien ne s'agit-il ici que d'une profession de foi « politique » ? Nous laissons la question ouverte, tout en faisant deux remarques à ce propos. D'un côté, on trouve au début des années 1940, notamment dans les lettres adressées par Heidegger aux parents d'étudiants morts sur le front, des déclarations très étranges sur le rapport du peuple à ses morts, qui concordent avec la « religiosité » *völkisch* du nazisme et son culte des morts. Et dans la conférence de Brême intitulée « Le Danger », il ira plus loin que quiconque dans cette direction[2]. De l'autre, et de manière plus générale, il faut émettre des réserves à l'égard de l'idée, très répandue depuis les travaux d'Eric Voegelin et ceux plus directement relatifs au national-socialisme de Claus-Ekkehard Bärsch, selon laquelle le nazisme et l'hitlérisme relèveraient de ce que l'on a appelé des « religions politiques ». En effet, sans pouvoir développer ici tous les éléments d'une discussion, il n'est

---

1. Voir *supra*, p. 71.
2. Voir *infra*, p. 662 *sq.*

pas certain que le terme « religion » puisse, de quelque manière qu'il soit pris, convenir en profondeur au nazisme, même si Dietrich Eckart, Hitler, Rosenberg, Schmitt et même Heidegger (nous l'avons vu dans son séminaire hitlérien) jouent à l'occasion de cette corde. Nous pensons que c'est le nazisme qui a pénétré la religion comme il l'a fait pour la politique, l'art, l'histoire, le droit ou la philosophie – et cela, à chaque fois, pour les submerger et les détruire intégralement. Il ne s'agit donc pas d'un phénomène spécifiquement religieux.

Pour revenir à ses écrits sur Jünger, il faut y noter l'importance des développements sur la race et ce que Heidegger appelle à son tour « le nouveau rang de la "race" à venir » *(der neue Rang der künftigen « Rasse »)*[1]. Loin d'exprimer la moindre réserve sur le discours jüngérien de la race, Heidegger n'hésite pas à renchérir en un sens qui nous confirme le contenu racial d'autres textes déjà évoqués notamment dans ses cours sur Nietzsche ou dans *Koinon*. Il rapporte la « pensée de la race » *(Rassegedanke)* au « sol de la subjectivité »[2] et assure que :

> L'homme n'est pas moins sujet, mais au contraire de manière plus essentielle, lorsqu'il se conçoit comme nation, comme peuple, comme race, comme une humanité qui d'une manière ou d'une autre mise sur elle-même[3].

Dans l'énumération de cette phrase, la race est présentée comme une façon parfaitement légitime de

---

1. GA 90, 244.
2. GA 90, 38.
3. « Der Mensch ist nicht weniger Subjekt, sondern wesentlicher, wenn er sich als Nation, als Volk, als Rasse, als ein irgendwie auf sich selbst gestelltes Menschentum begreift » *(ibid.)*.

642 *Heidegger, l'introduction du nazisme...*

concevoir l'homme. Mais c'est la surenchère de la suite qui est le plus odieuse. Heidegger continue en effet en ces termes :

> Mais il existe une différence abyssale entre appartenir à une race *(Rassehaben)* et établir une race particulièrement et expressément, comme « principe », résultat et but de l'être-homme ; surtout lorsque la sélection raciale est proprement conduite *non seulement comme une* condition de l'être-homme, mais lorsque cet être-race et la domination en tant que cette race sont érigés en fin ultime[1].

Cette apologie de la sélection raciale comme principe, résultat et but de l'être-homme, bref, cette exaltation de « l'être-race » constitue l'un des textes les plus substantiellement nazis qu'il a écrits. Exactement comme Himmler et la doctrine de la SS, Heidegger érige en fin ultime de l'homme la sélection d'une nouvelle race et la domination de cette race, ce qui implique, suivant ses propres termes, la purification de l'essence allemande.

Or, ce qui fascine Heidegger chez Jünger, c'est la volonté de prendre « la culture de la race comme principe[2] », avec pour but de créer, à travers le « type » ou la « frappe » du « travailleur », une nouvelle race qui s'assure la domination planétaire. Il souligne que de cette façon l'élémentaire est rapporté à la race, et s'intéresse particulièrement aux notions de « figure »

---

1. « Aber Rassehaben und Rasse eigens und ausdrücklich als "Prinzip", Ausgang und Ziel des Menschseins aufzustellen, ist abgründig verschieden ; zumal dann, wenn die Rassezüchtung *nicht nur als eine* Bedingung des Menschseins eigens betrieben wird, sondern wenn dies Rassesein und als diese Rasse Herrschen zum höchsten Ziel erhoben wird » (GA 90, 39).

2. « Rassenbildung als Prinzip » (GA 90, 66). Heidegger renvoie à *Der Arbeiter, op. cit.*, p. 102, où Jünger fait sienne « cette volonté d'une culture de la race » *(diese Wille zur Rassenbildung)*.

(Gestalt) et de « construction organique » *(organische Konstruktion)* en notant que « une construction organique est par exemple la SS[1] ».

Pour Heidegger, évoquer la « construction organique » selon Jünger, c'est donc renvoyer à la *Schutzstaffel* hitlérienne dont le *Reichsführer* est Himmler et qui constitue, pour les nazis, la vraie noblesse du Reich. C'est sans doute aussi à la SS que Heidegger pensait dans son séminaire hitlérien lorsqu'il évoquait, devant des étudiants, en uniforme de la SS et de la SA, la nécessité d'une « nouvelle noblesse » pour le IIIe Reich[2].

Pour revenir à la relation entre ces deux auteurs, son importance ne peut être comprise que si l'on mesure exactement qui fut Ernst Jünger. Certes, il n'est pas possible dans ce livre de développer pour elle-même cette question. C'est pourtant un travail de fond qui demeure urgent à réaliser, particulièrement dans un pays comme la France où l'apologie de Jünger a atteint des sommets insensés alors que l'on est mieux averti, en Allemagne, de la vraie nature du personnage. Après la Seconde Guerre mondiale, il allait de soi que Jünger avait été un nazi. Le germaniste Edmond Vermeil, par exemple, parlait de lui comme d'un « nazi de talent[3] », et Karl

---

1. « Eine organische Konstruktion ist z.B. die SS » (GA 90, 204).

2. Nous savons par le témoignage de l'un de ses disciples, Georg Picht, que le séminaire hitlérien de Heidegger était suivi par des étudiants en uniforme de la SS et de la SA : « Im Herbst 1933 ging ich mit zwei Mitgliedern von Heideggers Seminar durch die Kaiserstraße – rechts ein baumlanger SS-Mann, links ein SA-Mann, ich als Zivilist in der Mitte » (Georg PICHT, « Die Macht des Denkens », *Antwort. Martin Heidegger in Gespräch*, p. 176).

3. Edmont VERMEIL, *L'Allemagne contemporaine, sociale, politique, culturelle, 1890-1950*, Paris, 1953, p. 298.

Löwith, en 1946, publiait dans *Les Temps modernes* cette phrase qui résume bien le statut de Jünger :

> Il [Heidegger] était « national-socialiste » et le demeure de même qu'Ernst Jünger, en marge certes, et dans l'isolement, mais cet isolement n'est pas sans efficacité[1].

« L'isolement » de Jünger, en effet, comme celui de Heidegger, s'apparente à celui de ces « uniques » qui se tiennent au centre des cercles de la communauté invisible décrite par Heidegger tant dans les *Beiträge* que dans ses écrits *Sur Ernst Jünger*. Cependant, les efforts conjugués d'un certain nombre d'apologistes ont eu pour résultat qu'avec le temps on a malheureusement perdu de vue les liens substantiels qui unissaient Jünger aux nationaux-socialistes avant et après 1933. Particulièrement efficace a été la stratégie de son ancien secrétaire, Armin Mohler, qui, pour dédouaner en partie l'auteur du *Travailleur* et disculper « l'élite intellectuelle » en la distinguant du nazisme, a usé habilement de la notion de « révolution conservatrice[2] ». Pourtant, Jünger a personnellement correspondu avec Hitler, publié Goebbels dans l'une de ses revues, salué très explicitement et avec ardeur dans ses écrits la montée en puis-

---

1. Karl Löwith, « Les implications politiques de la philosophie de l'existence de Martin Heidegger », *Les Temps modernes*, novembre 1946, p. 357-358.

2. Armin Mohler, « L'ouvrage *La Révolution conservatrice en Allemagne* trente ans après », *La « Révolution conservatrice » dans l'Allemagne de Weimar*, édité par Louis Dupeux, Paris, 1992, p. 196. La perversité du personnage se voit à la manière dont il utilise son opposition forcée entre la « révolution conservatrice » regroupant l'« élite intellectuelle » et le « national-socialisme » considéré uniquement comme un « mouvement de masse », pour se justifier de son engagement en 1942 au service de l'Allemagne nazie : il aurait alors eu la « naïveté » de les assimiler l'un à l'autre.

sance des nationaux-socialistes durant les années 1920, signé publiquement en faveur de Hitler le 7 novembre 1933[1] et cultivé des relations particulièrement étroites avec Carl Schmitt tout au long du IIIe Reich. Nous savons d'ailleurs par le Journal de Schmitt que lors d'un entretien entre les deux hommes le 29 janvier 1933, Jünger avait exprimé toute sa satisfaction de voir Hitler arriver au pouvoir[2]. En outre, de la même façon que Heidegger dans son entretien publié par le *Spiegel*, Jünger affirmera tranquillement, longtemps après la fin de la Seconde Guerre mondiale, qu'« au début, évidemment, ils [les nationaux-socialistes] avaient toute une série d'idées justes[3] ». De fait, chez les « intellectuels » du nazisme tels qu'Erich Rothacker ou le juriste Otto Koellreutter, Jünger apparaît, dans les années 1933-1934, comme *le* théoricien du « travail » tel qu'il est conçu et mis en œuvre par Hitler et la NSDAP.

Il est vrai que le nazisme de Jünger s'est manifesté extrêmement tôt. Il avait de ce point de vue une grande longueur d'avance sur Heidegger et Schmitt. Dès 1923, Jünger avait entendu Hitler au Cirque Kröne. Il évoquera plus tard ce moment en ces termes :

> Je fus alors saisi d'un sentiment particulier, qui était comme une purification. […] un inconnu parlait et disait ce qu'il fallait dire, et tous sentaient qu'il avait raison. […]

---

1. Le 7 novembre 1933, le *Berliner Tageblatt* publie une liste de poètes et d'artistes de l'Académie allemande de la poésie *(Die Deutsche Akademie der Dichtung)*, dont Ernst Jünger a accepté de faire partie, qui apportent leur soutien public à Hitler. Le nom de Jünger y figure en compagnie de Gottfried Benn, Hans Grimm, Erwin Guido Kolbenheyer, etc.

2. Paul NOACK, *Carl Schmitt. Eine Biographie*, Berlin, Francfort-sur-le-Main, 1993, p. 160.

3. Julien HERVIER, *Entretiens avec Ernst Jünger*, Paris, 1986, p. 88.

Ce que je venais de vivre, ce n'était pas un discours, c'était un événement ayant la force de l'élémentaire[1].

La même année 1923, Jünger publie dans le journal de la NSDAP, *Völkischer Beobachter*, un article intitulé « Révolution et idée » où il s'exprime en ces termes :

> La vraie révolution n'a pas encore eu lieu, mais elle progresse irrésistiblement. [...] son idée est l'idée *völkisch* aiguisée et dotée d'un tranchant inconnu jusqu'ici, sa bannière est la croix gammée, sa forme d'expression est la concentration de la volonté en un seul point – la dictature ! [...] Ce n'est pas l'argent qui en est le moteur, mais le sang qui unit la nation par ses mystérieux courants. [...] Le sang doit [...] assurer la liberté de l'ensemble par le sacrifice de l'individu [...] il doit éliminer tous les éléments qui nous sont nuisibles[2].

On voit à ces textes combien, dans le cas de personnalités telles que Jünger, l'utilisation à des fins apologétiques de la distinction entre « révolution conservatrice »

---

1. Cité par Karl-Heinz Weissman, « Maurice Barrès und der "Nationalismus" im Frühwerk Ernst Jüngers », *Magie der Heiterkeit. Ernst Jünger zum Hundertsten*, éd. par Günther Figal et Heimo Schwilk, Stuttgart, 1995, p. 140.

2. « Die echte Revolution hat noch gar nicht statt gefunden, sie marschiert unaufhaltsam heran [...] ihre Idee ist die völkische, zu bisher nicht gekannter Schärfe geschliffen, ihre Banner das Hakenkreuz, ihre Ausdrucksform die Konzentration des Willens in einem einzigen Punkt – die Diktatur ! [...] Denn nicht das Geld wird in ihr die bewegende Kraft darstellen, sondern das Blut, das in geheimnisvollen Strömen die Nation verbindet. [...] Das Blut soll [...] die Freiheit des Ganzen unter Opferung des Einzelnen erstehen lassen [...] es soll alle Stoffe ausscheiden, die uns schädlich sind » (*Völkischer Beobachter,* 23/24 septembre 1923); voir Gilbert Merlio, « Ernst Jünger, la tentation de l'idéologie », *Les Frères Jünger et la "révolution conservatrice" allemande, Les Carnets*, n° 6, 2001, p. 51.

et national-socialisme est inacceptable. Que Jünger ait, beaucoup plus tard, pris certaines distances à l'égard de Hitler qu'il considérait de quelque manière « de haut » tout en ayant été longtemps fasciné par lui n'efface pas la responsabilité écrasante qui demeure la sienne dans la légitimation publique du nazisme avant la prise du pouvoir. Comme ancien héros de la Grande Guerre, écrivain, directeur de diverses revues et chef politique, Jünger avait une audience et une aura considérables, qui ont directement servi Hitler et inspiré Heidegger et Schmitt. Il pouvait en effet s'exprimer ouvertement à une époque où un universitaire allemand n'aurait pu le faire sans risquer d'être révoqué, comme le sera par exemple Ernst Krieck au tout début des années 1930.

La radicalité des positions profondes de Jünger se voit en outre au fait que, le 27 août 1926, il publie sous le titre « Der Jungdeutsche » un article dans *Die Jungend-bewegung der Tat* où il développe une longue apologie du *Bund* des Artamanen. Fondés, semble-t-il, en avril 1924 par Bruno Tanzmann, les Artamanen forment, sous des apparences de mise en valeur du travail à la ferme et d'aide sociale aux mouvements de jeunesse, le *Bund* le plus foncièrement raciste qui ait existé, un racisme souterrain et secret qui ne s'exprime que sous des formules acceptables et dont le vrai sens demeure caché. C'est des Artamanen que sont sortis Heinrich Himmler et Walter Darré, ainsi que le commandant d'Auschwitz, Rudolf Hoess. Or Jünger voit dans les Artamanen « une nouvelle aristocratie » et cite avec éloge leur devise : « le travail anoblit » *(Arbeit adelt)*[1]. La conception du « travail » qui se constitue dans ce

---

1. Voir Ernst JÜNGER, *Politische Publizistik, 1919 bis 1933*, édité et commenté par Sven Olaf Berggötz, p. 248-249, ainsi que la note de l'éditeur sur les « Artamanen », p. 721.

Bund est pourtant une conception raciste et leur notion de « l'aristocratie » préfigure le rôle de la SS dans le IIIᵉ Reich. Que Jünger se dise proche des Artamanen et prononce leur éloge en dit long sur la vraie portée des conceptions du « travail » et de la « nouvelle race » qu'il développera dans *Le Travailleur*.

Or nous avons vu que Heidegger reprend, dans ses écrits sur Jünger, sa conception, développée au paragraphe 45 des *Beiträge*, des trois cercles secrets avec, entre la dictature des « uniques » et les « nombreux », le « petit nombre » de ceux réunis en *Bund*. Nous ne savons pas précisément de quels mouvements Heidegger peut se sentir proche après son adhésion de jeunesse au *Gralbund*, mais l'on peut se demander s'il ne songe pas, entre autres, au *Bund Artam* dont Jünger avait fait l'éloge. Cela viendrait éclairer la volonté exprimée dans son séminaire hitlérien de contribuer à former, comme Walter Darré, une « nouvelle noblesse » pour le IIIᵉ Reich. Sur ces questions, de nouvelles recherches seraient donc nécessaires, que nous laissons à d'autres le soin de poursuivre car elles n'ont plus aucun rapport avec la philosophie.

Pour mieux comprendre la vraie nature de l'intérêt que Heidegger lui porte, un dernier point demande à être établi en ce qui concerne la réalité du racisme de Jünger. Le 27 juin 1934, Ernst Jünger adresse à Carl Schmitt la copie d'une lettre qu'il vient d'envoyer au « Service pour la sauvegarde de la morale profession-nelle » *(Abteilung zur Wahrung der Berufsmoral)* de la NSDAP. Il lui est en effet demandé de se justifier de ses relations avec le biologiste et doctrinaire de la race nazie Fritz Merkenschlager. Nous sommes au moment où la polémique fait rage entre la conception de la « race allemande » défendue par Merkenschlager, membre de la NSDAP et SA de la première heure,

et Hans K. Günther, partisan de la « race nordique »,
qui a les faveurs de la SS. Or nous apprenons par la
réponse de Jünger qu'il connaît Merkenschlager « par
ses publications sur la question raciale » et tient celles-
ci pour « importantes », raison pour laquelle il a correspondu avec son auteur et lui a rendu visite à l'Institut de
biologie du Reich[1]. Lui-même estime que l'activité du
« travailleur » doit être reconnue comme « une forme
dans laquelle vient à s'exprimer la loi de la race[2] ». Il
serait donc utile de pouvoir lire un jour, si elle n'a pas
été détruite, la correspondance échangée entre Merkenschlager et Jünger. Quoi qu'il en soit, nous en savons
assez par sa lettre envoyée à Schmitt pour en conclure
que la conception de la race exposée dans *Le Travailleur* doit être prise sérieusement et non comme une
simple métaphore. Elle s'inspire en effet de l'une des
deux versions de la doctrine raciale du nazisme.

Pour revenir à Heidegger, il est extrêmement troublant de découvrir, à la lecture de *Koinon* (1939-1940),
des écrits sur Jünger et des cours sur Nietzsche rédigés
en 1941-1942, que c'est durant ces premières années de
la Seconde Guerre mondiale qu'il se met à évoquer régu-
lièrement, pour les légitimer, la « *pensée* de la race » et
la sélection raciale. C'est justement à ce moment-là que
les nazis préparent les moyens pour que s'accomplisse
la « prophétie » énoncée par Hitler dans son discours
du 30 janvier 1939, à savoir « l'anéantissement de la

---

1. « Herr Dr. Merkenschlager ist mir durch seine Veröffentlichungen über die Rassenfrage bekannt. Da ich diese Veröffentlichung für bedeutend halte, habe ich mit ihm einen Briefwechsel
geführt und ihn auch einmal in der Biologischen Reichsanstalt auf-
gesucht » (*Briefe 1930-1983 Ernst Jünger, Carl Schmitt, op. cit.*,
p. 34-35).

2. « ... der Arbeiter... seine Tätigkeit als eine Form zu erkennen,
in der das Gesetz der Rasse zum Ausdruck kommt » (*ibid*, p. 35).

race juive en Europe », décidée lors de la conférence de Wannsee de 1942. Lors de cette conférence, le plus virulent n'est autre que Wilhelm Stuckart, dont nous avons vu qu'il fut en contact étroit avec l'ancien recteur de Fribourg, et promoteur d'une « Académie des professeurs du Reich[1] ». Vu l'extrême gravité du contexte, nous pensons qu'une étude approfondie des écrits de Heidegger durant la période de guerre (1939-1945), comparable à celle que nous avons voulu réaliser dans ce livre pour les années 1933-1935, serait indispensable. Nous pouvons simplement dire aujourd'hui que tout se passe comme s'il ne s'agissait pas seulement, dans ce que Heidegger appelle les « décisions qui s'annoncent », de vaincre les démocraties de l'Ouest, mais aussi, comme il l'écrit lui-même, d'avancer dans la « purification » de l'essence allemande, et cela par la sélection raciale et les destructions qu'elle entraîne.

Allons même plus loin dans le questionnement : on doit se demander s'il n'y a pas, dans ses écrits sur Jünger, comme une « prophétie » de Heidegger qui, sur un autre plan, accompagnerait celle de Hitler et sa réalisation. En effet, les textes où Heidegger annonce une « nouvelle vérité de l'être », évoque « l'essence cachée et non encore purifiée *(ungeläutert)* des Allemands », et fait l'éloge exalté de « l'être-race » *(Rassesein)* érigé en « fin ultime » appartiennent à la même époque et au même registre. Aussi un lecteur attentif est-il amené à se demander si « la vérité de l'être » annoncée, « l'être-race » érigé en fin ultime et « l'essence des Allemands » qui reste à « purifier » ne constituent pas, dans l'esprit de Heidegger, une seule et même notion. Ce serait, en effet, le prolongement, conséquent dans l'horreur, de ce qu'il disait dès les *Beiträge* sur le « principe *völ-*

---

1. Voir *supra*, chapitre 3, p. 205 et V. Farias, *op. cit.*, p. 221.

kisch » rapporté par lui à la conquête du « rang ultime de l'être », de même que son propos sur « l'essence non encore purifiée des Allemands » peut apparaître comme la reprise, une décennie plus tard, de ce qu'il disait en 1929 sur « l'enjuivement » *(Verjudung)* de la vie spirituelle allemande.

Dans cette hypothèse, malheureusement suscitée par trop de textes pour ne pas être envisagée très sérieusement, la distinction heideggérienne entre « l'accomplissement de la métaphysique » et la « vérité de l'être » commencerait à révéler sa signification cachée *(verborgen)*. La « métaphysique », en effet, n'est manifestement chez Heidegger qu'un nom arraché à la philosophie pour valoriser et rendre acceptable tout autre chose : la « motorisation de la Wehrmacht », entendue par lui comme « acte métaphysique », la « sélection raciale », qualifiée par lui de « métaphysiquement nécessaire », la défaite de la France par les armées du Reich nazi, commentée par lui comme le « jour où un peuple n'est plus à la hauteur de la métaphysique surgie de sa propre histoire », bref, tout ce qui va dans le sens de l'accomplissement de la domination planétaire de l'Allemagne hitlérienne et nazie. Quant à la « vérité de l'être » qui se dévoilerait à la suite de cet accomplissement, nous pouvons commencer à entrevoir de quoi il peut s'agir à la lecture de ses textes sur « l'être-race » *(Rassesein)* et sur « l'essence des Allemands » non encore « purifiée » : *la « vérité de l'être » apparaît désormais comme indissociable de la « purification » à venir de l'essence et de la race allemandes.*

Lorsque Heidegger insiste sur le fait que la « métaphysique » doit être positivement accomplie et dépassée, nous pouvons maintenant comprendre, à partir de ce qu'il désigne effectivement comme « métaphysique » dans les exemples donnés précédemment, de quoi il retourne : la puissance et la domination ne sont pour lui que des voies destinées à permettre ce qu'il nomme « la purification de l'essence allemande » et le dévoilement de la « vérité de l'être ». L'indétermination de cette « vérité » qui, en tant que « dévoilement », renvoie à quelque chose d'occulté, pour ne pas dire d'occulte, a fait toute la force du propos de Heidegger, assez insaisissable pour paraître échapper à la critique, assez mystérieux pour que chacun y place ce qu'il veut : pour les théologiens thomistes, c'est Dieu, pour les âmes mystiques l'ineffable… Mais si nous lisons attentivement les écrits de Heidegger aujourd'hui accessibles, c'est tout autre chose qui se dévoile progressivement et que nous avons analysé comme l'introduction des fondements mêmes du nazisme et de l'hitlérisme dans la philosophie. Le « dépassement » heideggérien de la « métaphysique » n'est donc en aucune façon un dépassement du nazisme considéré dans ses fondements racistes, mais au contraire l'annonce d'une « vérité » de « l'être » qui demeure celle même du nazisme, à savoir la croyance en la « purification » nécessaire de l'essence allemande. Comme telle, elle constitue moins une « religion politique » qu'une mythologie raciale qui, sous des formes édulcorées et cryptées, continue d'animer Heidegger jusqu'au bout.

Il nous faut aujourd'hui prendre conscience de la nature de cette entreprise, la reconnaître pour ce qu'elle est, avoir la patience d'en analyser le caractère monstrueux afin de nous en libérer définitivement. Dévoyer, dévaster, détruire radicalement la philosophie, c'est bien ce qu'entreprend Heidegger. Lui-même d'ailleurs ne cache pas après là guerre, notamment dans la *Lettre sur l'humanisme* adressée à Jean Beaufret, que la « pensée à venir » qu'il entend promouvoir « ne sera plus philosophie[1] ». Et il n'est pas plus certain que ce que Heidegger prépare mérite encore le nom de « pensée ». Nous sommes convaincu pour notre part, au terme des recherches réalisées dans ce livre, que l'œuvre de Heidegger n'a jamais appartenu à la philosophie au sens profond du terme, car il ne suffit pas d'écrire sur Aristote, Descartes ou Hegel pour être philosophe, si les fondements sur lesquels on s'appuie constituent la négation même de l'obligation morale de respecter l'homme comme tel, indépendamment de son appartenance à telle ou telle communauté, à tel ou tel peuple, à telle « race ».

L'ANTISÉMITISME DE HEIDEGGER EN 1944

Par un travail comparable à celui réalisé dans ce livre pour la philosophie, il faudrait, pour mieux lui résister, mesurer l'influence dévastatrice de Heidegger dans la poésie. Nous voudrions à ce propos attirer l'attention sur un texte qui révèle dans quelle intention Heidegger choisit celui qu'il désigne comme « le » poète de l'Allemagne, et cela nous permettra de montrer la permanence de son antisémitisme en 1944. Dans le cours intitulé *Poésie et pensée*, qu'il a rédigé pour le semestre d'hiver 1944-1945 et dont il n'a lu que deux séances avant d'être engagé, pour très peu de temps, dans le service du *Volksturm*, Heidegger cite le mot suivant de Nietzsche, pour le commenter aussitôt :

> « L'Allemagne n'a produit qu'un poète à part Goethe : c'est Heinrich Heine – et en outre un Juif... »

---

1. « Das künftige Denken ist nicht mehr Philosophie... » (HEIDEGGER, *Lettre sur l'humanisme, op. cit.*, p. 166).

Ce mot jette une lumière étrange sur le poète Goethe. Goethe – Heine, « le » poète de l'Allemagne. Où se trouve Hölderlin[1]… ?

Il n'en dit pas plus : le seul fait d'évoquer le rapprochement nietzschéen entre Goethe et un poète « juif », Heine, lui a suffi pour disqualifier Goethe, dont il ne sera plus question. Seul Hölderlin sera retenu comme « le » poète des Allemands.

Nous sommes à la fin de l'année 1944, à un moment où l'entreprise d'extermination des Juifs d'Europe par les nazis est une réalité certainement connue, en particulier par Heidegger. Celui-ci, cependant, continue à développer le mythe germanique du poète et du penseur, et à tirer argument de son propre antisémitisme et de celui de ses auditeurs pour choisir « le » poète des Allemands. En ces temps de défaite imminente, il n'évoque plus, après le poète et le penseur, le troisième terme, à savoir l'activité politique des créateurs d'État, comme il avait pu le faire une décennie plus tôt, dans son cours sur *Le Rhin* de Hölderlin, à l'exemple de Hitler lui-même à la fin de *Mein Kampf*. Cependant, Heidegger persiste à retenir les deux seuls noms magnifiés par les nazis : celui de Hölderlin pour la poésie et celui de Nietzsche pour la pensée, l'un et l'autre interprétés de façon abusive. Et le premier long fragment que Heidegger cite de Nietzsche dans *Dichten und Denken* porte sur les « dures races de l'Europe du Nord[2] ».

---

1. « Deutschland hat nur einen Dichter hervorgebracht, außer Goethe : das ist Heinrich Heine – und der noch dazu ein Jude… Dieses Wort wirft ein seltsames Licht auf den Dichter Goethe. Goethe – Heine, "der" Dichter Deutschlands. Wo bleibt Hölderlin… ? » (Heidegger, *Dichten und Denken*, GA 50, 150-151).

2. « die starken Rassen der nördlichen Europa », GA 50, 108.

Par ailleurs, on sait que depuis Norbert von Hellingrath et Stefan George, l'extrême droite allemande avait remplacé Goethe par Hölderlin. Carl Schmitt le souligne encore après la guerre dans son *Glossarium* :

> Le tragique de l'assimilation j[uive] depuis 1900 : ils ne pouvaient pas, au total, accompagner le grand pas de Goethe à Hölderlin, mais restèrent dans l'ancienne culture, avec laquelle ils critiquèrent la nouvelle, à partir d'un inconscient et provocant sentiment de supériorité. Ils ne comprirent pas le passage du concept à la *Gestalt* ni ce que cela voulait dire dans l'esprit allemand. Ou bien alors ils comprirent trop bien, comme Gundolf[1].

Schmitt ne cache pas l'enjeu *völkisch* de la substitution de Hölderlin à Goethe, notamment dans le cercle de Stefan George auquel se rattachait Gundolf bien que juif – ce cercle avait d'ailleurs pris, dès 1918, le svastika comme symbole. Il s'agissait de rompre avec la culture de l'assimilation, en ne s'appuyant plus sur l'universalité du concept, mais sur la particularité raciale de la *Gestalt*.

Tout cet enjeu antisémite resurgit dans le cours de Heidegger en 1944. Pour récuser Goethe et l'universalisme de la culture qu'il représente, Heidegger, non sans beaucoup de perversité, se sert de l'association par Nietzsche des noms de Goethe et de Heine et du

---

1. « Tragik des j. Assimilantentums seit 1900 : sie konnten, als ganzes, den großen Schritt von Goethe bis Hölderlin nicht mitmachen, sondern blieben in der alten Bildung, mit der sie jetzt die neue kritisierten, aus einem aufreizend ahnungslosen überlegenheitsgefühl heraus. Sie begriffen nicht den Schritt vom Begriff zur Gestalt und was im deutschen Geist damit gemeint war. Oder sie begriffen zuviel, wie Gundolf » (Carl Schmitt, *Glossarium*, Berlin, 1991, p. 153) ; voir Denis Trierweiler, « Carl Schmitt, *Glossarium* (Extraits) », *Cités*, n° 17, 2004, p. 189.

fait que Nietzsche souligne la judéité de Heine (dont le nom était radicalement proscrit par les nazis), pour disqualifier Goethe lui-même. La « lumière étrange » jetée sur Goethe selon Heidegger signifie bien entendu le fait que si Nietzsche lui-même a pu associer un « Juif » au nom de Goethe, c'est que ce dernier est de quelque manière « entaché » et ne peut être retenu comme « le » poète des Allemands.

Après la défaite du nazisme, Heidegger persiste, dans la *Lettre sur l'humanisme*, à affirmer que la pensée de Hölderlin est « par essence plus originelle et par là même plus à venir que le pur cosmopolitisme de Goethe[1] ». Cela montre bien que Heidegger n'a pas changé après 1945, même s'il masque désormais le fond antisémite de sa récusation du « cosmopolitisme ».

DU RÉVISIONNISME DE LA RÉPONSE À MARCUSE
AU NÉGATIONNISME ONTOLOGIQUE DES
CONFÉRENCES DE BRÊME

On a beaucoup glosé sur le « silence » de Heidegger concernant l'anéantissement des Juifs d'Europe par les nazis. En réalité, il ne s'est nullement tu, et ce qu'il a exprimé est bien pire encore que le silence.

Le 28 août 1947, Herbert Marcuse lui écrit de Washington :

> Un philosophe peut se tromper en politique, auquel cas il reconnaîtra publiquement son erreur. Mais il ne peut pas se tromper sur un régime qui a tué des millions de Juifs simplement parce qu'ils étaient juifs, qui a fait de la

---

1. « Das […] Denken Hölderlins […] ist darum wesentlich anfänglicher und deshalb zukünftiger als das blosse Weltbürgertum Goethes » (HEIDEGGER, *Lettre sur l'humanisme, op. cit.*, p. 96).

terreur un état de chose normal et qui a retourné tout ce qui appartenait aux concepts d'esprit, de liberté et de vérité en leur contraire sanglant[1].

Il attend donc de son ancien maître une déclaration dans laquelle il ne reconnaîtrait pas seulement son « erreur » passée car, dans son adhésion au nazisme, il s'agit de bien plus que d'une « erreur » politique, mais déclarerait publiquement qu'il a changé de vues. Sans cette déclaration, la philosophie et le nazisme étant incompatibles, on ne pourrait que refuser de voir en Heidegger un philosophe.

Le révisionnisme de la réponse de Heidegger dépasse l'entendement. Envoyée le 20 janvier 1948, sa réponse est constituée de six points soigneusement numérotés. Après avoir affirmé « combien il est difficile de discuter avec des personnes qui n'étaient plus en Allemagne depuis 1933 », mais sans un mot sur les raisons pour lesquelles Marcuse avait dû fuir l'Allemagne en 1933, (1) il commence par justifier son adhésion publique de 1933 en des termes qui montrent clairement qu'il se croit toujours dans son bon droit (il attendait du national-socialisme « un renouvellement spirituel de la totalité de la vie… ») et demande à Marcuse s'il a bien « lu *entièrement* » son discours de rectorat ! (2) Il indique ensuite qu'il aurait reconnu dès 1934 ce qu'il

---

1. « Ein Philosoph kann sich im Politischen täuschen – dann wird er seinen Irrtum offen darlegen. Aber er kann sich nicht täuschen über ein Regime, das Millionen von Juden umgebracht hat – bloß weil sie Juden waren, das den Terror zum Normalzustand gemacht hat und alles, was je wirklich mit dem Begriff Geist und Freiheit und Wahrheit verbunden war, in sein blutiges Gegenteil verkehrt hat » (Lettre de Herbert Marcuse à Martin Heidegger, 28 août 1947, « Herbert Marcuse/Martin Heidegger Briefwechsel », *Befreiung Denken – Ein politischer Imperativ. Ein Materialenband zu Herbert Marcuse*, éd. par Peter-Erwin Jansen, 2nd éd. augmentée, 2000, p. 135).

nomme son « erreur politique ». Marcuse a pourtant bien montré que le mot « erreur » ne peut d'aucune façon convenir lorsqu'il s'agit de l'adhésion à une entreprise comme le nazisme dont les buts exterminateurs étaient clairement affichés par Hitler dès l'origine. (3) Puis Heidegger s'abrite sous un mot de Jaspers selon lequel « avoir survécu, telle est notre faute », sans marquer aucune différence entre la situation tragique de Jaspers, mis à la retraite dès 1937, dont l'épouse est menacée à tout instant dans son existence parce que juive, et sa propre situation de nazi reconnu, encore autorisé, par exemple, en 1943, à prendre des vacances à Strasbourg en pleine guerre mondiale ! (4) Heidegger déclare ensuite que son enseignement dispensé de 1933 à 1945 a préservé ses étudiants de l'idéologie nazie : nous avons vu au contraire l'effet dévastateur, souligné par Gerd Tellenbach, de son influence sur la jeunesse étudiante allemande, son ascendant désastreux sur des disciples comme Erik Wolf, et le contenu réel de ses cours et séminaires aujourd'hui accessibles. La mauvaise foi dédaigneuse du point 5 atteint un sommet : une déclaration faite après 1945 l'aurait identifié aux nazis qui avaient publiquement déclaré avoir changé de vues. En réalité, tous les condamnés de Nuremberg, à l'exception de Hans Franck, ont persisté à affirmer leur bon droit.

Vient enfin le sixième point. Heidegger se contente de reprendre la phrase de son correspondant sur les millions de Juifs anéantis par les nazis, et cela pour dire qu'il peut seulement ajouter qu'au lieu de « Juifs », on aurait pu écrire « Allemands de l'Est » *(statt « Juden » « Ostdeutsche » zu stehen hat)*, avec cette différence que tout ce que l'un des Alliés (l'Union soviétique) a fait depuis 1945 est mondialement connu de tous alors que ce qu'avaient fait les nazis demeurait caché au peuple allemand.

Mais où était donc Heidegger lorsque, durant la Nuit de cristal à Fribourg, les bandes nazies ont brûlé l'ancienne synagogue *qui se trouvait au cœur de l'université* et arrêté maints Juifs de la ville ? Où était-il le 22 octobre 1940, lorsque les Allemands ont raflé et déporté la totalité des Juifs allemands du pays de Bade qui n'avaient pas encore été arrêtés ? Comment aurait-il pu ignorer la façon dont se comportaient à l'Est les forces nazies, lui dont les deux fils étaient sur le front de l'Est ? Et comment aurait-il pu être ignorant de tout, lui qui proclamait, tout au long des années 1930, la nécessité du « combat contre l'Asiatique », un terme que les nationaux-socialistes n'utilisaient que pour désigner avant tout les Juifs ? Par ailleurs, si les troupes russes – dont trois millions d'hommes étaient morts de faim dans les camps nazis – ont souvent fait preuve d'une brutalité rare, il n'y a pas eu de génocide de la population allemande de l'Est.

Le « révisionnisme » de la réponse éclate donc aux yeux. Comme l'écrit Hugo Ott : « Heidegger anticipait la querelle des historiens de l'année 1986[1] ».

Est-il encore possible de poursuivre une discussion argumentée après de telles assertions ? Comme le dit Marcuse dans sa réponse à Heidegger à propos du fait de substituer « Allemands de l'Est » à « Juifs » :

> avec cette phrase, ne vous tenez-vous pas hors de la dimension dans laquelle une communication est encore possible entre les hommes – hors du *Logos*[2] ?

---

1. « Der "Historikerstreit" des Jahres 1986 ist von Heidegger vorweggenommen ! » (Hugo Ott, *op. cit.*, p. 186 ; trad. fr., p. 199. L'historien révisionniste Ernst Nolte reprend ce mot dans son *Heidegger. Politik und Geschichte im Lebem und Denken*, Berlin, Francfort-sur-le-Main, 1992, p. 220.)

2. « Stehen Sie nicht mit diesem Satz außerhalb der Dimension, in der überhaupt noch ein Gespräch zwischen Menschen möglich

En effet, après 1945, Heidegger, comme nous allons voir, abandonne tout ce qui fonde humainement la philosophie.

C'est dans les quatre *Conférences de Brême* de 1949, qui s'intitulent respectivement « La Chose » *(Das Ding)*, « Le Dis-positif » *(Das Ge-stell)*, « Le Danger » *(Die Gefahr)* et « Le Tournant » *(Die Kehre)*, que la négation heideggérienne de la singularité du génocide nazi trouve son expression extrême. Deux passages sont à signaler particulièrement. Heidegger s'est gardé de les publier de son vivant.

Le premier texte a bien fait partie de la conférence intitulée « Le Dis-positif », prononcée devant le public du « Club de Brême », le 2 décembre 1949, mais il a été supprimé par Heidegger dans la première édition qu'il a donnée du texte en 1962[1]. Il n'a été révélé qu'en 1983, dans une étude publiée par l'un des auditeurs, Wolfgang Schirmacher[2]. Le texte est finalement paru en 1994 dans la *Gesamtausgabe*. Dans la même énumération, Heidegger se livre à des comparaisons insoutenables :

> L'agriculture est aujourd'hui une industrie d'alimenta-
> tion motorisée, dans son essence la même chose que la
> fabrication de cadavres dans les chambres à gaz et les

---

ist – außerhalb des Logos ? » (Herbert Marcuse à Martin Heidegger, 13 mai 1948, *op. cit.*, p. 138-139).

1. Heidegger, *Die Technik und die Kehre*, Pfüllingen, 1962. Philippe Lacoue-Labarthe, qui a le premier publié la phrase en français dans *La Fiction du politique* (1987, p. 58), se trompe en la situant dans la seule conférence « demeurée inédite » (*ibid.*, p. 57). En effet, le passage provisoirement supprimé par Heidegger en 1962, puis rétabli en 1994, appartient non pas à la conférence « Le Danger », qui restera inédite jusqu'en 1994, mais à celle intitulée « Le Dis-positif ».

2. Wolfgang Schirmacher, *Technik und Gelassenheit, Zeitkritik nach Heidegger*, Fribourg-en-Brisgau, Munich, 1983, p. 25.

camps d'extermination, la même chose que le blocus et la réduction de pays à la famine, la même chose que la fabrication de bombes à hydrogène[1].

En prononçant une telle phrase, Heidegger s'exclut lui-même de la philosophie et montre qu'il a perdu tout sens humain. Après avoir exalté, dans ses cours, la motorisation de la Wehrmacht comme un acte « métaphysique » – et l'on sait que les premiers gazages eurent lieu dans des camions –, il se sert maintenant du caractère planétaire de la technique moderne pour nier la spécificité irréductible du génocide nazi et l'associer à l'une des manifestations les plus banalisées de la technicisation de l'existence, à savoir la transformation de l'agriculture en industrie d'alimentation motorisée. Le caractère insensé de cette affirmation est renforcé par le fait qu'il assimile le meurtre programmé de millions d'êtres humains à une industrie destinée à fabriquer des cadavres, comme si les SS avaient eu l'intention de produire mécaniquement des cadavres comme on fabrique du sucre, en anéantissant des millions d'hommes, de femmes et d'enfants, complètement retranchés par eux de l'espèce humaine. C'est ainsi que la déshumanisation par le nazisme des victimes des camps d'extermination se perpétue dans la phrase de Heidegger.

Ce dernier savait parfaitement ce qu'il faisait en prononçant cette phrase. Aussi a-t-il renoncé à la publier de son vivant, laissant à la *Gesamtausgabe* le soin de

---

1. « Ackerbau ist jetzt motorisierte Ernährungsindustrie, im Wesen das Selbe wie die Fabrikation von Leichen in Gaskammern und Vernichtungslagern, das Selbe wie die Blokade und Aushungerung von Ländern, das Selbe wie die Fabrikation von Wasserstoffbomben » (cité par W. Schirmacher, *op. cit.*, p. 25 et repris dans GA 79, 27).

la faire connaître, ce qui aurait été le cas si l'un de ses auditeurs n'avait pas pris les devants.

Il existe un second texte sur les camps d'extermination dans les *Conférences de Brême*. Moins connu, mais plus rempli encore des noires ténèbres qui envahissent l'esprit de Heidegger, il témoigne de ce que nous avons décidé d'appeler son *négationnisme ontologique*. À vrai dire, ce qu'il soutient relève de ce que Paul Celan appelle « l'innommable ». L'expression *négationnisme ontologique* exprime cependant bien le fait que Heidegger ne s'attaque pas seulement à la réalité historique des faits en réduisant considérablement les chiffres des victimes des camps et en déniant toute spécificité au génocide nazi, mais il s'en prend à l'*être* même des victimes des camps.

Le texte se trouve dans la conférence intitulée « Le Danger ». On n'a pu le connaître qu'en 1994, lors de la publication des quatre *Conférences de Brême* dans la *Gesamtausgabe*. Cette fois, aucun auditeur n'avait pu prendre les devants. En effet, si l'on en croit le témoignage de Heinrich Wiegand Petzet, non seulement cette conférence est restée inédite jusqu'à cette date, mais elle n'aurait pas été prononcée en 1949[1]. Si ce témoignage était confirmé, cela voudrait dire qu'en se gardant de prononcer cette quatrième conférence, Heidegger était conscient qu'il allait encore bien plus loin que dans le premier passage cité, qui appartient à la conférence intitulée « Le Dis-positif ». Quoi qu'il en soit, ce texte fait désormais partie de la *Gesamtausgabe*. Voici ce qu'il écrit :

---

1. Voir Heinrich Wiegand Petzet, *Auf einen Stern zugehen, Begegnungen mit Martin Heidegger, 1929 bis 1976*, Francfort, 1983, p. 61.

Des centaines de milliers meurent en masse. Meurent-ils ? Ils périssent. Ils sont tués. Meurent-ils ? Ils deviennent les pièces de réserve d'un stock de fabrication de cadavres. Meurent-ils ? Ils sont liquidés discrètement dans des camps d'extermination. Et sans cela – des millions périssent aujourd'hui de faim en Chine.

Mourir cependant signifie porter à bout la mort dans son essence. Pouvoir mourir signifie avoir la possibilité de cette démarche. Nous le pouvons seulement si notre essence aime l'essence de la mort. Mais au milieu des morts innombrables l'essence de la mort demeure méconnaissable. La mort n'est ni le néant vide, ni seulement le passage d'un étant à un autre. *La mort appartient au* Dasein *de l'homme qui survient à partir de l'essence de l'être*. Ainsi abrite-t-elle l'essence de l'être. La mort est l'abri le plus haut de la vérité de l'être, l'abri qui abrite en lui le caractère caché de l'essence de l'être et rassemble le sauvetage de son essence.

C'est pourquoi l'homme peut mourir si et seulement si l'être lui-même approprie l'essence de l'homme dans l'essence de l'être à partir de la vérité de son essence. *La mort est l'abri de l'être dans le poème du monde*. Pouvoir la mort dans son essence signifie : pouvoir mourir. Seuls ceux qui peuvent mourir sont les mortels au sens porteur de ce mot[1].

---

1. « Hunderttausende sterben in Masse. Sterben sie ? Sie kommen um. Sie werden umgelegt. Sterben sie ? Sie werden Bestandstücke eines Bestandes der Fabrikation von Leichen. Sterben sie ? Sie werden in Vernichtungslagern unauffällig liquidiert. Und auch ohne Solches – Millionen verelenden jetzt in China durch den Hunger in ein Verenden. Sterben aber heißt, den Tod in sein Wesen austragen. Sterben können heißt, diesen Austrag vermögen. Wir vermögen es nur, wenn unser Wesen das Wesen des Todes mag. Doch inmitten der ungezählten Tode bleibt das Wesen des Todes verstellt. Der Tod ist weder das leere Nichts, noch ist er nur der Übergang von einem Seienden zu einem anderen. *Der Tod gehört in das aus dem Wesen des Seyns ereignete Dasein des Menschen.* So birgt er das Wesen des Seyns. Der Tod ist das höchste Gebirg

Ce texte dépasse tout ce que les nationaux-socialistes ont pu affirmer. Les camps d'extermination n'y sont plus seulement l'aboutissement d'un processus de ségrégation et de destruction. La « Solution finale » devient le point de départ de quelque chose de plus inqualifiable encore : l'éradication directe et totale de la possibilité même de la vie humaine. La monstruosité de ce qu'affirme Heidegger le place en dehors de toute philosophie. Les mots « vérité de l'être », « poème du monde », « abri le plus haut » ne peuvent cacher l'atrocité du propos. Le « meurent-ils ? » *(Sterben sie ?)* répété trois fois appelle chez le lecteur une réponse insoutenable : *selon Heidegger, personne n'est mort dans les camps d'extermination, parce que aucun de ceux qui y furent exterminés ne portait dans son essence la possibilité de la mort.*

Il faut prendre conscience de la déraison absolue de ces propos. Nous ne sommes plus seulement dans le révisionnisme, mais dans un négationnisme total, et même dans quelque chose qui dépasse les mots et qui est proprement innommable. Heidegger ne dit pas que les conditions du meurtre de millions d'hommes furent telles qu'ils n'ont pu mourir de la manière humaine et digne à laquelle tout être humain a droit. Après avoir, de manière révoltante, nié l'ampleur de la Shoah en parlant de « centaines de milliers » alors que plusieurs

---

der Wahrheit des Seyns selbst, das Gebirg, das in sich die Verbor-genheit des Wesens des Seyns birgt und die Bergung seines Wesens versammelt. Darum vermag der Mensch den Tod nur und erst, wenn das Seyn selber aus der Wahrheit seines Wesens das Wesen des Menschen in das Wesen des Seyns vereignet. Der Tod ist das Gebirg des Seyns im Gedicht der Welt. Den Tod in seinem Wesen vermögen, heißt : sterben können. Diejenigen, die sterben können, sind erst die Sterblichen im tragenden Sinn dieses Wortes » (Heidegger, *Bremer und Freiburger Vorträge*, GA 79, 56).

millions d'êtres humains ont bien été exterminés par les nazis, il laisse entendre que personne n'est mort dans les camps d'extermination, parce que aucun de ceux qui y furent liquidés ne *pouvait* y mourir.

C'est intentionnellement qu'au début de son texte il n'emploie jamais le mot « homme » à propos des victimes des camps d'extermination. Heidegger prétend en effet que ne « peut » mourir que celui auquel « l'être » en a donné le « pouvoir » : celui qui est dans « l'abri » de « l'essence » de l'être. Ceux qui ont disparu dans les camps d'extermination ne pouvaient pas être ainsi « sauvés » par « l'être ». Ils n'étaient pas des « mortels », ils ne sont donc pas des hommes.

On ne peut pas aller plus loin dans la négation de l'être humain que ne le fait Heidegger. Le génocide des Juifs – la Shoah – et le meurtre de tous ceux qui ont également disparu dans les camps de concentration et d'extermination nazis : opposants politiques allemands, résistants français et européens, Tziganes, prisonniers de guerre russes et polonais, n'ont donc pas eu lieu pour Heidegger. Les populations entières qui ont été gazées, les enfants brûlés vifs à Auschwitz, tout cela n'aurait pas concerné des êtres humains. Non seulement les populations massacrées ne sont pas mortes, mais elles ne pouvaient même pas vivre. La démence de cette condamnation est sans limites. Elle conduit à éliminer toute vie humaine et même la possibilité de sa réapparition.

Le propos de Heidegger dépasse en abjection le racisme national-socialiste et l'anéantissement physique, moral et spirituel qu'il visait. Après avoir, dans ses écrits sur Jünger, associé la « vérité de l'être » à la « purification de l'essence allemande », il soutient maintenant que ceux qui « par essence » sont hors de « l'essence de l'être » n'ont pas la « possibilité » de « vouloir » la mort. Ils n'ont pas l'être, ils ne *sont* pas.

Ce que Heidegger affirme n'est donc pas seulement lié aux conditions de l'extermination programmée dans les camps : il va beaucoup plus loin encore et s'en prend à « l'être » même de ceux qui ont été exterminés. Il ne s'agit plus seulement de les détruire complètement, mais de montrer qu'ils n'étaient rien. À l'extermination nazie, qui a marqué dans leur chair les êtres humains de façon insoutenable, s'ajoute un négationnisme onto-logique radical, qui tranche la vie humaine à sa racine.

Le fait que Heidegger mêle la « poésie » à l'atrocité de cette négation jette une lumière noire sur ce que Paul Celan, dont les parents étaient morts en déportation, a pu endurer lors de sa visite à Todtnauberg[1]. On a parlé de la maladie du poète, mais c'est de la folie de Heidegger, telle qu'elle transparaît dans les *Conférences de Brême*, qu'il faut prendre conscience. Maintenant que nous savons jusqu'où il est allé mentalement dans la des-truction de l'humanité, son mot sur Celan : « il est incu-rable », résonne comme une condamnation sans appel.

Il semble que Paul Celan ait attendu de sa visite à Todtnauberg non pas une réconciliation, mais comme une « rédemption ». Il lui fallait pour cela conduire Hei-degger jusque dans les marécages de la Forêt-Noire, là où les nazis avaient établi les camps. Il lui fallait mar-cher avec Heidegger sur :

> *Die halb-*
> *Beschrittenen Knüppel-*
> *Pfade im Hochmoor*[2]

---

1. Jean Bollack en a eu l'intuition. Voir son étude essentielle et sa perception de la promenade dans le marécage où sont allés Celan et Heidegger : « Le mont de la mort : le sens d'une rencontre entre Celan et Heidegger », *La Grèce de personne*, Paris, 1997, p. 349-376.

2. « Les chemins de rondin à moitié foulés au haut plateau maré-cageux », Paul CELAN, « Todtnauberg », traduit par Jean Bollack, « Le mont de la mort », p. 355.

Il fallait ainsi montrer que le sol de la Forêt-Noire n'est pas fait que du granit célébré par Heidegger dans son hommage à Schlageter.

Hermann Heidegger a prétendu que son père n'aurait pas su que Celan était juif. Pourtant, le mot de Martin Heidegger : « je sais tout de lui[1] », prouve le contraire. Ce dernier savait parfaitement ce qu'il faisait.

Le poète a laissé, le 25 juillet 1967, dans l'album présenté aux hôtes de la *Hütte*, la phrase suivante : « Dans le livre de la cabane, le regard sur l'étoile du puits, avec, dans le cœur, l'espoir d'un mot à venir[2]. » Or voici ce que son hôte lui répond, le 30 janvier 1968 : « Mes propres vœux ? Qu'à l'heure qui sera la bonne vous entendiez la langue dans laquelle la poésie qui est à faire s'adressera à vous[3]. »

L'étoile de la *Hütte* n'est pas une étoile de la rédemption. Jean Bollack a souligné à juste titre la « désinvolture » et l'« impertinence » de la réponse de Heidegger. Cependant, ce que dit ce dernier sur les victimes des camps dans les *Conférences de Brême* et son mot sur Heinrich Heine, poète « juif », dont le seul fait de l'associer au nom de Goethe jetterait une « lumière étrange » sur ce dernier, nous imposent d'aller plus loin dans la compréhension de ce que vise Heidegger. Il laisse entendre à Celan qu'il n'a pas encore entendu l'appel de la « parole » et n'a donc pas atteint la poésie. C'est

---

1. « Ich kenne alles von ihm ». Voir Gerhart Baumann, *Erinnerungen an Paul Celan*, Francfort, 1986, p. 59.
2. « Ins Hüttenbuch, mit dem Blick auf den Brunnenstern, mit einer Hoffnung auf ein kommendes Wort im Herzen ». Voir Jean Bollack, « Le mont de la mort », *op. cit.*, p. 460 (trad. fr., p. 370).
3. « Und meine Wünsche ? Daß Sie zu gegebener Stunde die Sprach hören, in der sich Ihnen das zu Dichtende zusagt » (*ibid.*, trad. fr., p. 372).

668   *Heidegger, l'introduction du nazisme...*

la négation de son être poétique et la destruction de tout ce qui fait sa vie. La réponse de Heidegger rejette Celan dans les fondrières de la mort.

Pour revenir aux *Conférences de Brême*, la signification monstrueuse des assertions citées est confirmée par le fait que c'est en 1945 seulement, avec la défaite totale du IIIe Reich, que Heidegger dira redouter « l'anéantissement de l'homme », comme il l'exprimera dans les *Feldweg Gespräche*, entretiens entre deux prisonniers de guerre allemands[1]. Alors que la politique d'extermination nazie mise en œuvre de 1942 à 1945 n'appelait chez lui aucun sursaut de révolte, c'est seulement lorsque « l'essence des Allemands » lui semble menacée dans son « être » une fois le nazisme vaincu qu'il exprime une crainte radicale. On mesure à ce fait l'impasse absolue de cette doctrine, où ne subsiste plus aucune possibilité de former une notion claire de l'être humain comme tel.

Heidegger avait répondu en 1933 à la question « qu'est-ce que l'homme ? » par l'affirmation : « nous sommes le peuple », et le seul à avoir encore une « histoire ». C'est plus radicalement qu'il identifie, après la défaite du nazisme, « l'essence de l'homme » au seul destin des Allemands de souche. En 1945, sa croyance en l'avenir de « l'essence allemande » demeure inentamée. Comme il l'écrit dans une phrase assez obscure à Rudolph Stadelmann :

---

1. Heidegger, *Feldweg Gespräche*, GA 77, 20-21 et 245. Dans ces textes écrits en 1945, Heidegger affirme par ailleurs que « la guerre ne décide rien » *(Der Krieg entscheidet nichts)*, p. 244. Il ne disait pas cela en juin 1940 ! Sur le fond, cependant, Heidegger n'a pas changé : comme en 1935, il considère toujours les Allemands comme le milieu et le cœur *(Herzmitte)* de l'Occident *(ibid.)*.

Nous, Allemands, ne pouvons [...] pas décliner parce que nous ne nous sommes pas encore élevés et que nous devons tout d'abord traverser la nuit[1].

Pour Heidegger, la traversée de la nuit a commencé en 1945 avec la défaite du nazisme. Il nous faut donc être lucides sur ce qu'il attend de ce « voyage au bout de la nuit » et de la venue espérée du « dernier dieu ». Il est des dieux dont on ne peut souhaiter l'avènement.

LE DANGER DE L'ŒUVRE DE HEIDEGGER
ET SA POSTÉRITÉ NÉGATIONNISTE

La gravité du péril que représente aujourd'hui la diffusion de l'œuvre de Heidegger se voit à ses prolongements chez ses plus proches disciples qui, les uns après les autres, ont dérivé vers un révisionnisme toujours plus radical, lorsqu'ils n'ont pas sombré dans le négationnisme. Certes il y a, parmi ceux qui approuvent le contenu de l'œuvre de Heidegger, tous les cas de figure possibles, de ceux qui partagent les mêmes convictions national-socialistes que lui, à ceux qui n'ont certainement en eux-mêmes rien de nazi, mais qui, s'en tenant à la surface de l'œuvre, ne cherchent pas à la sonder en profondeur, et prennent cependant le risque personnel de l'assimiler et la responsabilité morale de contribuer à sa légitimation. Or, plus l'on prend conscience de la radicalité et de la permanence du nazisme de Heidegger, plus l'on est confronté à un choix moral, intellectuel et spirituel essentiel. Une fois que l'on a compris que son

---

1. « Wir Deutschen können [...] nicht untergehen, weil wir noch gar nicht aufgegangen sind und erst durch die Nacht hindurchmüssen » (Martin Heidegger à Rudolph Stadelmann, 20 juin 1945, GA 16, 371).

œuvre constitue le prolongement de l'hitlérisme et du nazisme dans la pensée, soit l'on décide de lui résister avec la même détermination que celle qui fut jadis nécessaire pour résister au nazisme, soit l'on se laisse imprégner, posséder et dominer par elle. Sur une question aussi vitale, il ne peut pas y avoir d'arrangement possible ni de demi-mesure.

Or, le fait d'admettre l'œuvre de Heidegger comme une source de pensées est particulièrement dangereux. Il n'est pas possible en effet d'approuver moralement quoi que ce soit qui ait trait au nazisme, sans risquer de se voir progressivement détruit totalement comme être humain. Au risque d'un naufrage personnel s'ajoute le danger suivant : toute personne qui se laisse posséder par le culte de Heidegger au point de voir en lui un « grand penseur » risque, à mesure qu'elle découvre l'intensité de son nazisme, d'en conclure qu'il doit y avoir quelque chose de « grand » dans le nazisme. On aboutit alors très vite au genre de questions qu'un commentateur anglo-saxon a formulées récemment en ces termes :

> Son rang mérité de grand penseur de la tradition philosophique s'accompagne de la possibilité terrifiante qu'il ait eu raison en ce qui concerne le national-socialisme[1].

Le même auteur poursuit d'une façon qui n'est pas moins odieuse :

> Si choquante que soit cette suggestion pour notre sensibilité morale, notre intégrité intellectuelle nous oblige à

---

1. « His deserved rank as a great thinker in the philosophic tradition, however, must be considered alongside the terrifying possibility that he was right about national socialism » (Christophe Rickey, *Revolutionary Saints. Heidegger, National Socialism, and Antinomian Politics*, Pennsylvanie, 2002, p. 3).

nous demander si le national-socialisme ne représente pas *la* réponse authentique à la question de savoir comment nous devrions vivre[1].

Il ne semble pas que l'intention de cet auteur soit de présenter une apologie du national-socialisme, mais d'impressionner le lecteur par la dramatisation de son propos. Les questions qu'il formule n'en sont pas moins révoltantes. Elles supposent que l'on envisage l'inacceptable réhabilitation du nazisme, et elles présupposent l'opinion, dont notre livre a voulu montrer l'inconsistance, selon laquelle Heidegger mériterait d'être élevé au rang de « grand penseur ». En effet, non seulement il a explicitement voulu ruiner l'intégralité de la tradition philosophique occidentale en décrivant l'éthique comme caduque et la métaphysique comme nihiliste, mais son aveuglement et sa complicité à l'égard de l'entreprise la plus monstrueuse qu'ait connue l'humanité prouvent qu'en aucune façon il ne fut un « penseur ».

Il reste le problème de ces auteurs qui travaillent froidement à la réhabilitation par étapes du nazisme et de l'hitlérisme. Nous rencontrons ici la réalité actuelle du révisionnisme et du négationnisme. Plusieurs stratégies sont à l'œuvre, et souvent chez les mêmes auteurs. Tantôt on s'emploie à minimiser le plus possible la question de l'antisémitisme au point d'en faire une question secondaire : pour cela, les révisionnistes ont besoin du « travail » de négationnistes comme Robert Faurisson, qui vont jusqu'à nier l'existence des chambres à gaz et plus généralement de la Shoah – de l'*Endlösung*.

---

1. « As shocking as that suggestion is to our moral sensibility, our intellectual integrity obliges us to wonder whether national socialism represents *the* genuine answer to the question of how we ought to live » *(ibid.)*.

Tantôt on prétend que le nazisme, et même l'antisémitisme de Hitler, comprendrait un « noyau rationnel » et « une bribe de vérité », comme le fait Ernst Nolte. Il soutient en effet que le nazisme ne serait que la réaction défensive de l'existence allemande menacée par le bolchevisme, comme si l'Union soviétique, avec laquelle Hitler avait d'ailleurs pactisé pour mieux écraser les démocraties de l'Ouest, justifiait de quelque façon que ce soit la politique hitlérienne d'extermination et de génocide de populations entières.

Il faut rappeler que l'historien révisionniste fut un élève et un intime de Heidegger. Une anecdote rapportée par lui nous révèle l'étroitesse de ses liens avec la famille Heidegger et préfigure de façon symbolique le soutien qu'il apportera à son ancien maître. En 1945, les Alliés avancent sur la ville natale de Heidegger, Meßkirch, où il s'est réfugié avec sa femme et Nolte lui-même. Craignant d'être arrêté, il bondit sur une bicyclette et fuit vers l'Est. L'historien révisionniste vole à son secours : « Je l'ai rattrapé avec ma propre bicyclette pour lui remettre un sac à dos rempli de vêtements propres et de nourriture que sa femme m'avait donné pour lui[1]. »

Près d'un demi-siècle après, alors que la radicalité de l'engagement heideggérien dans le nazisme commence à être mieux connue grâce aux travaux de Hugo Ott et de Victor Farias, le fils de Heidegger et responsable de l'édition dite « intégrale », Hermann Heidegger, annonce, lors d'un entretien télévisé, la parution pro-

---

1. Antonio GNOLI, « Il Sessantotto ? Lo invento Heidegger », entretien avec Ernst Nolte, *La Repubblica*, Rome, 11 septembre 1992, p. 31 ; l'anecdote est reprise par Thomas Sheehan dans un excellent article sur Nolte et Heidegger : « A normal Nazi », *New York Review of Books*, XL, nos 1-2, 14 janvier 1993, p. 30-35.

chaine d'une biographie autorisée. Il s'agit de la monographie sur Heidegger que Nolte publie en 1992 sous
le titre : *Heidegger, Politik und Geschichte im Leben
und Denken*.

Or, dans ce livre, Ernst Nolte approuve et justifie
l'engagement nazi de Heidegger : il aurait été dans son
« droit historique[1] », comme tous ceux qui avaient opté
pour Hitler en 1933. Nolte explicite la signification
qu'il donne à cette expression, dans une « somme »
publiée en 1998 sous un titre tout heideggérien :
L'Existence historique. Se posant non plus seulement
en « historien », mais en « penseur de l'histoire[2] » et
de « l'existence historique », il parle comme l'auteur
d'*Être et temps* « d'existentiaux » tels que « la religion,
l'État, la noblesse, la guerre[3]... » Selon lui, la « singularité de la "Solution finale" national-socialiste » serait
le « dogme » de la gauche « depuis 1968 » (sous le
nom de « gauche », Nolte entend à peu près tout ce qui
ne relève pas de l'extrême droite). Il est donc insinué
que la « Solution finale » ne serait pas une vérité historique, mais un parti pris idéologique, voire, selon son
expression, une « quasi-religion » *(Religionsersatz)*.
En outre, le national-socialisme ne devrait pas être
considéré uniquement « de manière morale, mais aussi
de manière historique ». En réalité, Nolte sépare l'histoire de la morale pour forger l'expression « droit historique » par laquelle il entend justifier l'inexcusable :
considéré dans son « droit historique », le nazisme ne

---

1. « im historischen Recht » (Ernst Nolte, *Heidegger. Politik und
Geschichte im Leben und Denken*, Berlin, Francfort, 1992, p. 296).
2. « Ein Historiker oder Geschichtsdenker... » (Ernst Nolte,
Historische Existenz. Zwischen Anfang und Ende der Geschichte ?
Munich, 1998, p. 11).
3. « Zu diesen Existenzialen gehören z.B. Religion, Staat, Adel,
Krieg... » (*ibid.*, p. 10).

devrait plus être tenu pour le « mal absolu » et le « non-droit total », mais « comme le phénomène par lequel l'existence historique serait devenue consciente d'elle-même comme étant menacée... » et aurait conduit un « combat politique final »[1] !

C'est ainsi que Nolte présente le nazisme comme une forme d'autodéfense, comme si l'extermination des peuples entreprise par Hitler pouvait se justifier de la sorte ! Et, identifiant volontairement, exactement comme Heidegger, « l'existence historique » au seul destin du peuple allemand uni sous la *Führung* de Hitler, il élève le nazisme au rang d'un « existential » ! En outre, ce n'est pas la destruction des Juifs d'Europe qu'il souligne, mais le caractère d'« autodestruction » *(Selbst-zerstörung)* du nazisme. Sous sa plume, le nazisme est devenu un phénomène historiquement légitime, dont on peut simplement regretter qu'il ait mal tourné pour ses auteurs. Bref, c'est la défaite de 1945, c'est l'écroulement de l'Allemagne nazie et non pas la Shoah qu'il regrette.

Préfiguré par la réponse de Heidegger à Marcuse, le révisionnisme de Nolte entreprend de réhabiliter le nazisme dans son prétendu « droit historique » et vient ensuite au secours de Heidegger pour justifier son engagement. La boucle est bouclée, prête à enserrer ceux qui s'y laisseront prendre.

Parallèlement à Nolte, un autre disciple de Heidegger, qui a joué un rôle décisif dans sa diffusion en France, et dont l'enseignement (avec celui de ses disciples) a exercé et continue de produire des ravages

---

1. « Wenn er dasjenige Phänomen war, in dem die historische Existenz sich als gefährdete ihrer selbst bewußt wurde und einen politischen Endkampf führte... » (*ibid.*, p. 14).

dans nos lycées et dans nos khâgnes, a accompli tout le chemin qui conduit du révisionnisme au négationnisme. Il s'agit de Jean Beaufret, chez lequel bien des zones d'ombre subsistent, sans que le culte de ses disciples parvienne à les dissimuler complètement. La fascination de Beaufret à l'égard d'une certaine vision de l'Allemagne mériterait d'être étudiée. Il s'est ainsi rendu à Berlin en 1932-1933 pour un séjour d'au moins sept mois, et y a rédigé un mémoire demeuré inédit sur « L'État chez Fichte ». A-t-il pris contact, au cours de ses recherches, avec des membres de la « Société Fichte » *(Fichte Gesellschaft)* ? C'est une question qui mériterait d'être élucidée, car de toutes les sociétés philosophiques allemandes, c'est la « Société Fichte » qui a versé de la manière la plus radicale et la plus complète dans le national-socialisme.

Par ailleurs, après la Seconde Guerre mondiale, Jean Beaufret a, sur les débuts du nazisme, tenu des positions agressivement révisionnistes. Durant l'hiver 1963-1964, une controverse se développe dans les tribunes du journal *France-Observateur*, à la suite d'un propos d'Étiemble citant le germaniste Robert Minder sur le nazisme de Heidegger. C'est une lettre de Dominique Janicaud qui déclenche la polémique[1], et Jean Beaufret intervient à trois reprises. Dans une lettre publiée le 31 décembre 1963, il pose la question suivante :

Toute la question, c'est-à-dire celle qui n'est jamais posée, est à mon avis de savoir si, oui ou non, en 1933, l'apparition de Hitler comme chancelier, face à une situation proprement allemande et dont le reste de l'Europe s'appliquait vertueusement à ignorer le tragique, ne

---

1. Dominique Janicaud, cependant, n'évoque jamais la controverse dans son *Heidegger en France* (Paris, 2001).

comporta pas assez d'ambiguïtés pour qu'un homme qui n'était pas « plus qu'homme » selon le mot de Descartes, ait pu un temps donner sa foi à celui qui promettait de « réparer en quatre ans les fautes commises en quatorze ans » (Discours de Hitler 1-3-33) – et ceci au point d'accepter à cette date, bien que sous condition, d'être inscrit à la NSDAP de l'époque.

Ce texte nous révèle de façon indiscutable qu'en 1963 Jean Beaufret était déjà bien engagé dans les méandres du révisionnisme. On le voit utiliser de manière inacceptable le nom de Descartes à propos d'un mot du *Discours de la méthode*, qui concerne le salut de l'âme et ne peut donc s'appliquer d'aucune façon à la question politique du rapport au nazisme. Et Beaufret n'hésite pas à tirer argument d'un discours de Hitler, comme si l'énoncé qu'il cite pouvait effacer chez les auditeurs la réalité d'une doctrine foncièrement discriminatoire et raciste, dont la réalité était proclamée dès avant *Mein Kampf*.

Par ailleurs, l'énoncé tortueux de la question contient en réalité la réponse : selon Beaufret, la « situation proprement allemande » de 1933 « comporta » « assez d'ambiguïtés » pour que Heidegger se rallie à Hitler et adhère à la NSDAP[1]. Or, si l'on peut toujours dire d'une situation historique qu'elle est ambiguë, la « réponse » de Hitler et de la NSDAP ne l'était pas. La « mise au pas », l'introduction du « principe du *Führer* », les lois racistes aussitôt promulguées et appliquées, les autodafés de livres, l'ouverture des premiers camps de

---

1. Jean Beaufret présente l'adhésion inconditionnelle et enthousiaste de Martin Heidegger, comme le prouve par exemple la lettre à son frère Fritz (voir *supra*, p. 158), comme une « acceptation » temporaire et « sous condition ». Telle est la légende que Beaufret a propagée en France pendant plus de trente ans.

concentration, les exactions de la SA, tout cela révélait sans aucune ambiguïté la brutalité discriminatoire de la politique mise en place. À cet égard, la mise au point d'Alfred Grosser, publiée dans *France-Observateur* le 9 janvier 1964, est sans appel :

> Mon désaccord avec M. Beaufret est total. Je plaide l'indulgence pour ceux qui ont cédé sans savoir à quoi exactement ils cédaient, pour les jeunes qui se sont enthousiasmés à tort. Mais un grand philosophe qui prêche contre la liberté de l'esprit, qui invite ses étudiants à l'obéissance inconditionnelle à un homme et à une idéologie dont les effets sur la vie de l'esprit sont parfaitement manifestes dès cette époque (épuration des universités, arrestations et internements, autodafés des « mauvais » livres, etc.) : non, vraiment, l'indulgence ne me paraît pas de mise dans le cas de Martin Heidegger !

Mais peut-on encore parler de « grand philosophe » ? Les textes connus depuis lors, et notamment ceux révélés dans notre livre, amènent aujourd'hui, sur ce point, une réponse négative.

Dans le long article qu'il publie le 6 février 1964, et à propos de ce qu'il nomme le « fond de la question », Jean Beaufret prétend que les faits mentionnés par Alfred Grosser « sont précisément les motifs de la démission de Heidegger ». Nous savons qu'il n'en est rien, non seulement parce que le radicalisme destructeur de l'entreprise nazie était manifeste dès avant l'adhésion de Heidegger à la NSDAP le 1er mai 1933, mais parce qu'il est aujourd'hui définitivement prouvé que ce dernier a activement participé à la « mise au pas » générale, à l'introduction du « principe du *Führer* » à l'Université et à la promotion de la législation raciste et antisémite qui, après avoir imposé la révocation des professeurs « non aryens », a fixé, sous l'expression pompeuse de « nouveau droit des étudiants », un *numerus clausus* restreignant considérablement l'accès des étudiants juifs à l'Université.

Nous ne détaillerons pas davantage les propos de Jean Beaufret. Signalons simplement qu'il fait sien le sophisme maintes fois énoncé, à savoir que si un « poète » comme Gottfried Benn et un « grand philosophe » comme Heidegger ont pu « opter » pour Hitler, c'est qu'il devait bien y avoir des raisons. Une fois de plus, on voit comment toute tentative de justification de l'hitlérisme de Heidegger revient tôt ou tard à légitimer Hitler lui-même.

Or nous savons aujourd'hui jusqu'où Jean Beaufret est allé sur cette pente : il a fait sien le négationnisme historique le plus radical, en partageant les thèses de Robert Faurisson, c'est-à-dire la négation de l'existence des chambres à gaz et de l'extermination des Juifs par les nazis. Le 22 novembre 1978, dans une lettre à Faurisson qui avait été son élève et dont il avait retrouvé l'adresse par son « vieil ami » Maurice Bardèche[1], Beaufret loue son « courage » et lui exprime son « estime ». Et il lui dit ceci : « J'ai fait pour ma part à peu près le même chemin que vous, et me suis rendu suspect pour avoir fait état des mêmes doutes. »

Robert Faurisson a publié la lettre ainsi qu'une autre de son ancien professeur dans les *Annales d'histoire révisionniste*[2]. L'année suivante, il a dédié l'un de ses

---

1. Maurice Bardèche est le beau-frère de Robert Brasillach et, très tôt après la Seconde Guerre mondiale, il a entrepris la « révision » du procès de Nuremberg dans une série d'ouvrages. Beaufret signale qu'il ne partage pas la « doctrine » de Bardèche, mais n'en garde pas moins toute son amitié à un auteur qui s'est consacré à réhabiliter la « collaboration » avec le nazisme.

2. « Jean Beaufret à Robert Faurisson », *Annales d'histoire révisionniste*, n° 3, automne-hiver 1987, p. 204-205.

articles « à la mémoire de Martin Heidegger et de Jean Beaufret, qui m'ont précédé en révisionnisme[1] ».

Le révisionnisme chez les heideggériens ne s'est pas arrêté à Jean Beaufret. Dans une lettre ouverte à Hugo Ott[2], le principal disciple de Beaufret et le représentant actuel pour la France des ayants droit de Heidegger, François Fédier, tente de disculper son maître en formulant un unique argument : il n'aurait pas su, en 1978, qui était Robert Faurisson[3]. À cette date, pourtant, Faurisson avait déjà rendu publiques ses thèses négationnistes. Et c'est un fait que Jean Beaufret a exprimé les « mêmes doutes » que Faurisson sur la réalité des chambres à gaz et de l'extermination des Juifs par Hitler. L'argument de François Fédier ne peut donc pas effacer cette réalité. Par ailleurs, on observe que pas une seule fois, dans son article, il ne rejette lui-même les thèses négationnistes de Faurisson.

En outre, François Fédier a fait sien le révisionnisme de Nolte, au point de participer en 1995 à un volume

---

1. Robert FAURISSON, « Les révisionnistes proposent un débat public », *Annales…*, n° 4, printemps, 1988, p. 9.

2. Dans la préface à sa monographie sur Heidegger, Hugo Ott avait brièvement évoqué la convergence entre Beaufret et Faurisson, qu'il désignait à juste titre comme « l'inqualifiable propagandiste du mensonge » sur la réalité d'Auschwitz.

3. François FÉDIER « Lettre au professeur H. Ott », *Regarder voir*, Paris, 1995, p. 245-252. François Fédier reprend le même procédé que dans son *Anatomie d'un scandale*, où il prétend que Heidegger ne pouvait pas savoir de son vivant qui était véritablement l'eugéniste et raciologue Eugen Fischer – principale caution médicale des lois de Nuremberg sur la « défense du sang allemand » – avec lequel il a cultivé jusqu'au bout des relations amicales. Il suffisait pourtant de jeter un coup d'œil sur les publications racistes et radicalement antisémites de Fischer, que cite et commente par exemple Erik Wolf le 7 décembre 1933, dans une conférence à laquelle assistait le recteur Heidegger.

apologétique en faveur de ce dernier. Dans sa contribution, il soutient que :

> Le nihilisme, dont le nazisme reste le premier achèvement historique, n'est pas en soi criminel. Il n'est pas non plus *neutre*, mais, en tant que phénomène historique, porteur – à égalité – de possibilités positives tout comme de possibilités négatives[1].

Ces affirmations reviennent à dire qu'il y aurait autant de « possibilités positives » que de « possibilités négatives » au fondement du nazisme. Si leur auteur ne va pas aussi loin que Nolte dans le révisionnisme historique explicite, il s'engage plus loin encore dans la réhabilitation partielle des fondements mêmes du nazisme. En outre, l'intrication entre le révisionnisme de Nolte et la postérité directe de Heidegger va si loin que, dans la présentation de conférences prononcées par Nolte en Italie, son éditeur italien, Massimo Amato, s'appuie sur le passage que nous avons cité du texte de François Fédier pour conforter les thèses de l'historien révisionniste[2].

Un nouveau pas a été récemment franchi avec la « somme » révisionniste de Christian Tilitzki, parue en 2002 chez Akademie Verlag et qui s'intitule *Die deutsche Universitätsphilosophie in der Weimarer Republik und im Dritten Reich*. L'auteur se présente comme un disciple d'Ernst Nolte, qui a entrepris « l'historicisation de la nouvelle écriture de l'histoire de la philosophie[3] ».

---

1. Fr. Fédier, « Critique et soupçon », *ibid.*, p. 287.
2. Massimo Amato, « Présentation », *in* Ernst Nolte, *Les Fondements historiques du national-socialisme*, Paris, 2002, p. 16.
3. « Perspektiven für eine Historisierung der neueren Philosophiegeschichtsschreibung » (C. Tilitziki, *Die deutsche Universitätsphilosophie…*, p. 15).

En réalité, il reprend en les durcissant les thèses révisionnistes de Nolte. La « position allemande » de 1918 à 1945 est présentée comme « politiquement légitime » dans une situation internationale décrite en termes noltiens comme celle d'une « guerre civile »[1]. La « vision du monde national-socialiste » est présentée comme contenant un « noyau rationnel », qui consiste dans « l'opposition de la particularité et de l'universalité »[2]. Bien évidemment, il ne s'agit pas de n'importe quelle « particularité », mais de la « particularité de "l'existence *völkisch*" contre tous les universalismes »[3]. Or la « particularité *völkisch* » ne signifie rien d'autre que l'affirmation discriminatoire de la suprématie d'une « race », de sorte qu'aucune situation historique ne saurait la légitimer en quoi que ce soit. Il faut donc regarder la réalité en face : sous des mots d'emprunt et des arguments spécieux, le livre de Christian Tilitzki est une entreprise de réhabilitation du nazisme, et il est extrêmement grave qu'un tel livre soit édité dans une maison d'édition qui publie par ailleurs les œuvres d'Aristote et de Leibniz.

Pour rendre moins inacceptable son entreprise de « révision » du nazisme, Tilitzki affirme que « le "racisme" n'est qu'*un* élément du particularisme[4] ». En réalité, l'étendue des développements que l'auteur consacre à la race prouve qu'il ne s'agit nullement d'un élément parmi d'autres[5]. L'obsession raciale du

---

1. « Wer die deutschen Positionen als politisch legitime in einem Weltbürgerkrieg akzeptiert... » (*ibid.*, p. 28).

2. *Ibid.*, p. 29.

3. « die Partikularität "völkischer Existenz" gegen alle Universalismen » (*ibid.*, p. 30).

4. *Ibid.*

5. Voir « Die Kommentierung der NS-Rassenideologie und Rassenpolitik », in Ch. TILITZKI, *op. cit.*, p. 1041-1074.

nazisme envahit même la « philosophie », comme on le voit par exemple au fait que dans le *Dictionnaire philosophique* d'un auteur nazi comme Heinrich Schmidt, l'article « Race » passe de 12 pages (en 1930) à 148 pages (en 1934)[1].

Or, dans l'ouvrage de Tilitzki, Martin Heidegger n'est pas situé sur le même plan que les autres universitaires cités : il constitue moins un objet d'analyse qu'une figure exemplaire et une source d'inspiration majeure pour l'entreprise révisionniste de l'auteur. Ce fait confirme l'existence de liens substantiels entre l'œuvre de Heidegger et le révisionnisme. Ainsi, c'est la « profession de foi » de Heidegger « envers Adolf Hitler » du 11 novembre 1933 qui est prise comme exemple d'une attitude légitime d'affirmation de soi de l'existence allemande et de « l'être vrai » *(wahres Sein)*[2]. Tilitzki s'en prend à Victor Farias – qualifié de « simplificateur » et récusé pour « son cosmopolitisme utopique » – ainsi qu'à Hugo Ott, George Steiner, Bernd Martin et Alexander Schwan. Seuls trouvent grâce à ses yeux les « interprétations alternatives » d'Ernst Nolte et de Hartmut Tietjen, ancien secrétaire particulier de Martin Heidegger et l'un des principaux artisans de la *Gesamtausgabe*.

Par ailleurs, non seulement Tilitzki affirme que l'adhésion de Heidegger à Hitler était légitime, mais il étudie dans son livre la carrière universitaire de « philosophes » nazis comme Alfred Baeumler, Erich Rothacker, Arnold Gehlen, Ernst Krieck ou Hans Heyse, comme si la vie universitaire avait continué normalement en Allemagne après la révocation et l'émigration

---

1. *Ibid.*, p. 1068-1069.

2. « Ein Fallbeispiel : Heidegger und der deutsche Austritt aus dem Völkerbund » (*ibid.*, p. 24-28).

des philosophes juifs, et comme si ces « figures » du nazisme constituaient d'authentiques « philosophes ». Avec Tilitzki, le révisionnisme ne pervertit plus seulement l'histoire, mais la vision que l'on peut avoir de la philosophie elle-même.

Contre cette perversion radicale de la pensée, il faut réaffirmer qu'aucune philosophie ne peut se constituer sur la négation de l'existence de l'homme comme tel. Derrière la proclamation d'une prétendue « particularité » – terme que les nazis n'employaient guère et auquel l'auteur a recours pour tenter de rendre acceptable son propos –, c'est l'affirmation meurtrière de la domination d'une « race » qui se profile. Le livre de Tilitzki nous confirme donc que sous les apparences de « l'objectivité » historique, c'est la légitimation du nazisme qui s'effectue, et de façon toujours plus insistante.

Nous voyons par ailleurs, à travers les multiples « figures » dont l'auteur décrit le parcours, à quel point le nazisme s'était emparé systématiquement de tous les domaines de la « philosophie » universitaire pour détruire progressivement toute possibilité de pensée. Bref, ce livre nous confirme le péril que le nazisme représente pour la vie de la pensée, et la nécessité de faire résolument obstacle à toute tentative de légitimation de ce mouvement.

La gravité des dérives que nous avons dû signaler révèle la dangerosité de l'œuvre de Heidegger. Il y a en effet un ensemble de réciprocités causales entre son influence directe sur le révisionnisme et le négationnisme, et le soutien que le révisionnisme d'auteurs tels que Nolte, Beaufret, Fédier ou Tilitzki apporte à la cause heideggérienne. On est particulièrement frappé par les ressemblances entre la perte de toute référence éthique dans la notion noltienne du « droit historique » et la façon dont Heidegger lui-même disqualifie violemment toute référence à la moralité, notamment dans *Koinon*. Il est en effet certain qu'une fois détruite l'attitude morale, et donc la philosophie qui ne peut se constituer qu'à cette condition, il n'y a plus de limite infranchissable entre ce qui est humainement acceptable et ce qui ne l'est pas. On peut alors, en se servant d'expressions aussi indéterminées que la « vérité de l'être » ou le « droit historique », promouvoir progressivement – ou brutalement si l'histoire s'accélère – les réalités les plus discriminatoires et les plus meurtrières.

Il faut enfin reconnaître que c'est la responsabilité de Heidegger qui demeure la plus considérable, car en introduisant l'hitlérisme et le nazisme dans la philosophie, il a tout mis en œuvre pour la dévaster et la détruire dans ses principes mêmes. Les fondements du nazisme ainsi légitimés ont pu essaimer dans des domaines aussi différents que le droit, la médecine ou l'histoire. Or la nocivité de cette entreprise n'a pas pris fin avec la défaite nazie de 1945. Elle se perpétue par les écrits et tout particulièrement, aujourd'hui, par la publication de la *Gesamtausgabe*. En outre, comme nous l'avons vu, le négationnisme de Heidegger ne s'en prend pas seulement à la vérité historique, mais à la possibilité même de la vie humaine, qui est attaquée jusque dans ses racines. L'étude approfondie de son œuvre nous a montré que le nazisme n'est pas seulement la négation d'un peuple et d'une « race », mais vise la destruction de l'être humain comme tel. Il est donc vital de prendre aujourd'hui conscience du danger que représente la diffusion de l'œuvre de Heidegger.

Conclusion

Mesurer en profondeur la perdition humaine et la destruction intérieure auxquelles le national-socialisme a conduit tant d'esprits n'est pas une chose facile. Pour notre part, nous n'aurions jamais mené ces recherches si nous n'avions été guidé, à mesure que nous prenions conscience de la gravité du désastre, par la conviction croissante de la nécessité vitale de voir la philosophie se libérer de l'œuvre de Heidegger. En effet, ses écrits continuent de diffuser les conceptions radicalement racistes et destructrices pour l'être humain qui constituent les fondements de l'hitlérisme et du nazisme.

Dans l'œuvre de Martin Heidegger, ce sont les principes mêmes de la philosophie qui se trouvent abolis. Aucune place n'y est laissée à la morale, ouvertement et radicalement anéantie. Le respect de la vie humaine individuelle, le refus de la destruction, le scrupule intérieur de la conscience qui fait retour sur soi et mesure la responsabilité de ses pensées, de ses écrits et de ses actes, sans même parler de la générosité et du don de soi, toutes ces qualités essentielles à l'homme et que la philosophie a vocation de cultiver et de renforcer y sont éradiquées pour laisser place à l'exaltation d'une « race dure ».

En outre, ce que nous savons désormais de la manière d'agir de Heidegger – ses multiples lettres de dénonciation et ses rapports secrets, son rôle actif dans

l'introduction du « principe du *Führer* » à l'Université,
les liens étroits qu'il a noués avec les responsables des
autodafés contre les auteurs juifs, l'entreprise de falsification de ses propres écrits après 1945, puis, une fois
assurée son audience planétaire, la réintégration dans
ses œuvres complètes des cours et des textes les plus
hitlériens et racistes – nous interdit de voir en lui un
philosophe.

Il faut également rappeler ses attaques continuelles
– souvent aussi violentes que celles d'un Baeumler ou
d'un Krieck – contre l'entendement et la raison, sans
lesquels il n'y a ni équilibre humain ni rectitude de la
pensée. Si, dans sa sacralisation des mots grecs, Heidegger maintient le terme « logique », il en ruine la signification. Le cours professé sous ce nom au printemps de
l'année 1934, qui exalte la voix du sang et identifie le
peuple à la race, le montre suffisamment, comme son
affirmation insensée selon laquelle « dans la logique
aussi l'on peut introduire la figure du *Führer*[1] ». Il n'est
donc pas surprenant que, dans les dizaines de milliers de
pages laissées par Heidegger, l'on ne trouve à peu près
aucune référence à Socrate. À la dialectique qui, depuis
Platon, permet la vitalité du dialogue philosophique
et fonde l'exigence intellectuelle du questionnement
sur les concepts, il a substitué l'usage dictatorial de la
parole et exalté le combat jusqu'à l'anéantissement de
l'ennemi.

Quant à la métaphysique, qui a pour vocation
d'éclairer l'esprit dans sa recherche des principes et
l'examen critique de ses facultés, Heidegger a travesti
sous ce nom, à la fin des années 1920, un pathos de

---

1. « Auch in die Logik kann man die Gestalt des Führers hinein-
bringen ». Le propos est rapporté par Max Müller dans *Martin Heidegger. Ein Philosoph und die Politik, op. cit.*, p. 106.

l'angoisse qui n'a rien à voir avec l'exigence de vérité de la pensée. Il est allé, en 1930, jusqu'à nier l'universalité du concept de vérité et à le détruire en désignant par ce mot l'enracinement de l'existence historique du peuple germanique dans le sol de sa terre natale ou *Heimat*. En outre, s'il a, dans son livre sur Kant, repris la question directrice : « qu'est-ce que l'homme ? », ce fut pour en donner, dans ses cours des années 1933 et 1934, une réponse raciste et meurtrière. On l'a vu en effet faire l'éloge de la « transformation fondamentale du monde allemand » accomplie selon lui par la « vision du monde » de Hitler. Et durant la Seconde Guerre mondiale, le mot « métaphysique » a été utilisé par lui de manière radicalement dévoyée pour magnifier la motorisation de la Wehrmacht, la sélection raciale et l'invasion de la France.

Comment pourrait-on considérer comme philosophe un auteur qui se sert des mots les plus élevés de la philosophie pour exalter la puissance militaire du nazisme et justifier la discrimination la plus meurtrière ? L'exemple de Heidegger nous montre qu'il ne suffit pas d'utiliser des termes de la philosophie ou de commenter des philosophes pour en être un. Lorsque Heidegger utilise le terme « liberté » pour signifier la possession de l'être humain par le *Führer*, ou lorsqu'il définit le mot « esprit » comme l'équivalent du mot « tempête » *(Sturm)*, pour galvaniser les étudiants de la SA *(Sturmabteilung)* présents dans la salle, ce n'est pas en philosophe qu'il s'exprime, mais comme un être qui a accepté de mettre toutes ses facultés au service de la suprématie du nazisme.

Or le nazisme de Heidegger est déjà présent dans les ouvrages antérieurs à 1933. Si, dans *Être et temps*, il se fait discret car son but est d'obtenir la succession de Husserl, l'on y trouve déjà l'affirmation selon laquelle l'existence humaine ne peut accomplir son « destin authentique » que dans « un peuple, une communauté ». Dans le contexte de l'époque, cette thèse renvoie clairement aux notions de « communauté de destin » et de « communauté du peuple » qui sont alors les termes distinctifs des nationaux-socialistes.

Ce qui est particulièrement grave, c'est que des textes aussi foncièrement destructeurs pour l'être humain et pour la philosophie que ceux où il exalte la « voix du sang » et les « forces de la terre et du sang », ceux où il légitime la « sélection raciale » et la « pensée de la race », et ceux où il nie la spécificité du génocide hitlérien et jusqu'à l'essence humaine de ses victimes aient été intégrés dans la *Gesamtausgabe* sans le moindre désaveu de leur auteur ni des éditeurs. Aussi est-il aujourd'hui définitivement acquis que le nazisme de Heidegger n'a nullement constitué une « erreur » dont il se serait ensuite départi. L'auteur du discours de rectorat s'est volontairement identifié à cette entreprise et il a affirmé jusqu'au bout la « vérité interne », la « grandeur », et la « direction » à ses yeux « satisfaisante » prise par le mouvement nazi. Avec l'œuvre de Heidegger, ce sont donc les principes de l'hitlérisme et du nazisme qui ont été introduits dans les bibliothèques de philosophie de la planète.

À cet égard, il est profondément scandaleux de voir le responsable de toute l'entreprise et principal ayant droit, Hermann Heidegger, publier, au tome 16, les conférences et les discours les plus effroyables comme celui d'août 1933, où tout l'eugénisme du nazisme est justifié, et cela sous le titre de *Discours et autres signes d'un chemin de vie*. En effet, comment est-il possible de donner en exemple aux jeunes philosophes, comme un « chemin de vie », des textes où le respect de la vie humaine y est ouvertement détruit ? En outre, nous ne saurions accepter le négationnisme de l'éditeur qui, dans la présentation du volume, ose affirmer que Martin Heidegger n'avait pas de tendances fascistes. Et l'on est conduit à se demander si Hermann Heidegger, qui fut, selon son propre témoignage, bien plus national-socialiste encore que ses parents durant les années 1930, et que l'on sait proche de l'historien révisionniste Ernst Nolte, ne partagerait pas les vues politiques exprimées par Martin Heidegger dans son discours de rectorat. En effet, Hermann Heidegger n'a pas hésité à s'entretenir récemment de l'œuvre de Heidegger dans *Junge Freiheit*, journal de l'extrême droite allemande[1]. Dans cet entretien, il déclare notamment que le discours de rectorat – dont nous avons vu qu'il fait l'éloge du « nouveau droit des étudiants », des « forces de la terre et du sang » et du *Führerprinzip*, et qu'il a été partiellement réédité à deux reprises par Forsthoff (avec l'imprimatur officiel de la NSDAP) à côté de discours de Goebbels et de Rosenberg – « n'était pas un discours national-socialiste » ! Il est difficile de pousser plus loin la négation de la vérité historique.

C'est pourquoi il est aujourd'hui nécessaire de se demander s'il est acceptable que les manuscrits d'auteurs comme Heidegger ou Baeumler soient, soixante ans après la Libération, toujours inaccessibles et contrôlés par des proches dont les intentions sont ouvertement révisionnistes et apologétiques. Ces fonds devraient être ouverts à tous les chercheurs au nom du droit à la vérité historique.

Pour préserver l'avenir de la pensée philosophique, il est également indispensable de s'interroger sur la

---

1. Voir *Junge Freiheit*, 1er novembre 2002, p. 10. Hermann Heidegger indique dans l'entretien qu'il est entré dans la *Hitlerjugend* dès 1933 et qu'il est bientôt devenu un *Jungvolkführer* enthousiaste.

vraie nature de la *Gesamtausgabe* de Heidegger, avec les principes racistes, eugénistes et radicalement destructeurs pour l'existence et la raison humaine que ces écrits portent en eux. Une telle œuvre ne peut pas continuer de figurer dans les bibliothèques de philosophie : elle a bien plutôt sa place dans les fonds d'histoire du nazisme et de l'hitlérisme. C'est pourquoi il faut souhaiter que cette œuvre mondialement traduite et commentée soit l'objet de recherches bien plus approfondies, ce qui permettra de voir clairement ce qu'elle signifie, de prendre conscience de ses dangers, de résister aux principes destructeurs qu'elle véhicule, et de s'opposer à leur diffusion dans la philosophie et dans son enseignement.

Ces questions appellent un débat de fond. Elles réclament également d'autres recherches. Celles-ci devront porter notamment sur les écrits et les activités de Heidegger durant la période de guerre (1939-1945) et la stratégie de légitimation de son œuvre passée, durant les trois décennies de l'après-guerre qui ont précédé sa disparition (1946-1976). Il faudra analyser comment se sont constitués le mythe et le culte de la personne de Heidegger après 1945. On verra que son pouvoir de fascination fut largement tributaire de l'emprise considérable que le nazisme et l'hitlérisme ont exercée sur les esprits, que ce soit directement ou de façon insidieuse. À cet égard, il est profondément troublant de voir que deux des principaux défenseurs de Heidegger, Jean Beaufret et François Fédier, et qui ont joué un rôle majeur dans la diffusion en France de sa doctrine, sont allés pour l'un jusqu'à faire sien le négationnisme de Robert Faurisson et pour l'autre jusqu'à écrire en faveur d'Ernst Nolte.

En dehors du cercle des apologistes regroupés dans leur allégeance inconditionnelle au « maître », l'influence de Heidegger a connu en France trois grandes vagues. Il est nécessaire de les évoquer pour s'interroger à ce propos sur le manque de recherches approfondies et l'absence de vigilance qui ont pu conduire leurs représentants à participer, de manière plus ou moins explicite et directe, à la diffusion et à la légitimation de cette œuvre.

Liée à la traduction de la conférence intitulée « Qu'est-ce que la métaphysique ? » et d'extraits d'*Être et temps* réunis en 1938 par Henri Corbin, la première vague fut avant tout celle de l'existentialisme de Jean-Paul Sartre. L'auteur de *L'Être et le Néant* a beaucoup fait pour populariser en France l'« être-avec » ou *Mitsein* heideggérien, mais dans une version très édulcorée. Malgré l'insistance de Heidegger sur la nécessité du « combat » pour libérer la « puissance du destin », Sartre ne semble pas avoir perçu toute la dimension politique de la « communauté » ou *Gemeinschaft* : pour lui, l'« image empirique » qui conviendrait le mieux au « nous » heideggérien ne serait pas la « lutte », mais l'« *équipe* »… Il est vrai que Sartre ne disposait pas, en 1943, des textes et documents aujourd'hui publiés.

Bien différente et même opposée à la première dans ses présupposés, la deuxième vague suivit la publication en 1947 de la lettre à Jean Beaufret dite *Lettre sur l'humanisme*. Ce fut « l'anti-humanisme » de la génération de Louis Althusser et de Michel Foucault qui, dans leurs dernières années, reconnurent l'ascendant exercé sur eux par Heidegger. Ce fut une époque où son influence conduisit bien des esprits à récuser toute philosophie de l'homme et de la conscience. Il était alors de bon ton d'écarter avec mépris « l'humanisme » de Sartre. On ignorait généralement que Heidegger avait commencé par lui écrire et par faire son éloge, en l'invitant même à Todtnauberg. C'est seulement après avoir compris que Sartre ne viendrait pas lui apporter sa caution que, selon un revirement dont les motifs étaient stratégiques et non pas philosophiques, Heidegger avait entrepris de l'attaquer publiquement.

Principalement inspirée des conférences réunies en 1968 dans *Questions I* et de la publication, en 1971, de la traduction du *Nietzsche* (dont la lecture aussi marqua Foucault), la troisième vague a procédé d'une lecture plus insistante de Heidegger. Ses représentants ont imposé le thème heideggérien de la « fin de la métaphysique » et de son « dépassement », sans s'interroger en profondeur sur la signification réelle du mot « métaphysique » dans ses écrits, et tout particulièrement dans les cours des années 1939-1942. De là est née la « déconstruction » qui, traduisant l'*Abbau* et la *Destruktion* heideggériens, est partie de France à la conquête des « départements d'humanité » des universités américaines, avec au début l'appui décisif de Paul de Man[1]. L'entreprise a permis à Heidegger d'essaimer aux États-Unis puis dans le monde entier, au point de le faire apparaître comme le principal représentant de ce que l'on a appelé la « philosophie continentale ». L'herméneutique heideggérienne a également pénétré de larges domaines de la vie universitaire en France et cela jusqu'aux études cartésiennes, répandant l'opinion – que l'on a pu lire, en 1981, sur les rabats des volumes de la collection « Épiméthée » – selon laquelle Heidegger représenterait la « fin » de la métaphysique et la « seule voie » pour penser, alors que nous savons aujourd'hui à quel point sa doctrine constitue un chemin sans retour, où tout l'apport de la philosophie est déconsidéré et détruit.

---

1. Son passé de collaborateur antisémite en Belgique n'a été découvert qu'après sa mort.

Ayant suivi une tout autre voie, nous avons longtemps concentré nos recherches sur la pensée humaniste, afin de montrer la contribution remarquable à la philosophie moderne de penseurs aussi différents que Charles de Bovelles, Michel de Montaigne et René Descartes, qui ont su éclairer l'évolution de l'être humain et l'accomplissement de sa perfection propre, sans l'enfermer dans une doctrine arrêtée ou dans un système. Par ailleurs, nous avons été conduit à nous interroger sur la nature des prémisses d'où procède une œuvre comme celle de Heidegger, qui ne s'inscrit pas dans cette lignée de la philosophie au service de l'évolution humaine, mais s'est efforcée au contraire d'en détruire l'apport essentiel. Après être intervenu dans le débat public sur l'opposition de Heidegger à la pensée humaniste de la Renaissance, et avoir développé, dans plusieurs colloques et séminaires, une critique d'ensemble des textes de Heidegger consacrés à Descartes, nous avons voulu voir clair dans l'origine même du problème, en nous enquérant des fondements sur lesquels s'est appuyé Heidegger.

À mesure que nous découvrions de nouveaux textes, nos recherches nous ont fait prendre conscience que ce dernier s'est intimement nourri du national-socialisme et l'a intégralement servi, au point de vouloir introduire dans la philosophie les fondements racistes de l'hitlérisme. C'est ainsi que Heidegger a parlé dans ses cours, à propos du national-socialisme, d'une « grande transformation dans l'existence *(Dasein)* de l'homme », et prétendu élever la sélection raciale à la dignité d'une pensée ! Refuser de considérer une telle œuvre comme philosophique, résister à la diffusion dans l'enseignement d'écrits qui ont permis aux principes les plus dévastateurs d'essaimer progressivement dans les esprits, ces exigences sont une nécessité si nous ne voulons pas voir revenir un jour, sous d'autres formes, une entreprise qui a failli conduire à l'anéantissement spirituel, moral et physique de l'humanité.

Il nous faut reconnaître qu'un auteur qui a fait siens les fondements du nazisme ne peut pas être considéré comme un philosophe. La philosophie a pour vocation de servir l'évolution de l'homme. Elle n'est en rien compatible avec une doctrine qui, parce qu'elle prétend promouvoir un peuple, une langue et une « race » en dominant tout ce qui s'en distingue au point de l'anéantir, détruit l'être même de l'homme, tant dans son existence individuelle que dans son universalité. En outre, il est historiquement établi que Heidegger n'a pas cédé à la tentation d'une compromission partielle et passagère avec le régime en place, mais qu'il a mis toutes ses forces au service de la domination de Hitler, et tiré de cette entreprise un goût de l'autorité dictatoriale qui a fait école après lui.

Comment une telle œuvre a-t-elle pu conquérir une audience planétaire ? Tout ce livre a pour but de réclamer une prise de conscience générale. Le moment est venu de résister à l'opinion inconsidérée selon laquelle Martin Heidegger aurait été un « grand philosophe » du siècle passé. Un auteur qui, tant dans ses écrits que par ses actes, a détruit toute morale, récusé l'entendement et la raison, ruiné la métaphysique en la confondant avec le « nihilisme », et rapporté la « vérité de l'être » à un principe raciste ne peut pas correspondre à l'appellation de « philosophe ».

Cependant, dans nos sociétés, on reconnaît l'abjection des faits et la monstruosité de leurs responsables politiques, mais on ne voit pas assez la dangerosité des écrits. Si l'atrocité du génocide ordonné par Hitler est très généralement dénoncée, nous ne sommes pas prêts à mesurer les dangers que l'introduction de l'hitlérisme et du nazisme fait courir à la pensée. C'est pourtant *par les écrits* que les mouvements meurtriers continuent à agir dans les esprits, en détruisant tout sens critique et en réhabilitant insidieusement les visions du monde les plus dévastatrices. Et c'est le rôle de la philosophie que de prévenir ces risques et d'en préserver entièrement l'homme. La philosophie a en effet la capacité de sonder le fondement des œuvres et de mesurer ce qu'elles apportent à l'évolution humaine, en s'opposant à tout ce qui viserait à détruire l'être même de l'homme.

Les crises que nous traversons devraient nous inciter à la plus grande vigilance. Souvenons-nous de la façon prémonitoire dont Henri Bergson avait, dès 1914, prédit les dérives d'une « culture » qui avait accepté l'idée d'un « peuple élu, race de maîtres, à côté des autres qui sont des races d'esclaves ». Il faut donc étudier avec plus de lucidité critique le contenu réel et la signification de certaines œuvres destinées à capter les esprits. Que derrière les masques de l'« érudition » juridique et de la « vision » géopolitique, l'œuvre d'un Carl Schmitt signifie la mort du droit et la perversion radicale de l'idée d'un espace européen, que derrière les leurres d'une fausse « impartialité » historique, celle d'un Ernst Nolte constitue la négation de la vérité historique, et que, sous couvert de « grandeur » philosophique, celle d'un Martin Heidegger vise la destruction de la philosophie et l'éradication du sens humain, voilà ce dont il s'agit de prendre conscience, pour mettre un terme à la réhabilitation et la diffusion progressive des fondements du nazisme que ces écrits poursuivent.

Les principes *völkisch* et foncièrement racistes que transmet la *Gesamtausgabe* de Heidegger tendent à l'éradication de tout le progrès intellectuel et humain auquel a contribué la philosophie. Ils sont donc aussi destructeurs et dangereux pour la pensée actuelle que le mouvement nazi le fut pour l'existence physique des peuples exterminés. Quels peuvent être en effet les prolongements dans l'avenir d'une doctrine dont l'auteur s'est voulu le « *Führer* spirituel » du nazisme, sinon de préparer le retour de la même perdition ? À cet égard, nous savons maintenant que dans son séminaire inédit sur Hegel et l'État, Martin Heidegger entendait faire durer la domination nazie au-delà des cent années à venir. Si ses écrits continuent à être diffusés de façon planétaire sans qu'il soit possible d'arrêter cette intrusion du nazisme dans l'éducation humaine, comment ne pas s'attendre que cela conduise à une nouvelle traduction dans les faits, dont l'humanité, cette fois, pourrait ne pas se relever ? Aujourd'hui plus que jamais, c'est la tâche de la philosophie que de travailler à protéger l'humanité et à alerter les esprits, pour éviter que l'hitlérisme et le nazisme continuent d'essaimer à travers les écrits de Heidegger, au risque d'engendrer de nouvelles entreprises de destruction complète de la pensée et d'extermination de l'homme.

ANNEXES

LA FIABILITÉ POLITIQUE DU *PARTEIGENOSSE* HEIDEGGER D'APRÈS LES RAPPORTS SECRETS DU SD

Espérant passer pour un adversaire du régime en proie à des persécutions, Heidegger a prétendu, en 1945, que son enseignement, à l'époque de ses cours sur Nietzsche, avait été surveillé par le service de la sécurité du *Reichsführer* de la SS, ou SD. Le « dossier Heidegger », vraisemblablement saisi par les autorités françaises en 1945 au ministère de Karlsruhe pour le pays de Bade, et aujourd'hui conservé au ministère des Affaires étrangères, permet de faire le point sur cette question et, plus généralement, d'établir comment Heidegger était considéré par le régime nazi[1].

Il est exact qu'il a existé au moins un rapport du SD sur Heidegger. Cela n'a rien de surprenant dans l'État nazi où il s'agissait d'une pratique courante, pour ne pas dire généralisée, surtout si, comme c'est le cas pour Heidegger, on avait, dans le Parti ou même dans le SD, des adversaires tels que Ernst Krieck. Ce qui importe,

---

1. Il existe un important inventaire de ce dossier par Jacques Le Rider, « Le dossier Heidegger des archives du ministère des Affaires étrangères », *Allemagnes d'aujourd'hui*, n° 107, janv.-mars 1989, p. 97-109. Notre analyse comprend quelques indications et citations complémentaires et il nous semble important de mieux faire connaître ce dossier dont le contenu contredit les affirmations de Heidegger en 1945, selon lesquelles il aurait, dans ses cours, fait acte de « résistance spirituelle » au régime.

c'est de voir ce qui ressort des documents réunis sur lui. Il est extrêmement déplaisant de prendre contact avec de tels documents qui nous font pénétrer dans les bas-fonds du fonctionnement d'un État totalitaire et policier, mais cela est nécessaire pour connaître la vérité historique, d'autant que Heidegger a personnellement évoqué la surveillance du SD. Nous ne présenterons pas un inventaire complet du dossier Heidegger qui comprend vingt-huit pièces, classées de la plus récente à la plus ancienne (dont beaucoup ne sont que des bordereaux administratifs). Nous nous bornerons à citer les éléments significatifs pour notre propos. Précisons néanmoins, en reprenant le dossier à partir de la pièce la plus ancienne et classée la dernière, que l'on peut distinguer deux parties : les pièces 28 à 12 contiennent des échanges de lettres et des expertises nazies d'avril 1938 à octobre 1943, tandis que les pièces 11 à 1 portent sur la « dénazification » de Heidegger par les autorités françaises. Nous n'évoquerons pas cette seconde partie du dossier, qui exigerait une étude à part, déjà amorcée par Silke Seemann.

La pièce 27 est une lettre dactylographiée en date du 12 avril 1938, où le chef des services régionaux *(Gaustellenleiter)* demande à la direction du district du parti national-socialiste *(Kreisleitung der NSDAP)*, bureau du personnel de Fribourg, expertises et enquêtes au plus tard pour le 26 du mois courant sur le Dr Martin Heidegger.

La pièce 26 est un « questionnaire en vue d'une appréciation politique » *(Fragebogen zur politischen Beurteilung)* ; il s'agit d'un imprimé portant la mention : « strictement confidentiel » *(Streng vertraulich !)*. Il est daté du 11 mai 1938. Dans la section 2, intitulée : « Antécédents politiques », on lit notamment ceci :

A-t-il donné des preuves concrètes de son opposition à la NSDAP ? Non.

A-t-il été franc-maçon ? Non.

S'est-il prononcé en faveur de la NSDAP avant la prise du pouvoir par celle-ci ? Oui.

Dans la section 3, intitulée « Position à l'égard de l'État national-socialiste et de la collectivité nationale », on trouve notamment les réponses suivantes :

Est-il abonné à la presse du parti ? Oui.

Ses enfants sont-ils dans une organisation de jeunesse national-socialiste ? Oui.

[...]

Est-il un généreux donateur ? Oui, cela pourrait parfois être mieux *(ja, dürfte manchmal besser sein)*.

Approuve-t-il l'État national-socialiste ? Oui.

A-t-il déjà tenu des propos négatifs à l'égard de celui-ci ? Non.

Est-il en mesure d'exercer un effet positif sur le peuple sur le plan pédagogique ? Oui, sur le plan théorique *(ja, in der Theorie)*.

Achète-t-il chez les Juifs ? Non.

A-t-il des liens politico-confessionnels ? Non.

Dans la section 4, intitulée « Volonté de coopérer », on trouve les précisions suivantes : outre le fait, comme on le sait, qu'il est membre de la NSDAP depuis le 1er mai 1933 avec le numéro 3 125 894, Heidegger est également membre, depuis 1933-1934, de deux autres organisations nazies : RLB/Dozenten, qui regroupe les professeurs rattachés à la « défense anti-aérienne du Reich » *(Reichsluftschutzbund)* et au NSV *(National-sozialistische Volkswohlfahrt)*.

Dans la section 5, intitulée « Évaluation psychologique », on lit le jugement suivant :

Caractère un peu renfermé, pas très proche du peuple, ne vit que pour sa science, n'a pas toujours le sens des réalités[1].

Et à la question : *Réactif, chicanier, critique ?* la réponse est : Non.

Dans la section 6 intitulée « Jugement d'ensemble », on insiste sur le fait qu'il est un « adversaire virulent du catholicisme » *(erbitterter Gegner des Katholizismus)*. Et à la question : « *Est-il politiquement fiable ou non fiable ?* » la réponse est : « fiable ».

En bref, nous voyons que la fiabilité politique de Heidegger est appréciée de manière positive et cela sur tous les plans. Il est abonné à la presse de la NSDAP, c'est-à-dire qu'il reçoit tous les jours à son domicile, de 1933 à 1945 vraisemblablement, le *Völkischer Beobachter* et sans doute aussi *Der Alemanne*. Or il faut avoir regardé une fois dans sa vie un numéro du *Völkischer Beobachter* pour comprendre ce que peut signifier le fait de recevoir et de lire quotidiennement chez soi un tel journal. Heidegger n'achète pas « chez les Juifs » et sait être parfois un « généreux donateur ». Non seulement il n'a jamais critiqué l'État nazi, mais il s'est prononcé en faveur du nazisme *avant* que celui-ci ne prenne le pouvoir. Il n'est pas seulement membre du Parti, mais aussi de deux autres organisations connexes. Seule l'étude de caractère est un peu réservée, mais l'on souligne, comme un point évidemment positif pour la NSDAP, qu'il est un adversaire virulent du catholicisme.

---

1. « Etwas verschlossener Charakter, nicht sehr volksnahe, lebt nur für seine Wissenschaft. Steht nicht immer auf dem Boden der Wirklichkeit » (MAE, Colmar).

On trouve par ailleurs, comme pièce 23, un rapport dactylographié et anonyme d'une page sur Heidegger, qui a vraisemblablement été envoyé, moins d'un mois après le questionnaire, comme un complément à celui-ci : on découvre, en effet, comme pièce 22, un bordereau d'envoi, en date du 3 juin 1938, du Service de sûreté ou SD *(Sicherheitsdienst des Reichsführers SS)*. Nous avons donc, avec ce document, une idée précise du jugement du SD en 1938 sur Heidegger. Le rapport récapitule brièvement les étapes de sa carrière. La démission du rectorat y est évoquée, ainsi que la raison de cette démission :

> il a quitté son poste en 1934 étant donné qu'il ne possédait pas les capacités tactiques requises pour ce poste[1].

On voit que la démission de Heidegger n'est absolument pas perçue comme l'expression d'une distance politique prise à l'égard du régime.

L'auteur du rapport note que Heidegger se serait alors replié sur lui-même avant de fréquenter à nouveau ses collègues à partir des années 1936-1937. Les appréciations de sa « philosophie » et de son caractère sont plutôt mitigées, et il est probable qu'elles portent l'écho de la campagne orchestrée contre lui à partir de 1934 par des hommes comme Walter Gross, Erich Jaensch et Ernst Krieck. Néanmoins, le rapport conclut de manière positive en insistant sur son attitude hostile à l'égard du catholicisme :

> Partant des conflits de Kierkegaard avec l'Église et de la phénoménologie husserlienne, dans un développement

---

1. « [er] legte aber 1934 sein Amt nieder, da er nicht die notwendigen taktischen Fähigkeiten zu einer solchen Amstführung besaß » (MAE, Colmar).

indépendant, il s'est mis dans une opposition croissante avec l'Église et avec le christianisme en général. [...]

Pour résumer, on peut dire que dans le cadre de l'université de Fribourg, Heidegger représente une force positive du fait de son attitude claire et nette à l'égard des groupes de pouvoir catholiques et autres groupes chrétiens[1].

De même que dans le questionnaire, c'est donc l'hostilité de Heidegger à l'égard du catholicisme qui est retenue comme le point le plus positif, particulièrement dans le contexte de Fribourg. Par ailleurs, on ne trouve aucune allusion à son enseignement donnant à penser qu'il aurait émis dans ses cours quelque critique que ce soit à l'égard du régime en place. Plus généralement, il n'y a, dans ce rapport du SD, absolument rien qui attesterait de l'existence d'une quelconque opposition de Heidegger à l'égard du national-socialisme.

Le dossier ne comprend aucune pièce pour la période allant de 1938 à 1941, et, notamment, on ne voit nulle trace d'une interdiction d'un séminaire sur Jünger en 1940, malgré ce que Heidegger prétendra en 1945. Le 29 juillet 1941, une lettre du ministère des Affaires étrangères de Berlin adressée à la direction du *Gau* de Bade de la NSDAP réclame un avis politique sur Martin Heidegger et sur une certaine demoiselle Brückler, doctorante en géographie (pièce n° 21), demande peut-être liée au fait qu'il accepte alors plusieurs invitations

---

1. « Er kam, ausgehend von den Kirckegaard'schen *[sic]* Auseinandersetzungen mit der Kirche und Husserl'schen Phänomenologie in einer selbstständigen Weiterentwicklung, immer mehr in einen Gegensatz zur Kirche und zum Christentum überhaupt. [...] Zusammenfassend kann man sagen, daß H. im Rahmen der Freiburger Universität wegen seiner klaren Haltung katholischen und anderen christlichen Mächtegruppen gegenüber eine positive Kraft bedeutet » (MAE, Colmar).

à des conférences en Espagne et au Portugal, que le tour pris par la guerre le contraindra à annuler. Peu après, le 6 août 1941, on trouve une lettre de la NSDAP de Karlsruhe à la NSDAP de Fribourg réclamant sur-le-champ une appréciation politique sur Heidegger (pièce n° 20) et qui relaie vraisemblablement la demande de Berlin. En réponse, on peut lire une lettre à en-tête de la NSDAP, *Gau* Baden de Fribourg du 20 août 1941, signée d'un certain Dr Glattes (pièce n° 19). Ce dernier écrit :

> Je vous envoie ci-joint une copie d'une appréciation politique en date du 7 juin 1940[1]. Dès que le dirigeant de l'union des professeurs sera de retour de vacances, j'aurai à nouveau un entretien avec lui étant donné que la présente appréciation n'est pas tout à fait équitable pour le Prof. Heidegger[2].

L'appréciation politique évoquée ne figure pas dans le dossier conservé à Colmar. Cependant, la raison de l'embarras visible du Dr Glattes et son souci de protéger autant qu'il peut Heidegger s'expliquent par ce qui suit. Après un nouvel échange de courrier, on trouve la lettre suivante envoyée par la NSDAP de Fribourg, le 29 septembre 1941 (pièce n° 15) :

> Je vous informe que je vous ai transmis le 12 septembre 1941 diverses expertises qui avaient été mises à ma disposition par le chef de l'union des professeurs. Ces expertises correspondent aussi à l'appréciation émise par le chef

---

1. Il semble qu'il faille lire 1941, car le document 17 évoque un rapport daté du 7 juin 1941.
2. « In der Anlage übersende ich Ihnen Abschrift einer politischen Beurteilung vom 7. Juni 1940. Sobald der Dozentenbundführer aus seinem Urlaub zurück ist, werde ich mich mit ihm noch besprechen, da die vorliegende Beurteilung Prof. Heidegger nicht völlig gerecht wird » (MAE, Colmar).

de l'union des professeurs. En complément, j'aimerais encore attirer votre attention sur le fait que le camarade du parti le Dr Krieck est un adversaire irréconciliable du camarade du parti Heidegger, dont il rejette totalement la personne et la science.

Heil Hitler !

Le directeur des services centraux du district[1].

Cette fois non plus, nous n'avons pas le texte de ces expertises. Cependant, la lettre du responsable local de la NSDAP nous révèle plusieurs choses importantes, pour mesurer l'état du rapport de force entre Heidegger et son principal adversaire au sein du nazisme. En 1941, le chef de l'union des professeurs *(Dozentenbundsführer)* pour le pays de Bade n'est autre que Ernst Krieck. Les « expertises » qu'il a pu fournir sont donc certainement défavorables à Heidegger. Cependant, les fonctionnaires de la NSDAP protègent Heidegger en signalant à chaque fois l'hostilité personnelle de Krieck à son égard.

Dans le dossier conservé à Colmar, nous trouvons une seule et longue « expertise » dactylographiée de Krieck sur Heidegger, en date du 14 octobre 1943. Elle est accompagnée d'une lettre en date du 23 octobre 1943, envoyée par le *Führer* régional des étudiants *(Gaustudentenführer)* au chef du cabinet régional Schuppel à Strasbourg et qui précise ceci :

---

1. « Zu Ihrer Unterrichtung teile ich Ihnen mit, daß ich Ihnen am 12. September 1941 verschiedene Gutachten übersandt habe, die mir der Dozentenbundsführer zur Verfügung stellte. Diese Gutachten entsprechen auch der Beurteilung durch den Dozentenbundsführer. Nachträglich möchte ich Sie noch darauf aufmerksam machen, daß Parteigenosse Heidegger in Parteigenosse Prof. Dr. Krieck einen unversöhnlichen Gegner bezitzt, der ihn und seine Wissenschaft völlig ablehnt » (MAE, Colmar).

Je vous envoie ci-joint une appréciation sur le Prof. Heidegger, de Fribourg, rédigée par le Prof. Krieck, de Heidelberg. Bien que cette appréciation soit très partiale et même en partie polémique et ne constitue donc pas un document totalement exploitable, elle comporte néanmoins d'utiles précisions qui sont susceptibles de vous intéresser concernant la carrière du professeur Heidegger.

Heil Hitler !

Angst, délégué pour le Sud[1].

On voit qu'à son tour ce *Führer* des étudiants qui répond au nom de Angst, comme auparavant le chef de district Glattes, souligne l'hostilité personnelle et visiblement notoire de Krieck à l'égard de Heidegger. C'est donc la confirmation du fait que, en dépit de son poste de « chef de l'union des professeurs » pour le pays de Bade, ce dernier n'était guère crédible et son pouvoir vraisemblablement très limité au début des années 1940, pour être présenté de la sorte dans plusieurs courriers officiels. Quant à son expertise, elle contient des assertions odieuses, qui rappellent le rapport dans lequel Heidegger évoquait la fréquentation du « Juif Fraenkel » par Baumgarten, pour le discréditer auprès des responsables nazis. Krieck affirme en effet qu'« à Marburg, Heidegger se trouvait en contact le plus étroit avec des Juifs[2] ». Par ailleurs, il lui reproche de pratiquer une philosophie analogue

---

1. « In der Anlage übersende ich Ihnen eine Beurteilung des Prof. Heidegger, Freiburg, die von Prof. Krieck, Heidelberg, angefertigt wurde. Wenn auch die Beurteilung stark einseitig und zum Teil sogar polemisch ist und somit keine voll brauchbare Unterlage darstellt, sind darin doch interessante Einzelheiten über den Werdegang von Prof. Heidegger enthalten, die dort interessieren dürften. Heil Hitler ! Angst Beauftragter Süd- » (MAE, Colmar).

2. « In Marburg stand H. in engster Fühlung mit Juden » (MAE, Colmar).

aux exercices spirituels des jésuites et de construire sa
domination dans un empire dont il serait lui-même « le
souverain, le pape, le mystagogue[1] ». Krieck note en
outre des analogies entre l'enseignement de Heidegger
et l'anthroposophie de Rudolph Steiner ainsi qu'avec le
cercle de Stefan George.

Un point de cette « expertise » mérite d'être retenu,
c'est que si Krieck entend discréditer l'enseignement
de Heidegger en présentant ce dernier comme le maître
d'un cénacle secret, il ne remet pas en cause sa fiabilité
politique. Ainsi, dans toutes les pièces réunies dans le
« dossier Heidegger » de Karlsruhe aujourd'hui conservé à Colmar, aucun signe d'une quelconque appréciation négative à l'égard de son attitude politique n'est
retenu contre lui. Et l'on peut penser, au vu de ce qu'il
a écrit, que Krieck n'aurait pas épargné Heidegger s'il
avait pu retenir contre lui quoi que ce soit de crédible
qui serait allé dans ce sens.

Les états de service de Heidegger consignés par le
ministère de l'Éducation du Reich et conservés au *Bundesarchiv* de Berlin confirment cet état de fait. Ainsi,
en 1943, on peut lire : « Papiereingabe vom 30/6/43 für
Heidegger'sche Schriften, Verlag Klostermann. » En
pleine guerre mondiale, le ministère du Reich ordonne
donc une livraison de papier aux éditions Klostermann
pour éditer Heidegger, dont plusieurs conférences vont
en effet être publiées. La même année 1943, il est
autorisé à se rendre en vacances à Strasbourg du 9 au
21 octobre. On peut supposer avec vraisemblance qu'il

---

1. « Es war ihm vielmehr darum zu tun, seine eigene Herrschaft
in einem eigenen Reich zu errichten, ein Reich, in dem der Philosoph selbst Herrscher, Papst, Mystagoge ist » (Ernst Krieck, MAE,
Colmar).

a rendu visite au juriste nazi Ernst Rudolph Huber, qui faisait partie du petit cercle des intimes et enseignait le droit *völkisch* à l'université de Strasbourg. Tous ces éléments prouvent que Heidegger continuait d'être bien considéré par le régime nazi en 1943.

Extrait du discours de rectorat de Heidegger, publié en regard des thèses antisémites de la *Deutsche Studentenschaft*, en 1938, par Ernst Forsthoff[1]

1. *Cf. supra* p. 144-147.

4. Unser gefährlichster Widersacher ist der Jude und der, der ihm hörig ist.

5. Der Jude kann nur jüdisch denken. Schreibt er deutsch, dann lügt er. Der Deutsche, der deutsch schreibt, aber jüdisch denkt, ist ein Verräter. Der Student, der undeutsch spricht und schreibt, ist außerdem gedankenlos und wird seiner Aufgabe untreu.

6. Wir wollen die Lüge ausmerzen, wir wollen den Verrat brandmarken, wir wollen für den Studenten nicht Stätten der Gedankenlosigkeit, sondern der Zucht und der politischen Erziehung.

7. Wir wollen den Juden als Fremdling achten, und wir wollen das Volkstum ernst nehmen.
Wir fordern deshalb von der Zensur:
Jüdische Werke erscheinen in hebräischer Sprache.
Erscheinen sie in Deutsch, sind sie als Übersetzung zu kennzeichnen.
Schärfstes Einschreiten gegen den Mißbrauch der deutschen Schrift.
Deutsche Schrift steht nur dem Deutschen zur Verfügung.
Der undeutsche Geist wird aus öffentlichen Büchereien ausgemerzt.

8. Wir fordern vom deutschen Studenten Wille und Fähigkeit zur selbständigen Erkenntnis und Entscheidung.

9. Wir fordern vom deutschen Studenten den Willen und die Fähigkeit zur Reinerhaltung der deutschen Sprache.

10. Wir fordern vom deutschen Studenten den Willen und die Fähigkeit zur Überwindung des jüdischen Intellektualismus und der damit verbundenen liberalen Verfallserscheinungen im deutschen Geistesleben.

11. Wir fordern die Auslese von Studenten und Professoren nach der Sicherheit des Denkens im deutschen Geiste.

12. Wir fordern die deutsche Hochschule als Hort des deutschen Volkstums und als Kampfstätte aus der Kraft des deutschen Geistes.

Die Deutsche Studentenschaft.

Aus: Martin Heidegger, Die Selbstbehauptung der deutschen Universität, 1933

Sich selbst das Gesetz geben, ist höchste Freiheit. Die viel be-
sungene „akademische Freiheit" wird aus der deutschen Universität verstoßen; denn diese Freiheit war unecht, weil nur ver-
neinend. Sie bedeutete vorwiegend Unbekümmertheit, Belie-
bigkeit der Absichten und Neigungen, Ungebundenheit im Tun
und Lassen. Der Begriff der Freiheit des deutschen Studenten
wird jetzt zu seiner Wahrheit zurückgebracht. Aus ihr entfalten
sich künftig Bindung und Dienst der deutschen Studentenschaft.

Die erste Bindung ist die in die Volksgemeinschaft. Sie ver-
pflichtet zum mittragenden und mithandelnden Teilhaben am
Mühen, Trachten und Können aller Stände und Glieder des
Volkes. Diese Bindung wird fortan festgemacht und in das
studentische Dasein eingewurzelt durch den Arbeitsdienst.

Die zweite Bindung ist die an die Ehre und an das Geschick
der Nation inmitten der anderen Völker. Sie verlangt die in
Wissen und Können gesicherte und durch Zucht gestraffte Bereitschaft zum Einsatz bis ins Letzte. Diese Bindung umgreift
und durchdringt künftig das ganze studentische Dasein als
Wehrdienst.

Die dritte Bindung der Studentenschaft ist die an den geistigen Auftrag des deutschen Volkes. Dieses Volk wirkt an seinem Schicksal, indem es seine Geschichte in die Offenbarkeit
der Übermacht aller weltbildenden Mächte des menschlichen
Daseins hineinstellt und sich seine geistige Welt immer neu erkämpft, so ausgesetzt in die äußerste Fragwürdigkeit des eigenen Daseins, will dies Volk ein geistiges Volk sein. Es for-
dert von sich und für sich in seinen Führern und Hütern die
härteste Klarheit des höchsten, weitesten und reichsten Wissens. Eine studentische Jugend, die früh sich in die Mannheit
hineinwagt und ihr Wollen über das künftige Geschick der
Nation ausspannt, zwingt sich von Grund aus zum Dienst an
diesem Wissen. Hier wird der Wissensdienst nicht mehr sein
dürfen die dumpfe und schnelle Abrichtung zu einem „vor-
nehmen" Beruf. Weil der Staatsmann und Lehrer, der Arzt
und Richter, der Pfarrer und der Baumeister, das völkisch-
staatliche Dasein führen und in seinen Grundbezügen zu den

REMERCIEMENTS

Les recherches effectuées dans ce livre ont pris appui sur des manuscrits et documents inédits conservés au Deutsche Literatur Archiv de Marbach am Neckar, au Bundesarchiv de Berlin, aux archives de l'université de Fribourg-en-Brisgau, au ministère des Affaires étrangères (bureau de Colmar), et sur les fonds d'ouvrages disponibles à la Bibliothèque nationale de France, la British Library, dans les bibliothèques des universités de Strasbourg, de Fribourg-en-Brisgau (notamment celle de l'*Institut für Staatswissenschaft und Rechtsphilosophie*), de Paris IV (centre Malesherbes) et à la Bibliothèque de documentation internationale contemporaine (Fonds allemand) de Paris X-Nanterre. Nous tenons à en remercier les différents responsables.

Parmi tous ceux avec qui nous avons eu des échanges ayant éclairé ou stimulé notre travail, nous voudrions particulièrement remercier Jeffrey Barash, Jean Bollack, Ruedi Imbach, Hugo Ott, Bruno Pinchard, Nicolas Tertulian, Roseline Thiberge, Denis Trierweiler et Richard Wolin. Les discussions développées sur Heidegger à l'occasion de différents colloques au Warburg Institute de Londres, dans les universités de Lyon, Poitiers et Tours, et avec les participants de notre séminaire sur Descartes et Heidegger à l'université de Paris X-Nanterre ont également enrichi notre réflexion.

Les traductions proposées dans ce livre ont bénéficié des conseils et de la relecture d'Angelika Engels et de Denis Trierweiler. Nous remercions Michel Ancey, qui a amicalement pris le temps de relire l'ensemble du manuscrit. Nous exprimons enfin notre gratitude à Richard Ducousset et Hélène Monsacré, qui ont rendu possible la publication de ce livre.

Bibliographie

OUVRAGES CITÉS DE HEIDEGGER

On trouvera le titre des 102 volumes de l'œuvre dite intégrale (*Gesamtausgabe*) dans Dieter Thomä, *Heidegger Handbuch, Leben – Werk – Wirkung*, Stuttgart, Weimar, J. B. Metzler, 2003, p. 542-543. Après la liste des tomes de la GA les plus directement concernés par notre livre, nous mentionnerons – autant qu'il est possible dans l'ordre chronologique de leur rédaction – les écrits de Heidegger évoqués ici et publiés avant la GA, ainsi que plusieurs des *Correspondances* éditées hors GA.

Pour une bibliographie étendue des publications en français, nous renvoyons à Dominique Janicaud, *Heidegger en France*, I, *Récit*, Paris, Albin Michel, 2001, p. 544-552.

Gesamtausgabe, Francfort-sur-le-Main, Vittorio Klostermann, 1975 *sq.* :

GA 16 *Reden und andere Zeugnisse eines Lebensweges*, Hermann Heidegger (éd.), 2000.

GA 17 *Einführung in die phänomenologische Forschung*, Friedrich-Wilhelm von Herrmann (éd.) (semestre d'hiver 1923-1924), 1994.

GA 29/30 *Die Grundbegriffe der Metaphysik. Welt – Endlichkeit – Einsamkeit* (semestre d'hiver 1929-1930), Friedrich-Wilhelm von Herrmann (éd.), 1983 ; trad. fr. Daniel Panis, 1992.

GA 36/37 *Sein und Wahrheit* :

1. *Die Grundfrage der Philosophie* (semestre d'été 1933).

2. *Vom Wesen der Wahrheit* (semestre d'hiver 1933-1934), Hartmut Tietjen (éd.), 2001.

GA 38 *Logik als die Frage nach dem Wesen der Sprache* (semestre d'été 1934), Günther Seubold (éd.), 1998.

GA 39 *Hölderlins Hymnen « Germanien » und « Der Rhein »* (semestre d'hiver 1934-1935), Suzanne Ziegler (éd.), 1980 ; trad. fr. Julien Hervier et François Fédier, 1988.

GA 41 *Die Frage nach dem Ding. Zu Kants Lehre von den transzendentalen Grundsätzen* (semestre d'hiver 1935-1936), Petra Jaeger (éd.), 1984.

GA 42 *Schelling : Vom Wesen der menschlichen Freiheit* (semestre d'été 1936), Ingrid Schüßler (éd.), 1988.

GA 43 *Nietzsche : der Wille zur Macht als Kunst* (semestre d'hiver 1936-1937), Bernd Heimbüchel (éd.), 1985.

GA 44 *Nietzsches metaphysische Grundstellung im abendländischen Denken : Die ewige Wiederkehr des Gleichen* (semestre d'été 1937), Marion Heinz (éd.), 1986.

GA 47 *Nietzsches Lehre vom Willen zur Macht als Erkenntnis* (semestre d'été 1939), Eberhard Hanser (éd.), 1989.

GA 48 *Nietzsche. Der europäische Nihilismus* (2e trimestre 1940), Petra Jaeger (éd.), 1986.

GA 50 *1. Nietzsches Metaphysik* (pour le semestre d'hiver 1941-1942, non prononcé).

2. *Einleitung in die Philosophie – Denken und Dichten* (semestre d'hiver 1944-1945), Petra Jaeger (éd.), 1990.

GA 65 *Beiträge zur Philosophie (Vom Ereignis)*, Friedrich-Wilhelm von Herrmann (éd.), 1989.

GA 66 *Besinnung*, Friedrich-Wilhelm von Herrmann (éd.), 1997.

GA 67 *Metaphysik und Nihilimus* :

1. *Die Überwindung des Nihilismus.*

2. *Das Wesen des Nihilismus*, Hans-Joachim Friedrich (éd.), 1999.

GA 69 *Die Geschichte des Seyns* :

1. *Die Geschichte des Seyns (1938-1940).*

2. *Koinon. Aus der Geschichte des Seyns (1939-1940)*, Peter Trawny (éd.), 1998.

GA 77 *Feldweg Gespräche*, Ingrid Schüßler (éd.), 1995.

GA 79 *Bremer und Freiburger Vorträge*, Petra Jaeger (éd.), 1994.

GA 87 *Nietzsche. Seminare 1937 und 1994*, Peter v. Ruckteschell (éd.), 2004.

GA 90 *Zu Ernst Jünger*, Peter Trawny (éd.), 2004.

Ernst Cassirer, Martin Heidegger, *Débat sur le kantisme et la philosophie (Davos, mars 1929) et autres textes de 1929-1931*, Paris, Beauchesne, 1972.

Les Conférences de Cassel (1925), texte allemand et trad. par Jean-Claude Gens, Paris, Vrin, 2003.

Sein und Zeit, 8ᵉ éd., Max Niemeyer, Tübingen, 1957 [repris dans GA 2].

Kant und das Problem der Metaphysik, Francfort-sur-le-Main, Vittorio Klostermann, 5ᵉ éd. 1991 [repris dans GA 3] ; *Kant et le problème de la métaphysique*, trad. par Alphonse de Waelhens et Walter Biemel, Paris, Gallimard, 1953.

Die Selbstbehauptung der deutschen Universität. Das Rektorat 1933-1934, Hermann Heidegger (éd.), Francfort-sur-le-Main, Vittorio Klostermann, 1983.

Bekenntnis der Professoren an den deutschen Universitäten und Hochschulen zu Adolf Hitler und dem nationalsozialistischen Staat, Überreicht vom Nationalsozialistischen Lehrerbund, Deutschland/Sachsen, Dresde (s.d.) [1934]. Contient la « profession de foi en Adolf Hitler » de Martin Heidegger du 11 novembre 1933, traduite en quatre langues.

« Wege zur Aussprache », *Alemannenland. Ein Buch von Volkstum und Sendung*, Franz Kerber (éd.), Stuttgart, J. Engelhorns Nachf., 1937 p. 135-139.

Einführung in die Metaphysik, Tübingen, Max Niemeyer, 1953, 2ᵉ éd., 1958 [repris dans GA 40] ; *Introduction à la métaphysique*, trad. fr. de Gilbert Kahn, Paris, PUF, 1958.

« Der Ursprung des Kunstwerks. Erste Ausarbeitung », *Heidegger Studies*, 5, 1989, p. 5-22.

« Europa und die deutsche Philosophie », Vortrag im Kaiser-Wilhelm-Institut, Bibliotheca Herziana Rom, 8 avril 1936, *Europa und die Philosophie*, Hans-Helmut Gander (éd.), Francfort-sur-le-Main, Vittorio Klostermann, 1993, p. 31-41.

Lettre sur l'humanisme, texte allemand traduit et présenté par Roger Munier, Paris, Aubier-Montaigne, 1957.

Holzwege, Francfort-sur-le-Main, Vittorio Klostermann, 1949 [repris dans GA 5] ; *Chemins qui ne mènent nulle part*, trad. fr. Wolfgang Brokmeier, Paris, Gallimard, 1962.

Erläuterungen zu Hölderlins Dichtung, Francfort-sur-le-Main, Vittorio Klostermann, 1951 [repris dans GA 4].

Nietzsche I et II, Pfüllingen, Günther Neske, 1961
   [repris dans GA 6] ; trad. fr. par Pierre Klossowski,
   Paris, Gallimard, 1971.
Was heißt Denken?, Tübingen, Max Niemeyer, 1971
   [repris dans GA 8] ; *Qu'appelle-t-on penser?*, trad.
   fr. par Aloys Becker et Gérard Granel, Paris, 1959.
Die Technik und die Kehre, Pfüllingen, Günther Neske,
   1962.
« *Spiegel-Gespräch* », *Antwort, Martin Heidegger im
   Gespräch*, Günther Neske et Emil Kettering (éd.),
   Pfüllingen, Günther Neske, 1988.
« Drei Briefe Martin Heideggers an Löwith », *Zur
   philosophischen Aktualität Heideggers*, Dietrich
   Papenfuss et Otto Pöggeler (éd.), t. 2, Francfort-
   sur-le-Main, Vittorio Klostermann, 1990, p. 27-39.
Correspondance de Heidegger avec Erich Rothacker,
   dans « Martin Heidegger und die Anfänge der
   *Deutschen Vierteljahrsschrift für Literaturwissen-
   schaft und Geistesgeschichte*. Eine Dokumentation »,
   Joachim W. Storck et Theodore Kisiel (éd.), *Dilthey-
   Jahrbuch für Philosophie und Geschichte der Geisteswissenschaften*, vol. 8, 1992-1993, p. 187-225.
*Martin Heidegger/Elisabeth Blochmann : Briefwechsel
   1918-1969*, J. W. Storck (éd.), Marbach am Neckar,
   Deutsche Schillergesellschaft, 1989.
*Martin Heidegger/Karl Jaspers : Briefwechsel 1920-
   1963*, Walter Biemel et Hans Saner (éd.), Francfort-
   sur-le-Main, Munich, Zurich, Vittorio Klostermann,
   Piper, 1990.
Martin Heidegger, Correspondance avec Karl Jaspers,
   suivi de *Correspondance avec Elisabeth Blochmann*,
   trad. par Pascal David, Paris, Gallimard, 1996.
« *Mein liebes Seelchen !* », *Briefe Martin Heideggers
   an seine Frau Elfride 1919-1970,* éditées et commentées par Gertrude Heidegger, Munich, 2005.

OUVRAGES D'AUTRES AUTEURS NATIONAL-SOCIALISTES
ET *VÖLKISCH*

BAEUMLER, Alfred, « Nachwort », Nietzsche, *Der Wille zur Macht. Versuch einer Umwertung aller Werte*, Stuttgart, Alfred Kröner, 1930, p. 699-709.

–, *Nietzsche, der Philosoph und Politiker*, Leipzig, Reklam, 1931.

–, *Alfred Rosenberg und der Mythus des 20. Jahrhunderts*, Munich, Hoheneichen, 1943.

BANNES, Joachim, *Hitlers Kampf und Platos Staat. Studie über den ideologischen Aufbau der national-sozialistischen Freiheitsbewegung*, Berlin, Leipzig, Walter de Gruyter and Co, 1933.

BECKER, Oskar, « Transzendenz und Paratranszendenz », *Travaux du IXᵉ congrès international de philosophie. Congrès Descartes*, t. VIII, *Analyse réflexive et transcendance*, Paris, Hermann, 1937, p. 97-104.

–, « Nordische Metaphysik », *Rasse* 5, 1938, p. 81-92.

–, *Gedanken Friedrich Nietzsches über Rangordnung, Zucht und Züchtung*, Kriegsvorträge der Rheinischen Friedrich-Wilhelms-Universität Bonn a. Rh., Aus der Vortragsreihe : « Führungsformen der Völker », Bonn, Gehr. Scheur, 1942.

–, *Dasein und Dawesen. Gesammelte Philosophische Aufsätze*, Pfüllingen, Günther Neske, 1963.

–, « Para-Existenz. Menschliches Dasein und Dawesen », *Heidegger. Perspektiven zur Deutung seines Werks*, Otto Pöggeler (éd.), Cologne, Berlin, Kiepenheuer und Witsch, 1970, p. 261-285.

BERTRAM, Ernst, *Nietzsche, Versuch einer Mythologie*, « Blätter für die Kunst », 3ᵉ éd., Berlin, Georg Bondi, 1919.

Böhm, Franz, *Anti-Cartesianismus, Deutsche philosophie im Widerstand*, Leipzig, Felix Meiner, 1938.

Clauß Ludwig Ferdinand, *Die nordische Seele. Artung, Prägung, Ausdruck*, Halle am Donau, Max Niemeyer, 1923.

–, *Die nordische Seele. Eine Einführung in die Rassenseelenkunde*, éd. augmentée avec 48 photographies de l'auteur, Munich, Berlin, J. S. Lehmanns, 1940.

Darré, Walther, *Neuadel aus Blut und Boden*, Munich, J. S. Lehmanns, 1930.

Fischer, Eugen, *Der Begriff des völkischen Staates, biologisch betrachtet. Rede bei der Feier der Erinnerung an den Stifter der Berliner Universität, König Friedrich Wilhelm III, in der Alten Aula am 29. Juli 1933*, Berlin, Preußischer Druckerei- und Verlags-Aktiengesellschaft, 1933.

–, *Das völkische Staat, biologisch gesehen*, Berlin, Junker u. Dünnhaupt, 1933.

–, *Das antike Weltjudentum. Tatsachen, Texte, Bilder*, Forschungen zur Judenfrage, Bd. 7, von Eugen Fischer und Gerhard Kittel, Hambourg, Hanseatische Verlagsanstalt, 1943.

Forsthoff, Ernst, *Der Totale Staat*, Hambourg, Hanseatische Verlagsanstalt, 1933.

–, *Deutsche Geschichte seit 1918 in Dokumente*, 2e éd. augmentée, Stuttgart, A. Kröner, 1938.

–, *Deutsche Geschichte von 1918 bis 1938 in Dokumente*, 3e éd. augmentée, Stuttgart, A. Kröner, 1943.

Franck, Hans, *Akademie für Deutsches Recht, Jahrbuch 1, 1933-1934*, Munich, J. Schweizer, 1933-1934.

Glockner, Hermann, Larenz, Karl, « Zur Einführung », *Zeitschrift für deutsche Kulturphilosophie. Neue Folge des Logos*, t. 1, 1935, p. 1-2.

GRIMM, Hans, *Volk ohne Raum*, Munich, A. Langen, G. Müller, 1926.

GÜNTHER, Hans F. K., *Platon als Hüter des Leben*, Munich, J. F. Lehmann, 1928 ; trad. fr. par Elfrida Popelier, Puiseaux, Pardès, 1987.

HAERING, Theodor, « Der werdende Hegel », *Verhandlungen des Zweiten Hegelkongresses*, B. Wigersma (éd.), Tübingen, Mohn-Haarlem, Williak, 1932, p. 40-51.

–, *Hegel, sein Wollen und sein Werk, eine chronologische Entwicklungsgeschichte der Gedanken und der Sprache Hegels*, Leipzig, Teubner, vol. II, 1938.

–, *Das Deutsche in der deutschen Philosophie*, Stuttgart, Berlin, W. Kohlhammer, 1942.

HAUPT, Joachim, *Neuordnung im Schulwesen und Hochschulwesen*, Das Recht der nationalen Revolution, Heft 5, Berlin, C. Heymann, 1935.

–, [sous le pseudonyme de Winfried], *Sinnwandlung der formalen Bildung*, Leipzig, Armanen Verlag, 1935.

HEYSE, Hans, *Idee und Existenz*, Hambourg, Hanseatische Verlagsanstalt, 1935.

HILDEBRANDT, Kurt, *Norm, Entartung, Verfall. Bezogen auf den Einzelnen, die Rasse, den Staat*, Berlin, Die Runde, 1934.

–, *Hölderlin : Philosophie und Dichtung*, Stuttgart, Kohlhammer, 1939.

HITLER, Adolf, *Mein Kampf*, Munich, Verlag Franz Eher Nachfolger, 1932 ; *Mon combat*, Paris, Nouvelles Éditions latines [Fernand Sorlot], s.d.

–, *Hitlers Zweites Buch. Ein Dokument aus dem Jahr 1928*, Stuttgart, Deutsche Verlags-Anstalt, 1961.

HOFFMEISTER, Johannes, FEGERS, Hans, *Friedrich Hölderlin. En commémoration du centenaire de sa mort le 7 juin 1843*, textes réunis et présentés sur l'initiative de l'Institut allemand, Paris, Sorlot, 1943.

HUBER, Ernst Rudolf, *Verfassungsrecht des Groß-deutschen Reiches*, Hambourg, Hanseatische Verlagsanstalt, 2ᵉ éd., 1939.

JÜNGER, Ernst, *Der Arbeiter, Herrschaft und Gestalt*, 3ᵉ éd., Hambourg, Hanseatische Verlagsanstalt, 1932 ; trad. fr. par Julien Hervier, Paris, Christian Bourgois, 1989.

–, *Entretiens avec Ernst Jünger*, Julien Hervier (éd.), Paris, Gallimard, 1986.

–, *Briefe 1930-1983 Ernst Jünger, Carl Schmitt*, éd. par Helmut Kiesel, Stuttgart, Klett-Cotta, 1999.

–, *Der Kampf als inneres Erlebnis, Werke, Essays I*, Stuttgart, Kiett, s.d., p. 13-14 ; trad. fr., *La Guerre comme expérience intérieure*, Paris, Christian Bourgois, 1997.

–, *Politische Publizistik, 1919 bis 1933*, Sven Olaf Berggötz (éd.), Stuttgart, Klett-Cotta, 2001.

KERN, Eduard, *Die Überleitung der Justiz auf das Reich*, Fribourg-en-Brisgau, Wagner, 1934.

–, *Das Führertum in der Rechtspflege*, Fribourg-en-Brisgau, Wagner, 1935.

KREBS, Engelber, *Jesuitischer und deutscher Geist : Geschichtliche Abhängigkeiten und gemeinsame Wesenszüge*, Fribourg-en-Brisgau, Waibel, 1934.

KRIECK, Ernst, *Völkisch-politische Anthropologie*, 3 tomes, Leipzig, Armanen Verlag, 1936-1938.

KÜNNETH, Walter, *Die völkische Religion der Gegenwart*, Berlin, Wichern, 1931.

KUNZ, Willi, *Ernst Krieck. Leben und Werk*, Leipzig, Armanen Verlag, 1942.

MAUNZ, Theodor, « Gestalt und Recht der Polizei », *Idee und Ordnung des Reiches*, Ernst Rudolph Huber (éd.), t. II, Hambourg, Hanseatische Verlagsanstalt, 1943, p. 5-104.

MERKENSCHLAGER, Friedrich et SALLER, Karl, *Ofnet. Wanderungen zu den Mälern am Weg der deutschen Rasse*, Berlin, K. Wolf, 1934.

MÜLLER, Max, « Neudeutsche Jugend und neuer Staat », *Leuchtturm*, septembre 1933, repris dans Hans Müller (éd.), *Katholische Kirche und National-sozialismus*, Munich, Deutsche Taschenbuch, 1965, p. 182-186.

OTTO, Hermann et STACHOWITZ, Werner, *Abriß der Vererbungslehre und Rassenkunde, einschließlich der Familienkunde, Rassenhygiene und Bevölke-rungspolitik*, Francfort-sur-le-Main, Moritz Dieter-weg, 13ᵉ éd., 1941.

ROSENBERG, Alfred, *Der Mythus des 20. Jahrhunderts. Eine Wertung der seelisch-geistigen Gestaltungs-kämpfe unserer Zeit*, Munich, Hoheneichen, 1930; 3ᵉ éd., 1935.

ROTHACKER, Erich, *Logik und Systematik des Geisteswis-senschaft, in* Alfred Baeumler et Manfred Schröter, *Handbuch der philosophie : II, Natur, Geist, Gott*, Munich et Berlin, R. Oldenbourg, 1927.

–, *Geschichtsphilosophie*, in Alfred Baeumler et Man-fred Schröter (éd.), *Handbuch der Philosophie : IV, Staat und Geschichte*, Munich et Berlin, R. Olden-burg, 1934.

–, *Gedanken über Martin Heidegger*, Bonn, Bouvier, 1973.

SCHADEWALD, Wolfgang, « Der neue deutsche Student », *Freiburger Studentenzeitung*, 27 juillet 1933.

SCHMITT, Carl, *Die geistesgeschichtliche Lage des heu-tigen Parlementarismus*, Munich, Duncker & Hum-blot, 2ᵉ éd., 1926.

–, *Der Hüter der Verfassung*, Tubingen, J.B.C. Mohr, 1931.

–, *Der Begriff des Politischen*, Hambourg, Hanseatische Verlagsanstalt, 1933.

–, *Der Begriff des Politischen*, Text von 1932 mit einem Vorwort und drei Corollarien, Berlin, Duncker & Humblot, 1963 ; *La Notion de politique. Théorie du partisan*, trad. fr. par Marie-Louise Steinhauser, préface de Julien Freund, Paris, Calmann-Lévy, 1972.

–, *Staat, Bewegung, Volk*, Hambourg, « Der deutsche Staat der Gegenwart », Heft 1, Herausgegeber : Prof. Dr. Carl Schmitt, Preußischer Staatsrat, Mitglied der Akademie für Deutsches Recht, Hambourg, Hanseatische Verlagsanstalt, 1933 ; *État, Mouvement, Peuple, l'organisation triadique de l'unité politique*, traduction, introduction et commentaire par Agnès Pilleul, Paris, Kimé, 1997.

–, *Les Trois Types de pensée juridique*, trad. par Dominique Séglard, Paris, PUF, 1995.

–, « Das gute Recht der deutschen Revolution », *Westdeutscher Beobachter*, 12 mai 1933.

–, « La science allemande du droit dans sa lutte contre l'esprit juif », trad. fr. par Mina Köller et Dominique Séglard, *Cités*, 14, 2003, p. 173-180.

–, *Le Léviathan dans la doctrine de l'État de Thomas Hobbes*, trad. par Denis Trierweiler, préface d'Étienne Balibar, Paris, Seuil, 2002.

–, *Glossarium*, Eberhard Freiherr von Medem (éd.), Berlin, Duncker & Humblot, 1991.

–, « *Glossarium* (Extraits) », trad. et présentation par Denis Trierweiler, *Cités*, n° 17, 2004, p. 181-210.

SPENGLER, Oswald, *Der Staat, Das Problem der Stände, Staat und Geschichte, Philosophie der Politik*, Sonderdrück aus « Der Untergang des Abendlandes », II Band, Munich, C. H. Beck, 1924.

–, *Jahre der Entscheidung, Erster Teil, Deutschland und die Weltgeschichtliche Entwicklung*, Munich, C. H. Beck, 1933.

STADELMANN, Rudoph, *Das geschichtliche Selbstbewußtsein der Nation*, Tübingen, J. C. B. Mohr, 1934.

–, *Das Jahr 1865 und das Problem von Bismarcks deutscher Politik*, Munich et Berlin, R. Oldenburg, 1933.

–, « Vom geschichtlichen Wesen der deutschen Revolution », *Zeitwende*, X, 1934, p. 109-116.

–, *Vom Erbe der Neuzeit*, Bd. 1, Leipzig, Koehler & Amelang, 1942.

WOLF, Erik, *Richtiges Recht im nationalsozialistischen Staate*, Freiburger Universitätsreden, Heft 13, Fribourg-en-Brisgau, Fr. Wagnersche Universitätsbuchhandlung, 1934.

–, « Richtiges Recht und evangelischer Glaube », *Die Nation vor Gott. Zur Botschaft der Kirche im Dritten Reich*, éd. par Walter Künneth et Helmuth Schreiner, Berlin, Im Wichern, 3ᵉ éd., 1934, p. 241-265 ; 5ᵉ éd. revue et augmentée, 1937, p. 243-274.

–, « Die Aufgaben der evangelisch-christlichen Jugendbewegung im dritten Reich », *Wort und Tat. Zeitschrift für Weltanschauung und Geisteskampf*, janvier 1934, p. 21-25.

–, « Das Rechtsideal des nationalsozialistischen Staates », *Archiv für Rechts- und Sozialphilosophie*, XXVIII, 1934/35, p. 348-363.

–, « Der Methodenstreit in der Strafrechtslehre und seine Überwindung », *Deutsche Rechtswissenschaft. Vierteljahresschrift der Akademie für deutsches Recht*, avril 1939, p. 168-179.

–, « ΑΝΗΡ — ΔΙΚΑΙΟΣ. Zur rechtsphilosophischen Interpretation der Tragödie "Ödipus Rex" von

Sophokles », *Anteile. Martin Heidegger zum 60. Geburtstag*, Francfort-sur-le-Main, Vittorio Klostermann, 1950, p. 80-105.

–, *Griechisches Rechtsdenken, I. Vorsokratiker und frühe Dichter*, Francfort-sur-le-Main, Vittorio Klostermann, 1950.

ZEHRER, Hans, « Die Revolution von Rechts », *Die Tat*, Unabhängige Monatsschrift, Hans Zehrer (éd.), avril 1933, p. 1-16.

ÉTUDES APOLOGÉTIQUES ET RÉVISIONNISTES

BAEUMLER, Marianne, BRUNTRÄGER, Hubert et KURZKE, Hermann, *Thomas Mann und Alfred Baeumler. Eine Dokumentation*, Würzburg, Königshausen & Neumann, 1989.

BEAUFRET, Jean, « Heidegger et le nazisme », *France-Observateur*, n° 718, 6 février 1964.

–, « Heidegger vu de France », *Die Frage Martin Heideggers. Beiträge zu einem Kollokium mit Heidegger aus Anlass seines 80. Geburtstages*, Heidelberg, Carl Winter, 1969, p. 9-16.

–, « Jean Beaufret à Robert Faurisson », *Annales d'histoire révisionniste. Historiographie et société*, n° 3, automne-hiver 1987, p. 204-205.

FAURISSON, Robert, « Les révisionnistes proposent un débat public », *Annales d'histoire révisionniste*, n° 4, printemps 1988, p. 9-24.

FÉDIER, François, *Anatomie d'un scandale*, Paris, Robert Laffont, 1988.

–, « Mißtrauen und Kritik », texte traduit en allemand par Ruprecht Paqué, *Weltbürgerkrieg der Ideologien. Antworten an Ernst Nolte. Festschrift zum*

70. Geburtstag, Thomas Nipperdey, Anselm Doering-Manteuffel et Hans-Ulrich Thomas (éd.), Berlin, Francfort-sur-le-Main, Propyläen, 1993, p. 277-303.

–, *Regarder voir*, Paris, Les Belles Lettres/Archimbaud, 1995.

–, *Heidegger, Écrits politiques, 1933-1966*, Paris, Gallimard, 1995.

GERNHUBER, Joachim, « Das völkische Recht. Ein Beitrag zur Rechtstheorie des Nationalsozialismus », *Tübinger Festschrift für Eduard Kern*, Herausgegeben von der Reichswissenschaftlichen Abteilung der Rechts- und Wirtschaftswissenschaftlichen Fakultät der Universität Tübingen, Tübingen, J. C. B. Mohr, 1968, p. 167-200.

HEIDEGGER, Hermann, « Mein Vater wollte sich nicht gemein machen », *Junge Freiheit*, 1er novembre 2002, p. 10.

MEHRING, Reinhard, « Rechtsidealismus zwischen Gemeinschaftspathos und kirchlicher Ordnung. Zur Entwicklung von Erik Wolfs Rechtsgedanken », *Zeitschrift für Religion und Geistesgeschichte*, 44, 1992, p. 140-156.

–, « Der sozialdemokratische Strafrechtsdiskurs in Weimar und seine Kritik. Gustav Radbruch, Erik Wolf und Karl Larenz », Manfred Gangl (éd.), *Linke Juristen in der Weimarer Republik*, Berlin, Peter Lang, 2003, p. 169-187.

MOHLER, Armin, *Die Konservative Revolution in Deutschland 1918-1932. Grundriß ihrer Weltanschauungen*, Stuttgart, Friedrich Vorwerk, 1950.

–, « L'ouvrage *La Révolution conservatrice en Allemagne* trente ans après », *La « Révolution conservatrice » dans l'Allemagne de Weimar*, Louis Dupeux (éd.), Paris, Kimé, 1992, p. 195-198.

NOLTE, Ernst, *Heidegger. Politik und Geschichte im Leben und Denken*, Berlin, Francfort-sur-le-Main, Propyläen, 1992.

–, « Il Sessantotto? Lo invento Heidegger », entretien rapporté par Antonio Gnoli, *La Repubblica*, Rome, 11 septembre 1992.

–, *Historische Existenz. Zwischen Anfang und Ende der Geschichte?*, Munich, Zurich, Piper, 1998.

–, *Les Fondements historiques du national-socialisme*, trad. de l'allemand par Jean-Marie Argelès, trad. de l'italien de la présentation et du débat par Philippe Baillet, Paris, Éditions du Rocher, 2002.

PALMIER, Jean-Michel, *Les Écrits politiques de Heidegger*, Paris, L'Herne, 1968.

PETZET, Heinrich Wiegang, *Auf eine Stern zugehen*, Francfort-sur-le-Main, Societäts-Verlag, 1983.

SCHNUR, Roman, *Festschrift für Ernst Forsthoff zum 70. Geburtstag*, Munich, Beck, 2ᵉ éd., 1974.

TIETJEN, Hartmut, « Martin Heideggers Auseinandersetzung mit der nationalsozialistischen Hochschulpolitik und Wissenschaftsidee », *Wege und Irrwege des neueren Umganges mit Heideggers Werk: ein deutsch-ungarisches Symposion*, Istvan M. Feher (éd.), Berlin, Duncker & Humblot, 1991, p. 109-128.

TILITZKI, Christian, *Die deutsche Universitätsphilosophie in der Weimarer Republik und im Dritten Reich*, 2 vol., Berlin, Akademie Verlag, 2002.

VIETTA, Silvio, *Heidegger critique du national-socialisme et de la technique*, trad. de l'allemand par Jean Ollivier, collection « Révolution conservatrice », Puiseaux, Pardès, 1989.

OUVRAGES CRITIQUES SUR HEIDEGGER

ADORNO, Theodor, *Jargon der Eigentlichkeit. Zur deutschen Ideologie*, Francfort-sur-le-Main, Suhrkamp, 1965 ; *Le Jargon de l'authenticité. De l'idéologie allemande*, trad. et préface d'Éliane Escoubas, postface de Guy Petitdemange, Paris, Payot, 1989.

–, *Dialectique négative*, Paris, Payot et Rivages, 2003.

ANDERS, Günther, *Et si je suis désespéré que voulez-vous que j'y fasse ?*, entretien avec Mathias Geffrath, trad. par Christophe David, Paris, Allia, 2001.

–, *Über Heidegger*, Munich, Beck, 2001.

–, *Sur la pseudo-concrétude de la philosophie de Heidegger*, trad. de l'anglais par Luc Mercier, Paris, Sens et Tonka, 2003.

BARASH, Jeffrey Andrew, « Martin Heidegger in the Perspective of the 20th Century », *Journal of Modern History*, 64, nº 1, mars 1992, p. 52-78.

–, *Heidegger et son siècle. Temps de l'être, temps de l'histoire*, Paris, PUF, 1995.

–, *Martin Heidegger and the Problem of Historical Meaning*, éd. rev. et augmentée, New York, Fordham University Press, 2003.

BOLLACK, Jean, « Le mont de la mort : le sens d'une rencontre entre Celan et Heidegger », *La Grèce de personne*, Paris, Seuil, 1997, p. 349-376.

BOURDIEU, Pierre, *L'Ontologie politique de Martin Heidegger*, nouv. éd., Paris, Minuit, 1988.

BOUVERESSE, Jacques, « Heidegger, la politique et l'intelligentsia française », *Essais IV. Pourquoi pas des philosophes ?*, Marseille, Agone, 2004, p. 129-161.

CASSIRER, Ernst, *Le Mythe de l'État*, trad. fr. par Bertrand Vergely, Paris, Gallimard, 1993.

DELACAMPAGNE, Christian, *Histoire de la philosophie au XXᵉ siècle*, Paris, Seuil, 1995.

Farias, Victor, *Heidegger et le nazisme*, trad. de l'espagnol et de l'allemand par Myriam Benarroch et Jean-Baptiste Grasset, préface de Christian Jambet, Paris, Verdier, 1987 ; *Heidegger und der Nationalsozialismus* [édition augmentée], trad. de l'espagnol et du français par Klaus Laermann, préface de Jürgen Habermas, Francfort-sur-le-Main, S. Fischer, 1989.

–, *Logica. Lecciones de M. Heidegger (semestre verano 1934) en el legado de Helene Weiss*, introduction et traduction de Victor Farias, Madrid, Barcelone, Anthropos, 1991.

–, « Foreword to the Spanish Edition, *Heidegger and Nazism* », *The Heidegger's Case. On Philosophy and Politics*, Tom Rockmore et Joseph Margolis (éd.), Philadelphie, Temple University Press, 1992, p. 333-347.

Faye, Jean-Pierre, « Martin Heidegger : Discours et proclamations », *Médiations*, automne 1961, p. 139-150, suivi de « Heidegger et la "Révolution" », p. 151-159.

–, *Langages totalitaires. Critique de la raison et de l'économie narrative*, éd. augmentée de l'introduction théorique : *Théorie du récit*, Paris, Hermann, 1973.

–, *Le Piège. La philosophie heideggérienne et le nazisme*, « Le mouvement change », Paris, Balland, 1994.

Ferry, Luc et Renaut, Alain, *Heidegger et les Modernes*, Paris, Grasset, 1988.

Fried, Gregory, *Heidegger's Polemos. From Being to Politics*, Newhaven et Londres, Yale University Press, 2000.

Goldschmidt, Georges Arthur, « Heidegger, penseur et militant nazi », *Le Matin*, jeudi 15 octobre 1987.

GROSSER, Alfred, « Lettre à *France-Observateur* », nº 718, 6 février 1964.

HABERMAS, Jürgen, *Martin Heidegger, l'œuvre et l'engagement*, Paris, Cerf, 1988.

IMBACH, Ruedi, « Heidegger et la philosophie médiévale. À propos d'un nouvel annuaire philosophique », *Freiburger Zeitschrift für Philosophie und Theologie*, Universitätsverlag Freiburg (Suisse), t. 49, cahier 3, 2002, p. 426-435.

JASPERS, Karl, *Philosophische Autobiographie*, Munich, Piper, 1977.

–, *Notizen zu Martin Heidegger*, éd. par Hans Saner, Munich, Zurich, Piper, 1989.

KROCKOW, Christian Graf von, *Die Entscheidung. Eine Untersuchung über Ernst Jünger, Carl Schmitt, Martin Heidegger*, Stuttgart, Ferdinand Enke, 1958.

KRONER, Richard, « Rede zur Eröffnung des II. Internationalen Hegelkongresses », *Verhandlungen des Zweiten Hegelkongresses vom 18. Sept. bis 2. Okt. 1931 in Berlin*, éd. par B. Wigersma, Tübingen, Mohr, Haarlem, Willink, 1932, p. 19-39.

KÜHNERT, Hanno, « Das Recht und die Nähe der Theologie. Zum Tode von Erik Wolf », *FAZ*, 20 octobre 1977, nº 244, p. 25.

LEAMAN, George R., *Contextual Misreadings*: *The US Reception of Heidegger's Political Thought,* Dissertation, University of Massachusetts, 1991.

–, *Heidegger im Kontext*, Argument Verlag, 2002.

LINDE, Reinhard, « Das Stehen gegen den Feind », dans *Bin ich, wenn ich nicht denke?*, Centaurus Verlag, Herbolzheim, 2003.

LOSURDO, Domenico, *Heidegger et l'idéologie de la guerre*, trad. de l'italien par Jean-Michel Buée, Paris, PUF, 1998.

LÖWITH, Karl, « Besprechung des Buches "Rasse und Seele" von Ludwig Ferdinand Clauß » (1926), *Sämtliche Schriften*, 1. *Mensch und Menschenwelt. Beiträge zur Anthropologie*, Klaus Stichweh (éd.), Stuttgart, J. M. Metzler, 1981, p. 198-208.

–, *Mein Leben in Deutschland vor und nach 1933. Ein Bericht*, Stuttgart, J. B. Metzler, 1986 ; *Ma vie en Allemagne avant et après 1933*, trad. fr. par Monique Lebedel, Paris, Hachette, 1986.

–, « Der okkasionelle Dezisionismus von C. Schmitt », *Sämtliche Schriften*, 8, Stuttgart, M. Metzler, 1984, p. 61-71.

MARCUSE, Herbert, « Herbert Marcuse-Martin Heidegger Briefwechsel », *Befreiung Denken – Ein politischer Imperativ. Ein Materialenband zu Herbert Marcuse*, Peter-Erwin Jansen (éd.), 2ᵉ éd. augmentée, 2000, p. 135-139.

MARTEN, Rainer, « Heideggers Geist », *Die Heidegger Kontroverse*, Jürg Altwegg (éd.), Francfort-sur-le-Main, Athenäum, 1988, p. 225-241.

MARTIN, Bernd (éd.), *Martin Heidegger und das Dritte Reich. Ein Kompendium*, Bernd Martin (éd.), Darmstadt, Wissenschaftliche Buchgesellschaft, 1989.

–, et SCHRAMM, Gottfried (éd.), *Martin Heidegger. Ein Philosoph und die Politik*, Fribourg, Rombach, 2001.

MASCOLO, Dionys, *Haine de la philosophie. Heidegger pour modèle*, Paris, Jean-Michel Place, 1993.

MÜNSTER, Arno, « Heidegger et le nazisme. Suite d'une polémique », *La Quinzaine littéraire*, nᵒ 812, 16-31 juillet 2001.

–, *Heidegger, la « science allemande » et le national-socialisme*, Paris, Kimé, 2002.

OTT, Hugo, « Martin Heidegger als Rektor der Universität Freiburg i. Br. 1933/34, Teil I : Die Übernahme des Rektorats der Universität Freiburg i. Br. durch

Heidegger im April 1933 », *Zeitschrift des Breisgau-Geschichtsvereins* (« Schau-ins-Land »),   nᵒ 102, 1983, p. 121-136.

–, « Martin Heidegger als Rektor der Universität Freiburg i. Br. 1933/34, Teil II : Die Zeit des Rektorats von Martin Heidegger (23 April 1933 bis 23 April 1934) », *Zeitschrift des Breisgau-Geschichtsvereins* (« Schau-ins-Land »), nᵒ103, 1984, p. 107-130.

–, « Martin Heidegger als Rektor der Universität Freiburg i. Br. 1933-1934 », *Zeitschrift für die Geschichte des Oberrheins*, nᵒ 132 (1984), p. 343-358.

–, « Martin Heidegger als Rektor der Universität Freiburg i. Br. nach 1945. Ein Beispiel für die Auseinandersetzung mit der politischen Vergangenheit », *Historisches Jahrbuch*, nᵒ 105 (1985), p. 95-128.

–, *Martin Heidegger. Unterwegs zu seiner Biographie*, Francfort-New York, Campus Verlag, 1988 ; 2ᵉ éd., 1992.

–, *Martin Heidegger. Éléments pour une biographie*, Paris, Payot, 1990.

–, « Martin Heidegger – Mentalität der Zerrissenheit », *Freiburger DiözesanArchiv* 110 (1990), p. 427-448.

–, *Laubhüttenfest 1940. Warum Therese Loewy einsam sterben mußte*, Herder, Fribourg-en-Brisgau, Bâle, Vienne, 1994.

–, « Zum Verhältnis Husserl-Heidegger : Der eine fehlte, der nicht hätte fehlen dürfen : Heidegger », *Badische Zeitung*, 19 août 1996.

–, « Der "Freiburger Kreis" », *Mitverschwörer-Mitgestalter. Der 20. Juli im deutschen Südwesten*, Klaus Eisele et Rolf-Ulrich Kunze (éd.), Constance, UVK, 2004, p. 107-128.

Philipse, Herman, *Heidegger's Philosophy of Being. A Critical Interpretation*, Princeton, New Jersey, Princeton University Press, 1998.

ROCKMORE, Tom, *On Heidegger's Nazism and Philosophy*, Berkeley, Los Angeles, Oxford, Princeton University Press, 1992.

–, *Heidegger and French Philosophy. Humanism, Antihumanism and Being*, New York, Routledge, 1995.

–, et MARGOLIS, Joseph (éd.), *The Heidegger's Case. On Philosophy and Politics*, Philadelphie, Temple University Press, 1992.

SCHNEEBERGER, Guido, *Ergänzungen zu einer Heidegger-Bibliographie*. Mit vier Beilagen und einer Bildtafel, Buchdruckerei AG Suhr, Berne, 1960.

–, *Nachlese zu Heidegger. Dokumente zu seinem Leben und Denken*. Mit zwei Bildtafeln, Berne, 1962 ; rééd. augmentée, 1989.

SCHWAN, Alexander, *Politische Philosophie im Denken Heideggers*, Cologne, Opladen, Westdeutscher Verlag, 1965.

SHAYEGAN, Daryush, « Heidegger et l'Iran », *Le Portique*, n° 18, 2ᵉ semestre 2006.

SHEEHAN, Thomas, « Heidegger and the Nazis », *New York Review of Books*, 16 janvier 1988, p. 38-47.

–, « A normal Nazi », *New York Review of Books*, XL, nᵒˢ 1-2, 14 janvier 1993, p. 30-35.

SIEG, Ulrich, « "Die Verjudung des deutschen Geistes". Ein unbekannter Brief Heideggers », *Die Zeit*, n° 52, 22 décembre 1989, p. 50.

TERTULIAN, Nicolas, « Histoire de l'être et révolution politique », *Les Temps modernes*, n° 523, fév. 1990, p. 109-136.

–, « Qui a peur du débat? », *Les Temps modernes*, n° 529-530, août-septembre 1990, p. 214-240.

–, « Carl Schmitt entre catholicisme et national-socialisme », *Les Temps modernes*, n° 589, août-septembre 1996, p. 131-157.

–, « Le concept de *peuple politique* dans la révolution conservatrice », *Penser la souveraineté à l'époque moderne et contemporaine*, Gian Mario Cazzaniga et Yves-Charles Zarka (éd.), Pise, Paris, Edizioni ETS-Librairie philosophique J. Vrin, 2001, p. 479-489.

Tibon-Cornillot, Michel, « Heidegger : le chaînon manquant », *Libération*, mercredi 17 février 1988, p. 41-42.

Trierweiler, Denis, « *Polla ta deina*, ou comment dire l'innommable. Une lecture d'*Arbeit am Mythos* », *Archives de philosophie*, 67, 2004, p. 249-268.

Ward, James F., *Law, Philosophy and National Socialism : Heidegger, Schmitt, and Radbruch in Context*, Berne-New York, Lang, 1992.

Weil, Éric, « Le cas Heidegger », *Les Temps modernes*, juillet 1947, p. 128-138 ; rééd. dans *Philosophie et réalité*, t. 2, Paris, Beauchesne, 2003, p. 255-266.

Wolin, Richard, « Carl Schmitt, l'existentialisme et l'État total », *Les Temps modernes*, février 1990, p. 50-88.

–, *La Politique de l'Être. La pensée politique de Martin Heidegger*, trad. de l'anglais par Catherine Goulard, Paris, Kimé, 1992.

–, *The Heidegger Controversy. A Critical Reader*, 2e éd., Cambridge, Massachusetts-Londres, The MIT Press, 1993.

–, *Heidegger's Children. Hannah Arendt, Karl Löwith, Hans Jonas, and Herbert Marcuse*, Princeton, Oxford, Princeton University Press, 2001.

–, *The Seduction of Unreason. The Intellectual Romance with Fascism from Nietzsche to Postmodernism*, Princeton, Oxford, Princeton University Press, 2004.

Autres ouvrages

ADAM, Uwe Dietrich, *Hochschule und Nationalsozialismus. Die Universität Tübingen im Dritten Reich*, Tübingen, J. C. B. Mohr, 1977.

ARNOLD, Claus, *Katholizismus als Kulturmacht. Der Freiburger Theologe Joseph Sauer (1872-1949) und das Erbe des Franz Xaver Kraus*, Padeborn, F. Schöning, 1999.

BAMBACH, Charles, *Heidegger's Roots. Nietzsche, National Socialism and the Greeks*, Ithaca et Londres, Cornell University Press, 2003.

BÄRSCH, Claus-Ekkehard, *Die politische Religion des Nationalsozialismus. Die religiösen Dimensionen der NS-Ideologie in den Schriften von Dietrich Eckart, Joseph Goebbels, Alfred Rosenberg und Adolf Hitler*, Munich, Wilhelm Fink, 2ᵉ éd., 1997, 2002.

BAUMANN, Gerhart, *Erinnerungen an Paul Celan*, Francfort-sur-le-Main, Suhrkamp, 1986.

BENDERSKY, Joseph W., *Carl Schmitt theorist for the Reich*, Princeton University Press, 1983.

BENN, Viktor, « Die einstweilige Leitung des Deutschen Evangelischen Kirchenrechts (Juli bis September 1933) », *Zeitschrift für evangelisches Kirchenrecht* I (1951), p. 365-382.

BERL Heinrich, *Gespräche mit berühmten Zeitgenossen*, Baden-Baden, H. Bühler jr., 1946.

BÖHNIGK, Volker, *Kulturanthropologie als Rassenlehre. Nationalsozialistische Kulturphilosophie aus der Sicht des Philosophen Erich Rothacker*, Würzburg, Königshausen & Neumann, 2002.

BRAIG, Carl, *Vom Sein. Abriß der Ontologie*, Berlin, Die Runde, 1896.

BRANDT, Reinhard, *Universität zwischen Selbst- und Fremdbestimmung. Kants « Streit der Fakultäten ». Mit einem Anhang zu Heideggers « Rektoratsrede »*, Berlin, Akademie Verlag, 2003.

BREUER, Stefan, *Anatomie de la révolution conservatrice*, trad. de l'all. par Olivier Mannoni, Paris, Éd. de la Maison des sciences de l'homme, 1996.

BUCHNER, Hartmut, *Japan und Heidegger, Gedenkschrift der Stadt Meßkirch zum hundersten Geburtstag Martin Heideggers*, Sigmaringen, Jan Thornbecke, 1989.

CASSIRER, Toni, *Mein Leben mit Ernst Cassirer*, New York, 1950 ; Hambourg, Felix Meiner, 2003.

CAVAILLÈS, Jean, « Protestantisme et hitlérisme. La crise du protestantisme allemand », *Esprit*, novembre 1933, p. 305-316.

–, « Les conflits à l'intérieur du protestantisme allemand », *Politique*, 1934, n° 11, p. 179-183.

–, « La crise de l'Église protestante allemande », *Politique*, 1934, n° XII, p. 1036-1042.

CELAN, Paul, *Gedichte,* in zwei Bänden, Francfort-sur-le-Main, Suhrkamp, 1975.

–, *Werke : Tübinger Ausgabe, Der Meridian, : Endfassung, Entwurfe, Materiale*, Bernhard Böschenstein et Heino Schmull (éd.), Suhrkamp, 1999.

DAIM, Wilfried, *Der Mann, der Hitler die Ideen gab. Von den religiösen Verirrungen eines Sektierers zum Rassenwahn des Diktators*, Munich, Isar, 1958.

DERRIDA, Jacques, *De l'esprit*, Paris, Galilée, 1987 ; *Heidegger et la question. De l'esprit et autres essais*, Paris, Flammarion, 2ᵉ éd., 1990.

–, *Politiques de l'amitié*, Paris, Galilée, 1984.

DETSCH, Richard, « The Intersection of Heidegger's Philosophy and His Politics as Reflected in the Views of His Contemporaries at the University of

Freiburg », *Journal of the History of Philosophy*, juillet 2000, vol. XXXVIII, n° 3, p. 407-428.

DILTHEY, Wilhelm, *Über das Studium der Geschichte, der Wissenschaften vom Menschen, der Gesellschaft und dem Staat* (1875), Ges. Schriften, Bd. V, éd. par Georg Misch, Stuttgart, B.G. Teubner, 1924, p. 36-41.

–, *Briefwechsel zwischen Wilhelm Dilthey und dem Grafen Paul Yorck v. Wartenburg, 1877-1897*, Sigrist v. d. Schulenburg (éd.), coll. « Philosophie und Geisteswissenschaften », Erich Rothacker (éd.), 1. Band, Halle (Saale), Max Niemeyer, 1923.

DOMARUS, Max, *Hitler, Reden und Proklamationen, 1932-1945. Kommentiert von einem deutschen Zeitgenossen*, t. I, *Triumph (1932-1938)*, Neustadt a. d. Aisch, Schmidt, 1962.

DUPEUX, Louis (éd.), *La « Révolution conservatrice » dans l'Allemagne de Weimar*, Paris, Kimé, 1992.

–, *Aspects du fondamentalisme national en Allemagne de 1890 à 1945*, Presses Universitaires de Strasbourg, 2001.

ESSNER, Cornelia, « Le dogme nordique de la race », *in* Édouard Conte et Cornelia Essner, *La Quête de la race, une anthropologie du nazisme*, Paris, Fayard, 1995.

ÉVARD, Jean-Luc, « Ernst Jünger et les Juifs », *Les Temps modernes*, n° 589, août-septembre 1996, p. 102-130.

–, *Ernst Jünger. Autorité et domination*, Paris, Éditions de l'Éclat, 2004.

–, « La croix gammée chez les poètes », *La Fascination de l'Inde en Allemagne 1800-1933*, Marc Cluet (éd.), Presses Universitaires de Rennes, 2004, p. 299-314.

FIGAL, Günther et SCHWILK, Heimo, *Magie der Heiterkeit : Ernst Jünger zum Hundertsten*, Stuttgart, Klett-Cotta, 1995.

FISTETTI, Francesco, *Heidegger e l'Utopia della Polis*, Gênes, Marietti, 1999.

– (éd.), *La Germania segreta di Heidegger*, Bari, Dedalo, 2001.

FOISNEAU, Luc, *Hobbes et la toute-puissance de Dieu*, Paris, PUF, 2000.

FRITSCHE, Johannes, *Historical Destiny and National Socialism in Heidegger's Being and Time*, Berkeley-Los Angeles-Londres, University of California Press, 1999.

GADAMER, Hans-Georg, « Entretien de Hans-Georg Gadamer avec Philippe Forget et Jacques Le Rider du 18 avril 1981 », *Entretiens avec Le Monde. I. Philosophies*, Paris, La Découverte-*Le Monde*, 1984.

–, et VIETTA, Silvio, *Im Gespräch*, Munich, Fink, 2002.

GANGL, Manfred, « Gesellschaftliche Pluralität und politische Einheit », *Intellektuelle im Nationalsozialismus*, Wolfgang Bialas et Manfred Gangl (éd.), Francfort-sur-le-Main, Peter Lang, 2000.

GROH, Ruth, *Arbeit an der Heillosigkeit der Welt. Zur politisch-theologischer Mythologie und Anthropologie Schmitts*, Francfort-sur-le-Main, Suhrkamp, 1998.

GROSS, Raphaël, *Carl Schmitt und die Juden. Eine deutsche Rechtslehre*, Francfort-sur-le-Main, Suhrkamp, 2000.

HABERMAS, Jürgen, *Zwischen Naturalismus und Religion. Philosophische Aufsätze*, Francfort, Suhrkamp, 2005.

HAUSMANN, Frank-Rutger, *Ein Verleger und seine Autoren. Vittorio Klostermann im Gespräch mit Martin*

Heidegger, Ernst und Friedrich Georg Jünger, Francfort-sur-le-Main, Vittorio Klostermann, 2002.

HEINEMANN, Walter, *Die Relevanz der Philosophie Martin Heideggers für das Rechtsdenken*, Diss. Jur. Fribourg-en-Brisgau, 1979.

HEINZ, Marion et KISIEL, Theodore, « Heidegger's Beziehungen zum Nietzsche-Archiv », *Annäherungen an Martin Heidegger. Festschrift für Hugo Ott zum 65. Geburtstag*, Hermann Schäfer (éd.), Francfort-sur-le-Main, Campus, 1996, p. 103-136.

VON HELLINGRATH, Norbert, *Hölderlin : zwei Vorträge*, Munich, Hugo Bruckmann, 1922.

HERMANT, Max, *Hitlérisme et humanisme*, Coulommiers, Paris, Imprimerie Paul Brodard et Ateliers Joseph Taupin réunis, 1936.

HOLLERBACH, Alexander, « Zum Leben und Werk Erik Wolfs », *Erik Wolf, Studien zur Geschichte des Rechtsdenkens*, Ausgewählte Schriften III, Francfort-sur-le-Main, Vittorio Klostermann, 1982, p. 235-271.

–, « Juristische Lehre und Forschung in Freiburg in der Zeit des National-sozialismus », *Die Freiburger Universität in der Zeit des Nationalsozialismus*, Eckhard John, Bernd Martin, M. Mück et Hugo Ott (éd.), Würzburg, Ploetz, 1991, p. 91-113.

–, « Erinnerung an Erik Wolf », *Freiburger Universitätsblätter*, décembre 2002, p. 99-109.

JAMBET, Christian (éd.), *Henry Corbin, L'Herne*, Paris, L'Herne, 1981.

JANICAUD, Dominique, *Heidegger en France, I. Récit. II. Entretiens*, Paris, Albin Michel, 2001.

–, *La Philosophie française et l'inspiration germanique hier et aujourd'hui. Bulletin de la Société française de philosophie*, Paris, Librairie philosophique J. Vrin, juillet-septembre 2002.

KAPFERER, Norbert, *Die Nazifierung der Philosophie an der Universität Breslau 1933-1945*, Münster, Hambourg, Berlin, Lit, 2001.

KERSHAW, Ian, *Hitler 1889-1936 : Hubris*, trad. de l'anglais par Pierre-Emmanuel Dauzat, Paris, Flammarion, 1999.

KERVÉGAN, Jean-François, *Hegel, Carl Schmitt. Le politique entre spéculation et positivité*, Paris, PUF, 1992.

KISIEL, Theodore, « Heidegger's *Gesamtausgabe*. An International Scandal of Scholarship », *Philosophy Today*, 39/1, 1995, 3-15.

–, « Heidegger als politischer Erzieher : der NS-Arbeiterstaat als Erziehungsstaat, 1933-34 », *Die Zeit Heideggers*, Norbert Lesniewski (éd.), Francfort-sur-le-Main, Berlin-Berne-Vienne, Lang, 2002, p. 71-87.

–, « In the Middle of Heidegger's Three Concepts of the Political », dans *Heidegger and Practical Philosophy*, François Raffoul et David Pettigrew (éd.), State University of New York Press, 2002, p. 135-157.

–, « The Essential Flaw in Heidegger's "Private National Socialism" », *Philosophie und Zeitgeist im Nationalsozialismus*, Marion Heinz et Geran Gretič (éd.), Würzburg Königshausen & Neumann, 2006, p. 291-311[1].

KLEMPERER, Viktor, *LTI, la langue du IIIe Reich*, Paris, Albin Michel, 1996.

---

1. Dans cet article (p. 311), T. Kisiel donne de la phrase latine qui conclut le séminaire hitlérien de 1933-1934 une transcription sensiblement différente de celle qu'il proposait dans l'article précédent (p. 152).

Kommerell, Max, *Der Dichter als Führer in der deutschen Klassik*, Berlin, Bondi, 1928.

–, *Briefe und Aufzeichnungen, 1914-1944*, Inge Jens (éd.), Fribourg-en-Brisgau, Olten, 1967.

Kroner, Richard, *Die Selbstverwirklichung des Geistes. Prolegomena zur Kulturphilosophie*, Tübingen, J. C. B. Mohr, 1928.

Lacoue-Labarthe, Philippe, *La Fiction du politique*, Paris, Bourgois, 1987.

–, *Heidegger, la politique du poème*, Paris, Galilée, 2002.

– et Nancy, Jean-Luc, *Le Mythe nazi*, La Tour d'Aigues, Éditions de l'Aube, 1991.

Laugstien, Thomas, *Philosophieverhältnisse im deutschen Faschismus*, Hambourg, Argument, 1990.

Le Rider, Jacques, « Le dossier Heidegger des archives du ministère des Affaires étrangères », *Allemagnes d'aujourd'hui*, n° 107, janvier-mars 1998, p. 97-117.

Leske, Monika, *Philosophie im « Dritten Reich » : Studie zur Hochschul- und Philosophiebetrieb im faschistischen Deutschland*, Berlin (DDR), Dietz, 1990.

Losurdo, Domenico, *Hegel et la catastrophe allemande*, trad. de l'italien par Charles Alunni, Paris, Albin Michel, 1994.

Löwith, Karl, *Nietzsches Philosophie der ewigen Wiederkunft des Gleichen*, Berlin, Die Runde, 1935.

Lusset, Félix, « Note sur l'épithète *völkisch* : problème de traduction ou exigence intellectuelle ? », *Allemagne d'aujourd'hui*, nouvelle série n° 7, mars-avril 1967, p. 54-56.

Maser, Werner, *Mein Kampf d'Adolf Hitler*, Paris, Plon, 1966.

MERLIO, Gilbert, « Ernst Jünger. La tentation de l'idéologie », *Les Frères Jünger et la « révolution conservatrice » allemande. Les Carnets*, Revue du Centre de recherche et de documentation Ernst Jünger, nº 6-2001, p. 47-73.

MILCHMAN, Alan et ROSENBERG, Alan, *Martin Heidegger and the Holocaust*, New Jersey, Humanities Press, 1996.

MÜLLER-HILL, Benno, *Tödliche Wissenschaft*, Aktuel Rororo, Rohwolt, 1984 ; trad. angl., *Murderous Science, Elimination by Scientific Selection of Jews, Gypsies, and Others, Germany 1933-1945*, Plainview, New York, Cold Spring Harbor Laboratory Press, 1988 ; trad. fr., *Science nazie, science de mort. La ségrégation des Juifs, des Tziganes et des malades mentaux de 1933 à 1945*, trad. de l'allemand par Olivier Mannoni, Paris, Odile Jacob, 1989.

Nachlaß Carl Schmitt. Verzeichnis des Bestandes im Nordrhein-Westfälischen Hauptstaatsarchiv, bearbeitet von Dirk van Laak und Ingeborg Villinger, Siegburg, Republica, 1993.

NEAMAN, Elliot Y., *A Dubious Past. Ernst Jünger and the Politics of Literature after Nazism*, Berkeley-Los Angeles-Londres, University of California Press, 1999.

NOACK, Paul, *Carl Schmitt : eine Biographie*, Berlin, Francfort-sur-le-Main, Propyläen, 1993.

PARFAIT, Nicole, *Une certaine idée de l'Allemagne. L'identité allemande et ses penseurs de Luther à Heidegger*, Paris, Desjonquères, 1999.

Philosophie im Deutschen Faschismus, Widerspruch, Münchner Zeitschrift für Philosophie, nº 13, 1987.

PICHT, Georg, « Die Macht des Denkens » *Antwort, Martin Heidegger im Gespräch*, Günther Neske et

Emil Kettering (éd.), Pfüllingen, Günther Neske, 1988, p. 175-183.

Pöggeler, Otto, « Den Führer zu Führen. Heidegger und kein Ende », *Neue Wege mit Heidegger*, Otto Pöggeler (éd.), Fribourg, Munich, K. Alber, 1992, p. 203-255.

–, *Phänomenologie und philosophische Forschung bei Oskar Becker*, Bonn, Bouvier, 2000.

Puschner, Uwe, *Die völkische Bewegung im wilhelminischen Kaiserreich. Sprache, Rasse, Religion*, Darmstadt, Wissenschaftliche Buchgesellschaft, 2001.

Rentsch, Thomas, *Martin Heidegger. Das Sein und der Tod*, Piper, Munich-Zurich, 1989.

Rickey, Christophe, *Revolutionary Saints. Heidegger, National Socialism, and Antinomian Politics*, Pennsylvania University Press, 2002.

Rother, Ralf, *Wie die Entscheidung lesen ? Zu Platon, Heidegger und Carl Schmitt*, Vienne, Turia & Kant, 1993.

Rudloff, Bernhard, « Heidegger and Carl Schmitt : The Historicity of the Political (Part one) », *Heidegger Studies*, 20, 2004, p. 83-99.

Schalow, Frank, *Language and Deed: Rediscovering Politics through Heidegger's Encounter with German Idealism*, Amsterdam, Rodopi, 1998.

Schärfer, Gunther, Hermann, *Die Rechtsontologie Werner Maihofers : Möglichkeiten und Grenzen einer Rechtsphilosophie im Anschluß an Martin Heidegger*, Tübingen Universität, Diss., 2004.

Schirmacher, Wolfgang, *Technik und Gelassenheit. Zeitkritik nach Heidegger*, Fribourg, Munich, K. Alber, 1983.

Schmitz-Berning, Cornelia, *Vokabular des Nationalsozialismus*, Berlin-New York, Walter de Gruyter, 1998.

SCHNABEL, Thomas, « Von der Splittergruppe zur Staatspartei. Voraussetzungen und Bedigungen des NS Aufstiegs in Freiburg i. Br. », *Zeitschrift des Breisgau-Geschichtsvereins,* « Schau-ins-Land », Heft 102, Fribourg, 1983.

SCHNEIDER, Hans-Peter, « Recht und Denken. Erinnerungen an Erik Wolf und Martin Heidegger », *Verfassung-Philosophie-Kirche, Festschrift für Alexander Hollerbach zum 70. Geburtstag*, Joachim Bohnert, Christof Gramm, Urs Kindhäuser, Joachim Lege, Alfred Rinker, Gerhard Robbers (éd.), Berlin, Duncker & Humblot, 2001, p. 455-483.

SCHOLDER, Klaus, *Die Kirchen und das Dritte Reich*, t. I, Francfort-sur-le-Main, Berlin, Vienne, Propyläen, 1977.

SCHORCHT, Claudia, *Philosophie an den bayerischen Universitäten 1933-1945*, Erlangen, H. Fischer, 1990.

SCHULZE, Winfried et OEXLE, Otto Gerhard (éd.), *Deutsche Historiker im Nationalsozialismus*, Francfort-sur-le-Main, Fischer Taschenbuch, 1999, 2000.

SEEMANN, Silke, *Die politischen Säuberungen des Lehrkörpers der Freiburger Universität nach dem Ende des Zweiten Weltkrieges (1945-1957)*, Fribourg, Rombach, 2002.

SEIDEL, Eugen et SEIDEL-SLOTTY, Ingeborg, *Sprachwandel im Dritten Reich. Eine kritische Untersuchung faschistischer Einflüsse*, Halle (Saale), Veb Verlag Sprache und Literatur, 1961.

SEIDLER, Eduard, « Die Medizinische Fakultät zwischen 1926 und 1948 », *Die Freiburger Universität in der Zeit des Nationalsozialismus*, E. John, B. Martin, M. Mück et H. Ott (éd.), Fribourg-en-Brisgau-Würzburg, Ploetz, 1991.

SEMERARI, Giuseppe, « Storicità come destino », *Studi Filosofici*, III, 1980.

SLOTERDIJK, Peter, *Nicht gerettet. Versuche nach Heidegger*, Francfort-sur-le-Main, Suhrkamp, 2001.

SLUGA, Hans, *Heidegger's Crisis, Philosophy and Politics in Nazi Germany*, Cambridge, Massachusetts, Londres, Harvard University Press, 1993.

SONTHEIMER, Kurt, *Antidemokratisches Denken in der Weimarer Republik. Die politischen Ideen des deutschen Nationalismus zwischen 1918 und 1933*, Munich, Nymphenburger, 1962.

SPRANGER, Eduard, *Rudoph Stadelmann zum Gedächtnis*, Akademische Trauerfeier am 21. Januar 1950 im Festsaal der Universität Tübingen, Tübingen, J.C. B. Mohr, 1950.

1933. Machtergreifung in Freiburg und Südbaden, E. O. Bräunche, W. Köhler, H.P. Lux, T. Schnabel (éd.), Fribourg-en-Brisgau, Schillinger, 1983.

STANGUENNEC, André, « À l'origine de l'idée allemande de nation : la philosophie romantique et la philosophie hégélienne de l'État », *Revue française d'histoire des idées politiques*, n° 14, 2001, p. 337-350.

SYBERBERG, Hans Jürgen, *Hitler un film d'Allemagne*, coll. Change, Paris, Seghers/Laffont, 1978.

TRAVERSO, Enzo, *Le Totalitarisme. Le XXe siècle en débat*, Paris, Seuil, 2001.

TRIERWEILER, Denis, « Une étrange édition : Schmitt expurgé », *Cités*, n° 17, 2004, p. 173-179.

–, « Remarques sur la discrimination ami/ennemi et sur le *Juspublicum* européen », *Droits*, n° 40, nov. 2004, p. 195-206.

ULMER, Carl, « Heidegger and Schmitt: The Bottom Line », *Telos*, n° 72, été 1987, p. 132.

–, « Between the Weimar Republic and the Third Reich: Continuity in Carl Schmitt's Thought », *Telos*, nº 119, printemps 2001, p. 18-31.

VERMEIL, Edmond, *Doctrinaires de la révolution allemande. 1918-1938*, Paris, Nouvelles Éditions Latines, 1948.

–, *L'Allemagne contemporaine : sociale, politique, culturelle, 1890-1950*, t. II, *La République de Weimar et le Troisième Reich, 1918-1950*, Paris, Aubier-Éditions Montaigne, 1958.

WISTRICH, Robert S., *Hitler, l'Europe et la Shoah*, trad. de l'anglais par Jean-Fabien Spitz, Paris, Albin Michel, 2005.

WÜRTENBURGER, Thomas, MEIHOFER, Werner, HOLLERBACH, Alexander, *Existenz und Ordnung. Festschrift für Erik Wolf zum 60. Geburtstag*, Francfort-sur-le-Main, Vittorio Klostermann, 1962.

–, *Questiones & Responsa : ein rechtsphilosophisches Gespräch für Erik Wolf zum 65. Geburtstag, veranstaltet am 15. Juli 1967*, Francfort-sur-le-Main, Vittorio Klostermann, 1968.

ZARKA, Yves-Charles, « Carl Schmitt, l'ennemi substantiel et la législation nazie », *Droits*, nº 40, nov. 2004, p. 173-188.

Index

Table

Table 763

Table 765

Table 767

Composition réalisée Asiatype

Achevé d'imprimer en janvier 2007 en France sur Presse Offset par

C P I
Brodard & Taupin

La Flèche (Sarthe).
N° d'imprimeur : 39643 – N° d'éditeur : 81650
Dépôt légal 1ʳᵉ publication : février 2007
Librairie Générale Française – 31, rue de Fleurus – 75278 Paris cedex 06.

30/8382/1